乳源年鉴

RU YUAN NIAN JIAN

(2015)

《乳源年鉴》编纂委员会 编

方志出版社

图书在版编目（CIP）数据

乳源年鉴. 2015 /《乳源年鉴》编纂委员会编. -- 北京：方志出版社，2015.11
ISBN 978-7-5144-1831-6

Ⅰ. ①乳… Ⅱ. ①乳… Ⅲ. ①乳源瑶族自治县－2015－年鉴 Ⅳ. ①Z526.54

中国版本图书馆CIP数据核字（2015）第292513号

乳源年鉴（2015）

编　　者：《乳源年鉴》编纂委员会
责任编辑：黄　彦

出 版 人：冀祥德
出 版 者：方 志 出 版 社
地址　北京市朝阳区潘家园东里 9 号（国家方志馆 4 层）
邮编　100021
网址　http：//www.fzph.org
发　　行：方志出版社发行中心
电话（010）67110500
经　　销：各地新华书店
印　　刷：韶关市文星彩色印务有限公司

开　　本：889×1194　1/16
印　　张：23.5
字　　数：607 千字
版　　次：2015 年 11 月第 1 版　2015 年 11 月第 1 次印刷
印　　数：0001-1000 册

ISBN 978-7-5144-1831-6　定价：280.00元

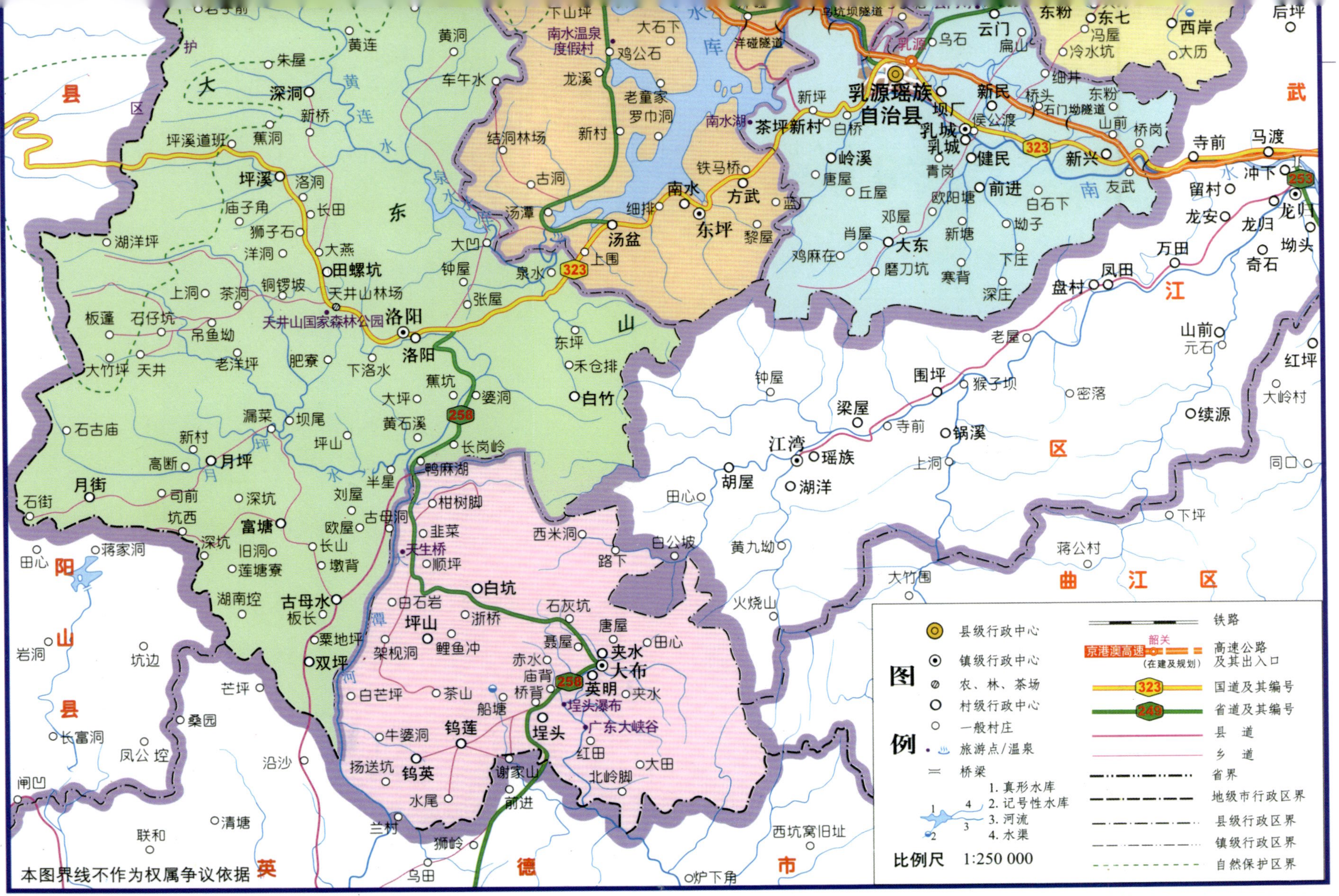

广东省地图院 编制　审图号：粤S（2013）009号

行政区划截止时间2011年12月

编 辑 说 明

一、《乳源年鉴》坚持以马列主义、毛泽东思想、邓小平理论和“三个代表”重要思想理论、科学发展观指导，按照辩证唯物主义和历史唯物主义的立场、观点和方法、实事求是，全面客观地反映整个乳源的经济、社会基本情况和发展过程，体现乳源时代、地方民族特色，为承传乳源的历史，记载乳源的文明服务。是中共乳源瑶族自治县委、县人民政府主办，县档案局、县史志办公室组织实施，各承编单位共同参与编纂及公开出版的综合性资料年鉴。旨在逐年记述本行政区域年度内自然、政治、经济、文化、社会等方面的基本情况，所载资料全面、系统、翔实、准确，是国内外各界人士了解乳源的权威性工具书。《乳源年鉴》（2015）是乳源瑶族自治县第五卷综合年鉴。

二、《乳源年鉴》（2015）收集2014年乳源瑶族自治县各项事业发展的基本情况，所收集的资料上限起自2014年1月1日，下限止于2014年12月31日。为完整保存和积累地方文献资料，个别内容适当上溯。所收录先进名录由各承编单位报送获韶关市委、市政府以上机构（含省直部门、市厅级以上机构）表彰的先进集体和个人。

三、本卷采用分类编辑法，基本框架相对稳定，主体内容分为类目、分目、条目三个层次，以条目为表现内容的基本形式。条目标题采用黑体字并加【】表示，少数所含组合要素内容的条目则用楷体标题标示各段内容的主题。全书内文类目设26篇，分目部分根据地方机构改革部门调整实时增（减）。

四、本卷公共版彩页图片由县委宣传部、县政府信息中心等单位提供。

五、本卷所有稿件均经供稿单位主要领导审核，撰稿人署名。本卷因统计时间、口径不同等原因，个别数据可能不尽一致，敬请读者采用时引起注意。反映全县国民经济和社会发展情况的数据，采用法定计量单位，以县统计局资料为准。领导班子成员名单任期以任免机关文件为准，大部制机构改革合并单位不另分系统领导名单（保留牌子的机构署领导名单），标注任免时间“—”表述延续，未标任免时间表示在本年鉴收录时期内职务无变动。

六、本卷配备刊前目录和刊后索引，索引采用主题分析法，款目按汉语拼音字母顺序排列。

七、本卷的编辑出版，得到全县各部门和有关单位领导的大力支持，各单位撰稿人员为此付出了辛勤的劳动，在此一并致以诚挚的谢意。因本编辑部编纂年鉴水平有限，图文虽经多次修改、审核、校对，仍难免有差错和疏漏之处，恳请各级领导和广大读者批评指正。由于个别单位未按要求提供资料，以致缺载，请见谅。

乳源年鉴编辑部

2015年10月

《乳源年鉴》撰稿人员名单

（以姓氏笔画排序）

马万里　王永花　王香文　王莉萍　王惠益　文建峰　文锦洪　文慧云　毛政新
邓永银　邓素萍　邓惠琼　邓雄华　邓毅明　孔国荣　卢建军　叶招娣　叶新华
付小君　丘国全　冯永成　冯春润　尧良华　尧雪梅　闫　静　朱正标　朱永烨
朱孝华　朱海艳　刘　雅　刘一凡　刘其荣　刘杵强　孙　瑞　孙永利　孙献明
宁　炼　江　荣　江春凤　江雄文　吕　欢　许双和　许井养　许红传　许宏华
许勇强　杨志康　杨启园　李书金　李亚才　李志怀　李钰桦　李惠英　李锡荣
李慧芳　李德胜　巫银樱　杜永莲　肖　娟　吴　思　吴文君　吴世韶　吴新平
何　俊　何仕超　邱丽霞　余　彬　邹　蕾　邹敏芳　邹辉强　宋艳芳　张可芳
张吉缘　张细林　张树明　张耀群　陈文平　陈白然　陈路生　陈启发　陈尚升
陈美香　陈晓慧　陈福员　陈慧芳　林　琳　林　楠　林小钰　林景辉　林新绘
范永平　欧　华　欧永辉　欧成坤　罗国强　罗伟平　周密花　郑结园　赵　莹
赵天金　赵少辉　赵琳娜　赵雄英　赵黎梅　胡忠有　胡雪莲　钟林养　钟燕群
侯　华　侯永朝　侯远林　饶林东　骆艳红　聂安琪　秦彩金　袁素兰　袁涔皓
徐小健　郭庆城　黄寿君　黄杰峰　黄胜波　黄泽琪　黄鹏辉　黄善东　曹　韩
曹建新　盘永花　梁钰杉　韩昆伦　彭云成　彭延雄　覃晓静　粟晶晶　傅神双
谢三华　谢红容　温施琦　曾　宁　曾俊峰　曾凯鸿　曾祥伦　赖世水　赖月新
赖晓琳　简宗辉　穆漫云　蔡秋婷　谭文艳　潘　明　潘伟雄　潘瑞红　潘耀丽

《乳源年鉴》审稿组

（以姓氏笔画排序）

组长：许益云

组员：赵　鹏　赵天林　刘良军　巫淑坤　曹军贵　叶招娣

数字乳源·2014

土地面积2299平方公里

年末户籍总人口218426人

地区生产总值640553万元，比2013年增长11.5%（快报数）

第一产业增加值69755万元，比2013年增长4.1%（快报数）

第二产业增加值315077万元，比2013年增长12.6%（快报数）

全部工业总产值1172406万元

第三产业增加值255721万元，比2013年增长12.1%（快报数）

人均地区生产总值35185元，比2013年增长10.7%（快报数）

全社会固定资产投资557931万元，比2013年增长26%

水电装机总量29.77万千瓦（规模以上）

发电量95507万千瓦时（规模以上）

社会消费品零售总额173672万元

人均消费品零售额9540元

实际利用外资2041万美元

地方一般预算财政收入50060万元

地方一般预算财政支出140483万元

国家税收收入50986万元

地方税收收入41611万元

城乡居民储蓄存款余额377581万元

城镇居民可支配收入17842元

城乡居民人均收入14183元

普通教育在校学生数25187人

实际开放总床日数198702日，实际占用总床日数110358日

县统计局提供

▲8月27日，省委、省政府在韶关市召开全省扶贫开发“双到”工作现场会。会后，省长朱小丹（前排中）等与会人员，在县委书记吴春腾（前排右一）等县领导的陪同下到一六镇团结村、桂头镇塘头村等地参观考察（钟华 摄）

▲9月3日，省委常委、纪委书记黄先耀（前排左一），副省长邓海光（前排左二）到乳源瑶族自治县金禧小学调研，县委书记吴春腾（前排右一）和市、县有关部门领导陪同（钟华 摄）

▲7月22日，省委常委、宣传部部长庹震到乳源开展文化建设工作调研。图为庹震（右三）在市委常委、宣传部部长许红（右一），县委书记吴春腾（右二）、县委常委、宣传部部长简连英（左四）等领导陪同下到县文化馆调研
（县信息中心　提供）

▲8月26日，省人大常委会副主任肖志恒（中）率省人大运用法治方式解决突出问题调研组到乳源调研
（李新华　摄）

▲4月9日，省人大常委会副主任、省总工会主席黄业斌（左三）率省人大常委会调研组到乳源就加快南岭山区集中连片特困地区扶贫开发工作开展专题调研。市委书记郑振涛（左一）、县委书记吴春腾（左四）等市、县领导陪同调研　　　（李新华　摄）

▲10月23日至24日，省人大常委会副主任雷于蓝率部分省人大代表组成的检查组，到乳源开展底线民生保障资金落实情况检查。图为雷于蓝（左二）给保障对象赠送慰问金　　（李新华　摄）

▲5月12日，副省长林少春（右二）到乳源瑶族自治县妇幼保健院察看新院建设进展情况，副市长兰茵（右二），县委书记、县人大常委会主任吴春腾（左二）等市、县领导陪同 （钟华　摄）

▲8月19日，副省长许瑞生（中）到乳源瑶族自治县文化馆调研，市委书记郑振涛（左四），县委书记吴春腾（右三）、县长邓志聪（左二）和市、县有关部门领导陪同 （钟华　摄）

▲1月9日，中共乳源瑶族自治县第十一届第四次全体会议在县政府会场召开（李新华 摄）

▲8月18日，中共乳源瑶族自治县第十一届第五次全体会议在县政府会场召开 （李新华 摄）

▲ 2月25日，乳源瑶族自治县第十一届人民代表大会第四次会议在县政府会场召开（许洪成　摄）

▲2月24日，中国人民政治协商会议第九届乳源瑶族自治县委员会第四次会议在县政府会场召开（李新华　摄）

▲2月14日，乳源瑶族自治县党的群众路线教育实践活动动员部署会议在乳财服务中心召开
（李新华　摄）

▲3月7日，乳源瑶族自治县党的群众路线教育实践活动领导小组办公室组织县四套班子成员、法检“两长”、县直部门党政一把手、乡镇党政正职共100多名干部，到广东省反腐倡廉教育基地接受警示教育
（钟华　摄）

▲5月15日，县委书记、县人大常委会主任吴春腾在县信访局接访大厅接访，倾听群众诉求

（县信访局　提供）

▲7月15日，县长邓志聪在县信访局接访大厅接访，倾听群众诉求　　（县信访局　提供）

▲9月30日，全国第一个烈士纪念日，乳源瑶族自治县在乳源革命烈士纪念碑前举行烈士纪念日公祭仪式，县委书记吴春腾（前排左四）率领县四套班子领导、法检“两长”，县城副科级以上单位主要负责人，各民主党派、工商联及无党派人士代表，公安干警等参加活动

（县信息中心　提供）

▲县委书记吴春腾讲话

（钟华　摄）

▲向革命烈士纪念碑敬献花篮

（钟华　摄）

▲3月29日，乳源瑶族自治县瑶族困难群众安置新村“瑶乐居”落成，澳门霍英东基金会主席霍震寰等嘉宾，副市长邹永松、县委书记吴春腾参加仪式。项目规划建设300户，建筑面积44568平方米，工程于2012年9月动工，2013年11月竣工，总投资6511万元　（县信息中心　提供）

▲澳门霍英东基金会主席霍震寰（左）与副市长邹永松（右）共同为新村落成揭牌　（许洪成　摄）

▲县委书记吴春腾（右）代表县委、县政府向澳门霍英东基金会赠送牌匾（许洪成　摄）

◀ 3月31日，乳源瑶族自治县卫生和计划生育局成立揭牌仪式在原县卫生局大门前举行（江小燕　摄）

◀ 1月24日，乳源瑶族自治县新改建的行政服务中心办事大厅正式投入使用，县委书记吴春腾、县长邓志聪出席启用仪式并为行政服务中心和公共资源交易中心揭牌（李新华　摄）

▲新改造的行政服务办事大厅　（李新华　摄）

▲11月18日，香港爱心人士捐建的洛阳仁泽医院落成（江小燕　摄）

▶12月20日，乳源瑶族自治县妇幼保健院新院落成启用。新院占地面积9423.7平方米，建筑面积7518.7平方米，2013年6月动工建设，项目总投资2433万元（钟华　摄）

▶新妇幼保健院大楼（钟华　摄）

乳源瑶族自治县人民检察院

RUYUANYAOZUZIZHIXIANRENMINJIANCHAYUAN

2014年6月12日下午，广东省人民检察院检察长郑红到县人民检察院调研指导工作，韶关市人民检察院检察长阙定胜、县委书记吴春腾陪同调研。（图右一为省院检察长郑红、左二为市院检察长阙定胜、左一为县委书记吴春腾、右二为县院检察长袁瑞刚）

2014年12月24日，韶关市人民检察院检察长曾伊山到县人民检察院调研。（图右一为曾伊山、右二为袁瑞刚）

邀请县部分人大代表、政协委员参加县人民检察院组织的观摩庭。图为院干警代表国家进行公诉

2014年举报宣传周活动

检察开放日：邀请县部分人大代表、政协委员到县人民检察院参加“检察开放日”活动

韶关市乳源公路局
SHAOGUANSHIRUYUANGONGLUJU

2014年5月6日，局长张水利（左一）、副局长陈健萍（中）在一楼服务大厅体验年票收费工作

2014年9月24日，局长张水利（左一）、副局长吴平波（左二）带领局机关工作人员到县图书馆开展廉洁读书月活动

2014年3月26日，副局长吴平波带领局第二支部党员在G323线清扫路面，体验一线养护工作

2014年1月22日，副局长吴平波慰问95岁退休干部李国华

2014年9月24日，局机关全体工作人员参加廉政新规知识测试

2014年5月6日，全局干部职工参加预防职务犯罪法律知识讲座

2014年5月14日，局长张水利（右一）和副局长陈健萍（右二）、吴平波（右三）、苏泉鸣（右四）在富城养护中心与一线养护职工座谈

养护工人在翻新防撞拦头的警示标

养护工人使用移动式沥青加热拌和机在G323线洛阳段修补沥青路面

2014年7月4日，局应急抢险队员在富城养护中心基地进行抢险机械操作训练

2014年2月19日，富城养护中心职工在S249线坪乳公路大桥路段撒盐除冰保障通车

乳源瑶族自治县卫生和

2014年7月16日 副市长兰茵到乳源调研计生工作

2014年4月21日 县委副书记伍文一行4人到乳城镇计生办进行调研

乳源瑶族自治县卫生和计划生育局，根据县政府2013年12月19日《关于卫生和计生部门职能转变及机构改革的方案》，由原乳源瑶族自治县卫生局和乳源瑶族自治县计划生育局合并，2014年内设机构有办公室、规划与财务股、人事股、医政股（县深化医药卫生体制改革工作领导小组办公室）、疾病控制与妇幼保健股（卫生应急办公室），计划生育发展股、宣教考核股、综合监督股。县卫生和计划生育局编制21名。其中局长1名、副局长3名,正股级领导职数8名。后勤服务人员3名。

2014年7月22日，局长许尔金到桂头卫生院检查工作

根据乳源瑶族自治县事业单位分类改革方案和有关配套政策的通知，县卫生和计划生育局下属事业单位有：卫生监督所（副科单位，公益一类，属参公）；疾病预防控制中心（副科单位，公益一类）；慢性病防治站（正股级单位，公益一类）；妇幼保健院、中医院（民族医院，副科单位，公益二类）、人民医院（正科单位，公益二类）；儿童专科医院（正股级单位，公益二类）；乳城镇卫生院、桂头镇中心卫生院、大桥镇卫生院、一六镇卫生院、东坪镇卫生院、游溪镇卫生院、大布镇卫生院、洛阳镇卫生院、必背镇卫生院等9个卫生院系正股级单位，公益一类，原人口和计划生育任期目标管理责任制考核办公室更名为计划生育考核办公室（正股级单位，公益一类），9个卫生院接收镇计划生育服务所分流人员。

2014年3月31日 县卫生和计划生育局揭牌仪式在县卫计局大楼门前进行

县红十字会，副科级事业单位，挂靠县卫计局，属参公，公益一类。

县爱国卫生运动委员会，副科级事业单位，挂靠县卫计局，属参公，公益一类。

县计划生育协会，正股级单位，挂靠县卫计局，属参公，公益一类。

2014年全县卫生医疗机构152间，各类卫生技术人员697人，其中高级职称12人、中级职称168人、初级职称 408人、执业医师359 人、注册护士362人。全县医疗机构实际开放总床日数198702日，实际占用总床日数110358日，病床使用率55.54%，死亡率0.82%。

全县有村卫生站122间，其中村办104个，占85.25 %，镇卫生院设点18个，占14.76 %。有执业（助理）医师24人，乡村医生106人。

召开全县春夏计划生育集中服务活动动员大会

2014年4月28日，护士节演讲初赛在县人民医院五楼电教室进行

2014年10月31日，大布镇中医博爱楼落成启用

计划生育局 RUYUANYAOZUZIZHIXIAN WEISHENGHEJIHUASHENGYUJU

乳源瑶族自治县人民医院 RUYUANYAOZUZIZHIXIAN RENMINYIYUAN

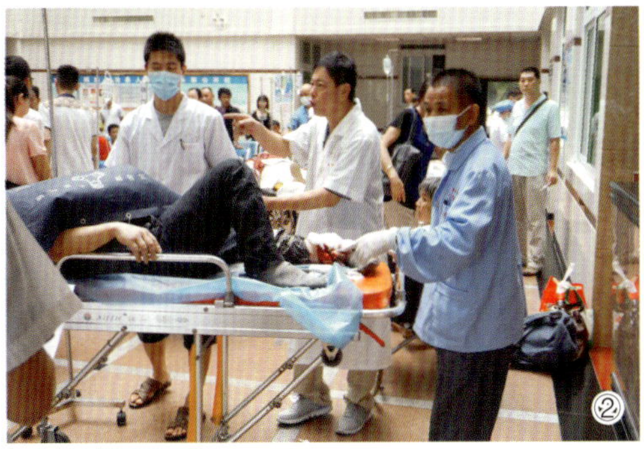

① 9月3日，省领导到县人民医院进行医改工作调研

② 6月21日早上8时，医疗救治领导小组全力救助京珠高速公路北行梅子坳隧道路段交通事故伤员

乳源瑶族自治县人民医院创建于1963年，是一所集医疗、预防、保健、康复、教学和科研等功能于一体的国家“二级甲等”综合人民医院，2014年人民医院职工总人数374人，专业技术人员310人，其中高级职称15人，中级职称84人，人民医院内设机构41个，其中职能科室13个，临床医技科室28个，床位定编330张。医院学科齐全，技术力量雄厚，有全自动生化分析仪、DR、CR、麻醉呼吸机、双排螺旋CT、彩色B超、电子胃肠镜、血液透析机等现代化检查治疗设备。2014年，各科室申请院内开展新技术、新项目共44项，获市卫计局领先技术9项，市级科技企业创业园专项及科技创新资金专项科技计划项目一项，县级科技计划项目一项，市级科技计划（医学类）项目1项；专业技术人员发表论文 17篇。

专科建设能力加强。儿科开设儿童康复室，开展偏瘫肢体训练，脑肌电反射、低频治疗、感统训练，开展偏瘫肢体训练，脑瘫患儿得到系统有效治疗。妇产科拥有一支临床经验丰富，技术力量雄厚的医疗队伍，在各类难产和高危妊娠的分娩，救治妊娠严重合并症方面积累有丰富的经验。妇科可开展子宫肌瘤、卵巢肿瘤、宫颈恶性肿瘤根治术、膀胱阴道瘘修补术、腹腔镜手术等一大批高难度手术。外科专业技术水平得到提高。一是开展新的脊柱微创技术经皮椎体成形术，二是开展第一例后腹腔镜肾上腺腺瘤切除术及重复肾盂肾输尿管切除术，填补县此类手术史上的空白。ICU继续发挥专科优势。一是积极参与多起社会公共突发事件抢救，全年收治危重病人301人次，比2013年增长50 %，抢救成功率为75.51 %，急救水平显著提高。二是协助中山大学附属第三人民医院成功完成我县首例人体器官捐献者器官维护及捐献工作。“120”急救体系建设完备、运作高效。全年出车2310余次，比上年增长30%，抢救危重病人900多人次，抢救成功率达91%以上。积极参与县突发公共卫生事件、应急救援、日常急救等公益事业，搭建安全、高效的生命绿色通道。

在全院职工的共同努力下，医院工作成绩硕果累累，2014年，医院被评为市级“精神文明先进单位”；妇产科被市妇联授予市级“巾帼文明岗”称号。

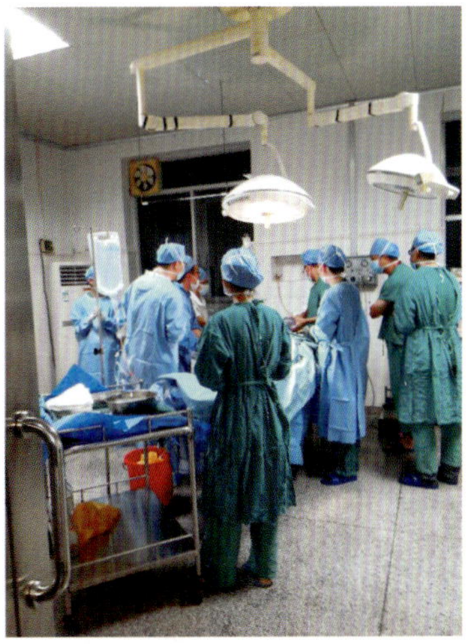

10月4日，在省红会及广州中山三院移植中心专家的帮助下，顺利完成县首例人体器官捐献手术

乳源瑶族自治县中医医院 RUYUANYAOZUZIZHIXIAN ZHONGYIYIYUAN

乳源瑶族自治县中医医院成立于1985年6月，是一所集医疗、保健、康复等功能于一体的综合性医院。主要担负全县21万瑶汉族群众疾病的医疗、预防、保健、康复等重任。医院为副科级事业单位，属县卫生局管理。设院长（兼党支部书记）1名，副院长2名。有干部、职工108人，其中副主任医师1人，中级职称21人，注册护士32人，执业医师21人。新中医院项目于2011年12月10日开工建设，于2013年10月28日投入使用。其中门诊楼3层，住院楼5层，设置床位100张，总建筑面积6541平方米，总投资2536万元。其中中央预算内资金1300万元。新院建成后，医院的规模和各项指标达到《中医医院建设标准》和二级甲等中医院标准，有效缓解医院业务用房严重不足、科室布置不合理的矛盾，从而提升中医药服务能力水平，是便民利民的一项重大民心工程。

医院坚持中医特色为主，中西医结合的发展方向，重点发展针推、理疗、康复等业务。骨外科对四肢骨折病人能进行传统手法复位治疗，可施行腰椎手术，髋关节置换术、四肢骨折手术。腹部外科能施行胃大部份切除术、胃穿孔修补术，胆囊切除术，甲瘤切除术，肾、输尿管取石，前列腺摘除术等。针灸理疗科是特色专科，能有效的治疗颈、肩、腰、腿痛等疑难杂症。为传承民族中医文化，开设瑶医瑶药门诊部，瑶医外治疗法主要有刮痧疗法、瑶药熏洗、刺血疗法、药罐疗法、火攻疗法、药线点灸疗法和点烧疗法。体外碎石对肾、输尿管、膀胱结石，无需开刀，见效快。医院拥有体外碎石机、DR-X光诊断系统、彩超、心电图机、血球计数仪、生化分析仪、纤维胃镜、骨科治疗仪、微波综合治疗仪等先进医疗设备。能适应各种疾病的检查、诊断、治疗需要。

医院奉行“以病人为中心”的服务宗旨，为病人提供优良的技术、优质的服务、优惠的价格、优美的环境。

由广东省红十字会、深圳市红十字会、中山市红十字会捐赠100万元建设的医教中心楼（博爱楼）于2014年10月31日投入使用。

乳源瑶族自治县妇幼保健院 RUYUANYAOZUZIZHIXIAN FUYOUBAOJIANYUAN

①副省长林少春到新院工地视察
②乳源瑶族自治县妇幼保健院新院揭牌
③广东省『科学育儿』专家讲座
④乳源瑶族自治县妇幼保健院新院启用仪式

乳源瑶族自治县疾病预防控制中心 RUYUANYAOZUZIZHIXIAN JIBINGYUFANGKONGZHIZHONGXIN

县疾控中心工作人员在进行登革热防控灭蚊工作

乳源瑶族自治县疾病预防控制中心是集疾病预防控制、卫生监测检验与评价、健康教育与促进、应用研究与指导、技术管理和服务为一体的副科级事业单位，加挂乳源瑶族自治县卫生检验中心牌子。2014年1月1日，单位类别由原来的公益二类事业单位确定为公益一类事业单位。2014年被韶关市疾病预防控制中心评为疾病预防控制工作先进单位。

2014年，乳源瑶族自治县疾病预防控制中心通过加强专业队伍、基础设施和内涵建设，整体服务能力显著提高。在职人员44人，其中副高级职称人员1人，中级职称人员10人，本科学历14人，大专学历22人，乳源县拔尖人才1人。业务用房3500平方米，其中实验室用房达到1100平方米。

县疾控中心工作人员在进行抽样检测工作

2014年，全县儿童计划免疫接种率均达95%以上，计划免疫针对传染病得到有效控制，全县范围内无甲类传染病发病和死亡报告。严格传染病网络直报信息的动态监控，加强对人感染H7N9禽流感、登革热、埃博拉出血热、手足口病等重点传染病的防控力度，发现传染病疫情及时进行有效处置，成功处置9起聚集性疫情和1起暴发疫情。及时补充购置电动式喷雾器、热力烟雾机、红外线测温仪等一批应急物资，随时应对各种突发公共卫生事件。圆满完成普通高考和瑶族“十月朝”旅游文化节活动卫生保障工作。

乳源瑶族自治县乳城镇卫生院 RUYUANYAOZUZIZHIXIAN RUCHENGZHENWEISHENGYUAN

乳城镇卫生院是一所集医疗、预防保健、基本公共卫生服务为一体的综合性公立医院，占地面积1300多平方米。开设有门诊部和住院部，有内科、妇科、儿科、外科、中医科、医技科，检查设备包括半自动生化分析仪、尿分析仪、半自动血球仪、B超、心电图、X线诊断仪等设备，中医设备包括红外线照射仪、电针治疗仪、低频脉冲治疗仪、颈椎牵引椅等仪器，开放床位数9张，配备救护车1辆。

乳源瑶族自治县东坪镇卫生院 RUYUANYAOZUZIZHIXIAN DONGPINGZHENWEISHENGYUAN

东坪镇卫生院始建于1963年，为公益一类事业单位，核编人员数为29人，实际在编人员29人。主要负责辖区内医疗、预防、妇幼保健和培训、指导乡医工作以及其它相关基本公共卫生服务等工作。

在香港顺龙仁泽基金会慷慨捐资和上级政府、主管部门的大力扶助下，院新综合楼于2015年3月建成投入使用，建筑面积约900平米，业务用房和基本医疗设备有极大的改善和提高，能更好地为辖区居民和附近居民提供医疗保健服务。临床科室设置有瑶医瑶药专科、急诊、内科、外科、儿科和医技科室。医技科室检查设备包括半自动生化分析仪、尿分析仪、准自动血球分析仪、黑白B超、心电图等设备；瑶医瑶药专科开展有药浴、熏蒸、推拿、艾灸、拔罐等业务。开放床位数8张，配备救护车1辆。

乳源瑶族自治县洛阳镇卫生院 RUYUANYAOZUZIZHIXIAN LUOYANGZHENWEISHENGYUAN

洛阳镇卫生院地处乳源瑶族自治县西北部山区，创建于1979年。2012年，在县委、县政府领导以及县卫计局领导大力支持下，院完成仁泽医院建设工程的规划立项、申报和审批工作，并积极向各方筹措200多万元的资金，其中，香港顺龙仁泽基金会主席蔡伯励先生情系乳源，关爱医疗，慷慨同意其基金会捐赠港币100万元，用于洛阳镇新建医院综合大楼。卫生院占地面积2383.8平方米，建筑面积1088平方米。总楼层共三层，分门诊部、住院部，设内、外、儿、妇科及X光、B超等功能科室，并配套完善院道、围墙及绿化设施，融汇上级和地方政府资金，工程总造价人民币280万元。洛阳镇卫生院担负着全镇及周边镇共一万多人口的医疗救治、疾病预防控制、卫生保健、健康教育等任务。

为答谢香港顺龙仁泽基金会德昭永长的义举，特将医院命名为“洛阳仁泽医院”。洛阳仁泽医院的落成，极大地改善洛阳镇人民群众的就医环境，使该镇医疗救治、治病防治及卫生保健条件大大改善，也使全镇医疗保健水平上升一个新的台阶。

乳源瑶族自治县必背镇卫生院 RUYUANYAOZUZIZHIXIAN BIBEIZHENWEISHENGYUAN

必背镇位于乳源东北部，辖区面积147平方公里，是一个纯瑶族聚居镇，是世界过山瑶之乡，全镇7个村委会，一个居委会，总户籍人口0.78万人，农业人口占全镇总人口的95%。是乳源瑶族自治县的农业小镇。设有一所政府举办的镇卫生院。

必背镇卫生院成立于1963年，为公益一类事业单位。新业务楼（简称云龙医院）建于2011年，工程总造价300万元，建筑面积达1088平方米。主要开展：

1.基本医疗（临床科室设置有急诊室、内科、外科、妇儿科、挂号收费室；医技科室设置有中西药房、B超室、检验室、治疗室、处置室、信息统计室）。

2.公共卫生均等化服务（包括城乡居民健康档案管理服务、健康教育服务、预防接种服务、0-6岁儿童健康管理服务、孕产妇健康管理服务、老年人健康管理服务、慢性病患者健康管理服务、重性精神疾病患者健康管理、传染病及突发公共卫生时间报告处置、卫生监督协管、中医药健康管理、家庭医生式服务、全人群死因监测）。

3.指导乡医工作等功能。

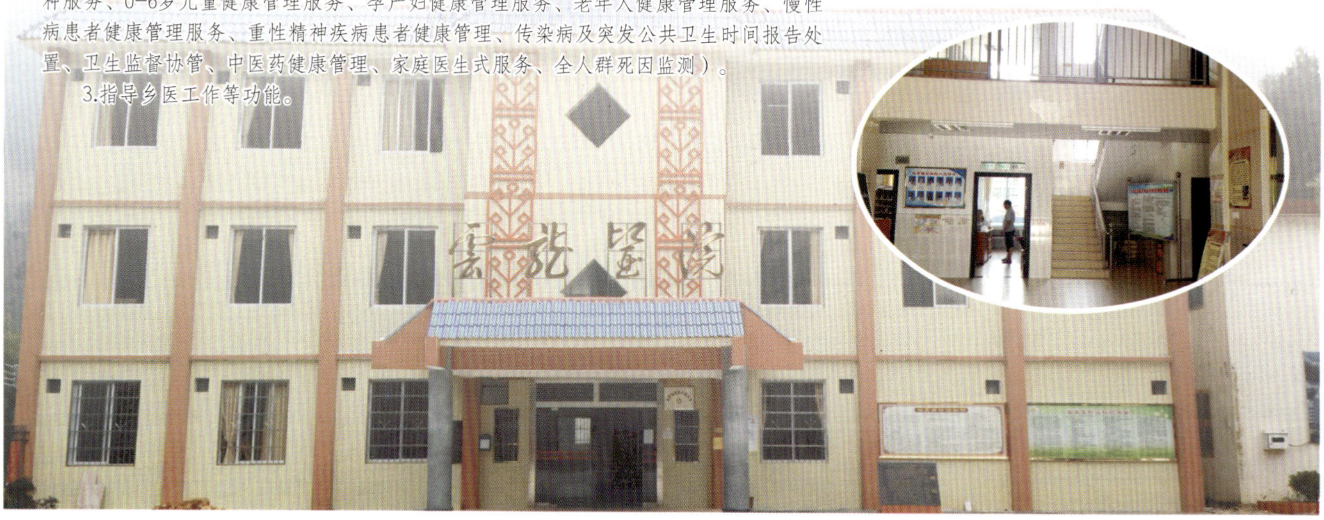

乳源瑶族自治县人民武装部

RUYUANYAOZUZIZHIXIANRENMINWUZHUANGBU

省军区司令员盖龙云到八一瑶族新村检查指导

2014年10月21日，省军区副政委谢建良到乳源检查指导

2014年以来，乳源瑶族自治县人民武装部在党中央、中央军委和上级首长机关的正确领导下，紧紧围绕学习贯彻习主席系列重要指示精神筹划和展开各项工作，深入开展党的群众路线教育实践活动，军事训练成绩突出，先后在轻舟分队集训、民兵应急分队和干部职工比武竞赛中涌现出14名训练标兵和训练尖子。政治工作持续跟进，后勤保障稳步到位，全面建设取得长足的进步。9月，被国务院评为“全国民族团结进步模范集体”，县长邓志聪和人武部部长吴炬光参加全国民族团结进步表彰大会。

2014年9月5日，县委常委、人武部部长吴炬光欢送应征青年入伍

2014年6月26日，县人武部部长慰问挂扶点必背镇困难老党员

2014年12月24日，县人武部政工科长参加广东省民族团结进步表彰大会

2014年9月5日，乳源应征入伍青年欢送大会

2014年5月，乳源民兵应急连和全体干部职工参加分区组织的比武竞赛

乳源瑶族自治县人民法院

RUYUANYAOZUZIZHIXIANRENMINFAYUAN

韶关市中级法院领导来县法院视察工作

青年法官重温入党誓词

2014年，乳源瑶族自治县人民法院深入贯彻落实党的十八大和十八届三中、四中全会精神，紧紧围绕“让人民群众在每一个司法案件中感受到公平正义”的目标，坚持司法为民、公正司法，全面加强审判执行、队伍建设和司法改革等各项工作，为保障县经济社会科学发展作出应有贡献。全年共受理各类案件1157件，旧存15件，审结、执结1107件，结案率94.45%，涉诉标的2.21亿元。宽严相济惩治犯罪，维护社会稳定；妥善审理民商事案件，促进社会和谐；协调处理行政争议，监督支持依法行政；穷尽执行强制措施，全力维护胜诉权利人合法权益；深入开展党的群众路线教育实践活动，夯实群众基础；增强司法能力，打造过硬法院队伍。

国际禁毒日刑庭开庭审理涉毒案件

法警在训练

创平活动法律咨询

青年志愿者活动

乳源瑶族自治县教育局

RUYUANYAOZUZIZHIXIANJIAOYUJU

2014年，乳源教育工作在县委、县政府的高度重视和正确领导下，广大教育工作者牢记使命，开拓进取，扎实工作，顺利完成民族实验学校办学体制改革、城区学校划片分区招生和大桥镇创建教育强镇工作，实现教育强镇全覆盖的目标。启动城区义务教育学校“扩容改薄”工程和农村义务教育“全面改薄”工程，成功申报成为全省首批国家级农村职业教育和成人教育示范县创建单位。开展党的群众路线教育实践活动、加强教师业务培训。山区和农村边远地区义务教育学校教师岗位津贴由人均590元提高到790元，全年累计发放国家、省、市和县助学金近1650万元，学生营养改善计划试点工程惠及学生12714人，首次将高级中学招生计划数30%的名额定向分配到县域内各初中学校。

省委常委、纪委书记黄先耀，副省长邓海光在县委书记吴春腾、县长邓志聪的陪同下到县金禧小学视察

东坪镇

DONGPINGZHEN

省委常委、纪委书记黄先耀，副省长邓海光到东坪镇检查指导工作

市委常委、市委组织部部长肖怀跃在县委书记吴春腾等陪同下到东坪镇检查指导工作

东坪镇是乳源瑶族自治县3个瑶族镇之一。2005年5月，乡镇行政区划调整，由原龙南镇并入东坪镇。镇政府驻地设于县城西北部原龙南镇政府，距县城14公里。全镇区域面积为359平方公里，集瑶区、山区、库区和生态发展区为一体。下辖1个居委会、10个村委会，80个村民小组。全镇总户数2883户，总人口数13016人，其中瑶族人口7333人，占全镇总人口的56.34%。镇内交通网络发达，京珠高速公路、国道323线、省道S258线、坪乳公路贯穿耐过。全镇人均耕地面积仅0.5亩，森林覆盖率92.9%，为典型的山区地貌，有“八山一水一分地”之称。有丰富的自然生态资源，南水湖水面面积3800公顷，库容12．5亿立方米，是韶关市城市用水一级备用水源。盛产各种优质水库鱼、生姜、茶叶、柑桔、葡萄、蜂蜜等，生产“皇之香单丛”“凤凰单丛”等金竹峰单丛系列，荣获广东省第六届名茶质量竞赛金奖、全国“中茶杯”一等奖。境内有丰富的旅游资源，旅游风景区有南水湖、南水温泉度假村、西京古道、朱德祖居地，典型瑶族风情的瑶家村、农家乐等，前来旅游观光的省内外及港澳台游客络绎不绝。

2014年，全镇实现国民生产总值6416万元，比2013年比增长5.09%，其中：第一产业4048万元，比2013年增长6.08%；第二产业1499万元，比2013年增长3.17%；第三产业869万元，比2013年增长3.95%。先后获得韶关市第二次全国农业普查先进单位、县抗寒救灾先进集体、县卷烟打假先进单位、45周年县庆工作先进单位、县计生先进单位等荣誉称号。

该镇在按照“建设民族生态休闲旅游小镇”，实施“生态立镇、农林稳镇、旅游旺镇”发展战略，打造“生态东坪、幸福东坪、美丽东坪、和谐东坪”的总体思路，充分发挥镇域资源和区位优势，紧紧抓住“五彩瑶乡”省级新农村示范片建设机遇，大力发展农业、林业、旅游等绿色经济，着力改善民本民生，全力推动经济社会各项事业更好更快发展。

县长邓志聪、县委常委赵志敏到东坪镇雕子塘光彩事业整村推进工程进行调研

市委组织部副部长钟曦到东坪镇汤盆村委指导驻点直联工作

举办迎新春暨计划生育工作宣传文艺晚会

举行“骏业杯”篮球赛

开展“保护南水湖，清除垃圾污染”志愿活动

领导关怀

扶贫济困

文化活动——“弘扬美德、爱我大桥“活动

大桥镇地处乳源境西北部，镇政府驻地距县城约33公里。区位优越，交通便利，省道249线与258线于石角塘处交汇，境内京港澳高速公路在大桥设有出口，有县道325、327、357、358线贯穿。是县3个中心镇之一，镇域总面积384平方公里，其中耕地面积3.94万公顷，林地面积2.65万公顷，森林覆盖率为70%。辖 21个村民委员会，1个居民委员会，共266个村（居）民小组。

乳源县庆“三·八”女子拔河比赛

三等奖

乳源瑶族自治县妇女联合会
二〇一五年三月

新建便民服务中心办公大楼

大桥镇以打造南岭客家旅游小镇为中心，大力实施“生态立镇、农业稳镇、旅游旺镇、文化兴镇”的发展战略，逐步实现生态环境优美、生态农业百花齐放、生态旅游逐渐兴旺、生态文化繁荣昌盛的目标，保持经济社会及各项事业稳定健康发展。

大桥境内旅游景点丰富，有南岭国家森林公园、红豆杉公园、通天箩等，历史文化遗产有西京古道、观澜书院等，主要特产有石头猪、酸姜、大桥河鱼、禾花鱼等。主要经济作物支柱产业有蔬菜、黄烟、油茶、兰花、薄荷、薰衣草等。

支柱产业——蔬菜种植

新兴产业——薄荷

基础设施建设——小河流域综合治理

新农村建设——“两不具备”安置点

大桥 DAQIAO

支柱产业——黄烟

日本電産三協電子(韶関)有限公司

※日本電産三協電子（韶関）有限公司位于广东省韶关市乳源经济开发区，注册资本：830万美金，2014年末总销售额约56亿元。

※厂区占地面积：建筑物1.31万平方米，地皮3.25万平方米，其中宿舍占地面积：建筑物6300平方米，地皮5500平方米。定员650人，截至2015年2月工作人员数：2063人。

公司成立于1995年，同年10月开始生产音响专用磁头，1997年收购合作伙伴持有的股份，1999年开始生产步进马达游戏机FDD用途。2000年部品加工生产开始切削转造螺纹轴、磁石。2001年取得IS09002资格认证，2003年又分别取得了IS09001和IS014001的资格认证，2012年至2014年由来料加工转换成进料加工，形成独立化生产马达驱动组件（洗衣机等排水阀，盖锁）。

公司主要制品步进马达月生产约600万台。马达驱动组件月生产约150万台。部品旋转轴月生产约800万本，磁石月生产约1200万个，全部属进料加工，部品主要供应中国内地市场，制品全部出口香港后销往国内和日本、韩国、新加坡、马来西亚、菲律宾、印度尼西亚等国家。

公司严格执行《中华人民共和国劳动法》及相关法律，特别是环保方面的法律、法规，积极响应乳源瑶族自治县人民政府关于“创建绿色乳源”的号召，通过公司全体员工的努力，分司分别获得日本SONY和先锋公司授予的‘绿色合作伙伴’证书，并获得韶关海关授予的“绿色通道”称号。公司积极推行日本电产集团3Q6S管理，将3Q6S活动作为企业文化的一项重要内容加以展开，员工的素质逐年呈上升的趋势。

RIBRNDIANCHANSANXIEDIANZI (SHAOGUAN) YOUXIANGONGSI

韶关市粤运汽车运输有限公司乳源汽车站

SHAOGUANSHIYUEYUNQICHEYUNSHU YOUXIANGONGSIRUYUANQICHEZHAN

乳源汽车站成立于1958年，原汽车站位于县城鹰峰中路1号。按照乳源社会经济的持续向前发展，该站领域满足客运需求已不适合全域性需要。在县政府及上级主管部门的支持下，2007年10月，乳源汽车客运站选址在县城鲜明南路1号地段开始兴建，站场整体建设工程于2008年11月竣工正式投入使用。是一座具有多功能与现代化设施为一体、属广东省二级B类汽车客运站场等级、日运送旅客5000人次能力的新汽车客运站，设有9个发车位。站场总占地面积2万平方米，其中客运站大楼及附属功能用房建筑总面积3700平方米、停车场总面积8981平方米。

为整合道路运输资源，经韶关市（属国有）道路运输资源整合工作领导小组办公室会议同意，广东省韶关市汽运集团有限公司股权重组挂牌出让，2014年9月19日，该公司出让股权被广东粤运交通股份有限公司摘得。股权认购变更后，广东省韶关市汽运集团有限公司更名为韶关市粤运汽车运输有限公司，将原“广东省韶关市汽运集团有限公司乳源汽车站”更名“韶关市粤运汽车运输有限公司乳源汽车站”。

乳源汽车站拥有经营客运汽车81辆，客运班线15条（其中客运班线跨市有2条、跨县有3条、县内10条），进站配客班线4条，日均发班220班次，日均发送旅客1600人次。

站长黄兴彩（中）、副站长黄志良（左）、副站长杨亚养（右）

乳源瑶族自治县
富邦华景房地产开发有限公司

RUYUANYAOZUZIZHIXIANFUBANGHUAJINGFANGDICHANKAIFAYOUXIANGONGSI

乳源瑶族自治县富邦华景房地产开发有限公司成立于2006年3月。股东凭借十多年的房地产开发经验，秉承“高起点规划、高速度建设、高品牌效应”的经营宗旨，坚持“优秀的品质打造品牌”，以全新的思维，开发创建理念，针对县城百姓需求打造具有多元设计，环境优美，配套设施完善的高品味商住小区“华景雅苑和瑶族文化商业广场”。

“华景雅苑小区和瑶族文化商业广场”项目总占地面积约13.33公顷，总建筑面积约18万平方米。小区内由一幢幢连排别墅、多层及复式步梯洋房、小高层电梯洋房等新式的楼型组成。周边配套建设商业文化广场、园林、水景交织辉影，步移景异，是绿地覆盖最多、环境最优美的商住小区。

公司拥有10多名工程师、会计师、经济师等高级专业管理人才及固定的专业设计和营销、物业管理队伍。公司立足韶关，面向全国发展，不断强化、完善自身，沿房地产发展快速轨道前进。

公司捐资兴建的文昌公园

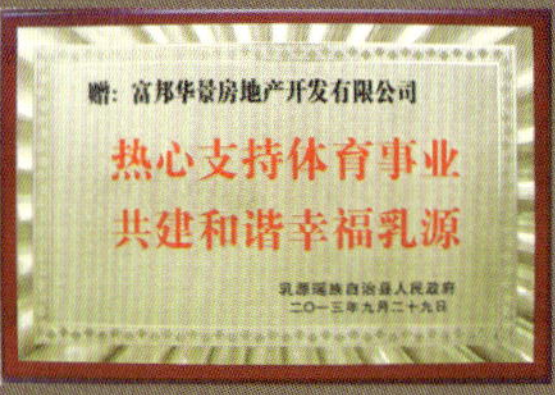

2014年3月4日，广东省委常委、省纪委书记黄先耀到乳源一小开展群众路线教育实践活动专题调研

2014年1月21日，县委书记吴春腾到一小视察，了解校园建设情况

2013年11月1日，县长邓志聪在升旗典礼上讲话

乳源第一小学 RUYUAN DIYIXIAOXUE

乳源第一小学是县直属学校，学校办学历史悠久。原校址位于乳城镇文昌路，为解决原校大班额和生均用地不足问题，县委、县政府决定在鲜明北路新建县第一小学。新一小于2013年8月底基本建成并完成整体搬迁，2013年9月2日学校投入使用。学校占地面积45317平方米，建筑面积24055平方米。

学校开设66个教学班，在读学生有3373人；学校有教职工168人，其中女教师111人，专任教师162人，职工6人，学生3373人，师生比1:20.8。教师学历达标率100%，其中专科以上学历107人，占66%，本科学历48人，占29.6%。小学高级职称以上有154人。全部教师取得教师资格证书，校长参加岗位培训并取得了岗位证书。教师岗位培训合格率100%。

学校功能区布局合理，以校道为中心轴，分为东西两个区：教学区、运动区，形成动静结合的校园布局。教学区从南到北依次分布6栋教学楼与1栋阶梯教室，分别是办公楼、综合教学楼、一二年级教学楼、三四年级教学楼、五六年级教学楼、阶梯教室、综合教学楼。整体以风雨连廊相连通，布局大气，浑然一体，便捷实用。第3栋到5栋第一层（架空层）均为学生风雨活动场所。结合风雨连廊，使区内的步行系统可以风雨无阻。

学校体育运动场建设有200米塑胶环形跑道田径运动场1个，标准篮球场6个，羽毛球场4个，排球场4个。体育设施安放科学、牢固、保证使用安全。满足体育教学及师生参加体育活动的需求，成为少年儿童强身健体，张扬童趣的场所。

新校设计秉持现代理念，学校所有设备设施均按省一级学校的标准来配置。学校建设有现代化的校园网络系统、校园广播系统，将计算机技术、网络技术等高科技手段运用于教学、教研、管理、生活服务各方面，实现班班通，共享教育教学资源。学校拥有72间标准化电教多媒体教室；各功能场室齐全，计算机室，语音室，科学实验室，科技活动室，航模室，天文气象室、录播室、心理辅导室等功能场室建设标准高，设备先进。学生均教学仪器设备值1793.66元。图书79258册，学生均藏书量23.5册。学校教学仪器、设施设备的种类、规格、数量均达到国家和省小学教学仪器设备配备标准。

2014年2月24日，县人大副主任朱均玉和县人大代表到县第一小学检查工作，了解校园建设和使用情况

2014年2月24日，县政协主席费玉海和县政协委员到县第一小学检查工作，了解校园建设和使用情况

2013年8月22日，副县长梁丽娟检查新县第一小学校园建设情况

乳源金禧小学

RUYUANJINXIXIAOXUE

县委书记吴春腾（前排中）到金禧小学调研，县教育局局长郑东红（前排左）等有关人员陪同

乳源金禧小学创办于1992年秋，前称是“县第二小学”，1995年易名为“金禧小学”。占地面积18964.40平方米，有教学班33个，学生1816人，专任教师94人。学校的办学理念是“国学立德，经典育人”，办学宗旨是“为学生健康成长奠基，为教师持续发展铺路”。

该校在乳源瑶族自治县2014年义务教育学校年度考核中获得一等奖，在“县中小学、幼儿园文艺比赛”中获得二等奖。

教科研获得成果。林沁的《建立小组利用网站平台评价习作提高习作能力》荣获国家级论文评比一等奖，《诗中的实与虚——童诗教学开启想象之门》荣获国家级教学设计评比一等奖；文胡新撰写的《有效保护习作兴趣 提高学生习作能力》荣获国家级论文评比三等奖；杜新平撰写的《探索和解锁单亲儿童的心灵密码》荣获市级论文评比二等奖；许琳的多媒体课件《拔萝卜》，程杰的《提线纸偶》荣获县多媒体课件比赛一、二等奖。

体艺工作取得硕果。是年，在县政府广场成功举办“金禧小学校园文化艺术展”，第三届国韵香文化艺术节也圆满落幕。在第二届全县中小学、幼儿园现场书画比赛中，该校学生林硕、余琳获小学组书法比赛一等奖，黄薇如、袁睿获绘画比赛一等。该校学生篮球队在运球接力比赛中男队脱颖而出摘得全县冠军。学生叶骁元在首届广东省青少年书画摄影作文大赛中勇夺一等奖。

爱心人士到校开展送温暖活动

乳源桂头中学

RUYUANGUITOUZHONGXUE

教育部副部长陈小娅（前右二）在县领导的陪同下视察学校

学校前身是1957年创办的韶边中学，1958年11月，撤销韶边县建制，韶边中学划归乐昌县管辖，学校易名为乐昌县桂头初级中学，学校之后先后易名为民族中学、桂头中学、乳源瑶族自治县桂头职业中学。2004年8月，学校再度更名为“乳源桂头中学”。2003年8月，由于教育布局调整，原桂头镇中学合并到该校，桂头中学成为乳源最大的一所乡镇初级中学。

学校座落在粤北山区，武江河畔的桂头镇内的鸡背岭上，是直属于县教育局的市一级学校，校园环境优美，绿树环抱，校园占地面积7.8公顷（78000平方米），学校有20个教学班，在校学生人数773人，教师103人，其中，任课教师98人，教师中本科学历的69人，大专学历的34人，学历达标率为98.3 %。

学校开展拓潜教育：尊重学生的个体差异；激发学生的潜在能力；优化学生的成长环境。以“立志成才，报效祖国”作为学校的办学宗旨， 以“相信每一个人的潜能，帮助每一个人的成长” 作为学校的办学理念，并逐步形成学校的“一训三风”——校训：激发潜能，成就自我，校风：自信卓立 ，教风：因材育才，学风：乐学善思。

创建省教育强镇以来，办学条件进一步改善，校园面貌焕然一新。

在教学改革上，学校积极进行各项教学改革实验，充分调动学生的学习积极性和主动性，大力推广“导学案”教学模式，教学过程对学习有困难学生有了很大的帮助，让学生在主动中学会学习、学会合作。

在德育建设上，学校重视以法治校、以德治校，抓常规、管基础，积极开展法制教育活动。以行为规范为重点，立足校内、借助校外、全面育人，近年来，学校把诵读弟子规为切入点，开展行之有效的德育课题，大力推进学校“木棉精神”为主题的校园文化建设，把德育寓于丰富多彩的活动之中、寓于优化的环境教育之中，学生的文明礼仪，行为习惯取得明显成效。

学校坚持向管理要效益、以科研求质量、求发展的办学思路，经过多年的努力，尤其是近三年来的努力，教育教学质量取得可喜的成绩。近三年，学校升高人数屡创新高，各项指数列居全县第二。学校于1962年被评为“广东省先进学校”，并先后被评为“广东省创建美丽校园先进单位”“市先进单位”“县文明单位”“镇先进党支部”等先进集体称号。

教工木棉足球队

祝贺单位

乳源瑶族自治县人民检察院
乳源瑶族自治县公安局
乳源瑶族自治县地方税务局
韶关市乳源公路局
乳源瑶族自治县卫生和计划生育局
乳源瑶族自治县人民武装部
乳源瑶族自治县人民法院
乳源瑶族自治县教育局
乳源瑶族自治县水务局
乳源瑶族自治县林业局
乳源瑶族自治县农业局
乳城镇
东坪镇
大桥镇
乳源瑶族自治县国家税务局
乳源瑶族自治县质量技术监督局
乳源瑶族自治县工商行政管理局
广东省天井山林场
乳源农村信用社
广东粤电南水发电有限责任公司
日本电产三协电子（韶关）有限公司
韶关市粤运汽车运输有限公司乳源汽车站
乳源瑶族自治县富邦华景房地产开发有限公司
乳源第一小学
乳源金禧小学
乳源桂头中学

目　录

地图
编辑说明
编纂机构
彩页

专　文

■ 从严从实抓教育　持之以恒转作风
——乳源瑶族自治县党的群众路线教育实践活动工作总结 …………………………… 1
· 综述
· 做法特点
· 主要成效
· 存在问题及一步工作

特　载

■ 加强班子建设　转变工作作风　凝心聚力干事创业加快乳源发展
——在县委十一届五次全会上的报告 …… 6
■ 政府工作报告
——2015 年 1 月 27 日在乳源瑶族自治县第十一届人民代表大会第五次会议上 … 12
■ 乳源瑶族自治县人民代表大会常务委员会工作报告
——2015 年 1 月 27 日在乳源瑶族自治县第十一届人民代表大会第五次会议上 … 19
■ 中国人民政治协商会议第九届乳源瑶族自治县委员会常务委员会工作报告 …… 23

大 事 记

■ 2014 年乳源大事记 ………………………… 27

县 情 概 貌

■ 建置区划 ……………………………………… 42
· 建置沿革
· 行政区划
■ 人口语言 ……………………………………… 43
· 人口
· 语言
■ 民族宗教 ……………………………………… 43
· 民族
· 宗教
■ 自然地理 ……………………………………… 43
· 位置
· 土壤
· 地貌
· 地质
· 山脉
· 河流
■ 自然资源 ……………………………………… 44
· 土地资源
· 水资源
· 水力资源
· 旅游资源
· 矿产资源
· 彩石资源
· 动物资源
· 植物资源
■ 经济社会发展 ………………………………… 46
· 经济实力不断增强
· 城乡面貌日益改善
· 社会事业不断发展
· 政务环境得到优化
· 成功举办第八届瑶族“十月朝”旅游文化节

· 被评为广东省2013—2014年度“旅游创新发展十强县（市）”
·《恩情》获广东省第九届“五个一工程”奖
·“瑶族民歌”被列入第四批国家级非物质文化遗产代表性项目名录

中共乳源瑶族自治县委员会

■ 综述 ······ 49
■ 重要会议 ······ 49
· 县委十一届四次全会
· 县委十一届五次全会
■ 重要活动 ······ 50
· 开展第二批党的群众路线教育实践活动
· 邓海光到乳源调研
· 黄先耀到乳源调研
· 国家宗教事务局副局长到乳源调研
· 黄业斌到乳源调研
· 启动全面深化改革
· 妥善处置农药洒落事件
· 梁伟发到乳源调研
· 许瑞生到乳源调研
· 全省扶贫开发“双到”工作现场会与会人员到乳源考察
· 黄先耀、邓海光到乳源调研
· 瑶族“十月朝”节庆活动
· 县委理论学习中心组学习活动
■ 县委常委以上领导名单 ······ 52
■ 县委办工作 ······ 53
· 概况
· 公文办理科学严谨
· 会务活动精简高效
· 综合调研服务大局
· 政策研究发挥作用
· 信息采编及时有效
· 督查督办效率提升
· 机要保密安全通畅
· 信访维稳保障稳定
· 接待工作整体提升
· 深化改革稳步推进
■ 宣传工作 ······ 55
· 概述
· 理论武装
· 重要宣传
· 舆情关注
· 文化发展
· 文明建设
■ 组织工作 ······ 56
· 概况
· 开展党的群众路线教育实践活动
· 领导班子建设
· 干部队伍建设
· 人才队伍建设
· 基层党组织建设
·“两新”组织党组织建设
· 党员队伍建设
· 组织部自身建设
■ 统战工作 ······ 58
· 概况
· 党的群众路线教育实践活动
· 发挥统一战线优势推动重点项目实施
· 党外代表人士队伍建设
· 县无党派知识分子联谊会工作
· 民族工作
· 宗教工作
· 港澳和海外联谊工作
· 非公经济工作
■ 机构编制管理 ······ 60
· 概况
· 政府职能转变和机构改革
· 行政审批制度改革
· 机构和人员编制核查
· 公共资源交易体制改革
· 清理行政职权编制权责清单
· 事业单位分类改革后续工作
· 事业单位登记管理
· 机构编制信息工作

·事业单位法人治理结构建设
·网上名称管理
·机构编制管理制度建设
直属机关工委工作 ………………………… 62
·概况
·积极开展党的群众路线教育实践活动
·党建工作目标管理
·机关党建培训工作
·“两新”组织党建工作示范点创建活动
·支部换届改选和补选工作
·党风廉政建设工作
老干部工作 ………………………………… 62
·概况
·组织老干部学习活动
·政治待遇落实
·生活待遇落实
·扶贫济困工作
县关工委工作 ……………………………… 63
·概况
·关工委基层机构建设
·关工委工作会议
·开展创建“五好”关工委工作
·基层调研工作
·关爱工程
·资料信息
党校工作 …………………………………… 64
·概况
·师资队伍建设
·干部培训工作
·新一轮“扶贫双到”
·党风廉政建设工作
·电大工作

乳源瑶族自治县人民代表大会

综述 ……………………………………… 66
重要会议 …………………………………… 66
·县十一届人大四次会议
·组团参加韶关市第十三届人大三次会议
·县人大常委会会议
主要工作 …………………………………… 66
·监督工作
·国家机关工作人员人事任免
·代表工作
·依法治理工作
·宣传工作
·信访工作
·自身建设
县人大常委会主任、副主任成员名单 …… 68

乳源瑶族自治县人民政府

综述 ……………………………………… 69
重要会议 …………………………………… 69
·县政府常务会议
·县政府工作会议
重要政务 …………………………………… 70
·保持经济较快增长
·加快推进新型城镇化
·抓好扶贫“双到”工作
·全力发展社会事业
·加强政府自身建设
重要决策 …………………………………… 71
·全面推进深化改革
·规范“三旧”改造工作
·优化建设工程项目审批流程
·加快推进政务服务体系建设
·培育新型农业经营主体
·促进建筑业发展
·加快发展规模以上工业企业和外贸外资企业
·加快开发区（产业园区）建设发展
·加强政务服务体系建设工作责任追究
·规范政务督查工作
重大活动 …………………………………… 71
·党的群众路线教育实践活动
·“源水居杯”首届千人徒步健身比赛
·首届广场健身舞比赛
·首届温泉养生旅游文化节

·农特产品展示展销推介会
·环南水湖自行车公开赛
·瑶族“十月朝”旅游文化节
■ 乳源瑶族自治县人民政府县长、副县长领导成员名单 …… 72
■ 县政府办工作 …… 72
·概况
·秘书工作
·政务调研信息
·督办工作
·应急管理
·法制服务
·金融服务
·帮扶工作
·群众路线教育实践活动
■ 外事侨务和台湾工作 …… 74
·概况
·外事往来
·海外及港澳台同胞交流
·对台工作
■ 档案·史志 …… 74
·概况
·档案管理
·档案调查统计和接收
·档案行政执法检查
·监督指导和业务培训
·档案资源开发利用
·档案信息化建设
·陈列室维护工作
·地方志资料年报工作
·年鉴工作
·《广东地方志纪事》供稿工作
·地方志信息化工作
·乳源瑶族传统村寨调查
·党史工作
·挂扶工作
■ 机关事务管理 …… 76
·概况
·财务监督与管理
·规范公务用车管理
·提升后勤保障质量
·加强县政府招待所管理
■ 行政服务中心 …… 77
·概况
·完善实体大厅建设
·推进网上办事大厅建设
·推进镇（村）便民服务中心（站）建设
·推进行政审批规范化管理
·推进政务服务三项改革
·推进业务培训常态化
·推进公共资源交易中心规范化运作

中国人民政治协商会议乳源瑶族自治县委员会

■ 综述 …… 79
■ 重要会议 …… 79
·县政协九届四次会议
·政协常委会议
·民主协商会议
■ 重要活动 …… 80
·专题议政调研视察
■ 主要工作 …… 80
·提案办复
·文字信息
·“三胞联谊”和对外交流
·自身建设
■ 县政协秘书长以上领导名单 …… 80

中共乳源瑶族自治县纪律检查委员会

■ 综述 …… 81
■ 主要工作 …… 81
·廉政宣传教育
·党风廉政建设
·派驻纪检监察组工作
·查处违法违纪案件
·纪律检查体制改革

·干部队伍建设
■ 重要会议 …… 82
·第十一届纪律检查委员会第四次全体会议
■ 监察工作 …… 83
·概况
·重大项目督查督办
·执法效能监察
·纠正不正之风

群团组织·工商联

■ 县总工会 …… 84
·概况
·县总工会十一届四次全委（扩大）会议
·开展党的群众路线教育实践活动
·召开劳动模范表彰大会
·民生工作
·维稳工作
·业务培训
·权益保障
·职工书屋
·工会经费审计工作
■ 团县委 …… 85
·概况
·共青团工作会议
·青年就业创业
·幸福工程
·思想引领
·志愿服务
■ 县妇女联合会 …… 86
·概况
·党的群众路线教育实践活动
·纪念“三八”国际妇女节104周年活动
·“平安家庭”创建活动
·邢丽、吕志玲一行到乳源调研
·召开全县妇女工作会议
·妇女儿童合法权益宣传
·妇女儿童民生实事
■ 县科学技术协会 …… 87
·概述
·“基层科普行动计划”申报
·科普周活动
·科普进村
·科普进山区校园
·科普进社区
■ 县文学艺术界联合会 …… 88
·概况
·文学艺术活动
·摄影协会活动
·观赏石协会对外活动
·《西京古道行》首发仪式
·创作诗词活动
·书法临帖作品赛
·主要成果
■ 县社会科学界联合会 …… 89
·概况
·学术科研活动
·科研成果
■ 县归国华侨联合会 …… 90
·概况
·侨联活动
·侨情与侨务资源调查
·信息工作
■ 县残疾人联合会 …… 90
·概况
·残疾人康复救助
·残疾人职业技能与就业
·扶残助学
·扶贫解困
·落实残疾人社会保障政策
·残保金征收
·信访维权
·创建全国白内障无障碍县
·残疾人基本服务状况和需求专项调查
·开展党的群众路线教育实践活动
·组织建设
■ 县红十字会 …… 92
·概况

·援建工作
·援救技能培训
·无偿献血活动
·慰问敬老院老人
·助学活动
■ 县革命老区建设促进会 …………………… 92
·概况
·在建项目
·老区调查
·宣传发行工作
■ 县瑶族海外联谊会 ………………………… 93
·概况
·民生、民情工作建议
·交流联谊活动
·拓宽海内外瑶族友情
·筹备理事会年会
■ 县工商业联合会 …………………………… 93
·概况
·开展党的群众路线教育实践活动
·加强非公有制经济人士思想政治工作
·社会公益活动
·协助政府管理和服务非公有制经济企业
·发展商会会员

法　　治

■ 政法委工作及综治工作 ………… 95
·概况
·维稳防控
·综治创平
·社会管理
·防邪反邪
·国安工作
·执法监督
·队伍建设
■ 社会工作委员会 …………………………… 97
·概况
·南粤幸福活动周
·社会体制改革
·民情志愿服务
·社工人才建设
·党的群众路线教育实践活动
·信息建设
■ 公安 ………………………………………… 98
·概况
·维护社会稳定
·打击刑事犯罪
·治安管理
·交通安全管理
·出入境户政管理
·监所管理
·社会管理
·基础建设
·禁毒工作
·安保工作
·公安宣传工作
·队伍建设
■ 消防 ………………………………………… 100
·概括
·接警处置
·开展消防安全检查，督促整改火险隐患
·消防安保工作
·消防宣传教育
·思想政治教育
·荣誉
■ 依法治县工作 …………………………… 101
·概况
·制定法治工作规划
·召开依法治县工作会议
·法治镇创建活动
·“民主法治村（社区）”创建活动
·“阳光法治·法治惠民”工程
·广东省法治文化建设示范点通过验收
·法治文化建设
·普法宣传教育
·广东省信访条例宣传
■ 检察 ………………………………………… 102
·概况

·队伍建设
·侦查监督
·公诉工作
·反贪污贿赂工作
·反渎职侵权工作
·刑事控告申诉检察工作
·监所检察工作
·民事行政检察
·犯罪预防宣传
·检务公开工作
■ 法院 …………………………………… 103
·概况
·刑事审判
·民商事审判
·行政审判
·执行工作
·践行司法为民
·推进阳光司法
·队伍建设
■ 司法行政 …………………………………… 105
·概况
·人民调解
·法制宣传教育
·法律援助
·律师工作
·公证工作
·安置帮教
·社区矫正
·队伍建设

武　　装

■ 人民武装 …………………………………… 107
·概况
·政治工作
·军事训练
·后勤建设
·征兵工作
■ 人民防空 …………………………………… 107
·概况
·指挥工程建设
·信息化集成建设
·防空警报试鸣和防空疏散演练
·人防法规宣传教育
■ 武警中队 …………………………………… 108
·概况
·思想政治教育
·军事训练
·执勤处突

经　济　管　理

■ 县发展和改革局 …………………………………… 109
·概况
·编制规划
·重点项目投资
·低碳发展示范项目通过验收
·持续石漠化综合治理
·生态文明改造工程建设
·世界银行贷款项目
·深化改革
·项目申报
■ 统计行政管理 …………………………………… 110
·概况
·统计监测调查
·业务培训
·联网直报工作
·统计执法检查
·第三次全国经济普查
·开展群众路线教育实践活动
■ 物价 …………………………………… 111
·概况
·价格监测
·价格调节基金征收管理
·完善平价商店管理
·价格专项监督检查
·举报受理与网络问政
■ 工商行政管理 …………………………………… 112

· 概况
· 服务地方经济
· 市场主体监督管理
· 打击无照经营
· 开展反不正当竞争执法工作
· 打击传销
· 走私综合治理
· 保护消费者权益

国土资源管理 …… 113
· 概况
· 土地利用规划管理
· 用地服务
· 耕地保护
· 地籍管理
· 矿产资源管理
· 土地、矿产卫片执法检查
· 巡查执法监察
· 地质灾害防治
· 高标准基本农田建设
· 土地出让
· 土地测量
· 城乡建设用地增减挂钩试点
· 土地管理和监管
· 地震管理
· “土地日”宣传
· 加强公共机构节能
· “数字城市”地理空间框架建设

质量技术监督局 …… 115
· 概况
· 食品安全监管
· 质量强县
· 特种设备安全监察
· 计量管理
· 标准化管理
· 打假治劣
· 地理标志产品保护

安全生产监管 …… 117
· 概况
· 构建“党政同责、一岗双责、齐抓共管”格局
· 宣传教育
· 安全标准化建设
· 安全生产专项整治
· 安全生产应急管理
· 职业卫生监管
· 文体旅游市场监管
· 农资市场监管

国有资产管理 …… 119
· 概况
· 国有企业改革
· 国有资产监管
· 国有资产运营

审计工作 …… 119
· 概况
· 县级预算执行审计
· 专项审计项目
· 财务收支审计
· 经济责任审计
· 上级交办的审计任务

农业·农村·气象服务

农业 …… 121
· 概况
· 农村经济
· 现代农业
· 新型农业经营主体
· 农产品质量安全
· 农村集体三资管理
· 减轻民负
· 土地流转
· 新农村建设

林业 …… 124
· 概况
· 生态工程建设
· 林政管理
· 林业社会服务
· 集体林改

· 平安林区建设
· 林业简政放权
■ 南水湖湿地公园管理 …………………… 125
· 概况
· 湿地保护和恢复工程建设
· 湿地监测和科研工程建设
· 湿地基础和服务工程建设
· 湿地的科普宣教工程建设
■ 农业机械 …………………………………… 126
· 概况
· 党的群众路线实践教育活动
· 农机化推广
· 农机服务
· 农机监理
· 安全生产
■ 扶贫工作 …………………………………… 127
· 概况
· 责任落实
· 产业帮扶
· 民生工程
■ 水利 ………………………………………… 128
· 概况
· 加强党风廉政建设
· 党的群众路线教育实践活动
· 重点工程建设
· 防汛抗旱
· 依法治水
· 水资源管理
· 水土保持
· 安全生产
· 水库移民管理
■ 气象服务 …………………………………… 129
· 概况
· 气象灾害
· 气象服务社会
· 防雷减灾监督检查
· 安全宣传
■ 畜牧兽医水产 ……………………………… 130
· 概况
· 畜牧业
· 水产业
· 重大动物疫病免疫
· 动物疫病监测
· H7N9 流感防控
· 质量安全监管
· 项目储备、申报和管理
· 污染减排
· 技术培训
· 名优鱼类养殖技术推广
· 政务服务体系建设
· 党的群众路线教育实践活动
· 农技推广
· 能繁母猪保险、补贴
■ 渔政 ………………………………………… 132
· 概况
· 开展党的群众路线教育实践活动
· 禁渔期工作
· 渔船安检
· 执法巡查
· 渔业船员培训
· 渔业增殖放流、互保及油补
· 宣传教育

工　业

■ 电力工业 …………………………………… 134
· 概况
· 安全生产
· 经营情况
· 电力供应
· 电网建设
· 规范化建设
· 优质服务
· 人才技能比武
· 党建企业文化
■ 银源公司 …………………………………… 135
· 概况
· 安全生产管制

· 供水服务
· 污水截污减排
· 县城路灯管护
· 工程项目建设
· 党的群众路线教育实践活动
· 员工队伍管理
· 张宗飞荣登中国好人榜

■ 泉水水电厂 …… 137
· 概况
· 安全生产
· 增效扩容
· 改善运行值班环境
· 大坝定检
· 民主管理
· 关爱活动

■ 自来水分公司 …… 137
· 概况
· 水质管理
· 安全生产
· 管网建设
· 优质服务
· 党务与民主管理

■ 经济开发区 …… 139
· 概况
· 招商引资
· 区位调整
· 税收分成改革
· 低碳发展
· 园区基础设施建设
· 对口帮扶工作
· 党的群众路线教育实践活动
· 党建工作

■ 民营规模以上企业简介 …… 140
· 乳源东阳光电化厂
· 韶关包装印刷有限公司
· 乳源东阳光精箔有限公司
· 乳源阳之光亲水箔有限公司
· 乳源东阳光化成箔有限公司
· 乳源东阳光机械有限公司
· 乳源东阳光磁性材料有限公司
· 韶关东阳光电容器有限公司
· 乳源阳之光铝制品有限公司
· 韶关市鸿峰特钢有限公司
· 广东宝华农业科技股份有限公司
· 广东冠华食品有限公司
· 乳源瑶族自治县永恒实业有限公司
· 韶关赛普超硬材料科技有限公司
· 乳源瑶族自治县晟发有色金属有限公司
· 韶关市腾辉特钢有限公司
· 乳源瑶族自治县鑫源环保金属科技有限公司
· 乳源瑶族自治县富特机械配件制造有限公司
· 乳源瑶族自治县恒力碳素制品有限公司
· 韶关好特利电子有限公司
· 韶关大唐研磨材料有限公司
· 韶关硕成化工有限公司

商　　贸

■ 经济贸易 …… 143
· 概况
· 工业经济
· 招商引资
· 外经外贸
· 规上企业
· 社会消费
· 节能降耗
· 科技成果
· 企业服务
· 重点项目
· 党的群众路线教育实践活动
· 安全生产

■ 粮食购销与储备 …… 144
· 概况
· 粮油轮换
· 粮食工作考评
· 军供服务创新
· 库存交叉检查
· 应急演练

· 宣传活动
· 平价商店
■ 供销合作社 …… 145
· 概况
· 服务宗旨
· 种子经营
· 中心服务
· 安全经营
· 路线教育
· 双到扶贫
■ 烟草专卖 …… 146
· 概况
· 专卖管理
· 卷烟销售
· 收购调拨
■ 盐业专卖 …… 147
· 概况
· 市场掌控
· 机制改革
■ 商业总公司 …… 147
· 概况
· 企业经营与管理
■ 民爆物资监管 …… 147
· 概况
· 培训与演练
· 安全生产检测

财税 · 金融 · 保险

■ 财政 …… 149
· 概况
· 财政预算
· 优化编制
· 步入试点
· 预算公开
· 改革创新
· 保障民生
■ 国家税务 …… 150
· 概况
· 组织收入
· 税收征管
· 税务稽查
· 纳税服务
· 队伍建设
■ 地方税务 …… 151
· 概况
· 组织收入
· 队伍建设
· 文明建设
· 纳税服务
· 社会公益
· 从严治党
■ 人民银行乳源支行 …… 152
· 概况
· 金融机构
· 货币政策
· 金融服务
· 跨境结算
· 国库服务
· 金融稳定
■ 工商银行乳源支行 …… 153
· 概况
· 负债业务
· 信贷业务
· 支持企业
· 社会效益
· 中间业务
· 加强“反洗钱”工作
· 优质服务
· 内部管理和队伍建设
· 家园文化
■ 农业银行乳源支行 …… 154
· 概况
· 信贷业务
· “惠农通”业务
· 综合金融服务
· 网点建设
· 队伍建设

■ 建设银行乳源支行 …………………………… 155
· 概况
· 人员结构
· 各项业务
· 工作创新
■ 农村信用合作联社 …………………………… 156
· 概况
· 经营成效
· “三农”服务
· 内部机制
· 新兴业务
· 深化改革
· 企业文化
· 党建工作
· 扶贫济困
■ 邮政储蓄银行乳源支行 ……………………… 157
· 概况
· 业务发展
· 履行责任
· 基础管理
■ 财产保险 …………………………………… 157
· 概况
· 业务发展
· 灾情理赔
· 特殊理赔案件
· 客户服务
■ 人寿保险 …………………………………… 158
· 概况
· 业务发展
· 管理机制
· 客户服务
· 产品宣传

旅游·服务业

■ 旅游 ………………………………………… 160
· 概况
· 旅游项目建设
· 旅游推介活动
· 旅游行业安全管理
· 发展休闲旅游产业
· 旅游总规修编
· 策划《映像乳源》专辑
■ 旅游景区简介 ……………………………… 161
· 南岭国家森林公园
· 广东乳源大峡谷
· 云门寺佛教文化生态保护区
· 云门山旅游度假区
· 天井山国家森林公园
· 天景山仙人桥景区
· 必背过山瑶之乡生态旅游景区
· 南方红豆杉森林公园
· 通天箩地下森林公园
· 西京古道
· 南水湖国家湿地公园

交通·邮政·通信

■ 交通运输 …………………………………… 164
· 概况
· 公路建设
· 广乐高速建设
· 地方公路养护
· 修复水毁公路工程
· 路政管理
· 运输监管
· 行政审批
· 春运工作
· 党的群众路线教育实践活动
■ 公路建设与管理 …………………………… 165
· 概况
· 路桥建设
· 公路养护
· 应急处置
· 抗冰保通
· 机械管理
· 路政管理
· 年票征收

■ 客运汽车 …………………………………… 167
·概况
·经营发展
·客运站场建设
·企业改革
■ 邮政 ………………………………………… 167
·概况
·业务发展
·邮务方面
·金融业务
·资金安全
·速递业务
·基础能力
·职工之家
■ 电信 ………………………………………… 169
·概况
·网点建设
·加快网络建设　促进光纤平移和宽带提速
·客户支撑
·服务质量
·搭建发展平台　提升员工素质
·人文关怀工作
■ 移动通信 …………………………………… 170
·概况
·市场拓展
·阳光政务
·优化场所
·党风建设
■ 联通通信 …………………………………… 171
·概况
·客服维系
·队伍建设
·签署“智慧城市”战略合作协议

城　建　·　环　保

■ 住房和城乡建设 ……………………………… 172
·概况
·城乡规划
·房地产市场管理
·市政设施
·园林绿化
·环卫管理
·城市管理
·建筑市场管理
■ 环境保护 …………………………………… 173
·概况
·环境质量
·环境影响评价
·污染物减排
·环境监察与排污费征收
·环境监测
·政务信息
·自然生态保护
·危险废物安全监管
·农村环保

文　化

■ 文化行政管理 ……………………………… 176
·概况
·文化设施建设
·公共文化
·社会文化
·文化遗产
·文艺创作
·文化交流
·奖项
■ 广播电视 …………………………………… 177
·概况
·新闻报道
·设施维修、建设
·安全播出
·广告业务
·体制改革
·获“2013 韶关市广播电视节目评比”成果
■ 县新华书店有限公司 ……………………… 178
·概况

· 完成经济指标
· 义教新华字典
· 文化消费补贴

卫 生 · 体 育

■ 卫生 …… 179
· 概况
· 预防为主，科学应对“登革热”和“埃博拉出血热”疫情
· 深化医改，巩固“两大成果”
· 基础设施建设
· 队伍建设
· 落实“计生”优惠政策
· 妇幼服务
· 公共卫生服务
· 传染病防控
· 重大活动医疗卫生保障
· 卫生“计生”宣传教育
· 开展群众路线教育实践活动
· 信访工作
· 卫生监督
· 行业作风建设
· 瑶医瑶药
· 爱国卫生运动
· 慢性病防治
■ 食品药品监督 …… 182
· 概况
· 药品安全监管
· 餐饮食品安全监管
· 生产环节食品安全监管
· 专项整治
· 流通环节食品安全监管
· 保健食品安全监管
· 化妆品安全监管
■ 疾病预防控制 …… 184
· 概况
· 疾病监测和防治
· 暴发疫情处置
· 人感染 H7N9 禽流感防控
· 登革热防控
· 埃博拉出血热防控
· 计划免疫管理
· 卫生保障
· 成立行政服务中心疾控分中心
■ 卫生监督 …… 185
· 概况
· 卫生行政审批
· 卫生监督协管
· 公共场所卫生监督
· 学校卫生监督
· 医疗卫生监督
· 生活饮用水卫生
■ 医疗机构简介 …… 186
· 县人民医院
· 县中医医院
· 县妇幼保健院
· 桂头镇中心卫生院
· 大桥镇崇安医院
■ 体育 …… 191
· 概况
· 竞技体育
· 群众体育
· 备战省民族运动会
· 抓好场地设施建设
· 组织节庆系列体育

科 技 · 教 育

■ 科学技术 …… 192
· 概况
· 县级科学技术支出
· 科技计划及项目管理
· 科技成果
· 科普工作与科技培训
· 科技型企业
· 知识产权保护和管理
■ 信息化建设 …… 192

· 概况
· 政务服务体系信息化建设
· 网站管理
· 网络信访工作
· 网络维护
· 视频会议系统管理
· 宣传工作

■ 教育 ………………………………………… 194
· 概况
· 教学工作
· 队伍建设
· 教育体制
· 基础教育
· 职业教育
· 成人教育
· 学前教育
· 民办教育
· 体育工作

■ 重点学校简介 ………………………………… 197
· 乳源高级中学
· 乳源中等职业技术学校
· 乳源教师进修学校
· 乳源中学
· 桂头中学
· 县民族实验学校
· 乳源第一小学
· 金禧小学
· 机关幼儿园
· 大桥欧晖中学
· 侯公渡中学
· 一六中学
· 大布中心学校
· 红云中心学校

社　会　生　活

■ 人力资源和社会保障 ………………………… 203
· 概况
· 就业服务
· 社会保障
· 劳动维权
· 人事管理
· 工资福利
· 扶贫双到

■ 社保工作 ……………………………………… 205
· 概况
· 启用二代社保卡发放社保待遇
· 困难国有企业历年社会保险欠费清缴工作
· 社会保险法执法检查
· 社会保险信息公开工作
· 城乡居民养老保险参保续保
· 生存资格认证
· 内控监督

■ 民政工作 ……………………………………… 206
· 概况
· 双拥工作
· 优抚工作
· 两委换届
· 低保工作
· 五保工作
· 医疗救助
· 救灾工作
· 区划地名
· 社会组织
· 婚姻登记
· 社会事务
· 老龄工作
· 慈善募捐
· 殡葬管理

■ 民族宗教 ……………………………………… 207
· 概况
· 民族工作
· 宗教工作

各　镇　概　况

■ 乳城镇 ………………………………………… 210
· 概况

·镇域经济社会发展
·推进重点项目建设
·农业农村基础设施建设
·新一轮扶贫开发“双到”工作
·城镇建设
·民生发展情况
·人口与计划生育工作
·社会管理工作
·村（社区）换届选举工作
·村级财务管理
·镇村服务平台建设
·村小组规范化建设
·镇纪委规范化建设
·党的基层组织建设
·党风廉政建设
·党的群众路线教育实践活动
·武装工作

■ 桂头镇 ······ 215
·概况
·经济建设持续推进
·城镇化建设加快
·社会保障体系
·教育卫生事业
·新一轮“扶贫”双到工作
·社会稳定与综合治理
·计划生育服务
·人武工作
·农村集体资产租赁竞拍与工程竞标
·镇人大工作
·村（社区）“两委”换届
·党的群众路线教育实践活动
·农村“五有”规范化建设
·重点项目实施

■ 大桥镇 ······ 218
·概况
·生态农业发展
·旅游开发
·生态环境与资源保护
·重点项目建设
·社会事业管理
·民心工程
·弘扬和承传客家文化
·新一轮扶贫开发“双到”工作
·民生事业
·计生工作
·征兵工作
·村（居）两委换届工作
·镇第十四届人民代表大会第四次会议
·群众路线教育实践活动
·基层组织建设
·共青团大桥镇第十五次代表大会

■ 大布镇 ······ 222
·概况
·经济社会发展
·基础设施建设
·创建平安大布
·计生服务工作
·便民服务
·完成征兵任务
·社会各项事业
·村、社区“两委”换届选举工作
·加强基层党建
·共青团大布镇第十四次代表大会召开

■ 必背镇 ······ 225
·概况
·农业农村经济发展
·新农村创建工程
·镇区地质灾害改造工程
·村（居）两委换届
·便民服务
·计划生育工作
·社会综合管理
·民生保障
·征兵工作
·应对农药泄漏事故
·薄弱村整顿
·农村“五有”规范化建设
·党的群众路线教育实践活动
·纪委规范化建设

・加强干部队伍建设

■ 游溪镇 …………………………………………… 228
・概况
・农业农村经济发展
・新农村基础设施建设
・农村综合改革
・农村环境整治
・灾后重建家园项目
・“两不具备”村庄搬迁
・人口与计生服务
・医保与社会保障
・综治信访维稳
・村（社区）“两委”换届选举工作
・党的群众路线教育实践活动
・召开十二届人民代表大会第三次会议
・召开共青团游溪镇第十四届代表大会

■ 东坪镇 …………………………………………… 231
・概况
・农业农村经济发展
・村（居）“两委”换届选举
・召开第十二届人民代表大会第三次会议
・“两不具备”村庄建设安置工程
・全民体育健身运动及健身广场建设
・综治信访维稳
・医保与社会保障
・征兵工作
・计划生育服务
・村务公开建设
・“三资”管理平台建设及村账镇代记工作
・清理整治“两违”及“小产权”工作
・农村“清洁美”建设工程
・新村便民服务中心建设
・中国狮子联合基金、香港澳健儿有限公司捐赠活动
・共青团东坪镇第十四次代表大会
・环南水湖自行车公开赛秩序维护工作

■ 洛阳镇 …………………………………………… 234
・概况
・镇域经济发展
・基础设施建设
・生态林业管理
・新一轮扶贫开发工作
・文化建设
・社会保障服务
・镇纪委规范化建设年活动
・人口计划生育
・社会综合管理工作
・党的群众路线教育实践活动
・重点项目建设工作
・中共洛阳镇委员会第十一届党代表大会第二次会议
・共青团洛阳镇第十三次代表大会

■ 一六镇 …………………………………………… 237
・概况
・农业经济发展
・基础设施建设
・村（居）两委换届工作
・文教卫生事业
・社会保障事业
・新一轮扶贫开发“双到”
・综治信访维稳
・人口计划生育
・党建工作
・征兵工作
・便民服务站建设
・重点项目建设
・高标准农田建设
・林权深化改革工作
・镇第十届党代表大会第二次会议
・共青团一六镇第十二次代表大会

中省驻乳源单位

■ 广东省核工业地质局二九一大队 ………… 241
・概况
・主要职能
・历史沿革
・地质业务
・核工业华南二九一工程勘察公司
・二九一大队职工医院

·二九一房地产开发有限公司

■ 广东粤电南水发电有限责任公司 …………… 242

·概况
·企业管理
·安全生产活动
·防汛工作
·人力资源管理与培训
·党建工作
·工会工作
·综合管理

■ 广东省乳阳林业局 ………………………… 244

·概况
·森林培育
·小水电生产
·森林资源管护
·安全生产与应急演练
·森林防火
·廉政文化建设
·学校、医院移交工作
·加强森林公园管理

■ 广东省天井山林场 ………………………… 245

·概况
·森林资源培育
·森林资源管护
·森林防火
·安全生产
·小水电站生产
·生态旅游
·林业科技
·参加政策性森林保险
·林下经济
·民生建设
·党风廉政建设

■ 广东省高速公路有限公司京珠北分公司 ………………………… 247

·概况
·收费体系建设
·队伍素质建设
·行车环境治理
·养护科技创新
·党建工作创新

■ 广东乳源大峡谷省级自然保护区 …………… 248

·概况
·党的群众路线教育实践活动
·管护队伍素质培训
·宣传教育
·资源管护
·社区共管
·维稳工作

2014年乳源瑶族自治县国民经济统计资料

■ 关于2014年国民经济和社会发展的统计公报
乳源瑶族自治县发展和改革局 …………… 249

先进名录

■ 先进单位 ……………………………………… 253

■ 先进个人 ……………………………………… 255

文献专载与重要文件

■ 2014年县委常委会工作总结 ………………… 258

■ 关于印发《乳源瑶族自治县人民政府职能转变和机构改革方案》的通知 …… 264

■ 关于印发乳源瑶族自治县2014年农业农村工作意见的通知 …………………… 269

■ 重要文件目录 ………………………………… 275

·2014年县委重要文件目录（选）
·2014年县人大重要文件目录（选）
·2014年县政府重要文件目录（选）

索　引

■ 主题索引 ……………………………………… 283

■ 表格索引 ……………………………………… 298

■ 彩页索引 ……………………………………… 299

专 文

从严从实抓教育　持之以恒转作风

——乳源瑶族自治县党的群众路线教育实践活动工作总结

中共乳源瑶族自治县委党的群众路线教育实践活动领导小组

（2014 年 10 月 9 日）

【综述】 2014 年 2 月以来，根据中央和省、市委统一部署，乳源作为第二批教育实践活动单位和省委常委、纪委书记黄先耀的联系点，在省委、市委的坚强领导和省、市督导组的关怀指导下，全县 9 个镇、56 个科级单位、451 个基层党组织、10780 名党员，569 名科级以上领导干部，紧紧围绕“为民、务实、清廉”主题，按照“照镜子、正衣冠、洗洗澡、治治病”的总要求，始终坚持严的标准、严的措施、严的纪律，扎实推进教育实践各项工作的开展。活动到 9 月底基本结束，在 10 月 25 日前全部开完了总结大会。活动取得了显著成效，较好地实现了思想认识进一步提高、作风进一步转变、党群干群关系进一步密切、为民务实清廉形象进一步树立、基层基础进一步夯实的目标。

【做法特点】 自 2 月 14 日教育实践活动启动以来，乳源 451 个基层党组织、10780 名党员，紧紧围绕“为民、务实、清廉”主题，按照“照镜子、正衣冠、洗洗澡、治治病”的总要求，始终坚持严的标准、严的措施、严的纪律扎实推进各项工作，确保活动有序开展、步步深入。

*坚持领导带头、以上率下，推动活动健康有序开展。*县委班子坚持走在全县活动前面，做在全县干部前面。春腾书记率先垂范，始终把活动抓在手上，亲自谋划部署，主持召开县委常委会、领导小组会、动员部署会和各环节推进会，对深入推进活动提出要求；亲自指导推动，指导联系点先行一步、做出示范。11 名县委常委在活动中带头加强理论学习、带头征求各方意见、带头贯彻整风精神、带头落实整改措施，全程指导联系点各环节工作的开展，全程指导和点评联系单位专题民主生活会，并以普通党员身份参加所在党支部专题组织生活会，主动把自己摆进去，诚恳请党员提意见。在县级领导班子的带动下，各级领导干部在活动中积极发挥带头作用，坚持高标准、严要求，带头参加学习教育，带头深入查摆问题，带头开展谈心谈话，带头撰写分析材料，带头开展批评和自我批评，真正释放了以上率下的正能量，使整个活动始终保持了高位推进的良好态势。

*坚持把思想武装贯穿全过程，深入开展群众观点教育。*把加强学习教育作为教育实践活动的首要任务，贯穿活动的全过程。一是以政治理论为重点，抓好日常学习。以学习党的群众路线理论、历史特别是习近平总书记系列讲话精神为重点内容，采取专题式、调研式、讨论式、观摩式、案例式、分散式等多种学习方式，认真学好学透必读和选读书目。各级党组织共开展集中学习讨论会 811 次，邀请专家学者集中授课辅导 23 次，举办先进事迹报告会 31 场，组织观看《四风之害》《焦裕禄》《苏联亡党亡国二十年祭》等教育片 120 多场，还

组织了全县领导干部近100人到省反腐倡廉教育基地参观并接受廉政教育辅导。二是以服务基层为实践，筑牢群众观点。坚持以“知”促“行”，以“行”促“知”，把教育和实践有机结合起来。在全县精心筛选了县行政服务中心办事大厅、县农村劳动力培训基地、乳城镇大群村一站式便民服务站等10个不同类型的“群众路线教育实践示范基地”，组织党员干部把学习延伸到田间地头、厂房车间、工程现场。扎实开展“三同五学”活动，组织全县500多名党员领导干部，带头放下“笔杆子”，拿起“锄把子”，与村民一起下农田，干农活、话家常，实实在在帮助村民解决问题。三是以履职践诺为助力，强化为民意识。组织公安、教育、卫生、交通等承担公共服务和社会管理职能的单位领导干部，开展换位体验活动，以服务对象的身份，到服务窗口体验本单位的工作作风和服务质量，查摆服务缺点、盲点，提升服务水平。组织公安局、市场与安全监管局、卫计局等28个执法部门、窗口单位，在县电视台进行公开服务承诺；组织120多名村（社区）正职，开展“为民务实清廉”集体宣誓承诺，接受广大群众监督，多办办好为民实事。

坚持贯彻整风精神，提高党内政治生活原则性。一是充分发扬民主，找准找实问题。坚持敞开大门搞活动，采取召开座谈会，发放调查问卷、征求意见表，开展“两代表一委员”民意采集活动，开通书记、县长网上信箱、开设征求意见栏，在县政府广场设立征求意见点，党员领导走访基层调研，督导组意见反馈等多种方式征集意见建议，认真找准找实执行中央八项规定不到位、“四风”积弊和群众反映强烈的突出问题。活动中，全县共梳理出问题1152条。二是认真撰写对照检查材料。对征求到的意见建议，各单位领导班子及成员主动把自己摆进去，结合学习焦裕禄精神这一条红线，联系岗位职责和成长经历，对照检查、深挖根源，普遍修改5次以上。其中，县委班子对照检查材料先后进行了20轮较大的修改，班子成员对照检查材料普遍修改13稿，个别的超过17稿。三是深入开展谈心谈话活动。严格按照“四必谈”的要求，扎实开展谈心交心，力求谈深谈透、触动思想灵魂。绝大多数单位开展了2轮以上谈心谈话，有的谈了3轮以上，对问题较多的班子成员还进行了谈话提醒，为开展好批评和自我批评奠定了坚实基础。四是严格抓好“两会一评议”。各级党组织严格按照标准和程序，开好专题民主生活会、专题组织生活会和做好民主评议党员工作。专题民主生活会上，相互批评真刀真枪、见筋见骨，自我批评意见一般都有10多条，人均收到批评意见10多条。各基层党组织借鉴运用专题民主生活会经验，开好了专题组织生活会。按照个人自评、党员互评、民主测评的程序，对照党员标准，开展民主评议党员，全县党员中评为“好”的占85.7%。

坚持问题导向，以解决问题的实际成效取信于民。突出问题导向，从群众最期盼的具体事情做起，让群众看到变化、增强信心。一是紧盯“四风”顽症，抓好专项整治行动。深入贯彻中央“八项规定”和省、市有关规定，重点抓好文山会海、检查评比泛滥、“三难”问题、“三公”经费过大等16项专项整治行动，并逐项制定专门整改方案，逐一明确“任务书”“时间表”“路线图”和整改责任人。同时，采取电话举报、信访举报、定期全面检查和不定期明察暗访相结合的方式督促抓好各项整治措施的落实。二是紧扣群众切身利益，办好一批民生工程。坚持立行立改，以惠民、利民、为民的实际行动回应和解决群众关注的上学难、看病难、住房难等问题。完成了县民族实验学校改制，启动八一希望学校和金禧小学扩建工程，促进教育均衡发展；选址兴建县城敬老院，整合乡镇敬老院资源，进一步明确规范敬老院管理、服务的具体要求；对“8·16”洪灾水毁水利工程、9.5万亩高标准农田建设及水利水保项目明确了投资金额和完成时限；启动了县人民医院住院部改造的立项申报工作，新妇幼保健院主体大楼完成装修，切实提高全县医疗卫生整体水平。编制全县2014—2016年不具备生产生活条件村庄搬迁安置工作实施方案，计划分批完成全县1938户、6691人搬迁安置任务，今年完成了4个208户村庄搬迁安置点的工程建设。三是紧抓“最后一公里”，加强政务服务体系建设。大力推进县镇村三级政务服务体系建设，升级改造县行政服务办事大厅和网上办事大厅，建成村级便民服务站102个，打通服务群众“最后一公里”。组建县公共资源交易平台，统一开展政府采购、工程建设、产权和国土资源交易。排查出13个机关企业事业单位、7个“两新”组织、11个村（社区）等一批软弱涣散基层党组织，并全部完成整顿转化工作。推广实施村民小组“五有”规范化建设，探索创新村民小组规范化建设的新思路、新举措，提升基层组织建设整体水平。

坚持立破并举，扎紧扎实制度的“笼子”。把解决问题与建章立制相结合，从源头上堵塞“四风”漏洞。各单位在认真排查基础上，对需要配套补充的，做到上下、前后、远近之间相互衔接；对需要细化的，制定切实可行的实施意见、办法、细则。围绕领导干部深入基层不多、联系群众不够密切等问题，制定《关于进一步完善领导干部密切联系群众制度的意见》，从深入学习、调查研究、服务群众等8个方面对领导干部密切联系群众工作提出了具体的要求，为解决“四风”问题提供了制度保证；围绕重大决策听证制度不够完善的问题，研究制定《县委重大事项决策制度》，规范县委重大决策行为，让群众对县委决策有更多知情权和监督权，促进县委决策科学化、民主化、制度化；围绕完善和规范三公经费的管理使用方面，出台了《整治三公经费开支过大严禁超预算或无预算安排支出工作方案》《县机关事业单位学习差旅费管理办法》，进一步从严规范和控制三公经费；进一步健全完善了《绩效考核评比办法》，根据全县的年度工作要点和各镇、各单位年度工作重点，对共性指标和职能指标都做了相应的调整，使2014年绩效考评实施方案更加科学、完善。同时，加强对制度执行情况的督促检查，通过自查、抽查、督查等方式，及时发现制度执行中的问题。今年1—8月，县纪委共开展明察暗访25次，强化了制度约束的刚性。

坚持合力推动，确保活动善作善成。一是统筹推进、扎实有序。针对活动参与单位范围广、领域宽、数量大，分层级分类别制定《实施方案》，分时段部署实施。县领导机关及直属单位先行一步，在2月中旬前全面启动；乡镇在3月中旬前全面启动；村（社区）、“两新”组织在3月底全面启动，确保了各级各类党组织有序开展、有机衔接、压茬推进、梯次展开。启动前还对全县基层党组织书记进行了全面培训。二是督促指导、严实有力。坚持严字当头、从严到底，县委组成8个督导组，切实抓好各单位的教育实践活动。先后举办4次督导培训会，召开5次督导组工作会议、8次工作汇报会，切实提高督导工作的质量和水平。活动开展以来，各督导组走访基层单位60多个，开展督导活动351次，对活动不符合要求的，要求及时纠正、“补课”，限时整改，确保活动不虚、不偏、不空、不走过场。三是宣传引导、深入有效。充分发挥各类媒体的作用，广泛宣传活动进展和成效。印发《致广大党员的一封信》8000多份，编发活动简报68期，发送手机短信8100多条，播放先进共产党员事迹、《基石》《焦裕禄》等一批教育专题片600多次，营造了浓厚的活动氛围。新华通讯社、《南方日报》《新快报》、广东卫视新闻频道、《韶关日报》等市级以上主流媒体刊播乳源活动的报道150多篇。

【主要成效】　9月底，县委实践办随机选择了200名“两代表一委员”和党员群众代表，对全县开展教育实践活动情况进行测评，获得“好”档次的191票，占95.5%，总体评价为优秀。活动取得了显著成效，主要体现在以下几方面：

党员干部思想得到深刻洗礼。通过活动，广大党员干部经历了一场深刻的党性党风锻炼和思想政治洗礼，思想上补了课，精神上补了“钙”，增强了政治敏锐性和政治鉴别力，更加自觉地在思想上政治上行动上同以习近平同志为总书记的党中央保持高度一致；受到了深刻的马克思主义群众观点教育，贯彻执行群众路线的意识和能力普遍提高。特别在“三同五学”“换位体验”等实践活动中，不少领导干部真切感受老百姓有多难、自己离群众有多远，从而树牢了为民务实清廉的价值观，改进作风、密切联系群众的思想更加自觉、行动更加坚定、风气更加浓厚。

“四风”蔓延势头得到有效遏制。深入贯彻中央“八项规定”和省、市委有关规定，认真落实《党政机关厉行节约反对浪费条例》《党政机关国内公务接待管理规定》等文件，坚持边查边改、立行立改，一大批“四风”突出问题和损害党群干群关系的突出问题得到切实解决。全县压缩精减会议12.1%、发文9.2%、评比表彰活动108项，查处吃拿卡要、庸懒散拖问题2个、19人，查处违规使用公车7辆，清理腾空办公用房面积3207平方米，压缩“三公”经费5.8%，查办各类侵害群众食品药品安全行为案件19宗，查处乡镇干部“走读”问题13人。广大群众一致认为，这次教育实践活动在改进作风上确实是动了真、碰了硬，打出一系列组合拳，整治“舌尖上的腐败”“车轮上的腐败”“公款消费中的腐败”等不正之风，特别是刹住了多少年来反复强调但始终没有能够刹得住的吃喝之风，“四风”问题得到有效遏制，党员干部的作风有明显改进，“门难进、脸难看、事难办”“吃拿卡要、办事不公”“庸、懒、散、拖”、高高在上、脱离群众等现象明显扭转，党风、政风和社会风气进一步好转。

党内政治生活得到明显净化。把贯彻整风精神召开专题民主生活会、专题组织生活会作为严格规范党内政治生活的一次生动实践，在开展批评和自我批评上动真格、开新风。无论是在专题民主生活会上，还是在专题组织生活会上，大家普遍放下思想包袱和顾虑，自我批评开“真炮”，相互批评揭短亮丑，在触动灵魂中锤炼党性，在相互批评中增进团结。民主评议党员评出了团结和干劲。自评时，不搞自我表扬、只讲自身问题；互评时，直截了当摆事实、提建议。广大党员干部特别是领导干部普遍受到了一次严格的党性锻炼，经历了一次深刻的思想政治洗礼，促进了民主集中制的贯彻执行，促进了党内生活的严格规范，促进了党性原则基础上的团结，切实提高了领导班子发现和解决自身问题的能力。许多同志反映，这次专题民主生活会、组织生活会发扬了批评和自我批评的好传统，展现了严肃认真开展党内生活的新气象，是多年来“最长记性”的一次党内民主生活，为用好批评和自我批评武器、提高领导班子解决自身问题能力提供了有益借鉴。

作风刚性约束得到切实强化。着眼于从制度层面解决“四风”问题，从活动一开始就着手建立和完善规章制度，力求对解决“四风”问题釜底抽薪、正本清源。截至目前，全县修改完善规章制度640项，新建出台制度250项，正在研究制定制度234项。这些制度既立足当前又着眼长远，既抓大又不放小，把为民务实清廉的要求具体化、规范化，为转变作风划出“红线”、标出“雷区”、架起“高压线”，规范了权力运行，管住了干部行为，堵塞了滋生“四风”的漏洞，成为党员干部联系群众、改进作风的行为准则和刚性约束。

促进改革发展与和谐稳定成效明显。坚持把开展教育实践活动与推动全面深化改革、促进科学发展紧密结合起来，实现了活动与工作两不误、两促进，进一步激发了党员干部的工作热情和进取精神，推动经济社会发展取得新的成效。结合矛盾化解年活动，排查信访积案61宗，化解44宗，化解率72.1%，社会不稳定因素有效化解。2014年1—8月，全县生产总值35.49亿元，同比增长11%，地方财政一般预算收入3.21亿元，增长13.9%，全县上下形成了凝心聚力、齐心协力推进全面深化改革、建设美丽乳源的生动局面。

乳源的教育实践活动取得显著成效，归功于省、市委的正确领导、率先垂范，得益于省、市督导组的直接指导、严格把关。省委常委、纪委书记黄先耀先后五次亲临乳源调研指导活动开展，期间跑遍全县9个镇，深入到村、企业、学校、医院等，并全程参与县委常委班子专题民主生活会和大桥镇红云村支部组织生活会，对活动开展做出重要指示，为我们鼓舞了信心、指明了方向；市委郑振涛书记、陈向新副书记也多次深入到乳源镇、村指导活动开展。省委第六督导组、市委第一督导组高度负责，精心指导，严格把关，为推动乳源教育实践活动有序有效开展发挥了重要作用。

【存在问题及一步工作】 在看到成绩的同时，我们也清醒地认识到自身存在的问题和不足，主要表现在：有的党员干部的“四风”问题有所收敛，但仅仅停留在“不敢”上，还没有从思想深处形成自律、自觉，稍有松懈就可能出现反复反弹；一些干部不同程度地存在“为官不为”的现象，有的对较真碰硬心存忌惮，奉行“少干少出错、不干不出错”，消极应付、得过且过；基层基础薄弱的问题还没有得到根本解决，有的基层党组织凝聚群众能力仍然不强，不能有效发挥作用，等等。这些问题，必须引起高度重视，在今后党的建设尤其是作风建设中认真加以解决。

端正党风、整饬政风、改进作风是一场任重道远的长期任务，永无休止符，永远在路上。接下来，乳源将总结经验，持续完善，从思想上找根源、从行为上抓整治、从制度上堵漏洞，使为民务实清廉要求内化于心、外化于行、固化于制，确保改进作风的各项工作行之有效、行之久远。

进一步深化学习教育。认真学习贯彻中央和省、市党的群众路线教育实践活动总结会议精神，把教育实践活动开展以来形成的实践成果、理论成果、制度成果转化好、运用好，自觉树立为民务实清廉形象，用群众观点、群众立场来指导推动工作。

进一步抓好问题整改。向群众公布的整改清单一定要说一条做到一条，向群众做出的承诺一定要积极兑现，要想方设法去整改。已经整改的要巩固成果，扩大影响；正在改的要加大力度，促成见效。整改项目要实行台账管理，完成一个，销号一个，以实实在在的整改成效来取信于民。

进一步推进建章立制。巩固和扩大活动成果、持续加强作风建设，要立足单位实际，聚焦改作风、转作风的重点难点问题，不断拓展制度建设的内容，还要强化对制度执行的督促检查，切实维护制度的严肃性和权威性。

（载入资料来源县委实践办）

特　载

加强班子建设　转变工作作风
凝心聚力干事创业加快乳源发展
——在县委十一届五次全会上的报告
（2014 年 8 月 18 日）

吴春腾

各位委员、同志们：

这次会议的主题是，研究加强各级领导班子和干部队伍建设，总结上半年工作，部署下半年工作。

现在，我代表县委常委会向大会做报告，请各位委员和同志们审议。

一、正视班子建设现状，切实增强班子建设的责任感紧迫感

事业发展关键在班子。加强班子建设不仅是加快改革发展的必然要求，也是转变工作作风、顺应群众期盼的迫切要求。乳源各级领导班子的主流是好的，大多数班子成员能力强、作风优、敢担当、有作为。但是用科学发展、加快发展和群众满意的标准来检验各级领导班子建设，还有较大的差距和不足，主要体现在：

（一）思想政治素质不够高

具体表现在：一是理想信念滑坡。忽视政治理论学习，不重视党性锤炼，不能把理想信念内化于心、外化于行，认为理想信念是“假大空”，少讲或不讲理想信念，导致政绩观存在偏差，权力观出现扭曲。二是纪律观念松弛。政治敏锐性和鉴别能力不强，对歪风邪气不敢较真碰硬。组织纪律不严，不主动请示汇报，不积极参加组织生活，不愿意接受组织监督。三是主业意识弱化。党建主业意识不强，对党建工作谋划少、投入精力少。抓基层党组织建设不力，一些农村基层组织软弱涣散，凝聚力、战斗力不强，群众威信不高。

（二）推动发展能力不够强

具体表现在：一是等靠思想严重。缺乏艰苦奋斗、努力拼搏精神，工作唯条件论，讲客观因素多，找主观原因少，工作遇到困难和问题，就停下来等上级解决。二是创新能力不足。探索精神弱化，缺乏先行先试的闯劲，不敢啃硬骨头、涉险滩，推进改革谨小慎微，破解难题方法不多。三是不敢担当责任。求稳怕乱，瞻前顾后，缺乏担当的勇气。大事当前，先为自己打算，明哲保身，缺乏担当的胸怀。自身素质不高、能力不强、作风不硬，遇到大事难事难以独当一面，缺乏担当的底气。四是执行力不强。工作不够积极主动，办事慵懒散拖、推诿扯皮、效率不高。创先争优意识不强，只求过得去，不求过得硬，满足于开会布置、批示、发文。缺乏钉钉子精神，工作不能一抓到底，导致落实效果打折扣。

（三）服务群众观念不够牢

具体表现在：一是服务意识不强。公仆情怀淡化，主动帮助群众和企业解决问题不够，不善于做群众工作。政务服务水平较低，发展环境不够优化。二是群众观念淡薄。问需于民、问计于民、问效于民做得不够，想问题、作决策不充分听取群众意见，不重视维护群众的切身利益。三是关心群众不够。与群众谈心交流少，对群众困难缺乏关心，群众反映的问题能做的没有马上做，不能做的没有做好解释。对一些信访事件分析不透彻、处理不到位、跟踪不及时，致使一些小问题久拖不决。

（四）沟通协作精神不够好

具体表现在：一是集体观念不强。缺乏大局意识和一盘棋思想，工作不是为乳源发展着想，而是存有私心杂念，在一旁坐而论道，甚至风言风语。二是缺乏协作精神。相互之间谈心谈话、交心通气少，缺乏关心了解、协调配合。老好人思想严重，不敢揭短亮丑，平时说好话多，善意批评少。工作以分工明确、责任明确为由，主动承担和相互支持不够，和衷共济、团结共事的氛围不浓。三是奉献精神不足。工作拈轻怕重、怕苦怕累，比待遇不比贡献，比资历不比实绩，缺乏甘于奉献精神。不珍惜工作岗位，不懂得感恩知足，履职尽责不够到位，爱岗敬业精神弱化。

（五）执行廉政纪律不够严

具体表现在：一是严于律己意识不强。廉洁自律的思想防线不牢固，缺乏从小事做起的行动自觉，有的存在特权思想。二是厉行节约意识不强。公务接待存在违规超标，借联络感情和沟通工作，相互之间吃请和请吃，似乎不吃饭就办不成事、没有感情。公务用车管理不规范，会议文件仍然较多，政府投资建设项目把关不严，存在部分浪费现象。三是廉洁从政意识不强。党风廉政教育缺乏有效措施，一些单位领导没有履行好“一岗双责”。执行党风廉政制度不严，为民用权、勤政廉政有待提高。

二、加强班子自身建设，打造奋发有为干事创业的领导班子

全县各级领导班子是改革发展稳定的领导者、组织者、实践者，是抓落实、促发展、惠民生的核心力量。目前各级领导班子存在的突出问题，损害了乳源领导干部的形象，影响了干群党群关系，阻碍了乳源加快发展步伐。面对新形势新任务，我们要以党的十八大和十八届三中全会精神为指导，扎实抓好党的群众路线教育实践活动的整改工作，进一步加强各级班子自身建设，充分发挥模范带头和引领作用，着力打造“政治坚定、能力突出、奋发有为、改革创新、敢于担当、亲民爱民、团结协作、清正廉洁”的领导班子，为加快乳源经济社会发展提供坚强有力保障。

（一）带头讲政治、顾大局，建设政治坚定的领导班子

讲政治、顾大局是政治要求，体现政治素养。各级领导班子要始终坚定理想信念，恪守政治纪律，自觉服从服务大局。一要强化思想武装。带头加强思想政治建设，强化党性锻炼，努力提高政治敏锐性和鉴别力。要严守党的政治纪律，坚决执行党的路线方针政策和中央省市决策部署，保证政令畅通。要坚定加快生态发展的信心，在困难面前不能悲观失望、裹足不前，要抓住发展机遇，破解发展难题，加快发展步伐。二要自觉维护大局。完善党委决策、政府落实、人大监督、政协参与的领导机制，四套班子各负其责、认真履职。县委要发挥总揽全局、协调各方作用，重在抓好班子、带好队伍、定好大事、破解难事。人大要积极开展监督检查、集中视察、专项调研活动，提出高质量的议案建议，促进县委决策部署的落实。政府要着力提高抓经济工作水平和抓工作落实能力，提升政务服务效能，增强执行力，推动经济社会加快发展。政协要充分发挥民主协商、参政议政作用，为县委、县政府决策提供科学依据。乡镇和部门要自觉服从服务全县工作大局，积极围绕全县中心工作，不折不扣完成各项任务。三要坚持科学发展。牢固树立科学发展观，防止贪大求快、急功近利的思想倾向，不做表面文章，不搞“政绩工程”和“面子工程”。坚持着眼长远，谋划工作从实际出发，重点抓好园区建设、基础设施、项目建设等打基础、增后劲、利长远的工作。坚持执政为民，制定决策充分尊重群众意见，体现群众意愿，着力解决群众反映强烈的出行难、饮水难、陪读难、就医难等问题。

（二）带头讲学习、强本领，建设能力突出的领导班子

工欲善其事，必先利其器。各级领导班子要高度重视学习，不断优化知识结构，拓宽思维视野，提升领导水平和执政能力。一要加强学习提升能力。健全落实县委理论中心组学习制度、务虚研讨

制度，重点学习习近平总书记系列讲话精神，用科学理论武装头脑、指导实践、推动工作，努力打造学习型、知识型、创新型、实干型领导班子。紧密结合发展实际和工作需要，不断优化知识结构，善于总结自身发展经验，学习外地先进经验，学习基层群众的实践创造，不断提高统筹协调、领导发展、处理复杂问题的能力。二要深入开展调查研究。带头大兴调查研究之风，认真落实基层调研制度，深入农户家中、田间地头、企业车间调研，多到困难较多、情况复杂、矛盾尖锐的地方研究困难、解决问题。坚持问题导向开展调研，围绕全县重点难点工作，分析研究制约乳源改革发展稳定的重大问题，找准症结所在，找出解决办法，把调研成果转化为推动工作的新思路、新举措。三要提高领导经济发展能力。各级党委要切实负起领导经济工作的责任，主要负责同志要集中精力抓经济、解难题、促发展。县委要加强对经济工作的协调指导，科学研判形势，完善发展思路，制定政策措施，加强检查落实。强化政府在抓经济工作中的主体作用，充分调动政府经济部门的积极性和主动性，激发干事创业热情。人大要加强对经济工作和社会经济活动的监督，政协要广泛凝聚各方智慧和力量促进经济发展。

（三）带头讲实干、求实效，建设奋发有为的领导班子

习近平总书记说，凡事都要有人去管、去盯、去促、去干。各级领导班子要力戒坐而论道、纸上谈兵，坚持求实务实抓落实，奋发有为推动发展。一要坚持具体抓、抓具体。抓落实要具体抓、抓具体，这既是工作方法，也是工作作风问题。工作要具体明确，不仅目标、任务、措施、责任等要具体，还要明确到由谁抓、什么时候完成、怎样才算完成、不完成怎么办。各级领导班子对分管的工作、挂点的乡镇和企业项目，要具体抓进度、抓质量、解难题，确保各项工作落到实处。二要发扬钉钉子精神。抓落实要有钉钉子精神，这既是工作要求，更是工作态度。要认准目标、心无旁骛，对定下来的事要真抓实干，如园区建设、征地拆迁、打击“两违”、作风整治等，不争论、不议论，一抓到底、落实到位。要锲而不舍、持之以恒，坚持加快生态发展不动摇，抓住“六大工程”不放松，一件件抓、一年年干，善始善终、善作善成。三要用心用情用力抓落实。用心用情用力才能把事情做成做好。用心抓落实，就是要强化责任意识，把心思用在研究问题、推动工作、谋划发展上。用情抓落实，就是要有爱岗敬业精神，把自己从事的工作，当作一项事业来对待，恪尽职守、做出实绩。用力抓落实，就是要真干、实干、苦干，特别是主要领导干部要集中精力破解一些难题，每年干成一两件大事，抓好一两个大项目，以带动其他工作开展。

（四）带头讲创新、破难题，建设改革创新的领导班子

改革越深入，面临的困难越复杂；发展越推进，面临的矛盾越突出。各级领导班子要增强改革创新的锐气、攻坚克难的勇气，着力破解当前制约乳源加快发展的瓶颈问题。一要与时俱进解放思想。要根据形势的要求解放思想，在全面深化改革的背景下，要不断更新思想观念，善于以思路创新开辟发展空间，以举措创新破解发展难题，以机制创新释放发展潜能。要根据发展的实际解放思想，既要从发展成绩上获得前进的信心，更要在区域竞争中加压奋进，在全市要争先进，在全省山区县争赶超，在全国民族地区做好示范。要旗帜鲜明地支持解放思想、改革创新，宽容探索失误，努力营造以解放思想谋事、干事、成事的良好创业氛围。二要想方设法破解难题。乳源发展之难，难在增长点不多、瓶颈多。要深入实施“六大工程”，做大做强绿色工业、生态农业、特色旅游、现代服务业等生态产业，破解经济总量小问题。大力扶持培育现有企业增资扩产，提高效益，做强做大；积极开展招商引资，引进一批好项目、大项目；抓好项目建设，加快项目落地，形成新增产能，破解发展后劲不足问题。借助长安镇对口帮扶乳源契机，按定下的目标任务，抓好园区征地和基础设施建设，完善园区管理机制，突破园区建设瓶颈。推进城乡建设用地增减挂钩，积极争取省市重点项目土地“点供”指标，加快用地报批，加强土地清查清理，突破土地瓶颈。完善征地补偿机制，加快土地连片征收，多做政策引导和群众思想工作，争取群众理解支持，突破征地拆迁瓶颈。强化政银企合作，做大助保贷平台，发挥政府融资平台作用，拓宽融资渠道，突破融资瓶颈。三要务实创新推进改革。扎实

抓好乳源《关于全面深化改革的实施方案》各项改革任务落实，不断激发体制机制活力和发展动力。深化行政体制改革，优化政府部门设置，健全完善三级政务服务体系，落实服务群众和企业制度，提高政务服务水平；完善公共资源交易管理机制，所有公共资源在县公共资源交易平台统一交易。推进经济体制改革，完善招商引资优惠政策，健全落实民营企业帮扶机制，引导和支持民营企业发展壮大，拓展中小微企业发展空间；推进旅游综合改革，加强旅游资源整合，盘活闲置资源；推进国企改革，解决好国企职工分流安置、劳资纠纷、社保清缴等遗留问题。深化农村综合改革，大力扶持新型农业经营主体，开展农村土地流转规范化管理服务试点和承包经营权确权登记颁证试点。推进生态文明体制改革，科学划定生态保护红线，严格落实生态保护责任制，健全农村环境长效治理机制，促进生态环境保护和经济社会发展双丰收。

（五）带头讲责任、挑重担，建设敢于担当的领导班子

责任成就事业，担当体现境界。习近平总书记多次强调好干部就是要敢于担当。各级领导班子要认清自己肩负的使命责任，勇挑重任、敢于担当、善于担当。一要矛盾面前敢担当。要知难而进、迎难而上，对发展中的问题不绕道，对改革中的困难不躲避，面对逆境不悲观，努力寻找应对挑战之策、破解发展难题之举、推动改革创新之道。要守土有责、守土尽责，碰到难题敢于触及，遇到矛盾主动解决，做到不回避、不敷衍、不上交，把问题化解在萌芽状态。要敢于直面矛盾，主动到工作推不开、情况复杂的地方去打开局面、解决问题。二要大事面前敢担当。一些小事演变成大事、一些急事难事没有处理好，根源在领导干部不敢担当、不善作为。各级领导班子是带领群众战风险、渡难关的主心骨，遇到重大事件或突发事件时，要第一时间赶赴现场，靠前指挥，敢于决断，敢于负责，决不能患得患失、躲闪回避、贻误时机。遇到突发群体性事件，要及时稳控，深入一线了解真实情况，抓紧研究解决办法，防止矛盾激化，维护社会和谐稳定。三要面对歪风敢斗争。对歪风邪气的态度，考验领导干部担当的气度。要秉承讲认真地工作态度，敢于较真、敢抓敢管，对庸懒散拖、推诿扯皮、工作不思进取，要敢抓善管、严厉整治；对纪律观念淡薄、作风松懈涣散，要敢于动真格、不怕得罪人；对违法违规违纪行为，要不留情面、坚决打击，狠刹歪风邪气，弘扬清风正气。

（六）带头讲宗旨、谋民利，建设亲民爱民的领导班子

践行群众路线是科学的领导方法和工作方法。各级领导班子要增强宗旨意识，自觉践行以人为本、执政为民理念，提高群众工作本领，为群众谋福祉。一要坚持密切联系群众。要多下基层接地气，拉近与群众距离，增进与群众感情，主动关心服务群众，对群众来信来访要热心，解决群众困难要有决心。严格执行《关于进一步完善党员干部密切联系群众制度的意见》，多到挂点乡镇、薄弱村和重点项目企业调查研究、现场办公，及时帮助解决实际困难和问题。落实定期接访和信访案件包案制，每周安排2名县领导接访群众，主动排查化解信访包案，确保案结事了。二要提高群众工作本领。提高与群众沟通能力，说群众能懂的话、办群众认可的事，拓宽群众参与公共事务的渠道，让群众依法有序反映意愿、表达诉求。提高服务群众能力，牢固树立群众利益无小事的观念，从涉及群众利益的小事做起，从解决群众最现实、最迫切的问题入手，积极为群众做好事、办实事、解难事。提高宣传发动群众能力，主动到群众中宣传党的路线方针政策，凝聚群众共识，汇聚群众力量，推进政策实施。三要着力增进群众福祉。在加快发展中优先考虑惠民利民，每年研究确定为群众办若干好事实事，年初承诺、年终兑现，并向群众公示。落实帮扶困难群众长效机制，扎实推进扶贫开发，多渠道争取政策资金支持，加快“两不具备”村庄搬迁。坚持财政支出重点向民生事业倾斜，着力解决教育资源配置不均衡、医疗卫生和敬老院服务水平不高、城市环境管理不到位、农村环境卫生差等问题。坚持量力而行、尽力而为，凡有能力办到的，要落实责任、限期解决；暂时办不到的，要及时说明情况并做好计划，积极创造条件解决。

（七）带头讲团结、聚合力，建设团结协作的领导班子

团结是班子建设的生命线，是事业成功的法宝。各级领导班子要带头维护团结，共同团结奋

斗，努力营造心齐、气顺、风正、劲足的干事创业环境。一要坚持科学民主决策。严格落实《县委关于完善重大决策制度的意见》，凡重大事项决策、重要人事任免、重大项目安排、大额度资金支出要集体决策。决策前要充分酝酿和调查研究，广泛听取意见，协商在重大事项决策之前。特别是对专业性较强的重大事项要进行专家论证、决策评估，对与群众利益密切相关的重大事项要实行公示、听证等制度。决策做出后要及时主动公开，接受公众质询，并公开决策实施情况。加强对重大决策执行情况的监督检查，导致决策失误或过错后果发生的，要追究责任。二要切实维护班子团结。县四套班子要把加快乳源发展作为共同事业，以共同的事业增进团结；要加强道德修养，以良好的品行增进团结；要坚持讲党性、讲原则，相互理解尊重、信任支持，不断增强县级领导班子整体合力。乡镇和部门各班子要以大局利益为重，牵涉多部门的工作要互相配合支持，推动工作高效落实。各级班子成员要落实谈心谈话制度，积极参加民主生活会和组织生活会，增强彼此沟通互信，努力形成目标同向、工作同干、推进同力的工作格局。三要大力营造干事创业氛围。各级领导班子要齐心协力、通力合作，工作中互相支持配合，积极建言献策，对别人的帮助要乐见其成、心存感激，遇到问题和困难要多从自身找原因，不要怨天尤人。要大力弘扬正气，激发干事创业正能量，理解和宽容干部干事创业中出现的失误，褒奖和重用干事创业成绩突出的干部，大力营造奖罚分明、理解包容、风正气顺的创业氛围。

（八）带头讲纪律、树形象，建设清正廉洁的领导班子

善治人者，能自治。各级领导班子要带头践行“三严三实”的要求，时刻绷紧廉洁自律之弦，一身正气，两袖清风，大力练就金刚不坏之身。一要俭以创业。牢固树立勤俭节约意识，反对铺张浪费，坚持一切公务活动从简，规范公务接待、公车使用，大力精文简会，减少“三公”经费支出。弘扬艰苦创业精神，把有限的资金和资源用在发展经济、改善民生上，少花钱多办事、花小钱办大事，把涉及人民群众利益的事办好、办实。二要严以用权。牢固树立正确的权力观，以平常心对待权力，做到用权为民，按规则、按制度行使权力，任何时候都不搞特权、不以权谋私。严格执行一把手“末位表态”和不直接分管人事财务等制度，严禁领导干部插手公共资源交易，防止以职权干预市场经济活动。各级领导班子要自觉接受各方监督，让权力在阳光下运行。三要严于律己。领导干部要加强从政道德修养，慎独慎微、勤于自省，模范遵守党纪国法和廉洁从政规定，以身作则带好班子、锤炼队伍。认真落实“一岗双责”，旗帜鲜明地反对腐败，支持纪检监察机关和有关部门，严肃查办腐败案件。

三、严格干部教育管理，带出风清气正善作善成的干部队伍

过硬的干部队伍是事业发展的关键。各级领导班子在加强自身建设的同时，要切实履行带好队伍、管好干部职责，坚持“严”字当头，从严教育、从严管理，严明纪律、严肃惩戒。

（一）坚持从严教育

带好队伍首先要教育好队伍。一要强化教育培训。加强干部思想政治、理想信念和道德修养教育，引导树立正确的世界观、人生观、价值观，教育干部严于律己，自觉做到懂规矩、守纪律。充分发挥党校主阵地作用，有针对性抓好干部专题教育培训，切实提高推动发展、公共服务和维护稳定的本领。积极选派优秀干部参加各类培训学习，抓好干部自主选学工作，促进干部知识结构转型升级。加强责任意识教育，大力倡导敬业奉献精神，破除安于现状、贪图享受思想，增强加快发展的责任感和紧迫感。加强大局意识、团队意识教育，引导干部队伍从乳源大局出发，自觉维护大局利益。二要强化实践锻炼。坚持在完成重大任务、应对重大事件中培养锻炼干部，选派干部到艰苦地区、重点工程和复杂环境中经受锻炼。加强部门与乡镇、部门与部门、行政岗位与经济岗位之间的干部轮岗交流，增强干部队伍活力。积极组织干部走出乳源学习外地先进经验，遴选一批优秀年轻干部到珠三角和上级部门挂职或跟班学习，以拓宽视野、转变观念、提升能力。

（二）坚持从严管理

严管理才是真爱护。干部作风出现问题，主要原因在于对干部管理失之于宽、失之于软、失之于

松。一要严格日常管理。对干部队伍管理要坚持抓早、抓小、抓预防，经常性开展警示教育，让干部时刻保持警醒，保持先进性和纯洁性。强化组织管理措施，通过个别谈话和任职谈话，了解掌握干部的思想动态和工作生活情况。通过专项检查、巡查抽查、明察暗访等形式，及时发现苗头性、倾向性问题，并及早提醒、及早纠正。二要开展专项整治。大力开展“七项专项整治”行动，坚决整治文山会海、检查评比泛滥；整治“形象工程”和“政绩工程”；整治门难进、脸难看、事难办；整治公款送礼、公款吃喝、铺张浪费；整治公车管理不规范、办公用房超标；整治“三公”经费开支不规范；整治侵害群众利益行为。要按照县委制定的整改方案，认真开展专项整治活动自查自纠，制定整治方案，明确整改目标、责任人、完成时限，狠抓整改落实。发挥群众和舆论监督作用，对有令不行、有禁不止的现象和整改不力、作风不良的负面典型要及时曝光。三要严肃查办案件。严守党纪政纪法纪红线，强化正风肃纪，严厉查处各种违规违纪行为，特别是对侵害群众利益行为等典型案例，要发现一起、查处一起；对顶风违纪的行为，依纪依规严肃处理。严明工作纪律，坚决纠正干部上班迟到早退、脱岗串岗、上网聊天玩游戏和不作为、慢作为、乱作为，以及乡镇干部“走读”等现象，对损害乳源发展环境的人和事坚持零容忍。

（三）完善约束机制

抓好班子、带好队伍，制度建设是根本保障。要进一步建立完善各项规章制度，推动班子队伍建设制度化、规范化、常态化。一要健全责任机制。坚持领导带头工作机制，各级领导班子要带头加强自身建设、转变工作作风，以上率下，抓好班子，带好队伍，管好干部。健全工作目标责任制，每年把县委、县政府中心工作细化量化，分解落实到各级各部门，重点工作、重大项目落实到个人，确保工作落实到位。落实公开承诺、首办责任、限时办结、考核评议等制度，对抓改革、抓发展、抓稳定等工作落实不力，造成重大影响和损失的，要严肃追究责任。二要健全监督机制。完善党内监督机制，充分发挥组织、纪检、监察等监督机关的职能作用，把干部监督工作贯穿于日常管理、选拔任用、考察考核等各个环节，促进干部健康成长。完善群众监督机制，深入推进党务公开、政务公开和村务公开，拓宽群众监督渠道。完善舆论监督机制，充分发挥新闻媒体的舆论监督作用。加强舆情管理，严厉打击网上造谣传谣行为，营造健康和谐的社会舆论氛围。三要建立健全激励机制。完善干部选拔机制，按照“信念坚定、为民服务、勤政务实、敢于担当、清正廉洁”的好干部标准，选优配强各级领导班子。完善干部动态管理机制，探索完善调整不称职、不胜任现职干部的办法，及时调整工作不胜任的干部。完善绩效考评、招商引资、项目资金争取、税收返还等激励机制，并严格兑现奖励政策。重视精神激励作用，通过广泛开展谈心谈话活动，给予干部队伍更多人文关怀，增强归属感和荣誉感。

同志们，加强班子队伍建设，转变工作作风，是党的建设要求，是事业发展所需，是人民群众所盼。全县各级领导班子和党员干部要以深入开展党的群众路线教育实践活动为新起点，抓铁有痕、踏石留印，齐心协力、团结奋斗，努力开创加快生态发展、建设美丽乳源新局面，为当好全国少数民族自治县（旗）科学发展示范县而努力奋斗！

（载入资料来源县委办）

政府工作报告

——2015年1月27日在乳源瑶族自治县第十一届人民代表大会第五次会议上

邓志聪

各位代表：

我代表县人民政府向大会报告政府工作，请予审议，并请政协各位委员和其他列席会议的同志提出意见。

2014年工作回顾

2014年，在上级党委、政府和县委的坚强领导下，在县人大、县政协的监督支持下，我们围绕全面深化改革主题，深入实施“五大战略”，强力推进“六大工程”，实现了经济较快发展和社会和谐稳定，第四次被国务院授予“全国民族团结进步模范集体”。据统计（快报数），全县完成生产总值64.1亿元，增长11.5%；地方财政一般预算收入5亿元，增长15.9%；农民人均纯收入9600元，增长13%。一年来，我们主要做了以下工作：

——经济实力不断提升。完成固定资产投资55.8亿元，增长23.6%，其中52项重点项目完成投资30.1亿元。引进项目45个，总投资17.08亿元。实际利用外资2041万美元。新增规上企业20家。东阳光甲烷氯化物、绿之源罐装、扬成铝材等项目建设顺利推进。鸿峰特钢入选省重点帮扶高成长性中小企业名单。工业总产值117.2亿元，增长13.5%。农作物播种32.8万亩。引进农业新优品种17个，推广先进种养技术11项。新增农民专业合作社43个、家庭农场12个。建成林下经济示范基地6个。冠华公司成为国家级主食加工业示范企业。农业总产值10.99亿元，增长4%。南岭、天井山、大峡谷、云门寺等景区配套设施进一步完善，银山南岭旅游度假区建设稳步推进。全年接待游客315万人次，增长10%；旅游综合收入24.35亿元，增长12%。获评“广东省旅游创新发展十强县”。新增限上企业17家。批发零售业销售额36.4亿元，增长13.5%；社会消费品零售总额17.3亿元，增长12.4%。金融机构各项存款余额67.49亿元，增长17.95%；各项贷款余额31.63亿元，增长24.32%，存贷比46.86%。

——城乡面貌不断改善。实施“三旧”改造项目7个，建成水岸国际二期、嘉乐风景园等一批商住小区，新增商品房789套、10.14万平方米。县城滨江路全线贯通。乳城镇世行贷款建设经济综合开发示范镇项目扎实推进。成功申报“五彩瑶乡”省级新农村示范片项目。建成乳桂公路沿线幸福村居示范村8个。必背口村、八一瑶族新村、东下山瑶族新村成为首批国家级少数民族特色村寨。综合治理中小河流4宗，改造小型灌区8宗，实施农村小水电扩容增效项目21个，建成高标准基本农田3.2万亩。完成农村公路硬底化45公里。绿化造林5.8万亩，碳汇造林2.5万亩，社会造林35万亩，建设生态景观林带1000亩。建成森林公园4个、乡村绿化美化示范点21个。流转林地124宗、27万亩。加强城乡建设管理，依法拆除“两违”建筑1400多平方米。推行“户集中、村收集、镇转运、县处理”的农村生活垃圾处理模式。建成桂头镇污水处理厂和18家养殖场治污减排设施，削减化学需氧量426吨、氨氮40.73吨。县城区市政路灯实行合同能源管理。万元GDP能耗下降2.79%。

——社会事业不断进步。县城区义务教育学校按照就近入学原则实行分片招生，民族实验学校完成改制，鲜明八一希望学校扩容提质项目动工建设。大桥镇通过省教育强镇督导验收。成功申报全省首批国家级农村职业教育和成人教育示范县。妇幼保健院迁入新院，中医院医教中心落成启用。国家人口和计生政策得到落实。成功举办瑶族“十月朝”系列活动。“瑶族民歌”入选国家级非物质文化遗产代表性项目名录，瑶族原创音乐《恩情》获省“五个一工程奖”。获评“中国民间文化艺术之乡”“省级文化生态保护实验区”。代表市参加第五届省民运会夺得6金6银5铜。城乡居民基本养老保险、基本医疗保险参保人员分别达6.69万人和15.55万人。筹集资金1100多万元，解决300多名国有企业下岗职工社保问题。转移农村劳动力就业3312人，新增城镇职工就业2011人，城镇登记失业率为2.35%。整合帮扶资金8500万元，实施扶贫项目367个，建成“两不具备”村庄搬迁户住房465套，改建农村低收入住房困难户住房690套。平安乳源“十大工程”扎实推进，安全生产、产品质量、食品药品有效监管，社会救助、救灾救济、应急处置得到加强，社会秩序和谐稳定。

——*政务环境不断优化*。完成新一轮政府机构改革。减少事业单位75个、编制209名。取消行政审批事项231项。国有企业、财税管理、商事登记和教育、文化、卫生等改革稳步推进，农村集体“三资”管理、项目征地等工作得到进一步规范。筹资1600多万元，建成以网上办事大厅为龙头，集行政服务中心、公共资源交易中心和效能监察系统于一体的综合性政务服务平台，办理各类审批和服务事项11万多件，打通了服务群众“最后一公里”。严格落实中央八项规定，以县政府名义召开的全县性会议减少9.8%，压缩县级“三公”经费51.5%，清理超标办公用房3207平方米。深入开展党的群众路线教育实践活动，整改政府领导班子“四风”问题14个。自觉接受人大、政协和社会监督，办理人大代表建议33件、政协委员提案7件，处理网络问政、民生热线反映问题922个。

2014年，政府承诺的8件实事、好事得到落实。发展改革、民族宗教、监察、审计、统计、气象、双拥、助残、保密、档案史志、人民防空、外事侨务和对台等工作有效开展，工、青、妇、工商联、老干部及社会各界人士作用充分发挥，各项事业协调发展。

各位代表，上述成绩来之不易，这是全县人民团结奋斗的结果。在此，我谨代表县人民政府向全县人民，向驻县部队官兵，向各民主党派、人民团体，以及关心、支持乳源发展的社会各界朋友，表示衷心的感谢！

同时，我们也清醒地认识到存在的问题和困难：经济发展基础薄弱，财政收支矛盾突出；发展刚性约束增强，项目落地和推进困难；农村贫困面较大，扶贫攻坚任务仍然艰巨；部分党员干部担当精神不强，政务环境仍需进一步改善。对此，我们将采取更有力的措施加以解决。

2015年工作意见

2015年，是全面推进依法治县的开局之年，是全面深化改革的关键之年，也是“十二五”规划的收官之年。今年政府工作的总体要求是：全面落实党的十八大和十八届三中、四中全会精神和中央、省、市、县委的系列重大决策部署，准确把握中央和省民族工作会议精神，主动适应新常态，深入实施“五大战略”，不断提升“六大工程”，强力深化改革，着力三产升级，致力产城提质，给力社会事业，奋力提速美丽乳源建设步伐，为全面建成小康社会打下更加坚实的基础。主要预期目标是：全县生产总值增长9%以上，地方财政一般预算收入增长10%以上，固定资产投资增长12%以上，农民人均纯收入增长13%以上。完成上级下达的计划生育、节能减排、安全生产等目标任务。

围绕上述目标，今年将突出抓好以下工作：

一、坚持产业带动，加快壮大经济实力

围绕“绿色工业”“生态农业”和“特色旅游”三大工程，做好工业提质、农业增效、旅游升级“三篇文章”，促进一二三产业融合发展。

促进绿色工业提质。坚持走新型工业化发展之路，力争工业增加值增长11.3%以上。强化产业招商，用好企业所得税优惠政策，围绕装备制造业、新材料、食品加工等特色产业，引进一批上下游项目，壮大特色产业集群，力争引进合同资金30亿元以上。强力支持东阳光公司发展，加快新型环保

制冷剂、甲烷氯化物二期和1.5万吨聚四氟乙烯等项目建设，力促16万吨双氧水和1万吨聚偏氟乙烯项目投产，抓好低压化成箔生产线技术改造，推动东阳光药业注册上市。落实领导挂点联系企业制度，推动深圳高立、兴昂鞋厂等在谈项目落地发展，促使中农批电商、新四海、威鸣研磨等落地项目尽快动工，力争扬成铝材、绿之源罐装、中鸿化工等在建项目建成投产。落实促进企业发展措施，努力将蓝威药业、绿之源、硕成化工培育成产值超亿元企业，支持南华矿业、西云寺矿业形成产能，力争新增规上企业10家。发挥“助保贷”作用，支持企业增资扩产，增强综合竞争力。

促进生态农业增效。加快转变农业发展方式，加快发展现代农业，力争农业增加值增长4%以上。加快“一片两带”建设，支持乳城、桂头、一六、游溪镇加快发展瓜果、花卉、园林苗木等观光农业，建设城郊观光农业产业示范片；支持大桥、大布镇加快发展高山蔬菜、黄烟、油茶等特色农业，建设石灰岩山区耐寒耐旱农业产业带；支持必背、东坪、洛阳镇加快发展茶叶、中药材、食用菌等生态农业，建设深山区农林经济产业带。推广农业新优品种和先进实用技术，实施测土配方施肥18.5万亩，建设粮食高产示范片1万亩、特色农业生产基地10个。加强农民职业培训，实施百名农业技术骨干培训计划，培育科技示范户560家。继续实施“兴社富民”工程，加快培育新型农业经营主体，力争新增农业企业15家、农民专业合作社20个、家庭农场20个。继续举办农特产品展示展销推介会，拓展农产品销售渠道。加强农产品质量监管，支持农业生产基地和特色农产品认证，打响瑶乡生态农业品牌。

促进特色旅游升级。主动对接国民休闲旅游计划，力争旅游综合收入增长12%以上。按照A级旅游景区理念规划乳源旅游发展，抓紧修编旅游发展总体规划。深入挖掘生态观光、休闲度假、禅宗文化、瑶族风情等资源，打造“大南岭、大峡谷、大云门、大瑶寨、大南湖”特色旅游产业集群。加强旅游景区建设，加快南岭国家森林公园生态旅游综合开发，推进丽宫温泉小镇和大峡谷商业街项目，抓好云门山旅游度假区游乐园二期建设，促成银山南岭旅游度假区开门营业。盘活必背瑶寨、通天箩、红豆杉等旅游资源，推进西京古道、南水湖湿地公园保护性开发。加快发展乡村旅游，扶持建设一批特色农家乐、瑶家乐示范点。创新旅游宣传方式，发挥联合营销平台作用，加强与知名旅游网络运营商合作，借助微博、微信等新兴媒介，围绕“大美乳源”主题，开展全方位、立体式宣传推介，让“世界过山瑶之乡”品牌深入人心。充分利用便利的交通优势和良好的人文生态环境，加快发展现代物流、电子商务、文化创意和休闲养生、健康养老等现代服务业。

二、坚持产城联动，加快夯实发展基础

坚持以城聚产、以产兴城，促进产城互促共进，筑牢新型城镇化、新型工业化发展基础。

推动产城融合发展。坚持规划引领，统筹推进经济社会发展、城乡建设、土地利用、产业发展、生态环境保护等规划，优化城乡发展空间。抓好县城总体发展规划报批和游溪、一六镇总规修编，编制大桥镇重点地区控制性详细规划，推进“数字城市”地理空间框架项目建设。立足发展功能区定位，加快建设特色集镇，支持乳城镇对接经济开发区建设新型工业强镇，支持桂头镇融入芙蓉新区和航空产业园建设商贸重镇，支持大桥镇整合人文资源建设客家风情旅游小镇，支持必背镇挖掘民族文化建设瑶族风情旅游小镇，支持大布、洛阳镇依托生态资源建设休闲度假旅游小镇，支持东坪、一六、游溪镇利用观光农业建设生态观光旅游小镇。

加快县城扩容提质。坚持拉大框架与完善功能相结合、旧城改造与新城开发相结合，建设韶关最佳宜居卫星城。加快改造旧城区，稳步实施文昌塔东西片、建材厂片、林产公司片等“三旧”改造项目，抓好亿华城市商业综合体、源水居商住小区、白马大厦、宝源大厦等项目建设，推动人防地下空间开发与城市建设同步进行，提升旧城区品位。加快新城区建设，推进虞塘坑、颐养园和大联新村、坝厂新村等项目，拉大城市框架。抓好县一小片路网建设和民族宾馆周边道路改造，打通沿江东路财政局到迎宾桥路段车行道。完善文体健身、休闲娱乐、公共卫生等服务设施。加强城镇管理，落实卫生保洁制度，重点整治噪音扰民、乱停乱放、无序经营问题，严厉打击“违法用地、违法建设”行为。落实户籍管理制度，推动农村人口向城镇集

聚。积极培育和践行社会主义核心价值观，深入开展群众性精神文明创建活动，大力倡导社会文明新风，努力创建全国文明县城。

推进园区扩能增效。加强长安乳源对口帮扶工作，发挥安瑶投资公司资金撬动作用，用好园区税收改革政策，力争筹集开发区建设资金 1 亿元以上。实施世行贷款和工业园区循环化改造示范试点项目，推进富源大道东段、纵三路建设，接通新材料产业园自来水，建成富源工业园污水处理厂主体工程。动工建设 110 千伏浩天变电站。抓紧收储开发区土地，完成富源工业园国道 323 线以北和新材料产业园氟化工项目土地征收，增强园区承载力。积极争取将航空产业园作为莞韶工业园北部启动区，推进仙湖工业园土地调规，完善园区供水、供电、排污设施。继续做好享受省级产业转移园政策申报工作，努力争取扶持园区发展的政策和资金，吸引更多项目落户园区。

完善城乡基础设施。加强城乡道路建设，积极配合国道 323 线上围至阳山段改建，动工改造省道 258 线鸭麻湖至大布段，推进县道 324 线古母水至波罗公路大修，完成农村公路硬底化 40 公里。建成杨溪大桥主体工程。配合做好韶关机场改扩建和黄长高速、柳韶铁路建设前期工作，全力争取乳城—江湾—大布旅游公路列入省“十三五”规划，推动省道 250 线扩建为一级公路。加强农业基础设施建设，抓好 2.1 万亩高标准基本农田建设，综合治理岭溪河、杨溪水大桥段、新街河，开展杨溪水必背段、水源宫河一六段“三清一护”，修建三面光水圳 20 公里。完成必背镇必背口村大型滑坡群地质灾害治理工程。

三、坚持生态驱动，加快形成后发优势

坚持走生态发展之路，强力实施“生态立县”战略，加强生态建设和保护，提高乳源核心竞争力。

加强生态项目建设。推进新一轮绿化广东大行动乳源计划，建设珠江防护林 5000 亩、碳汇林 1.54 万亩和生态景观林带 270 亩，抓好广乐高速乳源段等主要交通道路沿线绿化工作。继续实施石漠化综合治理工程，种植油茶 4300 亩、果树 2000 亩和茶叶、药材 2000 亩。推进南水湖国家湿地公园建设，抓好展览馆、监测站、植物园、亲水平台建设，修复边坡生态工程 10 公里。实施森林进城围城工程，改造县城周边地区林相 3000 亩。建设镇级森林公园 2 个。推进“五彩瑶乡”省级新农村示范片建设，围绕“一轴、两廊、三区、五圈”，实施村庄建设、环境整治和农业产业、旅游产业、文明素质提升工程，规划建设项目 60 多个，撬动资金 10 亿元 ~15 亿元。推进乡村清洁美工程，建设 2 个岭南客家特色名村和 6 个瑶族特色名村，打造 17 个绿化美化示范点和 50 个示范村。

加大环境保护力度。落实生态发展规划，划定生态控制线和林业生态红线，加强自然保护区、饮用水源地保护区和森林公园核心区管理，筑牢南岭生态屏障。加强林政管理，落实项目审批准入、环保一票否决、资源环境倒逼等机制，严格执行森林采伐限额、林地占用征收定额等制度，严厉打击乱砍滥伐行为。加强森林防火综合治理，新增视频监控点 15 个以上。实施农村治污工程，完善农村生活垃圾收运体系。抓好污染减排，完善桂头镇污水处理厂截污管网，加快县城垃圾填埋场渗滤液处理站和大桥镇污水处理厂建设，推进大型禽畜养殖场治污减排设施建设，落实“黄标车”县城区限行措施，切实保护乳源青山绿水。

集约节约利用资源。落实最严格耕地保护制度。开展城乡建设用地增减挂钩试点工作，用好“三旧”改造、棚户区改造政策，落实用电、用地、投资与产出效益评估机制，加快清理闲置、低效用地，提高土地利用效率。抓好重点行业、企业降耗，推进公共机构节能，加快淘汰落后产能，力争完成“十二五”规划能耗控制指标。加快水力、风力、林业等生态资源开发利用，推进南水水库供水工程和大布风力发电项目，抓好塘头水电站建设和小水电扩容改造，推动生态优势加快形成发展优势。

四、坚持投入促动，加快增进民生福祉

坚持不懈改善民本民生，统筹发展社会事业，让发展成果惠及全县人民，促进社会和谐稳定。

切实保障底线民生。落实就业再就业政策，新增就业岗位 2000 个，转移农村劳动力 3000 人。抓好社保扩面征缴，力争城乡居民养老保险参保率达 95% 以上。保障困难群众生活，做好低保救济、五保供养、医疗救助、优抚抚恤工作，关爱农村“三留守”人员和城市空巢老人、流浪乞讨人员、残疾人等特殊群体。实施精准扶贫，打好“两不具备”村庄搬迁攻坚战，确保两年内完成搬迁任务；采取产业扶贫、劳务扶贫等措施，力争贫困群众收入、贫困村群众收入和农民人均纯收入分别达到全省平均数的45%、60%和75%以上，确保通过新一轮扶贫开发“双到”工作考核验收。全力争取革命老区政策，支持老区加快发展。

统筹抓好各项事业。实施教育信息化“三通”工程，推进桂头镇中小学和金禧小学扩容提质，加快全国义务教育发展基本均衡县建设。抓好中等职业技术学校实训楼和一六镇中心幼儿园综合楼建设，全力创建国家级农村职业教育和成人教育示范县。巩固公立医院改革成果，推动基层和民营医疗机构配备使用基本药物。建立首诊、双向转诊制度，推进医疗卫生服务一体化管理。加强瑶医瑶药研究及成果转化应用，加快中草药示范基地建设。建成人民医院住院楼。落实人口计生政策，促进人口长期均衡发展。推进省级文化生态保护实验区建设，做好瑶族文化挖掘、整理、保护、传承工作。重建东平山正觉寺，修缮观澜书院，建设必背镇文化站。继续举办瑶族“十月朝”系列活动，推动群众文化活动广泛开展。落实全民健身计划，坚持举办环南水湖自行车公开赛，全力备战第十届全国少数民族传统体育运动会。

着力创新社会管理。加快转变政府职能，积极培育发展和规范管理社会组织，逐步推动符合条件的社会组织承接政府转移职能。落实《广东省信访条例》，推进诉访分离，依法调处矛盾和化解纠纷。加强突发事件风险隐患排查和整治，确保人民群众生命财产安全和社会稳定。落实安全生产“一岗双责”责任制，严防重特大安全事故发生。完善社会治安综合防控体系，推进平安乳源“十大工程”建设。开展专项整治行动，严厉打击各类违法犯罪行为。深入开展民族团结进步创建活动。全力争创“双拥模范县”。此外，还要做好发展改革、宗教事务、监察、审计、统计、助残、保密、气象、应急管理、档案史志、外事侨务和对台等工作，支持工、青、妇、老干部和民主党派各项工作。

今年，县政府将在抓好以往承诺民生工作的同时，实施八件实事好事：1. 推进“五彩瑶乡”省级新农村示范片建设。2. 抓好县城和部分镇区自来水供水管网建设工作，实施自来水“村村通”扩面工程。3. 完成“两不具备”村庄搬迁年度工作任务。4. 完成鲜明八一希望学校一期改扩建工程。5. 加快民族风情园建设，规划建设档案馆新馆和民族文化传承中心，重建青少年宫。6. 完善城市公园设施，动工兴建民族文化广场，建成城市广场，规划建设民族风情园后山休闲步道。7. 改造县城排水设施，完善城区截污管网，实施雨污分流工程，解决污水直排问题。8. 落实上级政策，提高城乡居民基本养老保险基础养老金和五保、低保、孤残人员等补助标准，为60岁以上“五保”和低保老人购买意外伤害保险。

五、坚持法治推动，加快建设人民满意政府

按照推进国家治理体系和治理能力现代化要求，以深化改革为动力，更好发挥政府引领作用，加快建设人民满意的法治政府。

加强法治建设。强化法治思维，增强法治观念，坚持在宪法和法律框架下开展工作，按照法定权限和程序行使权力、履行职责，做到法定职责必须为，法无授权不可为。执行向县人大及其常委会报告工作、向县政协通报情况制度，自觉接受人大法律监督和政协民主监督，主动接受社会监督，认真办理人大代表建议和政协委员提案。健全重大问题集体决策、专家咨询、公示听证等制度，保障人民群众的知情权、参与权和监督权。完善行政执法程序，规范执法行为，提高依法行政水平。依法推进行政管理、农村综合管理、财税管理、科教文化、卫生医疗等改革，抓好行政审批、国有企业、农村土地、公务用车等改革工作，增强加快发展内生动力。

加强作风建设。严格落实中央八项规定，巩固、转化和运用好党的群众路线教育实践活动成果，狠刹形式主义、官僚主义、享乐主义和奢靡之风。推进政务公开、政府信息公开，编制政府权力清单、责任清单、负面清单，让权力在阳光下运行。完善县、镇、村三级政务服务体系，用好综合性政务服务平台，提高政务服务质量。畅通社会建言献策和批评监督渠道，认真处理群众来信来访和网络问政、民生热线，及时回应社会关切。严格落实责任追究制度和行政问责制度，坚决纠正不作

为、慢作为、乱作为，坚决克服懒政、怠政，坚决惩处失职、渎职。

加强廉政建设。落实党风廉政建设责任制，严格执行廉洁从政各项规定。坚持用制度管权、管事、管人，从源头上预防和治理腐败。规范项目招投标、政府采购、公共资源交易行为，强化重点领域、关键环节的行政监察，加强对财政资金、重大项目和民生工程的审计监督。大兴勤俭节约之风，加强财政预算管理，严控“三公”经费和一般性支出，集中财力保重点、保运转、保民生。全面推行国库集中收付和公务卡结算制度，确保财政资金高效、安全运行。

各位代表，加快发展责任重大，奋力赶超使命光荣。让我们高举中国特色社会主义伟大旗帜，在上级党委、政府和县委的坚强领导下，攻坚克难，奋勇争先，为加快生态发展、建设美丽乳源而努力奋斗！

名词注释

●五大战略：“生态立县、工业强县、农业稳县、旅游旺县、科教兴县”发展战略。

●六大工程：“生态保护、绿色工业、生态农业、特色旅游、生态人居、生态文化”工程。

●林下经济：以林地资源和森林生态环境为依托发展起来的林下种植业、养殖业、采集业和森林旅游业。

●“三旧”改造：“旧城镇、旧厂房、旧村庄”改造。

●乳城镇世行贷款建设经济综合开发示范镇项目：建设内容包括供水管网改扩建、污水管网改扩建、园区道路建设、培训中心建设等方面，主要项目：富源工业园污水处理厂、纵三路，县城生活污水处理厂截污管网改扩建，县中等职业技术学校实训楼，等等。项目总投资约1.5亿元人民币，其中世行贷款1100万美元。

●高标准基本农田：在一定时期内，通过土地整治建设形成的集中连片、设施配套、高产稳产、生态良好、抗灾能力强，与现代农业生产和经营方式相适应的基本农田。

●合同能源管理：通过与客户签订节能服务合同，为客户提供包括能源审计、项目设计、项目融资、设备采购、工程施工、设备安装调试、人员培训、节能量确认和保证等一整套的节能服务，并从客户进行节能改造后获得的节能效益中收回投资和取得利润的一种商业运作模式。

●文化生态保护实验区：以保护非物质文化遗产为核心，对历史文化积淀丰厚、存续状态良好，具有重要价值和鲜明特色的文化形态进行整体性保护，并经文化部门批准设立的特色区域。

●非物质文化遗产：各种以非物质形态存在且与群众生活密切相关、世代相承的传统文化表现形式，包括口头传统、传统表演艺术、民俗活动、礼仪节庆、有关自然界和宇宙的民间传统知识和实践、传统手工艺技能等以及与上述传统文化表现形式相关的文化空间。

●两不具备：不具备生产、生活条件。

●十大工程：法制建设工程、民生保障工程、群众权益保障工程、社会矛盾化解工程、公共安全防控工程、人口服务管理工程、“两新”组织建设工程、信息网络服务保障工程、基层基础建设工程、平安文化建设工程。

●四风：形式主义、官僚主义、享乐主义和奢靡之风。

●一片两带：城郊观光农业产业示范片和石灰岩山区耐寒耐旱农业产业带、深山区农林经济产业带。

●国民休闲旅游计划：通过制定有关扶持政策，采取各种激励措施，最大限度地调动全社会参与旅游休闲活动的积极性，满足人民群众日益增长的旅游休闲需求，使旅游休闲真正成为广大群众日常的生活方式和健康消费行为，进一步提升国民的生活质量、生命质量和幸福指数。

●数字城市：以计算机技术、多媒体技术和大规模存储技术为基础，以宽带网络为纽带，运用遥感、全球定位系统、地理信息系统、遥测、仿真、虚拟等技术，对城市进行多分辨率、多尺度、多时空和多种类的三维描述。

●三清一护：清淤、清除河道违法建筑物、清除河道内阻水障碍物和护岸。

●一轴、两廊、三区、五圈：以乳桂线为主轴线，建设生态农业观光长廊和民族生态旅游长廊，建设过山瑶文化展示区、云门综合发展区、现代农业示范区，构建民族风情体验产业圈、禅宗文化产业圈、山水景观游乐休闲产业圈、农业观光产业圈、运动游乐休闲产业圈。

●黄标车：排放量大、浓度高、排放稳定性差的车辆。尾气排放达不到欧Ⅰ标准，排放量相当于新车的5至10倍，环保部门只发给黄色环保标志。

●底线民生：社会中最弱势群众和最困难群体的生存和生活状态。

●“三留守”人员：留守儿童、留守妇女、留守老人。

●教育信息化“三通”工程：推进广东教育视频网建设，全面实现教育宽带网络“校校通”；实施多媒体电教平台配备项目，推进优质教育资源“班班通”；强化信息化应用竞赛，推进网络学习空间“人人通”。

●首诊、双向转诊制度：群众的一般疾病首先在卫生院就诊；对疑难重症由卫生院转到县级医院诊治，经县级医院治疗后符合条件的患者下转卫生院进行后续治疗、康复或护理。

（载入资料来源县政府办）

乳源瑶族自治县人民代表大会常务委员会工作报告

——2015年1月27日在乳源瑶族自治县第十一届人民代表大会第五次会议上

马福德

各位代表：

受春腾主任的委托，我代表县十一届人大常委会向大会报告一年来的工作，请予审议，并请列席会议的同志提出意见。

2014年主要工作

2014年，是本届县人大常委会任期的第三年。一年来，在县委的正确领导下，常委会认真学习贯彻党的十八届三中、四中全会精神，紧紧围绕全县工作大局和县十一届人大四次会议确定的目标任务，切实行使宪法和法律赋予的各项职权，各项工作取得新进展。全年共举行常委会会议6次，听取和审议专项工作报告11项、开展视察、调研和执法检查15次，作出决议、决定3项，依法任免国家机关工作人员43人次，为推进乳源经济社会改革发展和民主法制建设做出了积极贡献。

一、坚持服务大局，突出监督重点，推动经济社会健康发展

围绕中心工作加强监督，大力推动重大决策部署的贯彻落实。紧紧围绕县委决策部署和中心工作，积极发挥人大监督作用，推进全县重点项目建设和生态保护、绿色工业、生态农业、生态旅游、生态人居、生态文化“六大工程”的落实，增强经济发展后劲。积极推动各项深化改革措施的落实，使人大工作更好地服务于全县发展大局。组织代表开展县重点项目建设情况视察，加强常委会领导联系重点项目建设的督促检查，督促有关部门和单位加强项目建设进度，加大支持和衔接力度，抓好各项工作的落实。开展封山育林议案实施情况、扶贫“双到”等专题调研，建议有关部门采取有效措施，加快推进各项工作。听取和审议了县政府全面深化改革工作报告，建议县政府加强组织保障，抓好行政、经济、社会、文化、生态文明等体制改革，确保县委部署的各项改革任务的顺利完成。

围绕财经工作加强监督，大力推动经济社会发展。高度关注全县经济发展运行情况，听取和审议县政府关于国民经济和社会发展计划执行情况的报告。针对当前形势，建议县政府围绕实现全年经济增长、财政预算收入增长的目标，增强危机意识，坚定信心，大力推进重点项目建设，重点抓好工业园区的扩园和功能完善，推动经济发展，确保全年计划目标的完成。听取和审议县政府关于2014年财政决算报告、预算执行及其他财政收支情况审计工作报告、2014年国民经济计划执行报告，针对存在的问题提出意见和建议，并加强跟踪监督，保证国民经济计划的实施和财政资金依法有效使用。

围绕民生热点加强监督，大力维护人民群众的根本利益。把底线民生资金落实、城区教育布局调整和扶贫开发“双到”等作为保障民生的大事来抓。开展相关工作调研，听取和审议县政府关于学前教育工作和城区义务教育区域布局调整情况报告，建议县政府进一步加大底线民生资金的保障和落实力度，加快中医院妇幼保健院的建设步伐；继续健全学前管理投入机制和教育服务网络；逐步改善城区义务教育阶段学校的办学条件，促进城区义务教育学校均衡发展。认真受理群众和代表来信来访，共受理来信来访35件次，督促有关部门解决了一批群众反映强烈的信访问题。

围绕依法行政公正司法加强监督，大力推进法治乳源建设。组织县人大代表参加法院“百庭观摩”“执行听证”活动和人民检察院“阳光检务”活动，加深代表对法院和检察院工作的了解；组织代表视察县看守所工作，促进监所规范化和法治文化建设，县看守所因法治文化建设工作突出，被列为广东省法治文化建设示范点；监督和支持“一府两院”认真落实“六五”普法规划，有力地促进了依法行政和公正司法。加强规范性文件的备案和审查，全面推进法治乳源。

二、依照法律规定，严格规范程序，做好代表补选和人事任免工作

坚持把党管干部与人大依法任免有机结合起来，严格按照法律的规定开展人事任免工作。完善县人大常委会国家机关工作人员任前法律知识考试制度，加强人事任免工作的规范化、制度化建设。一年来，共任免国家机关工作人员43名，其中任命34名，免职5名，接受辞职4名；补选代表6名；在组织上保证了国家机关的正常运转。

三、保障代表地位，提高服务水平，充分发挥人大代表作用

加大议案建议督办力度，努力提高代表对议案办理的满意率。县十一届人大四次会议期间，代表提出建议意见11件。县人大常委会实行常委会领导和相关工委进行重点议案建议督办制度，将群众关注度高的建议作为重点建议，由常委会领导和相关工委重点跟踪督办。县人民政府及各承办单位积极与代表沟通联系，广泛征求代表对建议办理的意见，并根据代表反馈意见，督促落实整改，努力把建议落到实处。代表意见建议已全部办复，代表对意见建议办理情况的满意率和基本满意率达到100%。

丰富代表活动形式内容，努力拓宽代表知政参政渠道。坚持邀请代表列席人大常委会，参加“一府两院”各类座谈会、听证会和旁听庭审，邀请代表参与省、市人大组织的专题调研等活动，进一步丰富代表知政参政的方式和内容。组织代表围绕县委中心工作和群众关心的问题开展视察、调研和执法检查，扩大代表活动的范围和履职渠道，注重代表视察调研意见和建议的反馈，增强代表活动实效。

增强服务意识，努力提升代表履职服务保障水平。不断提高代表学习培训的制度化、规范化水平，举办县人大代表履职学习班，进一步提高代表理论素养和业务能力。做好县人大常委会领导走访县人大代表工作，及时掌握代表情况，帮助代表解决困难。进一步加强乡镇人大代表联络室规范化建设，建立健全代表轮值接访、走访选民等制度，充分发挥镇人大代表联络室在人大代表学习培训、联系选民、履行职责、为民服务等方面的作用。认真做好县十一届人大四次会议期间和驻乳源的韶关市十三届人大代表出席市人代会的各项服务工作，不断提升代表履职服务保障水平。

四、发挥主导作用，抓好依法治理，扎实推动依法治县进程

常委会立足民主法治建设，强化“六五”普法工作，着力推进“法治文化长廊”建设，扎实做好按法治框架解决基层矛盾试点工作。县看守所被列为“广东省法治文化建设示范点”，乳源被省人大常委会列为贯彻落实《广东省信访条例》运用法治方式解决信访突出问题10个试点县（区）之一。县人大常委会严格按照试点工作要求，结合乳源实际，不断创新工作方法，突出抓好“畅通信访渠道、推进诉访分离、强化责任落实、维护信访正常秩序”四个方面的工作，取得明显成效，有效维护社会稳定，促进了经济社会发展。

五、加强自身建设，提高履职水平，树立人大队伍新形象

积极开展县人大机关党的群众路线教育实践活动，提高活动实效。2014年2月以来，县人大常委会党组和机关党支部根据中央、省委要求和市委、县委的统一部署，按照“照镜子、正衣冠、洗洗澡、治治病”的总要求，认真查摆“四风”方面存在的突出问题，提出解决对策，制定整改方案，并通过建章立制，形成践行党的群众路线长效机制，确保教育实践活动取得实效。

不断加强机关作风和干部队伍建设，提高队伍整体素质。选派部分常委会领导和工委负责人参加全国瑶族自治县人大常委会第十三次联席会议，提交的题为《强力推动生态旅游与民族旅游相结合建设美丽乳源》论文获得与会人员一致好评。继续抓好机关党风廉政建设，进一步加强机关日常管理，严格执行廉洁从政各项规定，坚决杜绝奢侈浪费。坚持深入基层开展调查研究，做到摸实情、听民声、问民计。加强人大机关干部的培训和进修学习，充分调动干部职工的积极性和主动性。坚持开短会、发短文、讲短话，大兴政务清新之风，提高工作实效，努力建设一支“政治坚定、业务精通、务实高效、作风过硬、团结协作、勤政廉洁”的人大干部队伍。

重视人大宣传工作，强化宣传效果。积极探索新形势下人大宣传工作方式方法，加强人大宣传队伍建设和培训，提升人大工作者的业务素质和理论水平。积极参加省、市人大代表在线交流平台学习。加强人大网站管理和人大信息报送，充分利用县内外新闻、网络等媒体，加强对人大制度、人大会议、代表活动的宣传，全面反映县人大及其常委会依法行使职权的全过程，进一步扩大人大工作的影响，深化社会对人民代表大会制度的认识。

各位代表，2014 年常委会的工作取得了较大成效。这些成绩的取得，是在县委的正确领导下和“一府两院”的大力配合支持下，通过全体人大代表、常委会组成人员和人大机关工作人员的共同努力取得的，凝聚着全县人民和社会各界的关心、支持和帮助。在此，我谨代表县人大常委会表示最崇高的敬意和衷心的感谢！

在肯定成绩的同时，我们也清醒地认识到，常委会的工作离县委的要求和人民群众的期望还有一定差距，主要表现有：在创新监督方式方法方面还有待进一步探索，在增强监督实效方面还有待进一步加强，在代表议案建议办理工作质量方面还有待进一步提高，在常委会及机关建设方面还有待进一步完善。对此，我们将高度重视、深入研究，在今后工作中不断加以改进。

2015 年主要任务

2015 年，县人大常委会将以邓小平理论、“三个代表”重要思想和科学发展观为指导，认真贯彻落实党的十八大和十八届三中、四中全会精神，坚持党的领导、人民当家做主和依法治国的有机统一，围绕建设“有为人大、活力人大、和谐人大”为目标，依法履职，积极作为，努力推动全县经济社会科学发展。

一、围绕中心，创新方式，更加注重提高监督实效。围绕推动县委重大决策部署的贯彻落实，进一步加强监督工作。突出重点项目建设实施、依法行政、司法公正和保障民生等重点，采取公开征求人民群众意见，采取从人民群众和代表来信来访中选取监督线索，采取在人大会期间对政府部门、法院、检察院进行评议、并将评议结果作为选取监督议题的依据等方法，确定监督内容，进一步增强监督内容的针对性。在听取和审议专项工作报告、调研、视察和检查的基础上，继续开展工作满意度测评，进一步探索专题询问、专项工作评议等监督方式。加强对审议、评议、检查、视察调研意见的跟踪和督办，推动程序性监督向实质性监督转变，进一步增强监督实效。进一步发挥人大信访工作的作用，通过对信访案件的督办，把信访打造成重要的监督平台。

二、立足长远，着眼大局，更加注重正确行使决定权和任免权。围绕科学发展，抓住关系全局的、长远的、根本的重大事项开展调查研究，正确行使好重大事项决定权。把决定权与监督权结合起来，通过加强跟踪监督，跟踪问效，切实维护决议、决定的严肃性和法律效力。严格依法办事，正确处理好党委推荐干部和人大依法任免干部之间的关系，坚持人大依法行使任免权和党管干部原则的统一性。坚持任前法律考试制度，增强被任命干部学法、用法、守法的意识。加强对干部的任后监督，确保对人大常委会任命的人员实施监督的经常性和法定性。

三、搞好服务，夯实基础，更加注重改进代表工作。在保证人代会期间代表执行职务、履职尽责的基础上，精心组织指导代表开展集中视察、专题调研和执法检查等活动，不断提高活动质量。充分利用代表建议网络直通车，加强与代表沟通联系，积极听取代表意见建议，拓宽代表知情、知政渠道。实行重点建议常委会领导领衔督办制、办理情况公示制，督促政府及有关部门积极办理代表议案建议。加强代表培训工作，通过开展专题讲座、履职交流和举办各类学习班等形式，不断提高代表综合素质和履职能力。

四、强化法治，推动民主，更加注重推进依法治县进程。认真贯彻落实依法治国基本方略，根据县委关于法治建设的工作要求和目标任务，推动依法治县工作向更高层次发展。继续完善贯彻落实《广东省信访条例》、运用法治方式解决信访突出问题工作，从各层次各领域深化依法治理。注重法治政府建设，促使国家机关工作人员牢固树立社会主义法治理念，自觉在宪法和法律范围内开展工作。

五、内强素质，外树形象，更加注重常委会及其机关建设。组织干部职工认真学习党的十八大和十八届三中、四中全会精神，严格遵守中央八项规定，健全改进作风、厉行节约常态化制度，坚决维护制度的严肃性和权威性，把思想和行动统一到加强社会主义民主政治建设部署上来，统一到县委的要求上来，提高常委会及其机关工作人员的服务意识和履职能力，巩固和发展党的群众路线教育实践活动的成果。加强调查研究，提高审议决策能力，增强决策的民主性、科学性。加强干部队伍建设，不断优化干部队伍结构。采取多种形式，广泛宣传人民代表大会制度、人大常委会及人大代表履行职责情况，营造乳源民主法治建设的良好氛围。

各位代表，今年是本届县人大常委会和县人大代表履职的关键一年。我们要以饱满的政治热情依法履职，以良好的精神状态服务于民。让我们在中共乳源县委的坚强领导下，同心同德，开拓创新，忠实履行宪法和法律赋予的职权，全力推动乳源实现更高质量、更好效益、更美生态、更惠民生的发展，促进社会和谐稳定，为全面深化改革、加快生态发展、建设法治乳源和美丽乳源做出新的更大贡献！

（载入资料来源县人大办）

中国人民政治协商会议第九届乳源瑶族自治县委员会常务委员会工作报告

（2015年1月26日在政协第九届乳源瑶族自治县委员会第五次会议上）

费玉海

各位委员、同志们：

我受政协第九届乳源瑶族自治县委员会常务委员会的委托，向大会作九届四次会议以来工作报告，请予审议，并请列席会议的同志提出意见。

2014年工作回顾

2014年是乳源深入学习贯彻习近平总书记系列重要讲话精神和党的十八届三中、四中全会精神，深入实施“五大战略”，强力推进“六大工程”，经济社会实现平稳较快发展的一年。一年来，在县委的坚强领导下，县政协坚持以科学发展观为指导，紧紧围绕中心工作，积极履行政治协商、民主监督、参政议政职能，充分发挥人民政协协调关系、汇聚力量、建言献策、服务大局重要作用，为加快生态发展、建设美丽乳源做出了积极贡献。

一、围绕加快发展，积极履职建言谋策

*紧扣中心，政治协商共谋发展。*认真贯彻落实《政治协商规程》，协商民主活动广泛多层开展。一是整体协商广泛深入。九届四次会议期间，委员们围绕县政府工作报告以及全县经济建设和社会发展的重大问题，进行广泛协商议政，并视察了乳源重点项目建设情况。二是民主协商亮点纷呈。县委书记吴春腾亲自到政协与各党派、团体、界别代表人士，就乳源重大决策实施和共同关心的重要问题进行面对面协商，认真听取各界人士的意见和建议。对政协提供的调研、视察报告高度重视，做出批示，要求有关部门和单位研究落实。三是专题协商务实创新。县长邓志聪与政协委员代表就瑶医瑶药的开发利用、旅游景区建设、南水湖湿地公园建设等专题深入协商，充分肯定委员提出的建议，要求有关部门加紧落实。四是重点协商规范有序。政协常委会紧紧围绕县委提出的“六大工程”，就“提高便民服务中心服务能力”“瑶医瑶药的开发利用”“三旧改造工作”“天然林保护”等课题进行重点协商。通过多种协商方式，提出了许多有针对性、前瞻性、建设性的意见和建议，为县委、县政府科学决策、民主决策提供参考，许多建议已经吸纳到决策之中。

*找准关键，参政议政助力发展。*紧扣“六大工程”中心工作，配合常委会协商议政，分别由政协班子成员牵头、县政协机关组织，邀请部分民主党派、界别委员和县相关部门参与，围绕相关专题开展调查研究，通过走访县直部门、企业、镇村，听取情况通报、召开座谈会等形式，掌握实际情况，提交常委会专题协商后，形成了《明职责强素质改作风打通服务群众“最后一公里”》《弘扬民族传统打造瑶医品牌》《加快“三旧”改造步伐建设幸福美丽新乳源》《加强天然林保护提高生态环境质量》等4篇调研报告。这些报告翔实、客观分析了存在问题，找出了差距，提出了16项有针对性、可行性和战略性的意见建议，得到县委、县政府领导和有关方面的充分肯定，许多建议被采纳并付诸实施。

*抓住重点，民主监督力促发展。*一是提案工作扎实推进。坚持提高质量、务求实效的原则，引导委员围绕乳源经济社会发展的重要问题和重大事项认真撰写提案。完善提案督办的长效机制，坚持党政主要领导和政协班子成员督办重点提案，积极做好承办单位和政协委员之间的沟通联络工作，让提案人参与督办，促进提案办理落实。做到事事有结果、件件有落实，并及时把办理情况反馈委员，委员满意度明显提高。九届四次会议以来，委员们共提出提案36件，经审查立案7件，至目前为止，已全部办复。二是视察工作有序开展。组织各民主党派、团体、各界别委员就“旅游景区建设”“南水湖湿地公园建设”“教育资源优化配置落实情况”等民生问题以及公检法工作开展专题视察，提出许多中肯的意见和建议。三是积极听取情况通报。运用常委会议、各界人士座谈会、党政领导与委员座谈会等形式，听取县政府经济社会发展，县纪委、县法院、县检察院的工作情况通报，有力助推工作开展。四是广泛进行委员监督。积极鼓励和推荐委员受聘担任特约监督员、陪审员、评议员，进一步拓展了委员监督领域，为全县政风行风建设和政府公信力的提升发挥了积极作用。

*服务大局，主动参与奋力作为。*紧紧围绕县委、县政府工作大局，积极联系重点项目，参与中心工作。县政协班子成员认真落实领导分工负责制，主动联系县重点项目和企业，经常深入园区、厂矿、企业、工地调查研究，了解情况，督查进度，召开协调会议，化解纠纷，及时解决存在的困难和问题，有力地推动了重点工程项目建设。按照县委部署，三位副主席承担群众路线教育实践活动和“五有”规范化建设督导工作，积极主动履行职责，出色地完成了工作任务。落实领导包案制，带队深入县直部门、挂点镇村，指导镇村做好社会综治维稳和扶贫“双到”工作，为乳源经济社会发展做出了应有的努力。

二、扎实开展群众路线教育实践活动，切实改进工作作风

在2014年度开展的党的群众路线教育实践活动中，县政协党组和机关党支部积极参与，按照“照镜子、正衣冠、洗洗澡、治治病”的总要求，以“为民务实清廉”为主题，扎实开展党的群众路线教育实践活动，在牢固树立宗旨意识、切实改进工作作风上取得了良好的成效。

*增强群众观念。*采取多种形式深入学习中国特色社会主义理论体系，认真研读教育实践活动重要文件和学习材料，并做好读书笔记，深刻领会习近平总书记重要讲话精神，扎实开展理想信念、党性党风党纪和道德品质教育，组织开展党的群众路线学习讨论，集中观看《焦裕禄》《生死牛玉儒》《杨善洲》等多部教育影片，形成了坚决贯彻党的群众路线、推动政协工作的思想共识，提高了运用党的群众观发现问题、思考问题、解决问题的能力。

*认真查摆问题。*坚持开门搞活动，通过深入基层调研、走访委员、发放征求意见表、召开民主党派座谈会等多种渠道，广泛征求群众的意见建议，梳理出各方面意见50多条。以问题为导向，开好高质量的专题民主生活会，以整风精神开展批评和自我批评，查找出政协班子“四风”方面25个突出问题，并从理想信念、宗旨意识、党性修养等方面深刻剖析了问题产生的根源。

*强化整改落实。*坚持把解决问题作为搞好活动的出发点和落脚点，认真落实中央八项规定要求，聚焦“四风”方面存在的25个突出问题，制定整改方案，明确具体措施、负责领导和完成时限，动真格、下硬功，立行立改。注重从体制机制上解决问题，制定完善了19项规章制度，并把制度汇编成册，强化规章制度的执行，切实用管用的制度纠正不良作风、以合理的机制巩固整改成效。

三、坚持团结民主，着力构建和谐乳源

*注重加强联系合作，凝聚各界力量。*健全完善了政协同各民主党派、工商联的工作联系制度，主动加强与各民主党派、工商联、无党派和各阶层人士的联系与沟通，不定期上门走访，联络感情。积极为各民主党派、工商联、无党派人士在政协中发挥作用创造条件、搭建平台，促进各方面的团结合作。重点安排民主党派成员在政协全体会议、常委会议和专题议政座谈会上发表见解；坚持邀请各民主党派参与调研视察；确定重点提案，优先考虑各民主党派、工商联集体提案。一年来，各党派团体共提交提案3件，大会发言4篇，提出意见建议36条，许多建议得到了县委、县政府的重视和采纳。

注重团结联谊活动，汇聚发展合力。坚持以“广泛联谊，合作交流”为宗旨，拓展与港澳、珠三角地区政协委员的联谊交流，更加紧密联系香港年轻一代和社团，依靠社团的雄厚实力和强大的人脉资源，支持乳源兴办学校、兴建公益设施、扶贫助学、捐赠医疗设备等，造福黎民百姓。不定期走访委员，谈心沟通，听取意见，增进共识。

注重强化文史宣传，扩大政协影响。选送二十多幅摄影和油画作品，参加市政协举办的“人民政协成立65周年”书画展。坚持办好《乳源政协》刊物，扩大政协社会影响。加强与新闻单位合作，报道政协动态，组织专题采访，发挥“委员之家”网络互动平台功能，生动反映政协组织的履职工作和委员风采，着力打造永不落幕的政协全会。

四、开拓创新，锐意进取，全面加强自身建设

加强理论学习，提升履职素质能力。组织委员和机关干部深入学习党的十八届三中、四中全会和习近平总书记系列重要讲话精神，学习县委十一届四次、五次全会报告，深刻领会全会的新思想、新观点和新论断，准确把握县委的战略部署和工作要求，进一步充实了头脑、更新了理念，提高了履职素质和能力。

完善管理机制，充分发挥委员主体作用。积极引导全体委员在本职工作中发挥带头作用，在政协工作中发挥主体作用，在界别群众中发挥代表作用，自觉树立和维护政协委员良好形象。坚持开展主席会议成员走访委员活动，了解委员工作生活情况，听取委员对政协工作的意见、建议。健全完善委员履职管理机制，加强委员履职管理。坚持优秀政协委员、优秀提案、承办提案先进单位的评先评优制度，激发委员履职积极性。

注重素质建设，增强机关服务保障能力。以群众路线教育实践活动为契机，着力打造学习型、调研型、服务型、廉洁型机关，全面加强思想、组织、制度和作风建设，进一步完善机关管理，明确工作岗位职责，不断增强机关干部的全局意识、合作意识、服务意识、创新意识，提升机关的亲和力、凝聚力，服务水平和保障水平不断提高。

各位委员、同志们，过去的一年，县政协各项工作能够顺利开展，圆满完成，这是县委正确领导的结果，是政协各参加单位和广大委员团结奋斗的结果，也是县人大、县政府与社会各界大力支持的结果。在此，我代表县政协常委会，向所有关心、支持政协工作的领导和同志们表示衷心的感谢和崇高的敬意！

2015年工作设想

2015年是全面贯彻落实党的十八届三中、四中全会精神的重要一年，是实施“十二五”规划的收官之年，是推进全面深化改革的关键之年。在新的一年里，县政协常委会将在县委的正确领导下，贯彻落实县委十一届五次、六次全会的部署和要求，紧紧围绕全县工作大局，切实履行政治协商、民主监督、参政议政职能，为提速建设美丽乳源步伐、加快建成全面小康社会做出新贡献。

一、加强理论学习，深入推进协商民主广泛多层制度化发展

健全社会主义协商民主是中共十八大和十八届三中全会确定的一项重大决策。要认真组织委员和机关干部深入学习讨论、领会精神实质，认真学习习近平总书记在庆祝人民政协成立65周年大会上的重要讲话，紧密结合自身履职实际和乳源发展大局，努力把思想、智慧和力量凝聚到县委十一届六次全会布置的各项目标任务上来。着重围绕全县改革发展的重点难点问题，广协商，真协商，努力寻求社会各界意愿和要求的最大公约数。制定好年度协商计划，明确年度协商议题，使政治协商与县委、县政府决策部署同频同向，增强协商的计划性、针对性、实效性。以助推改革发展为主题开展广泛多层协商，积极开展专题协商、重点协商、对口协商、界别协商、提案办理协商，不断丰富协商形式，提高协商成效，推进协商民主广泛多层制度化发展。

二、积极主动履职，汇智聚力推动乳源改革发展

服务中心工作，积极建言献策。围绕“加快特色高效生态农业发展”“县城基础教育现状”“民族文化的挖掘和传承”“加快发展养老服务业”等专题深入开展调查研究，从多个层面与县委政府部门广泛协商，多提有深度、有价值、有前瞻性的意见建议，为县委、县政府决策提供参考。

*加强民主监督，促进工作落实。*围绕县委、县政府重大决策部署和重大民生问题，对“贯彻落实《广东省信访条例》情况”“重点提案办理情况”“县城部分企业环保情况”“东平山正觉寺重建”“垃圾填埋场建设使用情况”和“开发区建设”开展专题视察，推动工作落实。

*强化提案办理，助推民生改善。*牢固树立提案质量意识，增强提案服务能力，健全完善督办机制，推动提案办理落实，促进人民群众关注的热点和难点问题逐步得到解决。

三、高举民主团结大旗，凝心聚力促进社会和谐稳定

*把握主题凝心聚力。*牢牢把握团结和民主两大主题，密切与民主党派、工商联、人民团体、无党派人士的联系，充分反映他们的愿望、要求、意见和建议，为他们积极履行政协职能搭建大平台。不断巩固壮大新时期爱国统一战线，促进社会各界的大团结、大联合。

*积极参与共建和谐。*引导委员积极参与到建设美丽乳源的目标上，真诚倾听群众呼声，真实反映群众愿望，真情关心群众疾苦，多做宣传政策、释疑解惑、扩大共识、增进团结的工作，多做理顺情绪、化解矛盾、促进和谐、维护稳定的工作，为全县改革发展稳定创造良好的社会环境。

*牵线搭桥招商引智。*进一步加强与新经济组织、新社会组织、新社会阶层代表人士的沟通联系，深化与港澳同胞和珠三角委员的联谊交流，以乡情、亲情、友情为纽带，积极推介乳源，吸引更多的资金、项目、技术、人才向乳源汇聚，为乳源经济社会发展添动力、增合力。

四、坚持强基固本，务实创新提高政协履职水平

*加强委员教育管理。*切实加强委员教育培训，提高委员综合素质和履职能力。完善委员履职管理和激励机制，搭好委员履职平台，支持委员在政协讲真话、说实情、提建议，引导委员做好事、干实事、办善事。

*强化专委会建设。*创新专委会活动的内容和方式，加强与对口部门的交流与协作。突出界别特色，完善界别调研、视察、提案等工作机制，丰富界别活动方式和内容，探索多界别联合开展活动新途径，促进界别之间的沟通和交流。

*更加注重机关建设。*以巩固和扩大党的群众路线教育实践活动成果为切入点，加强政协机关思想、组织、作风和信息化建设，不断增强机关干部爱岗敬业、忠诚履职、奉献乳源、奉献社会的使命感和责任感。进一步改进机关干部作风，为有效履职提供更加有力的保障。

各位委员、各位同志，全面深化改革大势如潮，推进依法治国大道通途。人民政协站在新的历史起点上，新常态、新机遇寄予人民政协新责任、新希望。让我们在县委的坚强领导下，以饱满的政治热情、昂扬的精神状态、务实的工作作风，解放思想，创新履职，敢于担当，真抓实干，不断创造政协工作的新业绩，为提速建设美丽乳源步伐、加快建成全面小康社会而努力奋斗！

（载入资料来源县政协办）

大　事　记

2014年乳源大事记

1　月

1月2日　中共韶关市委组织部2013年12月13日韶组干〔2013〕477号文件，经市委同意：伍文任中共乳源瑶族自治县委委员、常委、副书记。

1月3日　香港食物及卫生局局长高永文，新界社团首长联谊会主席童文浩等官员一行到乳源考察医疗卫生和教育事业的发展情况。

1月9日　在县人民政府会场召开中国共产党乳源瑶族自治县第十一届委员会第四次全体会议。会议听取并审议县委书记吴春腾代表县委常委会所做的题为《把握改革机遇加快生态发展奋力开创建设美丽乳源新局面》工作报告，会议审议《2013年县委常委会工作总结》，县长邓志聪对2013年经济工作进行总结并安排部署2014年工作和近期工作。

1月13日　韶关市委组织部印发韶组干〔2014〕12号文通知，市委同意：戴浩平挂任中共乳源瑶族自治县委委员、常委。

1月20日　市平安创建暨综治检查考核组到乳源检查平安创建暨社会治安综合整治工作。检查组在县政法委有关负责人陪同下深入到游溪镇、桂头镇平安村居和部分县直单位，以听汇报、看现场、查看台账资料等方式实地了解情况。

1月24日　副省长刘志庚率省春运检查组到京港澳高速公路粤境韶关段（京珠北）检查春运工作，副市长邹永松、副县长陈耀宇和市县有关部门领导陪同检查。省春运检查组在京港澳高速公路云岩服务区分别听取韶关市政府和省直有关部门关于2014年春运准备工作的情况汇报。

1月24日　新改建县行政服务中心办事大厅正式投入使用，办事大厅为县经贸大楼一楼和二楼，进驻办事窗口单位38个，办事项目涵盖全县具备行政审批、一般业务管理及便民服务事项，另设县公安、交警、供电、供水、疾控中心、电视台6个分中心。县委书记、县人大常委会主任吴春腾，县委副书记、县长邓志聪出席启用仪式并为行政服务中心和公共资源交易中心揭牌。

1月31日　云门禅寺接待游客约7万人次。

2　月

2月6日　由县人民政府主办，县人力资源和社会保障局承办的2014年“春风行动”企业现场招聘会在县人民政府广场举行。县内23家大中型企业到现场招聘制造业、旅游业、餐饮业等工作岗位约1100个。县委常委、政法委书记黄寿生，县人大常委会副主任赵雷，县政协副主席陈松海等相关部门负责人参加招聘会开幕式。

2月14日　县委召开党的群众路线教育实践活动动员会，省委第五督导组副组长、省轻工业高级技工学校党委书记夏青，市委第一督导组组长、市粮食局原局长、党组书记蒋友明等省委、市委督导组的领导及成员出席动员会。县委书记吴春腾作动员讲话；蒋友明对如何开展好教育实践活动提出希望和要求，对县级领导班子和党员领导干部作风建设情况进行民主评议。

2月18日　副省长邓海光到大桥镇红光村委会下圭自然村，调研村委换届选举工作，实地察看饮水工程等基础设施受冰雪灾害损坏情况。省政府办公厅、省水利厅、省农业厅、省民政厅、省委组织部农村组织处有关负责人，市领导陈波、张志才、李安平以及县领导邓志聪、李明华等陪同调研。

2月22日 市长艾学峰到日本电产三协电子（韶关）有限公司调研。

2月24—25日 中国人民政治协商会议第九届乳源瑶族自治县委员会第四次会议召开，县领导吴春腾、邓志聪、费玉海等出席会议。会议审议通过县政协主席费玉海向大会做的工作报告和副主席刘宏美向大会做的提案工作情况报告，表彰2013年度县政协优秀提案、承办提案先进单位和优秀政协委员。会议期间，举行委员之家网络平台操作培训、与会人员视察全县重点项目建设等活动，全体委员列席县第十一届人民代表大会第四次会议，听取和讨论县人民政府工作报告及有关报告。

2月25日 乳源瑶族自治县第十一届人民代表大会第四次会议在县人民政府会场召开。参加会议人大代表100多名，与会人大代表听取和审议县长邓志聪所做的《政府工作报告》和县人大常委会、县人民法院、县人民检察院等工作报告，县委书记吴春腾在会上作讲话。

2月28日 中共乳源瑶族自治县第十一届纪律检查委员会第四次全体会议召开。与会人员听取县委书记、县人大常委会主任吴春腾的讲话，审议并通过县纪委书记张军代表县纪委常委会所做的《聚焦主业，改革创新，深入开展党风廉政建设和反腐败斗争》的工作报告。

3 月

3月3—5日 省委常委、纪委书记黄先耀到乳源调研党的群众路线教育实践活动工作。省委督导组组长林元和，市领导郑振涛、陈向新、孔云龙，县领导吴春腾、邓志聪、林应良、张军等陪同调研。经实地调研和听取汇报，省委督导组组长林元和对乳源前阶段工作给予充分的肯定，并对下一阶段工作提出要求。

3月6日 县人民政府在县中心会堂召开全县2014年深化集体林权制度改革工作动员部署会，安排部署2014年全县深化集体林权制度改革工作的有关事项，副县长李明华出席会议并作讲话。各镇镇长、分管林业的副镇长、林业站负责人等参加会议，县人民政府副县长李明华与各镇人民政府负责人签订《乳源瑶族自治县深化集体林权制度改革目标责任状》。

3月7日 县委党的群众路线教育实践活动领导小组办公室，组织县四套班子成员、县检察院检察长、县法院院长、县直部门党政一把手、乡镇党政正职共100多名干部，到省反腐倡廉教育基地接受警示教育。

3月13日 县委在县人民政府会场举行党的群众路线教育实践活动先进典型事迹报告会。县四套班子成员，县检察院检察长、县法院院长，县纪委副书记，县委党的群众路线教育实践活动领导小组成员和督导组全体成员，各镇党委书记、镇长、组织委员、宣传委员，县直各单位领导班子成员，上级直管和副科级单位负责人，部分“两新”组织党组织负责人共350多人聆听报告。会上，县地方税务局局长蔡俊波，县人民医院妇科主任吴芳芳，桂头镇草田坪村党支部书记、村委会主任周文龙，游溪镇人民政府民政员吴兰英，乳城镇大群村党支部书记、村委会主任邓翠华分别作典型报告。期间，与会人员观看党的群众路线教育实践活动警示学习教育片《四风之害》。

3月14日 县委、县人民政府在县中心会堂召开全县春、夏季计生集中服务活动动员会。县领导邓志聪、黄寿生、朱均玉、陈耀宇、吴巧英，各镇党委书记、镇长、分管计生工作的领导、计生办主任及县计生兼职单位负责人参加会议。会议全面部署计划生育集中服务活动工作，明确工作重点和工作要求，确定集中服务活动时间为3月15日至4月30日。

3月20日 国家宗教局副局长到乳源云门寺佛学院调研，要求云门佛学院要在当代条件下，更好地服务社会，把佛教健康地传承下去，要营造经济社会发展的良好环境和条件，形成一种发展和谐稳定的氛围，成为办学的宗旨及内涵。要求云门佛学院要做到“四点”，即要突显、保持特点，要充分挖掘优点，要打造亮点，要定位高点。

3月21日 2013年度日本利民工程援助项目

——乳源桂头镇红岭村乡村公路硬底化建设项目签字仪式在广州市举行。省人民政府副秘书长吴恳，日本驻广州总领事伊藤康一，省人民政府外事办公室副主任张卫东，县委常委、统战部部长赵志敏以及相关单位领导出席签字仪式。日本政府向桂头镇红岭村无偿援助约合人民币58万元，用于红岭村乡村公路硬底化建设项目。

3月23日 香港新界社团联谊会热心人士赵子杰、黄礼森、童文浩等一行20多人在县卫生局举行香港社团首长联谊会捐赠洛阳敬老院配套设施捐赠仪式。向瑶乡敬老院捐赠20万元港币，用于洛阳敬老院的配套设施改善，为孤寡老人安享晚年创造良好的条件。副县长陈耀宇及县卫生局相关人员出席捐赠仪式。

3月26日 由韶关市旅游局、乳源瑶族自治县人民政府主办，乳源瑶族自治县文体旅游局、韶关市摄影家协会、韶关市青年摄影学会、南岭国家森林公园景区、南岭避暑林庄温泉大饭店、南岭一峰生态园承办的2014年“满眼春光”韶关旅游大会暨首届广东南岭“瓜果花香世界”旅游节活动，在南岭一峰生态园举行开幕式，韶关摄影家协会、青年摄影学会、新闻媒体、旅行社以及县旅游协会、农业协会、摄影协会等行业的领导、企业家、爱好者和工作者共2000多人参加活动。旅游节活动时间安排：3月份举行“南岭之春”摄影大赛；6月份举行高山垂钓——游园“渔王”争霸赛；7—10月份举行“瓜果飘香”——瓜果采摘游园活动。

3月29日 县人民政府在县城南环路举行“两不具备”安置新村“瑶乐居”落成仪式。澳门霍英东基金会主席霍震寰等嘉宾，副市长邹永松，县领导吴春腾、林昌卫、简连英、朱均玉、李明华，县教育局、公共资产管理中心、扶贫办等单位负责人，东坪镇、必背镇、游溪镇主要领导及瑶族群众代表参加仪式。副县长李明华主持揭牌仪式。“瑶乐居”新村工程是被列入县重点项目、十件实事好事之一。项目建设用地面积约1.77公顷，规划建设安置户数300户，建筑面积44568平方米，工程于2012年9月动工，2013年11月竣工，总投资6511万元。其中澳门霍英东基金会慷慨资助500万元；农户集资3000多万元；省市扶贫政策补贴1500万元等。

3月31日 县卫生和计划生育局举行成立揭牌仪式。县委常委、县政法委书记黄寿生，副县长陈耀宇，县政协副主席吴巧英出席揭牌仪式。

3月 广东省文化厅公布2013年度全省群众文艺作品评选结果，由县文化馆创作选送的作品《恩情》荣获音乐类作品金奖。

4 月

4月1日 省委实践办组织新闻媒体到乳源集中采访党的群众路线教育实践活动特色和亮点。《南方日报》《南方杂志》《南方都市报》《羊城晚报》《新快报》《韶关日报》和广东电台、广东电视台、南方电视台及韶关广播电视台等新闻单位记者参加集中采访活动。县领导吴春腾、张军、简连英及省委、市委、县委实践办、组织部、宣传部相关负责人参加活动。

4月4日 县委、县人民政府在县城金狮公园革命烈士纪念碑前举行庄严的祭奠仪式，县四套班子领导，县人民检察院检察长、县人民法院院长，县城各副科级以上单位一把手，各民主党派、工商联及无党派人士代表，公安干警、武警战士、部队官兵、学生代表等共300多人参加祭奠仪式。

4月9日 省人大常委会副主任、省总工会主席黄业斌率省人大常委会调研组到乳源就加快南岭山区集中连片特困地区扶贫开发工作开展专题调研。市委书记、市人大常委会主任郑振涛，市委常委、市委秘书长孔云龙，市人大常委会副主任温新才，县领导吴春腾、邓志聪、马福德、李荣贵、朱均玉、李明华及相关部门负责人陪同调研。

4月23日 省人大常委会内司委副主任梁少芬率省人大调研组到乳源调研社会养老服务体系建设情况。调研组通过实地察看和听取汇报，对乳源的养老服务体系建设工作给予肯定，希望乳源进一步强化对养老服务机构的监管，加强养老服务人员队伍建设，提升养老服务水平，确保养老服务业的健康发展。

4月23日 东莞市委常委、东莞对口帮扶韶关指挥部总指挥王检养到乳源考察对口帮扶工作。县长邓志聪，副县长林军及政府办、县经促局、长安乳源对口帮扶指挥部等相关部门人员陪同考察。

4月25日 全县安全生产工作会议在县人民政府中心会堂召开。县安全生产委员会、消防安全委员会、道路交通安全联席会议成员单位，各镇镇长、分管领导、安监站站长，县府直属及上级直管有关单位分管安全生产工作的领导，省属驻县单位分管安全生产工作的领导、安委办主任，部分重点生产企业和旅游企业负责人等100多人参加会议。县领导邓志聪、林昌卫、连卫出席会议。会议总结回顾全县2013年安全生产工作，研究分析当前形势，部署2014年安全生产、消防安全、道路交通安全、旅游安全等工作。县人民政府与县属安全生产责任部门、各镇人民政府、重点企业签订2014安全生产、道路交通、消防安全责任书。

4月29日 县委在县人民政府会场举行庆祝“五一”国际劳动节暨劳动模范表彰大会。表彰在改革开放和现代化建设中做出突出贡献的劳动模范和先进工作者。县领导吴春腾、林昌卫、林应良、李荣贵、吴巧英出席大会，各镇、县直及上级直管各单位党委（党组）分管工会工作的负责人及工会主席，部分基层工会主席、部分企业职工代表共200多人参加大会。

4月30日 硕成集团韶关公司在乳源举行落成庆典剪彩仪式。县委书记吴春腾，县委常委、常务副县长林昌卫，副县长林军及相关负责人参加庆典并为落成剪彩。硕成化工项目于2012年年初进场施工，2013年纳入县重点项目管理，总占地面积约3.33公顷，完成首期3000万元投资建设。

5 月

5月1日 由县人民政府主办，县文体旅游局和团县委承办的“缤纷乐活，低碳人生”主题活动——“源水居杯”首届千人徒步健身比赛，在县城举行。赛程起点源水居，途经南水电厂、环金狮公园、苗圃场等地，赛程约5千米，设置家庭组和青年男、女组进行，奖项设立家庭组前20名及青年组男女各10名，共900多人参与比赛。

5月1—3日 “五一”国际劳动节假日，乳源共接待游客39684人，比2013年增长163.44%，旅游收入2059万元，比2013年增长178.58%。

5月5日 县公安局举行执法办案中心揭牌仪式。副县长、公安局局长连卫参加仪式。办案中心位于县看守所旁，楼高三层，占地面积815.99平方米，总投入180万元，设有询问室、辨认室等多个功能室。

5月7—8日 省委常委、省纪委书记黄先耀到乳源调研。市领导郑振涛、陈向新、黎增丰，县领导吴春腾、张军及相关乡镇的负责人陪同调研。

5月7—8日 副省长邓海光一行到乳源南水水库和东坪镇东莞商会瑶族新村检查指导防汛备汛工作和农村安全食水及土地确权工作。省政府副秘书长颜学亮、市委常委张志才，县长邓志聪、副县长李明华及市、县有关部门负责人陪同。

5月7—8日 中央电视台科教频道《科技之光》栏目摄制组到乳源通天箩进行采访、拍摄活动。

5月9日 省财政厅刘捷副主任率领考察组到乳源考察乳城镇新增600万美元世行贷款建设经济综合开发示范镇项目。县委常委、常务副县长林昌卫，县发改、财政、开发区等部门领导陪同考察。乳源再向省申报新增600万美元世行贷款建设项目，建设内容主要包括乳城镇经济开发区基础设施建设、乳城镇供水设施建设、乳源工业污水处理厂建设、乳城镇污水管网完善等4个子项目。

5月13日 县人民政府在县中心会堂召开全县“两违”整治暨清理整顿“小产权房”工作会议。县长邓志聪，县委副书记伍文，县委常委、常务副县长林昌卫等县领导出席会议。会上，林昌卫部署整治违法用地违法建设、清理整顿小产权房以及2014年土地矿产卫片执法监督检查工作，代表县人民政府与有关部门签订《乳源瑶族自治县国土资源管理工作责任书》。邓志聪就如何抓好“两违”整治和清理整顿“小产权房”工作，提出有关要求。

5月14日 县委召开党的群众路线教育实践活动第一环节总结暨第二环节工作部署会议。市委第一督导组组长、市人大常委会副主任温新才，常务副组长蒋有明和县四套班子成员，县人民检察院检察长和县人民法院院长、县直机关单位负责人和各镇党委书记等参加会议。

5月14日 县委、县人民政府召开全县人口计生和扶贫开发工作会议。县四套班子领导，各镇、县直及上级直管各单位主要负责人参加会议。会议总结回顾2013年县人口计生与扶贫开发工作，安排部署2014年各项工作任务，通报2013年度人口与计生目标管理责任制考核情况，县长邓志聪代表县人民政府与各镇、各单位签订2014度人口计生目标管理责任书。县委书记吴春腾在会上作讲话。

5月19—20日 县委召开党的群众路线教育实践活动查找问题“会诊”专题会议。市委第一督导组常务副组长蒋友明，县四套班子成员，县人民检察院检察长和县人民法院院长、县委督导组各组组长及县委实践办各功能组组长等参加会议。

5月25日 韶关民生网爱心协会乳源分会挂牌仪式暨乳源一元爱心企业授牌仪式在县人民政府广场举行。

5月26—27日 县民族龙舟队参加在惠州举行的2014年中国龙舟公开赛暨第三届惠州国际龙舟邀请赛。县民族龙舟女子队获得女子组第二名。

5月28日 县人民政府组织县城建水务局、县国土资源局、县公安局等部门与桂头镇政府组成联合执法队，依法拆除桂头镇境内武江干流（桂头段）3家非法采沙、洗沙场。副县长李明华到现场进行指导。

5月29日 2014年广东省餐饮服务食品安全监管第二期培训班在乳源白云天园林宾馆国际会议开班，200余名餐饮服务食品安全监管人员参加培训。县委常委、政法委书记黄寿生出席开班仪式致欢迎词。培训班向餐饮服务食品安全监管人员讲解餐饮服务行政许可、小餐饮规范与监管、餐饮服务环节食品添加剂监管要点、“两高”关于办理危害食品安全刑事案件适用法律若干问题的解释等内容。

5月 由县史志办公室编著的《中国共产党乳源瑶族自治县历史（1925—1978年）》正式出版。全书23.5万字，分上、下卷。上卷，记述新民主主义革命时期中国共产党乳源地方组织，领导乳源人民开展农民运动、土地革命、抗日战争、解放战争的革命战斗历程，反映广大党员和革命人民在革命斗争中不屈不挠的大无畏革命精神。下卷，全面、系统地记述新中国成立后至党的十一届三中全会召开前，历届县委认真贯彻执行党的路线、方针、政策，团结和带领全县人民进行社会主义革命和建设的伟大实践和艰辛的历程，反映乳源政治、经济、社会事业各个方面在不同历史时期发生的巨大变化和成就，以及经验与教训。

5月 乳源组织南岭国家森林公园、广东大峡谷、丽宫旅游度假区、天景山仙人桥等旅游企业，参加在武汉国际博览中心举行的由国家旅游局、湖北省人民政府主办和湖北省旅游局承办的第七届华中旅游博览会。

6 月

6月3日 世界银行贷款项目专家组在副县长梁丽娟及省、市、县相关单位负责人的陪同下，督导检查乳源关于利用世界银行贷款建设经济综合开发示范镇项目工作进展情况。

6月3日 广东狮子会铭恩服务队和广东救援辅助队（香港）协会一行，到乳源特殊教育学校开展献爱心活动，为贫困学生捐赠价值27万元的奶粉900罐。

6月4日 全国人大常委会委员、澳门特别行政区立法会主席贺一诚率澳门特别行政区全国人大代表团，到乳源就经济社会发展和扶贫开发“双到”工作进行专题调研。市人大常委会副主任徐紫玲，县人大常委会副主任李荣贵，副县长李明华等陪同调研。

6月11日 省新闻出版广电局党组书记白洁到乳源调研多厅数字影院建设工作。副县长梁丽娟及市、县相关部门负责人陪同调研。

6月12日 省检察院检察长郑红一行到乳源调研指导工作，县委书记吴春腾及市县检察院有关负责人陪同调研。

6月12日 县委、县人民政府召开全县重点建设项目推进暨教育实践活动整改工作会议。吴春腾、邓志聪、费玉海等四套班子领导成员、各镇党委书记、县直有关单位主要领导及有关垂直单位领导参加会议。会上，副县长梁丽娟传达国务院经济工作座谈会和省重点项目建设推进会精神，并对全县重点建设项目1—5月进展情况进行通报分析，县四套班子领导对挂点联系的项目建设进展情况作汇报，就党政班子成员开展党的群众路线教育实践活动查摆出来的突出问题，结合各自的整改责任谈设想和做法。县委书记吴春腾在会上作讲话。

6月12—15日 第28届香港国际旅游展在香港会议展览中心展厅举行，乳源组织旅游企业参展。参展期间，乳源共派发各种宣传单张、画册、纪念品、旅游手信等2000多份。

6月13日 香港国际中医院院长罗道邦先生一行5人到县中医院开展扶贫助医考察，就共同开发乳源中医院的合作意向和框架达成初步共识，把乳源中医院改建成国际旅游度假医疗中心。

6月16日 凌晨3点30分，乳源大桥境内发生一起交通事故。一辆运载农药的车辆（车牌号为赣CT365挂），行驶至省道249线大桥镇政府路段时因刹车失灵发生侧翻，导致车上玻璃瓶装的液体敌敌畏破损洒落在路边，少量农药流入公路排水渠，药液随着渠内流水渗入大桥河，1人因车辆侧翻受伤。事故发生后，乳源迅速启动应急预案，县委书记吴春腾、县长邓志聪及相关县领导第一时间赶赴事发地，部署事故处置工作，有关部门和人员全力做好事件处置，整个事故得到及时妥善有效处理。

6月16日 县委、县人民政府召开宣传贯彻《广东省信访条例》动员大会暨首场宣讲会。县四套班子领导成员，县人民法院、县人民检察院主要负责人，各镇党委书记、镇长、副书记、综治维稳中心专职副主任、派出所及司法所所长，县直各单位副科以上在职领导干部，中央、省、市驻乳各单位主要负责同志参加会议。韶关市人大科教文卫工委主任、市《条例》宣讲组第四组组长杨日葵，宣讲组成员、韶关学院法学院副院长、副教授雷群安出席会议。县委副书记伍文在会上作动员讲话。

6月19日 由市作家协会、县文体旅游局、县社会科学界联合会、县文学艺术界联合会联合主办，大桥镇政府承办的岭南首部古道文化旅游史书《西京古道行》（作者许化鹏）首发式在大桥镇举行。县委常委、宣传部部长简连英，县人大常委会副主任许尔华，副县长梁丽娟，县政协副主席温则精，韶关市作家协会主席荣笑雨等领导和嘉宾出席首发式。《西京古道行》由广州出版社出版发行。

6月23日至7月23日 为预防登革热等传染病的发生流行，保障人民群众身体健康，县人民政府组织有关部门对县城区域主要街道下水道、公园、河堤绿化带等公共场所开展为期一个月的“灭蚊行动月”活动。

6月24日 省文化厅厅长方健宏率领调研组到乳源进行文化调研，副市长兰茵，县委副书记、县长邓志聪，县委常委、宣传部部长简连英，副县长梁丽娟及相关部门负责人陪同调研。

6月26—27日 省政协副主席梁伟发率调研组，围绕“广东村级经济社会发展情况”专题到乳源调研。市领导陈向新、王伟阳、林嘉，县领导吴春腾、费玉海、林应良、李明华、陈松海和市县有关单位负责人参加调研活动。调研组深入到大桥镇红星村、中冲村实地调研，听取市、县、镇相关情况汇报，梁伟发对乳源在促进村级经济社会发展，尤其是农村社会治理方面的探索工作给予充分肯定，就发挥村“两委”班子带头作用、加大政策扶持力度、加快基础设施建设、提高村集体经济收入、创新农村社会治理等方面提出建设性的指导意见，希望乳源继续努力建设成为全省民族县典范。

6月27日 乳源举行县民营企业家关爱老人、扶贫济困捐款仪式，县民营企业家现场认捐善款51万元，捐得的款项计划主要用于乳城镇新敬老院的建设。

7　月

7月3日 乳阳林业局、县“两违”办、县国土资源局、县城建水务局以及县公安、交通、卫生等部门和大桥镇政府开展联合执法行动，依法强制拆除大桥高速路口至南岭国家森林公园景区公路沿线4户违法建筑（约400平方米）。

7月8日 省纪委调研组到乳源专题调研贯彻落实省纪委《关于开展镇街纪委规范化建设年活动试点的指导意见》情况。市纪委副书记王德义，县委常委、纪委书记张军等陪同调研。经实地调研和听取汇报，省纪委调研组高度肯定乳源的县、镇纪委规范化建设试点工作，认为县、镇两级纪委能抓住落实中央纪委“三转”要求这一契机，在完善镇纪委硬件配备的同时，突出主业主责，强化作风建设，进一步促进镇纪委转职能、转方式、转作风，有效推进镇纪委规范履职。

7月9日 暨南大学管理学院与粤凰乳源生态农业科技园进行共建旅游教育实践基地签约暨揭牌仪式。市、县相关部门负责人参加揭牌仪式。粤凰生态农业科技园位于天井山国家森林公园内，占地面积266.67公顷。

7月11日 县委召开全县信访维稳工作会议。县领导吴春腾、伍文、张军、林昌卫、黄寿生、许益云等出席会议。会上，县委常委、县委办主任许益云总结2014年上半年全县信访维稳工作，安排部署下半年全县信访维稳工作，县委常委、政法委书记黄寿生通报全县上半年矛盾化解年进展情况，县委副书记伍文传达全市第二季度信访维稳形势分析会会议精神。县委书记吴春腾作总结讲话。

7月16日 云门寺举行以“体验农禅，参悟人生”为主题的第二届“云门农禅”夏令营开幕仪式。韶关市副市长兰茵，市统战部部长何伟青，市民宗局局长赵卫东，县领导邓国雄以及市佛学各教会会长等出席开幕仪式。全国有14个省（自治区）近两百名佛学爱好志愿者报名参加为期7天的农禅生活体验活动，其间中国人民大学的教授等专家学者为学员们讲授禅宗和哲学等有关知识。

7月16—17日 县委召开县委常委班子专题民主生活会，省委常委、省纪委书记、省委教育实践活动领导小组副组长黄先耀，韶关市委书记、市人大常委会主任郑振涛参加会议。

7月18日 县人民政府班子召开党的群众路线教育实践活动专题民主生活会。市委第一督导组常务副组长蒋友明出席会议。

7月21日 县人大常委会党组班子召开群众路线教育实践活动专题民主生活会，市委第一督导组副组长孙行出席会议。

7月21日 县政协党组召开专题民主生活会，市委第一督导组常务副组长蒋友明出席会议。会上，费玉海通报专题民主生活会的准备情况，并代表县政协班子进行对照检查，党组班子成员先后作对照检查和深刻的自我批评，相互间坦诚地开展批评。蒋友明充分肯定县政协教育实践活动取得阶段性成效，对下步工作提出要求。

7月25日 市督察组到乳源就2014年第二季度主要污染物总量减排工作开展专项督查。副县长陈耀宇及相关部门负责人陪同督查。

7月28日 县委召开全县纪律教育学习月活动动员大会。吴春腾、邓志聪、费玉海、伍文等县四套班子领导出席会议。会上，县委常委、纪委书记张军通报省、市、县上半年党风廉政建设情况，全面分析党风廉政建设和反腐败斗争的形势，从深入抓好严肃教育、严守纪律、严谨作风，严惩腐败四个方面，要求各级党组织和广大党员干部从严从实，毫不松懈地抓好党风廉政建设和反腐败斗争。县委书记吴春腾在会上对开展纪律教育学习月活动进行动员和部署。

7月29日 市气象、安监、经信、公安、住建等部门组成联合检查组，到乳源开展检查气象灾害防御和开展防雷“三同时”（即防雷装置与建设项目同时设计、同时施工、同时投入使用）工作落实情况。

7月30日 省教育厅厅长罗伟其在市委常委张志才、市教育局局长邓小杰及县委副书记伍文等领导的陪同下，赴挂扶点洛阳镇白竹村指导工作。

7月31日 省委常委、省纪委书记黄先耀到大桥镇红云村委会，参加红云村党支部的群众路线教育实践活动专题组织生活会。市委常委、纪委书记黎增丰，县委书记吴春腾，县委常委、纪委书记张军，县人大常委会副主任许尔华等市县领导参加会议。

8 月

8月2日晚，由团县委、县总工会、县妇联主办的“缘聚乳源·牵手七夕”单身青年玫瑰节活动在白云天园林国际会议厅举行，全县机关企事业单位200余名在职男、女青年参加活动。7对男女配对成功，其中成功牵手3对，现场求婚的1对，其他的嘉宾即使没有找到合适对象，也在现场结交很多新朋友。

8月5—6日 县文体旅游局组织旅游企业参加在郑州、西安举办主题为“品花城风味、享漂流激情、观丹霞世遗”的2014年广清韶旅游推介会。

8月6日 市2013年度节能目标责任现场评价

考核组一行到乳源，检查考核乳源2013年节能目标责任完成情况，市考核组人员通过听取汇报、现场提问、核查相关数据等，一致认为乳源2013年节能目标工作领导重视，责任明确，措施得力，制度落实，节能管理机构运作良好，按要求完成市下达乳源年度节能目标任务。

8月8日 县人民政府主办的2014年首届广场健身舞比赛在县体育馆举行。县委常委、县委办主任许益云，县人大常委会副主任朱均玉，副县长梁丽娟，县政协副主席刘宏美以及文体旅游局的相关领导出席开幕式并观看比赛。参加广场健身舞比赛的选手来自县内广场健身舞爱好者，共有18支队伍近350人参加比赛。金阳健身队的《小苹果》和财政广场健身队的《栀子花开》《我喜欢》获得一等奖，韵律广场健身队的《舞动中国》、轻舞飞扬健身队的《轻舞飞扬》、舞之恋首南健身队的《印度新娘》和松峰社区健身队的《福满农家》获得二等奖，观音山公园健身队、文昌塔快乐健身队、云峰社区健身队、文昌公园健身队、南水花儿广场健身队和文化大楼健身队获得三等奖，其余的参赛队伍获得优秀奖。

8月10—13日 广东电视台新闻中心大型全景式走基层系列报道《岭南家园》报道组到乳源采访拍摄。

8月13日 县委、县人民政府召开全县秋季计划生育集中服务活动暨打击“两非”专项行动大会。县委副书记伍文、县人民政府副县长陈耀宇出席会议，各镇党委书记、分管计生领导、计生办主任，县计生兼职单位分管计生领导，县卫计局股级以上干部及局直属相关单位负责人参加会议。会议就全县计生各项主要指标运行情况、韶关市四个县（市、区）迎接省飞行检查情况及计生工作进行通报，对全县秋季计生集中服务活动进行安排部署。

8月18日 中共乳源瑶族自治县第十一届委员会第五次全体会议召开。县委书记吴春腾代表县委常委会向全会做报告；县长邓志聪作2014年上半年经济社会工作总结和下半年工作部署。

8月18日 县委召开中心组理论学习（扩大）会议，县委理论学习中心组全体成员、各镇书记、县直及上级直管各单位负责人参加会议。会上，县委常委、县委宣传部部长简连英传达学习习近平总书记在中央政治局第十六次集体学习会上的讲话精神。吴春腾传达全省第十三期领导干部党纪政纪法纪教育培训班主要精神。

8月19日 副省长许瑞生率省住房建设厅、民宗委、文物局等部门相关负责人到乳源就少数民族传统民居保护开展专题调研。市委书记、市人大常委会主任郑振涛，副市长兰茵，县委书记吴春腾，县长邓志聪及市县相关部门负责人陪同调研。调研组先后考察世界过山瑶博物馆、瑶族风情商业街、必背镇大村、游溪镇政研新村等地，深入少数民族传统村落和民居，听取当地干部群众有关意见建议。

8月26日 省人大常委会党组副书记、副主任肖志恒率领省人大常委会工作组一行到乳源调研指导贯彻实施《广东省信访条例》、运用法治方式解决信访突出问题试点工作。市人大常委会副主任张平，县领导吴春腾、伍文、马福德、许尔华等相关部门负责人陪同调研。调研期间，工作组到县信访维稳中心，就贯彻实施《广东省信访条例》运用法治方式解决信访突出问题试点工作情况进行全面系统的了解和调研，听取县委贯彻实施《广东省信访条例》试点工作情况汇报。

8月26日 省林业厅厅长张育文一行到乳源调研林业发展情况，并主持召开全市各县（市、区）林业局长工作座谈会，总结林业发展情况，分析存在的问题，并就做好下一阶段林业工作做具体部署。市委常委、市政法委书记张志才，县委书记吴春腾，副县长李明华等出席会议。

8月28日 广东省流动博物馆“生物多样性——野生动植物标本陈列展”开展仪式在县博物馆举行。市文广新局和县委有关领导为展馆揭幕。列展动物标本96件，分37块展板，内容包括濒危物种、生态环境的改变和物种将面临的挑战、生态系统的保护和自然资源等，展览时间为2014年8月至2015年1月，为全市首个生物科普展览。

8月29日 省政府研究室副主任谈静率调研组就加快省少数民族地区发展工作到乳源进行专题调研。调研组表示，将认真研究乳源的实际情况，广泛吸纳来自各方的意见建议，形成专题调研报告，报送省委、省政府，为促进少数民族地区发展献计出力。副市长兰茵，县委常委、县委统战部部长赵志敏及市、县相关部门负责人陪同调研。

8月30日 位于华景路幸福雅居内的县幸福幼儿园举行开园仪式，县教育局相关领导和500多名家长、幼儿及教师参加仪式。幸福幼儿园按省级标准建设，可容纳400多名幼儿学生入读，有效缓解乳源幼儿学位紧缺的问题。

9 月

9月3日 省委常委、省纪委书记黄先耀，副省长邓海光率省民政、水利、农业、教育等部门的有关负责人，对乳源的扶贫工作进行专题调研。市委书记郑振涛参加座谈会，市领导黎增丰、张志才，县领导吴春腾、邓志聪、李明华等陪同调研。

9月5日 全市创建"平安镇（街）""平安村（居）""平安家庭"工作现场会在乳源召开，市领导陈向新、张志才、张平、王乙未，县领导伍文、黄寿生，各县（市、区）创建平安工作领导小组成员单位负责人共130多人参加会议。会议期间，与会人员先后到游溪镇政研新村、文化广场、派出所、文化站及综治维稳中心参观考察，会上，乳源瑶族自治县、市综治办、市妇联相关负责人分别介绍平安镇（街）、平安村（居）、平安家庭创建工作情况。市委副书记陈向新作讲话。

9月11日 乳源旅游发展规划研讨会在乳财服务中心8楼会议室召开，省内多位知名旅游专家，就乳源旅游业发展规划进行研究探讨。省旅游局副局长张振林，市旅游局局长文清年，副县长梁丽娟及市县旅游部门有关负责人，县旅游委员会成员单位、旅游企业有关负责人参加研讨会。研讨会上，专家们对乳源蕴含的自然生态资源和历史文化资源给予高度评价。对乳源旅游景点发展的功能、目标及战略布局作初步定位，并提出许多宝贵意见和建议。

9月11日 县人民政府召开全县登革热防控工作会议。各镇人民政府、县直及上级直管副科级以上单位分管领导参加会议。会上，副县长陈耀宇通报省近期登革热疫情情况，并进一步做好县登革热防控工作进行部署。

9月11日晚县委宣传部组织全县各镇、县直及上级直管各单位300多名党员干部在县人民政府广场观看电影故事片《天上的菊美》。影片以优秀共产党员、四川省甘孜州道孚县瓦日乡原党委副书记、乡长菊美多吉的先进事迹为蓝本，真实、感人地讲述菊美多吉对党忠诚，促进民族团结，扎根基层、艰苦奋斗，真情服务、无私奉献的工作和生活场景。他用青春和生命谱写一曲共产党人无私奉献的时代赞歌，被当地群众誉为"最美基层干部"。

9月12日 县委召开县委中心组理论学习（扩大）会议，县委理论学习中心组成员，各镇党政班子成员，县直及上级直管各单位班子成员参加学习会。邀请中山大学教授、博士生导师，中山大学文化研究所所长李宗桂作专题辅导报告。

9月13日 广东省电视台和韶关市电视台媒体记者到乳源就扶贫开发"双到"工作中所取得的成效进行拍摄。媒体记者先后到一六镇高园村、游溪镇政研新村和八一瑶族新村，通过进村庄、访农户、看变化，用镜头拍摄记录乳源在扶贫开发"双到"工作中移民搬迁、整村推进、产业扶贫、社会参与、自主互助等情况取得的新成效、新亮点。

9月15日 县第六期中青年干部培训班在县委党校开班，全县各镇、县直各单位的78名中青年干部参加培训，县常委常、组织部部长林应良出席开班仪式并作动员讲话。在为期5天的培训中，为学员们安排《中华民族的伟大复兴——谈中华民族的明天》《加快推进生态文明、建设美丽乳源》《领导者的沟通协调能力》《反腐正在进行时，作风建设在路上》《习近平总书记系列重要讲话精神学习辅导》等11个课题的培训。

9月16日 由县委宣传部、县教育局主办，县供电局、县邮政局协办的乳源瑶族自治县培育和践行社会主义核心价值观启动仪式暨"我的中国梦"中小学书信节活动在乳源中学举行。启动仪式上，县教育局负责人就全县教育系统开展培育和践行社会主义价值观作安排部署，并宣布该项活动正式启动。县委常委、宣传部部长简连英出席会议并作讲话。

9月17日 县委书记、县人大常委会主任吴春腾率领乳城、桂头、必背三个镇及县人社局主要负责人一起走进韶关电台"民声热线"直播室，通过电话连线方式与群众进行近距离的沟通与交流。吴春腾共接听乳源9位群众的来电，问题涉及上学、交通、饮水、政策咨询、“两不具备”搬迁等内容。对群众提出的疑难困惑和问题，吴春腾作耐心细致的回答和解释，对现场不能解决的问题，也承诺回去以后认真研究，在职责范围内能够解决、可以解决的马上解决，对不能够解决的问题也会认真做好答复工作，尽量让群众满意。

9月17日 县人民政府召开2014年政银企联席会议暨涉农贷款签约仪式。县委常委、常务副县长林昌卫，人民银行韶关市中心支行纪委书记王义平，县直有关部门、金融机构、有关企业负责人及农户代表参加会议。各涉农金融机构向11家企业和农户发放贷款4760万元，帮助企业缓解融资难问题。

9月17—23日 广东省第十一届“百歌颂中华”歌咏活动总决赛在广东粤剧院举行，县瑶族合唱团代表韶关市参加总决赛，夺得银奖。

9月18日，国家教育督导室督导组到乳源开展农村义务教育学校基本办学条件专项督导检查，副县长梁丽娟及市、县教育部门负责人陪同检查。通过实地检查和情况介绍，督导组对乳源近年来在改善农村义务教育学校基本办学条件方面所做的工作给予充分肯定，希望乳源持续加大经费投入，稳妥推进教育强县创建工作。

9月19日 省爱卫办农村改厕和登革热防控督导工作组一行，在市、县爱卫办负责人的陪同下，对乳源农村改厕和登革热防控工作进行督查。督查组一行随机抽查东坪镇梯下村和下水角村，对该镇2013年农村改厕项目和登革热防控工作进行实地检查，听取相关情况介绍。通过实地查看，督查组对乳源农村改厕工作给予好评，认为乳源农村改厕技术质量达标，粪便达到无害化处理效果。同时，督导组指出存在问题，要求乳源加强灭蚊工作，做好登革热防控工作。

9月21日 民政部基层政权和社区建设司副司长朱耀垠一行在副市长、市公安局局长李安平，县委常委、政法委书记黄寿生和省、市、县相关部门负责人的陪同下到乳城开展城乡社区治理政策调研，并就有关政策拟制听取意见。

9月21日 在惠州市举行的第五届广东省少数民族传统体育运动会闭幕。运动会共有23个代表团、2768名运动员参赛，乳源112名竞赛项目运动员和21名表演项目演员代表韶关市参加龙舟、押加、陀螺、珍珠球、蹴球、射弩、秋千等7个项目和2个表演项目的比赛。乳源健儿收获6块金牌，6块银牌，5块铜牌。

9月21—22日 由广西壮族自治区扶贫办党组成员、外资中心主任成伟光带队的国家建档立卡第六督查组到乳源督查扶贫开发建档立卡工作，全面了解工作开展情况。省扶贫办有关负责人，市扶贫办主任刘志福、县领导简连英、李明华和县扶贫办负责人陪同。

9月23日 由广东省景区行业协会主办，县文体旅游局、大布镇人民政府协办的广乐高速媒体旅游采风发布会暨广东大峡谷“侠客行”启动仪式在广东大峡谷景区举行。

9月24日 省、市消除疟疾考核评估组成员到乳源进行消除疟疾考核评估工作，经考核评估，考核组宣布乳源达到消除疟疾标准，实现消除疟疾的目标。

9月24日 广东省第九届“五个一”工程奖揭晓，乳源瑶族原创音乐作品《恩情》获广东省第九届“五个一”工程奖。

9月24日 县委、县人民政府召开农村“五有”规范化建设工作会议。吴春腾、邓志聪、费玉海等县四套班子领导及各镇、各相关单位负责人参加会议。

9月25日 韶关市网上办事大厅建设乳源现场会在县中心会堂召开。副市长王青西，市行政服务中心主任吴生祥，市经信局、市编办、市监察局、市行政服务中心、市信息中心分管该项工作的负责人，各县（市、区）政府分管领导、网上办事分厅建设管理牵头单位负责人、行政服务中心、信息中心负责人参加会议。会前，与会人员到乳城镇大群村便民服务站、乳城镇便民服务中心和县行政服务中心实地参观。

9月30日 中国狮子联会基金、香港澳健儿（亚洲）有限公司在乳源机关幼儿园东坪镇分园举行献爱心捐赠仪式，为乳源瑶族家庭儿童捐赠一批价值100万元的婴幼儿奶粉。香港澳健儿（亚洲）有限公司董事长梁诚先生，中国狮子联会基金主席张国筠先生，北京正昌隆投资有限公司副董事长、县政协委员廖韶斌先生，县领导费玉海、赵志敏、吴巧英及东坪镇、游溪镇、教育局等相关部门的负责人和嘉宾参加捐赠仪式。

9月30日 全国第一个烈士纪念日，县委书记、县人大常委会主任吴春腾率领在家的县四套班子领导，县人民检察院检察长和县人民法院院长、县直副科级以上单位主要负责人，各民主党派、工商联及无党派人士代表，公安干警、武警战士、部队官兵、学生代表等300多人前往革命烈士纪念碑举行纪念烈士活动。

是月 南岭国家级自然保护区利用红外自动照相机，成功拍摄到国家二级保护动物野生黑熊的觅食活动影像资料，这是广东省首次拍摄到的野生黑熊活动影像，也是全国为数不多的黑熊活动影像记录。

10　月

10月1—7日 国庆假日，全县共接待旅游人数19.8万人次，比2013年增长40.31%，旅游综合收入为1.35亿元，比2013年增长55.65%。

10月9日 由男高音歌唱家、国家一级演员周琦等组成的省文化志愿服务队一行4人到乳源开展文化志愿服务进社区活动，并在县文化馆多功能室举办音乐专业知识讲座。来自乳城镇各社区、企事业单位、学校、驻乳部队、业余文艺团体等共93名文化志愿者聆听讲座。

10月10—13日 在中国美术家协会会员、广州美术家协会副主席兼山水画艺委会主任刘思东率领下，广东外语艺术学院师生共100多人的绘画写生团队到乳源云门寺，驻点创作大型画卷《南粤禅林图卷》。画卷幅长约30米，采风写生及收集创作素材内容拟为描绘云门寺佛教文化生态保护区的寺庙建筑、参天古树、农禅文化、僧人人物等。

10月12日 广东省应急管理专家到乳源举办应急管理干部专题培训班。副县长林军及县镇有关部门负责人等200人参加培训活动。

10月14日 县委召开全县党的群众路线教育实践活动总结大会。县四套班子领导，县人民检察院检察长、县人民法院院长，各镇党委书记、镇长县直各单位主要负责人等参加会议。会议对全县开展群众路线教育实践活动的做法特点和取得的主要成效进行全面总结，对县开展教育实践活动情况进行民主评议，县委书记吴春腾作总结讲话。省委第六督导组副组长、广东省轻工业高级技工学校党委书记夏青，市委督导组常务副组长、市粮食局原局长、党组书记蒋友明出席会议并作讲话。

10月17—19日 国家旅游局亚洲交流中心主任刘志江组织13家港澳地区旅行社及部分省、市旅行社考察丹霞山、梅关古道、珠玑古巷、古佛洞天及乳源南岭国家森林公园旅游情况，称南岭国家森林公园为“度假天堂”。

10月21日 广东省军区副政委谢建良少将率队到乳源军民共建单位鲜明八一希望学校调研，县委常委、武装部部长吴炬光，副县长、公安局局长连卫，县教育局等相关部门负责人陪同调研。

10月22日 环保部督导验收专家组到乳源开展环境监测站标准化达标验收复查工作。省、市、县环保部门相关人员全程陪同。经复查，专家组高度评价乳源环境监测标准化建设工作，一致同意乳源环境监测站通过国家标准化建设达标验收。

10月22日 韶关市水利水电行业协会第二届会员代表大会在乳源召开。与会代表100多名。省水利厅副巡视员茜平一，县委常委、常务副县长林昌卫及市县民政部门有关领导等出席会议。会议审议通过协会第一届理事会的工作报告、章程修改报告和监事工作报告。会议通过新修改的章程、选举产生新一届理事会成员及监事。乳源水电协会会长钟殿有当选为新一届理事会会长。

10月22—23日 广东省中小学新一轮“百千万人才培养工程”小学名教师“示范引领”暨送培送教韶关地区活动在乳源第一小学举行，全市各县（市、区）学校共600多人参加。“示范引领”暨送培送教韶关地区活动由省小学名师培养对象带领广州市名师组成送培送教组，在乳源第一小学展开多种形式的培训。

10月23—24日 省人大常委会副主任雷于蓝率部分省人大代表组成的检查组，到乳源开展底线民生保障资金落实情况的检查工作。副市长兰茵，县领导邓志聪、黄寿生、李荣贵及相关部门负责人陪同检查。

10月27日 全市看守所“五化建设”现场会暨监管工作会议在乳源召开，韶关市公安局党委副书记、副局长赵峰，副县长、公安局长连卫等领导出席会议，市属各县（市）公安局看守所、拘留所所长共40余人参加会议。参会人员到县看守所观摩“五化建设”情况，县看守所所长和新丰县拘留所所长先后作经验交流，赵峰就如何进一步加强和改进全市监管工作提出意见。

10月28日 韶关市平安创建工作联合督导小组一行4人在市平安办副主任曾献华的带领下，对乳源创建平安乳源工作情况进行督查。通过督查，联合督导组领导一致认为乳源的平安创建工作扎实有效，成绩显著，要求乳源：一要继续加大宣传力度，进一步提高平安创建知晓率；二要各尽其责，抓出成效；三要挖掘更多亮点，总结经验、做法，全面推开。

10月28日 大桥镇红光村委扶贫公路竣工剪彩仪式在红光村委岭下村举行。广东工贸职业技术学院扶贫调研小组成员，县人大常委会副主任许尔华，县政协副主席邓国雄，县扶贫办、大桥镇负责人以及红光村委班子等人参加剪彩仪式。在帮扶单位广东工贸职业技术学院大力支持下，共投资资金80万元，建设涵盖5个村小组共计2.4公里的乡村公路，实现红光村委入村公路硬底化全覆盖，彻底解决村民出行难题。

10月28—29日 由省文化馆主办，乳源瑶族自治县文体旅游局承办的“2014年粤东西北地区基层文化馆、站业务骨干系列培训活动——韶关片区小戏小品创作培训班”在乳源开班。省文化馆副馆长胡志强以及韶关市文广新局副调研员刘红江、市文化馆及乳源文体旅游局主要负责人出席开班仪式，韶关各县（市、区）、清远市文化系统文艺创作骨干以及机关单位、农村基层、社会文化机构等140余名群众文艺创作爱好者参加培训。培训班邀请东莞市常平文化广播电视服务中心创作干部、剧作家秦川老师进行专题讲座。

10月30日 乳城镇云门村举行饮水工程竣工仪式。广州青年职业学院党委书记刘海春，县委常委、宣传部部长简连英及县扶贫办负责人参加竣工仪式。云门村饮水工程由帮扶单位广州青年职业学院出资建造，工程总造价35.2万元人民币，水管铺设长5.1公里，解决云门村委崩岗头和窝子两个自然村110多户400多人长期饮水难问题。

10月31日 县中医院医教中心博爱楼落成并举行启用仪式。捐建博爱楼的广东省红十字会代表陈泽池副巡视员、深圳市红十字会代表赵丽珍专职副会长等一行，韶关市人民政府副市长兰茵及市红会有关领导、县相关领导出席落成启用仪式。博爱楼为3层框架结构，建筑面积904.78平方米，房间总数为32间，总投资约213万元（其中广东省红十字会捐赠50万元、深圳红十字会捐赠30万元、中山红十字会捐赠20万元用于医院医教中心建设）。

11　月

11月4日 省农业厅厅长郑伟仪到乳源调研农村集体资产管理平台建设和农业发展项目建设情况。市委常委张志才，县长邓志聪、副县长李明华及市、县相关部门负责人陪同调研。

11月4—7日 县国民体质监测活动在县体育馆举行。县直各单位、上级直管单位干部职工及部分社会退休人士等近千人参加测试。测试安排有身高、体重、肺活量、台阶试验、坐位体前屈、握力、闭眼单脚站立、选择反应时、纵跳、俯卧撑、一分钟仰卧起坐等项目。

11月5日 县委常委、县委办主任许益云率机关干部和全县67支志愿服务队到乳江河滨江东路开展“爱我乳江河·美丽齐共建”清理河床活动。

11月11日 乳源申报的《瑶族民歌》被列入国务院批准公布的第四批国家级非物质文化遗产代表性项目名录，是继《瑶族盘王节》《瑶族刺绣》之后，乳源第3个被列入国家级非遗名录项目。

11月12日 由省食品药品监督管理局副局长吴圣明，省人社厅、省教育厅、省卫计委等部门人员联合组成的督导检查组，到乳源检查食品安全示范学校食堂建设工作。督导组通过实地走访、查阅资料、听取汇报等方式检查，对乳源食品安全示范学校食堂建设工作给予充分肯定，认为各创建单位食堂软硬件水平达标。市相关部门负责人和县委常委、政法委书记黄寿生陪同督导检查。

11月12日 惠州市博罗县委书记徐云枢率党政考察团一行20人，到乳源考察村务公开、基层党建和农村“三资”管理工作。县领导吴春腾、张军、林应良、李明华及相关部门负责人陪同考察，并参加座谈会。

11月15日 救援辅助公益事业活动暨广东救援辅助队乳源分队培训基地首期培训班开班仪式在县人民医院举行，广东省青少年发展基金会理事长林乔林，广东省救援辅助队（香港）协会会长曾景添，广东省救援辅助队（香港）协会主席廖国球，县委办、团县委、卫计局、人民医院、妇幼保健院、中医院等单位相关派出人员参加开班仪式。全县各行业参与第一期培训的有148名学员，培训为期2个月。救援辅助队的课程有轻型抢救、紧急抢救法、绳索基础知识、使用及保养、扑灭山火的常识、崎岖山路搬运抬床法、骨折包扎方法等专业救援辅助知识。

11月17日 省财政厅世行办一行到乳源检查世行贷款项目进展及审计整改工作。检查组主要针对2014年省审计厅对乳源示范镇项目审计整改要求及项目工作进度进行检查。经检查，考察组对乳源项目进度走在全省各示范镇前列的成绩给予充分肯定，认为乳源在项目启动后，精心规划实施计划，工作不断取得进展，整改工作落实到位。检查组要求，要继续落实整改要求，完善制度建设，加快项目工作进度，加强项目监测评价，要开设专账，完善资金管理。

11月20日 由韶关市人民政府、广东省旅游协会指导，韶关市旅游局与乳源瑶族自治县人民政府共同主办，乳源瑶族自治县文体旅游局、广东省温泉行业协会、乳源丽宫温泉酒店承办的“2014韶关首届温泉养生旅游文化节”在乳源丽宫温泉酒店正式启动。市委常委、常务副市长陈波在启动仪式上致辞，县委书记吴春腾，副县长梁丽娟，广东省旅游协会副会长兼秘书长李进茂，韶关市各大温泉代表、新闻媒体记者、各大旅行社等旅游行业代表出席启动仪式。启动仪式其间安排有：广东省企业品牌建设促进会授牌仪式，途家网代表与韶关市旅游局、韶关丽宫、丹霞山1号代表签约，世界中医药学联合会自然疗法研究专业委员会会长、广州中医大学祈福医院院长郑其进教授作韶关温泉与养生专题讲座等活动。

11月21日 县人民政府召开“十三五”规划编制工作动员部署会议，县委常委、常务副县长林昌卫，副县长梁丽娟及各镇、各相关部门负责人参加会议。会上，副县长梁丽娟对县“十三五”规划编制工作方案的指导思想、基本原则、编制任务、程序和时间安排等方面工作做详细部署。县委常委、常务副县长林昌卫提出相关要求。

11月21—23日和11月28—30日 乳源瑶族自治县分别在乳源和东莞市长安镇两地举办两场农特产品展示展销会，展出300多种农特产品，现场销售金额128.1万元；签订意向合同一批，洽谈订单金额322.8万元，实现经济效益和社会效益双丰收。

11月22日 乳源瑶族自治县举行第八届瑶族“十月朝”旅游文化节。省体育局巡视员曾晓红，市委常委、常务副市长陈波，省社会体育中心主任、省自行车运动协会副主席麦良，市政府副秘书长邓彩虹等领导出席开幕式，县长邓志聪主持开幕式，县委书记吴春腾致开幕辞。节庆活动内容丰富，特色鲜明，主要有韶关（乳源）旅游美食文化节、瑶区农民运动会、瑶绣艺术节、瑶乡旅游风光风情摄影作品展、瑶族群众文艺会演等多个项目，参加节日活动的嘉宾及瑶汉群众1.2万人。

11月22日 广东省（韶关·乳源）环南水湖第二届自行车公开赛在乳源南水湖湿地公园举行。赛事由省社会体育中心、市体育局、乳源瑶族自治县人民政府等联合举办，湖南、江西以及俄罗斯、美国、哥伦比亚、比利时等国家和中国香港、台湾地区的500多名自行车爱好者参赛。比赛全程83公里，分为公开组、成人组和女子组进行分组竞速，增设的体验组与世界顶尖自行车选手同道竞速。来自哈泳雅中国车队的霍海兵以2小时24分39秒的成绩夺得公开组冠军，简志航，朱晓云分别获成人组和女子组第一名。

11月27日 西藏自治区林芝地区党政代表团到乳源考察。副市长许志新、县委书记吴春腾陪同考察。代表团先后参观东阳光公司化成箔厂、精箔厂、制冷基地。通过实地考察和听取介绍，林芝地区党政代表团一行对乳源经济社会发展情况给予高度赞扬。代表团认为：此次考察学习好的经验做法，增强两地的交流，收获很大；乳源的发展令人振奋，发展思路宽、手笔大、起点早，谋划发展、统筹发展、推进发展的思路和办法值得学习。

11月27日 县人民政府召开创建国家级农村职业教育与成人教育示范县动员会议。副县长梁丽娟，各镇分管负责人、县人民政府办、县编办、县教育局、县财政局、县民政局、县卫计局、县司法局、县人社、县农林、县发改、县文体旅游等相关单位有关负责人参加会议。会议对创建国家级农村职业教育与成人教育示范县工作做全面部署。

11月27日 县人民政府召开城乡居民医保社保工作会议。各镇党委书记，县人力资源和社会保障局、县财政局、市社会保险服务管理局乳源分局、县农村信用社、县邮储银行等单位相关负责人参加会议。会上，县人力资源和社会保障局负责人通报2014年11月份全县城乡居民医疗保险工作和城乡居民基本养老保险工作进展情况，指出工作中存在的问题和提出下一步的工作建议和意见。县委常委、政法委书记黄寿生出席会议并作讲话。

12 月

12月2日 市委常委、市政法委书记张志才率市党风廉政建设责任制检查考核组到乳源考核2014年党风廉政建设责任制落实情况。县四套班子领导成员，各镇、县直各单位党政主要负责人，县委办、县人民政府办、县纪委中层以上干部及特邀监督员参加汇报会。会上，张志才作动员讲话，并对这次的检查考核工作提出要求。随后听取县委书记、县人大常委会主任吴春腾就乳源2014年落实党风廉政建设主体责任及履行第一责任人职责的情况汇报，对县党政领导班子进行民主测评。张志才对乳源2014年落实党风廉政建设责任制情况给予充分肯定，对乳源党风廉政建设责任制工作提出要求。

12月5日 乳源瑶族自治县被评为广东省2013—2014年度“旅游创新发展十强县（市）”。

12月10日 省政府召开推进农村“三资”管理服务平台建设工作电视电话会议，县委书记吴春腾在电视会上向全省各市、县（区）介绍乳源加强农村集体“三资”监管的经验。

12月10日 副市长朱余旺率督查组到乳源就社会保险法执法检查和扩面征缴工作进行督查。督查组对乳源的社会保险法执法检查和扩面征缴工作给予肯定，认为：乳源领导重视、工作开展扎实，在财政压力较大的情况下，拿出资金解决历史遗留问题和落实执法检查工作经费；工作机制比较健全，有效地保障执法检查工作的推进。并按照市政府的部署和要求，开展企业参保缴费情况的自查自纠、企业用工情况的摸查以及企业职工以参保缴费基本数据的核实等工作。

12月10—11日 省专家组一行7人对大桥镇申报“广东省教育强镇”进行督导评估验收。专家组严格按照验收程序检查，认为大桥镇达到广东省教育强镇的标准，同意通过验收，并报请广东省人民政府教育督导室审批。

12月11日 县委举行学习贯彻党的十八届四中全会精神宣讲报告会。县委理论学习中心组成员，县委委员，各镇党委书记、镇长和宣传委员，县直及上级直管单位班子成员以及副科单位负责人200多人聆听报告。市委宣讲团成员雷群安教授通过从一个目标、五种体系、六项任务、七大看点、八个关键词等五个方面深入解读和全面阐释十八届四中全会的报告。

11月16日 县民族实验学校教师冯世有制作的《心脏是血液循环的动力器官》移动终端教学课件，荣获第十八届全国教育教学信息化大奖赛一等奖。

12月17日 仁化县委常委、常务副县长区毅明率队考察乳源政务服务体系建设工作。

12月20日 县妇幼保健院迁址重建新院举行落成启用仪式。市卫计局副局长郭伟强，副县长陈耀宇，东莞市妇幼保健院以及相关医院等领导共100多人参加仪式。新医院占地面积9423.7平方米，建筑面积7518.7平方米，于2013年6月动工建设，项目总投资2433万元。医院内设妇女保健科、儿童保健科、妇科、产科、儿科、中医科、医学影像科、层流手术室等，开放床位数达120张。

12月22日 县文明劝导志愿服务活动正式启动，全县近170名退休干部志愿者协助交警、住建、工商等执法部门对乱扔乱倒垃圾、乱搭乱建、占道经营或作业、乱穿马路、闯红灯、沿街经营户“门前三包”落实不到位等不文明行为进行文明监督和劝导。

12月23日 县委、县人民政府在中心会堂召开创建第10届广东省“双拥”模范县动员大会。县“双拥”工作领导小组成员单位、相关责任单位以及驻县部队主要负责人参加会议。会议由县委常委、县政法委书记黄寿生主持，县委常委、县人武部部长吴炬光总结2011—2014年县“双拥”工作情况，部署创建工作。县长邓志聪在会上提出工作要求。

12月29日 县人民政府召开创建全国义务教育发展基本均衡县动员会，安排部署全县创建义务教育发展基本均衡县工作。副县长梁丽娟，创建工作领导小组成员，教育局领导班子及各股室负责人，义务教育学校校长共70多人参加会议。

12月30日 在洛阳镇举行广东天井山国家森林公园开园仪式，乳源增添AAA级旅游景区1个，公园从2014年12月30日起开始营业。市旅游局局长文清年出席开园仪式并致辞，副县长梁丽娟及县旅游局、旅游协会成员、旅行社等部门相关人员参加开园仪式。

12月30日 县人防地面应急指挥中心建设全部完成，施工单位对指挥大厅的各项系统进行最后的调试。市人防办副主任赖顺桃，县委常委、常务副县长林昌卫到场观摩指导。指挥中心具有现场采集信息、处理、决策、指挥、协调等复合功能，为城市防空、应急救援的指挥通信平台。

是年 全县乡镇新农村建设服务中心、直属医疗卫生事业单位、乡镇卫生院等27个单位共招聘78名事业单位工作人员。招聘工作于9月15日启动，10月25日有488名考生在乳源中学参加笔试，11月15日有156名符合条件的考生在县中等职业技术学校参加面试。

县 情 概 貌

建 置 区 划

【建置沿革】 乳源，秦属南海郡，汉属桂阳郡，三国吴属始兴郡，唐属韶州。南宋乾道三年（1167年）8月，由曲江县划出乳源乡四里（洲头里、大富里、宜寿里、清江里）、崇信乡八里（平安上、下里，上平上、下里，积善上、中、下里，崇恩里），乐昌县划新兴乡三里（加昌、臣忠、石带里），共三乡十五里设置乳源县，以乳源乡名为县名，隶属广南东路韶州。元代，属江西行省广东道韶州路。明洪武元年（1368年）属广东布政司韶州府。清属广东省韶州府（光绪年间属南韶东道韶州府）。民国3年（1914年）属南韶连道，民国8年（1919年）属南韶连道韶州府，民国35年（1946年）属广东省第二行政督察区。中华人民共和国成立初期隶属北江区（1952年11月改为粤北区，1956年3月改为韶关地区）。1952年3月与曲江县合并为曲江乳源县；1953年5月恢复乳源县；1958年12月撤销乳源县，归入韶关市郊。1963年10月1日成立乳源瑶族自治县，隶属韶关地区，1983年以后属韶关市。

【行政区划】 2014年，乳源瑶族自治县辖乳城、一六、桂头、必背、游溪、东坪、洛阳、大布、大桥等9个镇，共102个村委会，13个社区居委会，1183个村（居）民小组，行政区域面积2299平方公里。

2014年乳源瑶族自治县各镇村（居）委会一览表

表1

镇	村民委员会	居民委员会
乳城	云门、鲜明、大联、岭溪、大群、坝厂、河北、共和、新民、新兴、健民、大东、前进	鹰峰、源峰、云峰、松峰、康乐
桂头	阳陂、凰村、草田坪、均村、小江、王龙围、杨溪、塘头、莫家村、红岭、七星墩、大坝、松围、东岸	桂头
大桥	大桥、红星、石角塘、武丰、塘华、大岗、均容、岩口、新谷、大坪、青溪洞、和平、歧石、红光、中冲、核桃山、塘峰岩、三元、红云、柯树下、深源	大桥街
大布	夹水、坪山、钨连、钨英、英明、白坑、埕头	大布
洛阳	深洞、坪溪、田螺坑、洛阳、半星、白竹、月街、月坪、富塘、古母洞、双坪、板长	阳升
东坪	新村、茶坪、东田、下寨、长溪、龙溪、梯下、方武、南水、汤盆	龙湖
游溪	大村、冷水歧、莲塘边、中心洞、江背、烈村、中联、茨良坑、营坑、上营、大寮坑	中心
必背	必背、桂坑、公坑、半坑、王茶、方洞、横溪	必背口
一六	一六、东粉、罗屋、乐群、东七、西岸、团结	为民
合计	102	13

人 口 语 言

【人口】 据统计（快报数，下同），2014 年年末，全县户籍总人口 21.84 万人，其中农业人口 18.05 万人，非农业人口 3.79 万人，年末常住人口 18.26 万人。全县人口密度 79.4 人/平方公里（按 2014 年年末常住人口 18.26 万人计算）。男性 11.26 万人，女性 10.58 万人，男女性别比为 106.4（以女性为 100）。

【语言】 县内 70% 的汉族人口使用汉语客家方言，其余则使用连滩话、白话（粤语）、湖南话、船话（船民特有的语言）。瑶族人口使用的是属于汉藏语系苗瑶语族谣语支的勉语。畲族使用汉语客家方言。

民 族 宗 教

【民族】 2010 年全国第六次人口普查统计，县境内除汉族外，居住有瑶、畲、满、壮、回、土家、苗等少数民族 21 个。2014 年，据县统计局统计数据，少数民族总人口共 2.33 万人，在 21 个少数民族中，瑶族和畲族是世居民族。瑶族人口主要分布在必背、游溪、东坪等 3 个镇，畲族人口主要聚居在洛阳镇深洞村委。

【宗教】 县内有佛教和基督教，合法的宗教活动场所有佛教的云门山大觉禅寺（简称云门寺）及基督教的桂头、乳城两个临时聚会点。

自 然 地 理

【位置】 乳源地处广东省北部，韶关市西北，南岭山脉骑田岭南麓。介于北纬 24°23′～25°33′，东经 112°50′～113°20′。东临韶关市浈江、武江区，南连英德市波罗镇，西接清远市阳山县，北与乐昌市及湖南省郴州市宜章县相接，总面积 2299 平方公里，县政府驻地乳城镇，距韶关市区 38 公里。乳源是北上湖南和南下广东的重要门户之一，素有“咽喉交广、唇齿湘江”之称，早在汉朝就有连接古都长安的西京路。京广铁路、京珠高速公路、国道 323 线、省道 248 线、249 线、250 线、258 线贯穿县境，交通网络四通八达。

【土壤】 根据土壤分类原则划分，全县有黄壤、红壤、红色石灰土、黑色石灰土、紫色土、潮沙泥土、水稻土 7 个土类。黄壤、红壤、红色石灰土分布全县，黑色石灰土、紫色土、潮沙泥土分布面积较少。黄壤成土母岩主要是花岗岩，还有砂页岩和变质岩，分布在海拔 750 米以上气候温凉湿润、植被覆盖率高的山地，大多属于涵养水源地带。红壤成土母岩以花岗岩、砂页岩、变质岩为主，还有第四纪红土、凝灰岩等，分布在海拔 800 米以下气候暖温润、雨量多、植被种类多而覆盖不均匀的地方，以丘陵为主，部分为低山、中山的下部和台地。石灰土由石灰岩风化发育而成，成土环境热量丰富、雨量充沛、干湿季明显。其中红色石灰土分布区植被多为石灰岩灌丛或稀疏马尾松草坡，黑色石灰土零星分布于植被保存好的林草茂密山坡。紫色土是由紫色砂页岩发育的岩成土，主要分布在温度高、雨量多、植被为稀树灌木草被的低丘、台地。潮沙泥土的成土母质源于河流沉积物，亦称河流冲积土，分布于江河两岩的河漫滩。水稻土是山区主要耕作土壤之一，是自然土壤在人为作用下形成。起源土壤主要为红壤和赤红壤，一般分布在海拔 400 米以下的山间谷地、山麓、河谷盆地。

【地貌】 乳源地形多样，中山山地和低山山地占全县总面积的 58.19%，丘陵占 33.4%，平原台地占 8.2%。地势西北高、东南低，自西向东倾斜。以纵线划分：西部是海拔 1000—1902 米的山区，为乳源最高地带；中部是海拔 600—1200 米山区，是次高地带；东部是海拔 300 米以下的丘陵平原地带。按地形、地势划分，洛阳镇、大桥镇的红云、大坪（在县境西部和西北部）、必背镇方洞等地的大部分山地在海拔 700—1902 米之间，面积 390.8 平方公里，占全县总面积的 18.35%。必背镇、游溪镇的瑶山、东坪镇、大布镇、洛阳镇古母水、大桥镇等地（在县境北部、中部、西南部、南部）的大部分山地在海拔500—1200米，主要属低山山地地区，面积1277.1平方公里，占全县总面积的60.1%。桂头镇、一六镇、乳城镇、游溪镇的烈村、中联、江背等地的大部分丘陵地（在县境东北部、东部、东南部），海拔300米以下，属丘陵平原地区（少部分属低山地），面积457.6平方公里，占全县总面积的21.53%。

【地质】 乳源瑶族自治县境内地质，由5个地质界、9个地质系组成。地层出露有：上元古界震旦系、下古生界寒武系、上古生界泥盆系、石炭系、二叠系、中生界三叠系、侏罗系、白垩系、新生界第四系。境内地质，以石灰岩、砂岩分布最广，其中石灰岩分布面积最大，按地质母岩计，石灰岩面积占全县总面积的55%（按地形、地貌统计占61.1%），其次是砂岩，占全县总面积的20%以上，再是花岗岩、砾岩，还有少量砂页岩、紫色页岩层。按区域划分，乳源瑶族自治县境北部、西北部的大桥镇，西南部古母水以及西部洛阳镇的半星，南部大布镇的鸽英、鸽莲、白坑，北部必背镇的横溪，中部东坪镇的长溪等地为石灰岩地区。东北至东至东南县境边缘的桂头及游溪镇的烈村、中联、江背等地以砂岩为主，有少量紫页岩、石灰岩零星分布。一六、乳城镇以石灰岩为主。西部的天井山、五指山、洛阳镇的大部分地方为花岗岩地区。南部大布镇的甲水、英明、埕头等地以砂岩、砂页岩为主。北部、东北部必背、游溪、东坪等镇的瑶山，以砂岩为主，其次是砾岩。

【山脉】 县境主要有五大山脉。西部五指山山脉，南北走向，与湖南省宜章县交界处的主峰石坑崆，海拔1902米；北部平头寨山山脉，东西走向，主峰平头寨，海拔1534米；东部老婆头山山脉，东西走向，主峰老婆头，海拔1241米；北部瑶山山脉，西东走向，主峰狗尾嶂，海拔1684米；南部大东山山脉，东西走向，主峰大东山，海拔1390米。境内海拔1000米以上的山峰共有102座，其中海拔1000米—1200米山峰51座，1200米—1300米山峰9座，1300米—1400米山峰12座，1400米—1500米山峰10座，1500米—1600米山峰9座，1600米—1700米山峰7座，1700米—1902米山峰4座，其中的石坑崆（又称“猛坑石）海拔1902米，为全省最高峰。

【河流】 境内河流属珠江流域，北江水系，属降雨补给型。境内高山峡谷众多，河流密布，具有落差大、水流急、水能蕴藏量大、不易通行等特点。全县集雨面积在35平方公里以上的河流有武江（过境河流）、南水、大潭、杨溪、游溪、黄洞、水源宫、五官庙、柳坑等9条河流。武江发源于湖南临武县，经乐昌流入县之北境，经桂头流向韶关，县境内长度16.25公里；中部南水河，古称洲头水，长65公里，发源于县境西北五指山的安墩头，由西向东流入南水水库，穿过县城进曲江境内汇入北江；北部杨溪河，长64公里，发源于县境西北面与湖南省宜章县交界的石坑崆东麓，五指山之老逢顶，由西北向东南经大桥、必背、桂头汇入武江；西部大潭河，又称大湾水，长44公里，发源于天井山北麓的蚊岩，由北向南流经洛阳、大布汇入英德市之波罗河；黄洞水，俗称大布河，长10.5公里，发源于县境南部的三磨芨，横贯大布镇，经大布埕头流到英德市永安寮汇入连江；新街河，又称游溪河、上司庙水，长43.95公里，发源于瑶山狗尾嶂，从西北向东流上司庙、新街，在烈村进武江区重阳镇汇入武江；柳坑河，长20公里，发源于瑶山上营，由西向东经游溪瑶区流入新街河；五官庙河，又名草田坪河，长51.8公里，发源于瑶山方洞，由西向东流经草田坪、五官庙，到桂头汇入武江；水源宫河，又名大寮坑水，长26公里，发源于瑶山计竹园，由西向东流经大寮坑、水源宫，由一六进武江区汇入武江。较大的支流有37条。

自 然 资 源

【土地资源】 2014年，全县总面积（含水面）达2299平方公里，折合22.99万公顷，其中：耕地总面积9547.7公顷，人均耕地面积0.044公顷；辖区内林业用地面积15.96万公顷，其中林地面积

12.97万公顷，森林覆盖率77.82%，林木绿化率82%，全县辖区内森林活立木蓄积量748万立方米。是广东省重要的林业基地县之一，享有“广东绿色植物宝库”美誉。

【水资源】 乳源地处亚热带季风性气候区和广东第一高峰山脉南缘，季节性降雨明显，水量丰富。集雨面积35平方公里以上的河流有9条，全县多年平均降雨量达1883毫米，相当于年均降水39.32亿立方米，加上过境水武江河水量年均有52亿立方米，全县年均拥有总水量达91.32亿立方米，按2014年全县人口21.84万人，平均人均拥有水资源4.18万立方米。地表水全年径流系数为64%，多年径流平均总量为25.36亿立方米（未加过境水量52亿立方米）。

【水力资源】 境内河流落差大，水流急，水能蕴藏量大，全县水能理论蕴藏量为56.25万千瓦，到2014年，全县水电装机总容量达29.77万千瓦（规模以上）。

【旅游资源】 境内有山川峡谷、飞瀑流泉、森林生态、洞穴奇观、地热温泉、古道风韵、佛教禅宗、水库风光、民族风情。

自然景观。海拔1902米的广东第一峰——石坑崆、广东大峡谷、天景山仙人桥峡谷区、南岭国家森林公园、天井山国家森林公园、通天箩、“戏子岩”地下溶洞群、国公岩等。

人文景观。西京古道、云门寺、文昌塔、大富桥、南水水库、必背瑶寨等。

【矿产资源】 境内矿产资源具有品种比较齐全、埋藏浅、分布广、藏量少、纯度相对较低等特点。

品种。有铁、铜、铅、锌、钨、锡、铋、锑、汞、金、稀土（钇族）、钽铌、锗、铀、烟煤、无烟煤、泥炭土、耐火黏土、硅、萤石、水晶、硫、磷、重晶石、锰等28种。

储量。探明储量的矿种主要有：铁220万吨、铜0.36万吨、钨1.2万吨、锡2.9万吨、铋0.34万吨、锑5万吨、汞0.01万吨、稀土0.3万吨、硅石0.05万吨、黄铁矿16.2万吨、重晶石9.7万吨、烟煤248.3万吨、无烟煤78.3万吨。

矿床、矿点。铁矿（含褐铁、磁铁、赤铁、黄铁）共有矿床19处，铜矿床4处，铅锌矿点5个，钨（含白钨）矿矿床33处，锡矿矿床12处，铋矿点6个，矿化点1个，锑矿点5个，矿化点6个，汞矿矿床1个，矿点2个。

【彩石资源】 乳源彩石是一种具有较高观赏价值的特殊石种。主要成分由硅、钙、铜、铁、锡、硫等元素组成，具有色泽艳丽、五彩斑斓、纹理各异、易于加工等许多特点，硬度在4—7度之间，属国内罕见品种。九十年代中后期先后在瑶区游溪镇发现2处、必背镇发现2处、东坪镇发现1处，品种相同、色彩各异，储量比较大，仅油公坑1处，面积超过2万平方米。

【动物资源】 据广东省物种最集中的陆地区域之一，国营天井山林场、五指山林场的相关资料表明，乳源这块以2个林场共4933公顷原始森林和次生林区为中心的生态环境中生长着多达1500种的野生动物。这些野生动物中较大的野生动物共计700多种，其中，陆栖兽类共25科8目86种，两栖类33种，鸟类217种，鱼类33种，蝶类共11科310多种。其他较小的野生昆虫类超过1100种。列入国家珍稀濒危和一、二、三级重点保护的品种达83个。其中，一级保护品种有华南虎、云豹、山瑞、黄腹角雉、黑鹿、蟒蛇等。二级保护品种有短尾猴、黑熊、穿山甲、白鹇、鸦鹃、原鸡、梅花鹿、水鹿、青羊、东南毛冠鹿、苏门羚、金猫、灵猫、麝香、猫头鹰等。其他动物有黄猄、野猪、狐、野子狆、兔子、芒鼠、松鼠、蝮蛇、银环蛇、蜥蜴、乌龟、水鸭、燕子等。

【植物资源】 根据20世纪80年代初省、市、县三级林业部门对境内野生植物资源的普查资料统计及南岭中亚热带植物保存最为集中的地区之一——省属国营天井山林场、五指山林场的资料综合，全县有各种野生植物共计216科946属2572种，其中蕨类植物43科100属211种，裸子植物9科22属32种，被子植物164科824属2329种，约占广东省已查明野生维管束植物总数的36%。植物种类中，高等植物共计178科611属1153种，其中乔木树种共计73科181属473种，约占已查明广东大陆树种的80%。这些树种中，列为国家级保护的25种，占全国67种的37%。国家一级保护植物主要有伯乐树、南方红豆杉、水杉等。国家二级保护植物主要有福建柏、广东松、桫椤、厚朴、长柄双花木、乐东拟单性木兰等。国家珍稀濒危野生植物有南方铁杉、白豆杉、穗花杉、华南椎、沉水樟等共计35种。境内可利用野生植物有：1. 果类植物：野荔枝、金橘、枇杷、板栗、猕猴桃、柑、橙、柚、无花果、山柿、桃、李、梅、山枣、黑老虎等。2. 油脂植物：山苍子、樟、山乌桕、牛耳枫、山竹子、黄荆、野漆、山桂、竹橘子、竹柏、油桐等。3. 药用植物：绞股蓝、勾藤、田基王、大叶栎、黄狗头、马蹄蕨、金银花、满天星、田七、杜仲、山楂、车前草、夏桑菊、野葛、构栎等共计200多种。4. 纤维植物：山雁皮、大叶榕、万年青、白背叶、桑树、野葛等。5. 栲胶植物：马尾松、桃金娘、岭南栲、漆树、麻栎等。境内有大量分布的观赏植物、芳香植物、淀粉植物、蜜源植物、竹类以及食用菌源植物等野生植物。

经济社会发展

【经济实力不断增强】 2014年，乳源瑶族自治县围绕全面深化改革主题，深入实施“生态立县、工业强县、农业稳县、旅游旺县、科教兴县”发展战略，强力推进“生态保护、绿色工业、生态农业、特色旅游、生态人居、生态文化”工程，实现经济较快发展和社会和谐稳定，第四次被国务院授予“全国民族团结进步模范集体”。据统计（快报数），全县完成生产总值64.1亿元，比2013增长11.5%，地方财政一般预算收入5亿元，增长15.9%，农民人均纯收入9706元，增长10.1%，全县完成税收收入9.3亿元，增长12.9%，其中，国家税收收入5.1亿元，地方税收收入4.2亿元，分别增长10.6%和15.9%。完成固定资产投资55.8亿元，增长23.6%，其中52项重点项目完成投资30.1亿元。引进项目45个，总投资17.08亿元。实际利用外资2041万美元。新增规上企业20家。东阳光甲烷氯化物、绿之源罐装、扬成铝材等项目建设顺利推进。鸿峰特钢入选省重点帮扶高成长性中小企业名单。工业总产值117.2亿元，增长13.5%。农作物播种2.2万公顷。引进农业新优品种17个，推广先进种养技术11项。新增农民专业合作社43个、家庭农场12个。建成林下经济示范基地6个。冠华公司成为国家级主食加工业示范企业。农业总产值10.99亿元，增长4%。南岭、天井山、大峡谷、云门寺等景区配套设施进一步完善，银山南岭旅游度假区建设稳步推进。全年接待游客315万人次，增长10%；旅游综合收入24.35亿元，增长12%。新增限上企业17家。批发零售业销售额36.4亿元，增长13.5%；社会消费品零售总额17.3亿元，增长12.4%。金融机构各项存款余额67.49亿元，增长17.95%；各项贷款余额31.63亿元，增长24.32%，存贷比46.86%；城乡居民储蓄存款余额37.76亿元，增长12.9%。

【城乡面貌日益改善】 2014年，实施“三旧”改造项目7个，建成水岸国际二期、嘉乐风景园等一批商住小区，新增商品房789套、10.14万平方米。县城滨江路全线贯通。乳城镇世行贷款建设经济综合开发示范镇项目扎实推进。成功申报“五彩瑶乡”省级新农村示范片项目。建成乳桂公路沿线幸福村居示范村8个。必背口村、八一瑶族新村、东下山瑶族新村成为首批国家级少数民族特色村寨。综合治理中小河流4宗，改造小型灌区8宗，实施农村小水电扩容增效项目21个，建成高标准基本农田3.2万亩。完成农村公路硬底化45公里。绿化造林0.39万公顷，碳汇造林0.17万公顷，社会造林2.33万公顷，建设生态景观林带66.67公顷。建成森林公园4个、乡村绿化美化示范点21个。流转林地124宗共1.8万公顷。加强城乡建设管理，依法拆除“两违”建筑1400多平方米。推行“户集中、村收集、镇转运、县处理”的农村生活垃圾处理模式。建成桂头镇污水处理厂和18家养殖场治污减排设施，削减化学需氧量426吨、氨氮40.73吨。县城区市政路灯实行合同能源管理。万元GDP能耗下降2.79%。

【社会事业不断发展】 2014年，县城区义务教育学校按照就近入学原则实行分片招生，民族实验学校完成改制，鲜明八一希望学校扩容提质项目动工建设。大桥镇通过省教育强镇督导验收。成功申报全省首批国家级农村职业教育和成人教育示范县。妇幼保健院迁入新院，中医院医教中心落成启用。国家人口和计生政策得到落实。获评“中国民间文化艺术之乡”“省级文化生态保护实验区”。代表市参加第五届省民运会夺得6金6银5铜。城乡居民基本养老保险、基本医疗保险参保人员分别达6.69万人和15.55万人。筹集资金1100多万元，解决300多名国有企业下岗职工社保问题。转移农村劳动力就业3312人，新增城镇职工就业2011人，城镇登记失业率为2.35%。整合帮扶资金8500万元，实施扶贫项目367个，建成“两不具备”村庄搬迁户住房465套，改建农村低收入住房困难户住房690套。平安乳源“十大工程”扎实推进，安全生产、产品质量、食品药品有效监管，社会救助、救灾救济、应急处置得到加强，社会秩序和谐稳定。

【政务环境得到优化】 2014年，完成新一轮政府机构改革。减少事业单位75个、编制209名。取消行政审批事项231项。国有企业、财税管理、商事登记和教育、文化、卫生等改革稳步推进，农村集体“三资”管理、项目征地等工作得到进一步规范。筹资1600多万元，建成以网上办事大厅为龙头，集行政服务中心、公共资源交易中心和效能监察系统于一体的综合性政务服务平台，办理各类审批和服务事项11万多件，打通服务群众“最后一公里”。严格落实中央八项规定，以县政府名义召开的全县性会议减少9.8%，压缩县级“三公”经费51.5%，清理超标办公用房3207平方米。深入开展党的群众路线教育实践活动，整改政府领导班子“四风”问题14个。政府自觉接受人大、政协和社会监督，办理人大代表建议33件、政协委员提案7件，处理网络问政、民生热线反映问题922个。

【成功举办第八届瑶族“十月朝”旅游文化节】 11月22日，乳源瑶族自治县举行第八届瑶族“十月朝”旅游文化节。省体育局巡视员曾晓红，市委常委、常务副市长陈波，省社会体育中心主任、省自行车运动协会副主席麦良，市政府副秘书长邓彩虹等领导出席开幕式，县委书记吴春腾致开幕辞，县长邓志聪主持开幕式。此次节庆活动内容丰富，特色鲜明，主要有韶关（乳源）旅游美食文化节、瑶区农民运动会、瑶绣艺术节、瑶乡旅游风光风情摄影作品展、瑶族群众文艺会演等多个项目。有嘉宾及瑶汉群众约1.2万人参加盛大的节日活动。

【被评为广东省2013—2014年度“旅游创新发展十强县（市）”】 12月5日，乳源瑶族自治县被评为广东省2013—2014年度“旅游创新发展十强县（市）”。近年来，乳源加快旅游重点项目建设步伐，各旅游景区基础设施设备建设日益完善，服务水平得到明显提高。按照办好“黄金节假日”“旅游节庆活动”的营销思路，不断加大旅游推介力度，组织参与系列“走出去”活动和策划系列“请进来”活动。积极搭建旅游网络推介平台，进一步增强旅游服务功能，拓展以新媒体和电脑网络营销为主的“一卡通”“二维码”“找饭吃”、微信等电子旅游服务平台，为旅游创新注入新的活力。以2014年“满眼春光”韶关旅游大会活动、第八届乳源瑶族“十月朝”旅游节庆活动为契机，成功举办首届南岭“瓜果花香世界”旅游文化节、首届“南岭之春”摄影大赛、首届韶关（乳源）温泉养生旅游文化节、首届乳源旅游美食文化节、首届南岭骑行游旅游节、乳源旅游风光风情摄影展、第四届瑶绣艺术节、“激情广场·幸福乳源”群众文艺演出等系列活动，通过网络、微信、报纸、电视等50多家媒体的大力宣传和积极推送，县旅游节庆营销工作取得预期的效果，不仅全面提高乳源旅游节庆活动品牌的知名度与影响力，还大大拉动社会经济的发展，引爆旅游节庆假日市场。

【《恩情》获广东省第九届“五个一工程”奖】 2014年9月24日，广东省第九届精神文明建设“五个一工程”表彰座谈会在广州举行，乳源瑶族原创音乐作品《恩情》获广东省第九届精神文明建设“五个一工程”奖。《恩情》由乳源瑶族作曲家盘桂青作词作曲，作品生动刻画一个平凡的瑶族母亲在艰苦的岁月里哺育儿女成长的动人场景，以音乐的形式追忆伟大母爱，以此抒发对慈母深深怀念之情。该作品是继《瑶山五彩路》《盘王歌》后，乳源第三个获得广东省精神文明建设“五个一工程”奖的文艺作品，曾获2013年度全省群众文艺作品金奖。

【“瑶族民歌”被列入第四批国家级非物质文化遗产代表性项目名录】 11月11日，国务院公布第四批国家级非物质文化遗产代表性项目名录，乳源申报的《瑶族民歌》名其列中，这是继《瑶族盘王节》《瑶族刺绣》之后，乳源第3个被列入国家级非遗名录的项目。（林新绘）

中共乳源瑶族自治县委员会

综　述

2014年，县委团结带领全县广大党员干部群众，围绕“共同团结奋斗，共同繁荣发展”民族工作主题，深入实施“五大战略”，着力筑牢“六大工程”基础，全面推进深化改革，实施一系列民生工程，扎实抓好党的群众路线教育实践活动，促进经济平稳较快发展，城乡环境和谐舒适，生态环境优美宜人，人民生活持续改善提高，干部作风明显好转，党的建设得到全面加强，建设美丽乳源的步伐加快。是年，全县地区生产总值64.1亿元，比2013年增长11.5%；地方财政一般预算收入5亿元，比2013年增长15.9%；农民人均纯收入9600元，比2013年增长13%。

9月23日，乳源瑶族自治县被国务院评为“全国民族团结进步模范集体”。12月3日，被文化部命名为“中国民间文化艺术之乡”。

重 要 会 议

【县委十一届四次全会】 1月9日，中共乳源瑶族自治县第十一届委员会第四次全体会议在县政府会场召开。会议审议县委书记吴春腾代表县委常委会所作《把握改革机遇加快生态发展奋力开创建设美丽乳源新局面》工作报告和《2013年县委常委会工作报告》，县委副书记、县长邓志聪总结2013年全县经济社会发展情况，部署2014年经济社会工作和近期工作。

全会强调，全县上下要深入学习、认真贯彻落实中共十八届三中全会精神，科学谋划改革，扎实推进改革，开创乳源改革发展新局面。要进一步筑牢生态保护、绿色工业、生态农业、特色旅游、生态人居、生态文化“六大工程”基础，全面深化改革、加快生态发展、建设美丽乳源，必须加强和改善党的领导，增强改革发展保障能力。要加强思想政治建设，保持奋发有为的好状态；要加强干部队伍建设，打造干事创业的好队伍；要加强基层组织建设，形成本固基强的好格局；要加强民主政治建设，创造凝心聚力的好局面；要加强反腐倡廉建设，营造风清气正的好环境；要践行党的群众路线，树立务实为民的好形象。

全会提出，2014年是全面深化改革的起步之年，是实施“十二五”规划的关键之年。要深入贯彻落实党的十八届三中全会精神和中央、省、市会议精神，坚持改革创新、加快发展，深入实施“五大战略”“六大工程”，全面推进经济体制、政治体制、文化体制、社会体制、生态文明体制和党的建设制度改革，努力实现更高质量、更好效益、更美生态、更惠民生的发展，开创建设美丽乳源新局面。力争全年地区生产总值增长12.5%以上、地方财政一般预算收入增长12%以上、固定资产投资增长18%以上、城乡居民人均收入增长12.3%以上、农民人均纯收入增长13%以上。

【县委十一届五次全会】 8月18日，中共乳源瑶族自治县第十一届委员会第五次全体会议在县中心会堂召开。会议审议县委书记吴春腾代表县委常委会所作《加强班子建设转变工作作风凝心聚力干事创业加快乳源发展》工作报告；县委副书记、县长邓志聪对2014年上半年经济社会工作进行总结，安排部署下半年工作。

全会指出，全县各级领导班子存在思想政治素质不够高、推动发展能力不够强、服务群众观念不够牢、沟通协作精神不够好、执行廉政纪律不够严等问题。上述问题严重损害乳源领导干部的形象，影响干群党群关系，阻碍乳源加快发展步伐。

全会强调，全县各级领导班子要以中共十八大和十八届三中全会精神为指导，扎实抓好党的群众路线教育实践活动的整改工作，进一步加强各级班子自身建设，充分发挥模范带头和引领作用，着力打造“政治坚定、能力突出、奋发有为、改革创新、敢于担当、亲民爱民、团结协作、清正廉洁”的领导班子，为加快乳源经济社会发展提供坚强有力保障。

全会提出，各级领导班子在加强自身建设的基础上，要切实履行带好队伍、管好干部职责，坚持“严”字当头，从严教育、从严管理，严明纪律、严肃惩戒，带出一支风清气正、善作善成的干部队伍。

重要活动

【开展第二批党的群众路线教育实践活动】 根据中央和省、市委统一部署，在广东省委、韶关市委领导和省、市督导组的指导下，2—10月，乳源开展第二批党的群众路线教育实践活动。作为省委常委、纪委书记黄先耀的联系点，全县9个镇、56个科级单位、451个基层党组织、10780名党员、569名科级以上领导干部，围绕“为民、务实、清廉”主题，按照“照镜子、正衣冠、洗洗澡、治治病”的总要求，始终坚持严的标准、严的措施、严的纪律，开展推进教育实践活动各项工作。截至10月25日，县各活动单位的总结大会全部召开，教育实践活动取得显著成效，较好地实现思想认识进一步提高、作风进一步转变、党群干群关系进一步密切、为民务实清廉形象进一步树立、基层基础进一步夯实的目标。

【邓海光到乳源调研】 2月18日，副省长邓海光到大桥镇红光村委会下圭自然村调研村委换届选举工作，实地察看被冰雪灾害损坏的基础设施。了解饮水工程灾情、村民饮水现状、水管抢修进度、农村用电等情况。省政府办公厅、省水利厅、省农业厅、省民政厅、省委组织部（农村组织处）有关负责人，市领导陈波、张志才、李安平以及县领导邓志聪、李明华等陪同调研。

5月7—8日，邓海光到南水水库、东坪镇东莞商会瑶族新村检查指导防汛备汛、农村安全食水、土地确权等工作。调研南水水库期间，详细询问电厂每年的库容和发电总量、设备运行、防汛准备工作等情况。指出：2014年全省降雨偏多、汛情偏早，各级各部门要及早安排、细化部署，要克服麻痹思想、高度警惕，进一步强化落实各项防汛备汛工作，确保安全度汛。强调：乳源要把生态保护列为工作的重中之重，保护好库区周边及流域的生态环境，确保流域的饮用水安全，更好、更多造福韶关乃至全省人民。调研东坪镇东莞商会瑶族新村期间，详细了解瑶族农户搬迁后生活生产情况，对乳源实施“两不具备”村庄搬迁工作给予肯定，要求乳源继续做好“两不具备”村庄搬迁工作，改善贫困群众的生产生活条件。省政府副秘书长颜学亮、市委常委张志才，县领导邓志聪、李明华等陪同调研。

【黄先耀到乳源调研】 3月3—5日，省委常委、纪委书记黄先耀到乳源调研党的群众路线教育实践活动工作。调研组一行先后到乳城镇云门村老人活动中心、大群村委会、源峰社区，东坪镇东莞瑶族新村，一六镇团结村委、东粉村委，游溪镇八一瑶族新村，县行政服务中心，新第一小学，地税办税服务厅，富之光电子科技有限公司等10多个单位进行实地调研。调研期间，在乳源召开党的群众路线教育实践活动座谈会。

5月7—8日，黄先耀到乳源调研指导开展教育实践活动。听取县委开展教育实践活动情况汇报，先后考察广乐高速公路乳源段建设项目、一六镇团结村扶贫开发情况，深入大布、洛阳、必背、大桥等山区镇实地调研，访农户、察民情、听民意，了解农村群众生产生活、镇村便民服务、灾后重建工程、镇区经济社会发展等情况。

【国家宗教事务局副局长到乳源调研】 3月20日，国家宗教事务局副局长到云门寺佛学院调研。国家宗教事务局副局长一行先后参观云门佛学院各功能室，查看佛学院的办学设施设备，在云门佛学院召开座谈会，听取学院负责人关于佛学院建设办学的情况汇报，了解在建设管理和办学中存在的困难和问题。指出：办学的目的是出人才，希望云门佛学院要在当代条件下，更好地服务社会，把佛教健康地传承下去，要营造经济社会发展的良好环境和条件，形成发展和谐稳定的氛围，成为办学的宗旨及内涵。要求：云门佛学院要做到“四点”，即要突显、保持特点，要充分挖掘优点，要打造亮点，要定位高点。副市长兰茵，县领导邓志聪、赵志敏陪同调研。

【黄业斌到乳源调研】 4月9日，省人大常委会副主任黄业斌先后到县城南环路“两不具备”安置新村“瑶乐居”和洛阳镇白竹村委钟屋村，就加快南岭山区集中连片特困地区扶贫开发工作进行专题调研。调研期间指出：三省（湘、粤、桂）五市（永州、清远、韶关、桂林、贺州）人大代表提出“关于增设南岭山区国家集中连片特困地区的建议”得到各级的高度重视，围绕争取增设南岭山区国家集中连片特困地区的目标做好工作，加强三省联络对接，尽快形成报告，组建工作班子，把人大代表的建议办好，促进南岭山区的经济社会发展。市委书记郑振涛，市委常委、市委秘书长孔云龙，市人大常委会副主任温新才，县领导吴春腾、邓志聪等陪同调研。

【启动全面深化改革】 5月16日，乳源召开县委全面深化改革领导小组第一次会议。会议传达中央、省、市改革领导小组会议精神。与会人员讨论《中共乳源瑶族自治县委关于成立全面深化改革领导小组的通知》及相关工作制度，讨论《乳源瑶族自治县2014年深化改革工作要点》。县全面深化改革领导小组成员参加会议。

【妥善处置农药洒落事件】 6月16日凌晨，乳源大桥境内发生1起交通事故。一辆运载农药的车辆（车牌号为赣CT365挂），行驶至省道249线大桥镇政府路段时因刹车失灵发生侧翻，导致车载农药“敌敌畏”玻璃瓶破损，液体洒落路旁，少量农药流入公路排水渠，药液沿渠流（渗）入大桥河，1人因车辆侧翻受伤。事故发生后，国务院、省、市各级领导高度重视，指示乳源妥善处理事件。乳源行动迅速，启动应急险情预案，科学调度，精心组织，各部门积极配合，采取科学有力措施，有效及时控制和妥善处置事故，沿河村庄群众生产生活没有受到影响，社会和谐稳定。

【梁伟发到乳源调研】 6月26—27日，省政协副主席梁伟发率调研组，围绕“广东村级经济社会发展情况”专题到乳源调研。26日下午，梁伟发一行先后到大桥镇红星村、中冲村开展调研，实地查看村容村貌和红豆杉、黄烟种植基地，详细了解村党组织建设、村集体经济发展、村民生产生活、村基础设施建设等情况以及存在的困难和问题，与镇村干部、村民小组长、党员和群众代表等进行座谈交流。

27日上午，召开专题调研座谈会。会上，梁伟发一行听取市、县、镇相关情况汇报，并与参会单位主要负责人和乳源有关职能部门负责人探讨交流，广泛征求如何进一步推动村级集体经济发展壮大、提高村“两委”战斗力和基层干部素质、促进新农村建设和农村社会稳定等经济发展、社会治理方面的意见建议。市领导陈向新、王伟阳、林嘉，县领导吴春腾、费玉海、林应良、李明华、陈松海陪同调研。

【许瑞生到乳源调研】 8月19日，副省长许瑞生率省住房建设厅、省民族宗教委、省文物局等部门相关负责人到乳源，就少数民族传统民居保护问题开展专题调研。许瑞生一行先后考察世界过山瑶博物馆、瑶族风情商业街、必背镇大村、游溪镇政研瑶族新村等地，了解少数民族传统村落和民居情况，听取当地干部群众有关意见建议。市委书记郑振涛、副市长兰茵，县委书记吴春腾等陪同调研。

【全省扶贫开发“双到”工作现场会与会人员到乳源考察】 8月27日，省委、省政府在韶关市召开全省扶贫开发“双到”工作现场会。会议由省委副书记马兴瑞主持。省委副书记、省长朱小丹出席会议并讲话。省人大常委会副主任肖志恒、副省长邓海光、省政协党组成员覃卫东等出席会议。韶关市、珠海市、广州市天河区、省纪委省监察厅等4个单位负责人分别作经验介绍。会后，与会人员先后到一六镇团结村、桂头镇塘头村等参观考察，实地查看相关工作的开展情况。

【黄先耀、邓海光到乳源调研】 9月3日，省委常委、省纪委书记黄先耀，副省长邓海光率省直有关部门负责人到乳源调研政务服务体系建设和扶贫开发工作。黄先耀、邓海光一行先后到雕子塘新村建设工地、东坪新村村委、南水水库、金禧小学等实地调研。黄先耀主持召开扶贫开发工作座谈会，县委书记吴春腾汇报该县经济社会发展情况及相关工作情况。省民政厅、省水利厅、省扶贫办、省教育厅、省农业厅、省林业厅、省卫计委、省旅游局等8个省直部门对乳源提出“需要上级部门协调支持解决的问题”，给出建议和回应。

邓海光强调，乳源政务服务体系建设在原有的内容和形式基础上，有继承、有创新，是一个新生事物，体系比较完整。要求省、市、县要进一步研究把行政审批、公共服务、网上办事、公共资源交易、政务公开、村务公开、电子政务、政府采购、工程招投标、产权交易、国土资源交易、林权交易、扶贫开发、土地流转以及村一级的三防指挥等都统一放到政务服务平台上，形成整合集约、功能齐全的政务服务体系，创建基层社会管理的新模式，解决服务群众“最后一公里”的问题。要求农口部门要高度重视“乳源模式”政务服务体系建设，充分利用这个体系解决“三农”问题，相关部门要继续支持乳源进一步完善政务服务体系，进一步巩固完善和提高乳源模式。

黄先耀要求，一是要将提出需要解决的问题列出台账。把亟须解决的8个方面30个问题列成表格，明确轻重缓急，分步实施。并把该次调研座谈会的精神整理成会议纪要，8个省直部门要会签，形成正式文件记录在案。二是要积极主动向省直有关部门请示汇报、争取支持，把项目谋划好，把争取资金管好用好，希望省各直部门能够“用力、用心、用情”支持乳源扶贫工作。三是要进一步完善和提升政务服务体系建设，促进其发挥应有作用，要强化党委领导、政府主管、纪委监督的管理架构，加强政务服务体系建设，在全省推广“以网上办事大厅为龙头，以政务服务中心为依托，集行政审批、便民服务、工程招投标、公共资源交易、政府采购、效能监察‘六位一体’，上下贯通，虚实结合，优势互补，资源共享”的省、市、县、镇、村五级综合行政服务平台。希望乳源按照顶层设计的要求，进一步完善和提升乳源现有的三级政务服务体系，为全省政务服务体系建设发挥榜样示范作用。

【瑶族“十月朝”节庆活动】 11月22日，乳源瑶族自治县举行第八届瑶族“十月朝”旅游文化节。节庆活动内容有第二届环南水湖自行车公开赛、韶关（乳源）旅游美食文化节、第三届农特产品展示展销推介会、瑶区农民运动会、瑶绣艺术节、瑶乡旅游风光风情摄影作品展、瑶族群众文艺会演等项目。省体育局巡视员曾晓红，市委常委、常务副市长陈波，省社会体育中心主任、省自行车运动协会副主席麦良，市政府副秘书长邓彩虹，县领导吴春腾、邓志聪等领导出席相关活动。

【县委理论学习中心组学习活动】 2014年，县委理论学习中心组先后围绕习近平总书记系列重要讲话精神、党的十八届四中全会精神、“三严三实”、《广东省信访条例》、依法治国与推进国家治理现代化、加强公务员职业道德建设等专题内容开展27次集中学习会和专题宣讲辅导会。围绕“全面推进依法治县”主题，召开务虚研讨会，研究认真贯彻落实中共十八届四中全会全面推进依法治国方略，推进全面依法治县遇到的问题和解决对策、路径。组织学习活动效果显著，党员干部政治理论水平得到有效提高，党员干部思想得到解放、观念得到更新，干事创业的激情和能力增强。县委理论学习中心组成员、县直及上级直管各单位和各镇党政的班子成员参加学习活动。

（罗伟平）

县委常委以上领导名单

书　记： 吴春腾

副书记： 邓志聪

伍　文

常　委： 张　军

林昌卫

黄寿生

林应良

赵志敏
许益云
简连英
吴炬光
戴浩平（挂职，2014.01—）

县委办工作

【概况】 县委办公室是协助县委领导处理县委日常工作的机构，挂县委保密委员会办公室（县国家保密局）、县决策咨询和政策研究室、县委机要局、县信访局牌子。根据《中共乳源瑶族自治县委关于成立全面深化改革领导小组的通知》，县委全面深化改革领导小组下设办公室（简称“县委改革办”），作为常设机构。县委改革办和县接待办公室挂靠县委办公室。

2014年，县委办坚持“忠诚为要、卓越为先、创新为源、拼搏为荣、奉献为上、自律为基”的“中办精神”，贯彻落实中共十八届三中、四中全会精神和习近平总书记系列重要讲话精神，围绕“五大战略”“六大工程”和县委中心工作，解放思想、与时俱进、开拓创新、扎实工作，各项工作任务得到完成，取得较好效果。

【公文办理科学严谨】 着力做好沟通协调，注重日常工作管理，较好完成2013年文书档案的归档工作，确保办公室各项工作规范运行和高效运转。以科学、严谨的工作态度，严格审核和规范核发、登记、印制、分发、归档等文书工作。2014年，办公室办理、印发各类文件共147件，其中乳发9件、乳委36件、乳办发39件、乳委办42件、乳委办发电21件；编印乳办通报4期、县委会议纪要32期；收发处理来文2150件，其中县域各单位来文1450件，上级来文700件；完成上报市委报备党内规范性文件13份。

【会务活动精简高效】 贯彻落实中央“八项规定”，提升会务服务质量，提高会议实效。2014年，县委办完成县委十一届四次和五次全会、县委工作会议及各类工作会议的会务工作45场，其中：中央、省市电视电话会议17场，常委会15场，党政班子会8场，临时性协调会18场。

【综合调研服务大局】 2014年，起草完成向省委常委、纪委书记黄先耀、省委第五巡视组、惠州博罗县考察团等上级领导和兄弟县市的汇报交流材料；完成起草县委十一届五次全会主题报告《转变工作作风，加强班子建设，聚精会神干事创业加快乳源发展》及县委十一届六次全会报告《推进依法治县，优化发展环境，奋力提速美丽乳源建设步伐》和县委主要领导在30多个全县性重要会议上讲话稿的撰写、核改任务；完成起草《乳源瑶族自治县全面深化改革方案》《关于完善县委重大决策制度的意见》《党员干部密切联系群众制度》等文件。围绕乡镇工作、全县经济社会发展情况、党的群众路线教育实践活动、县重点项目建设、全面深化改革等问题，县委办先后牵头3次组织人员深入乡镇、科局开展专题调研活动，形成《推改革促发展转作风惠民生——关于2014年乡镇工作专题调研报告》《关于2014年上半年乳源经济社会发展调研情况的报告》等调研报告。抓好研编工作，积极撰写和报送调研文章，全年编发《乳源调研》6期，协助市委政研室编印《韶关调研—乳源专刊》1期，起草县委主要领导署名文章5篇，被《韶关调研》采用20篇。

【政策研究发挥作用】 县委办公室认真研究政策，适时提出意见和建议，服务于领导决策。提出有理有据的请求事项，为《关于在乳源县调研有关工作的会议纪要》和省委、省政府《关于扶持少数民族地区科学发展若干意见》（征求意见稿）的出台做出积极努力，推动争取乳源列入欠发达地区革命老区县工作的顺利开展。

【信息采编及时有效】 抓好日常信息和紧急信息的采编上报工作，信息主要突出反映全县各项工作的创新性做法和成效、存在问题，为领导决策提供参考。2014年，完成报送《乳源县筑牢“五个基础”加快生态发展》《乳源县建成三级便民服务网络平台》《乳源县全力建设和拓展网上办事大厅》《乳源县致力打造少数民族特色村寨》等信息。编发《乳源要情》38期，《乳源信息》5期，向市委办报送日常信息108篇，向省委上报信息32篇，向省民宗委上报信息20篇，被省、市采用40多篇，在全市信息报送采编中得分排全市第一。

【督查督办效率提升】 坚持以县委、县政府做出的重大决策和重大工作部署为重点，着力推进全县各项工作，推动加快生态发展、建设美丽乳源。抓好工作规划，强化组织领导，及时对县督查督办工作领导小组成员做出调整。制订《关于进一步加强和改进督促检查工作的意见》《2014年督查工作要点》，对2014年要办好的8件实事好事、贯彻落实《广东省信访条例》和县领导对《近期多名网民发帖反映乳源计生工作出现“打砸抢”行为》《大桥镇青溪洞薄弱村改造工作情况汇报》的批示，开展督查督办。认真对照市委、市政府的督查工作要点开展专项督查，协助市委对乳源“8·16”灾后，县道325线（乳源—必背段道路）修复进展情况、“百项工程兴韶关”活动与乳源有关项目建设情况等进行督查督办。拓展监督渠道，抓好网络问政工作，全年共受理和回复网络问政留言833条，有效拓宽群众诉求渠道，提升工作成效。

【机要保密安全通畅】 严格实行24小时两班倒值班制度，执行每日主渠道自查制度，落实每周与市局传真密码巡查，发现问题及时向上级汇报，确保密码通信渠道安全申通。严格交接班管理，严格工作程序，严守工作纪律，认真办理各类紧急重要电报，对涉及社会稳定、突发事件、重大自然灾害等紧急重要电报即收即办。增强保密观念，提高保密意识，规范保密管理，建立健全各项规章制度，以“党政网、互联网、党务组工人事、项目建设、科技交流、重要会议、商贸经济”等工作为重点，强化保密管理，加强保密执法检查，确保目标任务落实。全年接收、发送密码电报、明传电报、传真和OA办公系统接收传真实现“无事故、无差错、无错情”的工作目标。

【信访维稳保障稳定】 制定《2014年县党政领导班子成员接待群众来访安排表》《群众路线教育活动县党员领导干部接访群众日程安排表》等，健全县领导接访制度。2014年，全县党政领导班子成员参与公开接访活动，接待174批348人次。全面落实领导包案，成功化解61宗，化解率100%。扎实推进《广东省信访条例》宣传，7—12月，共引导13宗38人次的涉法涉诉信访事项到相关政法机关反映诉求。建立全县102个村委便民服务站平台，实现网络信访村村通，村民在村就可通过网络直接反映诉求。

【接待工作整体提升】 严格执行中央“八项规定”，厉行勤俭节约，创新接待工作思路，突出瑶乡民族风情特色，推进接待工作规范化和科学化，提升接待水平。接待工作总体上呈现接待批次减少、接待总量减少、接待标准降低、来宾满意度提高。接待来宾批次和人数分别同比下降23.4%、25.5%。高质量完成省市领导到乳源调研的接待和协调服务工作。圆满完成在乳源召开的全省扶贫开发“双到”工作现场会和环南水湖第二届自行车公开赛等活动接待任务。

【深化改革稳步推进】 2014年5月，乳源瑶族自治县全面深化改革领导小组成立，下设6个专项改革小组和县委改革办，县委改革办属县委工作部门，挂靠县委办公室，配备2名专职人员。完成采购配备复印机、扫描仪、笔记本电脑、U盘等设施设备一批。制订《中共乳源瑶族自治县委全面深化改革领导小组工作制度》《中共乳源瑶族自治县委全面深化改革领导小组专项小组工作制度》《中共乳源瑶族自治县委全面深化改革领导小组办公室工作制度》，为改革工作的顺利推进提供制度遵循。

（赖世水）

附：县委办领导班子成员名单

主　任：许益云

副主任：吴新超

　　　　刘良军

　　　　丘振强

　　　　巫淑坤（2014.11—）

　　　　潘小燕（挂职，—2014.01）

　　　　刘家丽（挂职，2014.07—）

宣 传 工 作

【概述】 县委宣传部内设办公室、理论和宣传股（县国防教育领导小组办公室）、精神文明建设办公室等3个股室，机构编制9名。部长由县委常委兼任，县文联、县社科联挂靠县委宣传部，县委宣传部其中1名副部长由县社科联主席兼任。

2014年，全县宣传思想文化战线按照中央、省委、市委和县委的部署要求，深入学习贯彻中共十八大、十八届三中、四中全会和习近平总书记系列重要讲话精神，围绕县委、县政府的中心工作，坚持因势而谋、应势而动、顺势而为，各项工作扎实推进，营造昂扬向上、团结奋进、开拓进取的浓厚氛围，为全县经济社会和谐发展、跨越发展提供强大的思想保证、舆论支持、文化条件和精神动力。

【理论武装】 以深入开展党的群众路线教育实践活动为主线，紧密联系全县经济社会发展实际，制定完善中心组学习意见和制度，坚持学理论议大事，转观念出思路，强班子促发展，开展案例式、讨论式、调研式、体验式等形式多样的学习，有力地促进班子领导水平和执政能力的提高。全县9个镇、县直各单位组织开展集中学习讨论会共811场次，邀请专家学者集中授课辅导23次。其中，县委中心组全年集中学习16次。组织全县各级领导干部近100人到省反腐倡廉教育基地接受廉政教育辅导。把重要政治读物纳入各级党员干部理论学习计划，累计向全县党员干部购发《习近平总书记系列重要讲话读本》《习近平谈治国理政》等书籍3600多册，推荐阅读书目20多本。配合县委开展以“提高依法行政能力，全面推进依法治县，加快建设美丽乳源”为主题的务虚研讨会议，各级领导干部的党性意识增强，学习型党组织建设得到有效提升。

【重要宣传】 坚持团结稳定鼓劲、正面宣传为主的重要方针，围绕县委、县政府发展战略，全面宣传报道乳源经济、社会、文化蓬勃发展的新面貌。2014年，在市级报纸、网络媒体刊播稿件1000多篇（条）；在中省级报纸、网络媒体刊播稿件110多篇（条）；在中省市级媒体刊播专版专题21个；在县级媒体开设专题栏目33个。其中央视《远方的家》《科技之光》《致富经》等多个频道和栏目，推出专题节目拍摄报道乳源南岭、大峡谷、通天箩、瑶山彩石和创业致富带头人马新海。制定印发《关于加强乳源政务微博建设的实施意见》，组建微博发言人工作团队和政务微博信息联络员和网评员队伍，开通“乳源发布”政务微博。

【舆情关注】 着力于全面、及时、准确地把握舆情动态，不断健全完善突发事件的应急协调机制，妥善应对负面舆情，牢牢把握舆论引导的主动权。2014年，成立县舆情监控中心，加强网络舆情监管和热点敏感舆情处置工作，成功处置17起负面及突发事件舆情，乳源的良好形象和社会稳定得到维护。利用《宣传工作动态》及时将舆情信息上报给县领导，为决策部署提供准确的信息依据。

【文化发展】 通过深化体制改革，整合文化资源，开展文体活动，创作优质文艺作品，打造特色文化品牌，人民群众的精神文化生活得到丰富，瑶族文化的传承发展得到有效推进。制定《乳源瑶族自治县关于全面深化文化体制改革的实施方案》《乳源瑶族自治县加强扶持文化产业发展实施方案》，完成县文化广电新闻出版局机构设置和人事安排。成功举办第八届瑶族“十月朝”旅游文化节和10场“激情广场·幸福乳源”广场系列群众文化活动。建成3D多厅数字影院。县、镇、村三级公共文化设施免费开放服务工作水平提升。文化遗产保护扎实推进，完成县博物馆搬迁，成功举办文化遗产保护宣传系列活动，《瑶族民歌》被列入国家级非遗名录。全面繁荣瑶族文艺创作，瑶族原创音乐作品《恩情》获省“五个一工程奖”、群众文艺作品评选金奖；瑶族合唱团获省第十一届百歌颂中华歌咏比赛银奖；瑶族舞蹈作品《嚜槟》《捞忒》分别获第五届省民运会表演类金奖和银奖；2014年，乳源获评“中国民间文化艺术之乡”。瑶族文化持续得到传承与弘扬，“世界过山瑶之乡”品牌“知名度、美誉度”提高。

【文明建设】 大力推进社会主义核心价值体系建设，深入开展精神文明创建活动，进一步提升公民思想道德素质和城乡社会文明程度。大力培育和践行社会主义核心价值观，全县确立9个示范点，悬挂横幅132条，利用LED屏滚动播出相关宣传标语1万多次，制作宣传栏62块，张贴宣传画226张。发动群众积极参与各级“好人”推荐评选，张爱光、张宗飞入选中国好人榜。动员、指导一批在精神文明建设方面取得突出成绩的单位参加省、市级精神文明创建工作。2014年，有23个先进集体和32名先进个人受市、县命名表彰，参与省、市、县三级文明创建单位（镇、村）50个。组织2000多人次参与以“关爱他人、关爱社会、关爱自然”为主题的志愿服务活动。持续展播“讲文明树新风”公益广告，推进文明旅游、文明餐桌、文明交通引导行动。围绕“中国梦”教育这一主题，开展“做一个有道德的人”实践活动。（朱海艳）

附：县委宣传部领导班子成员名单

部　长：简连英

副部长：郑东红（—2014.11）

欧先凤（2014.11—）

王海涛（—2014.12）

邓伟成（2014.12—）

李社权（—2014.12）

赵文彬（—2014.11）

邬宝华（—2014.11）

组　织　工　作

【概况】 2014年，县委组织部认真贯彻党要管党、从严治党的要求，把学习贯彻习近平总书记系列重要讲话精神作为首要政治任务，围绕中心、服务大局，求突破、抓特色、创一流，推动各项组织工作取得新进步、新成效。全县共有党的基层组织442个，其中：党委21个，党总支27个，党支部394个。党员总数10808名。其中：35岁以下的青年党员2257名，占党员总数的20.88%；60岁以上2784名，占党员总数25.76%；党员队伍中具有高中以上学历的6447名，占总数的59.65%，其中大学专科以上学历3474名，占总数的32.14%；女党员2564名，占党员总数的23.72%；少数民族党员1262名，占党员总数的11.68%。

党的群众路线教育实践活动扎实有效，领导班子及干部队伍建设全面加强，人才队伍建设有新进步，基层党组织建设、“两新”组织建设、党员队伍建设取得新突破，组织部门自身建设上新水平。县委组织部年末在职在编人员15人。

【开展党的群众路线教育实践活动】 2—10月，全县9个镇、56个科级单位、442个基层党组织、10808名党员参加党的群众路线教育实践活动。乳源被安排为省委常委、省纪委书记黄先耀的联系点，县委领导班子率先垂范，县委督导组严督实导，各基层党委（党组）高度重视，各党组织和党员干部围绕“为民务实清廉”主题和“照镜子、正衣冠、洗洗澡、治治病”总要求，突出问题导向，贯彻整风精神，聚焦“四风”（形式主义、官僚主义、享乐主义、奢靡之风），扎实开展活动。广大党员干部受到深刻的思想洗礼，党内政治生活更加严格，“四风”积弊得到有力整治，群众反映的突出问题得到有效解决，党群干群关系进一步密切。

【领导班子建设】 深入推进学习型班子建设，抓好中共十八大、十八届三中、四中全会精神学习。认真落实定期务虚研讨制度。加强各级党委（党组）以民主集中制为核心的制度体系建设，提高科学民主决策水平。加强对班子的定期分析研判工作，对查摆出的问题、班子实绩考核和干部年度考核的结果、执纪执法部门掌握的动态，以及常态调研与年底专题调研了解的情况，深入分析，掌握班子运行情况和干部现实表现，及时提出领导班子和领导干部调整意见，班子结构得到优化、整体功能有效增强。

【干部队伍建设】 加强教育培训，提升干部政治素养。2014年共选派55名干部参加中央、省、市学习贯彻习近平总书记系列讲话精神专题培训；4月，组织130多名组织人事干部参加省组织的新《条例》学习专题培训班；9月，在县委党校举办全县第六期中青年干部培训班，有77名学员参加培训；先后组织全县1536名在职公务员的培训和县处级33名、正科级94名参加干部网络在线学习。

狠抓作风建设，提升干部监督力度。严格执行干部预警监督“三书（函询通知书、提醒通知书、诫勉通知书）”办法，向1名县直部门正职发出《函询通知书》。开展对配偶已移居国（境）外干部的核查工作，对干部有配偶及子女移居国（境）外的进行调整。加强领导干部出国（境）管理工作，登记和全面清理收缴全县领导干部持有出国（境）证件，收回个人持有因私出国（境）证件33本。开展领导干部在企业兼（任）职情况摸底工作，清理出在企业兼（任）职的干部7名。开展超职数配备干部专项整治工作，全县共清理超职数配备干部37人，完成阶段性任务。规范干部人事档案和信息工作，完成重新审核整改全县1355名在职公务员干部人事档案；公务员管理信息系统1386名在职公务员的信息得到完善。认真组织资格审查，完成14名新招录公务员的政审和材料的上报工作。

【人才队伍建设】 做好“扬帆计划”项目考核评估迎检工作，顺利通过省委组织部考核，并获省财政追加扶持80万元；加大人才引进工作，全年共引进全日制本科以上学历63人；加强县管拔尖人才管理，完成13名县管第六期专业技术拔尖人才的年度考核工作；加强社工人才队伍建设，5月，组织133人报名参加考试，20人通过国家社会工作者职业水平考试；积极开展全市重点课题调研，9月，深入全县6个镇开展以《贫困山区大学生村官培养与研究》为题的课题调研，并上报市委组织部。

【基层党组织建设】 圆满完成村、社区“两委”换届。1月22日，全面完成全县102个村、13个社区“两委”换届选举工作，村支部书记、主任“一肩挑”比例达到90.2%，“两委”干部交叉任职的比例达到91.2%，社区支部书记、主任“一肩挑”和“两委”干部交叉任职比例均达到100%。新一届“两委”班子成员平均年龄44.4岁，比上届降低5.1岁；高中以上学历215人，占41.5%，其中大专及以上文化程度30人，比上届提高9.6个百分点，初步实现村级领导班子“素质更高、结构更优、能力更强、干劲更足”的工作目标。

加强村级干部队伍教育培训。指导全县新一届村、社区“两委”班子制定任期目标、三年发展规划和年度发展计划，签订任期目标责任书。4月中旬，举办为期5天的新一届村、社区主任培训班，有效提高村干部执行政策、民主管理、发展经济的能力。完善村“两委”各项工作制度，明确村“两委”干部值班岗位职责、工作要求，制定印发《乳源瑶族自治县关于进一步规范村“两委”干部值班制度的意见》。

基层组织建设亮点纷呈。在全县1055个村民小组开展“五有（有健全的班子、有可行的发展规划、有民主的决策程序、有规范的理财制度、有科学的管理机制）”规范化建设工作。投入资金268.5万元，全面完成31个软弱涣散基层党组织整顿转化任务。注重示范引领，打造基层党建示范点，乳城镇大群村、游溪镇大寮坑村、乳城镇云门村、桂头镇杨溪村、大布镇白坑村、东坪镇方武村、大桥镇红云村、洛阳镇坪溪村等8个村党支部被中共韶关市委组织部授予“2011—2013年度韶关市先进党支部”称号。实施农村党组织书记“421”项目化管理，全县各村党支部书记履职承诺的408项工作全部完成。分期分批开展农村基层党组织书记队伍学历教育工作，2014年有25名村、社区党组织书记报读电大秋季大专班。加大投入力度，确保村（社区）“两委”干部每月报酬不低于1600元，村级办公经费不少于4万元，为全县离任村干部发放生活补助近100万元。培育镇级党员创业示范带头人51名，村级党员创业致富典型315名，致富典型结对帮扶536户农户，农村党员“双带”能力有效提升。12月19日，组织开展基层党（工）委书记抓基层党建述职评议工作，全县9个镇和3个县直党（工）委书记进行述职评议。确定2014年的党建创新“书记项目”为“村村强”工程，推动党建工作创新、创优、创品牌，该项工作获得韶关市通报表扬。

创新服务载体。推进扶贫“双到”和“双联双进”等结对帮扶工作，开展“民情日记”“民情恳谈”“三同五学（同吃、同劳动、同学习，学体谅群众、学尊重群众、学感恩群众、学亲近群众、学服务群众）”等活动，全县520名机关和企事业单位干部分组分批下基层，结对帮扶困难村、贫困户，帮办民事。扎实推进乡镇领导干部普遍直接联系群众工作，发放“民情联系卡”7万多张，走访联系群众6949人次，征集意见建议273个，解决问题513个。

【“两新”组织党组织建设】 扩大党组织覆盖面和党的工作覆盖面，确保“两新（新经济组织、新社会组织）”党组织有党员活动场所、有党建宣传阵地、有党建工作制度、有党员责任区。以乳城镇农企联合党支部、富之光公司党支部、东阳光公司党委磁性厂党总支等10个“两新”组织为党建工作示范点，不断提升“两新”组织党建工作规范化水平。

【党员队伍建设】 9月，举办“发展党员工作细则”培训班，组织全县各镇、各单位党务工作者学习新的发展党员工作流程和要求，指导各基层党组织严把党员“入口关”，按照《细则》规定的25个程序做好发展党员工作。2014年，全县共发展党员170名。制订《乳源瑶族自治县不合格党员标准》细化20项不合格党员具体表现。联合纪检、计生、国土、公安等部门对全县党员遵纪守法情况大摸底，结合民主评议结果，排查认定不合格党员。选择一六镇东七村为试点，开展处置不合格党员试点工作，积极探索党员警示教育及畅通党员“出口”新方法、新举措。

【组织部自身建设】 转变工作作风。认真落实群众路线教育实践活动组织者和参与者的“双重”职责，带头聚焦“四风”，带头转变作风，严格落实组工干部“三服务”要求，深入开展“学讲话强责任”“开大门破神秘”“下基层明实情”等主题实践活动，牢固树立群众观点，加强与基层群众的密切联系，增强组工干部党性修养。

强化内部管理。制定出台《办文工作制度》《文书档案管理制度》《公务用车管理制度》《规范无纸化办公制度》《办公用品使用管理制度》等，完善公务员平时考核等制度建设，强化对组工干部的日常管理。（赵少辉）

附：县委组织部领导班子成员名单

部　长：林应良
副部长：苏　葵
房东明
陈良伙（—2014.12）
赵群英（—2014.12）
林建华（—2014.12）

统　战　工　作

【概况】 中共乳源瑶族自治县委统一战线工作部（以下简称“县委统战部”），是县委在统战工作方面的职能部门。归口管理县民族宗教事务局、县工商联、县侨联。内设办公室，在职人数5人。

2014年，县委统战部学习贯彻中共十八大、十八届三中和四中全会精神，坚持以邓小平理论、“三个代表”重要思想、科学发展观和习近平总书记系列重要讲话精神为指导，围绕“加快生态发展，建设美丽乳源”的目标，团结凝聚归国华眷、民主党派、无党派代表人士、非公有制经济代表人士、民族宗教界代表人士、党外代表人士，推进统一战线的政治安排，开展以统一祖国为重点的海外统战等方面工作。

【党的群众路线教育实践活动】 按照县委的统一部署，组织党员干部全程参与第二批党的群众路线教育实践活动，围绕“为民务实清廉”的主题，开展“学习教育、听取意见”“查摆问题、开展批评”“整改落实、建章立制”三个阶段的学习教育，解决党员干部“四风”方面的突出问题，解决一些关系群众切身利益的问题，基本达到“照镜子、正衣冠、洗洗澡、治治病”的总要求。

【发挥统一战线优势推动重点项目实施】 广东省光彩事业民族地区（乳源）行活动2013年在乳源成功举行，共筹集光彩资金1473万元。2014年，县委统战部组织精干力量，积极落实广东光彩事业项目的工作。加快广东光彩家园东山瑶族新村、雕子塘瑶族新村和必背口瑶族新村等项目建设，促进乳源瑶区“两不具备”村庄搬迁安置工作的落实。

完成游溪镇江背村村道硬底化项目和必背镇公坑尾村公路硬底化项目建设，帮助群众脱贫致富。加强山区教育基础设施投入，完成大桥镇红云岐石谭兆小学饮水工程项目和游溪镇柳坑中心幼儿园项目建设。助推乳源卫生事业发展，光彩事业捐赠项目为县妇幼保健院（儿童医院）和县中医院购置救护车各1辆及医疗设施各1件。

【党外代表人士队伍建设】 积极配合市委统战部抓好《关于加强新形势下党外代表人士队伍建设的意见》落实工作，完善党外干部人才库。组织黄章城、李富华等4名民主党派骨干参加由市委组织部、市委统战部联合举办的“民主党派基层组织骨干培训班”学习。

【县无党派知识分子联谊会工作】 2014年12月，市、县统战部联合举行知联会到乳源开展交流学习活动。市、县知联会一行60多人到游溪镇八一瑶族新村、东坪镇雕子塘瑶族新村等地调研新农村建设情况，听取由市委党校杨斌教授作的“学习中共十八届四中全会精神”专题讲座，并就如何把无党派知识分子的家建设好交流意见。

【民族工作】 推动少数民族传统体育发展。配合做好参加第五届广东省少数民族传统体育运动会工作，县民族龙舟队参加该届运动会发挥出色，取得3块金牌、3块银牌、2块铜牌的优异成绩。

特色村寨项目建设和保护工作。5月19日，必背镇必背村委会必背口村、游溪镇大寮坑村委会八一瑶族新村、东坪镇新村村委会东莞“双到”瑶族新村被国家民委列入首批“中国少数民族特色村寨”命名挂牌名录。

推进民族文化教育事业发展。用好少数民族优惠政策培养少数民族人才，联系省外事侨务办牵线联系外资企业，安排10万元资助在校25名少数民族贫困大学生。

【宗教工作】 依法管理宗教事务。不定期到各宗教场所开展教职人员廉洁思想教育活动，确保教职人员自觉识别和抵制邪教组织、严防“渗透”。

开展爱国爱教教育活动。9月，根据上级宗教管理部门的统一部署，县委统战部领导高度重视，加强对“宗教慈善周”活动的组织领导，指导宗教场所开展以“慈爱人间，五教同行”为主题的“宗教慈善周”活动。

开展和谐寺观教堂创建活动。督促各宗教场所出台寺观教堂管理办法，规范宗教场所管理；指导各宗教成立活动场所民主管理小组，建立健全人员、财务、治安消防、文物保护、卫生防疫等规章制度；抓好教务、财务制度建设，规范对宗教活动和信教群众的管理。

妥善解决云门寺生态保护区建设遗留问题。协调有关部门及时处理保护区范围征地安置和6.67公顷林地纠纷、苗圃场搬迁等问题。

抓好正觉寺恢复重建工作。完成正觉寺恢复重建的征地、规划和相关报批手续等工作。

【港澳和海外联谊工作】 2014年3月23日，组织香港新界社团首长联谊会到洛阳镇敬老院开展慈善活动，为该敬老院捐款20万港元，用于购置敬老院的基本生活设施。

6月3日，组织广东狮子会铭恩服务队和广东救援辅助队到县特殊教育学校举行“慈善社团瑶乡献爱心捐赠奶粉”活动启动仪式，捐赠奶粉900罐给县困难学生。

9月10日，组织广东省侨界仁爱基金会和金利来（中国）有限公司在乳源举行“关爱行动”，定向定点捐赠服装1632件给乳源7个边远山区296名乡村学校教师。

9月30日，牵线香港及中国狮子联会基金爱心人士到乳源开展扶弱济困献爱心，捐赠价值人民币100万元婴幼儿奶粉一批给东坪镇、游溪镇700名0—3岁瑶族婴幼儿。

【非公经济工作】 通过召开座谈会、印发文件、资料等形式，组织全县非公有制经济人士学习中共十八届三中全会精神和《中共中央、国务院关于加强和改进新形势下工商联工作的意见》《韶关市深入开展非公有制经济人士理想信念教育实践活动的实施意见》以及省市县有关精神，加强广大非公有制经济人士进一步了解党的方针、政策和支持经济发展政策，引导非公经济人士爱国、敬业、诚信、守法、贡献，践行社会主义核心价值观。

5月30日，组织工商联副会长艺天实业有限公司董事长许清平、未来实业有限公司董事长张伟剑等5家民营企业负责人组成“梦想瑶乡爱心接力团”到县民族实验学校开展捐资助学活动，为该校50名贫困学生捐款3万元。9月20日组织县工商联、团县委联合广东狮子会福慧服务队，深入贫困山区开展“扶志助飞情暖瑶乡”爱心助学志愿活动，为76名特困生发放助学金共4万多元。9月底，组织广东狮子会福慧服务队到桂头镇东岸村开展重阳节敬老爱老活动，为该村60岁以上老人发放慰问品和慰问金折合人民币3.5万多元。

（简宗辉）

附：县委统战部领导班子成员名单

部　长：赵志敏

副部长：赵才秀（—2014.11）

黄学宾（—2014.11）

朱远娥（—2014.11）

邓良胜（2014.11—）

黄立东（2014.11—）

机构编制管理

【概况】 2014年，县机构编制委员会办公室（以下简称县编办）认真学习贯彻中共十八大、十八届三中、四中全会精神，深入推进政府职能转变和机构改革、行政审批制度改革和公共资源交易体制改革，组织实施清理行政职权编制权责清单、机构和人员编制核查工作，推进事业单位管理，抓好事业单位分类改革后续工作，夯实机构编制管理基础，真抓实干，各项工作进展顺利。年末，县机构编制委员会办公室在编人数10人。

12月5日，县编办被广东省机构编制委员会办公室评为“2014年度全省机构编制系统信息工作先进单位”。

【政府职能转变和机构改革】 根据粤办发《中共广东省委办公厅、广东省人民政府办公厅印发〈关于市县政府职能转变和机构改革的意见〉的通知》精神，县编办广泛开展政府职能转变和机构改革工作调研，征求有改革任务相关部门的意见与建议，加强与省、市编办沟通，6月拟定出《乳源瑶族自治县人民政府职能转变和机构改革方案》报经县委、县政府同意，上报市编委于8月25日批复后印发到各相关部门，部署乳源瑶族自治县政府职能转变和机构改革各项工作。8月27日，印发《关于做好机构改革部门“三定”工作的通知》，对机构改革部门“三定”工作提出具体要求。认真审核“三定”实施方案，合理规范设置新组建部门内设机构，严格核定领导职数，与相关部门就内设机构设置等问题进行沟通，统一意见。12月，印发关于县住房和城乡建设规划局、县审计局、县发展改革局、县国土资源局、县旅游局、县林业局、县教育局、县经济促进局、县纪委（县监察局）等9个部门的“三定”方案。

【行政审批制度改革】 按照市场优先和社会自治的原则，大力清理、压减行政审批、备案事项。采取梳理、会审和征求34个相关单位意见方式，形成调整事项目录和保留事项目录，提交县政府常务会议于7月8日审议通过。7月11日，制定印发《乳源瑶族自治县人民政府关于取消调整和下放一批行政审批项目的通知》，取消和调整一批行政审批事项74项，其中：取消66项、合并实施2项，转移3项、下放3项；公布《乳源瑶族自治县人民政府关于公布乳源瑶族自治县人民政府2014年决定保留的行政审批项目目录的决定》，保留县直及上级直管32个部门共246项行政审批事项。

【机构和人员编制核查】 5月30日，按照上级机构编制部门的工作部署，成立由县长邓志聪任组长，县机构编制委员会办公室、县纪委（县监察局）、县委组织部、县审计局、县财政局、县人力资源和社会保障局为成员单位的机构和人员编制核查工作领导小组，印发核查工作实施方案，通过单位自查、编办检查等方式，补充和完善实名制系统信息。县编办与县纪检监察、县组织部、县财政局、县人力资源和社会保障局会审机构和人员编制情况，对部分机关事业单位进行实地核查，实现机构清、编制清、领导职数清、实有人员清。11月

6—15 日，联合县纪检监察、县组织部、县财政局、县人力资源和社会保障局开展机关事业单位“吃空饷”问题专项清理工作，共清理出 4 人并作出处理。

【公共资源交易体制改革】 持续推进公共资源交易体制改革工作，将林业产权交易纳入县公共资源进场交易项目范围，完善全县统一的公共资源交易平台。10 月 21 日，成立各镇农村集体“三资”管理服务中心，与镇新农村建设服务中心“两块牌子一套人员”。

【清理行政职权编制权责清单】 4 月，开展对县发展改革和物价局等 7 个单位权责清单调研，听取采纳权责清单工作单位的意见和建议，宣传权责清单编制工作有关政策。11 月 4 日，制发《乳源瑶族自治县人民政府办公室关于开展转变政府职能清理行政职权和编制权责清单工作的通知》，对清理行政职权编制权责清单工作作出部署，建立 QQ 群等交流平台，加强对清理工作的指导。

【事业单位分类改革后续工作】 按照事业单位分类改革的要求，根据《关于印发乳源瑶族自治县事业单位分类改革方案和有关配套政策的通知》精神，认真开展全县事业单位“三定方案”和人员编制的重新核定工作；印发 60 份事业单位分类改革方案和机构编制方案，分流撤销整合事业单位的工作人员。通过事业单位分类改革，减少事业机构 75 个，核减事业编制 209 名。

【事业单位登记管理】 县编办贯彻落实《事业单位登记管理暂行条例》《事业单位登记管理暂行条例实施细则》及相关文件精神。全面开展年度报告公开工作，通过事业单位登记管理平台提交并公布 2013 年年度报告的事业单位有 148 个。按照《条例》的规定、事业单位分类改革的要求，印发《关于事业单位法人登记工作有关问题的通知》，对分类改革重新核定机构编制方案的事业单位，严格按照受理、审核、核准、发证等程序予以办理，对提交的材料严格把关，对材料不齐、内容不实的要求补齐材料再予以登记。2014 年，完成办理事业单位法人设立登记 56 个、注销登记 6 个、变更登记 52 个。

【机构编制信息工作】 9 月 17 日，印发《乳源瑶族自治县机构编制委员会办公室信息报送工作制度》，明确工作任务，落实工作责任，推进工作。积极利用多渠道向县委、县政府及上级机构编制部门报送机构编制工作情况，县编办报送的信息得到上级机构编制部门的充分肯定。

【事业单位法人治理结构建设】 9 月 28 日，印发《关于事业单位理事会成员调整等有关工作的指导意见》，县编办对部分事业单位法人治理结构试点理事会理事和发生变化的机构名称，坚持“三三制”原则（即理事会由举办单位和政府有关部门代表、事业单位代表、社会公众代表三方构成，原则上每方代表各占理事会理事总数的 1/3），调整理事会理事，确保试点单位理事会工作顺利开展。

【网上名称管理】 10 月，县编办对全县党政机关和事业单位网站建设基本情况摸底调查，乳源已建立网站的党政机关单位 11 个、事业单位 8 个。11 月 7 日，印发《关于做好县直党政机关网站开办审核、资格复核和网站标识管理工作的通知》，指导已建立网站的单位进行挂标操作，中文域名新缴费单位 2 个，发放党政机关和事业单位标志共 19 个。

【机构编制管理制度建设】 坚持编制使用核准规定，严格审批程序，制定出台《关于全县机关事业单位编制使用核准有关规定的通知》，明确编制使用核准的范围、原则、程序，严肃工作纪律。制定出台《乳源瑶族自治县机构编制实名制管理暂行办法》，明确机构编制实名制管理的原则、内容、职责分工，规范实名制管理系统操作员管理。印发《乳源瑶族自治县机关事业单位工作人员调配管理办法（试行）》，完成编制、组织、人社、财政等部门协调配合机制的建立。坚持先行原则和对应编制与人员的管理，有效控制不合理用编行为发生。

（张吉缘）

附：县机构编制办公室领导班子成员名单

主　任：钟焕光（—2014. 11）

　　　　张光胜（2014. 11—）

副主任：吴学东
　　　　张炼杰（2014. 12—）

直属机关工委工作

【概况】 2014 年，县直属机关工作委员会按照县委、县政府制定的工作目标和部署，不断加强机关党的基层组织和党员队伍建设，充分发挥县直机关党组织战斗堡垒和共产党员先锋模范作用，各项工作成效显著。年末，有在职人数 4 人。

【积极开展党的群众路线教育实践活动】 2014 年，县直属机关工作委员会围绕“为民务实清廉”活动主题，按照“照镜子、正衣冠、洗洗澡、治治病”的总体要求，聚焦“四风”（形式主义、官僚主义、享乐主义和奢靡之风），深入开展第二批党的群众路线教育实践活动，活动取得实效。

【党建工作目标管理】 县直属机关工作委员会认真组织学习宣传贯彻新修订《中国共产党党和国家机关基层党组织工作条例》和《中共广东省委关于贯彻〈中国共产党党和国家机关基层党组织工作条例〉的意见》。实施直属机关各党总支、支部“两年一考评”工作制度，机关党建工作目标管理责任制得到落实。持续推进机关党代表工作室规范化建设，有效发挥党代表“知党情、听民意、促和谐”的作用，采取约谈、下访等形式，增进党代表与党员、群众的沟通联系，推进党代表工作室常态化管理。

【机关党建培训工作】 9 月 24 日，县直机关工委与县委组织部联合在县乳财服务中心八楼举办党支部组织委员培训班，180 多名党支部组织委员参加培训。10 月，县直机关工委在县委党校举办 2014 年度入党积极分子培训班，入党积极分子共 70 名参加培训。

【“两新”组织党建工作示范点创建活动】 根据县委组织部要求，县工商局个体私营协会被列为县直属机关工作委员会“两新”组织党建工作示范点。

【支部换届改选和补选工作】 2014 年，直属机关工委组织开展届满党（总）支部的换届选举，完成 26 个党组织调整改选，调整支部书记、副书记 24 名，充实更换支部成员 64 名，基层党组织工作的连续性得到有效保证。

【党风廉政建设工作】 县直工委对党风廉政建设工作常抓不懈，按照县纪委《关于印发〈2014 年党风廉政建设和反腐倡廉工作任务分解表〉的通知》精神，抓好廉政建设和反腐倡廉工作。2014 年，协助县纪委查处违法、违纪案件共 9 宗，其中党内警告处分 8 人，留党察看一年处分 1 人。

（杜永莲）

附：县直工委领导班子成员名单

书　记：陈良伙
副书记、纪委书记：潘伟洪（—2014. 12）
　　　　　　　　　王海涛（2014. 12—）

老干部工作

【概况】 县委老干部局隶属于县委组织部，属县委主管离休干部和宏观管理退休干部工作的职能部门。2014 年，老干部局认真落实离休干部“两个待遇”，真心实意为老干部服务。开展党的群众路线教育实践活动。严格按照上级要求纠“四风”，建章立制，改进工作。全县有离休干部 40 人，平均年龄 85 岁。年末，该局有在职干部职工 7 人（含 1 名借调人员）。

11 月，原县长盘才万被中共中央组织部授予“全国离退休干部先进个人”荣誉称号。

【组织老干部学习活动】 每月中旬组织老干部开展政治理论学习，内容有中共十八大、十八届三中、四中全会及全国“两会”精神、新党章、邓小平理论、“三个代表”重要思想、科学发展观、国际国内形势，中央、省、市、县有关群众路线教育实践活动和反腐败会议文件精神等。

强化老干部大学建设。办好书法班、电脑班、舞蹈班、音乐班和剪纸班，招收学员220人。利用“一团三组”（即红叶艺术团、歌唱组、舞蹈组、书法组），元旦、春节和重阳节（又称“老人节”）期间，组织老干部开展棋牌、书法、球赛、音乐、歌舞、剪纸等活动。6月13日，组织老干部参加县举办的“百歌颂中华、群众歌会”比赛，并荣获二等奖。9月27日，精心组织老干部大学200多名学员在县政府会场举行主题为“重阳梦幸福秀”联欢会。10月13日，组织100多名退休老干部聆听“南粤幸福活动周——幸福大家谈”公益讲座。

【政治待遇落实】 为离休干部和原县“四套”班子老领导人手订阅1份《秋光》《老年日报》《南方日报》或《韶关日报》等报纸杂志。向离休老干部通报全县经济和社会发展情况，倾听老干部对县各项事业发展的意见和建议；原县“四套”班子老领导列席县党代会、人代会和县委全会。

【生活待遇落实】 离休干部“两费”保障机制健全。行政机关单位的离休干部离休费由县财政统发，企业单位离休干部离休费由社保统发。从1月起，按政策增加离休人员离休费：县处级65元、科级以下50元，生活补贴人均200元。抗日战争时期参加革命工作的离休干部护理费由原每人每月400元提高到1200元；解放战争时期参加革命工作的离休干部护理费由原每人每月250元提高到600元；因瘫痪等原因生活长期完全不能自理的离休干部护理费标准由原每人每月600元提高到2000元。全县机关和企业离休干部的医疗费按规定全部实行每月实报实销1次，不拖欠。兑现“健康节约奖”和送奖金、奖品到老干部家，了解老干部的家庭生活和身体状况，尽心尽力为老干部办实事好事。对住院治疗和有特殊困难的老干部，到医院或上门慰问。坚持落实日常走访、节日慰问、生日祝寿、住院探望、逝世送葬等制度。

【扶贫济困工作】 帮助支持挂扶点大桥镇开展计划生育工作，给予资金6000元；帮助支持挂扶点大桥镇青溪洞村薄弱村整治工作，给予资金1万元。局干部职工先后参加县帮扶救灾、贫困党员募捐等活动。（秦彩金）

附：县委老干部局领导班子成员名单

局　长：赵群英

副局长：谢建华

　　　　潘玲娟

县关工委工作

【概况】 2000年12月，乳源瑶族自治县关心下一代工作委员会（以下简称“县关工委”）经县委批准成立。2014年，县关工委围绕中心，以关爱、教育、培养青少年为己任，积极作为，发挥“五老”的优势和作用，深入调研，着力提升工作水平；强队伍，树形象，推进关工委自身建设，一系列工作都取得明显的成效。年末在编人数2人。

【关工委基层机构建设】 2014年，调整县关工委组成人员29人。建立、健全县直机关10个单位和9个镇基层关工委组织，其中：县直机关10个单位关工委组织成员106人，9个镇关工委组织成员75人，3个非公有制企业关工委组织成员25人。县直机关单位关工委主任由党委书记担任，镇关工委主任由镇委副书记担任，非公有制企业关工委主任由企业领导担任。新建立非公企业建立关工组织7家。

【关工委工作会议】 4月1日，乳源召开2014年关工委工作会议。县委副书记、关工委主任伍文，副县长梁丽娟及县关工委主要成员和部分乡镇、企事业单位负责人参加会议。会议传达中央、省、市领导对关工委工作的批示精神，通报全县2013年度关工委各项工作，安排部署2014年关工委工作任务。会议表彰2013年“五好”（领导班子建设好、骨干队伍作用好、制度健全执行好、活动经常效果好、积极探索创新好）基层关工委先进集体和农村创业青年示范户。

伍文提出要求：一要深刻认识新形势下做好关工委工作的重要意义；二要加强青少年道德文明建设，做好新型青年农民创业培训，继续推进关爱工程，让弱势群体、特殊群体得到温暖；三要积极营造新形势下关工委开展工作的良好环境，要切实加强领导，坚持齐抓共管，努力多办实事，营造良好氛围。

【开展创建“五好”关工委工作】 根据中、省、市关工委有关创建“五好”关工委的要求，县关工委制订完成“基层创建五好关工委”工作计划。县委组织部下发《全县基层关工委开展创建“五好”关工委活动实施方案》。县关工委组织驻会人员检查基层关工委落实创建“五好”工作开展情况，召开交流座谈会。

【基层调研工作】 2014 年，由县关工委执行主任盘才万先后到一六镇中小学、民族实验学校、粤北竹鼠生态养殖场、大桥镇、东坪镇梯下井面村（于玉娟的《桂花香家庭农场》）、红云中冲村委等基层一线开展调研工作。

【关爱工程】 县关工委争取省、市关工委和社会各界热心人士的支持，2014 年共筹集资金 7.2 万元，资助大学贫困生 4 名、高中贫困生 12 名。实施捐助各中小学开展“六一”儿童节活动和筹办韶关市关工委艺术团在乳源一小的爱心演出活动，参加中小学教育环境综合治理工作，协助广州市海珠区志愿者行动指导中心、海珠区志愿者协会、志愿驿站——广百新一城站在东坪镇中心小学联合开展的“心连心献爱心亲历扶贫志愿行”扶贫捐助活动，捐助衣物、体育器材、书籍等折合金额 4 万多元，受益学生 90 多人。

【资料信息】 县关工委办公室完成汇编《乳源瑶族自治县基层关工委工作手册》，发至各级有关领导和各基层关工组织学习及留存。完成编印《乳源简讯》，反映县关工委工作动态，推动做好创建“五好”关工委工作。（赵雄英）

党校工作

【概况】 2014 年，县委党校坚持以邓小平理论、“三个代表”重要思想和科学发展观为指导，以学习贯彻中共十八大、十八届三中、四中全会以及习近平总书记系列讲话精神为主线，深入开展党的群众路线教育实践活动，贯彻落实《中国共产党党校工作条例》，依照县委、县政府工作部署和深化改革工作，完成年度干部教育培训和理论学习宣传教育各项任务。宣传报道、电大教学管理、队伍建设和学校安全等有关工作，正常开展。广播电视大学招生、教学、毕业班等管理工作得到创新。年末，县委党校在职人数 18 人（含电大）。

【师资队伍建设】 县委党校加强教学教研管理，严格执行教案审查、集体备课、说课、试讲等制度，落实教师教研任务，力求把教师“最优秀的产品”传授给学员。组织说课，落实教师说课和心得交流，完成组织实施公务员培训工作。采取分任务，压担子，培养教师成长，教师综合素质提升。

【干部培训工作】 落实县委、县政府“关于 2014 年干部培训计划”要求，强化教学、狠抓管理，培训质量与宣讲效果有新突破。2014 年，举办全县中青年领导干部、公务员初任、新时期公务员职业道德建设、建党对象积极分子等培训班 17 期，共培训党员、干部 2248 人次。12 月，参加县宣讲团到乡镇、企业单位宣讲“中共十八届四中全会”精神 12 次，宣讲工作取得较好社会效果。

【新一轮“扶贫双到”】 根据县的统一分工安排，2014 年县委党校挂扶东坪镇龙南村委、乳城镇河北村委，1 名分管副校长带队负责。工作组关注民生问题，扶贫开发调研工作得到落实。

【党风廉政建设工作】 2014 年，县委党校贯彻落实习近平总书记系列讲话精神，围绕“为民、务实、清廉”的主题，按照“照镜子、正衣冠、洗洗澡、治治病”总体要求，深入开展党的群众路线教育实践活动，坚持标本兼治、综合治理、惩防并举、注重预防的工作方法，健全各项规章制度，党风廉政建设得到加强，学校教育行风建设和教育改革持续健康发展，廉政建设工作落到实处。

【电大工作】 加强教师管理，有效实施招生工作。完成修订《绩效考评发放方案》和教师考评标准，各项指标量化，确定综合考评为教师评岗评先的主要依据。完成春、秋两季招收新生共295人，其中开放教育本科110人，专科185人；办理学员学籍异动11人，课程注册117科次，办理毕业文凭205人；9名县电大教师和外聘5名市各大专院校面授辅导教师担任教学工作；完成117门课程面授辅导和网上阅卷工作。经韶关市电大上网学习抽查，乳源电大学员上网学习排名全市前列。学年有220名学员220篇论文通过省、市电大终审，上学年通过215篇，合格率为98%。通过由省、市电大组织进行答辩本科终审论文75篇。2014年本科学员144科次取得较好成绩，136科次合格，合格率为95%。10月，县电大获得中央电大奖学金学员1名。2014年底完成电大法律、行政管理、会计、学前教育等4个专业2015年度的招生计划申报工作。

（邓永银）

附：县委党校领导班子成员名单

校　长：伍　文

常务副校长：俞振炜

副校长：曾耀宗

　　　　李寿营

　　　　张明城

乳源瑶族自治县人民代表大会

综　　述

2014年，县人大常委会坚持以科学发展观为统领，认真学习贯彻中共十八届三中、四中全会精神，切实行使宪法和法律赋予的各项职权，发挥地方国家权力机关的职能作用，召开常委会会议6次，听取和审议专项工作报告11项，开展视察、调研和执法检查15次，作出决议、决定3项，依法任免国家机关工作人员43人次。较好地完成县委中心工作任务，确保县十一届人大四次会议确定的各项目标任务顺利完成，各项工作取得新进展，为推进乳源经济社会改革发展、民主法制建设和依法治县进程，促进经济社会和各项事业平稳发展发挥重要作用。

重　要　会　议

【县十一届人大四次会议】　2月25日，县十一届人大四次会议在县城召开。出席大会代表161人。会议听取和审议并表决通过县长邓志聪所做的乳源瑶族自治县人民政府工作报告、县人大常委会常务副主任马福德所做的县人大常委会工作报告、县人民法院院长蓝韶东所做的县人民法院工作报告、县人民检察院检察长袁瑞刚所做的县人民检察院工作报告。审议并表决通过县2013年国民经济和社会发展计划执行情况与2014年国民经济和社会发展计划草案的报告以及县2013年财政预算执行情况和2014年预算草案的报告。

会议依法补选出马永安、刘晓、林光平、赵婵媛为乳源瑶族自治县第十一届人民代表大会常务委员会委员。

【组团参加韶关市第十三届人大三次会议】　韶关市第十三届人大四次会议于2014年2月17—21日在韶关举行，乳源代表团24名代表出席会议，吴春腾任乳源代表团团长。该团代表以高度的政治责任心和使命感，就韶关市人民政府工作报告、市人大常委会工作报告、市人民法院工作报告、市人民检察院工作报告、市2013年国民经济和社会发展计划执行情况及2014年计划草案报告、市2013年财政预算执行情况和2014年财政预算草案报告等六大报告提出审议意见，围绕全力实施工业强市战略，加快中心城市建设、大力支持县域经济发展，加大民族和生态发展地区资金扶持和森林资源保护力度等问题展开讨论。代表依法履行职责，联合提出意见建议5条。

【县人大常委会会议】　2014年，县十届人大常委会召开6次常委会会议，召开主任会议12次。听取和审议县政府关于县2013年财政预算执行和其他财政收支的审计工作报告、县政府关于2014年上半年财政预算执行情况的汇报、“一府两院”工作报告13个，听取县政府关于县人民代表大会代表议案、建议和意见办理情况汇报。听取和审议县人民政府关于2014年国民经济和社会发展计划执行情况报告、县人民政府关于2014年财政预算执行情况报告。审议决定人事任免事项。

主　要　工　作

【监督工作】　2014年，县人大常委会听取“一府两院”专项工作报告11项，开展视察、调研和执法检查15次，作出决议、决定3项，提出审议意见21条，开展规范性文件的备案审查。2月，组织代表开展县重点项目建设情况视察，加强常委会领导联系重点项目建设的督促检查，督促有关部门和单位加快项目建设进度，加大支持和衔接力度，抓好各项工作的落实。5月，开展封山育林议案实施情况、扶贫“双到”等专题调研，建议有关部门采取有效措施，加快推进各项工作。9月，听取和审议县政府全面深化改革工作报告，建议县政府加强组织保障，抓好行政、经济、社会、文化、生态文明等体制改革，确保县委部署的各项改革任务的顺利完成。10月，组织县人大代表参加法院“百庭观摩”“执行听证”活动和人民检察院“阳光检务”活动。12月，组织人大代表考察县看守所和拘留所，加强乳源“两所”法治文化建设取得成绩的宣传，促进“两所”强化监管、提高管理水平。

【国家机关工作人员人事任免】 2014年，县人大常委会坚持党管干部的原则与人大依法任免和监督相结合，严格按法定程序办事，规范人事任免程序，行使人大人事任免职权，坚持实行任前法律知识考试制度，依法任免国家机关工作人员43名。

【代表工作】 坚持走访代表制度和邀请代表列席常委会、参与视察调研等活动的制度，引导代表参加经济建设，管理社会事务。举办县人大代表履职学习班，提高代表理论素养和业务能力。抓好县人大常委会领导走访县人大代表工作，及时掌握代表情况，帮助代表解决困难。

加强乡镇人大代表联络室规范化建设，建立健全代表轮值接访、走访选民等制度，充分发挥镇人大代表联络室在人大代表学习培训、联系选民、履行职责、为民服务等方面的作用。

抓好县十一届人大四次会议期间和驻乳源的韶关市十三届人大代表出席市人代会的各项服务工作，提升代表履职服务保障水平。

采取有效措施，切实加大代表议案意见建议的督办力度，重点建议分别由县人大常委会副主任负责督办。县十一届人大四次会议共收到代表提出的意见、建议11件，截至12月31日，县十一届人大四次会议代表意见和建议全部办理答复，代表对办理情况的满意和基本满意率达100%。

11月，全国瑶族自治县人大常委会第十三次联系会在广西壮族自治区龙胜各族自治县举行，县人大常委会组织代表团参加，会议探讨民族自治地区县级人大及其常委会如何加强和规范立法工作，提高民族立法的质量和水平，弘扬瑶族文化，打造旅游精品，推动民族特色旅游发展等方面的问题。乳源代表团向大会提交题为《强力推动生态旅游与民族旅游相结合建设美丽乳源》的论文，获得与会人员的一致好评。

【依法治理工作】 6月，乳源被省人大常委会列入贯彻落实《广东省信访条例》运用法治方式解决信访突出问题10个试点县（区）之一。县人大常委会严格按照试点工作要求，结合乳源实际，不断创新工作方法，突出抓好“畅通信访渠道、推进诉访分离、强化责任落实、维护信访正常秩序”四个方面的工作，取得明显成效，有效维护社会稳定，促进经济社会发展。

【宣传工作】 加强人大宣传和信息化建设，建立健全县人大宣传和信息员队伍。利用县内外新闻媒体，加强对人大制度、人大会议、代表活动的宣传。2014年，出版《乳源人大》简报3期，发表在各级媒体人大理论文章15篇、发布人大新闻32条。

【信访工作】 认真贯彻落实全国、省、市人大信访工作会议精神，围绕中心、服务大局，探索新时期人大信访工作新思路、新方法，帮助解决群众的实际问题，服务于县人大常委会履行职权、保障人民群众的合法权益、维护法律尊严和维护社会稳定以及促进改革开放经济发展。2014年，受理群众来信来访35件，其中来信9件，来访24宗103人次，省市人大转办9件。督办个案11宗，社会矛盾得到有效化解，社会和谐稳定得到持续维护。

【自身建设】 2月始，县人大常委会党组和机关党支部根据中央、省委要求和市委、县委的统一部署，按照“照镜子、正衣冠、洗洗澡、治治病”的总要求，认真查摆“四风”方面存在的突出问题，提出解决对策，制定整改方案，切实转变机关工作作风，提高机关工作实效，并通过建章立制，形成践行党的群众路线长效机制，确保教育实践活动取得实效。认真落实县委新一轮扶贫开发“双到”工作任务，落实扶贫资金，帮助农户脱贫致富。严格执行廉洁从政各项规定，坚决杜绝奢侈浪费。

（冯春润）

县人大常委会主任、副主任成员名单

主　任：吴春腾

副主任：马福德

许尔华

朱均玉

李荣贵

赵　雷

邱　波

乳源瑶族自治县人民政府

综 述

2014 年，县人民政府以中共十八大和中共十八届三中全会精神为指导，深入开展党的群众路线教育实践活动，围绕全面深化改革主题，持续实施“生态立县、工业强县、农业稳县、旅游旺县、科教兴县”发展战略，强力推进“生态保护、绿色工业、生态农业、特色旅游、生态人居、生态文化”六大工程，有效应对经济社会发展的各种挑战和重大考验，较好完成县第十一届人民代表大会第四次会议确定的社会经济发展各项目标，社会建设成效显著。

2014 年，乳源瑶族自治县第四次被国务院授予“全国民族团结进步模范集体”荣誉称号。

重 要 会 议

【县政府常务会议】 县政府召开 9 次常务会议，审议讨论内容有《杨溪河必背镇段河道疏浚整治工程实施方案》《乳源瑶族自治县机关事业单位工作人员调配管理办法（试行）》《乳源瑶族自治县建设工程项目优化审批流程方案（试行）》《乳源瑶族自治县基本农田保护经济补偿省级补助资金发放方案》《政府工作报告（讨论稿）》《乳源瑶族自治县政策性水稻、玉米种植保险实施方案》《乳源瑶族自治县人民政府 2014 年工作要点》《乳源瑶族自治县“中华亲情林”项目建设投资总体方案》《乳源瑶族自治县 2014 年火烧迹地植被恢复工程实施方案》《乳源瑶族自治县信贷投放考评奖励办法（试行）》《乳源瑶族自治县企业纳税大户奖励办法》《乳源瑶族自治县商事登记制度改革方案》《乳源瑶族自治县“三旧”改造项目房屋征收补偿标准方案（修订稿）》《关于进一步促进乳源瑶族自治县建筑业加快发展的实施意见》《关于乳源瑶族自治县兴邦生态旅游开发区规划筹建方案》《乳源瑶族自治县 2014 年高标准基本农田建设实施方案》《文昌公园 LED 显示屏建设合作方案》《乳源瑶族自治县扶贫开发整合行业涉农资金工作实施方案》《乳源瑶族自治县困难国有企业历年社会保险欠费清缴工作实施方案》《乳源瑶族自治县加快发展规模以上和外贸外资工业企业实施方案（试行）》《乳源瑶族自治县人民政府 2014 年决定保留的行政审批项目目录》《乳源瑶族自治县人民政府决定取消调整和下放管理层级的行政审批项目目录》《乳源瑶族自治县人民政府领导班子党的群众路线教育实践活动专题民主生活会方案》《乳源瑶族自治县创建国家农村职业教育和成人教育示范县实施方案》《乳源瑶族自治县规范建设用地规划管理以及历史遗留问题处理意见》《乳源瑶族自治县县城周边区域景观林区建设实施意见》《乳源瑶族自治县县城周边区域景观林区建设实施方案（2014—2025）》《2014 年广东省（韶关·乳源环南水湖）自行车公开赛实施方案》《乳源瑶族自治县公共资源交易目录》《乳源瑶族自治县加快经济开发区（产业园区）建设发展的决定》《乳源瑶族自治县人民政府党组党的群众路线教育实践活动整改方案》《乳源瑶族自治县“十三五”规划编制工作方案》《乳源瑶族自治县民族实验学校奖教奖学方案（试行）》《乳源瑶族自治县创建义务教育发展基本均衡县工作实施方案》《乳源瑶族自治县 2015 年国民经济和社会发展计划安排意见》《乳源瑶族自治县森林（湿地）公园规划设计项目实施方案》以及完善县城生活垃圾卫生填埋场相关配套设施、对怡乐居（安居新村）二、三期工程进行竣工验收、配备社会救助等民政业务服务人员、调整县高级中学、乳源中学、中等职业技术学校住宿费、县行政机关规范性文件清理、天井山林场水库移民棚户区

（危旧房）改造、县城鹰峰东路（原垃圾中转站）片区“三旧”改造、提高乳源60年代初期精减下放职业制民警生活救济标准、中小河流综合治理工程建设、东平山正觉寺重建、县机关幼儿园整体搬迁建设用地划拨等问题。

【县政府工作会议】 县政府召开23次工作会议。审议讨论内容：云门寺佛教文化生态保护区征地拆迁、云门寺生态保护区建设、南水水库外迁移民生态公益林补偿金分配、城乡建设用地增减挂钩（大布矿山）项目、房地产行业、“8·16”洪灾必背、游溪安置点建设、推进深化林权制度改革和森林资源管理、大桥镇、桂头镇污水处理厂建设工作、大桥镇污水处理设施建设、旅游发展总体规划修编、整治违法用地违法、工业污水处理项目建设、扬成铝材项目推进、广东乳源南水湖国家湿地公园建设、杨溪水库移民历史遗留问题协调解决工作。

重 要 政 务

【保持经济较快增长】 全县完成生产总值64.1亿元，增长11.5%，增速位居全市第二。地方财政一般预算收入5亿元，增长15.9%。农民人均纯收入9600元，增长13%。完成固定资产投资55.8亿元，增长23.6%，增幅位居全市第三，其中52个重点项目完成投资30.1亿元。引进项目45个，总投资17.08亿元。实际利用外资2041万美元。新增规上企业20家。东阳光甲烷氯化物、绿之源罐装、扬成铝材等项目建设顺利推进。鸿峰特钢入选省重点帮扶高成长性中小企业名单。工业总产值117.2亿元，增长13.5%。

【加快推进新型城镇化】 实施“三旧”改造项目7个，建成水岸国际二期、嘉乐风景园等一批商住小区，新增商品房789套、10.14万平方米。县城滨江路全线贯通。乳城镇世行贷款建设经济综合开发示范镇项目扎实推进。加强城乡建设管理，依法拆除“两违”建筑1400多平方米。推行“户集中、村收集、镇转运、县处理”的农村生活垃圾处理模式。

【抓好扶贫“双到”工作】 继续推进新一轮扶贫开发“双到”工作，乳源坚持用发展的办法解决贫困问题，以特色产业发展农村经济增加农民收入，以幸福安居示范片区建设为示范带动改善农村落后面貌，全力推进新一轮扶贫开发“双到”工作。截至2014年12月，全县累计投入资金1.57亿元，平均每村507万元。实施村项目629个、户项目14764个。贫困村、贫困户年人均村收入达6778.95元，增长41%。贫困村农民年人均纯收入达8372.74元，增长17%。贫困村集体收入平均每村达到7.4万元。

【全力发展社会事业】 2014年，完成县城区义务教育学校按照就近入学原则实行分片招生，民族实验学校完成改制，鲜明八一希望学校扩容提质项目动工建设。大桥镇通过省教育强镇督导验收，成功申报全省首批国家级农村职业教育和成人教育示范县。12月，妇幼保健院迁入新院，中医院医教中心落成启用。国家人口和计生政策得到落实。“瑶族民歌”入选国家级非物质文化遗产代表性项目名录，瑶族原创音乐《恩情》获省“五个一工程奖”。代表市参加第五届省民运会夺得6金6银5铜。城乡居民基本养老保险、基本医疗保险参保人员分别达6.69万人和15.55万人。整合帮扶资金8500万元，实施扶贫项目367个，建成“两不具备”村庄搬迁户住房465套，改建农村低收入住房困难户住房690套。平安乳源“十大工程”扎实推进，社会秩序和谐稳定。

【加强政府自身建设】 完成新一轮政府机构改革。减少事业单位75个、编制209名。取消行政审批事项231项。国有企业、财税管理、商事登记和教育、文化、卫生等改革稳步推进，农村集体“三资”管理、项目征地等工作得到进一步规范。筹资1600多万元，建成以网上办事大厅为龙头，集行政服务中心、公共资源交易中心和效能监察系统于一体的综合性政务服务平台，办理各类审批和服务事项11万多件。严格落实中央八项规定，以县政府名义召开的全县性会议减少9.8%，压缩县级“三公”经费51.5%，清理超标办公用房3207平方米。

重 要 决 策

【全面推进深化改革】 贯彻中共十八届三中全会精神，全面推进经济体制、政治体制、文化体制、社会体制、生态文明体制和党的建设制度改革，出台实施《乳源瑶族自治县关于全面深化改革的实施方案》，重点实现突破11个领域改革任务。

【规范“三旧”改造工作】 出台实施《乳源瑶族自治县“三旧”改造工作实施意见》（简称《实施意见》），《实施意见》内容明确的“三旧”改造基本原则、工作机制、改造范围、工作程序和政策保障等。推进旧城镇、旧厂房、旧村庄改造工作，实现建设用地二次高效开发利用。

【优化建设工程项目审批流程】 出台实施《乳源瑶族自治县建设工程项目优化审批流程试行方案》（简称《方案》），《方案》内容明确建设工程项目的实施范围、改革方式、审批流程及办结时限等。2014年，乳源建设工程项目投资发展环境得到优化，审批效率提高，经济快速增长。

【加快推进政务服务体系建设】 出台实施《乳源瑶族自治县加快推进政务服务体系建设的实施方案（修订稿）》（简称《实施方案》），《实施方案》明确加快推进政务服务体系建设的总体目标、管理体制和机构框架、改革重点、实施步骤等。深化公共服务体制改革，全县行政效能提高，规范化服务型政府建设全面推进，搭建方便基层群众、服务优质高效的行政审批和公共服务办事平台得到实施。

【培育新型农业经营主体】 出台实施《乳源瑶族自治县培育新型农业经营主体加快推进农业产业化发展的工作意见》（简称《工作意见》），《工作意见》内容明确农业产业化的发展目标、扶持政策和申报办法。新型农业经营主体的培育工作进一步加强，全县农业产业化发展水平得到提高。

【促进建筑业发展】 2014年，出台实施《关于进一步促进乳源瑶族自治县建筑业发展的实施意见》（简称《实施意见》），《实施意见》纲要明确：扶持建筑企业做大做强，促进建筑企业带动全县经济社会发展。《实施意见》内容明确要求：县域建筑业做到健康快速发展、产业结构优化、综合实力和竞争力有效提升。

【加快发展规模以上工业企业和外贸外资企业】 出台实施《乳源瑶族自治县加快发展规模以上工业企业和外贸外资企业工作实施方案（试行）》（简称《实施方案》），《实施方案》内容明确：加快培育规上企业措施、促进规上企业发展措施、推动外贸、外资企业发展措施，规模以上工业企业和外贸外资企业加快发展，工业经济发展实力切实增强，有效推动全县工业经济又好又快发展。

【加快开发区（产业园区）建设发展】 出台实施《乳源瑶族自治县人民政府关于加快广东乳源经济开发区（产业园区）建设发展的决定》（简称《决定》），《决定》内容明确指出：利用东莞市长安镇对口帮扶机遇，提升园区工业承载能力，壮大县域工业经济，县经济开发区（产业园区）投资环境进一步优化。

【加强政务服务体系建设工作责任追究】 出台实施《乳源瑶族自治县政务服务体系建设工作责任追究办法（试行）》，全县政务服务水平有效提升，行政审批工作得到高效运行。

【规范政务督查工作】 出台实施《乳源瑶族自治县人民政府政务督查工作暂行办法》（简称《暂行办法》），《暂行办法》内容明确政务的督查范围、督查程序、督查方式和督查制度等，确保全县政令畅通，政府机关工作作风得到改进。

重 大 活 动

【党的群众路线教育实践活动】 2014年，县政府深入开展以为民务实清廉为主要内容的“党的群众路线教育实践活动”，围绕“为民、务实、清廉”主题，按照“照镜子、正衣冠、洗洗澡、治治病”

的总要求，落实部署和进一步实施活动。全县9个镇、23个政府部门参加活动，严格落实中央八项规定，单位、个人梳理出问题1152条，并得到整改。整改政府领导班子“四风”问题14个。接受人大、政协和社会监督，办理人大代表建议33件、政协委员提案7件，处理网络问政、民生热线反映问题922个。

【“源水居杯”首届千人徒步健身比赛】 5月1日，“源水居杯”首届千人徒步健身比赛活动在源水居接待中心启幕。该次活动由乳源瑶族自治县人民政府主办，县文体旅游局、团县委筹办。活动主题为“缤纷乐活，低碳人生”，旨在增强广大人民健身意识，提高全民身体素质，推动《全民健身条例》深入实施。县领导梁丽娟参加活动开幕式并致辞。比赛活动共吸引900多人参加。

【首届广场健身舞比赛】 8月8日，由县人民政府主办的“2014年县广场健身舞大赛”在县体育馆举行。参赛队共18个350人。出席开幕式的领导有县委常委、县委办主任许益云，县人大常委会副主任朱均玉，副县长梁丽娟，县政协副主席刘宏美以及文体旅游局负责人。该次广场健身舞比赛是贯彻落实《全民健身条例》和引导调动全民参与健身、践行群众路线教育的活动，是深入群众接地气、解决联系群众“最后1公里”的一项重大举措之一。

【首届温泉养生旅游文化节】 11月20日，由韶关市人民政府、广东省旅游协会指导，韶关市旅游局、乳源瑶族自治县人民政府联合主办，广东省温泉行业协会、县文体旅游局、乳源丽宫温泉承办的“2014韶关首届温泉养生旅游文化节”在乳源丽宫温泉正式启动。此次活动为2014年韶关金秋旅游嘉年华系列活动之一。

【农特产品展示展销推介会】 11月21日，乳源在滨江路紫金苑旁举办第三届农特产品展示展销推介会，县委书记吴春腾宣布推介会开幕，县长邓志聪致开幕辞。推介会共设80个展位，荟萃300多种名、优、特农产品，汇聚乳源名优特农产品和集结韶关市各县（市）、区的优质农产品，搭建、展示韶关地区和乳源的名优特农产品平台。县领导费玉海、马福德、李荣贵、陈松海等出席开幕仪式。

【环南水湖自行车公开赛】 11月22日，广东省（韶关·乳源）环南水湖第二届自行车公开赛在乳源瑶族自治县举行，报名参赛选手有来自俄罗斯、美国、哥伦比亚、比利时等国家和中国香港特别行政区、中国台湾以及湖南省、江西省的自行车爱好者共500多名，比赛全长83公里，分为公开组、成人组和女子组进行分组竞速，增设的体验组与国际职业自行车选手同道竞速。哈泳雅中国车队队员霍海兵以2小时24分39秒的成绩夺得公开组冠军。简志航、朱晓云分获成人组和女子组第一名。

【瑶族“十月朝”旅游文化节】 11月22日，乳源瑶族自治县举行瑶族“十月朝”旅游文化节，来自县外的宾客及县内瑶汉群众共1.2万人相聚乳源。活动内容有韶关（乳源）旅游美食文化节、瑶区农民运动会、瑶绣艺术节、瑶乡旅游风光风情摄影作品展、瑶族群众文艺会演等项目。

（曹建新、丘国全、张细林、吴文君、侯远林）

乳源瑶族自治县人民政府县长、副县长领导成员名单

县　长：邓志聪
常务副县长：林昌卫
副县长：陈耀宇
连　卫
梁丽娟
林　军
李明华

县政府办工作

【概况】 根据中共乳源瑶族自治县委、乳源瑶族自治县人民政府《关于印发乳源瑶族自治县人民政府职能转变和机构改革方案的通知》，2014年8月

25日，由县委办公室合署办公分出，设立乳源瑶族自治县人民政府办公室，挂县外事侨务和台湾工作局、县法制局、县人民防空办公室牌子，为县人民政府工作部门。内设秘书股、综合股、调研股、信息股、督办股和县应急管理办公室（应急指挥中心）等6个职能股室。县政府办公室（县外事侨务和台湾工作局、县法制局、县人民防空办公室）机关行政编制21名。其中：主任1名、副主任3名，县应急管理办公室主任1名，股长5名。后勤服务人员数4名。

2014年，县政府办坚持以中共十八大及中共十八届三中全会精神为指导，围绕县委、县政府的中心工作和重要决策部署，正确履行职能职责，圆满完成各项工作任务，为促进全县经济和社会各项事业平稳有序发展做出重要的贡献。

【秘书工作】 牢固树立效率意识和质量意识，严格遵循办事、办文、办会程序，及时准确、保质保量完成文件上传下达、会议通知筹备、文稿撰写审核等各项工作。2014年，完成办理、通知各类会议431个，转发领导批示434件，印发文件539份，通过OA系统发送文件991份，接收文件2926份。完成1000多份政府和办公室文件、400多份工作总结、汇报材料、领导讲话稿的撰写、上报工作，高标准、高质量完成县长邓志聪代表县人民政府在县十一届人大四次会议上所做的政府工作报告、县委十一届六次全会县长讲话材料和全县重要会议材料的撰写任务。发挥办公室“窗口”作用。耐心细致做好群众来信来访，及时收集和整理网络信访，处理网络问政、民生热线反映问题922个。

【政务调研信息】 围绕县政府中心工作、领导关注的焦点和全县经济社会的难点问题，撰写《瑶族乡镇经济社会发展情况调研》《坚持执政为民，建设阳光政务》等调研材料10多篇。优化电子政务统一平台服务功能，在网上办事大厅办事栏目新增建设工程并联审批、便民服务、个人网页、企业网页、农村集体资源资产交易、公共资源交易等栏目；建成覆盖全县9个镇、102个村的网上办事服务站，网上办事县、镇、村三级联动一体化形成，首批9个镇45项服务事项、37个县直及上级直管单位585项审批和服务事项目录顺利进驻网上办事大厅。积极参与乳源微博平台信息发送，报送信息24篇到市政府信息科，在县政府公众信息网动态及其他栏目发布信息1818篇、图片1090张、通知公告388条，上传《乳源新闻》视频365期。

【督办工作】 坚持围绕中心、服务群众，围绕上级督办事项和领导批示开展督办工作。按照2014年督查工作要点，与县委联合开展各项督查活动14次，受理并回复网络问政事项833件。重点对县政府承诺2014年办好8件实事、好事等工作进展情况进行督办，制定落实情况进度表，督查相关单位落实责任。

【应急管理】 开展应急演练，修订《乳源瑶族自治县突发环境事件应急预案》《环境空气重污染应急预案》《乳源瑶族自治县突发安全生产事故总体应急救援预案》等应急专项预案。10月12日，举办应急管理干部专题培训班，邀请广东省应急管理专家开展专题授课。12月10日，乳源在东阳光电化厂举行危险化学品事故应急演练。根据安全生产月等相关工作部署，开展形式多样的培训和宣传活动，提高业务人员应急业务水平和普及干部群众应急处置知识。妥善处置桂头镇发生煤气中毒、京港澳高速公路旅游大巴追尾、农药运输车辆侧翻造成农药洒落、配合搜救落水失踪户外活动人员等事故，确保社会和谐稳定和人民群众的生命财产安全。完善应急设施，建设村级便民服务站视频监控系统，设立观音山公园、体育馆、文昌塔公园等多个应急避难场所。

【法制服务】 县法制局积极发挥参谋作用，就县政府签订的建设项目合同、重大投资建设项目的合法性进行把关，为领导决策提供依据。加强行政执法管理监督，督促全县行政执法主体部门规范行政执法，新办、换发行政执法证179件，作废行政执法证6件。依法开展行政复议和应诉工作。受理行政复议案件5件，办理2013年结转行政复议案件1件，审结5件。办理涉及县政府的行政应诉案件5件，全部胜诉。办理人大议案、代表建议和政协提案，全年共办理人大议案1件、代表建议32件、政协提案7件。

【金融服务】 加强对德杰小额贷款公司的监管，完成小贷公司监管自评工作，召开政银企金融联席会议，搭建融资平台，帮助12家涉农企业和农户取得银行贷款5560万元，促进政银企三方共赢发展。继续完善金融机构贷款考核激励机制和“助保贷”融资管理平台，构建全市首个农村金融教育体系。

【帮扶工作】 制定2014年扶贫开发“双到”工作实施方案，投资49.8453万元完善村道硬底化建设；投资6.54万元建设中心寮排水沟和白糖寮排水涵洞，解决群众的出行难的问题；投资12万元建设中心寮篮球场；鼓励当地发展主导产业，带动农户种植马蹄莲26.67公顷，创收400万元，种植无公害蔬菜近33.33公顷，创收300多万元。

【群众路线教育实践活动】 制定《乳源瑶族自治县人民政府办公室班子党的群众路线教育实践活动整改方案》，紧扣主题，按照活动总要求，认真查摆“四风”方面突出问题并列出整改清单，制定《乳源瑶族自治县人民政府办公室班子党的群众路线教育实践活动整改方案》《关于整治经费开支浪费专项行动方案》《关于整治考勤不规范专项行动方案》《县政府办整治文山会海专项行动方案》等专项方案。通过整改活动，初步建立起以制度建设统领工作的长效机制，修改完善学习、党建、人员管理和车辆管理等方面8项制度，废止1项，拟新建2项。 （叶招娣）

附：县人民政府办公室领导班子成员名单

主　任：赵　鹏

副主任：陈永汉（—2014.11）

邹卫平

曹军贵

盘伟群

陈毓斌（—2014.12）

齐天伦（—2014.12）

外事侨务和台湾工作

【概况】 2014年县外事侨务对台工作以邓小平理论和“三个代表”重要思想为指导，以科学发展观统领外事侨务对台工作，深入贯彻落实中共十八届三中全会和省、市外事对台工作会议精神，把握县委、县政府稳中求进工作要点，负责对外宣传交流、引进海外捐资投资和先进科技、办理因公出国（境）手续、落实各项侨务政策、维护归侨侨眷合法权益以及对台事务等工作。

【外事往来】 县外事侨务和台湾工作局严格执行因公出国（境）有关规定，实施全县因公出访人员审查申报和管理工作。2014年，受理全县因公出国（境）49批192人次。10月，应广东省外事办邀请，由县委书记吴春腾任团长，率领乳源瑶族歌舞团赴斐济、新西兰、汤加等国家参加“送戏下海”活动。

【海外及港澳台同胞交流】 积极加强对外交流合作，促进乳源与海外、中国港澳台地区在经贸、旅游、教育、文化、医疗等多领域深层次交流合作。引导港澳同胞、海内外热心人士捐资助学、扶贫济困，全年共接受海外捐赠项目23个，捐赠资金287.15万元，县域教育、卫生等事业得到发展。加强侨务政策落实，维护归侨、侨眷的合法权益。节日期间开展对归侨及眷属的慰问。

【对台工作】 积极开展对台交流交往，全力维护台胞台属台商权益，解决台属生产生活中遇到的困难。 （欧永辉）

附：县外事侨务和台湾工作局领导名单

局　长：彭伟英

档案·史志

【概况】 乳源瑶族自治县档案局（以下简称县档案局，挂县史志办牌子），是县政府直属正科级参照公务员管理事业单位，设局长（史志办主任）1名，副局长2名，内设办公室、档案业务指导股、档案管理股、党史股、方志股。2014年，在职人员14人，其中后勤服务人员1人，借调人员1人。

【档案管理】 严格遵守库房的各项规章制度，坚持做好库房温湿度的测量、登记、调节与控制工作。认真落实库房定期巡查和馆藏档案的翻检工作，及时发现和解决异常问题。定期更换杀虫药，检查消防、档案安全保护设备和档案保管情况，做好备案登记，制定有效措施，确保档案实体安全。在档案数字化扫描室安装铁门、防盗网和监控摄像头，实现对档案扫描工作24小时监控，确保扫描室资料库安全。1月，对1902卷城市信用社寄存会计档案进行重新整理、编排档号、更换新档案装具，移至新密集架上存放。12月，返聘1名退休人员加强档案日常管理工作。

【档案调查统计和接收】 开展全县档案调查统计，对全县各单位应移交档案门类进行统计和调查摸底，推进到期档案移交进馆工作，丰富馆藏资料。2014年，县档案馆接收文书档案830卷、3586件，专业档案19卷。

【档案行政执法检查】 7月10日—9月30日，县档案局具有档案行政执法资格的领导及业务骨干组成执法检查组，通过抽查方式对县委办、县委组织部、县委宣传部、县委统战部、县委党校、县文体旅游局、县民宗局、县卫计局、县机关事务管理局、县人力资源和社会保障局、一六镇、游溪镇、大布镇、大桥镇、必背镇、东坪镇的档案工作进行执法检查，未被抽查的单位进行自查，上交自查报告，对存在问题的单位，督促限时整改。

【监督指导和业务培训】 业务指导股工作人员通过电话、网络和现场指导等多种形式，监督指导全县的档案管理工作，协助各单位在6月前完成对2013年度文件资料的立卷归档。做好档案管理软件维护和软件操作指导，实现全部档案目录信息化管理。6月9—20日，组织县直单位和各镇档案工作人员13人参加2014年（第64期）韶关市档案工作人员岗位培训班。学员按教学要求学完相关课程，全部考试合格，获得“韶关市档案工作人员岗位培训证”。8月，安排1名工作人员参加在清远英德市举办的广东省第一次全国可移动文物普查第八期培训班。

【档案资源开发利用】 档案利用。2014年，县档案局接待群众利用档案1300人次，提供档案资料1200卷次，供群众查阅、摘录或拍照，复印资料1200张，为编修县组织史，解决个人退休、转正定级、人口迁移、群众社保和财产分割等民生问题提供依据证明。

档案编研。3月，县档案局（县史志办）编印《乳源瑶族自治县档案工作手册》《乳源瑶族自治县地方综合年鉴编纂工作手册》两本工具书，帮助各单位档案管理员和年鉴撰稿人提高相关业务水平。8月，完成清康熙二年（1663年）《乳源县志》校注工作。

【档案信息化建设】 全县推广和普及宝迪易用档案管理软件。2014年，完成全部进馆文书档案、专门档案、照片档案和实物档案的电子目录输入。录制每天的《乳源新闻》，刻录成DVD光盘，形成71张光盘档案，备份71张。从2月起，聘请1名工作人员专门从事档案数字化扫描工作，全年扫描档案资料550卷90687页。

【陈列室维护工作】 9月，展出1961—2013年国家领导人及省、市重要领导到乳源视察的照片16张，收集乳源瑶族自治县成立至2013年的经济发展数据，丰富陈列室展览内容。

【地方志资料年报工作】 3月，启动乳源瑶族自治县2013年度地方志资料年报和2004—2011年地方志综合资料年报的收集工作。年内有20个单位完成2013年度地方志资料年报的报送任务。

【年鉴工作】 《乳源年鉴》编纂工作。《乳源年鉴》（2014）由中共乳源瑶族自治县委员会、乳源瑶族自治县人民政府联合主办，《乳源年鉴》编纂委员会汇编，县档案局（县史志办）组织实施，全县148个单位和部门参与编纂，编纂内容时限为乳源2013年1月1日—12月31日的自然资源与环境、政治、社会经济、文化等发展情况，编纂工作于3月正式启动。12月，由方志出版社公开出版发行，全书有26篇，61.4万字。3—6月，聘请3名退休干部参与《乳源年鉴》（2014）的组稿编辑工作。

省、市年鉴供稿工作。2014年，县史志办按要求完成《广东年鉴（2014）》《韶关年鉴（2014）》乳源部分的组稿工作。

【《广东地方志纪事》供稿工作】 2014年，县史志办完成《广东地方志纪事》乳源部分的组稿工作。

【地方志信息化工作】 上传《乳源年鉴》（2013）《乳源瑶族自治县档案馆档案查阅指南》《乳源瑶族自治县概况》《乳源瑶族自治县教育志》《乳源瑶族自治县水利志》以及工作动态、热点新闻69条。

【乳源瑶族传统村寨调查】 3月，县史志办向广东省地方志办公室申报《乳源瑶族传统村寨调查》项目，6月获省地方志办批准立项。项目于6月底正式启动，截至12月31日，完成东坪镇瑶族传统村寨历史资料收集和必背镇瑶族村寨照片拍摄工作。12月，聘请1名大学生参与资料收集工作以加快工作进度，聘期两个月。

【党史工作】 2014年，县史志办完成《乳源瑶族自治县党史大事记》（2013）初稿编纂任务。5月，《中国共产党乳源瑶族自治县历史》（1925—1978）正式出版发行，全书23.5万字，历时8年完成。6月，成立《中国共产党乳源瑶族自治县历史》（1979—2002）编纂工作领导机构，启动编纂工作，进入资料收集阶段。

【挂扶工作】 县档案局积极开展帮扶活动，予以东坪镇5000元用于开展计生集中服务活动。

（李德胜）

附：县档案局领导班子成员名单

局　长：赵天林（县史志办主任）

副局长：赵伟荣

　　　　郑绍东

机关事务管理

【概况】 2014年，县机关事务管理局履行职能，全力保障机关正常运转。内设机构有人秘股、财务股、房管股、环境和保卫股等4个股，核定事业编制参公人员15名，年末实有参公人员12人（其中局长1名，副局长3名，副主任科员2名，科员5名，后勤服务人员1人）。管辖县政府车队、机关事务管理局后勤保障服务中心、县政府招待所3个事业单位（其中政府车队6人，后勤保障服务中心6人，政府招待所3人）。

【财务监督与管理】 主动争取财政核拨各项经费，各项经费按时到位。规范财务管理，严格执行财经管理制度，加强各项经费的使用与监督、管理，落实县委、县政府内部办公设备的采购工作。

【规范公务用车管理】 落实党政机关和领导干部公务用车管理规定，实行公务用车费用包干制和廉政用车制，开展党政机关公务用车问题专项治理工作。完成县领导及相关部门工作用车的安全和服务保障。完成县人大、县政协“两会”期间的车辆调配工作。

全年共投入车辆维护维修10811个工时，车辆维修及保养924台次，按工时费计算，节省经费开支30余万元。

【提升后勤保障质量】 公共设施维修与管理。2014年，做好县中心会场、政府家属区、政府大院等公共场所设施的维修。加强对水电设备设施管理，完成消防设施维护保养12次、供排水管道维护检修10次、会场与大院内办公室等相关公共设备设施供电线路维护检修30多次，在县政府大院新增车位50个。安全隐患得到有效预防和排除，政府大院公共设备设施正常运转。

会场会务保障服务。2014年，完成会场会议布置120余场次，后勤服务得到保障。

保洁绿化工作。定期对政府大院内绿化植物进行养管护，落实卫生保洁制度和轮值班制度，明确卫生保洁工作职责范围，大院公共区域实行日（两次）清扫，政府各家属区实行专人包干。

安全保卫管理。加强大院日常管理，严格执行值班制度、夜间巡逻制度、信息上报等制度。全年政府的大院、家属区无发生安全事故。

【加强县政府招待所管理】 2014年，完成县委、县政府下达的各项接待任务，于5月开始，招待所更新和维修相关设施设备，新增服务项目，向各机关单位干部职工提供午餐，解决广大干部的就餐难问题。（肖 娟）

附：县机关事务管理局领导班子成员名单

局　长、党组书记：刘树明

副局长、党组成员：欧远清

邓建中

张纯忠（2014.12—）

行政服务中心

【概况】 乳源瑶族自治县行政服务中心（以下简称“县行政服务中心”）。2014年，按照县委、县政府对中心的工作要求，抓住重点工作，完善实体大厅改造，推进网上办事大厅标准化服务平台建设，推进镇（村）便民服务中心（站）建设，推行标准化管理，推进三项改革，加大行政服务业务培训力度，规范公共资源交易中心运作，提高服务人员素质和业务水平，提高办事效率。各项工作得到顺利开展，取得较大实效。

【完善实体大厅建设】 2014年，完成县行政服务中心1号、2号办事大厅建设并正式投入使用，办事大厅分设交警、国税局、地税局、疾控4个分中心。各办事大厅配备叫号机、终端查询机等，实现视频及语音全程监控。1、2号办事大厅入驻单位共35个，其中：常驻窗口单位21个，综合窗口单位14个。1号大厅入驻有公安局、消防大队、有线电视台、自来水公司、供电局5个部门，共设置16个办事窗口。2号大厅入驻30个单位，其中：常驻窗口单位16个，综合窗口单位14个，共设置38个办事窗口。截至12月底，进驻县行政服务中心的行政审批和社会服务事项共280项，其中：许可事项147项，非许可事项87项，社会事务服务项目46项。截至12月，2014年共受理并办结各类审批事项42286件，办结率100%。

【推进网上办事大厅建设】 按照省、市关于建设网上办事大厅的工作部署，县行政服务中心根据县《网上办事大厅建设工作方案》要求，协同县编办、县信息中心按期完成网上大厅建设分工等各项工作，截至12月，建成覆盖全县的一体化网上办事大厅。2014年，全县9个镇19项服务事项、37个县直及上级直管部门509小项审批和服务事项进驻网上办事大厅，事项进驻率达98.5%以上。实现县、镇、村三级互联互通。网上办事大厅设置有镇村办事站、便民服务、公共资源交易、农村集体资源资产交易、村务公开、党风廉政公开等模块，完善在线申办、业务咨询、结果查询、星级评价、服务投诉等功能。整合原有的业务系统，建成效能监察平台和农村集体“三资”监管信息平台。网上办事大厅乳源分厅受理事项近7708件，办结率100%。

【推进镇（村）便民服务中心（站）建设】 根据《乳源瑶族自治县加快推进政务服务体系建设实施方案》文件要求，县行政服务中心积极推进镇（村）便民服务中心（站）的建设。依托镇级人力资源和社会保障服务中心，建成9个镇的便民服务中心，设置计生户籍、新农保、民政低保、合作医疗、劳动就业服务、林业国土、残联优抚等窗口，镇便民服务中心受理、代办行政审批和社会服务事项有14项。全县覆盖102个村委的村便民服务站和网上办事服务站建成，覆盖率为100%。

【推进行政审批规范化管理】 服务公开标准化。对进驻窗口的行政审批服务事项，印制“一次性告知单”“办事指南”等，明确告知办理事项须提交的材料、办理流程、审批时限、收费依据和收费标准等，实现人员配置和管理标准化。出台“首问责任制”“一次性告知制”“限时办结制”“服务群众代办制”等制度以及《大厅窗口单位及窗口工作人员考核细则》，开展每季度对大厅进驻单位及窗口的督查考评。

【推进政务服务三项改革】 推进政务服务事项“应进必进、非禁即进”改革。对所有具备行政审批、一般业务管理及便民服务事项的单位，统一进驻到各级网上及实体办事大厅办事窗口，办理审批服务事项，做到“应进必进、非禁即进”。

推行行政审批“三集中三到位”改革。三集中为行政审批职能、审批和服务事项、审批人员向行政审批股集中，并成建制进驻行政服务中心办事窗口集中办件。三到位为职能部门审批事项进驻到位、审批授权到位、审批人员到位，确保进驻事项现场办结率达到90%以上。

推行并联审批制度改革。成立并联审批管理办公室，强力推行并联审批制度改革，对涉及两个以上部门的行政审批事项全部实行并联审批，节约审批时间，提高办事效率。

【推进业务培训常态化】 县行政服务中心采取集中授课和现场培训相结合方式，对全县9个镇便民服务中心、102个村便民服务站、38个具有行政审批和公共服务职能部门的分管领导、系统管理员、审批人员开展分期应用能力培训，镇村政务服务人员素质有效提升，镇村政务服务水平得到提高。

【推进公共资源交易中心规范化运作】 县公共资源交易中心整合政府采购、工程招投标、产权交易、国土资源交易和林权交易等5个市场，规范公共资源交易行为，2014年1月24日正式挂牌运作。会同县信息中心推进网上交易平台建设，实现国土资源交易和产权交易全流程网上交易公开。截至12月，公共资源交易中心共成交金额16555.7万元，其中：工程建设项目25项，中标造价共7900.5万元；政府采购项目81宗，交易金额5249.07万元；国土资源交易7宗，交易金额共3082万元；产权交易19宗，交易金额共323.99万元。 （周蜜花）

附：县行政服务中心领导班子成员名单

主　任：陈毓斌

副主任：肖　健

　　　　唐亚坤

中国人民政治协商会议乳源瑶族自治县委员会

综 述

中国人民政治协商会议乳源瑶族自治县委员会（以下简称县政协）。县政协机关工作机构，承担为县政协履行政治协商、民主监督、参政议政职能提供各项服务工作。2014年，县政协坚持以邓小平理论、“三个代表”重要思想和科学发展观为指导，深入学习贯彻习近平总书记系列重要讲话精神，中共十八届三中、四中全会精神，县委十一届四次、五次全会精神，围绕县委、县政府提出的奋斗目标和中心任务，积极履行政治协商、民主监督、参政议政职能，充分发挥人民政协协调关系、汇聚力量、建言献策、服务大局重要作用，为加快生态发展，建设美丽、和谐、幸福乳源做出新贡献。

乳源有第十一届广东省政协委员1人，第十一届韶关市政协委员6人，第九届县政协委员148人。县政协机关编制10名，其中行政编制9名，后勤服务人员事业编制1名；年末行政在职人员9人。

重 要 会 议

【县政协九届四次会议】 2014年2月24—25日在县城召开县政协九届四次会议。九届县政协委员148人，出席会议135人。县政协主席费玉海，副主席陈松海、刘宏美、温则精、吴巧英、邓国雄、释明向出席会议。县委书记、县人大常委会主任吴春腾，县委副书记、县长邓志聪，县委副书记伍文，县人大常委会副主任马福德，县委常委、县政府常务副县长林昌卫，县委常委、县委统战部部长赵志敏，县委常委、县委办主任许益云，原县领导邓中兴、莫瑞福、梁家珍、胡又新、陈莲花、邓运良等到会祝贺。会议听取和审议县政协主席费玉海代表县政协常委会所做的工作报告；听取和审议县政协副主席刘宏美代表县政协常委会所做的提案工作报告；列席县十一届人大四次会议，听取和讨论县政府工作报告；补选县政协九届常委会常委、秘书长；审议通过九届四次会议决议。

会议期间，补选邓雯珍为县政协常委、秘书长。黄联锋、王双陆、朱远娥、李少灵等4位委员就加强林业生态建设、加快旅游产业发展、营造良好发展环境、农业产业园区建设等在大会发言。县委书记、县人大常委会主任吴春腾在闭幕大会上作重要讲话。

【政协常委会议】 2014年，政协常委会先后召开5次会议。

第一次会议。1月16日，召开县政协九届常委会第12次会议。听取县检察院、县法院、县纪委工作情况通报；协商讨论2013年县政府工作报告（征求意见稿）；协商通过县政协九届四次会议议程（草案）、日程（草案）、常委会工作报告（讨论稿）、提案工作报告（讨论稿）；协商通过2013年度优秀提案、承办提案先进单位、优秀政协委员建议名单；协商通过增补九届县政协委员建议名单和安排。

第二次会议。6月4日，召开县政协九届常委会第13次会议。协商通过关于提高镇村便民服务中心（站）服务水平的思考调研报告；协商通过辞去部分九届县政协委员和增补委员相关事宜；通报县政协班子群众路线教育实践活动对照检查材料。

第三次会议。9月19日，召开县政协九届常委会第14次会议。协商通过县瑶医瑶药开发利用情况的调研报告；协商通过县旅游景区开发建设情况视察报告；协商通过南水湖湿地公园建设情况视察报告；通报县政协领导班子整改情况。

第四次会议。12月4日，召开县政协九届常委会第15次会议。听取县纪委2014年党风廉政建设和反腐败工作情况通报；听取县人民法院2014年工作情况通报；听取县人民检察院2014年工作情况通报。

第五次会议。12月30日，召开县政协九届常委会第16次会议。协商通过“三旧”改造工作调研报告；协商通过天然林保护调研报告；协商通过增补九届县政协委员相关事宜。

【民主协商会议】 9月12日，县政府与政协委员召开专题协商会议。县政协主席费玉海主持会议。县委副书记、县长邓志聪到会听取与会人员的意见建议，作重要讲话。副县长陈耀宇、梁丽娟、县政协班子成员出席会议，相关职能部门负责人、民主党派、工青妇团体、民族宗教界代表参加会议。与会人员听取县政协关于“瑶医瑶药开发利用”“旅游景区开发建设”“南水湖湿地公园建设”等调研视察情况介绍，就围绕“瑶医瑶药开发利用”“旅游景区开发建设”“南水湖湿地公园建设”等专题进行广泛、深入的协商讨论，提出许多有价值的意见和建议。

重 要 活 动

【专题议政调研视察】 4月，县政协组织社会和法制委员会调研组就如何提高镇村便民服务中心（站）服务水平开展专题调研。5月，县政协组织部分政协委员就乳源旅游景区开发建设情况开展专题视察。6月下旬，县政协组织民族和宗教委员会委员就如何传承保护好瑶族传统文化，开发利用好瑶医瑶药资源开展专题调研。7月，县政协组织经济委部分委员就加快“三旧”改造步伐开展专题调研；是月，组织部分政协委员就乳源南水湖湿地公园建设情况开展专题视察。11月，县政协组织部分政协委员就乳源天然阔叶林保护情况开展专题调研。

主 要 工 作

【提案办复】 2014年，县政协九届四次会议共收到委员个人提案27件，委员联名提案6件，党派团体提案3件；立案7件，采纳落实4件，跨年续复续办跟踪提案3件。

【文字信息】 截至12月，完成《乳源政协》第10期的出版。

【“三胞联谊”和对外交流】 2014年，县政协坚持“请进来，走出去”等多种方式，加强联谊，扩大交流，争取民心，凝聚力量。以茶话会、座谈会、走访联谊的方式，密切与港澳、珠三角等各界人士联系，加强宣传推介乳源。接待省、市及广西等地兄弟县政协客人40多人次，加强联谊和信息互通，促进毗邻之间友好交流合作，推动区域共同繁荣发展。

【自身建设】 深入开展群众路线教育实践活动，制定完善19项规章制度，并把制度汇编成册，强化规章制度的执行。（侯华吕欢）

县政协秘书长以上领导名单

主　席： 费玉海
副主席： 陈松海
刘宏美
温则精
吴巧英
释明向
邓国雄
秘书长： 邓雯珍（2014.02—）

中共乳源瑶族自治县纪律检查委员会

综　述

按照《关于印发乳源瑶族自治县人民政府职能转变和机构改革方案的通知》和《中共乳源瑶族自治县委办公室关于印发〈中共乳源瑶族自治县纪律检查委员会机关、乳源瑶族自治县监察局主要职责、内设机构和人员编制方案〉的通知》文件精神，县监察和审计局分设为县监察局、县审计局，不再保留县监察和审计局。县纪委机关与县监察局合署办公，实行“两块牌子、一套人马”，内设10个室，另外设7个派驻纪检监察组，委局机关和派驻组合计行政编制50名，后勤服务人员数3名。2014年8月，在职58人，其中委局机关工作人员40人（包括审计专业人员13人），派驻组人员18人；12月，在职44人，其中委局机关工作人员26人，派驻组人员18人。

2014年，县纪委深入学习贯彻党的十八届三中、四中全会和习近平总书记系列重要讲话精神，落实全面从严治党要求，聚焦党风廉政建设中心任务，坚持不懈改进作风，坚定不移惩治腐败，党风廉政建设和反腐败工作取得新进展新成效。

主　要　工　作

【廉政宣传教育】　*党的群众路线教育实践活动。*以党的群众路线教育实践活动为契机，筑牢党员领导干部的思想防线。以“为民务实清廉”为主题，组织125名新任村党支部书记、村委会主任开展听廉政教育课，签廉洁承诺书，集体向群众做出承诺活动。结合医疗卫生系统发生的典型案例，以“拒绝诱惑，永葆白衣纯洁”为主题，对全县医疗卫生系统工作人员进行廉政教育，增强医务工作者的廉洁意识和群众意识。针对当前出现的反腐败终点论、拐点论，结合习近平总书记讲话精神，对中青年干部进行以“反腐正在进行时，作风建设在路上”为主题的廉政教育，教育中青年干部要坚守岗位职责、严于律己。

*纪律教育学习月活动。*以“严明党的纪律，加强作风建设”为题对全县党员领导干部开展主题党课活动；通过自编自演小品、相声、歌伴舞等廉政文艺节目，开展“心连心·共建廉洁乳源”专题文艺会演活动；开展“廉政新规考学”活动，编印廉政新规“口袋书”，供广大党员干部自主学习，组织集中闭卷考试，以考促学；组织全县党员干部观看《韶关市作风建设警示片》；编写本地典型案例，开展典型案例警示教育活动；组织61个县直单位，分18批次开展廉洁读书月活动；对全县拟提拔的19名科级领导干部进行任前廉政法规考试。

【党风廉政建设】　*贯彻执行中央八项规定。*开展整治公款送礼、公款吃喝、“会所腐败”、干部“走读”、党员干部参赌涉赌及“三难”问题等10个专项行动。组织人员在重要节假日期间，在县域范围内的旅游景点、酒店、农庄、学校等公共场所，对公车私用、公款吃喝、工作纪律等情况开展明察暗访29人次，对发现的公车私用、违反工作纪律等行为进行通报批评。组织全县2536名党员干部签订不违规出入私人会所承诺书，查处7起违规借用公务用车问题，处理15名参与赌博的党员及13名走读乡镇干部，查实“门难进、脸难看、事难办”问题2个、处理19人。

*推进廉洁镇村创建。*召开廉洁镇村创建工作推进会，强化经验推广。对各镇即将到期的农村集体经济合同进行登记，为落实集体资产资源公开交易做好前期准备工作。组织9个乡镇的纪委书记观看省纪委村务公开暗访片，针对暗访片反映的村务公开存在的问题进行自查自纠。对全县村务公开民主

管理情况进行明察暗访，将暗访情况在全县范围内进行通报。

落实党风廉政建设责任制。以落实党委主体责任、纪委监督责任为抓手，组织3个考核组，由县委常委带队，对9个镇及6个县直单位落实党风廉政建设责任制情况进行实地考核，其他单位以集中汇报的方式进行考核。对党风廉政建设责任制考核中得分排名末位的单位，要求单位主要负责人向县纪委全会述责述德述廉，接受县纪委委员的现场评议。

【派驻纪检监察组工作】 实行室组协作联动机制，将7个派驻纪检监察组的人、财、物集中到委局机关，进一步充实办案力量。各派驻纪检监察组积极参与党风廉政建设监督检查工作，应邀参加所辖单位党政领导班子会议、领导班子民主生活会及“三重一大”会议，参与所辖单位违纪案件的查办工作。对村（居）两委换届工作进行监督。对县直单位的政风行风评议活动进行督导。全程参与全县党的群众路线教育实践活动的督导工作。

【查处违法违纪案件】 全面加大办案力度，坚持“老虎”“苍蝇”一起打，以“零容忍”态度惩治腐败，坚决遏制腐败蔓延势头。2014年共受理信访举报131件次，比2013年上升32.3%；初核线索77件，比2013年上升140.6%；立案63件，结案63件，比2013年上升173.9%；给予党纪政纪处分67人，比2013年上升116.1%；移送司法机关5人；通过办案挽回直接经济损失181.29万元。认真查处发生在群众身边的腐败问题，共查处农村基层违纪违法案件36件38人。协助市纪委和其他县（市、区）纪委到乳源办案6批33人次。

【纪律检查体制改革】 全面清理县纪委监察局参加的议事协调机构，从原来的84个清理精简至15个，把工程招投标等要素市场的监管、农村集体“三资”管理等工作交还给相关职能部门。在内设机构、行政编制、领导职数总量不变的情况下，增设案件监督管理室和2个纪检监察室，组建干部管理监督室、党风政风监督室，监督执纪机构占内设机构总数的80%。贯彻落实《广东省纪检机关查办腐败案件体制机制改革试点实施方案》，严格执行查办案件向同级党委和上级纪委双报告制度，确保上报线索处置信息的准确性和保密性。注重安全文明办案，建设专用谈话室，为安全办案提供必要的保障。

【干部队伍建设】 积极打造学习型机关，开设“业务讲坛”，全年组织开展专题学习活动10次。选派纪检监察干部参加中央、省、市纪委组织的各类培训班，共选派2批次4名委局干部参加中纪委举办的业务培训班，6批次18名乡镇纪委书记、专职副书记参加全省乡镇（街）纪委书记、副书记轮训班。主办办案专题培训班，对60名镇纪检干部进行培训，有效提升基层纪检干部的履职能力。开展“镇纪委规范化建设年”活动，推进乡镇纪委硬件、软件建设，提升镇纪委建设的规范化、科学化水平。

重　要　会　议

【第十一届纪律检查委员会第四次全体会议】 2月28日，召开中共乳源瑶族自治县第十一届纪律检查委员会第四次全体会议，会议由县委常委、纪委书记张军主持，24名县纪委委员参加会议，不属于县纪委委员的县监察和审计局副局长、镇纪委书记、县直及上级直管单位纪检组长（纪委书记），县纪委各派驻纪检监察组正、副组长，县纪委各室主任列席会议。全会坚决拥护习近平总书记的重要讲话和中共中央政治局常务委员、中央纪委书记王岐山代表中央纪委常委会所做的工作报告，坚决贯彻落实中共十八届中央纪委三次全会、十一届广东省纪委三次全会和十一届韶关市纪委四次全会精神，全会听取县委书记、县人大常委会主任吴春腾的讲话，审议通过张军代表县纪委常委会所作《聚焦主业，改革创新，深入开展党风廉政建设和反腐败斗争》的工作报告。（许双和）

附：县纪律检查委员会领导班子成员名单

书　记：张　军

副书记：谢荣欣

谭延明
常　委：陈文炳
李东生
禤贵香（—2014. 11）
付慧燕
杨志坚（2014. 12—）

监　察　工　作

【概况】 2014年，县监察和审计局围绕县政府中心工作，开展对重大项目、行政执法和效能的监督检查，坚决纠正不正之风。8月，根据《关于印发乳源瑶族自治县人民政府职能转变和机构改革方案的通知》，县监察和审计局分设为县监察局、县审计局。不再保留县监察和审计局，县纪委机关与县监察局合署办公。

【重大项目督查督办】 开展对县政府承诺的8件民心实事好事以及“双强双促”“城乡社区建设”“农村社区建设”等项目资金的管理和使用情况进行监督检查，对检查中发现的问题，下发监察建议书要求相关部门进行整改，并对相关责任人进行问责，确保政令畅通。

【执法效能监察】 推进三级政务服务体系建设。将行政审批和便民服务事项集中入驻行政服务中心大厅，为公众提供“一站式”服务。建立电子监察系统，对办事大厅进行实时远程监察。推行电子政务、网上办事，有585项行政审批和公共服务事项进驻网上办事大厅。推进村务公开民主管理工作，保证村民知情权和监督权。搭建农村集体“三资”监管平台，出台《农村集体资产资源交易管理办法》，促进农村集体“三资”的监督、交易等环节规范透明运行。建成“乳源模式”政务服务体系，得到省领导的充分肯定。

【纠正不正之风】 开展民主评议政风行风工作，分阶段对各评议单位开展督导检查工作，将结果通报全县，形成政风行风评议的良好氛围。组织开展对坪乳公路、乳桂线公路“三乱”问题的明察暗访，对群众反映部分地段路面存在安全隐患问题进行督办，责成相关部门进行调查处理。全年共跟踪完成22宗“民声热线”案件的回复，办理1起“民声热线”栏目组转办件。（许双和）

附1：县监察和审计局领导班子成员名单

局　长：谭延明
党组书记：禤贵香
副局长：李东生
邓丽燕
丘勇生
邝显华

附2：县监察局领导班子成员名单

局　长：谭延明
副局长：李东生
邓丽燕

群团组织·工商联

县总工会

【概况】 2014年，贯彻落实科学发展观和党的十八届三中、四中全会精神，开展党的群众路线教育实践活动，围绕党政所需、职工所盼、工会所能，切实履行“维护、建设、参与、教育”职能，以服务职工群众为宗旨，以帮扶维稳为重点，稳妥推进工会各项工作。县总工会内设机构和人员编制无变化，11月提前退休1人。

是年，东阳光实业发展有限公司被中华全国总工会授予“全国五一劳动奖状”称号；县地方税务局工会委员会被广东省总工会授予“广东省模范职工之家”称号；银源水电有限责任公司水工班和乳源供电局必背供电所分别被韶关市总工会授予“2014年韶关市工人先锋号”称号。县总工会被评为韶关市工会“两个普遍”三年规划工作先进集体。

【县总工会十一届四次全委（扩大）会议】 1月8日，县总工会十一届四次全委（扩大）会议在县总工会会议室召开。县人大常委会副主任、县总工会主席李荣贵主持会议。会议期间，与会人员审议通过县总工会2013年度工作报告和2014年工作意见，补选伍尚元为县总工会十一届委员会副主席。县总工会十一届委员会委员、经审委员参加会议，县总工会机关各部室负责人列席会议。

【开展党的群众路线教育实践活动】 按照县委的统一部署，县总工会按照“照镜子、正衣冠、洗洗澡、治治病”的总体要求，以“为民务实清廉”为主题，抓解决“四风”方面存在的突出问题及群众反映的意见为着力点，将开展党的群众路线教育实践活动贯穿到县总工会的各项工作中，取得成效。

【召开劳动模范表彰大会】 4月29日，“2014年庆祝‘五一’国际劳动节暨劳动模范表彰大会”在县政府会场召开，县人大常委会副主任、县总工会党组书记、主席李荣贵主持会议。县委书记、县人大常委会主任吴春腾，县委常委、县政府常务副县长林昌卫，县委常委、县委组织部部长林应良，县政协副主席吴巧英等县领导出席大会。大会表彰县级“劳动模范（先进工作者）”11名，为受表彰者颁发荣誉证书、证章和奖金。参加大会人员来自各镇、县直及上级垂直管理单位，以及国企、外企、民营企业职工代表和历届劳动模范代表等共205人。

【民生工作】 实施“春送岗位”就业促进行动。县总工会协作人社、团委、妇联等部门，举办企业现场招聘会，搭建城乡劳动者求职与企业用工平台。

解困帮扶工作。2014年春节前夕开展“冬送温暖”工作，为10家困难企业和540名职工，发放慰问金共17.97万元，先后送慰问金到东坪镇新村村委会、东阳光实业发展有限公司工会及其困难老党员、困难劳模、退伍军人，共10.6万元。划拨给一六镇、乳城镇、东阳光实业发展有限公司、日本电产三协电子（韶关）有限公司、乳城镇松峰社区、丽宫国际温泉酒店、冠丽制衣有限公司等15个基层工会工作补助经费和帮扶资金13.4万元。

开展“夏送清凉”慰问活动。送去清热解暑清凉饮料300箱到县供电局、县环卫所和县公路局等单位户外一线工人。

开展“秋送救助”与办理职工保险工作。为164人发放医疗救助金、生活救助金、助学金共计23.2万元。实施《职工医疗互助保障计划》和《女职工安康互助保障计划》，办理女职工安康互助保险184人，职工医疗互助保险408人，在职职工住院医疗综合保险184人，为5位身患重大疾病的职工（其中 2 位女职工）申请办理赔付金 7.1 万元。

【维稳工作】 开展综治维稳创平工作，依法维护职工合法权益，先后对原乳城镇企业下岗工人和方圆民族温矿泉酒店部分员工的社保、乳城镇老鳗鱼厂拖欠员工工资以及乳城镇新莲花板厂员工工伤等问题进行跟踪协调，督促有关单位、企业妥善处理。帮助调解不成功的受救助人员申请法律援助，通过法律途径，解决实际问题；给予生活面临困境员工适当经济应急救助。

【业务培训】 7 月，在乳财服务中心会议室举办“全县工会财务人员培训班”，市、县总工会领导在开班仪式分别作动员讲话，市技师学院教授李雯为培训班授课，县直机关、企事业等单位分管工会财务的领导、工会财务人员共 96 人参加培训学习。

2014 年，先后选送县总工会办公室、经审室、财务部、女工部和帮扶中心等工作人员到省、市总工会举办的工会审计、工会女工、工会干部教育师资、“两个普遍”和基层工会会计知识等业务培训班参加学习。

【权益保障】 5 月 29 日，日本电产三协电子（韶关）有限公司举行工资集体协商签约仪式，该公司总经理金井孝志与职工代表工会主席余勇签订工资集体协商协议，成为韶关市企业推开工资集体协商树立范例。

【职工书屋】 县总工会抓全面提升职工队伍素质工作，实施“创建学习型组织、争做知识型职工”活动，先后在东阳光实业发展有限公司、日本电产三协电子（韶关）有限公司、县公路局、县人民医院、乳城镇源峰社区等基层工会建立“职工书屋”，通过网站、平面媒体和发放宣传资料等多种形式开展读书育人活动。

【工会经费审计工作】 继续做好工会经费以税代征工作，完成市总工会核定的上解经费任务。围绕“加强领导、健全组织、完善机制、提供保障、强化审计”的工作思路，完成对县总工会本级和 10 个单位的工会经费收支预（决）算、专项资金收支、经费计拨等情况的检查审计工作。（曾　宁）

附：县总工会领导班子成员名单

党组书记、主席：李荣贵(县人大常委会副主任兼)

党组副书记、副主席：伍尚元

副主席：叶新强

欧春秀（女）

蓝上魁（—2014.11）

团　县　委

【概况】 2014 年，团县委带领全县广大团员青年开拓创新，负责抓好加强基层团组织建设、青年就业创业、维护青少年合法权益、推进志愿服务事业、加强团的自身建设等五项主要工作。切实履行共青团的四项基本职能，有效激发基层团组织活力，全县共青团工作扎实有效开展。年末团县委行政在编人员 2 名，后勤服务人员 1 名，借用乡镇村干部 2 名。

【共青团工作会议】 2 月 21 日，团县委组织召开“2014 年共青团工作会议”，县域各单位分管团委工作负责人参加会议。会议传达贯彻团省委十三届二次全体会议精神，县委工作会议和全县开展党的群众路线教育实践活动动员会议有关精神，会议要求参会团干领会、贯彻落实会议及有关文件精神。会议安排部署全县共青团工作任务，要求各基层团组织突出抓好加强基层团组织建设、青年就业创业、维护青少年合法权益、推进志愿服务事业、加强团的自身建设等五个方面的工作。

【青年就业创业】 开展“青年就业创业贷款”工作，协助 20 名农村及城乡青年申请青年创业小额贷款 113 万元，带动青年创业人数 48 人。

【幸福工程】 先后联络企业与爱心人士开展关爱贫困学生活动，筹集资金 15 万元为大桥镇大富小学改造学校基础设施；筹集资金 5 万元为桂头镇均村小学改造校运动场及配套设施。开展“扶志助飞”“昂立助飞”“爱心捐助，狮爱永存”系列助学活动，联络爱心人士募集爱心捐款10万元及文体用品一批帮助500名贫困学生。

【思想引领】 先后开展“献爱心送春联”迎春活动、缅怀先烈扫墓活动、乳源首届千人徒步活动、“唱响青春筑梦乳源”十大青年歌手大赛、红领巾相约中国梦暨关爱留守儿童系列活动、组织留守儿童参与广东省福彩夏令营等多项文体活动，加强精神文明教育，陶冶青少年的情操。推进“展翅计划”和大学生“暑期三下乡”等工作，为大学生联系见（实）习岗位共300个，岗位覆盖党政机关、企事业单位、乡镇社区，成功对接18名大学生。创新性举办乳源首届单身青年玫瑰节大型交友活动，搭建公益性大龄及适龄单身青年联谊平台，促进乳源青年婚恋问题的解决。

【志愿服务】 2014年，县志愿服务活动纳入团县委年度绩效考核指标，有效为推动志愿服务工作提供制度保障。县志联会成功申报获得“广东省培育发展社会组织专项资金”30万元。

以“志愿服务无界限，美丽乳源齐共建”的宗旨，围绕“关爱自然、关爱社会、关爱他人”主题，组织开展“学雷锋、敬老爱老、爱国卫生、生态建设”等志愿服务活动，共有2000名青年志愿者参加。志愿者先后热情服务于广东省（韶关·乳源环南水湖）自行车公开赛、乳源第三届农特产品展示展销推介会等重大赛会。（赵　莹）

附：团县委领导班子成员名单

书　记：赵婵媛

副书记：张　杰（—2014.12）

县妇女联合会

【概况】 2014年，县妇联学习贯彻党的十八届四中全会精神，以开展党的群众路线教育活动为抓手，以推动解决妇女群众最关心、最直接、最现实的利益问题为重点，做好维护妇女儿童合法权益等方面工作。

是年，县妇联被中国妇女报社授予“2014年度全国妇女宣传舆论阵地建设”先进单位。县工商局、县地税局分别获得广东省妇女联合会颁发的“爱心父母大联盟荣誉金奖”。县地税局曹雪莲获得广东省妇女联合会颁发的“爱心父母大联盟荣誉金奖”，县地税局黄新燕、肖文君、曾强分别获得广东省妇女联合会颁发的“爱心父母大联盟荣誉银奖”。乳城镇云峰社区董秀芳、游溪镇中心社区赵秀花分别被广东省妇女联合会授予“广东百户最美家庭”。

【党的群众路线教育实践活动】 2—10月，按照县委统一部署，县妇联认真开展党的群众路线教育实践活动，实施抓好组织学习、调研、发放征求意见表、多措施查摆问题，撰写对照检查材料，召开专题民主生活会，开展批评和自我批评，整改落实、建章立制等活动取得成效。

【纪念“三八”国际妇女节104周年活动】 纪念“三八”国际妇女节。3月7日，县妇联在县中心会堂举办“树立幸福家庭观，构建平安家庭”专题讲座，专业心理咨询师到场授课，该次活动得到韶关市妇女维权与信息服务站的大力支持。全县各镇妇联正、副主席，各机关、企业妇委会干部职工约150人参加活动。期间，活动日程安排表彰一批妇联系统先进集体、城乡巾帼建功先进个人以及巾帼文明岗单位和颁发荣誉证书。

【“平安家庭”创建活动】 全县各村、社区“平安家庭”覆盖率达98.16%，命名率31.29%，完成2013年制定目标。3月15日—4月11日，在金禧小学组织开展为期4周的阳光家庭小组活动。6月25日，桂头镇开展“共创平安和谐乳源”活动。8月24日，在县图书馆开展“亲子阅读·爸爸故事会”活动。

【邢丽、吕志玲一行到乳源调研】 4月1日，韶关市妇联主席邢丽、副主席吕志玲一行到东坪镇汤盆村葡萄种植园开展妇女创业调研活动。县人大常委会副主任朱均玉、县妇联主席邓爱萍陪同调研。

【召开全县妇女工作会议】 4月11日，在县中心会堂召开“县妇联九届五次执委（扩大）会议”。县妇联主席邓爱萍主持会议，副县长、县妇儿工委常务副主任梁丽娟、县妇联全体执委、乡镇妇联主席、各机关、企业妇委会主任等参加会议。会议期间，邓爱萍传达省、市妇联执委会议精神，代表县妇联九届执委会作2013年度妇女工作汇报，部署2014年工作任务。梁丽娟在会上作重要讲话。

【妇女儿童合法权益宣传】 4月18日，由韶关市妇联主办、乳源瑶族自治县妇联协办、游溪镇承办的“巾帼共筑中国梦·家庭平安促和谐暨妇女维权普法文艺晚会”在游溪镇健身广场举行，晚会由游溪镇烈村金秋文艺队自导自演。加大法制宣传力度，联合“6·26”禁毒日、“12·4”法制宣传日等活动，县妇联以发放宣传手册、现场咨询等形式向广大妇女群众宣传法律法规，提供劳动就业、计生、反家庭暴力等政策咨询服务。

【妇女儿童民生实事】 春节慰问活动。由县委常委组织部部长林应良、县人民政府副县长梁丽娟、县妇联主席邓爱萍带领慰问组，为39户贫困单亲母亲家庭送去慰问金共20000元。

大病救助活动。送去3.6万元救助金（其中中央专项彩票公益救助金各10000元、市妇联救助金各2000元）共帮助乳源3名身患重症的“两癌”农村妇女。省、市红十字会一行到游溪镇30户单亲、孤残、疾病等特困家庭进行慰问，并为必背镇方洞村身患血液病的盘娟解决医药费2万元、8户困境母亲和重大疾病儿童解决救助金共20611元。

帮扶单亲特困母亲家庭发展生产项目。2014年，发挥妇联组织“娘家人”的作用，启动帮扶单亲特困母亲和贫困妇女家庭发展生产、增收致富项目。为受助母亲家庭购买农药、种苗、化肥等物资，帮助妇女创业就业，共发放发展生产项目经费10万元帮扶50户单亲特困母亲、贫困妇女。为4户创业农村妇女申请小额担保财政贴息贷款20万元。

捐资助学活动。2014年，省红十字会第六服务队联合爱心企业——广州市蒙尔特公司到乳源发放助学金和学习用品给70名品学兼优贫困小学生。中山市健康花城小区业主代表一行共40人到乳源金禧小学开展“对口帮扶”献爱心活动，捐赠自行车、书包等物品给50名贫困学生。中山市某服装纺织企业人士——李氏夫妇、司徒氏夫妇到游溪镇帮扶4名贫困女童，送每名贫困儿童助学金1000元及部分生活和学习用品、食品。县妇联帮扶5户贫困儿童，共发放6100元助学金。

关爱留守儿童活动。“六一”国际儿童节前夕，市、县领导组成5个慰问组，到部分小学、幼儿园开展慰问关爱贫困山区留守儿童活动，为师生送去慰问金和慰问品。节日期间，县妇联和团县委在洛阳镇中心小学、一六镇中心小学开展红领巾相约中国梦暨关爱留守儿童迎“六一”活动，为学校102名留守儿童送上学习用品及安排游园节目。

（郑结园）

附：县妇联领导班子成员名单

主　席：邓爱萍

副主席：郭小兰

县科学技术协会

【概述】 乳源瑶族自治县科学技术协会（以下简称“县科协”）是县委领导的人民团体和科学技术工作者的群众组织。属省科协的地方组织，市科协的团体会员。业务受省、市科协指导，是全县自然科学及其工程技术学术团体和科普团体的业务主管。县科协内设1个办公室。机关事业编制4名。年末，县科协在职人数4人。

【“基层科普行动计划”申报】 按照中国科协、财政部《关于组织实施2014年“基层科普行动计划”的通知》要求，县科协组织社区申请“全国科普示范社区项目”申报工作。严格筛选、公示，乳城镇云峰社区通过逐级申报，获得省、市评定。

【科普周活动】 5月17—24日，县科协举办为期1周的科普活动，展出科普展板50块，发放科普宣传资料10000份（册），普及群众3000人次。

【科普进村】 5月22日，韶关市粤凰生态科技有限公司乳源生态农业科技园（属广东科普示范基地）在洛阳镇人民政府会议室举办“粤凰生态科技知识讲座”，讲座内容为野生蔬果人工种植技术。目的为引导农民向产业化、专业化、规模化发展，推动“一村一品”“一乡一业”和产、供、销一体产业链形成。为农村民众提供信息、技术、销售等服务。

【科普进山区校园】 6月6日，由韶关市科技局、韶关市委宣传部、韶关市科协组织实施，以“科技创新激活发展正能量”为主题的“广东省科技进步活动月”暨“科技馆进百校”科普系列活动，分别在乳源瑶族自治县小星星幼儿园和八一小学展开。活动项目有科学实验“疯狂的空气”表演、“放飞心愿、励志成才”励志课、新奇有趣的3D画巡展、益智玩具体验、科普图片展览等。7月10日上午，韶关市科协组织全市县、区、企业科协、科技馆等在广东省天井山林场举行“同在科普志愿者旗帜下——科普进山区校园”科普活动。活动旨在发挥科协大联合和科普优势，汇聚多方力量和城市科普资源为山区的孩子们送知识、献爱心。活动通过科普互动、科学小实验，激发山区小学生对科学知识的兴趣和培养学生的创新能力。

【科普进社区】 8月26日，县科协在乳城镇云峰社区三楼活动室举办健康养生科普知识讲座，由中国微量元素科学研究会专家委员会专家、中国医疗保健国际交流促进会高级健康管理师、广州市白云区营养咨询健康服务中心高级顾问杭庆华主讲，参加人员有社区中、老年居民，人数约60人。

（曾祥伦　黄杰峰）

附：县科协领导班子成员名单

主　席：黄章城

副主席：刘剑波

县文学艺术界联合会

【概况】 2014年，县文学艺术界联合会（以下简称“县文联”）挂靠县委宣传部，内部机构设置、职能、人员不变。县文联坚持以邓小平理论和“三个代表”重要思想、科学发展观为指导，学习贯彻中共十八届四中全会和习近平总书记在文艺工作座谈会上的讲话精神。按照县委的统一部署，开展党的群众路线教育实践活动，结合实际，查摆存在问题，落实整改。发挥文联工作平台作用，各项文学艺术活动取得好成果。央视4套（国际频道）《远方的家》——百川行栏目第220集播出由邓建中介绍乳源彩石实况。

观赏石协会会长邓建中被评为第一批中国观赏石中级价格评估师、中国观赏石国家一级鉴评师；常务副会长李红辉被评为中国观赏石国家二级鉴评师；邓建中、吕飞英被评为广东省“赏石杰出奉献者”，邓建中被推荐为全国“赏石杰出奉献者”。

美术协会邓建中被推选为韶关市美协常务理事，担任《韶关美术》第1期（创刊号）编委会成员。

【文学艺术活动】 1月17日，组织参加由市文联、市民协举办的“北江源·韶韵风”群众性文化系列活动之韶关市第三届民间工艺（藏）品展，乳源参展品获评“三等奖”，县文联获得“优秀组织奖”。

1月19日，会同县委宣传部、县文明办组织县书法协会、县青少年宫、艺天广告公司在县政府广场举办“马到成功·献爱心送春联”迎春活动，为县敬老院筹得捐赠款15000元，现场送出书写春联700幅。

1月23日，会同县委宣传部、县文明办、县图书馆等部门到东坪镇开展送文化下乡活动，送出春联100多幅、送种养技术书籍100多册给东坪镇东莞扶贫“双到”瑶族新村（散坑村）、斜岭村等瑶族村。

【摄影协会活动】 1月26日，在县政府广场举办“迎春摄影展”，展出作品50多幅。10月1日，会同县社工委在政府广场举办“醉美瑶乡、幸福乳源——2014年‘南粤幸福活动周’风光摄影作品展”。组织书法、摄影协会在游溪镇开展创建“平安乳源”书法及摄影图片宣传教育活动。在县城举办“交通杯”“大峡谷杯”“十月朝乳源旅游文化摄影展”等摄影展。

【观赏石协会对外活动】 4月，参加2014海峡两岸赏石文化交流展，吕飞英代表乳源观赏石协会出席展会，乳源入选参展彩石2件。7—11月，先后组织人员参加湖南郴州观赏石考察交流活动、江西赣州第三届观赏石展活动、广东英德观赏石博览会和首届中国岭南观赏石精品展在广东省清远市举办的活动。

【《西京古道行》首发仪式】 6月19日，在大桥镇组织"岭南首部古道文化旅游史书《西京古道行》"首发式，市、县有关部门及大桥镇的领导和专家学者共60多人出席。

【创作诗词活动】 9月20日、10月6日，组织韶关诗社同仁到县盘王纪念馆、瑶族风情街、东下山东莞新村、水源宫八一瑶族新村、中心洞政研新村及瑶乐居、必背镇扶贫点等地采风，创作一批反映瑶族风光风情、扶贫"双到"、瑶族新村建设的诗词。

【书法临帖作品赛】 5—6月，县委宣传部与县文联举办乳源瑶族自治县首届书法临帖作品赛。9月26日至10月3日，韶关市"德诚杯"首届书法临帖作品展（乳源展区）在县图书馆开展。

【主要成果】 2014年，美术作品：邓建中作《花开富贵》（入选市美协主办的"迎春书画展"，载入《韶关美术》〈创刊号〉画册）、《绣》（入选韶关市庆祝建党93周年画展）、《天堑通途》《一路风光》《广乐迎客》（3幅入选"广乐高速建设书画摄影展"）和陈赞民作《乃妹远嫁》《试》《盘王祭》《火祭》（入选"韶关书画院20周年迎新作品展"）、《瑶寨甘霖》《齐步走》（入选"韶关书画院20周年"画集）。

长篇记叙散文作品：许化鹏编著《西京古道行》，由广州出版社出版发行。

出版发行诗词作品：刘神桥编写《泰丰·休闲集》、张悦新编写《山乡心韵》、丘莲苟编写《草芥诗词集》、许化鹏作词的歌曲《西京古道》、潘启养编著《清斋逸韵》（中国文化出版社出版发行）。

（陈路生）

附：县文学艺术界联合会领导名单

主　席：陈路生

县社会科学界联合会

【概况】 县社会科学联合会与县委宣传部合署办公，编制2名。县社科联主席由县委宣传部1名副部长兼任。社科联有各研究学会15个，会员1850人。

2014年，深入开展党的群众路线教育实践活动，县社科联围绕县委、县人民政府的中心工作和"加快生态发展，建设美丽乳源"的主题，在历史文化产业等方面的探索研究取得成果。

【学术科研活动】 会同韶关市作家协会、县文体旅游局、县文联联合举办"岭南首部古道文化旅游史书《西京古道行》首发式"。协助、指导大桥客家联谊会"2014年甲午岁纪念舜帝诞辰祭典"活动。全程跟踪、协助县有关部门做好沩仰宗祖庭之东平山正觉寺的恢复重建工作。协助县文体旅游局做好《广东省乳源瑶族自治县文化生态保护实验区规划纲要》材料的制订和上报，顺利通过省专家组评审。协助做好县非物质文化遗产的挖掘，协助上报《契娭生日》《圣祖祭》两个非遗项目材料到市级。经专家评审、市哲学社会科学规划领导小组审批，《"大南岭"的"大"历史文化》被列为韶关市哲学社会科学规划与广东省地方特色文化研究韶文化研究基地共建课题。

【科研成果】 5月，由县社科联原副主席、广东省作家协会会员许化鹏撰写的社科著作《西京古道行》正式出版发行。按照省社科联11月在云浮市举办的"六祖慧能与岭南禅宗历史文化学术研讨会"撰写论文要求，完成撰写《仰山慧寂与韶州东平山正觉寺考释》《南岭观音文化在民间信仰中的价值》两篇参会论文。协助县民政部门进行地名调查，撰写《一些地名成一方历史丰碑》《乳源之"源"之探源》等论文。为贯彻中央"发展丝绸之路经济带"新的战略构想，成功创作出一首以西京

古道为题材的新歌《西京古道》，曲目获韶关市2014年群众业余创作优秀歌曲二等奖。（朱海艳）

附：县社会科学联合会领导名单

主　席：郑东红（—2014. 11）
　　　　欧先凤（2014. 12—）

县归国华侨联合会

【概况】 县归国华侨联合会（以下简称“县侨联”）是由归侨、侨眷组成的人民团体，是中共乳源瑶族自治县委、乳源瑶族自治县人民政府联系广大归侨、侨眷和海外侨胞的桥梁和纽带，是依法代表和关心、维护归侨、侨眷和海外侨胞在国内的合法权利和利益的组织，按照《中华全国归国华侨联合会章程》积极主动、独立自主地开展工作，履行参政议政、维护侨益、海外联谊、群众工作四项基本职能。归口县委统战部管理，有事业编制2名。

【侨联活动】 2014年，县侨联先后参与组织侨界人士开展活动。1月13日，组织县侨界人士应邀出席参加县政协和县委统战部联合组织的各界人士迎春座谈会。3月23日，组织香港新界社团首长联谊会向洛阳镇敬老院捐资20万港元，用于购置该敬老院老人的生活服务设施。4月9日，市侨联主席廖凤英一行到乳源调研县侨联组织和“五有”（有组织、有队伍、有经费、有阵地、有活力）建设工作，县委常委、县委统战部部长赵志敏和县侨联办等有关人员陪同。6月3日，由广东狮子会铭恩服务队和广东救援辅助队共同筹办的“慈善社团瑶乡献爱心捐赠奶粉”活动，向乳源5间困难学生捐赠奶粉900罐。9月10日，组织广东省侨界仁爱基金会、金利来（中国）有限公司向乳源7个边远山区296名乡村学校教师捐赠金利来服装1632件。

【侨情与侨务资源调查】 落实归侨侨眷关爱工程，推动侨务扶贫工作深入开展。完善归侨的数据化管理工作，按照市侨联的部署和要求，抓好县侨情调查，发挥侨务资源优势，落实调查数据的开发利用和成果转化。

【信息工作】 加强侨联信息沟通和报送工作，县侨联2014年完成报送各种信息7篇。（简宗辉）

附：县归国华侨联合会领导班子成员名单

主　席：邓筱俊（兼）
副主席：郭富强（兼）
　　　　邓学良（兼）
　　　　李　琳（兼）

县残疾人联合会

【概况】 县残疾人联合会（以下简称“县残联”）承担全县残疾人业务工作，内设2个股室：办公室和康复教育就业股，下设残疾人综合服务中心，核定总编制9名，其中县残联行政编制5名、县残疾人综合服务中心事业编制4名。2014年，县残联围绕残疾人社会保障体系和服务体系建设，履行部门职责，全县残疾人事业发展状况良好。年末在职人数12人。

【残疾人康复救助】 以残疾人及残疾人家庭为服务对象，全面开展残疾人康复工作。2014年，康复中心共有16名残疾儿童在进行免费康复训练和全托照料，其中0—6岁的肢体（脑瘫）残疾儿童共8名、0—6岁的智力残疾儿童共8名。5月27日，来自省三九脑科医院、市爱尔眼科、市残联康复中心的专家、医生到乳源为初筛出的40余名有康复需求的各类疑似残疾儿童进行复筛，筛查符合指征的残疾儿童共30名，将为该30名残疾儿童提供后续康复治疗。按照需求适配原则，向申报的困难残疾人免费发放各类辅助器具33件，其中轮椅25台。

【残疾人职业技能与就业】 为提升残疾人职业技能水平和就业能力，组织31名残疾人报名参加市残联举办的电脑、网店、养蜂、糕点制作及中、高盲人按摩培训班。推荐3名残疾人参加市残联举办的职业技能竞赛，1名盲人选手参加省残联保健按摩技能竞赛。落实上级按比例安排残疾人就业相关文件精神，成功推荐6位残疾人到企业就业。

【扶残助学】 抓好困难残疾学生的扶残助学工作，实施助学救助中等学校在校困难残疾学生24位、高等学校困难残疾学生10位，发放助学补贴共2.24万元。帮助1名符合条件残疾学生申请报考省培英中专。

【扶贫解困】 元旦、春节期间，组织人员慰问乳源9个镇的200个贫困残疾人家庭，发放大米、食油、御寒物资一批，慰问金共7.2万元。落实“阳光家园计划”托养扶助，给予60位困难重度残疾人每人每年居家托养补贴600元，2014年发放金额共3.6万元。保障肢体残疾人权益，按时发放2013年度100位残疾人机动轮椅车车主燃油补贴共2.6万元。

【落实残疾人社会保障政策】 持续开展重度残疾人参加居民养老保险缴费补贴，免费办理434名符合条件重度残疾人的居民养老保险。按照残疾人生活津贴制度和重度残疾人护理补贴制度的要求和标准，落实残疾人“两项补贴”，其中申请享受残疾人生活津贴1104人，发放津贴总额66.24万元；申请享受重度残疾人护理补贴1456人，发放补贴总额174.72万元。

【残保金征收】 推进县残疾人就业保障金征缴工作，从4月开始，协同地税对全县200多个企事业单位进行按比例安排残疾人就业年审工作，完成征收残疾人就业保障金81万元。

【信访维权】 贯彻《信访工作条例》，接待来访12人次，处理信访案件8起（其中网络问政3起），办结率100%，为6位有需求的残疾人提供法律援助，无越级上访和群众性上访事件发生。

【创建全国白内障无障碍县】 围绕《全国防盲治盲规划（2012—2015年）》的通知精神和省、市残联《关于做好2014年度全国白内障无障碍县创建和申报工作的通知》文件要求及安排，成立创建工作领导小组，制定《乳源瑶族自治县创建全国白内障无障碍县实施方案》。6月6日，召开“全国白内障无障碍县的创建工作”启动仪式工作会议，部署有关创建工作。合理安排筛查日程，组织专家医生进村定点筛查，累计查出231名符合手术条件的白内障患者，全部接受免费复明手术，超额完成任务数。按照《乳源瑶族自治县创建全国白内障无障碍县实施方案》，组织专人收集、整理、编制创建工作材料和抓好申报、迎检工作。12月，乳源瑶族自治县创建全国白内障无障碍县工作通过省康复办的检查验收和全国残疾人康复工作办公室的审核。

【残疾人基本服务状况和需求专项调查】 根据国务院残疾人工作协调委员会、中国残疾人联合会、国家统计局等11个“部委会”《关于开展全国残疾人基本服务状况和需求专项调查的通知》及省、市人民政府残疾人工作协调委员会《关于开展残疾人基本服务状况和需求专项调查的通知》（以下简称“专项调查”）工作部署和安排，9月15日，召开残疾人“专项调查”基础信息核查工作会议，下发《关于深入开展“基础管理建设年”活动的实施方案》，布置“专项调查”基础信息核查及系统录入工作。12月18日，召开残疾人“专项调查”入户调查动员会暨培训班，下发《全国残疾人基本服务状况和需求专项调查乳源瑶族自治县调查方案》，部署入户调查工作及调查表填写培训。

【开展党的群众路线教育实践活动】 根据中央和省、市、县委统一部署，按照“照镜子、正衣冠、洗洗澡、治治病”的总体要求，以“为民、务实、清廉”为主题，聚焦“四风”，开展群众路线教育实践活动。制定《乳源瑶族自治县残疾人联合会深入开展党的群众路线教育实践活动实施方案》，印发《乳源瑶族自治县残疾人联合会关于进一步完善党员干部密切联系群众制度的意见》。开展学习教育，听取征求意见17条，查摆存在主要问题14条，落实整改制度17项，开展批评与自我批评，建章立制，顺利完成各阶段任务。

【组织建设】 落实对全县12个社区、103个村委选聘115名残疾人担任残疾人专职委员的业务培训和相关待遇。落实县委办、县纪委“关于简化行政审批程序提高办事效率专项工作”的文件精神和方案，将残疾人证办理事项进驻县行政服务中心办事大厅和网上办事大厅，确认残疾审批程序下放到各镇残联办公室，简化残疾人证办理流程，规范残疾人证核发、管理。2014年，新增、注销、变更、换发残疾人证525件。（范永平）

附：县残疾人联合会领导班子成员名单

理事长：陈云凤（—2014.12）

吴巧英（2014.12—）

副理事长：冯邦庭

县红十字会

【概况】 县红十字会是县属群团机关序列副科级单位，从事人道主义工作的社会救助团体，主要负责贯彻上级红十字会的工作方针、政策，开展人道领域内的社会服务和社会公益活动，推动县无偿献血工作的开展。县红十字会挂靠县卫生和计划生育局，有编制3名，会长1名（由县领导兼任），副会长1名，秘书长1名，科员1名。配备办公用房2间、红十字会备灾救灾物资仓库1间。

2014年，完成无偿献血1299人次，比2013年增加197人次，献血量25.9万毫升，比2013年增加3.9万毫升。完成免费手术治疗先天性心脏病5例。

【援建工作】 向省红十字会成功申援100万元，汇集市、县及村民筹集资金计780万元，完成“8·16”洪灾游溪镇冷水岐木笼村受灾村民30户的搬迁房建设，受灾村民全部迁入新居。

【援救技能培训】 5月中、下旬，先后在全县初中级中学校举办急救培训，受训人数800人次。

9月，在卫生、教育等部门挑选5人到广东省红十字会参加为期7天的水上救援技能培训，参训人员全部毕业。

【无偿献血活动】 协助献血办完成2月14日（情人节）在县政府广场、7月11日在银源公司、7月25日在公安系统、9月12日在教育系统、11月29日在东阳光有限公司等单位的无偿献血活动，累计380人参加。

【慰问敬老院老人】 2014年，累计组织志愿者参加慰问敬老院老人活动300人次，志愿者捐助所有活动费用。其中：1月5日和7月27日到东坪敬老院、1月31日和12月20日到一六敬老院、5月31日到侯公渡敬老院、6月29日到桂头敬老院、7月13日到县福利院、8月17日到洛阳敬老院、8月17日和11月16日到大桥敬老院。

【助学活动】 广东省红十字会企业家会员服务队于3月23日到县特殊教育学校，10月20日分别到侯公渡小学、一六小学和桂头小学，10月21日到红云和平希望小学，11月28日到大桥中学等学校开展捐资助学活动。（曾凯鸿）

附：县红十字会领导成员名单

会　长：陈耀宇

副会长：杨　斌

秘书长：曾凯鸿

县革命老区建设促进会

【概况】 县老区建设促进会有理事34人，主持日常工作常务理事3名。2014年完成上级关于老区集体经济、水利管理、旧村改造、民生工程、基础设施等的调查工作和完成老区大布镇的在建项目工程。

【在建项目】 争取到上级财政资金17万元，完成大布镇老区夹水、埕头村委6个自然村1090人的自来水改建工程和大布镇文化中心宣传栏项目工程。

【老区调查】 5月，完成“韶关市老区新型农业经营模式专题调查表”“韶关市老区村集体经济调查表”“韶关市老区小型水利管理情况调查表”“韶关市老区旧村改造情况调查表”“韶关市老区民生工程项目调查表”“韶关市老区基础设施项目调查表”“韶关市老区农户泥砖房茅草房情况统计表”填报工作。8月，完成“韶关市计划新建纪念馆（碑）统计表”填报工作。

【宣传发行工作】 完成老区杂志订阅任务：《中国老区建设》（1880 本）、《源流》（1440 本），供稿《扎实做好老区建设工作》给《源流》杂志，摄影 6 幅。 （李亚才）

附：县老促会领导班子名单

会　长：莫瑞福

副会长兼秘书长：钟永进

县瑶族海外联谊会

【概况】 县瑶族海外联谊会（以下简称“县海外联谊会”）是乳源各界人士与海内外各界瑶族人士及其社团进行联系、合作的涉外民间组织，具有独立法人地位的全县性社会团体。县海外联谊会经县委对组成人员再次调整、充实以及县人民政府安排专项经费（添置办公设备）的支持，县民族宗教事务局调整安排 5 间办公室给县海外联谊会，县海外联谊会的管理与运作更加制度化、科学化和规范化，为增进乳源与海内外瑶族人士的友谊、促进乳源的建设和发展服务。

【民生、民情工作建议】 2014 年，县海外联谊会领导认真听取县委、县政府“关于整合教育资源、优化办学条件、调整民族实验学校办学模式，加强瑶区迁移人口管理等重大决策的讨论”，深入瑶族受灾乡镇调研、体察迁移点民情，对加强迁移点有效管理、解决土地归属、饮用水等问题提出建议。

【交流联谊活动】 9 月 1—3 日，会长赵志发带领理事代表一行 6 人先后到湖南省江华瑶族自治县、资兴市，对两地的民族政策、计划生育政策、瑶族迁移人口后续帮扶政策等方面开展学习交流联谊活动。

【拓宽海内外瑶族友情】 利用瑶族传统节日增进与国外瑶族朋友的联系，拓展与海内外瑶族的沟通联系方式。县海外联谊会以“第八届乳源瑶族‘十月朝’旅游文化节”为主题，采用中、英、瑶语三种文字编写“节日问候以及介绍乳源社会经济发展、人民生产生活情况”内容，用电子邮件方式向越南、法国、美国等国外瑶族朋友发出邮件 22 件，美国瑶族朋友李进清第二天回信。

【筹备理事会年会】 2014 年 12 月，县瑶族海外联谊会做好召开第一次理事会年会的筹备工作。 （盘永花）

附：县瑶族海外联谊会领导班子成员名单

会　长：赵志发

副会长：赵　靖

秘书长：赵天聪

县工商业联合会

【概况】 2014 年，县工商业联合会（以下简称“县工商联”）按照上级的统一部署，学习中共十八届四中全会精神。开展以“为民务实清廉”为主题的党的群众路线教育实践活动，做好服务工作，促进县非公有制民营企业健康发展，发挥桥梁和纽带作用。县工商联会员单位有 77 家非公有制企业，主要分布在铝业、化工、电子产品、修理、小水电、旅业、食品加工、建筑与装修业、服务业、批发与零售等行业。

【开展党的群众路线教育实践活动】 以“照镜子、正衣冠、洗洗澡、治治病”的总要求，深入企业，征求意见，开展评议，提高为民意识、清廉意识、务实意识，制定和完善《乳源瑶族自治县工商联关于整治庸懒散奢等不良风气切实改进工作作风的实施方案》《乳源瑶族自治县工商联公务员平时考核实施细则》《车辆管理制度》《财经管理制度》《公务接待制度》等相关制度。

【加强非公有制经济人士思想政治工作】 组织全县非公有制经济人士学习以依法治国为主题的党的十八届四中全会精神，学习《中共中央、国务院关于加强和改进新形势下工商联工作的意见》《乳源瑶族自治县深入开展非公有制经济人士理想信念教育实践活动的实施方案》等文件，强化非公有制经济人士“爱国、敬业、诚信、守法”等社会主义价值观，自觉承担社会责任，热心公益事业。

【社会公益活动】 引导东莞市裕杨纸品实业有限公司董事长刘智聪、东莞市振兴纸业有限公司刘勤安、广州市同泰纸品有限公司侯小文、中山市鸿邦制漆有限公司董事长梁仲华等民营企业爱心人士捐资助学，帮助乳源57名贫困生解决小学至大学的学费；联合广东狮子会福慧服务队深入山区开展“扶志助飞，情暖瑶乡”爱心助学志愿活动，为瑶区、石灰岩山区76名特困生发放助学金13.8万元。组成由县艺天实业有限公司董事长许清平、未来实业有限公司董事长张伟剑等5家民营企业爱心人士的“梦想瑶乡，爱心接力团”到县民族实验学校开展捐资助学活动，为50名贫困生捐款3万元。中秋节和重阳节，组织非公有制企业的林龙、许华生、林榕树等爱心人士到桂头镇东岸村开展敬老活动，向敬老院老人送上价值3万元的慰问款和慰问物资。

【协助政府管理和服务非公有制经济企业】 以“为民务实清廉”为主题，先后到桂头新创达纸箱有限公司、实力石油液化气有限公司、广东蓝松天然饮品有限公司等中小微企业调查了解经济发展情况，向政府相关部门反映企业的意见和建议。

组织非公有制企业人士学习《广东省行政审批事项通用目录》。通过无记名投票方式，对全县52个政府职能部门进行评价，将评价结果及时反馈给县纪委（监察和审计局），纠正职能部门存在的问题，推动净化企业外部营商环境。

【发展商会会员】 2014年，发展桂头新创达纸箱有限公司和广州市同泰纸品有限公司2家企业加入商会。（骆艳红）

附：县工商联领导班子成员名单

主　席：张红伟

专职副主席：朱远娥

法　治

政法委工作及综治工作

【概况】 县政法委认真贯彻落实中央、省、市政法工作会议和县委十一届四次全会精神，围绕创建“平安乳源”目标，以党的群众路线教育实践活动为抓手，狠抓各项工作措施落实。业务工作呈现新亮点，多项工作走在全市前列。8月，县国安办受到省国家安全厅通令嘉奖，在2014年度全市国安办年度绩效考核名列第一。

【维稳防控】 把维稳作为首要任务，定期分析维稳形势，创新维稳工作机制，落实责任措施，维护社会和谐稳定。

预防化解社会矛盾。坚持每月召开一次维稳形势分析研判及矛盾纠纷排查调停处置协调会，落实矛盾纠纷排查调停处置工作例会、情况报告、归口调停处置、督办查办、考核奖惩、责任查究等一系列制度机制。4月，在全县部署开展“矛盾纠纷化解年”活动。组织协调综治信访维稳中心（站）及各相关职能部门开展不稳定问题专项治理和突出矛盾纠纷调处化解工作。落实责任制，对全县排查出有一定化解难度61宗积案分成6大类别，由6名分管的县领导任化解工作组组长，其中11宗比较突出的矛盾纠纷由县委书记、县长和工作组共同包案，全年全县化解各类社会矛盾纠纷2437件，县列账的61宗疑难积案全部化解，成功率为100%。

挂牌整治社会治安。3月，县综治委下发《关于开展社会治安重点地区和突出治安问题排查整治工作的通知》，确定一六镇农村赌博、“盗窃机动车辆”为突出治安问题。在相关部门密切配合，落实责任措施，突出治安问题治理取得成效，重点地区的治安秩序明显好转。

社会稳控。在“两节两会”“5·1”“6·4”、中共十八届四中全会、“十月朝”等重大活动期间，多次召开全县信访维稳工作会议，强化预警，细化工作措施，加大涉军群体、重点人员的稳控，及时组织、指导、协调相关单位落实维稳措施，与政法各部门圆满完成“两会”、中共十八届四中全会等重大节庆活动安保任务。

【综治创平】 县政法委、县综治办充分发挥部门职能作用，深化平安乳源建设，全面推进社会治安综合治理各项措施的落实。

夯实综治基础。按照省、市有关要求，整合便民服务中心（工作站）和综治平台的资源，将102个村居便民服务站和综治信访维稳工作站合二为一，9个镇级便民服务中心和综治信访维稳中心相互联动，把服务群众与化解矛盾纠纷有机结合起来，筑牢维护社会和谐稳定的第一道防线。

平安创建。年初，制定下发《乳源瑶族自治县2014年平安创建工作计划》《2014年综治暨创平宣传工作方案》，平安村居、平安校园、平安铁路、平安家庭等平安细胞创建工作方案及实施细则得到落实。初步形成政府主导、各成员单位协调联动、全社会共同参与的创建工作格局。汇同县创平办、文化等部门联合组织开展以创建平安乳源为主题的各类宣传活动23场次，发放《平安创建宣传手册》6万多册，在城乡28个公交站亭制作56张宣传海报，在县广播电视台开辟“平安创建专栏”，取得较好的社会效果。全县命名平安细胞50825个，其中平安村居80个、达标率70%，平安家庭50580个、达标率98.4%，平安铁路、平安边界、平安校园、平安金融达标率达100%。9月5日，全市创建“平安镇街”“平安村居”“平安家庭”现场推进会在乳源召开，经验做法在全市宣传推广。

护路宣传。1月，组织桂头镇护路办、沿线村委会开展《铁路安全管理条例》宣传活动；6月25日，联合县创平办、公安局、司法局等部门在桂头镇开展“贯彻《铁路安全管理条例》暨平安创建集中宣传咨询活动”，组织沿线学校学生观看“小安

铁路安全行”宣传片和签名宣誓及手抄报征文比赛，桂头镇中心小学打造为“平安铁路示范学校”。实现县境内铁路零发案、零伤亡的“双零”目标。

【社会管理】 加强人防、物防、技防相结合的社会治安防控体系建设，投入1273万元建成治安视频监控系统二期工程，新建高清视频监控点255个、高清治安卡口8个及配套设施，如期完成三年规划。建立县、镇、村、村（居）民小组四级信息网络，落实治安、消防网格化管理，探索辖区民警与小区保安联动，全县组建城市联防组织4个、农村联防组织109个，吸收治安联防队员172名，130名环卫工人为兼职红袖章巡防队员。全年新接收社区矫正服刑人员34名，监管和矫正效果良好；新接收刑释解教人员58名，无脱管漏管、无重新犯罪。健全校园安全防范、处置涉医纠纷、群防群治队伍建设的长效机制，8月与市、县、镇政法信息系统实现网络联通，信息资源共享。

【防邪反邪】 深入镇（街）、学校、广场等人流密集场所开展“防邪知识进家庭、进群众”宣传活动，派发反邪教宣传手册资料8000份，组织县四套班子成员及处级以上党员领导干部33人集中观看党内反邪教警示教育参考影片《较量正在进行》。12月，部署开展“三个一”无邪教创建示范工程活动，制定开展“无邪教创建”示范镇、村（社区）实施方案及标准。部署开展打击整治“全能神”邪教“百日会战”专项行动，抓获“全能神”骨干分子黄某某（女），送省法制教育所集中办班学习，收缴“全能神”邪教组织手抄本材料50份和工作电脑1台。

【国安工作】 围绕维护社会政治稳定、维护国家安全为工作重心，全年搜集、掌握可能到市、省、京上访不稳定信息6条，向县委、县政府、市国安局上报调查报告、专项调研文章24份，配合有关单位化解、制止重大矛盾纠纷3起；增加社会组织类信息资料8个，补充完善境外、宗教、邪教、社区矫正人员信息200人；印制《中华人民共和国国家安全法》等宣传资料3000册，到学校上法制教育课、“12·4”宪法宣传日，宣传国家安全法知识，讲解近期发生危害国家安全的案例以及防泄密、防窃密、防策反教育等，提高群众国家安全意识。县国安工作得到省、市的肯定，8月受到省国家安全厅的通令嘉奖，在2014年度全市国安办年度绩效考核中名列第一。

【执法监督】 发挥执法监督职能作用，围绕司法公正、执法为民这一主线推进执法监督工作。

疑难案件协调。对有争议重大疑难案件，组织公检法等部门召开案件协调会。全年召开协调会8次，协调疑难案件5件，有效避免当事人缠访，促进社会稳定。

整治损害群众利益行为。于4月起，在全县政法系统开展“坚决纠正涉法涉诉领域损害群众利益行为”专项整治行动。整治执法执业和信访工作中的“不作为”，督促政法部门受理涉法涉诉信访积案8件，落实司法救助3件，发放救助金4.6万元。6件涉法涉诉案件息诉罢访。

推进司法体制改革。改革涉法涉诉信访制度，明确诉与访的甄别标准，规范政法系统涉法涉诉信访工作，建立涉法涉诉信访责任倒查机制。涉法涉诉信访数量明显下降，维护社会公平正义能力得到提升。

【队伍建设】 开展党的群众路线教育实践活动。制订活动实施方案和具体工作措施，专题学习，自查自纠。制定《县委政法委深入开展“四风”突出问题专项整治方案》，对已有制度进行梳理，做好立、改、废工作。完善公务车辆管理规定、公务接待等14项制度，建立工作报告等3项制度，解决机关庸懒散拖、纪律作风松弛等问题，干部队伍的整体素质得到提高。（吴新平）

附：县政法委领导班子成员名单

县委常委、县政法委书记：黄寿生

县政府副县长、县政法委副书记：连　卫

县政法委副书记、县综治办主任：罗天松

县政法委副书记、县国安办主任、县禁毒办主任：徐越健

县政法委副书记、县防范办主任：陈文忠（2014.02—始任副书记，2014.12至今兼任防范办主任）

县政法委副书记：

朱日星（—2014. 11，其间兼任县防范办主任）

县防范办副主任：刘建华

县综治办副主任：申飞翔

社会工作委员会

【概况】 县社会工作委员会（以下简称“县社工委”），是县委、县政府的工作部门，负责研究推动全县社会建设和管理体制改革创新，参与拟订社区治理、社会组织培育和发展、社会工作队伍建设等政策并协调实施。内设社会社区建设指导股（社会组织工作股）和公共服务促进股（群众工作股）2个股室。12月调出1人，年底在职5人。

2014年，县社工委贯彻落实省、市关于社会建设的工作部署，围绕县委、县政府中心工作，创新社会治理机制，推进社会体制改革，支持工青妇构建枢纽型社会组织，培育社会工作人才。

县社会建设成果大型图片展、“便民服务大家谈”电视访谈两项活动被省南粤幸福活动周组委会办公室评定为2014年广东省南粤幸福活动周优秀活动项目。

【南粤幸福活动周】 8月22日，举办“和谐城乡·共筑平安梦”文艺晚会暨2014年“南粤幸福活动周”启动仪式，县委常委、政法委书记、县社工委副主任黄寿生出席活动并宣布仪式启动。社工委成员单位以“和谐、文化、健康、幸福”为主题，围绕“幸福我来秀、幸福我健身、幸福手拉手、幸福大礼包、幸福大家谈”五大板块内容，在全县范围内开展形式多样的群众文体活动和惠民利民活动31项，在县政府信息网、县广播电视台开辟“南粤幸福活动周”专栏，在省社工委网、市社工委网进行宣传报道，出版专题简报6期，制作宣传栏2版，将活动剪影汇编成画册并发放500本。

【社会体制改革】 根据县委、县政府全面深化改革实施方案和2014年若干重要改革任务要点，县社工委协调县民政局、总工会、团县委、县妇联等部门落实创新社会治理机制改革工作任务，8月制定《乳源瑶族自治县关于深化社会体制改革的实施意见》，明确改革的目标原则、工作内容、时间安排、主要举措等。

推动社会组织监管体制改革。组织召开社会组织体制改革工作会议，开展专题调研，协调县民政局落实年审、登记信息在县政府信息网公开制度，初步建立直接登记和备案登记相结合的双轨制登记模式，降低社会组织准入门槛，简化登记程序，培育扶持社会组织发展。全县有注册社会组织95个，与2013年89个相比，年增幅7%。

推动志愿服务岗位化改革。协调团县委加快志愿服务岗位阵地建设，在县消防大队、县中医院、县中等职业技术学校、县高级中学、乳源中学、南水湖公园、县白马住宅区设立7个志愿服务岗位，明确服务地点、服务时间、服务内容和服务对象，志愿者服务实行岗位化。2014年，志愿者服务工作纳入县年度绩效考核。

【民情志愿服务】 2014年，在县社工委成员单位、乡镇开展调研，撰写《新形势下加强民情志愿者服务队伍建设的思考》调研文章，理清民情志愿者服务队伍建设的工作思路。

【社工人才建设】 3月，县委组织部、县社工委、县民政局联合发文组织动员各镇、各单位、社会各界人士参加社工培训和资格考试。全县有133人报名考试，20人通过考试，其中，中级2人，初级18人。至12月，全县持证社工人数64人。

【党的群众路线教育实践活动】 根据县委的统一部署，县社工委开展党的群众路线教育实践活动，召开专题民主生活会，修改完善规章制度17项。

【信息建设】 开展全县社会建设宣传，收集社会工作动态信息，整合编发县社工委简报14期。在省社工委网站发表新闻报道8篇，《韶关日报》、市社工委网站发表12篇。（冯永成 巫银樱）

附：县社工委领导班子成员名单

县委副书记、县社工委主任：伍 文

县委常委、县政法委书记、县社工委副主任：

黄寿生

县委常委、县委办主任、县社工委副主任：许益云
县人民政府副县长、县社工委副主任、公安局长：
连　卫
县社工委专职副主任：
欧先凤（—2014.12，正科级）
郑新群（2014.12—，正科级）

公　安

【概况】　县公安局是县人民政府主管社会治安工作的部门，具有武装性质的治安行政和刑事司法力量，担负着惩治犯罪、保护人民、服务社会、维护稳定的重要职责。内设指挥中心（加挂办公室、情报信息中心牌子）、国内安全保卫大队、刑事侦查大队（加挂县禁毒办牌子，禁毒大队于2014年1月撤销）、经济犯罪侦查大队、治安管理大队（加挂爆炸危险物品监管大队牌子）、交通警察大队、特警大队（加挂巡逻警察大队牌子）、出入境户政管理科、政工办公室、监督室、法制科、警务保障科、网络警察大队等13个执法勤务和综合管理机构，下辖乳城镇、侯公渡、一六、游溪、桂头、必背、大桥、东坪、洛阳、大布等10个公安派出所，看守所、拘留所等2个监管场所。行政编制226人，年末实有民警232人、普工11人、辅警85人。

【维护社会稳定】　2014年，收集深层次、内幕性、预警性情报信息358条，开展盗窃机动车、辅警队伍状况等专项调查2次，查处涉恐、涉宗教案件各1起，涉邪教案件2起、涉疆事件1起，处置群体性事件苗头、灾害事故、安全意外事故以及各类纠纷30起、网络舆情6起。

【打击刑事犯罪】　根据公安部、省公安厅、市公安局的工作部署，相继开展“六大专项”“打传销、促和谐”等打击整治行动，严厉打击各类违法犯罪活动。全县立刑事案件716宗，破465宗。抓获刑事犯罪嫌疑人436人，其中刑拘275人、提请批准逮捕165人、移送审查起诉133人、强制戒毒117人。查获犯罪团伙32个，破案为人民群众挽回经济损失200多万元。

【治安管理】　2014年，受理治安案件1259宗，查结1057宗，查结率84%，查处各类违法人员1645人（其中：黄赌毒案件463宗939人）。

民爆物品管理。全年审批炸药356112公斤，雷管116545发，剧毒化学品购买许可证12个，烟花爆竹运输许可证3个。开展“缉枪治爆”行动，侦破涉枪案件35宗，收缴各类枪支457支，军用子弹4400发，炸药1357.8公斤，雷管25823枚，管制刀具6691把，仿真枪2928支。

旅馆业管理。查处不按规定登记住宿旅客信息案件5宗，取缔1间非法旅馆。

印章刻制业管理。全年审核刻制公章1080个。

保安服务业管理。4月，组织在岗的59名保安员进行资格证考试。

校园安全管理。整治治安乱点2处，处置涉校安全意外事故4起，化解涉校纠纷20起，指导安全演练5次。

【交通安全管理】　2014年，全县发生道路交通事故65起，死亡14人，受伤94人，直接经济损失336780元。

道路安全管理。增设道路标志牌82块，规划道路标线4591平方米。新增景江路与鹰峰东路十字路口红绿灯，对原交警大队和乳桂线十字路口两处红绿灯进行技术改造。6月1日起，在省道250线开展流动测速。全年开展“春运”等道路交通安保任务5次，京港澳高速车辆分流保畅工作60次。

交通秩序整治。查处交通违法行为47124起（含非现场执法30414起），其中酒驾72起、醉驾11起、毒驾9起。

机动车及驾驶人管理。办理汽车注册登记415辆、摩托车注册登记1691辆、汽车年审4277辆、摩托车年审3103辆、培训摩托车驾驶员95人。

交通安全宣传。召开交通安全工作座谈会26次，上交通安全课32次，大型宣传活动4次，制作悬挂宣传标语60条，发放各种宣传资料22300份。

【出入境户政管理】　2014年，开展公民文明出境旅游宣传工作，做好人口统计年报和空军招飞政审工作，做好辖区重点人员管控以及社区矫正工作。

常住人口管理。审批户口迁移685人次、入户1521人、户口变更447人次，制发二代居民身份证11496张，办理临时身份证3098张。

流动人口、出租屋管理。录入流动人口信息332条、出租屋信息97条，办理居住证362张。

出入境管理。4月1日启用《中国公民出入境证件申请表》，5月20日试点启用电子往来港澳通行证。全年办理普通因私护照1693人、港澳通行证5470人次、赴港澳签注14555人次、赴台申请116人、赴港澳定居申请3人。

惠民服务。7月21日，办证窗口正式进驻县行政服务中心开展工作。

【监所管理】 坚持“标本兼治、综合治理、惩防并举、注重预防”方针，以确保监所安全为核心，推进监管执法规范化、信息化建设，努力夯实监管基础工作。2014年，县看守所被列为全市看守所“五化建设”（勤务模式科学化、执法行为规范化、管理工作精细化、监管手段信息化、设施保障标准化）试点单位。10月27日，韶关市公安局在乳源瑶族自治县召开全市看守所“五化建设”现场会暨监管工作会议。年度等级评定中，县看守所再次被公安部评为二级看守所，是韶关唯一的县区二级所。12月，县看守所被授予“广东省法治文化建设示范点”称号，成为全县首个法治文化建设省级示范点。

【社会管理】 推进DQB平台应用，实现对人、屋、车、场、网等治安要素管控。列管本地重点人员1283人，处置预警信息1963条（红色14条，黄色233条，蓝色1716条），抓获嫌疑人6名。

【基础建设】 投入1273万元建成治安视频监控系统二期工程，新建高清视频监控点255个、高清治安卡口8个及配套设施，如期完成三年规划。投入180万元建成占地面积816平方米、楼高三层的“办案中心大楼”。投入330万元购置汽车12辆、电脑52套以及刑侦办案设备、交警执法设备和其他办案办公设备155件（套）。

【禁毒工作】 2014年，破获毒品刑事案件80宗，抓获犯罪嫌疑人86人，查处吸食毒品行政案件381起，非法持有毒品案件87起，抓获吸毒人员494人（其中强制隔离戒毒117人，社区戒毒41人），收缴各类毒品2100克，铲除罂粟132株。

【安保工作】 完成党的十八届四中全会、APEC会议、澳门回归15周年、第二届环南水湖自行车公开赛、乳源“十月朝”、全国统一高考等大型会议、庆典活动的安保工作，未发生安全事故。

【公安宣传工作】 在中央电视台发稿1篇；在新华网、人民网等互联网发稿113篇；在《南方法治报》、广东卫视省级媒体发稿57篇；在《韶关日报》、韶关电视台市级媒体发稿184篇；在各级公安信息网发稿981篇。

【队伍建设】 政治建警：开展党的群众路线教育实践等学习教育活动，解决“四风”方面存在问题，增强民警的宗旨意识、服务意识、奉献精神。素质强警：落实“战训合一，轮训轮值”制度，开展依法使用武器警械等专项训练和岗位练兵，提升民警综合素质。文化育警：组织各类文体活动，提升队伍凝聚力。从优待警：落实各项从优待警措施，加强警察职业保障。

全年有13个单位、65名个人获得各级各类立功表彰和荣誉称号。在贯穿全年的“六大专项”打击整治行动考核中，乳源瑶族自治县公安局总成绩排名全市第一。在2014年度全市公安工作和队伍建设量化考核中，乳源瑶族自治县公安局获得3项第1名、5项第2名、2项第3名，以总分191.5分的成绩，再次排名全市10个县（市、区）榜首。

（朱孝华）

附：县公安局领导班子成员名单

党委书记、局长：连　卫

党委副书记、政委：张伙胜

党委委员、副局长：邓思东（2014.09—）

张文东

白宜安

党委委员、指挥中心主任：龙东升

党委委员、消防大队大队长：于卫平

党委委员、政工办主任：邓思东（—2014.09）

党委委员、副局长：许钧华（—2014.12）
党委委员、纪委书记、监督室主任：
赵伟明（—2014.11）

消　防

【概括】 乳源瑶族自治县公安消防大队成立于1997年，下辖一个中队。大队有多功能主战消防车、水罐泡沫消防车、水罐消防车、抢险救援消防车、化学事故抢险救援消防车、22米登台平台消防车等执勤车辆。大队负责东至曲江区以西，南、西与清远市交接，北至乐昌市以南，总面积2125.5平方公里的消防安全工作，负责京港澳高速粤北段37千米至98千米，共6个隧道、3个出口的安全保卫以及抢险救援工作。

2014年，大队贯彻落实上级反腐治军精神，开展党的群众路线教育实践活动，继续贯彻“社会大消防”工作要求，依法执法，确保辖区境内火灾灾情降至最低点。

【接警处置】 2014年，大队共接警290次，出动车辆360辆次，出动警力2410人次，抢救被困人员25人，疏散被困人员72人，抢救财产价值568万元，其中火警接警42起，同比下降39.1%。成功处置“6·7”京珠高速30吨双氧水槽罐车泄漏事故、“6·16”坪乳线农药货车侧翻事故、“6·27”京珠高速四车追尾事故等重大灾害事故。

【开展消防安全检查，督促整改火险隐患】 继续贯彻“社会大消防”工作要求，从政府主导消防工作责任入手，推动消防工作社会化，抓“三个力推”（力推大消防、力推大宣传、力推大培训）、“五个落实”（落实工作责任、落实监督责任、落实主体责任、落实宣传责任、落实应急措施）。开展行业系统消防安全大排查大整治专项工作，继续多部门联合执法机制，出动警力1732人次，排查单位928家，发现火灾隐患763处，整改隐患524处，下发责令改正通知书321份，下发临时查封决定书5份，责令“三停”单位7家。实行警务公开，方便办事群众。

【消防安保工作】 实行定人、定岗、定责“三定”措施，全面做好各项活动消防安保工作。在春节、“全国两会”“中共十八届四中全会”“五一国际劳动节”、国庆及2014年瑶族“十日朝”庆祝大会期间的消防安全保卫工作中，尽责履职，确保辖区内火灾隐患清除。

【消防宣传教育】 大队着力建设消防宣传主题公园和消防安全宣传示范街。依托新建的公园，全面融合消防元素，打造人民休闲娱乐学消防的氛围。在人员密集的繁华街道，专门开辟“消防宣传一条街”，极力营造随时随地学消防、知消防的氛围。结合119消防宣传月，大队向县政府积极争取经费，联合相关部门，在电视广播、户外电视、公共交通、沿街铺面LED等媒介播放消防宣传示范片和公益广告，以点带面，全面推开消防安全宣传新形势。

【思想政治教育】 2014年，大队始终将习近平总书记的强军目标作为行动指南，树立“全心全意为人民服务”的宗旨，奉行“立警为公、执法为民”的思想，继续开展“党的群众路线教育”实践活动，认真学习贯彻党的十八届三中、四中全会精神以及中央政治局“八项规定”，弘扬和深入践行新时期广东消防精神，开展“牢记强军目标，献身强军实践，永做忠诚消防卫士”主题教育活动，深入学习全军和公安现役部队政治工作会议精神。

【荣誉】 2014年，大队被广东省公安消防总队评为“正规化达标单位”，中队被广东省公安消防总队续评为“基层建设标兵中队”。大队党委被韶关市公安消防支队评为“党委建设好班子”，中队团支部分别被共青团韶关市委员会评为“2014年度五四红旗团支部”。大中队1人被广东省公安消防总队授予“个人三等功”，1人被总队评为“执勤岗位练兵先进个人”，1人被总队评为“红旗车驾驶员”，2人被韶关市公安消防支队评为全市“优秀警官”，5人被支队评为“优秀士兵”，9人被支队授予“个人嘉奖”。（韩昆伦）

附：县公安消防大队领导班子成员名单
党委书记、教导员：王云晖

党委副书记、大队长：于卫平
副大队长：罗良梁
参谋长：肖　磊（2014.06—）
中队长：曾　硕
指导员：肖　磊（—2014.06）
　　　　韩昆伦（2014.06—）
副中队长：韩昆伦（—2014.06）
　　　　　沈玄悟（2014.08—）

依法治县工作

【概况】 县依法治县工作按照《全面推进依法治国》的总体目标任务，并结合县综治委《创建“平安乳源”的实施意见》，对法治乳源工作进行总体规划。2014年，县委、县政府、县人大、县政协和县人民法院、县人民检察院、县公安局及社会团体发挥各自的职能作用，有计划、有步骤、有重点实施依法治县工作，推进“法治县”创建工作开展。4月，县依法治县工作领导小组再次相应重新调整组成人员，组长由县委书记、县人大常委会主任吴春腾担任，副组长由县领导费玉海、伍文、马福德、林应良、许益云、许尔华、连卫、陈松海等担任，成员由公、检、法、司等13个相关单位主要领导组成。依法治县领导小组办公室是常设的办事机构，具体负责法治县创建工作的督促、指导、协调和日常工作管理。办公室挂靠县人大常委会，由人大常委会代管。办公室主任由县人大常委会副主任兼任。县依法治县办公室（以下简称“县依法治县办”）编制3人，其中行政编制2人，后勤服务人员事业编制1人。年末，在职人员5人。

【制定法治工作规划】 2014年，县依法治县工作领导小组办公室牵头，按照《广东省2014年依法治省工作要点》和《韶关市2014年依法治市工作要点》的通知要求，研究制定乳源县2014年依法治县工作要点，发至全县各部门征求意见。6月6日，印发《乳源瑶族自治县2014依法治县工作要点》《2014年详细工作计划》《2014年依法治县工作具体目标任务和职责》，要求各镇、各部门贯彻执行。全县各单位相继制订职能部门“2014年依法治理工作具体实施计划”，并加以组织实施。

【召开依法治县工作会议】 6月2日，县依法治县工作领导小组全体成员会议在乳财服务中心八楼人大常委会议室召开，县委、县政府主要领导及领导小组全体成员出席会议，参加会议共26人。会议传达依法治省工作领导小组第二十次会议精神、依法治市工作领导小组第九次会议精神和全市依法治市办公室会议精神，总结2013年全县依法治县工作，部署乳源2014年依法治县工作。县委书记、人大常委会主任、县依法治县工作领导小组组长吴春腾在会议上作重要讲话。

【法治镇创建活动】 根据《韶关市2014年依法治市工作要点》的目标要求，依照《广东省法治镇（乡）创建工作评价标准（试行）》，6月16日，成立乳源瑶族自治县法治镇创建工作领导小组，制定《乳源瑶族自治县法治镇创建工作实施方案》。依法治镇工作各项任务和措施细化分解有效落实到各镇、各有关单位。11月8日，县依法治县办组织依法治县特约法治观察员对法治镇创建工作进行检查、考察，9个镇按标准完成法治镇创建工作的各项任务，取得良好的效果。截至12月，全县《法治镇》创建活动完成。

【“民主法治村（社区）”创建活动】 2014年，按照乳源瑶族自治县创建“民主法治村”实施方案的要求，全县有42个村委开展“民主法治村（社区）”创建活动。县依法治县办完成制定印发《创建“民主法治村（社区）”具体工作计划》和创建村委名单下发到9个镇的工作。全县各镇相继成立工作领导小组、制定工作计划并组织实施，“民主法治村”创建工作纳入各镇年度绩效考核。12月，县依法治县办、县普法办联合开展对各镇“民主法治村创建”工作进行检查验收，42个村委通过验收，创建工作效果明显。乳城镇大群村委被省司法厅、省民政厅推荐申报第六批“全国民主法治示范村（社区）”。12月16日，省依法治省专职副主任黄文平、省依法治省办副处长陈用龙、省司法厅法制宣传处副处长江劢丽、市依法治市办主任张平、市依法治市办常务副主任陈绍球、市司法局副局长、市普法办主任等领导到大群村委对民主法治村工作进行检查验收，检查组一致认为，大群村委按全国民主法治示范村创建标准，完成各项创建任务，符合全国民主法治示范村的要求，顺利通过省、市检查验收。

【“阳光法治·法治惠民”工程】 县依法治县办、县司法局联合组织开展“律师进村居”活动，建立基层法律服务援助制度，充分调动律师参与人民调解、法制宣传、法律援助等工作，推动律师走进每一条村、每一个社区担任公益性法律顾问方略。12月，全县102个村（居）全部设有免费法律顾问，村（居）法治化建设得到有效实施。

【广东省法治文化建设示范点通过验收】 12月8日，乳源瑶族自治县看守所法治文化创建顺利通过省、市检查验收，被广东省依法治省工作领导小组列为“广东省法治文化建设示范点”。韶关市依法治市办副主任陈绍球，乳源瑶族自治县依法治县办主任许尔华，副县长、县公安局局长连卫等领导参加“广东省法治文化建设示范点”挂牌仪式。

【法治文化建设】 县依法治县办利用乳源看守所开展法治文化建设试点的成功经验，组织全县各相关单位围绕不同主题开展法治文化教育活动。根据2014年依法治市工作要点安排，于9月22日，县依法治县办与县普法办制定《乳源瑶族自治县法治文化长廊建设实施方案》。10月，组织24个相关单位，于县城滨江路排灌站至岭溪桥绿道建设一个有地方特色的法治文化宣传长廊，设置法治宣传版面共24块。

【普法宣传教育】 依照省、市2014年普法工作要点，县依法治县办、县司法局联合牵头，组织全县相关职能部门利用不同主题开展以宪法为核心的中国特色社会主义法律体系学习宣传。10—11月，组织全县领导干部和公务员以宪法为主要内容的学法用法考试。12月4日，县宣传部、县依法治县办、县普法办、县公安局、县人民法院、县人民检察院等18个单位在县政府广场联合举办主题为“弘扬宪法精神，建设法治中国”法制宣传日活动。12月1—7日，组织全县开展法制宣传周教育活动，重点学习宣传中共十八届四中全会精神和广东省贯彻《全面推进依法治国》实施意见。教育活动由县属各部门实行“谁执法谁普法”的普法责任制，运用新媒体技术多层次和法治创建多种形式活动，引导干部群众自觉学法，增强宪法意识，弘扬宪法精神，加强宪法实施，推进依法治县。全县普法宣传教育取得良好的宣传效果，营造“办事依法、遇事找法，解决问题用法，化解矛盾靠法”的浓厚法治氛围。

【广东省信访条例宣传】 6—7月，依法治县办、县人大办、县信访局联合组织相关人员分别到全县各镇、各单位开展宣传《广东省信访条例》的教育活动，主要以法治宣传教育为重点，做好以法治方式解决信访突出问题和群众信访不信法问题，对全县的信访维稳起到推动作用。省法治办将乳源瑶族自治县定为实施《广东省信访条例》宣传试点县，县法治办将大桥村委、石角塘村委认定为试点村委。县依法治县办协助大桥镇开展试点工作，完成制作长25米法制宣传栏，利用大桥墟日举办大型的《广东省信访条例》宣传活动，引导大桥镇群众理性、合法反映和表达诉求。试点工作成效明显，大桥镇信访渠道畅通，化解矛盾及时有效，信访案件比2013年下降50%。8月26日，省人大常委会副主任肖志恒、省信访局专职信访督查专员张兆勇一行，到大桥镇检查指导贯彻实施《广东省信访条例》，以法治方式解决信访突出问题的试点工作。对大桥开展贯彻实施条例试点以来的工作情况，肖志恒给予肯定，认为大桥试点工作取得成效明显。

（王香文）

附：县依法治县办领导班子成员名单

主　任：许尔华

副主任：林光平

检　察

【概况】 检察机关是国家法律监督机关。县人民检察院建有人民检察院党组，设有检察委员会。根据检察业务工作的需要，内设政工科、办公室、侦查监督科、公诉科、反贪局（含侦查一科、侦查二科）、反渎职侵权局、刑事控告申诉检察科、监所检察科、民事行政检察科、职务犯罪预防科、案件管理中心、司法警察大队、派驻桂头检察室。

2014年，开展党的群众路线教育实践活动，建“法律知识栏”宣传法治知识、检察工作等。县人民检察院检察长袁瑞刚被最高人民检察院授予个人一等功。

【队伍建设】 2014年，县检察院结合开展党的群众路线教育实践活动，抓中央八项规定的落实、干警的政治纪律、组织纪律、廉洁从检纪律等方面的教育。抓干警的业务培训学习，全年参加各类培训学习24次208人次。开展2次县检察院的趣味体育运动会。

【侦查监督】 依法受理审查逮捕案件159件223人。依法批准逮捕124件164人（其中，直接决定逮捕2人）。依法做出不批准逮捕35件59人。依法提前介入案件1件，纠正漏捕人犯3人。依法发出《检察建议》12份。依法发出《逮捕案件继续侦查取证意见书》51份。发出《不捕理由说明书》31份。依法发出《纠正违法通知书》6份。启动羁押必要性审查案件1件。依法发出《要求说明不立案理由通知书》17份。

【公诉工作】 依法受理移送审查起诉案件119件150人，依法提起公诉案件106件143人，依法做出不起诉决定10件14人。发出《纠正违法通知书》11份，退查案件40件75人，依法发出《检察建议书》15份，依法做出不起诉决定案件10件14人，改变定性1件1人，追诉20人，追究漏罪1人，提起抗诉1件1人，提前介入侦查案件1件1人。

【反贪污贿赂工作】 依法立案查处涉嫌贪污贿赂犯罪案件8件11人。移送审查起诉8件11人。

【反渎职侵权工作】 依法立案查处涉嫌渎职侵权犯罪案件4件4人。移送审查起诉4件4人。

【刑事控告申诉检察工作】 依法受理举报线索19件，受理来信18件。依法展开初查或初核举报线索16件。检察长（含部门负责人）接访25次，开展刑事被害人救助2件。

【监所检察工作】 依法向有关部门发出《检察建议》10份，向有关单位及司法机关发出《监外执行罪犯告知表》13份。依法监督将暂予监外执行罪犯收监案件1件1人。

【民事行政检察】 依法受理民事行政诉讼案件18件。成功进行庭前和解1件；依法监督案件6件，促成执行和解5件，发出《检察建议》4件，向韶关市人民检察院提请抗诉1件。向县人民法院发出再审建议1件。

【犯罪预防宣传】 开展“进机关、进企业、进乡村、进社区、进学校”的“五进”专项预防工作。讲授法律知识辅导课46次。到23所中小学开展未成年人犯罪图片展。开展行贿犯罪档案查询350次。

【检务公开工作】 利用网络信息平台，发布案件程序性信息173件；主要案件信息1件；公开法律文书8份（其中起诉书6份、不起诉决定书2份；外网预约并办理1次；举办“检察开放日”活动2次。

（陈文平）

附：县人民检察院领导班子成员名单

党组书记、检察长：袁瑞刚
党组副书记、副检察长：赵良湾
党组成员、副检察长：李和平
党组成员、副检察长、反贪局局长：谢　健
党组成员、政工科科长：周　丽

法　　院

【概况】 县人民法院深入贯彻落实党的十八大和十八届三中、四中全会精神，紧紧围绕“让人民群众在每一个司法案件中感受到公平正义”这个目标，坚持司法为民、公正司法，加强审判执行、队伍建设和司法改革等各项工作。全年受理各类案件1157件，旧存15件，审结、执结1107件，结案率94.45%，涉诉标的2.21亿元。

【刑事审判】 全年受理刑事案件105件，审结105件，判处罪犯139人。突出打击严重暴力犯罪、多发性侵财犯罪以及涉黑涉毒等群众反映强烈的犯罪，助力“平安乳源”建设。贯彻宽严相济的政策，对一些偶犯、从犯和一些主观恶性不大的案件，注意依法区别，从轻判处，判处非监禁刑27人。对未成年人犯罪，贯彻“教育、挽救、感化”的政策，注重人性化审理，重点做好回访帮教工作，审理未成年人案件17件17人。开展审前社会调查和社区矫正工作，促使服刑人员尽早回归社会。

【民商事审判】 共受理民商事案件737件，旧存10件，审结708件。对涉及婚姻家庭、侵权、劳动争议、“三农”等民生案件，依法“快立、快审、快结”，最大限度地维护当事人合法权益。围绕和谐主题，坚持“调解优先，调判结合”原则，对可能引起矛盾激化，影响社会稳定的案件优先考虑调解，引导当事人正确处理好矛盾纠纷，实现定纷止争、案结事了，促进家庭、邻里、社会和谐。调解、撤诉民商事案件369件，调撤率达50.62%。

【行政审判】 受理行政案件11件，审结11件，审查非诉行政执行案件6件，全部裁定准予执行。全面推行诉外沟通、庭前对话、庭中协调、庭后建议工作模式，尽量通过协调方式解决行政争议，力促行政争议实质解决，通过协调和解，行政机关同意重新做出行政行为而原告撤诉的行政案件3件。支持行政机关依法行政，维护执法权威，对具体行政行为的审查，维护行政相对人的合法权益，判决撤销行政处理决定案件3件。

【执行工作】 受理执行案件294件，旧存5件，执结273件，执结率91.3%，执行标的总金额达5268.88万元，实际到位金额3775.68万元。与检察院、公安机关联合开展集中打击拒不执行法院判决、裁定等犯罪行为的专项行动，严厉惩治抗拒执行的“老赖”，维护法律尊严。坚持“和谐执行”理念，注重事前说理释法，通过说服教育、政策讲解，主动履行、和解结案的执行案件71件。

【践行司法为民】 开展党的群众路线教育实践活动，整治“六难三案”（门难进、脸难看、事难办、立案难、诉讼难、执行难，人情案、关系案、金钱案）问题。完善立案信访窗口建设，为当事人提供接待、咨询、立案、导诉、释法答疑等一站式服务。完善诉访分离信访机制，畅通信访渠道，回应、疏导信访人的诉求，印制《广东法院涉诉信访工作规程》500册，向当事人和群众大力宣传信访新规定，促进息诉罢访，全年接待群众来访34件48人次，处理群众来信15件。3个基层人民法庭就地审理解决群众诉讼、纠纷295件。开展司法救助工作，确保有困难的当事人打得起官司，全年对困难群众减、缓、免交诉讼费共28.07万元。主动参与社会治理，以巡回办案、以案讲法、上法制课、设立法律咨询台等形式，进行法制宣传教育。通过司法建议为有关单位、部门和企业弥补管理漏洞，计发出司法建议64份，收到书面反馈57份，被采纳57份，反馈、采纳率为89%。

【推进阳光司法】 加快审判流程公开、裁判文书公开、执行信息公开三大平台建设，从立案、审判到执行全方位向社会公开，满足人民群众的知情权和监督权，全年上网公开生效裁判文书共695份，上网率100%。创新司法公开方式，举办首届法院公众开放日活动，邀请30多位人大代表、政协委员、社区工作人员、新闻媒体代表、群众代表走进法院，增强法院工作透明度和公开度。推进人民陪审员“倍增计划”，扩大司法民主，通过层层选拔，增选20名人民陪审员，提升法院的司法公信力。

【队伍建设】 围绕“法官清正、法院清廉、司法清明”目标，推进法官队伍正规化、专业化、职业化建设。执行中央“八项规定”、最高法院改进司法作风六项措施，开展“司法作风明显改进年”活动，建立健全廉政风险防控机制，对审判权、执行权运行节点的监督制约，通过签订廉政责任状、开展廉政约谈、建立廉政档案、随案发放廉政监督卡以及院领导亲授廉政党课，干警廉洁自律意识、司法作风明显改善。开展“司法公正水平提高年”活动，增强队伍的司法能力，落实岗位目标责任制，营造快办案、办好案氛围。推进司法规范化建设，组织庭审、裁判文书“两评查”，对庭审纪律、司法礼仪、文书规范、判后答疑等工作进行日常检查，力促案件质效提升。 （毛政新）

附：县人民法院领导班子成员名单

党组书记、院长：蓝韶东

党组副书记、副院长：许智昌

党组成员、副院长：廖聪有

舒粤平

党组成员、政工科科长：邱惠芬

党组成员、纪检监察室主任：梁毓刚

司 法 行 政

【概况】 县司法局是县人民政府的司法行政管理机关，对全县司法行政工作进行统一管理、指导、监督和检查。内设政工科、办公室、宣传教育股、基层工作管理股、公证律师管理股、社区矫正股。局机关政法专项编制16名，其中局长1名，副局长2名，政工科科长（副科级）1名，正副股长（主任）6名（含政工科副科长1名）；后勤服务人员1名。

直属机构：县法律援助处、公证处。其中法律援助处配备参公管理的事业编制10名（含主任1名，副主任2名），公证处配备事业编制2名（含主任1名）。

各镇司法所是县司法局的派出机构，9个镇司法所政法专项编制共21名，其中乳城镇、桂头镇、大桥镇司法所各3名，其余司法所各2名；每个镇司法所各配备所长（正股级）1名。

一六司法所1人被省人民政府授予“广东省民族团结进步模范个人”荣誉称号，大桥司法所1人在省第一届人民调解员调解技能大赛中荣获省司法厅、省人民调解员协会颁发的二等奖，局机关1人被县政协评为“优秀政协委员”，县法律援助处1人荣获2014年乳源瑶族自治县政法系统先进个人。

【人民调解】 健全人民调解组织网络，完善县医疗纠纷人民调解委员会等行业性、专业性人民调解组织，新建乳源瑶族自治县东阳光实业发展有限公司人民调解委员会、乳源冠丽制衣有限公司人民调解委员会、广东省乳阳林业局人民调解委员会、广东省天井山林场人民调解委员会，在日本电产三协电子韶关有限公司建立人民调解联络点。为群众印制派发《人民调解法》等宣传资料3000份，举办人民调解员业务培训班11期（其中县局举办2期，司法所举办9期）。在春节、全国“两会”、中共十八届四中全会重大活动和节日等敏感期间，组织开展矛盾纠纷大排查、大调解活动，对排查出的不稳定因素进行梳理、统计登记，及时做好调处工作。协助县、镇党委、政府处理山林、拆迁等方面的疑难复杂纠纷。全县各级人民调解组织调解矛盾纠纷2928件，调解成功2890件，调解成功率98.7%，成功化解大布镇的置换土地纠纷、大桥镇的资源费纠纷等调处难度较大的矛盾纠纷。

【法制宣传教育】 实施“六五”普法规划，开展“法律六进”（进机关、进乡村、进社区、进学校、进企业、进单位）活动，其中送法下乡11次，送法进社区1次。在各镇开展法制巡回宣传车活动，联合依法治县办在乳江河岸边选址打造由县直各单位分别制作共同组成的“法治文化长廊”，以“平安乳源宣传月”“3·15”消费者权益保护日等为契机开展相关法制宣传，派出宣传车23辆次，发放宣传资料13900份，为群众解答法律咨询7600人次，设置法制宣传灯箱每天进行滚动式播放法律知识，广泛宣传《中华人民共和国宪法》《中华人民共和国行政处罚法》《中华人民共和国城乡规划法》《广东省信访条例》等法律法规知识。自7月1日《广东省信访条例》的开始施行，县司法局组织开展系列宣传活动，在各镇组织开展《条例》宣讲会，让基层干部群众领会新《条例》的精神，营造《条例》实施的良好社会环境和舆论氛围，进一步规范信访秩序，实施诉访分离。

【法律援助】 提升便民服务水平，推进法律援助机构规范化建设，建成法律援助处办事大厅，配备方便来访人使用的座椅，在醒目位置设立公示栏，列明法律援助条件、申请程序、示范文本、监督投诉电话等，方便群众办理法律援助业务。5月，整合县法律援助处和公职律师事务所，组建县法律援助处。为群众印制派发《法律援助条例》《法援知识小册子》等资料2000份、便民卡片2200多张。承办各类法律援助案件共87件，解答群众法援咨询300人次，为当事人挽回经济损失共30万元。

【律师工作】 县成立"一村（社区）一法律顾问"工作领导小组，充分调动律师参与人民调解、法制宣传、法律援助等工作，挂钩律师与各村（社区）一一签订法律顾问合同。公职律师参与县领导接访日活动12次，参与县政府主持召开的道路交通事故、医疗等纠纷协调会。

【公证工作】 完善公证便民服务平台建设，新建县公证处办事服务大厅。采取对外发放便民联系卡、预约办证电话等一系列便民措施，为年老、残疾、危重病人等特殊困难群众提供上门办证服务。办结各类公证共398件，其中继承权公证87件，遗嘱公证2件，声明书公证150件，委托书公证8件，赠予书公证42件，其他公证109件。

【安置帮教】 全县在册224名刑释解教人员，全部落实接收、安置、帮教、管控"四到位"，帮教率100%，无脱管漏管，无重新犯罪。

【社区矫正】 推进社区矫正制度化、规范化、信息化建设。健全完善覆盖全县的社区服刑人员网上信息管理平台，严格按接收、入矫、建档、教育、监管、解矫的流程做好社区矫正工作。全县在册社区服刑人员85人，全部依法按程序实行监管和矫正。完成社会调查评估23人次。实现管理手段的现代化，共为70名在册社区服刑人员安装了具有定位功能的手机卡。

【队伍建设】 围绕党的群众路线教育实践活动和社会主义核心价值观教育活动，开展司法行政队伍思想政治教育、党性教育、廉政教育，每周三下午组织干部职工集中观看教育影片，每位干部认真书写学习心得体会，组织班子成员和各部门负责人前往县教育实践活动示范单位观摩学习，开展纪律教育学习月活动、政风行风民主评议活动、举办廉政课堂、党课学习班，聘请全国人大代表赵雪芳等5人为县司法局政风行风评议监督员，树立"为民、务实、清廉"的司法行政队伍形象。 （刘杵强）

附：县司法局领导班子成员名单

党组书记、局长：曹银山（—2014.12）
　　　　　　　　陈永汉（2014.12—）
党组成员、副局长：郭富强（2014.03—）
　　　　　　　　　张育青（—2014.12）
　　　　　　　　　付冬妹（2014.12—）
政工科科长：侯娟兰（2014.12—）

武　　装

人民武装

【概况】　县人民武装部是乳源瑶族自治县的军事领导机关，正处级单位，设军事科、政工科和后勤科3个科室，主要职责是应对突发事件，维护社会稳定，维护地方政权。搞好民兵教育训练，兵役登记，国防动员和兵员征集工作。平时服务，急时应急，战时应战。2014年9月，县武装部被评为“全国民族团结进步模范集体”，2014年12月，被广东省军区评为“先进人武部”，部长吴炬光被评为“优秀团级主官”。

【政治工作】　1—9月，人武部全面贯彻落实上级指示精神，深入开展第二批群众路线教育实践活动，整个教育实践活动分：调研准备、动员部署；学习教育、听取意见；查摆问题、开展批评；整改落实、建章立制；巩固深化、总结提高五个环节步骤。3月份开展“牢记强军目标，献身强军使命”主题教育，展开激烈讨论，领会要点，筑牢听党指挥的军魂意识，强化献身国防的奉献精神。

【军事训练】　2月，进行基本知识、基本技能和体能训练。3月，进行民兵专项训练。上半年军事训练取得较好的成绩：军事科参谋陈泽川在参加省军区参谋业务集训中被评为训练尖子；县民兵预备役人员先后在4月韶关军分区举行的轻舟集训科目包揽前三名，5月韶关军分区举行的“民兵应急分队、职工队伍比武竞赛”获取总分第三名，表现成绩突出的训练标兵和训练尖子共有14名，圆满完成年初制定的目标。为高标准迎接省军区干部考核竞赛，县人武部领导周密制定训练计划，强化组织领导，严格落实参训的人员、时间、内容，前期突出抓理论学习、体能、手枪实弹射击、战术标图等科目训练，在军分区组织的年终训练考核，县武装部干部成绩全部良好以上，总评在军分区10个人武部中排名第四。

【后勤建设】　探索新形势下后勤保障特点，完成房地产审计、统计调查相关资料、补助补贴发放自查报告、军队住房建设管理系统的数据采集、营区规划和营区纪实相关资料以及污染治理、水利普查等相关情况。11月，在军分区的统一组织指导下，完成兵器室的建设和部分武器弹药的移交，完善各种设施，确保枪弹安全，圆满完成后勤保障工作。

【征兵工作】　7月，协调县政府成立征兵工作领导小组。7月25日，召开全县征兵工作会议，传达上级征兵工作会议精神，总结乳源瑶族自治县2013年征兵工作情况，部署2014年征兵工作任务。运用现代传媒，采取县领导电视讲话、征兵宣传车流动宣传、悬挂横幅标语、群发手机短信、散发征兵宣传单和公益广告等形式进行征兵宣传发动工作。全县适龄青年积极报名参加体检，圆满完成向部队输送合格新兵，全部高中（中职）以上学历，其中大学生有24人，较往年有明显的进步。（孙永利）

附：县人民武装部领导班子成员名单

部　长：吴炬光
政　委：王　非
副部长：陈　忠
政工科长：高成申（2014.01—）
后勤科长：郑建鹏

人民防空

【概况】　乳源瑶族自治县人民防空办公室，为正科级行政单位，核定人员编制5名，其中行政编制

3名，后勤编制2名，是县国防动员委员会常设机构和县人民政府办事机构。设专职主任1名、副主任1名，专职干部1名。

【指挥工程建设】 投资近200万元改造建成人防地面应急指挥中心。该中心信息系统由15个系统组成，可以提高全县在防空袭斗争、抢险救灾和突发事件应急指挥的处理能力和反应速度。

【信息化集成建设】 在文昌公园投资90多万元建成面积为60平方米的LED屏多媒体和县金禧小学人防教育基地6平方米多功能警报报知系统建设，新增2台警报器，全县城区防空警报覆盖率100%，拓展人防宣传和防空警报空间。

【防空警报试鸣和防空疏散演练】 9月18日，在县城区组织防空警报试鸣活动，在县一小学举行防空疏散演练和消防防空救援专业队演练等活动。

【人防法规宣传教育】 强化媒体宣传。报道人防工作信息8篇，其中1篇被《韶关日报》采用，2篇被县政府信息中心采用，2篇被县电视台采用，3篇被市办刊物采用。

创新宣传方式。联合县摄影家协会举办“一小防空杯”摄影大赛，吸引群众对人防工作的关注，增强宣传效果。先后在县一小学、县政府广场等人流密集地开展人防知识展览，提高广大人民群众国防观念和人防意识。

加强学生的人防教育，增强人防意识。组织县城区三所初级中学学生的人防知识学习。（傅神双）

附：县人民防空办公室领导名单

主　任：傅神双

武　警　中　队

【概况】 武警韶关市支队乳源瑶族自治县中队组建于1983年6月，主要担负乳源瑶族自治县看守所看守勤务和“处突”“反恐”“城市武装巡逻”“重大临时勤务”等任务。

2014年学习贯彻落实党的十八届四中全会精神，开展党的群众路线教育实践活动，被省总队分别评为“基层建设先进中队”“正规化执勤优秀单位”“思想政治教育等级达标一级单位”，被市支队评为“先进党支部”“先进团支部”“安全工作先进单位”。选送技术学兵5人，预提指挥士官集训4人，发展党员1人，选改晋升士官2人，2人荣立三等功，2人考上军校，中队荣立集体三等功。

【思想政治教育】 全年学习党的十八大精神和习主席系列重要讲话精神，1—3月份开展“百日创安”活动，4月开展“条令条例学习”活动，5—12月，开展“牢记强军目标，献身强军实践，永远做党和人民的忠诚卫士”主题教育，培育当代革命军人核心价值观。贯彻落实习主席“能打仗、打胜仗”的指示要求，打牢官兵“忠诚于党、热爱人民、报效国家、献身使命、崇尚荣誉”的思想政治基础，思想政治教育等级评定达到一级。

【军事训练】 坚持依法治军、从严治军。干部士官100%达到“四会”（会讲、会教、会做、会做思想工作）教练员，10名战士参加反恐骨干集训。开展“岗位练兵”活动，完成专勤专训、应急棍术、警棍盾牌操、摔擒技术、战术及体能科目的训练，在支队考核中综合成绩名列第一。2014年11月，在省武警总队，市支队组织的年终“纲要”考评中，成绩优秀。

【执勤处突】 完成看守固定勤务，协助看守所押解犯罪嫌疑人转移到监狱63人次，担负武装巡逻52人次，完成上级赋予的各项任务。（孙　瑞）

附：武警乳源瑶族自治县中队领导班子成员名单

中队长：董　鹏（—2014.01）
　　　　刘　航（2014.01—）
指导员：孙　瑞

经 济 管 理

县发展和改革局

【概况】 乳源瑶族自治县发展改革和物价局是负责研究提出全县国民经济和社会发展战略、规划和政策，是物价、粮食的行政管理和经济体制改革工作的县人民政府工作部门。8 月，机构改革将乳源瑶族自治县发展改革和物价局更名为乳源瑶族自治县发展和改革局，县统计局职责划入县发展和改革局。内设办公室（国民经济动员办公室、综合规划股）、投资与审批股（招投标管理股、重点项目稽查办公室）、工业科技农村社会股（经济体制改革股）、物价业务股、价格监督检查所、粮食调控与监督管理股、国民经济统计股、国民经济核算股、能源管理办公室等 9 个股（室、所）。机关行政编制 24 名，其中局长 1 名、副局长 3 名，股长（主任、所长）9 名，后勤服务人员 3 名。下辖县粮食储备中心（县粮食购销有限责任公司）、县价格认证中心、县普查中心。12 月在职人员为 36 人。

2014 年，乳源瑶族自治县实现地区生产总值（当年价）64.1 亿元，比 2013 年增长 11.5%；人均生产总值（可比价）33363 元，比 2013 年增长 10.7%；地方财政一般预算收入 5 亿元，增长 15.9%。社会固定资产投资完成 55.79 亿元，增长 23.6%；社会消费品零售总额完成 17.43 亿元，增长 12.4%；农民人均纯收入 9600 元，增长 13%；城镇居民可支配收入 17842.3 元，增长 9.4%；人口自然增长率 8.75‰，各项指标均完成年度计划。

【编制规划】 是年，组织完成编制《乳源瑶族自治县 2014 年国民经济和社会发展计划草案》《乳源瑶族自治县国家主体功能区试点示范建设方案》《乳源瑶族自治县社会信用体系建设规划》等发展规划，邀请华南师范大学制定《乳源工业园区低碳发展规划研究》，协助做好《广东乳源经济开发区区位调整》，牵头筹备谋划“十三五”规划。

【重点项目投资】 全县完成固定资产投资 55.79 亿元，比 2013 年增长 23.6%，其中县重点项目 52 个，计划总投资 43 亿元，完成投资 30.1 亿元，占年度投资计划的 70%。有 5 个列入市以上重点项目（其中省重点 2 个），完成投资 14.1 亿元，占年度投资计划的 101.4%，省、市重点项目投资完成额位居韶关市各县（市、区）前列。

【低碳发展示范项目通过验收】 成功争取广东乳源经济开发区低碳园区示范项目省级资金 500 万元。5 月，成功验收宝华农业科技有限公司油茶深加工及综合利用低碳发展示范项目。

【持续石漠化综合治理】 按照《乳源瑶族自治县岩溶地区石漠化综合治理初步设计》要求，投资 136 万元，共实施封山育林总面积 6080.8 公顷；投资 95 万元，完成坡改梯工程总面积 2.53 公顷；投资 1100 万元实施大桥红云片水利工程。联合县农林局、团县委等单位到大桥镇开展石漠化宣传活动。

【生态文明改造工程建设】 开展游溪镇、必背镇、大桥镇和 10 个村的绿色镇村环境改造。实施绿化美化、垃圾处理、卫生户厕等系列生态设施工程。完成游溪镇区绿化、路灯建设、彩砖铺设、健身广场等工程和洛阳田冲、一六乐富等 5 个村的绿化、排水排污等配套设施建设。

【世界银行贷款项目】 8 月，世行一期初步设计获市发改局批复，12 月完成供水管网招投标。修改世行二期新增 600 万美元贷款项目的可研报告，完成上报世行办审批。

【深化改革】 推进行政审批事项改革，确定保留审批事项66项。落实一次性告知和并联审批制度。积极开展助保贷，全年为中小微企业10家申请累计12950万元的助保贷款。除国家和省要求核准的项目外，将县管权限内企业投资项目核准改为备案制。

【项目申报】 申报乳城区域敬老院、一六幼儿园、县城廉租房工程、一六和游溪计生综合楼、价格基金扶持“三项建设”等51个项目。成功争取东阳光新型高强耐蚀汽车钎焊铝合金板带箔升级改造、云门燕子窝生活垃圾存量治理、廉租住房基础设施建设、一六镇中心幼儿园、乳源经济开发区低碳园区示范等项目，争取上级资金4771.25万元，其中中央资金4168.25万元，省级资金603万元。

（温施琦）

附1：县发展改革和物价局领导班子成员名单

党组书记、局长：张小枫

副局长：姚铁骏

林晓红

廖聪华

附2：县发展和改革局领导班子成员名单

党组书记、局长：张小枫

副局长：姚铁骏

林晓红（—2014.12）

廖聪华

邹秋凯（2014.12—）

陈秋云（2014.12—）

统计行政管理

【概况】 乳源瑶族自治县统计局是对全县国民经济和社会发展情况进行统计调查、统计分析，提供统计服务、统计资料和统计咨询意见，实行统计监督的政府职能机构。县统计局机关行政编制6名，其中局长1名、副局长2名，股长（主任）3名。下辖县普查中心（事业单位）。内设办公室、综合统计股、农村和贸易统计股等3个股室。8月，机构改革，将县统计局的职责、整合划入县发展和改革局，挂县统计局牌子。11月6日，县委组织部下文撤销中共乳源瑶族自治县统计局党组。

2014年，统计局坚持以科学发展观为指导，发挥统计的信息、咨询、监督职能，提高统计数据质量和政府统计公信力，推进统计现代化建设，完成县委、县政府和上级统计部门布置的各项工作任务。

【统计监测调查】 完成全县农业、工业、能源、固定资产投资、建筑业、社会消费品零售业、基本单位名录库维护、综合核算等各种专业2013年度年报、2014年月报、季报、年报和各项统计调查工作。落实建设服务型统计咨询、统计监测工作。

【业务培训】 9月6—8日，在县中等职业技术学校实训楼举办统计人员持证上岗培训班，参加培训人数48人，学习《统计法》《统计基础知识与实务》等，全部参加全国统一的资格考试。完成继续教育学习51人。

【联网直报工作】 继续开展统计“四大工程”（一是要建设一个真实完整、及时更新的统一化单位录库，二是要建立统一规范、方便企业填报的企业统计报表表示制度，三是建设功能完善、统一兼容的统一数据采集处理软件系统，四是建立统一高效的统计联网直报系统）建设。县统计局工作人员到企业开展调研，加强协调与企业的工作联系及业务指导，解决联网直报工作难题，推进联网直报工作。2014年，乳源实行联网直报工作的企业有124家，比2013增加32家。积极培育“四上”重点企业，全县完成37家“四上”企业申报工作，全部通过国家统计局的审批入库，其中工业20家，贸易14家，服务业2家，房地产业1家。

【统计执法检查】 9月11—26日，落实《统计法》《广东省统计管理条例》，开展统计法制宣传，实施统计执法检查和统计巡查。检查30家单位，依法查处存在拒报、迟报、瞒报、虚报的单位部门，责令整改，维护统计法权威。

【第三次全国经济普查】 根据《国务院关于开展第三次全国经济普查的通知》《全国经济普查条例》等相关文件要求，乳源瑶族自治县第三次全国经济普查全面启动，起始时间2014年1月1日。全县所有普查员和指导员在第一时间按照全国的统一部署进行入户登记，终止时间2014年3月31日24时，圆满完成第三次全国经济普查登记阶段工作。被普查单位1786户，其中法人单位1226户，产业活动单位560户。普查登记各类个体经营户5844户。普查数据质量达到预期目标要求。

【开展群众路线教育实践活动】 按照县委党的群众路线教育实践活动领导小组的统一部署，2月26日，县统计局召开党的群众路线教育实践活动动员大会。8月4日，召开党的群众路线教育实践活动专题民主生活会，12日召开党的群众路线教育实践活动专题民主生活会通报会。10月16日，召开党的群众路线教育实践活动总结大会，总结党的群众路线教育实践活动所取得的阶段性成果。（曾俊峰）

附：县统计局领导班子成员名单

党组书记、局长：温　存（—2014.11）

副局长：邹秋凯

　　　　陈秋云

物　价

【概况】 2014年，根据省、市物价工作部署，按照全年目标要求，以促进经济稳定增长作为主要任务，扎实开展党的群众路线教育实践活动，改进工作作风，提高服务水平，进一步规范审批服务，完善价格机制，强化市场监管，营造良好的价格环境，全县价格总水平保持基本稳定。

【价格监测】 关注市场重要商品价格变动，重点加强对粮油、蔬菜、肉、禽、蛋等农副产品和群众生活必需品的价格监测。跟踪、分析价格动态和掌握市场价格异常波动的倾向性、苗头性问题，及时上报预警，妥善采取应对措施，防止价格发生异常波动，稳定价格总水平和安定群众生活。

【价格调节基金征收管理】 完善和加强对价格调节基金的征收管理，加大价格调节基金的征管力度，完成2014年价格调节基金征收任务，增强政府调控市场物价和抵御价格异动的风险能力。改进价格调节基金征收流程，简化办理缴纳手续。跟踪和检查省、市、县价格调节基金扶持县“菜篮子”基地以及灾后恢复生产项目建设落实情况。全年征收价格调节基金5634738.78元，发挥价格调节基金保供应、稳价格、安民心的作用。

【完善平价商店管理】 2014年，对县平价商店经营进行规范管理，加大暗访力度，全面落实平价商店销售平价商品。根据省物价局《关于印发〈广东省农副产品平价商店考核暂行办法〉的通知》等有关规定以及省、市价格部门的统一部署，创新性机制，会同县经促局、县监察局、县财政局、县住房和城乡建设局、县农业局及税务、工商、供销等相关部门组成检查组，对全县平价商店进行实名制综合考核。引入退出机制，首次对考核不合格的商店取消其平价商店资格。促进平价商店健康有序发展，对稳定市场物价起到主导性作用。

【价格专项监督检查】 重视价格专项监督检查。开展节日市场价格巡查与检查、涉企收费检查、行政事业性收费年审等相关检查，加强收费管理，执行相关收费政策，收费管理工作进一步得到规范。

涉企收费检查。按照查处、清退、收缴、整改的法定程序处理，对违反规定的相关部门进行处罚，责令其限期整改，实施经济制裁2宗，上缴县财政2239870.87元。

行政事业性收费年审。采取自查与重点抽查，涉及收费单位39个，收费金额9000多万元，其中检查镇政府9个，涉及收费金额1700多万元。

【举报受理与网络问政】 2014年受理群众投诉（含咨询）35宗，涉及物业管理收费、经营服务性收费以及其他商品价格等方面问题，经调查了解后，及时予以解决，及时答复网民朋友关注的网络问政的各种热点问题，为人民群众解疑排难。

（李雯雯）

工商行政管理

【概况】 县工商行政管理局（以下简称“县工商局”）为正科级建制单位，机关内设8个股室，下辖1个直属行政单位、2个事业单位、4个工商所，依职能代管乳源瑶族自治县消费者委员会、乳源瑶族自治县个体劳动者协会、乳源瑶族自治县私营企业协会等3个社（群）团组织。县工商系统有核定编制96人。3月，机构改革划出流通环节食品安全监管职能、编制16人，县工商系统有核定编制80人，实有在职人数69人。8月，根据《乳源瑶族自治县人民政府职能转变和机构改革方案》，工商、质监、安监、食药监等4个部门合并为县市场监督管理局。2014年，县工商局开展党的群众路线教育实践活动，推进商事制度改革，建立健全市场监管体系，加强机关作风建设，重服务、强监管、固队伍，各项工作取得较好成效。

全县有市场主体共7227户，年度新增市场主体950户，新增注册资本48885.2万元，比2013年增长8.3%和42.7%。其中企业1160户，年度新增129户，新增注册资本46571.57万元，比2013年分别增长28%和79%。个体户5799户，年度新增765户，新增注册资本7438.32万元，比2013年增长148.9%和20.5%。农民专业合作社268户，比2013年下降50%。年度新增56户，比2013年增长0.2%，新增注册资本6065.31万元。

【服务地方经济】 2014年，县工商局实施商事制度改革，推进工商注册便利化，全力提高服务效能，优化投资创业环境。

商事制度改革。推进工商注册便利化，放宽市场准入管制。实行注册资本认缴登记制，放宽注册资本登记条件。精简工商登记审批事项，实现从“先证后照”到“先照后证”转变。仅保留13项前置审批，将其余108项前置审批改为后置审批。改革经营范围登记，提升市场主体经营活动自主性。改革住所（经营场所、营业场所）登记，住所登记申请材料实行形式审查，不再进行场地现场核查。废除个体工商户验照和企业年度检验制度，改为年度报告公示制度。

股权出质和动产抵押登记。拓宽企业融资渠道，共办理股权出质登记28宗，为企业融资95610万元；动产抵押登记41宗，为企业融资25116万元。

商标管理。实施商标品牌战略，培育知识产权文化，促进乳源商标品牌建设，全县辖区内有效注册商标197件，其中驰名商标1件，广东省著名商标5件，年度新申请注册商标14件，通过注册3件。

广告管理。引导广告经营单位或广告主依法经营，全年发放户外广告登记证65份，全县发布户外广告1558条，促进广告业健康发展。

【市场主体监督管理】 市场监管。加大对危害人民群众生命安全、对公众利益构成重大威胁的违法行为查处力度，查处案件48宗，结案39宗，罚没合计27万元，发出责令改正通知书79份，限期办理营业执照通知书29份，引导无照经营者办理营业执照52户。2014年，累计依法核发食品流通许可证1325份。

机构改革。3月31日，根据韶关市人民政府办公室《关于食品药品监管体制改革工作有关问题的会议纪要》、乳源瑶族自治县人民政府《印发关于改革完善食品药品监督管理体制的实施方案和关于卫生和计生部门职能转变及机构改革实施方案的通知》精神，县工商局划出“流通环节食品安全监管职责”职能，并入县食品药品监督管理局。

“红盾护农”行动。检查农药、化肥、种子等农资经营者86户次，出动执法车辆24台次，执法人员96人次。2014年9月，根据省、市工商局部署，开展秋季农资抽样检验工作，全县抽样检测化肥8批次，其中不合格1批次，查扣化肥一批。

【打击无照经营】 开展无照经营行为综合治理，加强公众聚集场所、网吧、危险化学品、烟花爆竹、民爆器材等重点行业企业的监督检查，把好重点行业、高危行业准入关、违法查处关，积极配合有关部门开展安全生产检查工作。加大无照经营行为查处取缔力度，规范市场经济秩序，全年查处无照经营行为8宗。

【开展反不正当竞争执法工作】 开展打击侵犯知识产权和制售假冒伪劣商品行动，查办与人民群众生活密切相关的家用电器、电动车、日用百货、建筑材料等商品的“傍名牌”案件和虚假宣传、虚假表示违法行为，查处销售假冒产品案件3宗、销售侵犯注册商标专用权商品案件2宗、移送公安机关制作假冒注册商标案件1宗。

【打击传销】 开展打击传销和变相传销，加大宣传力度，营造全社会共同打击传销舆论氛围；联合公安部门深入社区、工厂、出租屋等传销易发区域进行排查，保持打击高压态势，震慑传销违法犯罪行为，2014年度未发现传销活动。

【走私综合治理】 开展打击走私综合治理，专项整治与日常监管在重点时段、重点市场、重点商品，开展打击走私冻品、“洋垃圾”等行动，共出动执法人员245人次，执法车辆67辆次，检查市场主体213户次，有力维护良好的市场经济秩序。

【保护消费者权益】 扩大消费维权宣传，3月15日开展主题为“新消法、新权益、新责任”的“3·15”国际消费者权益日宣传咨询活动暨“激情广场·幸福乳源”文艺会演，活动共发放新《中华人民共和国消法》、消费警示等宣传资料3000多份，接待现场咨询280人次，吸引数千名群众观看文艺演出，提升全社会消费维权意识，收到良好的社会效果。处理消费者投诉，共受理消费投诉15宗，办结率为100%，切实维护消费者合法权益。打击“格式合同”霸王条款经营行为，营造公平公正消费环境，查处违法经营行为案件9宗。

（黄寿君）

附：县工商行政管理局领导班子成员名单

局　长：陈日富

副局长：肖业洪（—2014.02）

　　　　蓝希中（—2014.02）

　　　　谭志林

　　　　王伟东（2014.02—）

国土资源管理

【概况】 县国土资源管理局是县人民政府职能部门，负责贯彻执行国家有关土地、矿产、测绘管理的方针、政策和法律、法规，合理利用和保护土地资源。内设办公室、规划用地股、地籍测绘股、耕地保护股、矿产资源管理股（地震股、地质环境股）、执法监察大队、行政审批股等职能部门，下辖5个中心镇国土资源管理所以及事业单位国土资源综合服务中心、土地整治管理中心、土地储备中心。

【土地利用规划管理】 2014年，完成桂头镇新农村、工业污水处理厂、乳城镇新农村等建设项目的调规工作，获得上级部门批准实施。开展正觉禅寺恢复重建项目听证会前期工作。编制银山南岭温泉度假村综合开发项目的规划修改方案和占用多划基本农田方案。

【用地服务】 2014年，上报城镇建设用地4批次，获批面积共902666.67平方米。完成审批集体建设用地213宗，涉及面积共26563.15平方米，其中宅基地207户。完成审批国有建设用地21宗，其中出让9宗、变更10宗、划拨2宗。制订年度土地出让计划。进行县2014年度基准地价更新工作，完成耕地质量等级评价工作。办理建设项目用地预审20宗，预审用地面积123071平方米。

【耕地保护】 编制《乳源瑶族自治县基本农田保护经济补偿省级补助资金发放方案》，制定2012年度基本农田保护经济补偿省级补助资金分配方案，申请2013年度基本农田保护经济补偿省级补助资金。组织复垦游溪镇中联村灾毁农田，复垦农田约42.96公顷，项目总投资为160.41万元，竣工并通过验收确认。修缮《乳源县土地整治规划（2011—2015年）》，获批准实施。向上争取灾毁农田资金200万元，下达给各镇对灾毁农田进行修复。完成韶关市2014年度耕地保护责任目标考核。

【地籍管理】 2014年，完成2013年度土地变更调查工作，约328.23公顷土地发生变更，完成上图并通过检查验收。完成土地登记发证151宗，面积共2702063平方米。其中，土地使用权抵押权23宗，国有建设用地使用权28宗，集体建设用地使用权5宗，宅基地使用权95宗。完成土地登记信息监管系统建设工作，实现与全省土地登记信息系统的联网、共享、查询、审批和监管。开展农村宅基地大比例尺地籍调查和数据库建设工作，完成试点乳城镇云门、岭溪等7个村委的地籍测量工作。

【矿产资源管理】 完成17个新采矿权矿山年检工作，征缴规费238743元；完成益利非金属矿制品厂、尚杰钾长石矿等采矿权的变更延续工作；开展矿业秩序治理整顿工作，分类处理问题，验收矿山企业整改落实情况。对18个勘察项目进行年检，通过县级初检。完成大布镇企石探矿权新立查询工作。加强矿权监管，全年不定期动态巡查108次。

【土地、矿产卫片执法检查】 土地卫片违法图斑61宗，面积19.79公顷，其中耕地面积1.676公顷。违法用地面积占全县新增建设用地总面积的比例为65.2%，违法占用耕地面积占新增建设用地占用耕地总面积的比例为14.81%。立案60宗，其中非立案处理1宗，全部结案。

【巡查执法监察】 建立动态巡查责任制，发现违法用地22宗，上报制止22宗，违法用地面积为10.8公顷，其中耕地面积为1.698公顷。依法查处各类非法开采案件共7宗，立案查处6宗，移交司法机关1宗。

【地质灾害防治】 编制公布《乳源瑶族自治县2014年度地质灾害防治方案》《乳源瑶族自治县突发性地质灾害应急预案》《乳源瑶族自治县2014年度地质灾害隐患点搬迁和治理工作实施方案》，部署防治工作，开展汛期地质灾害隐患点排查，更新在册地质灾害隐患点信息员名单，发布预警信息2500余条，发放“两卡一书”2000多份。验收乳源瑶族自治县中等职业技术学校滑坡地质灾害治理工程项目。完成必背镇必背口村特大型滑坡群地质灾害治理项目主体工程60%。必背镇必背口村7号滑坡地质灾害治理项目全面完工，组织验收。勘察地质灾害点，设计治理方案，并向上申请专项资金。

【高标准基本农田建设】 完成乳源瑶族自治县2014年高标准基本农田建设项目的测绘、规划设计、公开招投标等工作，开展高标准基本农田建设工作，2012年度项目建设任务全部完成，2013年度项目完成总工程量约86.77%，2014年度项目完成总工程量约46.90%。

【土地出让】 全年通过土地招拍挂供地5宗，总面积201530平方米，保障绿之源、扬成铝材等重点项目用地需求。其中“三旧”改造项目1宗，面积约1823.53平方米。

【土地测量】 提供乳城镇、桂头镇“三旧改造”项目测绘技术和地形图等资料，配合各镇人民政府做好征地分户工作，参与富园工业园园区、虞塘坑商住小区等项目的征地分户测量、数据处理工作和挂牌服务。为采矿单位进行采矿权属放样工作。

【城乡建设用地增减挂钩试点】 完成乳源瑶族自治县城乡建设用地增减挂钩试点桂头镇项目区拆旧复垦方案编制工作，通过省国土资源厅的实地踏勘，项目拟复垦整理规模总面积约75.08公顷。协助大布镇政府做好韶关市城乡建设用地增减挂钩试点乳城镇项目区大布镇拆旧垦复工程（第二期），拆旧复垦工程通过县级初验、市级验收。

【土地管理和监管】 报县人民政府批准实施《乳源瑶族自治县新增建设用地指标管理暂行办法》《关于加强县国有建设用地供后监管的通知》《乳源瑶族自治县人民政府关于进一步规范全县土地征收管理工作的通知》《乳源瑶族自治县集体土地审批事项细则》等规范性文件。全年完成1宗闲置土地处置工作。开展储备土地信息监测与监管工作。

【地震管理】 制定《鹰峰社区创建广东省地震安全示范社区实施方案》，向广东省地震局提交《广东省地震安全示范社区汇编材料》。组织在乳城镇鹰峰社区的地震演练；建立文昌公园、体育馆2个地震避难场所；开展防震减灾知识宣传。

【“土地日”宣传】 围绕“节约集约利用土地，转变土地利用方式”主题，开展第24个全国“土地日”宣传活动，设立宣传咨询点，向群众解答关于基本农田保护、集体土地权证发放、农民建房审批程序等方面的问题，向公众宣传讲解土地管理法律法规、办事流程以及地质灾害防治知识，提高珍惜土地意识，营造节约集约用地氛围，使宣传舆论覆盖全县城镇和村组。活动期间，共悬挂横幅15条，接受群众咨询3000余人次，发放宣传资料5500余份，出动宣传车6车次。

【加强公共机构节能】 严格规范节能管理，落实节能目标，在车辆管理、水电节约等方面采取一系列具体有效的管理措施；宣传节能工作，明确具体职责，制定实施方案和管理制度，完成公共机构能耗统计，取得良好成效。

【“数字城市”地理空间框架建设】 完成硬件设备和软件系统的招投标，初步完成系统建设的组织构架，收集村名、山名等兴趣点信息，编制“一村一镇一地图”。 （穆漫云）

附：县国土资源局领导班子成员名单

局　长：秦春苟

副局长：庞胜星

　　　　隆周立（2014.01—）

　　　　曹　瑜（2014.11—）

质量技术监督局

【概况】 乳源瑶族自治县质量技术监督局（以下简称“质监局”）是省垂直管理单位，因食品药品监管体制改革，2014年4月1日，食品安全生产监管相关职能移交乳源瑶族自治县食品药品监督管理局。按县编办要求，新的三定方案出台前，质监局内设机构和人员编制不变，具体如下：办公室（与纪检组、监察室合署）、政策法规股、质量股（稽查队）、标准与计量股、特种设备安全监察股、食品安全生产监察股等6个股室，行政编制12名，行政执法专项编制3名，年末在职在编公务员13人，聘用人员3人。承担全县产品质量安全监管、特种设备安全监察、计量监管、标准化管理和打假治劣等相关职能。重点推进质量强县、实施名牌战略、食品药品监管体制改革、农业标准化示范区、气瓶安全整顿、电梯安全监管改革、民生计量等工作。

【食品安全监管】 截至2014年3月，全县有食品生产加工户共41家，其中有食品生产许可证的企业9家，食品生产加工小作坊32家。1—3月，开展食品安全生产日常巡查、食品安全接待日、春节期间食品安全生产专项检查、食品添加剂专项检查等工作，共出动巡查132人次，接待来访群众158人次，解答群众咨询食品安全问题7宗。2—3月期间，蓝松天然饮品有限公司和东阳光电化厂通过食品生产许可证复审考评，韶关佳佰乐食品有限公司通过食品生产许可证评审工作。根据《关于食品药品监管体制改革工作有关问题的会议纪要》《乳源瑶族自治县人民政府印发关于改革完善食品药品监督管理体制的实施方案和关于卫生和计生部门职能转变及机构改革的实施方案》等文件，4月1日，原由质监局负责的生产环节食品安全监督管理职责划转至乳源瑶族自治县食品药品监督管理局，质监部门不再办理涉及生产环节的食品经营许可、质量安全和监管工作的相关投诉、举报、政府信息公开申请以及申诉、信访、行政复议申请、业务咨询等业务。

【质量强县】 全县获得工业生产许可证企业3家，产品品种是氯碱（2个）、食品用塑料包装容器工具等制品。获得3C认证（中国强制性产品认证制度，英文名称China Compulsory Certification，英文缩写CCC）企业1家，产品品种有汽车前风窗用夹层玻璃2个系列。

2014年，规模企业或重点产品生产企业实行分类管理，对工业企业类生产企业实行分类管理，经核查评分，全县3家获证企业，分别评定为A级2

家、B级1家。开展验配眼镜企业等级评定工作，建立完善验配眼镜生产加工企业档案，经核查评分，县城4家眼镜配制企业分别初评定为B级3家、C级1家。

创新质量发展体制机制，做好生产企业日常质量监管，制定完成抽样检验计划，全年产品质量定期监督抽查企业共19家，抽查52批次，合格52批次。实施质量强县名牌战略，2014年，乳源东阳光集团被韶关市人民政府评为“争创名牌先进企业”称号。

【特种设备安全监察】 全县有特种设备使用单位156家，在用特种设备共1717台（套），其中锅炉35台、压力容器708台、电梯212台、起重机械297台、厂（场）内机动车48台、压力管道共414套，气体充装单位5家，属于重点监控使用单位6家，设备数量64台，在用特种设备定期检验率在95%以上。

系列专项整治和定期监督检查。2014年，开展岁末年初定期监督检查，实施特种设备安全大检查暨压力管道安全专项检查、液化石油气质量安全专项整治行动和县场（厂）内机动车辆、气瓶安全、电梯安全的专项整治以及建筑施工起重机械预防坍塌事故专项整治“回头看”等一系列专项整治工作，共出动检查人员325人次，检查特种设备使用单位156家，检查特种设备599台（套），发现一般事故隐患192台，发现重大事故隐患49台，整改设备事故隐患179台，发出安全监察指令书16份。全县特种设备安全形势稳定，未发生等级以上的安全事故，无人员伤亡，达到预期的目标。

提高应对突发事件处置能力。全县各企业的压力容器和场内机动车作业人员66人，参加特种设备作业人员培训、考试或复审。为检验液化石油气、天然气、安全危化品等重点监控特种设备安全事故应急救援预案的科学性、实用性与可操作性，提高企业应对突发事件处置能力，增强特种设备从业人员的自我保护意识和公共安全意识，质监局联合乳源东阳光集团、乳源瑶族自治县安顺达管道天然气有限公司、乳源瑶族自治县柏炎液化气有限公司等企业，组织3次安全事故应急处置演练活动。

【计量管理】 系列计量执法检查。开展春节前民生计量专项监督检查、农资计量专项执法检查、机动车安检机构监督检查、液化石油气充装站计量执法检查、加油站计量监督检查等一系列计量执法检查，全年检查在用计量器具384台（套），没有发现违规现象。其中实施民生计量专项监督检查6次共查计量器具789台（套）、定量包装商品监督检查20次共查商品20批次、民用“四表”专项监督检查共查计量器具2683台（套）。监督协助技术机构，完成全年国家强制检定的工作计量器具检定工作，其中免费对集贸市场、医疗机构的在用计量器具进行检定，完成检定计量器具2500台（套）；计量器具强检工作，共检定计量器具3987台（套），含加油机571枪、衡器2729台、压力表687个。

计量宣传、监督检查活动。5月，按照上级文件精神结合实际制定《乳源瑶族自治县质监局2014年“5·20”世界计量日宣传活动实施方案》，组织开展计量日现场咨询活动、计量开放日、计量执法检查等系列活动。以节能降耗为重点，向企业宣传《用能单位能源计量器具配备和管理通则》，对辖区内重点耗能企业进行能源计量监督检查，协助县经促局开展全县公共机构能源计量器具专项监督检查。

推进企业计量体系建设。全年帮助5家企业完成三级计量体系确认工作，全部取得三级计量保证体系确认合格证书。

【标准化管理】 标准应用与体系研究。2014年，开展采用国际标准和国外先进标准业务，全年新增采标项目2项。3月22日，完成广东省油茶农业标准化示范区的考核验收工作，示范区以93.10分通过省考核组的验收。

代码业务。办理代码业务2324宗，其中代码新办283宗，年检1064宗，换证525宗，变更170宗，注销64宗，迁出1宗，推广组织机构代码数字证书217个。

条码业务。新增商品条码系统成员4家，续展2家。

企业标准审查登记。审查企业标准5个，办理企业标准备案5个，产品执行标准登记12个。

【打假治劣】 围绕农资、建材、儿童用品、特种设备、民生计量产品等领域，实施“创建平安乳源”“质检利剑”活动。先后组织打假专项行动有“2014年元旦、春节期间打击假售假联合行动”“农资产品联合执法检查”“五一国际劳动节打假专项行动”“中秋打假专项行动”“国庆打假专项行动”。组织系列专项打假执法行动有“质检利剑儿童用品打假行动”“特种设备执法检查”“生产许可证执法检查”。专项与执法两项行动共派出执法人员620人次，检查企业215家次，立案12宗（其中食品抽检不合格案件3宗、计量不合格案件2宗、条码不合格案件3宗、未按安全技术规范进行气瓶充装案件1宗，使用检验不合格的特种设备案件1宗、涉嫌销售假冒商品条码、许可证编号和无许可证、商品条码商品案件1宗，隐匿厂名、厂址及没有产品检验合格证的产品案件1宗），结案13宗（1宗为2013年立案），罚没收入共7.737万元。

【地理标志产品保护】 全县有彩石打磨加工门店20多家，销售门店300多家，基本实现设立原料入货及销售台账，按照地方标准《地理标志产品乳源彩石》（DB44/T 928—2011）的生产加工要求，统一采用规范名称“乳源彩石”。规范地理标志的申请、印刷、发放、使用等程序，实行统一管理，登记备案。全年授权发放“乳源彩石特许经销”牌匾10个，累计发放30个，发放“乳源彩石”国家地理标志保护产品标志标签1800个，累计发放3600个。《中国质量万里行》杂志在2014年11期中对“乳源彩石”等韶关地标产品进行专题宣传报道。

（吴　思）

附：县质量技术监督局领导班子成员名单

党组书记、局长：章钢生

党组成员、副局长、纪检组长：陈三福

党组成员、副局长：黄志鹏

安全生产监管

【概况】 县市场与安全监管局（挂县安全生产委员会办公室牌子）是县政府工作部门，负责全县安全生产、文体旅游与农业市场监管、执法等工作，属正科级单位。内设办公室、规划法规股（县安全生产应急救援指挥中心办公室）、安全监督管理一股、安全监督管理二股、安全监督管理三股（职业安全监督管理股）、文体旅游与农业市场监管股、市场与安全行政综合执法大队（副科级）7个职能股室，人员编制20名，后勤服务人员3名。

2014年，全县发生生产安全事故58起，死亡6人，受伤18人，直接经济损失152.97万元。其中：工矿商贸企业发生生产安全事故1起，死亡1人，受伤0人，直接经济损失80万元；生产经营性道路交通事故13起，死亡5人，受伤18人，直接经济损失22.162万元；消防事故44起，死亡0人，受伤0人，直接经济损失50.81万元。

【构建“党政同责、一岗双责、齐抓共管”格局】 持续全面推行安全生产“一岗双责”制度实施，实行党政“一把手”负总责，分管领导直接负责，其他领导共同抓的安全生产工作责任制，构建“党政同责、一岗双责、齐抓共管”的安全生产工作格局。4月25日，在县政府中心会堂召开全县安全生产工作会议，各镇、县安委会成员单位及部分重点企业共95人参加会议。会上，县政府与各镇、县安委会成员单位及重点生产经营单位签订《安全生产责任书》，明确各镇、各单位部门的年度安全生产工作目标任务、监管责任，层层落实安全生产责任制。在2013—2014年的全市安全生产责任制考核中，乳源瑶族自治县被市安委会考核评为“优秀”等次。

【宣传教育】 在全县广泛普及安全生产法律法规知识和安全常识，提高全民安全生产意识和素质。以职业健康宣传周、安全生产月等活动为载体，以“强化红线意识，促进安全发展”为主题，2014年5月31日，在县经济开发区民族工业园举行开展安全生产宣传咨询日活动，现场设立咨询台，发放安全法律法规、消防安全知识、交通安全常识、安全科普知识、职业健康、防汛减灾、全民应急避险安全知识等宣传资料，向员工集中宣传“坚守红线意识”的深刻内涵和安全生产法律法规及安全常识，营造浓厚的安全生产和食品安全氛围，提高全民安全意识，全县共悬挂安全标语80余条。

【安全标准化建设】 开展以岗位达标、专业达标和企业达标为内容的安全生产标准化建设，落实企业安全生产主体责任与安全标准化工作紧密结合，对企业实行全员、全过程、全方位的安全生产管理，加大政府对生产经营企业的监管力度，明确企业主体责任，推动企业安全生产工作的制度化、规范化建设，提高企业的安全生产管理水平。截至12月，全县有2家危险化学品生产企业、14家固定储存设施的经营单位（含加油站）、1家烟花爆竹批发经营企业等完成标准化三级评审和达标，7家非煤矿企业开展标准化评审工作，26家（其中规上企业22家）工贸企业开展及完成标准化，共50家开展安全生产标准化企业。

【安全生产专项整治】 按照"全覆盖、零容忍、严执法、重实效"的总要求，开展八打八治"打非治违"、隐患排查治理等专项整治行动。制定《矿山安全治理整顿专项行动工作方案》《危险化学品重点企业安全生产攻坚工作方案》等文件，与县国土、公安、交通等职能部门联合行动，重点对未经安全条件审查建设的项目、证照过期未及时换证、安全生产指令执行情况、无证上岗情况、制度和操作规程、应急预案建立完善情况和安全设备设施配备情况的非煤矿山、危险化学品、烟花爆竹等重点行业企业加大执法检查力度，打击非法违法行为，有效预防和减少生产安全事故的发生。2014年，检查各类生产经营单位688家，发现一般隐患357条，完成整改349条，整改率97.76%；对存在无证上岗、安全意识不足、设施设备设计安装不符合行业标准等违法行为的3家经营企业进行处罚，处罚金额共计30.2万元。

【安全生产应急管理】 6月，开展安全生产月活动，组织危险化学品、烟花爆竹、公共场所消防安全等企业开展应急预案演练活动，全县举办演练21次，直接参与演练人员达5231人次。12月10日，县安委会会同县应急办及县委宣传部、县公安局、县安监局、县交通局等19个职能单位举行化工基地危险化学品事故应急救援演练，模拟位于东阳光氟有限公司氟化氢储存罐区一处氟化氢泄漏，事故在应急救援指挥部的统一指挥下和各应急救援成员单位的相互配合准确处置下，人员得到有效疏散，伤员得到及时救助，泄漏得到有效控制，现场秩序良好，较好的发挥综合应急救援的整体效能。通过演练，磨合队伍、明确职责，确保应急救援工作时刻处于战备状态，遇到突发事件能"拉得出、攻得上、打得赢"。

【职业卫生监管】 2014年，确定危险化学品生产企业、家具制造业、石材加工业等为职业卫生工作重点行业，开展专项督查行动。重点对企业从业人员职业健康体检、职业卫生制度、防护用品的配备使用以及开展职业卫生"三同时"（必须与主体工程同时设计、同时施工、同时投入使用）、职业病危害项目申报、职业卫生基础建设等进行督查。截至12月，检查企业50余家，发现各类职业卫生问题100余条，全年累计有15家企业完成职业危害因素现场检测评价，4家企业通过职业病危害预评价审查，4家企业完成职业卫生现状评价，3家企业通过职业病防护设施设计专篇审查，1家企业完成职业病防护设施竣工验收。

【文体旅游市场监管】 根据文化、体育和旅游市场的不同特点，加大日常及节假日期间的监督检查和行政执法力度，重点对旅游景区、旅行社和星级宾馆的安全生产责任、旅行社用车安全、消防设施设备、游乐设备设施、突发事件应急预案、用电用气安全等存在的问题进行排查和整治。"五一"国际劳动节期间，与公安局联合开展网吧专项整治行动，查处3家网吧违规经营行为，对接纳未成年人上网的网吧进行处罚。截至12月，全县经工商部门登记注册的文化经营场所共68家，其中网吧7家、KTV歌舞娱乐场所8家、游戏机室4家、音像制品销售店9家、印刷厂7家、书店32家。

【农资市场监管】 2014年，以抓好农资打假专项整治、健全管理制度和规范经营行为为重点，加大农业市场的监管力度。开展以种子、化肥、农药为重点的农资市场专项治理行动、联合执法行动，严厉打击制售假冒伪劣农资和严重坑害农民利益的违法违规行为。3月19日，联合打假成员单位进行春季农资市场打假专项行动，查处13起涉嫌违法行为，货值约0.92万元。7—9月，联合县农业局开展农资市场打假“夏季百日”行动，查处1起涉嫌违法行为，查获37瓶质量浓度不达标的高效氯氟氰菊酯乳油农药。（胡雪莲）

附：县市场与安全监管局领导班子成员名单

局　长：陈　凯

党组书记：文胡胜

副局长：赵云天

　　　　袁振谦

国有资产管理

【概况】 县明源国有资产经营有限公司（简称县明源公司），成立于2004年1月。内设办公室、企财审计部、资产经营部等3个职能部门。是由县政府出资设立的资产经营有限公司（国有独资公司），主要以独资、控股方式从事国有资产产权经营和资本运作的企业法人，是县政府授权的国有资产运营机构（国家授权投资的机构），对政府授权范围内的国有资产直接行使资产受益、重大决策、选择经营者等出资者权利，承担国有资产保值增值责任。

【国有企业改革】 2014年，通过县人民法院，破产管理人严格按照《中华人民共和国企业破产法》等国家有关法律法规，逐项开展县建材厂的破产工作，资产挂牌拍卖工作按规定程序向社会公开挂牌出让。12月，累计与4家困难国企共240名职工解除（终止）劳动关系，清缴历年社保欠费1000万元，发放工龄补偿金292万元。

【国有资产监管】 建立国有企业财务管理制度，确保财务监管落实到位。将县民族水泥厂的废旧设备依法交由县公共资源交易中心向社会公开挂牌出让。

【国有资产运营】 完成对县食品公司桂头食品站9300平方米土地进行“三旧改造”申报工作，提高土地利用率。调剂资金，偿还桂头民贸公司在农业银行贷款的100多万元，每年节省利息约10多万元。通过招商引资，对县金叶公司的大布新烟站实行整体租赁。（闫　静）

附：县明源公司领导班子成员名单

党委书记、董事长、总经理：沈鸿标

党委副书记、纪委书记、副总经理：丘华忠

党委委员、副总经理：林建伟

党委委员、工会主席：池火生

党委委员：李志强

审　计　工　作

【概况】 根据《关于印发乳源瑶族自治县人民政府职能转变和机构改革方案的通知》，2014年8月，县审计局由原县监察和审计局划出，单独履行职能。设定编制12名，其中行政编制10名，后勤服务人员2名。

【县级预算执行审计】 完成2013年的县级预算执行和其他财政收支的审计。完成县地方税务局2013年度税收征管情况和契税征管情况的审计。通过审计规范预算分配秩序，促进财政规范管理，重点审计财政收支真实性，对审计发现的各种问题如实披露，提出相应的建议。审计结果表明：县财税部门认真贯彻落实县委、县政府的计划和工作安排，加强财税协调，提高征收质量，不断夯实财政基础，实现财政收支平衡、略有结余的目标，财政收支完成年度预算。

【专项审计项目】 完成的专项审计项目有：2013年城镇保障性安居工程跟踪审计，2012年度“两会”经费审计调查，2012年至2013年度体育彩票公益金专项审计，2013年度社会抚养费征收、分配、管理、使用情况审计调查，各镇村便民服务站建设启动资金管理和使用情况审计调查，县土地开发整理中心2002年至2012年政府投资的补充耕地开发项目资金收支情况审计。

【财务收支审计】 完成县慢性病防治站、县人民政府驻广州办事处、县财政局、县地方公路站等4个单位的财务收支情况审计。

【经济责任审计】 根据县委组织部委托，完成5个单位经济责任审计工作。审计出部分单位存在财务管理不规范等问题，主要表现在会计核算不够规范，使用票据不当，违规报销电话费，部分资产未登记固定资产账，财务支付手续不够完善等，针对存在问题，提出审计处理意见和建议。

【上级交办的审计任务】 完成对广乐高速公路沿线乐昌段及武江段征地拆迁资金的拨付、使用情况的审计调查工作。抽调3人次参加审计署组织的国土土地出让金审计工作和审计厅组织的经济责任审计工作。（文慧云）

附：县审计局领导班子成员名单

局　长：温　存（2014.12—）

党组书记：禤贵香（—2014.11）

　　　　温　存（2014.11—）

副局长：丘勇生

　　　　邝显华

农业·农村·气象服务

农　业

【概况】 2014年8月，根据《关于印发乳源瑶族自治县人民政府职能转变和机构改革方案的通知》，划出县农林局的农业管理职责、县城建水务局的水务管理职责以及县市场与安全监管局的生猪定点屠宰监管、农业市场监管和执法职责，整合设立县农业局。11月，根据《关于县政府工作部门机构设置调整问题的通知》，县农业局划出水务管理职责。县农业局挂县委农村工作办公室，内设机构11个，下设机构23个。县农业局机关行政编制23名；渔政大队专项编制8名；农产品质量安全监督检测站参公编制10名；动物卫生监督所事业编制8名；农业技术推广中心事业编制17名。

【农村经济】 全县发放种粮补贴、禁渔补贴、能繁母猪补贴等强农惠农补贴资金2068.67万元。农作物播种总面积21867.76公顷，其中粮食播种面积12267.28公顷，全县粮食总产量5.95万吨；肉类总产量11539万吨，水产总产量2456吨，禽蛋产量865吨。全年农业总产值10.99亿元，增长4%；农民人均纯收入9600元，增长13%。

【现代农业】 加强农技推广服务体系建设，投入资金160多万元新建东坪、游溪、必背等3个镇的农技站，维修改建一六、桂头、大桥、洛阳和大布等5个镇的农技站。实施配方施肥面积12333.95公顷、引进新优品种17个、推广先进实用技术11项，其中特色甘薯引种及其地膜栽培技术应用、粤北冬种马铃薯黑膜覆盖自然出土综合栽培技术等2个项目获市科学技术进步奖三等奖。与华南农业大学合作开展岭溪竹丝李良种选育工作，建设繁育示范推广基地13.4公顷，选育的岭溪竹丝李通过广东省农作物种子审定委员会审定，被命名为岭溪李，为乳源首个用地名命名的水果品种。遴选培育科技示范户560户，聘请技术指导员56人，建立农业科技示范基地3个，推广水稻“控肥、控病虫、控苗”施肥、绿色食品（蔬菜）栽培、病虫害统防统治等技术10项，实施进村入户指导5100多人次。利用科技直通车开展科技咨询活动16场次，举办培训班65期、培训农村实用人才和示范户农户4000人次。大力推进农田水利项目建设。完成一六镇、游溪镇的高标准基本农田建设任务，新增高产稳产农田1533.41公顷。

【新型农业经营主体】 乳源瑶族自治县加大农民专业合作社、农业龙头企业、家庭农场、种养大户等新型农业经营主体的扶持力度。截至12月底，全县有农民专业合作社266家（含国家级农民专业合作社示范社1家、市级农民专业合作社示范社6家、县级农民专业合作社示范社13家，家庭农场16家，较大规模的农业企业25家，省级农业龙头企业2家、市级农业龙头企业5家、县级农业龙头企业10家）。其中，2014年新增的有农民专业合作社56家，家庭农场16家，市级龙业龙头企业2家。冠华公司被农业部认定为全国主食加工示范企业（第三批）；金珠农业科技有限公司乳源分公司被省农业厅认定为广东省大花白猪（梅花猪）保种场，其生产的梅花猪被评为2014年广东省名牌产品（农业类）。11月21—23日和11月28—30日，分别在县城和东莞市长安镇两地举办农特产品展示展销推介会，展示300多种名优特农产品，现场销售金额128.1万元，签订意向合同一批，洽谈订单金额322.8万元，提升乳源瑶族自治县农产品知名度与竞争力。

【农产品质量安全】 2014年实施项目4个，建成县级农产品质量检测实验室、桂头农技站农产品质量检测实验室、畜牧水产局水生动物质量检测实验室和动物卫生监督所动物防疫实验室。坚持做好防疫检疫工作。全年接种家禽禽流感疫苗104.19万羽，鸡新城疫免疫注射68.42万羽，猪口蹄疫疫苗25.8万头次，牛口蹄疫疫苗9980头次，羊口蹄疫疫苗9653头次，猪蓝耳病疫苗25.7万头次，猪瘟疫苗25.8万头次，犬狂犬病疫苗1200只次，全县重大疫病强制免疫率超过98%；每天对县城上市的80多头肉猪和500多只家禽进行查证检疫，及时查处销毁病害畜禽，确保上市畜禽产品健康无疫。定期对全县主要的蔬菜生产基地、大型超市、农贸市场的蔬菜进行采样检测，全年抽检蔬菜、水果样品2510个，其中农药残留超标样品56个，合格率97.8%。

【农村集体三资管理】 2014年争取省级资金500万元，用于三资服务体系建设。在完善9个镇级便民服务中心建设基础上，依托县政务服务体系一体化应用平台，启动农村集体三资管理服务平台和农村集体资产资源交易平台建设，全面开展农村集体三资清理、登记、录入工作，建立农村集体“三资”信息库。全县资源信息7798宗，面积188609公顷，其中耕地信息780宗，面积95533.8公顷；林地信息6631宗，面积177742公顷；物业资源9.1万平方米，其中：办公楼面积3.7万平方米，厂房面积3.9万平方米，商铺面积0.48万平方米；经济合同信息280宗。在9个镇的会计代理服务中心设立农村财务监管平台，在102个行政村实行“村财务镇代理”的基础上，对村民小组推行“组账镇代记”工作。全县有收入的村小组519个，资金收存288个村小组，存入银行存款694.3万元。477个村小组完成结算并实现电脑记账，完成率达91.91%。通过提升农村三资服务体系建设，实现农村三资管理制度化、规范化、公开化，把民主理财、民主监督落到实处，为创建全国三资管理示范县工作创造条件。

【减轻民负】 严格执行村民“一事一议”筹资筹劳管理办法，分别在全县9个镇14个村委会实施村级公益事业建设一事一议财政奖补工作，争取省级以上财政奖补资金530万元，完成村内道路硬底化项目10个，村道总长20.93千米，村内小型水利设施项目4个，水利设施总长14.7千米（其中：村内水渠5.14千米，村内安全饮水管线9.56千米），完成洛阳、游溪两个镇6个村30户农民负担监测网点抽样调查统计工作。

【土地流转】 2014年，全县涉及9个乡镇20村委共流转农村土地3341.27公顷，占耕地总面积36.51%，占家庭承包经营耕地面积38.39%。按土地流转形式划分出租1132公顷、转包264.53公顷、转让100.8公顷、互换417.6公顷、其他形式1426.33公顷，按流转去向划分流转一般农户2715.4公顷、流转农民专业合作社和家庭农场以及专业大户481.53公顷、流转农业企业144.33公顷，按流转期限划分5年以下2556.33公顷、6—10年154.94公顷、11—20年320公顷、21—30年310公顷。

【新农村建设】 完善9个镇级便民服务中心建设，建立102个村级便民服务站，在各镇和102个村委中聘请126名三农协保员。依托镇农办和畜牧兽医水产站建立9个镇级“三农”保险服务站，开展政策性水稻、玉米保险、能繁母猪保险、承保理赔服务等项目。按乳桂沿线幸福村居示范片和第三批名村示范村建设实施方案实施的游溪中心洞政研新村、一六高元新村等8个幸福村居（名村示范村）示范点建设任务基本完成，整合投入移民搬迁、农房改造、太阳能推广和名村示范村建设等涉农资金3715万元，建成新房247套、村巷道5910米、排水渠6120米、安装自来水入户管网10500米等。11月，成功申报“五彩瑶乡”省级新农村示范片项目，取得省财政壹亿元资金支持，着重以省道250线（乳桂公路）为新农村发展项目轴线，选取沿线村庄，建点、连线、成片打造“宜居、宜业、宜游”的新农村。

（赖月新）

附1：县农林局领导班子成员名单

局长、党委副书记：李玉明

党委书记、副局长：江会宽

党委副书记、纪委书记：邓良福

副书记：李茂文

党委委员、副局长：陈日华
宋治华
李少灵
王明煌
莫胜华
李颖兴
党委委员：李金照
邹仁娇
马甫团
党委委员、县公安局森林分局局长：吴志俭

附2：县农业局（县委农办）领导班子成员名单

局　长：秦正京（2014.11—，其间始任党委书记、县委农办主任）
县委农办副主任：王明煌
莫胜华
副局长：李少灵（党委委员）
李颖兴（党委委员）
朱益坚（2014.12—）
党委委员：李金照
马甫团

2014年乳源瑶族自治县粮食作物生产统计表

表2

统计量 粮食	播种面积（亩）			亩产（公斤）			总产量（吨）		
作物	2013年	2014年	增长率（%）	2013年	2014年	增长率（%）	2013年	2014年	增长率（%）
稻谷	126249	125535	-0.57	360	382	6.11	45448	47908	5.41
玉米	18745	18855	0.59	210	192	-8.57	3939	3613	-8.28
番薯	14800	16885	14.09	220	202.3	-8.05	3256	3416	4.91
大豆	12827	12625	-1.57	139	152.3	9.57	1783	1923	7.85
总计	172621	173900	0.74				54426	56860	4.47

2014年乳源瑶族自治县经济作物生产统计表

表3

统计量 粮食	播种面积（亩）			亩产（公斤）			总产量（吨）		
作物	2013年	2014年	增长率（%）	2013年	2014年	增长率（%）	2013年	2014年	增长率（%）
蔬菜	69208	72932	5.38	1067	1057	-0.94	73864	77078	4.35
花生	28257	28500	0.86	140	139	-0.71	3964	3949	-0.38
烟叶	11281	9775	-13.35	133	135	1.5	1504	1316	-12.5
总计	108746	111207	2.26				79332	82343	3.80

林　业

【概况】 乳源瑶族自治县林业局内设机构6个，直属单位1个，下属事业单位13个。2014年，林业工作围绕县委、县政府确立的“生态立县”发展战略和“加快生态发展、建设美丽乳源”的战略目标，结合省委、省政府推进新一轮绿化广东大行动的要求，积极推动乳源国土绿化、创新森林资源管理模式、深化林业产权制度改革，促进生态林业和民生林业的发展，夯实加快发展生态基础，提升森林生态环境承载力。因森林结构不尽合理、生态公益林补偿标准较低、林权矛盾纠纷易发多发。

【生态工程建设】 奋力推进以森林碳汇、森林进城围城、生态景观林带、乡村绿化美化等“四大工程”重点工程为代表的林业生态工程建设，完成造林3866.7公顷，其中由政府推动完成工程造林1733.3公顷，引导社会资本参与造林2133.3公顷。森林碳汇工程完成造林1666.7公顷，森林进城围城工程建成森林公园4个，完善生态景观林带66.7公顷，累计22公里，乡村绿化美化工程完成21个村庄示范点建设。积极开展生态公益林扩面工作，建成省级以上生态公益林82733.3公顷，占全县林地面积52%，生态公益林补偿标准提升至285元/公顷。

【林政管理】 全县森林覆盖率达到77.82%，森林活立木总蓄积量达到748万立方米，两项指标实现“十二五”林业双增目标，连续6年净增长。审批森林采伐6.83万立方米，以桉树工业原料林消耗为主，全面收紧天然阔叶林商业性采伐，未审批任何一宗天然阔叶林采伐。在省核定的林地占用征收定额内，严格审核各种征占用林地行为，共办理永久性征占用林地6宗，占用林地52.8公顷，许可办理临时性征占用林地3宗，规模为3.9公顷。

【林业社会服务】 实施造林补贴项目和森林抚育补贴等林业强农惠农项目，造林补贴主要针对农民自主造林和林业经营主体造林，实施规模1666.7公顷，补贴标准为3000元/公顷；森林抚育补贴主要针对农民造林后续管理，实施补贴1333.3公顷，补贴标准为1425元/公顷。开展林业贴息贷款，贷款林农18家，贷款总额9967万元。继续推进政策性森林保险，生态公益林全部投保，商品林中投保38000公顷，保险覆盖面占全县林地面积74%，农民和各种林业经营主体积极投保，有效转移和分散林业生产长周期各种不确定因素带来的风险。社会造林总规模23333.3公顷，建成工业原料林、速生丰产林等各式林场，经营方式和经营主体逐步走向多元化。形成林业专业合作组织6个，建成和达到一定规模的林下经济示范基地6个，为林下经济的快速发展奠定良好的基础，大大拓展林业发展和创业增收的空间。

【集体林改】 2014年，乳源瑶族自治县被确定为全省20个深化集体林权制度改革重点县之一，在深化“明晰产权”改革任务期间，积极推进林业经营、管理等各种制度创新，为社会投资林业、人民群众发展林业创造高效便捷的社会环境和制度环境。通过县、镇、村三级的共同推动，完成深化集体林权制度改革，全年新增林地确权林地6866.7公顷，完成生态公益林确权发证，林改中县、镇、村三级共解决林权争议54宗，解决争议面积2666.7公顷。引导群众在法制框架内进行林权流转，大力推行林地租用合同和林权流转合同范本制度，林地林权逐渐向造林大户、企业、专业合作社等新型经营主体集中，全县流转林地总规模达到45533.3公顷，占商品林面积59%。全年流转林地124宗次，总规模为18000公顷。鼓励农民和各种经营主体积极利用林业发展融资优惠政策，参与林权证抵押贷款和林业贴息贷款，增强融资创业能力，全年累计开展林权证抵押贷款31宗，涉及林地面积12000公顷，贷款金额3.3亿元。

【平安林区建设】 2014年开展打击盗伐滥伐林木违法犯罪，“2014”天网、利剑，打击非法破坏野生动物等林业执法专项行动，打击破坏林地、林木、野生动植物、森林火灾案件等违法犯罪行为，检查清理木材加工企业25家。2014年，受理涉林案件102起，其中立林业行政案件80起，查处80起，林业行政处罚143人次，收缴木材358.7立方米，立刑事案件23起，破11起，移送起诉2起3人。开展绿盾检疫执法专项行动，清查木材加工点24个，积极开展松材线虫病等春、秋季虫情普查，实施监测面112000公顷，清理松树等各类疫木400多株。结合深化林改确权发证和矛盾纠纷化解年活动，县山林调处办调处案件18宗，解决争议林地1066.7公顷。严格落实森林防火责任，出台《乳源瑶族自治县封山育林护林员管理办法》，狠抓全县各镇护林员队伍的管理，组织举办9场森林防火和护林员管理专题培训班，大力推行农事用火“三集中”制度和炼山审批作业制度，加大森林防火宣传力度，利用设立宣传牌、短信、印制传单等形式加强宣传，建立森林火灾案件有奖举报制度，形成全社会参与森林防火的浓厚氛围，发生森林火灾2起，受害森林面积21.2公顷，森林火灾受害率0.13‰。

【林业简政放权】 便民利民服务事项全部进驻县行政服务中心，建立林业服务窗口，成立局行政审批股，重新理顺各项审批事项和服务事项的服务流程和办结时限，简化程序。取消林木经营许可和“三有”保护野生动物经营许可，取消征收义务植树绿化费和野生动物保护管理费。成立全县林木采伐小组，由各乡镇和林业部门的多部门联合审批，审批情况全部在县政府政务网站公开，做到采伐管理的全流程公开。省内木材运输证办理全部下放至乡镇一级，实行属地管理，联网开展办证。取消林业产权交易中心，将林业产权交易纳入县公共资源交易中心，农村集体林地、林木资源交易纳入村级集体资源、资产交易平台，生态公益林补偿金纳入农村“三资”监管范围。 （黄鹏辉）

附：县林业局领导班子成员名单

原县农林局党委副书记、局长：

李玉明(—2014.11，主持县林业局全面工作)

党委书记、局长：唐保生（2014.11—）

党委委员、副局长：陈日华（2014.08—）

宋治华（2014.08—）

范永兴（2014.12—）

党委委员、县公安局森林分局局长：

吴志俭（—2014.11）

南水湖湿地公园管理

【概况】 广东乳源南水湖湿地公园地处广东省乳源瑶族自治县县城西南16公里的东坪镇境内，地理坐标为北纬24°39′45″—24°58′57″，东经113°08′01″—113°12′30″，南向北呈狭长形廊道走向。整个湿地公园东西垂直长约为10.0公里，南北垂直宽约为18.7公里，规划总面积为6283.7公顷，主要包括南水湖水库及周边区域。湿地公园分为南水湖湿地保护保育区、山溪入库口湿地保育区、环库湖滨森林生态缓冲保育区、湿地生态功能展示区、湿地体验区、服务管理区等功能区。南水湖湿地及周边地区植被类型多样，物种丰富，共有植物2400多种，其中国家级珍稀保护植物35种和省级保护植物2种；有野生脊椎动物438种，非脊椎动物有3000种以上，其中有国家级保护动物34种，广东省重点保护动物13种。南水湖及其周边的以人工湿地与森林组成的复合湿地生态系统在南方地区具有较强的典型性和代表性。

乳源瑶族自治县乳源南水湖湿地公园管理处属县政府直属正科级事业单位，于2012年8月8日正式挂牌成立。管理处核定编制为15人，其中主任1名、副主任2名、股长4名、站长1名，2014年年底在职人数为11人。

【湿地保护和恢复工程建设】 完成湿地公园界桩埋设工程，埋设界碑6块、界桩120个。聘请5名巡护人员，加强对湿地公园范围内乱砍树木、乱采沙石、乱捕鸟鱼等破坏生态行为的巡查工作。对6公里的环湖绿道进行树种植被的绿化，种植桂花树1500棵、枫树600棵。对受破坏的边坡进行再植树2公顷，完成生态敏感区域30公顷封山育林工作。

【湿地监测和科研工程建设】 完成对稀有动植物和南水湖野生动物疫源疫病监测记录的工作。邀请华南农业大学专家教授对南水湖生物多样性进行调查，完成《广东乳源南水湖国家湿地公园自然资源综合考察报告》《广东乳源南水湖国家湿地公园野生动物图鉴》《广东乳源南水湖国家湿地公园植物彩色图鉴》等调查成果的编撰工作。

【湿地基础和服务工程建设】　初步完成科学展览馆、科研监测绿道、湿地公园广场和植物园、亲水平台长廊、湿地保护管理站等基础设施建设。在湿地公园内设置标志牌15块、法律法规宣传牌16牌、宣传标语19块、交通指示牌6块和建成21米的宣教长廊。

【湿地的科普宣教工程建设】　利用小册子、宣传栏等新媒体传播方式宣传湿地公园规划建设和生态保护、湿地文化和瑶族文化。深入周边村庄宣传国家有关湿地公园生态保护的法律、法规和方针、政策，共发放2万余份宣传标语和宣传资料。组织开展2014年“我爱南水湖”征文比赛。

（彭云成　何仕超）

附：乳源南水湖湿地公园管理处领导班子成员名单

主　任：李茂文

副主任：李建宏

农　业　机　械

【概况】　乳源瑶族自治县农业机械管理局，为县人民政府直属正科级公益一类事业单位。主管全县农机安全监理、农机推广工作。内设办公室、农业机械监理股、农业机械管理股，定编11名，在职人员9人。其中局长1名，副局长2名，股长（主任）3名。乡镇聘用农机员8名。

【党的群众路线实践教育活动】　按照县委工作部署，从2014年2月24日开始，在县委第八督导组的指导下，按照“照镜子、正衣冠、洗洗澡、治治病”的总要求，紧紧围绕“为民、务实、清廉”的活动主题，聚焦形式主义、官僚主义、享乐主义、奢靡之风等“四风”突出问题，扎实完成学习教育、听取意见，查摆问题、开展批评，整改落实、建章立制三个环节的工作任务，达到预期的目标。

【农机化推广】　继续做好农机推广化工作，严格按照《广东省2014年中央财政农业机械购置补贴实施方案》规定的程序做好受理申请、申请确认、对象公示、机具核实，资金拨付各个环节工作，做到执行政策不走样，确保政策的严肃性和统一性。2014年，全县有349户提出申请，受理资金154万元，使用补贴资金154万元，受益农户349户。其中补助购置大中型拖拉机9台，小型拖拉机64台，联合收割机12台，耕整地机械291台/套，植保机械1台，畜牧水产养殖机械15台。12月累计全县拥有各类型拖拉机2224台，收割机114台，插秧机21台，拖拉机配套农具4921台（套），农业机械总动力78750千瓦，比2013年增长12.3%，万亩耕地动力达4740千瓦。

【农机服务】　做好农机春耕和夏耕工作，县农业机械管理局派员下到基层一线，动员农户做好备耕前的机车检修保养。全县检修各类农机具500多台。组织人员深入春耕和夏耕生产中，指导农户应用农机化新技术，提升农机作业水平，发挥农机在春耕和夏耕生产中的主力军作用。在“双夏”期间，全县投入联合收割机87台，机收面积2200公顷；投入插秧机20台，机插秧面积253公顷。

【农机监理】　科学制定提高“三率”（上牌率、检验率、持证率）及降低农机安全生产事故的工作方案，落实安全生产责任制，与机手签订安全生产责任书，确保安全监管措施落实到位，全年检验拖拉机1468台，年检率66%，上牌率94%，持证率73%，全年无发生农机安全事故。

【安全生产】　县农业机械管理局积极开展“农机安全生产年”活动，2014年，按照县安委会部署，组织“安全生产检查督查”活动，派出监理人员深入田间地头，开展农机安全隐患排查，完成排查联合收割机68台次，纠正违章17台次。开展农机安全生产执法和治理行动。完善农机安全生产各项制度，联合县公安交警和县安监局联合对拖拉机及其驾驶人各种违法和违章行为的排查治理，严厉打击拖拉机非法载人、无牌行驶、无证驾驶等严重违法行为，保障拖拉机作业安全和道路行驶安全。开展农机安全生产执法和隐患排查整治工作。学习农机事故情况通报，吸取重特大农机事故教训，切实加强源头管理，做好农机安全生产工作，加大排查隐患力度，坚决杜绝重特大农机事故发生，全面推动农机化事业安全发展。 （蔡秋婷）

附：县农业机械管理局领导班子成员名单

局　长：马汉标

副局长：谢建明

　　　　陈胜华

扶　贫　工　作

【概况】 2013年，县扶贫开发领导小组办公室随县机构改革调整，归口县委农办、农业局管辖，与县扶贫开发“规划到户责任到人”领导小组办公室（简称县“双到”办）合署办公。行政编制5名，其中主任1名，副主任2名，内设综合股、项目股、财务股等3个职能股室，在职人员12人。

乳源是广东省3个少数民族自治县和21个扶贫开发重点县之一。新一轮扶贫开发全县有31个重点帮扶村，其中省直和中直驻粤单位帮扶8个村、东莞市帮扶10个村、市级单位帮扶5个村、县级帮扶8个村。相对贫困户2594户、8863人（其中有劳动能力的2113户、8020人）。2014年，按照省市的统一部署和要求，全力推进新一轮扶贫开发工作的纵深发展，累计投入帮扶资金10080万元，完成贫困村帮扶项目367个，完成贫困户5600个帮扶项目。2014年年底贫困家庭人口年人均纯收入达到5700元，比2013年增长19.8%；贫困村农民年人均纯收入达到7000元，比2013年增长29.5%；全县农民年人均纯收入达到9400元，比2013年增长14%；贫困村集体收入平均每村达到7万元，帮扶成效明显。

【责任落实】 根据广东省委、省政府关于新一轮扶贫开发“双到”工作的部署，县委、县政府高度重视，充分认识扶贫“双到”工作的重要性，切实加强领导，落实党政“一把手”负总责的扶贫工作责任制，“一把手”亲自抓，分管领导具体抓，其他领导协助抓。成立县、镇、村新一轮扶贫开发工作领导小组，各级党政一把手挂帅，亲自指挥。充实扶贫开发机构工作力量，镇级明确有专人负责扶贫开发日常工作，优化人员配置，落实工作经费，稳定扶贫队伍，确保有人干事，有钱办事。实行县、镇党政领导定点联系扶贫制度。县委常委各联系一个镇的扶贫工作，县四套班子领导落实挂点联系相对重点帮扶村、户和面上扶贫工作。有帮扶任务镇的班子领导落实挂钩联系点和农户，每个重点帮扶村有镇领导和一名干部跟踪、协调。

【产业帮扶】 围绕扶贫开发的各项经济发展指标，即贫困人口年均收入、贫困村群众年均收入、全县农民年均收入要求达到当年全省农民年均收入的45%、60%、75%以上，村集体年收入要达到5万元以上，全力打造三大产业带：平原区乳城镇至桂头镇生态农业观光长廊、石灰岩山区京港澳高速公路特色产业带、深山区高山茶、中草药产业带。发展优质蔬果2000多公顷、品牌养殖1万头、瑶族特色村寨8个、瑶家乐、农家乐15个等。建成高山蔬菜基地12个，面积800公顷，黄烟733公顷。建立高山茶基地533公顷，中药材500公顷。引进20多个农业龙头企业，培育农民专业合作组织135个。

【民生工程】 成功申报“五彩瑶乡”省级新农村示范片建设。完成县政府承诺的实事、好事：建设乳桂公路沿线幸福村居示范村8个，改建农村低收入住房困难户住房690户，完成“两不具备”村庄搬迁安置824户。投入资金1360万元，完成建设的村道硬底化建设项目有27个，共46.2公里；投入2620万元，完成农田水利建设项目44个。投入资金760万元，实施饮水安全项目13个。建成雕子塘瑶族新村、高元新村、乌石岭新村和塘头安置新村等8个新农村建设示范点。 （许井养）

附：县扶贫办领导班子成员名单

主　任：莫胜华

副主任：陈见星

　　　　侯桂辉（—2014.12）

水　利

【概况】 2014年11月26日，根据《关于县政府工作部门机构设置调整问题的通知》，撤销县城建水务局，设置县水务局，为县政府工作部门。内设办公室、财务审计股、工程管理股、水政水资源股（行政审批股）、水保农水股（规划计划股）、农电管理股、水库移民办公室、防汛防旱防风指挥部办公室等8个行政股室，下设水政监察大队、机电排灌管理总站、水土保持监督站、引杨水利管理所、大桥中心水利管理所、双口水利管理所6个下属事业单位。年末有干部职工114人，其中具有中级职称的5人，初级职称的33人。

【加强党风廉政建设】 强化教育，全面提高干部、职工党风廉政建设意识。3月20日，联合县人民检察院结合实例组织开展预防职务犯罪专题讲座，对全体干部职工勤政廉政思想方面进行一次警示教育。开展六五普法教育，加强反腐倡廉法制宣传，推进党员干部学法守法用法，提高法律素养，学习廉政法制知识，树立和增强法治信仰，确保人民权力在法律的范围内运行，为人民谋利益。

【党的群众路线教育实践活动】 2月21日，县水务局召开“开展党的群众路线教育实践活动动员大会”，教育实践活动期间，全局抓好查摆、梳理和开展整改工作，积极解决联系服务群众“最后一公里”方面的问题11个，涉及饮水，农田灌溉、水圳，小山塘和小堤防等密切关系群众生产生活范围。完成3座小山塘的除险加固工作和修建水渠6500米，确保农业农户的生产生活用水。

【重点工程建设】 小水电扩容增效。2014年，完成招标21宗小水电扩容增效项目工作，其中完成4宗改造任务，完成下达中央、省补助资金共6000万元，其中泉水电厂增效扩容改造项目补助资金2736万元。

水毁水利工程恢复重建。2014年，广东省水利专项修复补助资金1500万元，完成修复小山塘16座、陂头12座、水圳2.2公里、小堤防5处，农村饮水工程49处，恢复供水人口1.6万人。引杨、双口两中型灌区恢复供水，保障灌区农田用水，其中对引杨灌区的部分严重受损灌渠进行简单通水修复后再全面修复。

石漠化水利工程。石漠化综合治理水利项目主要分布在大桥镇红云片，总投资1100万元，截至2014年12月，完成工程量的85%，其中完成小山塘除险加固5座，改造渠系33公里，整治陂头1座，维修蓄水池35个，新建机耕路1条。

小型灌区改造。2014年，全县8宗小型灌区改造项目主要分布在大桥、一六、桂头、洛阳4个镇，总投资1600万元，完成渠系改造140公里，恢复重建陂头11座。

河流综合治理。落实南水河（岭溪段）综合治理、杨溪河大桥段综合治理和大东河修复等山区中小河流水灾修复试点县工作，总投资8310万元，到位中央、省补助资金4100万元。新街河治理项目完成上报省水利厅。完成一六镇、大布镇、桂头自来水扩网等3宗村村通自来水工程的前期设计工作。

【防汛抗旱】 汛前安全大检查。2月27日—3月3日，深入各镇、各大中小型山塘、水库等水利工程进行汛前安全大检查，强化防汛安全责任制落实，防汛值班通信和汛期24小时值班制度，督促各镇防汛指挥机构到岗到位。

1—9月，全县总的降雨量为1333.2毫米，月最大降雨量为362.4毫米，出现在5月，月最小降雨量为7.2毫米，出现在1月。2月8—15日，受强冷空气影响，气温急剧下降，境内大桥镇、必背镇、洛阳镇、大布镇等出现冰冻雨雪天气，导致部分地区出现冰冻灾害。全县25300人受影响，受灾林木面积为30.67公顷，受灾蔬菜面积为100公顷，农村饮水工程饮水管道损坏17.5公里，主要是山区农村使用的硬塑管14.0公里受损比较严重。经济损失约为569万元。5月16日20时—17日12时，受强降雨影响，游溪镇普降大雨到暴雨，雨量达85.1毫米，由于降雨集中，强度大，导致柳坑河沿线水淹农田20公顷，水浸房屋32户128间，约150人受影响。经济损失约为45万元。

【依法治水】 3月22—28日，在政府广场及各镇区开展《中华人民共和国水法》《中华人民共和国防洪法》等法律法规的宣传。以世界水日、中国水周等活动为载体，对水事法律法规进行有效宣传，出动宣传车11车次44人。组织职工观看《人水法》36人/2次，手机发送短信1000多条，张贴宣传标语500多条，派发宣传资料500多份，派发法规小册子100多份，悬挂水法宣传条幅14条，翻新固定标语7条，大力宣传水利法规，增强全社会的水法制意识。4月，对辖区内河道、采沙场以及水利工程实施等执法巡查，组织检查活动8次（其中水库检查2次，河道检查6次），参加检查人员共30人次（共检查河道4条，水库2个）。5月28日，联合公安、国土部门开展执法行动，强制拆除武江河塘头段遗留采砂设备3处。依法征收水资源规费850万元，堤防维护费1340万元。全年共发出责令违法行为通知书13份，信访回复2份、缴费通知2份、限期清理1份，补办手续1份。

【水资源管理】 完成一年一度的水资源简报、水资源管理年报、水资源公报、水务年报的上报统计工作。更新取水许可登记系统。注销取水许可证1宗，新发取水证1宗，水资源论证2宗，更换取水许可证18套。督促河道外取水户安装取水计量表。完成10宗县管河道河砂开采权的许可审批和水事调解工作。2014年未发生水事纠纷。

【水土保持】 开发建设项目编制水土保持方案及审批。抓好探矿、房地产开发、工业园区等开发建设项目编制水土保持方案报告书（表）、水土保持专项设计、水土保持监督工作的落实。备案乳源大布风电场工程水土保持方案报告书，发出责令补编水土保持方案6宗、责令改正的2宗、补办变更手续的1宗。

【安全生产】 做好水利安全生产及消防安全工作，坚持“安全第一、预防为主、综合治理”的方针，实行各级领导干部安全生产“一岗双责”制度；党政领导干部安全生产“一票否决”制度和责任追究制度；开展安全生产法规宣传教育工作，认真学习贯彻《水利安全生产知识》及贯彻宣传新《中华人民共和国安全生产法》，增强安全防范意识。定期召开县水利系统安全生产工作会议，分析、研究、解决本单位本系统的安全生产问题。切实做好水利水电工程汛前检查、深化落实安全生产责任制。

【水库移民管理】 完成落实移民后扶资金直补政策。全年足额发放大中型水库移民后期扶持资金共742.69万元，受益移民群众13539人，维护移民群众的切身利益。加强移民基础设施建设，共用中央后扶和省属资金751.53万元投资建设：三通一平14处，环境整治3处，饮水管网6.8公里，修建渠道8.1公里，文化室336平方米，维修公房（厅）7宗，其他修建陂头、护墙、洗衣台等工程14宗，改善移民交通和生产设施状况，加强移民信访稳定工作。

（李惠英）

附1：县城建水务局领导班子成员名单

局长、党委副书记：朱芬亭

党委书记：吴文伟

党委副书记、副局长：赵安贵

副局长：谭堂奎

雷振宇

张纯忠

江土金

李珊娜

党委委员：陈　惠

附2：县水务局领导班子成员名单

党委书记、局长：李加武（2014.12—）

党委副书记、副局长：赵安贵

党委委员、副局长：雷振宇

副局长：李珊娜

气　象　服　务

【概况】 乳源瑶族自治县气象局（简称县气象局）是基础性、科技型社会公益事业单位，实行上级气象主管机构与本级人民政府双重领导、以上级气象主管机构领导为主的管理体制。内设办公室、业务股2个职能股室；下设直属事业单位防雷设施检测所。管理县突发事件预警信息发布中心、县人工影响天气管理中心、县防雷减灾管理中心3个地方气象机构。2014年12月完成，乳源瑶族自治县突发事件预警信息发布中心机构的法人、组织机构的登记工作及银行基本户的开户工作，5名工作人员列编到位。截至12月，在职人数19人，中级专业技术岗位7人，初级专业技术岗位3人。

2014年，县气象局以气象现代化建设为中心，继续巩固和提高基础业务质量，大力推进气象防灾减灾工作，深入推进全省气象综合管理体制改革，加强农村气象信息体系建设，围绕乳源经济建设和社会发展，推动乳源气象事业又好又快地发展。

【气象灾害】 2月8—14日，受强冷空气影响，乳源瑶族自治县气温急剧下降，大桥、必背、洛阳等高寒山区出现冰冻雨雪天气，导致霜、冰冻灾害的发生。5月16日20时—23日14时，受高空槽前的西南暖湿气流和切变线、弱冷空气的共同影响，乳源瑶族自治县出现暴雨到大暴雨的强降水过程。这次强降水过程没有造成大的灾情。9月中后期至10月底出现秋旱，持续无有效降水，维持长时间高火险天气，乳源瑶族自治县部分镇出现不同程度旱情。2014年强对流天气频发，造成多起雷电灾害。全年出现雷暴日65天，强雷电致使部分镇出现家用电器、电器设备、房屋等受损。

【气象服务社会】 2014年，地面观测和天气预报各项指标均达到省、市气象局的目标管理要求，预报质量稳步提高；向县委、县政府和有关部门发出《天气报告》39期，《重大气象信息专报》5期，《重大气象信息快报》3期，春运专题预报3期，高考专题预报1期。发布预警信息275次，发送决策气象服务短信近60期，共15000多人次；全年实施3次人工增雨作业，效果明显，有效缓解旱情和降低森林火险等级。

开展一系列为农气象服务新工作。截至12月，维护121个农村气象LED显示屏。在气象灾害监测预警系统建设方面，新建区域自动气象站共4个，建设完成区域自动气象站21个，站网布局更加合理化。6月，县气象局与县农业局签订直通式为农服务合作方案，与广东宝华农业科技股份有限公司开展油茶种植直通式气象服务，定期发布油茶气象服务专报。

【防雷减灾监督检查】 2014年，县气象局加强防雷社会化管理，将防雷安全列入日常巡查制度，加大对防雷重点单位的管理力度。7月18—24日，县气象局联合县公安局、县城建水务局、县经促局、县市场与安全监管局开展气象灾害防御暨防雷安全设施“三同时”（是否与主体工程同时设计、同时施工、同时投入生产和使用）大检查。全年检测验收单位23个，发出整改意见11份，新建防雷装置设计审核17宗、竣工验收18宗，开展雷击风险评估13宗。

【安全宣传】 3月，县气象局在县政府广场开展“3·23”世界气象日科普宣传活动，宣传气象防灾减灾知识和气象法律法规，为过往市民免费派发气象宣传资料，提高公众对气象的认知度及防灾减灾能力，努力增强全社会的防灾减灾意识。6月16日，县气象局和县安监、县消防等部门，在东阳光公司举办2014年安全生产宣传咨询日活动，为东阳光公司员工宣传气象知识。（赖晓琳）

附：县气象局领导班子成员名单

局　长：徐小红（2014.01—）
副局长：徐小红（—2014.01，主持全面工作）
　　　　王玉宝（2014.02—）
　　　　曾德松（2014.05—）
　　　　邵桂珍（—2014.06）
纪检组副组长：周中意（2014.06—）

畜牧兽医水产

【概况】 县畜牧兽医水产局为县农业局管理的公益一类事业单位，副科级，加挂乳源瑶族自治县防制重大动物疫病指挥部办公室牌子，内设局办公室、行政审批股、畜牧兽医兽药饲料管理股、水产管理股等4个股室，核定事业编制16名，后勤服务人数2名，2014年年底在职人数为16人。下属9个镇畜牧兽医水产站，核定事业编制21名，7月面向社会公开招聘2名专业技术人员，年底在职人数为12人。

【畜牧业】 全年生猪存栏9.5万头（其中能繁母猪1.01万头），出栏13.63万头；牛存栏4655头，出栏2755头；羊存栏4675头，出栏3150头；家禽存栏52.96万羽，出栏55.35万羽；肉类总产量10539吨，比2013年增长7.54%；禽蛋产量869吨，比2013年增长0.12%。

【水产业】 全县水产放养面积为4976公顷，水产生产总量2456吨（其中养殖产量2232吨），产值2824万元，比2013年增长4.6%、4.84%和5.49%。三角鲂、叉尾鮰等优质鱼类产量1363吨，产值2300多万元。

【重大动物疫病免疫】 2014年，完成家禽禽流感免疫104.19万羽，实际免疫率99.96%；鸡瘟68.42万羽，实际免疫率为99.85%；猪瘟免疫25.8万头次，实际免疫率为99.6%；猪口蹄疫免疫25.8万头次，实际免疫率为99.6%；猪蓝耳病免疫25.7万头次，实际免疫率为99.5%；牛口蹄疫免疫0.998万头次，实际免疫率为99.85%；羊口蹄疫0.9653万头次，实际免疫率为99.85%；犬狂犬病免疫注射0.12万头次，免疫率达19.7%；全年未发生区域性重大动物疫情。

【动物疫病监测】 印发《乳源瑶族自治县2014年动物疫病监测方案》，完成监测血清样品1600多份，完成省、市下达的监测采样送检样品1500份。2014年，猪口蹄疫病免疫抗体合格率约为86.7%，鸡新城疫免疫抗体合格率84.3%，禽流感病免疫抗体合格率99%，猪高致病性蓝耳病免疫抗体合格率73.3%，猪瘟免疫抗体合格率71.1%，牛羊口蹄疫病免疫抗体合格率75%，达到农业部要求。

【H7N9流感防控】 禽类H7N9流感防控形势严峻，县畜牧兽医水产局于2月24日召开H7N9流感防控工作会议，要求各镇做好H7N9流感防控，实现“两个零”，即人感染零发生、禽感染零发生的目标，会议印发《关于切实加强禽类H7N9流感等动物疫病防控工作的通知》。抽检禽血清180份、口腔拭子50份，对免疫抗体不合格群体进行及时补免，县境内未发生H7N9流感疫情。

【质量安全监管】 定期对全县7家兽药经营企业进行督查，重点检查GSP（《兽药经营质量管理规范》）制度落实情况，未发现违法经营兽药的企业；在大水产品质量安全监督检测方面，完成省、市水产质量安全检测部门布置的抽检任务，并自行完成30个样品检测，合格率达100%。全年利用圩日发放和张贴水产苗种产地检疫宣传资料300多份、制作悬挂横幅20多条，出具“动物检疫合格证明”18份，其中A证1张，B证17张，检验鱼种200多万尾，检疫项目主要为草鱼出血病、淡水小瓜虫病等。

【项目储备、申报和管理】 2014年，畜牧水产业被列为县重点项目的有源冶农牧公司、银盈坳和俊彬养殖场建设，水产业方面被列为县重点项目的有新新农业发展有限公司生态健康名优鱼水产品养殖项目。组织申报2014年广东省生猪标准化规模养殖场建设项目、《乳源县水产养殖规范用药示范区建设项目》《乳源县水产品质量安全执法示范区建设项目》等，目标是建设高效、生态综合性的工厂化、机械化生产示范场和利用优质水资源进行生态草鱼养殖。

【污染减排】 县畜牧兽医水产局密切配合环保局定期对列入计划的规模养殖场进行督查，引导畜禽养殖场按照国家环境保护管理规定和技术要求，推动畜禽清洁生产，指导养殖户对粪污进行综合治理，切实转变养殖方式。全县19家规模养殖场中泰丰、源冶、兴源、俊业、银盈坳、俊彬6家养殖场采用“鼓励模式·四”，其余13家采用“鼓励模式·五”进行污染减排工程建设。全县列入计划的19家规模养殖场中有18家规模养殖场通过省级核查验收。

【技术培训】 县畜牧兽医水产局牵头举办多期科学养殖技术培训班。5月11日，举办“乳源瑶族自治县猪场无害化处理、节能减排及瘦肉精危害知识讲座”。6月4日，举办“乳源瑶族自治县渔业防灾减灾、减灾复产培训班”。7月17日，举办“乳源瑶族自治县水产品质量安全培训班”。7月25日，举办“乳源瑶族自治县生猪健康养殖及畜禽、水产质量安全监管培训班”等，全年参加畜禽养殖培训人数380多人次，水产养殖培训人数320人次，发放技术资料800多份。

【名优鱼类养殖技术推广】 推广山区高密度流水养殖杂交鲟的健康养殖技术以及苗种的培育技术，以填补南水水库网箱养殖清除以后优质鱼类的产量，以特色养殖为基础，保持县水产品的竞争力和知名度，优质鱼类养殖得到可持续的发展。实施推广水库有机鱼生态养殖和山区小水库网箱养殖黄颡鱼、南方大口鲶，高密度流水养殖虹鳟。大桥、大布等镇推广稻田养殖禾花鲤30万尾，乳城、一六、桂头等镇推广养殖台湾大鳅，养殖面积约20公顷，投放鱼苗100多万尾。

【政务服务体系建设】 根据《乳源瑶族自治县加快推进政务服务体系建设的实施方案》《关于在全县具有行政审批职能的部门设立行政审批股的通知》要求，4月成立行政审批股，制定行政审批管理制度，对单位的行政审批事项进行清理。接受县政府网上办事大厅业务系统应用培训2次，接受培训人员12人次。网上办理“动物防疫条件合格证”6份、“兽药经营许可证”1份，“水产苗种生产许可证”2份，年审“水域滩涂养殖使用证”260多份，核发9份，水面面积400多公顷，主要是大、中型水库养殖。

【党的群众路线教育实践活动】 3月3日，县畜牧兽医水产局召开党的群众路线教育实践活动动员大会。围绕“照镜子、正衣冠、洗洗澡、治治病”的总要求，制定《乳源瑶族自治县畜牧兽医水产局深入开展党的群众路线教育实践活动实施方案》，采取集中与自学相结合的方式，学习《党的群众路线教育实践活动学习文件选编》等系列文献资料，收看《基石》《四风之害》等多部正反面警示教育片。通过发放征求意见表、设立意见箱、“一对一”谈心交心等形式，征集意见建议25条。深入开展调研，领导班子执笔撰写对照检查材料。集中整治涉农领域侵害群众利益行为。加大对涉农补贴政策的宣传力度，把涉农政策宣传推进到镇村一级。

【农技推广】 全县23名技术指导员带领指导230户农户进行畜牧水产方面技术推广工作；投放8万元种子、化肥及禾花鲤鱼苗到佳华禾花鱼农业科技试验水产示范基地；购买发放物化补贴物资（中猪大宝、卫康、脱霉灵等）61607元。

【能繁母猪保险、补贴】 印发《2014年能繁母猪投保、理赔实施要求》等资料150多份。截至12月，全县政策性能繁母猪保险累计承保3739头，赔付371头，赔付金额达37.1万元，赔付率165.37%；发放2012年能繁母猪饲养补贴资金126.23万元。

（文建峰　林　琳）

附：县畜牧兽医水产局领导班子成员名单

局　长：李金照

副局长：邓桂展

　　　　莫世雄（2014.04—）

渔　政

【概况】 广东省渔政总队乳源大队为县农业局直属正股级行政执法单位，业务工作接受广东省渔政总队指导，主要负责渔业行政执法工作，2014年，行政编制8名，实有人员8人。

【开展党的群众路线教育实践活动】 2014年，渔政大队开展党的群众路线教育实践活动，于3月28日，召开动员部署会，参加局党委关于群众路线的会议和观影活动10余次。在各部门开展自学和“边学边查边改”工作，广泛地了解渔民意见建议，查摆问题。渔政大队积极下乡前往桂头、龙南等渔民聚居地考察调研，深入基层听意见解矛盾。

【禁渔期工作】 4—6月，是禁渔期。渔政执法人员深入沿江村社开展武江禁渔期工作，召开动员会3次，参会人员21人次，共出动宣传检查车10余车次，42人次，共散发禁渔传单文件资料100余份，悬挂标语2幅。经核实和公示，对119户渔民，共238人，统一发放2013年度禁渔补助26.18万元，圆满完成禁渔补贴发放工作。

【渔船安检】 不定期对江边渔船、码头进行检查。重点检查渔业船舶的船体性能和安全状况，对渔用灯具、救生衣、救生圈、消防和安全通信设备等安全用品配备情况进行排查，做好渔业船舶安全检查记录工作。向全县126艘渔船发放包含其所有渔船信息的IC卡和电子标签，实现渔船的信息化管理。于2014年，向全县持有捕捞证的船舶船员发放船用救生衣252件，增强渔民自身安全防范能力。

【执法巡查】 2014年，乳源大队为严厉打击一切破坏渔业资源的违法捕捞行为共出动执法人员22人次、执法船艇8艘次、车辆14辆次开展专项执法行动。行程约150余公里，对南水水库相关水域进行拉网式检查，重点检查打击南水水域的非法捕捞行为，专门对水库里的螺旋网进行清理整治。共销毁螺旋网3张，总长达到1200多米。

【渔业船员培训】 8月，乳源大队联合乐昌大队在乐昌市农业局举办渔业船员培训班，42名学员参加培训和考核，提高渔业船员安全生产技能，保渔船船员持证上岗。

【渔业增殖放流、互保及油补】 8月，乳源大队在桂头、七星墩两地举办渔业资源增殖放流活动，共投放鱼苗70多万尾。积极引导渔民参加渔业互助保险，实现参保渔民252人，办理船东互保，有效地化解渔业生产风险。2014年，乳源大队共发放渔业柴油补贴资金18万余元，补助渔船126艘。

【宣传教育】 2014年，乳源大队采取发放宣传单、悬挂横幅等方式，开展野生动物保护、生态环境等知识宣传教育，并对自然保护区开展不定期执法巡查行动，实现自然保护区宣传执法全覆盖。

（刘　雅）

附：渔政乳源大队领导班子成员名单

大队长：李颖兴

教导员：单　军

副大队长：赵兴辉

工　业

电力工业

【概况】　广东电网韶关乳源供电局（以下简称“乳源供电局”）内设有办公室、人力资源部、财务部、市场营销部、计划建设部、生产设备管理部、安全监管部、监察审计部、党群工作部等9个职能部门，输变电管理所、电力调度控制中心、物流服务中心等3个二级机构，按照“一镇一所”的原则设置9个供电所，3个配电运维中心。有员工358人，其中硕士研究生1人，硕士学位4人，本科学历76人，获得专业技术职称共有87人，其中中级职称13人。

【安全生产】　以安全管理为基础，以规范化管理为抓手，以客户服务为目标，有效地提高一线人员的灾害应对能力及避险意识，实现“三个杜绝、两个确保、一个减少”的年度安全生产目标。2014年乳源供电局未发生人身事故事件，未发生四级及以上电力安全事故事件和设备事故事件，实现年度安全生产目标。企业安全生产顺利通过外部审核，达到三类水平，连续安全运行累计3380天。安全生产工作得到上级认可，被评为南方电网公司2014年度安全生产先进集体。

【经营情况】　乳源供电局管理总用电户7.3万户，全年完成供电量15.21亿千瓦时，比2013年增长6.34%，完成售电量15亿千瓦时，比2013年增长7.89%。2014年电费回收率100%，旧欠电费回收率100%。综合线损率1.37%，比2013年下降1.42个百分点。各项经营指标排在全省县级供电企业前列。

【电力供应】　2014年全口径供电可靠率为99.967%，比2013年提高0.022%，有效保障瑶族文化活动等重大节日的正常供电。圆满完成台风“威马逊”支援海南抢修复电工作，获得上级嘉奖。全口径用户年平均停电时间2.89小时，比2013年下降2.11小时，降幅达44.14%。全口径综合电压合格率99.98%，比2013年上升0.43%，超过省公司99.08%的指标要求。

【电网建设】　动工兴建110千伏桂头变电站，完成110千伏浩天变电站的征地和220千伏变电站的规划工作，为促进乳源县域经济发展起到极大的推动作用。积极跟踪城区、各工业园区负荷发展，及时做好电网规划滚动修编与实施，“十三五”规划稳步开展。基建规范管理活动和样板工程建设不断深化，在全省配网综合评比中排名第六，10千伏岩口线新建工程在省公司基建竣工阶段评比结果排名第三，被授予“安全、优质、文明”样板金质工程称号，此项工程进入申报南网优质工程程序。率先完成2014年配网规划，获得配网规划评审总分排列韶关市8个县级子公司第一的成绩。

【规范化建设】　狠抓供电所规范化建设和台区规范化建设，取得阶段性成果，在2014年县级供电企业规范化建设工作考评中，乳源供电局综合得分为903.53分，在全省排名第四，被省公司认定为“规范化县级供电企业”，游溪供电所和桂头供电所在全省99个供电所考评中排名分别为第一名和第四名。

【优质服务】　改进客户服务方案，形成“基建为生产、生产为营销、营销为客户”的全方位服务体系，有效落实“客户需求传递、客户服务协同和客户服务评价”三项机制。推进电压质量专项整治工作，突出抓好主配网联动的综合停电、转供电管理和快速复电机制，农村用户平均停电时间3.15小时，比2013年减少2.25小时。深入推进客户全方位服务体系建设，充分发挥客服班的服务调度和服务监督职能，常态化开展客户满意度电话回访，累计成功访问客户3456户，满意率为96%。第三方客户满意度得分95分，比2013年大幅提升11分，在全省排名第一。

【人才技能比武】 以“岗位大练兵、技能大比武”工作为契机，强化员工岗位胜任能力，在韶关供电局举办技能大比武中，乳源供电局获得抄核收、装表接电、配电、输电4个专业第一名，在广东电网公司举办配电专业技能大比武的52个参赛单位中，乳源供电局分别获得团体和个人三等奖。鼓励基层首创，积极参与QC、PSGC等活动。基建研究课题获省公司基建QC成果发布“三等奖”；《石灰岩地区杆塔护墩及拉线的改进》及《提高电杆转运的装置研究》两项课题入围网公司基建金点子初赛；在韶关PSGC活动中，4个课题获三等奖、1个课题获优秀奖。2014年岗位胜任能力合格率达100%。

【党建企业文化】 党建带团建、促工建作用充分发挥，局党委被评为“韶关供电局先进基层党组织”，团委被授予广东电网公司2013年度“五四红旗团委”称号。积极打造文化品牌，建设具有乳源供电局“瑶山乳水”特色的“家”“船”企业文化。2014年10月，被授予“南方电网公司首批服务文化示范单位”荣誉称号，成为全南网226个县级子公司唯一一个获此殊荣的县级子公司。

（吴世韶）

附：广东电网韶关乳源供电局党政领导班子成员名单

局长、党委副书记：刘继松
党委书记、副局长：刘孟宁
纪委书记、工会主席：谢世军
副局长：林梓先
　　　　阙胜和

银　源　公　司

【概况】 县银源水电有限责任公司，系县属国有独资有限责任公司。公司按经营管理职能设置行政、财务、生产技术安全监察和政治思想工作4个职能部，下设泉水水电厂、（县城）自来水分公司、桂头自来水分公司、电产管理分公司、龙谷电站和鹰咀石电站6家分公司，以及官溪水电有限公司、上狮水电站和污水处理厂3家子公司。在职员工507人，其中中专（技）以上学历270人，专业技术人员150人。退休人员193人。

2014年，受干旱天气及龙谷电站复建、泉水水电厂实施增效扩容改造工程影响，公司收入下滑。实现发电量1.5亿千瓦时、售电量1.47亿千瓦时，分别完成年计划的93.3%和93.4%；制水量1340.2万吨、售水量861.2万吨，分别完成年计划的111.3%和96.6%；工业产值9139.74万元，完成年计划的94.07%；销售收入8265.82万元、利润总额1472.52万元、上缴税金1690.73万元，分别完成年计划的96.40%、80.31%和92.23%；上缴财政利润1500万元，完成年计划的83.4%；支付县委基层办、桂头镇政府、广东粤水水电发展有限公司等单位股份分红270万元。

【安全生产管制】 组织相关人员参加电工、水工、特种设备或化验等资格认证培训；安排泉水水电厂技术管理人员，跟班参与增效扩容改造工程的技术协调、设计评估、安装与调试工作；开展以“强化红线意识，促进安全发展”为主题的安全月活动，组织观看“生命的红线”教育片，观摩污水处理厂应急演练，举行安全生产征文比赛、安规考核等，强化提高员工的安全业务技能；对生产设备、设施进行日常巡查和维护，完成泉水大坝坝后交通桥悬臂梁、观测通道、左岸危岩处理；调整改造鹰咀石电站变压器运行，该电站超额完成年售电计划的10.89%；投入80多万元，完成泉水大坝水平位移激光监测系统的改造、官溪水电公司#3机组大修以及县城水厂一、二级泵站检修等冬修、专项维护项目。

【供水服务】 配合环保部门建立饮用水源地保护制度，打破服务界限，促进城乡供水一体化，完成县城周边788户、桂头一六镇540户农户的通水；将报装报修、收费业务移入行政服务窗口，简化申办程序；做好管网日常查漏和维护工作，维修大小管道漏点418处；对高压配电室进行技改，为桂头水厂配置应急发电机和抽水机，保障正常供水。

【污水截污减排】 抓好设备管网日常运行维护，加强在线监测，确保减排数据得到上级认可；在邹屋村管网段加设3座检查井，封堵沿江路、财政局等4处市政排污口，将其污水引至截污管网；配合鹰峰西路排水渠改造等市政工程，增设截污支管3公里。完成生活污水处理量478万吨，削减COD433吨、氨氮41吨、总磷15吨，处置污泥670吨，实现污水费收入344万元，完成年计划95.6%。

【县城路灯管护】 以能源合同管理模式，投入1498.75万元，完成县城道路及县体育馆照明LED灯改造，每年节约电度70万千瓦时、电费和材料费支出60多万元。2014年7月1日起，县城路灯交付东莞市百分百科技有限公司维护管理和缴交电费，合同期限为10年；新建文昌南路、新一小等道路路灯55杆；维修路灯、彩灯故障650余项，更换被盗及损坏线路1.1公里，更换开关125个、彩灯电源37个、数控器15个、灯管250条；建立智能控制室，实现对县城路灯进行远程监控，确保路灯亮化率达98%以上。

【工程项目建设】 投入1188万元，完成桂头水厂至一六、游溪镇供水主管道19.5公里的敷设；申请获得中央、省财政支持，筹措资金4514.22万元，正式实施泉水水电厂增效扩容改造工程，2014年12月开始设备安装调试；筹资1200万元，兴建完成龙谷电站水毁恢复工程；先后申请两期各500万美元和600万美元贷款，其中一期工程完成施工设计和预算编制、审核，二期工程完成可研编制；启动完成经济开发区污水处理项目的立项和设计工作。

【党的群众路线教育实践活动】 2月21日，印发施行《银源公司深入开展党的群众路线教育实践活动实施方案》。组织班子成员和中层管理人员参观市反腐倡廉基地，观看《生命线》《四风之害》等教育片和警示片。召开各级班子专题民主生活会，按“红红脸、出出汗、排排毒”的精神，开展批评与自我批评。进行体验式活动，帮助鹰咀石电站、上狮水电站增设入站、进车间的路灯，解决长期以来影响员工上夜班安全的隐患；投资10万元，铺设供水管道至上狮水电站，解决该电站多年来员工饮水难的问题。围绕建立作风建设长效机制，梳理有关制度，修订《公务用车管理办法》《接待用餐规定》《董事会议事规则》《党委议事规则》《工程建设采购项目管理与招标办法》《公司厉行节约反对浪费规定》等规章。

【员工队伍管理】 发展新党员2名。全面与员工签订劳动合同，按规定缴交“五险一金”。设置意见箱、召开座谈会、工作调研等形式，疏通员工诉求、反映渠道。关爱员工身心健康，定做、发放工作服；组织员工体检；慰问困难、患病员工；修缮上狮水电站宿舍，为桂头水厂值班宿舍安装空调；调升档案工资，人平月增资148元；在政策范围内，适当核发节日补助、降温费和取暖费，规范补贴。定期召开职工（代表）大会，报告生产经营情况；在企务公开栏上，适时公布生产经营计划完成、班子成员廉洁自律、项目招标、重大决策等情况，落实民主管理。组织员工开展普法学习、义务献血、文体娱乐、参观学习等活动。

【张宗飞荣登中国好人榜】 7月24日，六岁儿童肖某俊与伙伴在乳江河侯公渡大桥河边戏水，不慎落入急流的河水中。公司员工张宗飞途经县污水处理厂出外办事，遇见突发溺水事件，即冲到河岸边，与另一名青年合力将溺水儿童救上岸，通过实施人工急救措施后，用摩托车赶送溺水儿童至3公里外的乳城镇卫生院救治并转危为安。张宗飞的见义勇为事迹得到人民群众赞颂，2014年被省文明办评为广东好人，荣登中国好人榜。（林　楠）

附：县银源水电有限责任公司领导成员名单

党委书记、董事长：徐　明
党委副书记、纪委书记：胡　丹
党委委员、董事、总经理：赖显东
党委委员、董事、副总经理：肖正春
党委委员、副总经理：岑少峰

党委委员、董事：刘建国
董事、总经理助理：林 楠

泉水水电厂

【概况】 泉水水电厂是以发电为主兼防洪的水利枢纽工程，由水库大坝、引水系统和地下厂房三大部分组成。设有生产技术部、行政综合部和党群办公室3个部门。12月，有在职员工109人，内退员工20人，退休员工74人。全年机组运行4910小时，实现连续安全生产2182天。完成发电1.178亿千瓦时，售电1.155亿千瓦时，产值5924万元。2014年，电厂水工班获韶关市“工人先锋号”荣誉。

【安全生产】 加强大坝安全管理，注重做好日常监控巡查。认真做好大坝坝后交通桥悬臂梁、观测通道及左岸危岩处理。防洪度汛坚持以防为主，提前制定防洪方案，做好防汛物资的储备，加强对大坝水工建筑物的安全巡检，加强对水情自动测报系统、大坝安全信息化系统的维护与管理，确保大坝安全度汛。全年泉水流域降雨为2206毫米，入库水量2.98亿立方米，泄洪29次，泄洪2159万立方米。

【增效扩容】 据水利部《关于开展农村水电增效扩容改造前期工作的通知》文件要求，经广东省水利厅批准，同意银源公司组织实施泉水水电厂增效扩容改造工程。截至12月，完成升压站等室外设备的安装，增效扩容改造项目进入冲刺阶段。

【改善运行值班环境】 完成将运行值班室迁出地下厂房工作，有效摆脱值班环境噪音大和潮湿的环境。新值班室注重实用性、安全性和舒适性，较大改善运行值班环境。

【大坝定检】 认真做好资料整编和汇报工作，10月进行大坝安全第三期定检第一次现场检查。国家大坝中心专家组根据现场检查及听取汇报，要求做好大坝的裂缝观测、设计洪水复核及观测资料分析整编等工作。整改项目业得到银源公司批准，按要求陆续进入实施。

【民主管理】 保障员工民主决策、民主管理、民主监督的权利。通过职代会和专设的厂务公开展板及公告栏，公布厂每个月生产经营、厂班子成员廉洁自律、管理人员和技术职称人员评聘、公开承诺办理工作进度、重大决策及员工切身利益相关事项。

【关爱活动】 及时发放各类劳动保护用品。关爱员工的身心健康。落实女员工保护条例，每年进行女工体检，看望、慰问困难与重病员工32人次，送去慰问金、慰问品11000元。举办健康有益的活动。开展扑克牌、篮球定点投篮、接力跑等运动。关注离、退休员工生活，组织退休员工到南华寺参观游览和退休党员到省委旧址、北伐纪念馆参观学习。 （罗国强）

附：泉水水电厂领导班子成员名单
党总支书记、厂长：赖显东
副厂长：罗国雄
工会主席：李万田

自来水分公司

【概况】 乳源瑶族自治县银源水电有限责任公司自来水分公司、桂头自来水分公司，主营供水、安装、维修服务及管件销售。内设行政部、营销部、生产技术部和制水厂4个职能部门。在职员工总人数102人，退休员工30人。2014年，自来水分公司完成生产水量1237万立方米，销售水量781万立方米，销售收入（含税）1125万元，比2013年分别减少0.9%、3.6%、4%，年平均水损率37%。6月，新增解放北路3号行政服务中心营业网点，办理缴费及业务报装。桂头自来水分公司完成生产水量103万立方米，销售水量81万立方米，销售收入（含税）108万元，比2013年分别增长35%、44%、47%，年平均水损率22%。

【水质管理】 注重水源水、出厂水、管网水的水质监测。制水厂化验室每天完成原水、出厂水及定点取水样本常规水质检测9项，每季度对原水、出厂水做25项全分析1次，各项检测数据显示均符合《生活饮用水卫生标准》（GB5749－2006）标准，水质检测结果定期向社会公布。做好防污排查工作，联合县环保局对乳源水厂、桂头水厂供水情况及水污染情况开展排查整治工作，预防水污染以及做好应急污染措施。注重提高人员专业技术水平，不定期组织化验人员参加广东省水协举办的培训学习。用水高峰期、枯水期、浊水期等非常时期，厂区执行领导24小时值班制度，实现水质实时监控。

【安全生产】 加强供水设施维护。全年对一、二级泵站所有机组、配电屏进行检修维护两次，保障机器设备的运行顺畅，对反应池、沉淀池、各组滤池进行定期的清洗。完成更换桂头水厂二氧化氯发生器、投加设备。加强水质检测管理。完善化验室人员值班制度，确保水质安全。健全领导带班制度。不定期组织安全生产检查，发现隐患及时整改。定期对员工进行安全生产教育培训，提高员工安全生产意识。严格执行运行管理的各项规章制度，加强员工操作安全防护，投加盐酸的工作人员配置防护眼罩、投药间加装应急冲洗设施；利用安全生产月，组织全体员工学习安全知识，观看教育宣传片“生命的红线”、观摩污水厂安全生产应急预案演练及参加县组织的东阳光化工厂的应急安全演练活动，全员参加安全生产知识考试、开展安全隐患排查整治工作，加强应急事故处理能力。做好防洪防汛工作，更新完善应急预案，确保应急预案的可操作性，举行应急安全演练，定期检查和维护应急设备及管道。

【管网建设】 完成桂头水厂至一六镇、游溪镇供水管道安装工程及县城自来水管网改造工程，新建供水管道19.5公里、500立方米清水池1座、供水区域内支管69公里及水表4600组。

根据县政府为保障农村安全用水以及银源公司的指示，2014年，完成乳城镇周边农村通水788户，桂头至一六镇沿线的小溪塘村、游溪镇木笼博爱新村、塘头瑶族新村、新人村、新湖广村等5个村共540户的通水任务及一六镇团结村委的4处修缮改造工程。抓紧实施一六镇田心村150户、桂头镇茶园底村84户和桂头镇必背方洞迁移至瑶族新村的72户农水建设工程。

支持镇级水厂建设，解决农村安全用水问题。根据《关于大布镇自来水厂及供水管网建设工程项目可行性研究报告的批复》，大布水厂建设项目启动，完成项目泵站、滤池、清水池等土建部分，进入设备、管道等设施采购阶段。大桥镇供水及基础设施建设工程处于申请阶段，完成规划选址意见、环评、土地预审等前期手续。

【优质服务】 编印《供水服务指南》2万册，为窗口服务人员订制统一工作服及实行满意度评价管理。规范停水信息发布，新增网络发布渠道，与媒体、通信部门保持联系，建立适时发布供水服务信息平台。制定《窗口服务首问制度》《供水服务承诺制度》；完善投诉处理、管网报漏记录等台账管理，实行抄表、收费分工定岗，考核抄表、收费率，行政服务中心营业网点正式运营，办理报装业务及缴费。推进网上办事服务体系，在网上办事大厅网站推行网上在线申办服务。在微信和易信平台上建立名为“乳源供水”的公众号，公开用水指南、水资讯、水常识等三大板块12项功能。

【党务与民主管理】 贯彻中共十八大精神，开展党的群众路线教育实践活动，完成“学习教育、听取意见，查摆问题、开展批评，整改落实、建章立制”三个环节的工作。抓好党建工作，开展党员情况调查，分公司有党员24名（其中预备党员2名、退休党员6名）。

健全工会组织，扎实有效地开展民主管理工作。召开工会第三届第一次会员代表大会，完成工会换届选举工作；看望、慰问患病职工6人次；组织女职工妇检及员工健康检查，关爱员工身心健康；组织职工无偿献血，弘扬奉献精神；参加“百歌颂中华”歌咏比赛，丰富员工文化生活；组织员工普法考试，加强法制教育；组建广东省水协粤北片区乳源水司通联小组，鼓励通讯员围绕企业工作的热点、重点进行新闻宣传投稿。（尧雪梅）

附：县自来水分公司领导班子成员名单

经理、党支部书记：刘建国

副经理：张志光

　　　　吴丽华

经济开发区

【概况】 广东乳源经济开发区管理委员会（以下简称“开发区”）成立于1992年，2006年5月经省政府批准为省级经济开发区，规划面积为667平方公里，设富源、东阳光高科技园、仙湖、新材料4个工业园区。2014年，开发区园区内规模以上企业总产值为86.9亿元，上缴税收2.03亿元。开发区设党组书记1名，由副县长兼任，主任1名，副主任2名。下辖办公室、经济发展股、规划建设股3个股室，在职人员13名，其中行政编制人员11名，后勤服务人员2名。6月，开发区被广东省环境保护宣传教育中心授予“生态文明宣传爱心奖”。

【招商引资】 2014年，开发区坚持“走出去，请进来”“招大引强、外引内增”的招商理念，与深圳高立高空作业设备有限公司签订合约，投资额为6600万元。在建项目有新四海材料有限公司、乳源中鸿新材料有限公司、韶关威鸣研磨有限公司、广东扬成铝材有限公司、绿之源食品有限公司和嘉旺混凝土二期。建成投产的有东阳光氟化工环保制冷剂、硕成化工有限公司、盈田环保材料有限公司等7个项目，新增产值10亿元，用工增加600人。乳源环邦针织有限公司收购项目进入洽谈阶段。

【区位调整】 因开发区范围包含核工业地质大队及部分行政、教育、商住用地，选址不够科学，开发区建设和招商引资工作受到严重制约。为此开发区组织材料向省政府申报县开发区区位调整，调整后开发区分为东、西2个片区，总规划面积调减为545公顷，2014年，除环评工作等待专家评审外，其他各项申报工作基本完成。

【税收分成改革】 9月，县政府出台《乳源瑶族自治县人民政府关于加快广东乳源经济开发区（产业园区）建设发展的决定》，文件明确新的税收分成机制和管理制度，对加快园区基础设施建设和招商引资力度起到积极推进作用。

【低碳发展】 改造高耗能的企业，引进低碳循环化示范园建设。2014年初，开发区依照相关规定，结合实际，组织业务精通人员做好相关材料、数据收集等申报工作，多次到省有关部门跟踪落实，8月份，低碳发展专项资金500万元得以批复到位，10月中旬循环化改造试点园区专项资金800万元得到落实。

【园区基础设施建设】 富源大道路面工程建设启动，2014年完成1500米的路面铺设。化工基地河堤水土保持方案聘请省水利厅专家评审论证，并上报省水利厅待批复。富源工业园污水处理厂建设，9月份，完成可行性研究报告，10月份完成申报材料，开展一期主管道招投标准备工作。

【对口帮扶工作】 3月初，长安乳源对口帮扶指挥部正式挂牌办公，开发区主要领导亲自出谋献策，全程跟踪服务协调并派出2名干部参与组织协调各项工作，工作步入正轨。

【党的群众路线教育实践活动】 2014年，县经济开发区管委会响应县委、县政府号召，组织召开活动动员会、到县实验职业技术学校观摩参观学习、召开外资企业座谈会、干部职工及相关单位征求意见会、开展“四风”自查，领导班子认真听取意见建议，撰写和多次修改对照检查材料，边查边改，制定出10项整改措施，完善5个管理制度，出简报25期，注重加强班子和党支部建设，不断提高党性、思想、作风、纪律意识。

【党建工作】 开发区开展廉洁读书月活动，引导全体党员自觉履行承诺，参加创先争优活动，“6·30”扶贫济困日党员干部主动捐款850元，出资5000元用于挂扶鲜明村委宣传栏建设。不断壮大党员队伍，开发区党支部从企业优秀代表中发展预备党员1名，推选入党积极分子2名。　（许红传）

附：县经济开发区管理委员会领导班子名单

副县长、党组书记：林　军

主　任：黄立东（—2014.11）

　　　　邹宝华（2014.11—）

副主任：张展兴

　　　　李胤锋（—2014.12）

　　　　黄为民（2014.12—）

民营规模以上企业简介

【乳源东阳光电化厂】 隶属广东东阳光铝业股份有限公司，位于广东乳源经济开发区氯碱特色产业园内，是广东省最大的氯碱生产厂，有员工总人数388人。主要经营研发、生产和销售氢氧化钠、高纯盐酸、双氧水、液氯和次氯酸钠等产品，其中盐酸和氢氧化钠可用做食品添加剂。离子膜烧碱项目采用最先进的烧碱生产工艺，核心装置选择先进的离子膜电解工艺，双氧水项目生产装置采用国内蒽醌固定床自动氧化法，2万吨（50%）食品级双氧水生产装置系国内最大的食品级生产装置之一。是高纯盐酸行业标准的编纂单位，生产的高纯盐酸符合食品添加剂盐酸、化学试剂盐酸、电子级盐酸标准，高纯盐酸品质居全国同行业前列。2014年实现产值63181万元，比2013年增长2.11%。

【韶关包装印刷有限公司】 位于广东乳源经济开发区，隶属深圳东阳光实业发展有限公司的全资子公司。公司员工236人，其中大专及以上学历占20%。公司拥有国际先进的生产设备和“务实、进取、和谐、高效”的管理团队。主要从事纸品印刷、镀铝包装膜、转移膜/纸及相关激光制品三大系列产品的生产与销售，是一家集产品设计开发、生产、服务为一体的高新企业。2014年实现产值5259万元，比2013年下降5.68%。

【乳源东阳光精箔有限公司】 于2002年6月成立，注册资金74650万元。被认定为高新技术企业。有员工总人数915人。主要产品有：电子光箔、钎焊箔等最尖端的产品，其中HFF铝板带荣获“中国名牌”称号。设计年产能力为15万吨铝板、带、箔；公司与日本最大、技术最先进的三大铝加工企业——古河斯凯、东洋铝、日本制箔，以及拥有铝矿石最多的日本三井公司建立合资企业。2014年实现产值215075万元，比2013年增长2.47%。

【乳源阳之光亲水箔有限公司】 位于广东乳源经济开发区，公司占地面积4万平方米，建筑面积2万平方米，截至12月，有员工217人，其中技术管理人员20余人，是以生产空调器散热翅片用亲水涂层铝箔为主，集科研、开发和生产为一体的高新企业，是全国最大的亲水箔生产基地。成立至今多次获得管理技术创新奖、优秀奖、专利奖。2014年实现产值116665万元，比2013年增长29.34%。

【乳源东阳光化成箔有限公司】 成立于2004年12月，注册资金15000万元，是全世界最大的腐蚀箔生产商，生产能力为每年中高压3500万平方米。公司员工总人数845人。产品主要销往日本的尼吉康、罗比康、凯美康和欧洲的EPCOS等世界主流市场，主要产品为腐蚀箔、化成箔、阴极箔。2014年实现产值84746万元，比2013年增长4.85%。

【乳源东阳光机械有限公司】 位于广东乳源经济开发区，主要产品为：腐蚀化成设备电柜、镍锌材料模具、“三鸭”智能坐便器一体机。2014年有员工90人，拥有近30台数控精密电加工机床，为乳源东阳光化成箔厂及宜都东阳光化成箔厂生产上百条腐蚀化成生产线，为乳源东阳光磁性有限公司提供磁性材料模具。重点发展方向是智能冲洗坐便器、太阳能组件设备及机器人的制造。2014年实现产值3248万元。

【乳源东阳光磁性材料有限公司】 位于广东乳源经济开发区，主要产品种类有：高频低功耗软磁铁氧体材料、抗电磁干扰高磁导率软磁铁氧体、抗电磁干扰镍锌及镍铜锌软磁铁氧体材料。产品主要原材料有：三氧化二铁、四氧化三锰、氧化锌等。主要辅助材料有：硬脂酸锌、聚乙烯醇、分散剂、五氧化钒、五氧化二铌等。公司拥有全自动氮气保护烧结窑14条、钟罩炉7台、镍锌空气窑4条、全自动磨床近60台、3T－100T全系列自动干粉压机

100多台。制粉工序，从配料到成品料出口均采用流水线操作，产品质量稳定，长期与国内著名的研究机构建立合作关系，拥有一流的磁性材料生产技术，产品主要用于小型变压器、电磁开关等，广泛应用于家电、通信、数码、汽车、电脑等行业的配件变压器中。年生产规模有锰锌功率铁氧体9000吨、锰锌高磁导率铁氧体1000吨、镍锌抗EMI铁氧体1000吨的能力。有员工953人，其中大专以上人员95人，中技职称102人。2014年实现产值20841万元，比2013年增长4.18%。

【韶关东阳光电容器有限公司】 是集产品开发、生产、服务为一体的高新技术企业，有员工550人，其中大专以上技术管理人员50人。专业生产全系列高、中、低压铝电解电容器，主要用于电脑、彩电、空调、照相机、VCD等家用电器及数控车床、占地电子机等工业设备。拥有国家一流的大型自动化生产设备，月生产量Φ18毫米以上800万只，Φ5-Φ12.5毫米1亿只。2014年实现产值18188万元，比2013年下降29.65%。

【乳源阳之光铝制品有限公司】 是以铝制品再冶炼为核心业务的铝加工企业，员工总人数400人。主要产品有成品铝锭和合金铝锭等，重点的发展方向为太阳能用框架铝合金和焊带，产品直接供应铝加工企业。2014年实现产值9279万元，比2013年增长16.30%。

【韶关市鸿峰特钢有限公司】 位于乳源瑶族自治县桂头镇七星墩，员工总人数83人。主要从事以岩土工程钎杆专用中空钢为主的金属新材料的研发制造及销售，产品包括（55SiMnMo \ 80Mn14Ti \ 40MnMoV）和锻造用钢（20#-35#-45#单支3-5吨重大圆锭）、模具钢以及T7-T10碳素工具钢（20-40Cr，15-42CrMo）、合金结构钢等，主要用于国防、高铁隧道、公路道路、城乡楼房基础等岩土基础设施工程建设及矿山开采、机械加工、模具制造方面。岩土工程钎杆专用中空钢填补广东省空白，是中国钢结构钎钢钎具协会成员。2014年实现产值25165万元，比2013年下降10.13%。

【广东宝华农业科技股份有限公司】 位于广东乳源经济开发区富源工业园，公司员工总人数86人。是一家以油茶产业为主体的生物科技企业，集良种油茶育苗、种植、油茶深加工及销售科研于一体的广东省农、林业龙头企业。2014年实现产值4216万元，比2013年增长11.13%。

【广东冠华食品有限公司】 位于广东乳源经济开发区富源工业园，员工总人数196人。生产“冠益”牌系列排米粉产品，原料为大米，是一家集产品研发、生产、销售为一体的农产品深加工企业，采用国家最新节能、环保的循环流化床锅炉、全不锈钢自动流水生产线和先进的生产工艺质量控制技术，推行“公司+基地+农户”的生产经营模式，真正达到双赢的目标。2014年实现产值6899万元，比2013年增长2.50%。

【乳源瑶族自治县永恒实业有限公司】 位于广东乳源经济开发区新材料产业园区内，以生产经营氯化石蜡及副产盐酸等系列产品为主，主要产品氯化石蜡-52具有低挥发性、阻燃、电绝缘性良好等优点。公司氯化石蜡产品注册“挂绿”牌商标，是广东省知名商标产品，主要销往长三角、珠三角、江浙一带等省内外28个大中城市。有在册员工60人，其中各专业中高级以上技术人员16人，管理人员10人，产业人员46人。2014年实现产值16186万元，比2013年下降0.35%。

【韶关赛普超硬材料科技有限公司】 坐落于广东乳源经济开发区富源工业园，员工总人数55人。主要从事超硬材料专用设备和人造金刚石的研发生产及销售。公司自主研发的ZZSP-1500型压机具有自主知识产权和7项技术专利，系国内最先进的生产金刚石设备。2014年实现产值3508万元，比2013年下降14.16%。

【乳源瑶族自治县晟发有色金属有限公司】 坐落于广东乳源经济开发区富源工业园，公司员工总人数112人。主导产品为：电解锌及综合回收铟、铋、锡等有价金属，设计年产电解锌15000吨。公司以绿色环保资源综合利用及清洁生产为宗旨，利用固体废物再生资源次氧化锌为原料，生产电解锌及综合回收铟、铋、锡等有价金属，2014年综合利用次氧化锌近30000吨，减少固体废物排放量近150000吨。公司不断加大投入研发新工艺、新技术，大力降低能耗，已投入使用离子交换除杂等新型技术及工艺达到清洁生产目的，获得ISO 9001质量管理体系认证和ISO 14001环境管理体系认证。实现产值6994万元，比2013年下降1.86%。

【韶关市腾辉特钢有限公司】 位于广东乳源经济开发区富源工业园，是集自主设计、规模生产和商业管理为一体的企业，产品基本涵盖铝型材挤压模、汽车轮毂模、五金模具、塑料模具等行业的100多种模具钢的研发和生产，在广东地区占有绝对优势。有员工90多人，其中大学本科5人，大学专科10余人，高级技术职称3人。2014年实现产值7179万元，比2013年增长16.32%。

【乳源瑶族自治县鑫源环保金属科技有限公司】 位于广东乳源经济开发区富源工业园，是一家专业化综合处理工业固体废物的科技型环保和资源综合利用企业，广东省民营科技企业之中的佼佼者。公司员工总人数130人。主要收集利用电子、电镀工业废水和渣等工业固体废物（WH17、WH22和WH46等危险废物）为生产原料，在进行无害化、减量化的处理过程中，综合回收其中的有价值的铜、镍等有色金属和金、银、钯等贵金属，实现工业固体废物资源化。2014年实现产值4601万元，比2013年增长22.72%。

【乳源瑶族自治县富特机械配件制造有限公司】 位于乳源瑶族自治县桂头镇七星墩，主要经营机械零部件的加工、制造和销售。是广东富华工程机械制造有限公司上下支板、托架成品、凸耳、连杆、钢圈等汽车悬挂产品的合格供应商，是其上下支板唯一的供应商。有员工45人，管理人员4人。2014年实现产值4728万元，比2013年增长16.63%。

【乳源瑶族自治县恒力碳素制品有限公司】 位于桂头镇，是一家碳素制品企业，主要生产和销售电池炭棒、再生胶，及销售原材料。与广州市虎头电池集团有限公司达成友好的长期合作伙伴关系，完成第二期生产线的建设，并投入生产。有员工100多人，其中95%是乳源籍农民工，管理人员任用以外招和内部培养提拔共存。2014年实现产值3620万元，比2013年下降13.69%。

【韶关好特利电子有限公司】 坐落于广东乳源经济开发区富源工业园，是一家专业生产高精密度线路板厂、盲埋孔板的厂家。工艺有无铅沉锡、无铅喷锡、化学沉金、化学银等。主要生产线路板、节能灯具、LED灯，产品广泛应用于电脑、通信、汽车、医疗设备、光电仪器、仪表等领域，客户遍布国内外，60%销往美国、韩国及中国台湾地区，40%销往华北、华东及本地客户。建有一支技术力量雄厚和高素质的员工队伍，员工120人，其中本、专职技术人员60人。2014年实现产值4654万元，比2013年增长8.01%。

【韶关大唐研磨材料有限公司】 位于广东乳源经济开发区富源工业园，主要生产经营磨料、磨具、砂纸、砂布及其制品。其母公司——顺德大唐研磨材料有限公司是华南地区第一家集磨料磨具、抛光研磨材料、抛光工具、表面处理器材的开发、制造、销售于一体的企业，拥有一支高素质、专业化的员工队伍，建立一套完整的质量管理体系，2000年8月通过ISO 9000质量体系认证，是中国涂附磨具协会副理事长和中国超硬材料协会理事单位，开发生产花轮、纱布砂纸、金刚石软磨片砂轮、抛光轮等系列磨具产品100多种，创立小太阳、坚力士、新东江、永亮等著名品牌，产品畅销国内外市场。有员工165人，其中大专以上学历人员42人。2014年实现产值2470万元，比2013年下降19.14%。

【韶关硕成化工有限公司】 位于广东乳源经济开发区氯碱特色产业园内，生产销售化工原料、化工产品、电子线路板及相关产品，注册资金1390万元，有员工总人数85人。2014年实现产值3009万元，比2013年下降5.13%。（文锦洪）

商　　贸

经　济　贸　易

【概况】　县经济促进局（县科学技术局、县知识产权局）编制19名，其中机关行政编制17名，后勤服务人员编制2名。内设办公室、工业和外资外贸管理股（行政审批股）、能源股（节能监察办公室）、商贸流通管理股、科技电子信息管理股（知识产权股、县无线电管理办公室）、中小企业局等职能部门。2014年，以加快生态发展、建设美丽乳源为核心，围绕“调结构、保增长、解难题”工作思路，深入开展党的群众路线教育实践活动，大力提升服务企业质量，认真抓好培扶企业、重点项目、招商引资、节能降耗和科技创新等工作，出台一系列工业经济扶持政策，狠抓指标任务落实，各项工作顺利推进。全县实现工业总产值117.24亿元，比2013增长13.5%。完成社会消费品零售总额17.43亿元，比2013增长12.4%，排名韶关市第一。

【工业经济】　2014年，工业总产值117.24亿元，比2013年增长13.5%。实现工业增加值27.38亿元，比2013年增长12.6%，其中规模以上企业完成工业总产值97.48亿元，比2013年增长15.5%，实现工业增加值22.95亿元，比2013年增长14.3%。

【招商引资】　新出台招商引资优惠细则，引进新四海、威鸣研磨等项目37个，投资总额9.71亿元。与中国500强央企中国供销农产品批发控股有限公司在北京完成正式签约，项目计划在乳源投资12亿元，占地面积约20公顷，主要建设集农特产品批发、零售交易、供港澳蔬菜加工配送、电子商务、农特产品、旅游产品展示展销、仓储物流等功能为一体的现代化大型综合商贸城。

【外经外贸】　外贸进出口总额13534.98万美元，比2013年下降8.6%。合同吸收外资金额2042万美元，比2013年下降36.29%。实际吸收外资2041万美元，比2013年下降8.19%，排名韶关市各县（市）第四。全年外商固定资产投资6.83亿元，比2013年增长12.1%。

【规上企业】　落实领导挂点服务重点企业制度，出台信贷投放考评奖励、纳税大户奖励等优惠政策，刺激和扶持企业做大做强，东阳光甲烷氯化物、绿之源罐装、扬成铝材等项目稳步推进，嘉旺混凝土等4个工业项目实现动工投产。鸿峰特钢列入省重点帮扶高成长性中小企业。2014年新增“四上”企业37家。其中新增规上工业企业20家，新增限额以上企业14家；重点服务业2家，房地产1家。全县规模以上工业商贸企业增加到120家。

【社会消费】　完成社会消费品零售总额17.43亿元，比2013年增长12.4%，排名韶关市各县（市）第一，批发零售贸易业14.8亿元，增长12.7%。

【节能降耗】　落实用电产出相匹配政策，严控能耗上升，单位GDP能耗下降6.07%，淘汰落后产能企业1家，完成省下达淘汰落后产能企业任务。

【科技成果】　2014年，乳源瑶族自治县专利申请量101件，完成市下达任务的104%。组织协调县农业科学研究所“特色甘薯引种及其地膜栽培技术应用”通过市级科技成果鉴定。国家科技富民强县专项行动计划项目获得立项，向科技部申报水库健康养殖项目，被列为科技富民强县行动计划重点扶持项目，获得170万元资金支持；精箔公司扬帆计划创新团队项目得到广东省科技厅和专家组的高度评价，获得财政支持800万元；东阳光公司与广州有色金属研究院公司、北京科技大学、中南大学等单位合作共同完成的“车辆及电子工业用铝镁合金等温挤压、压铸与控轧关键技术及产业化”项目荣获广东省科技进步一等奖。

【企业服务】 修订中小微企业贷款风险补偿基金办法，多家企业共获“助保金”贷款6140万元。鸿峰特钢被列入省重点帮扶高成长性中小企业，东阳光精箔公司成为省战略性新兴产业基地，铝业股份公司获批中国产学研合作创新示范基地。共为企业争取各级专项扶持资金3820.41万元。

【重点项目】 2014年，重点项目有年产5万吨氟化工衍生物助剂加工生产建设项目和高强度耐磨金属新材料生产建设项目。

【党的群众路线教育实践活动】 按照“照镜子、正衣冠、洗洗澡、治治病”总要求，开展一系列具有经促特色的学习教育活动。完成学习教育、听取意见，查摆问题、开展批评，整改落实、建章立制3个环节的各项工作。共征求意见建议30多条，排查出突出问题20多条，制定出整改措施22项，新修订规定制度10多项，并认真落实整改。

【安全生产】 坚持以“安全第一、预防为主、综合治理”的方针，以落实安全生产责任制为核心，开展民爆安全生产专项整治、安全生产大检查等活动，确保全年无安全生产责任事故的发生，为乳源工业发展创造良好的安全环境。（卢建军）

附：县经济促进局领导班子成员名单

局党委书记、局长：李智军

党委委员、副局长：陈活洪

包　勇

梁丽君

唐　彪

粮食购销与储备

【概况】 2014年，县粮食储备中心经县机构编制委员会核定为公益一类事业单位，副科级，经费按财政补助一类拨付，编制10名，与县粮食购销有限责任公司合署办公，归口县发展改革和物价局管理，内设粮食调控与监督管理股、办公室、军供综合部、财务部，下辖3个粮库（仙湖粮库、一六粮库、侯公渡粮库）和1个军供站，在职干部职工38人。

【粮油轮换】 县粮食购销有限责任公司认真贯彻执行国家粮食收购政策，全面巩固粮源阵地。2014年夏粮市场价低于最低保护价，为保护种粮农民的利益，县政府启动早籼稻最低收购价执行预案。各收购库点严格执行最低收购价政策，落实“五要五不准”收购守则，为售粮农民搞好优质服务，做到价格公开、质量标准公开、验粮公开、计量公正，农户售粮随到、随收、随结算，不打白条，确保农民卖“明白粮”“放心粮”“舒心粮”。全体干部职工共同努力，圆满完成年度各级储备粮油轮换计划。

【粮食工作考评】 按照“粮食工作考评办法”“粮食播种面积等4项指标”要求，县农业、发改、财政、统计，农发行等部门团结协作，采取有效措施保护和提高粮食综合生产能力，顺利完成上级下达的各项考核目标任务：粮食播种面积完成率100.13%、粮食总产量完成率100.03%、粮油储备任务完成率100%。

【军供服务创新】 县军供站以“把最好的粮油供给军队，把最优的服务献给军人”为服务宗旨，认真做好购粮系统全面升级工作，履行好服务部队职责。3月15日，配合韶关市军供中心开展“3·15”维护消费者权益日和“粮油服务进军营，餐桌节约促强军”活动，到驻韶部队发放宣传资料，与部队官兵互动交流。加深军供站与驻韶部队的军民鱼水情谊，加快军民融合式发展，为部队遂行作战任务提供有力保障。

【库存交叉检查】 4月，按照“韶关市2014年粮食库存检查工作实施方案”，做好库存检查自查迎检工作。库存检查普查方式为乳源与曲江交叉检查，全县3个库点（仙湖粮库、一六粮库、侯公渡粮库）12座储粮仓库参检。经过检查核对，县粮食购销有限责任公司粮食库存会计账、统计账、保管账、银行台账对应相符，各种账务处理规范、准确，账账相符率100%，做到账实相符，存粮质量安全，宜存率保持100%。

【应急演练】 6月，按照韶关市安全监管局“开展2014年全国安全生产应急预案演练活动”要求，组织下部职工16人，在仙湖粮库开展粮食安全生产应急预案演练活动。活动邀请县消防中队2名教官，分别对消防安全知识、干粉灭火器使用、消防水泵使用、快速运送救灾粮油等进行全程实战指导演练，整个过程严谨、动作规范、行动有序，在各部门人员通力协作、紧密配合下，完成演练各项内容。

【宣传活动】 6月18日，县粮食购销有限责任公司受邀参加南雄市2014年粮食安全·粮食政策法规宣传月暨韶关·南雄食品安全宣传周“放心粮油”宣传活动。结合宣传活动主题，向南雄市民推介展示乳源出产冠益牌银丝米粉、排米粉系列、东方玉液等放心粮油产品。

10月13—19日是全国爱粮节粮宣传周，按照“做好2014年世界粮食日和全国爱粮节粮宣传周活动”要求，采取悬挂横幅，在县城各大超市、粮油店发放爱粮节粮知识读本、科普宣传资料等方式，开展以“节约一粒粮，我们在行动”为主题爱粮节粮宣传周活动，宣传国家粮食政策，提升粮食生产者维权意识。

【平价商店】 平价商店始终把供应“放心粮油”作为经营的宗旨，以质优价廉的商品，让市民、官兵吃上放心粮油。依托军供站信誉度高、产品质量安全的优势，与本地粮食生产企业实行产销对接形式，为广大市民、部队官兵提供“放心、安全、实惠、送货”惠民便民服务，开展平价粮油服务，平价品种价格低于同等级产品市场平均价格5%以上，保证有2元/市斤以下的大米供应，发挥稳定物价、保障民生作用。会同县经促、监察、财政、城建、农业、税务、工商、供销等部门，通过企业自查、组织明察暗访等形式，于4月完成全县平价商店考核工作，其中县粮食购销有限责任公司惠民平价商店考核为优秀等级，仙湖粮库粮油门店考核为良好等级。

（许勇强　谭文艳）

附：县粮食储备中心（购销公司）领导班子成员名单

主任、经理：李细平

副经理：骆卫平

　　　　黄振文

供销合作社

【概况】 县供销合作社（以下简称“县社”）主要负责贯彻执行党和政府有关农村经济工作和社会发展的方针、政策，研究制订全县供销合作社发展战略和发展规划，指导全县供销合作社改革和发展工作。内设4个股室，干部职工11人。全县系统实现销售总额8489万元，比2013年增长10.6%；商品销售9285万元，比2013年增长8.97%，其中日用消费品销售6169万元，比2013年增长60.9%，农资销售额1523万元，比2013年增长3.34%，烟花爆竹销售236.1万元，比2013年下降23.9%。

【服务宗旨】 抓好农资供应工作，要求基层社做好化肥储备，确保春耕农资供应，保证农资质量，不经销假冒伪劣及“三证”不齐农资商品，维护农民的合法利益。不随意哄抬农资价格，对全县供销系统农资经营网点开展全面农资质量大检查，杜绝假冒伪劣农资商品在供销社渠道销售，发现不良行为及时纠正，过期农药一律立即下架，停止销售，维护农民消费者的合法权益。

【种子经营】 要求种子公司做好种子的供销工作，保证农业生产需要。开展水稻新种推广工作，在桂头、一六等镇推广试种“Y两优7号”“Y两优143”“宜优673”“C两优396”等新稻种，推广试种面积达13.33公顷，把优质高产种子推介给农民，农业增产农民增收。为提高水稻产量，聘请农技师到田间指导水稻栽种技术，2014年全县供销社系统销售种子近7.5吨。

【中心服务】 “8·16”洪灾过后，县委、县政府选址必背供销社家属区作为灾后重建安置点，县供销社社负责必背供销社家属区住户的搬迁工作。分房过程中，必背社坚持公平公正公开原则，力争灾后重建工作完美收官。经过不懈努力和多方协调，于2014年12月中旬顺利完成灾后重建工作。

【安全经营】 建立健全安全生产工作制度，强化烟花爆竹监管。县供销社系统以“创建平安乳源”为契机，强化烟花爆竹经营市场监管，加强与公安、安监、工商、消防等部门密切配合，加大烟花爆竹市场检查整治，确保烟花安全经营。春节期间共收缴非法烟花爆竹8019箱（件），市值50多万元，2月27日，在城郊石牛栏石场集中公开销毁。

【路线教育】 根据党的群众路线教育实践活动部署，县社于2月15日开展群众路线教育实践活动，县社成立领导小组并制定活动方案，召开动员大会。为确保实践活动不走过场，按照县委实践办、第六督导组制定步骤开展教育实践活动，加强学习教育，广泛征求群众意见，开好专题民主生活会，撰写对照检查材料，抓好整改落实、建章立制，确保教育实践活动取得实效。

【双到扶贫】 促进农村经济社会发展。2014年，县供销社领导班子及驻村干部多次深入洛阳镇半星村委会帮扶村小组开展“双到”扶贫工作，了解帮扶对象家庭生产生活、经济收入、外出务工等情况，帮助当地村委建章立制，理清发展思路，给予力所能及的帮扶资金1万多元的支持。 （梁钰杉）

附：县供销合作社联合社领导班子成员名单

主　任：赵兴志

副主任：童树带

李胤锋（2014.12—）

烟草专卖

【概况】 县烟草专卖局（广东烟草韶关市有限公司乳源瑶族自治县分公司）有员工105人。2014年，县分公司完成卷烟销售37677.12万支，实现销售金额17641万元。收购烟叶24613.05担，实现收购金额2760.6万元，全部完成烟叶调拨任务。创税2220万元。

【专卖管理】 乳源烟草专卖管理工作，保持打假高压态势，整治卷烟市场，抓好非烟治理工作，巩固打假成果，“两烟”市场得到规范和净化。内部专卖管理监督工作以提高内部监管效能，健全专卖内管长效机制，严格规范意识，履行同级监管职能，各项工作有效开展，“两烟”生产经营更趋规范。2014年全县查处涉烟违法案件78宗，查获涉案卷烟145.44万支，涉烟违法案值631731.2元。全县持证经营户共计796户。

【卷烟销售】 “按客户订单组织货源”，以市场需求为导向，以服务为宗旨，以规范为重点，做好卷烟品牌培育、明码标价和配送工作。2014年，需求预测37342.2万支，零售客户需求量40675.27万支，需求预测准确率91.81%，实际销售量37677.12万支，订单满足率92.63%。卷烟配送配置3辆专用送货车负责，对全县796户持证经营户进行配送，确保按时、按质、按量把卷烟配送到零售客户。全年销售卷烟37677.12万支，其中一类烟6239.72万支，二类烟6691.32万支，三类烟18756.54万支，四类烟3480.16万支，五类烟2500.96万支，无价类8.42万支。

【收购调拨】 乳源2014年烟叶收购工作，于7月25日开磅，9月30日全面结束。期间，县烟草专卖局（分公司）成立烟叶收购工作领导小组，加强专卖管理和宣传力度，严格烟叶收购“七条要求”和“五条纪律”，树立“烟农至上、服务至上”的原则，提高服务质量和水平，确保烟叶收购任务的顺利完成。全年收购烤烟24613.05担，完成收购计划98.45%，实现收购额2760.6万元，分两批次向广东中烟工业公司调拨烟叶24669担，完成全年的烟叶调拨任务。 （潘伟雄）

附：县烟草专卖局（分公司）领导班子成员名单

局长、经理：张忠礼

副局长：李丹平
副经理：刘仲轩
　　　　曾　涛

盐　业　专　卖

【概况】 广东省盐业集团韶关有限公司（广东省韶关市盐务局）乳源分公司（乳源盐务分局）是国有企业（以下简称乳源盐业分公司），是法定的食盐专营机构，一套班子两块牌子，按广东省韶关盐业总公司下达的食盐年度计划组织调拨、销售，保证供给，主要负责全县9个乡镇人口的食用盐及辖区小工业用盐供应以及盐业市场的行政管理工作。2014年人员定编5人。乳源盐业分公司按“改革增效年”的要求，结合广东盐业2014年要全面进入转型升级阶段，实施客户经理制，提高市场掌控力度，进行人力资源改革，整合人力资源，提高工作效率，实现盐业转型升级。

【市场掌控】 根据省集团公司工作部署，县公司结合乳源盐业实际，树立“以市场为导向，客户为中心”理念，推进2014年客户经理制工作。一是统一思想，转变观念，变被动为主动；二是整理客户经理制资料，绘制拜访线路图，与客户建立良好信任关系；三是强化流程管理，提升客户经理工作水平；四是加强市场巡查和配送管理，提升市场掌控力。转变营销宣传方式，借助对客户拜访时机，主动到县城、乡镇宣传高端盐、酒及奶粉等产品，使客户经理制和非盐营销工作有机结合，实践市场经济。增加销售终端，提升食盐直达配送率，实现全县超市、食品加工企业、部分餐饮酒楼、食堂直接配送，强化对终端市场掌控力度。

【机制改革】 2014年为贯彻落实省盐业集团“关于运销企业人力资源改革指导意见”的精神，韶关有限公司经过4个多月的酝酿准备，10月启动实施。改革实行区域大部制，全员竞争上岗。韶关地区食盐销区划分为东南西北四个片区，乳源、乐昌、坪石等3个公司为北片区，乳源为片区领导驻点，每个公司由4人精简为3人，驻点公司由原来5人精简至4人，抽调精干人员成立多种经营营销团队，实行渠道建设，各公司经理实行竞争上岗，乳源公司经理竞聘为北片区经理。各公司员工竞争上岗，11月全员到任。通过整合人力资源，提高工作效率，开展多种经营，实现改革增效。2014年度乳源公司取得良好业绩，被韶关盐业有限公司评为经营管理先进单位。（张可芳）

附：乳源盐务分局领导名单
局长、经理：张可芳

商业总公司

【概况】 县商业总公司（以下简称“总公司”）通过县商业机构改革，2014年，依照《中华人民共和国公司法》对县属国有商业企业国有资产经营管理。以物业管理为主，保障国有资产的保值增值。总公司有在职人员7人，离退休人员19人。

【企业经营与管理】 抓好企业内部改革与管理。县商业总公司努力挖潜增效，提高物业管理水平，积极理顺历史遗留问题，并处理好企业内部改革、发展、稳定的关系。总公司业务以房产管理为主，11月，派出工作人员协助县明源公司18个下属企业开展产权登记工作。

加强队伍建设，着力维护、稳定企业经营团队，营造和谐企。2014年，总公司实施多元化发展战略，企业经营收入对比2013年同期有所增长，企业国有资产得到保值增值，企业效益得到提升。

（孙献明）

附：县商业总公司领导班子成员名单
总经理：李志强（—2014.11）
　　　　孙献明（2014.11—）
副总经理：孙献明（—2014.11）

民爆物资监管

【概况】 2014年县物资总公司在职员工14人，其中总经理1人、副总经理2人、干部职工11人。

【培训与演练】 2014年，县物资总公司派人员参加省民爆协会举办的“安全管理人员”培训，均获取资格证书。对在岗员工进行安全生产教育培训，学习上级下发的相关文件精神、新法规、规章制度、操作规程，经考核全部合格。举行2次消防应急模拟演练，达到预期效果。

【安全生产检测】 6月是“安全生产月”，县物资总公司组织相关人员对仓库各项安全设备、设施进行安全测试均处于正常状态，安全生产标准化工作达标。为仓库停车安全，新修建1个停车场。11月，完成防雷设施整改，可正常运作。

（王莉萍）

附：县物资总公司领导班子成员名单

总经理：谢佰青（—2014.12）

蔡汉章（2014.12—）

副总经理：罗　辉

王莉萍

财税·金融·保险

财　　政

【概况】 2014年，县财政局内设办公室（法规税政股、行政审批股）、预算股（地方债务管理股）、国库股、综合规划股、行政政法股（县统发工资办公室）、教科文股、工贸发展股、农业股、经济建设股、社会保障股、外经金融股（县世界银行贷款业务办公室）、会计股、绩效评价股、监督检查办公室、政府采购监督管理股、行政事业资产管理股（小汽车定编办公室）、人事股（监察室）等17个内设机构，挂靠归属管理有县国库集中支付中心、财政投资评审中心，垂直管理9个镇财政所。

【财政预算】 2014年，全县地方公共财政预算收入完成50060万元，比2013年增收6868万元，增长15.9%。其中，税收收入完成34156万元，比2013年增收3834万元，增长12.6%。非税收入完成15904万元，比2013年增收3034万元，增长23.6%。

上划中央收入完成44295万元，比2013年增4286万元，增长10.7%；上划省“四税”收入完成12477万元，比2013年增2380万元，增长23.6%。

全县公共财政预算支出完成140483万元，比2013年增支17251万元，增长14%。公共财政预算收入完成50060万元，返还性收入3525万元，一般性转移支付收入55913万元，专项转移支付收入56359万元，上年滚存结余27748万元，财政总收入193605万元。公共财政预算支出完成140483万元，上解上级支出2691万元，财政总支出143174万元。财政收支相抵后，年终滚存结余50431万元，其中结转下年支出50193万元，财政净结余238万元。

【优化编制】 坚持量入为出、勤俭节约原则，科学编制2014年预算。将全县各预算单位的实际情况考虑充分，对各单位前三年的实际支出进行认真研究、分析、鉴别，取消一批不合理支出项目，不断优化支出管理，将部门预算做实。要求各预算单位将支出细化到项级，预算做最大细化，准确反映财政收支状况，优化各预算单位支出安排，为财政精细化管理奠定坚实基础。

【步入试点】 从2014年7月1日起，省人民政府将乳源纳入省直管县财政改革第四批试点范围，是财政工作发展新机遇和崭新起点。改革实施后，县财政在收支划分、转移支付、资金往来、预决算、年终结算等方面，实现与省财政厅直接对接，开展相关业务工作。根据省直管县财政改革的有关要求，乳源与市财政局完成《省直管县基数核定基础资料表》的核对工作，财政收支划分、转移支付、资金往来、预决算等具体工作有序推进。

【预算公开】 公开支出明细。县十一届人大四次会议首次将《2014年项目支出明细表》印发给县人大代表审议，并征求意见建议。在政府信息网定期公开年度公共财政预算、政府性基金收支执行情况、收支预算总表和明细表及政府性基金收支预算。

公开部门预算。各预算单位定期在政府信息网公开部门预算，加大各预算单位预算公开督查力度，推进财政管理公开透明度。

公开“三公”经费。2014年，全县“三公”经费支出2057.9万元，比2013年减少51.5%。

【改革创新】 根据县委、县政府关于全面深化改革有关要求，着力全面改革各项工作，取得成效。一是创新实施财政预算追加审核制度。制定实施《财政预算追加联席会议审核议事规则》，实行“财政预算追加审核联席会议”制度，从严规范财政预算追加行为，对于数额较大的预算追加，要求申请资金单位主要负责人必须亲自到会说明资金使用目的、范围等，对所追加的资金必须实行国库集中支付，资金不到用款单位。全年召开联席会议9次，审核事项270项，预算内追加的行政运行经费1041万元，比2013年减少840万元，减少45%。制定《乳源瑶族自治县县直党政机关和事业单位差旅费管理办法》《乳源瑶族自治县县直党政机关和事业单位会议费管理办法》等办法。二是加快公务卡结算制度改革。推进预算单位公务卡结算制度，对全县实行财政国库集中支付预算单位实施公务卡结算制度改革。中央、省、市专款直接支付比例达到100%，县安排项目经费直接支付比例达到95%以上，财政改革创新取得新成效。

【保障民生】 根据《广东省基本公共服务均等化规划纲要（2009—2020）》的要求，推进基本公共服务均等化，加大民生投入，使民生支出增长常态化，切实保障和改善民生。2014年，教育、医疗卫生、社会保障、文化、节能环保、住房保障和农林水等民生支出比例达到70.01%。教育支出33180万元，比2013年增长10.3%。医疗卫生支出16742万元，比2013年增长10.6%。文化体育与传媒支出3279万元，比2013年增长40.1%。环境保护支出6472万元，比2013年增长60.9%。农林水事务支出24478万元，比2013年增长25.7%。结余企业职工基本养老保险基金29221万元，结余基金总额位列全市第一；底线民生累计支出4028万元，比2013年增长32.59%。城镇居民最低生活保障、农村居民最低生活保障、农村五保供养、集中供养的孤儿补助标准等均得到大幅提高。投入保障性安居住房工程建设资金1034.78万元，为民生保障机制呈现新常态。（马万里）

附：县财政局领导班子成员名单

局　长：禤继文

副局长：何　娟

　　　　盘良叁

　　　　邹国忠

局党组成员、国库支付中心主任：刘文泉

国家税务

【概况】 县国家税务局（以下简称“县国税局”）内设9个行政股室，分别为办公室、政策法规股、收入核算股、纳税服务股、征收管理股、人事教育股、监察室、税源管理一股、税源管理二股。另设1个直属机构稽查局，1个事业单位信息中心和1个派出机构桂头税务分局。

【组织收入】 2014年，组织税收收入50986万元，比2013年增收4877万元，增长10.6%，国内税收入首次突破5亿元大关。完成市局下达年度税收收入任务48520万元的105.1%。其中：中央级收入36006万元，比2013年增收2472万元，增长7.4%；省级收入2468万元，比2013年增收1149万元，增长87.1%；县级收入12513万元，比2013年增收1257万元，增长11.2%，“两税”基数完成30135万元，比2013年“两税”基数29810万元增收325万元，增长1.09%。

【税收征管】 落实“营改增”改革，顺利完成邮政服务业和电信业“营改增”试点扩围工作，2014年，共组织“营改增”税收收入1059万元。全年共对136户企业进行纳税评估，查补企业所得税额933万元，查补增值税163万元，合计1096万元。通过信息管税清理漏征漏管户，累计实现补缴增值税141万元，滞纳金16万元，入库税款（含税款、滞纳金）总额157万元，调增应纳税所得额1113万元。

【税务稽查】 开展医药行业税收专项检查和大力打击发票违法犯罪活动工作，打击各类涉税违法行为，堵塞税收漏洞。全年立案查处企业5户，全部结案，经稽查四个环节直接查补入库税款120万元。

【纳税服务】 推行《全国县级税务机关纳税服务规范》1.0版，通过规范9大类212小类1120个办税流程，做到服务一把尺子，办税一个标准。推行涉税事项审批流程改革，推进涉税事项审批前移，5月1日起，将原来分散在县国税局4个业务股室的15大类42项具体涉税事项优化整合前移至办税大厅集中完成。在县城信用社环城分社与金融机构共建24小时自助办税区后，在县局值班室旁增加设置一个24小时自助办税区，2014年有4台自助办税终端机为纳税人提供自助办税服务。全年纳税人学校为纳税人开办班次4个，授课360人次。和地税局联合开展纳税信用等级评定，在全县纳税人中共评定5户A级纳税人。

【队伍建设】 根据工作需要交流轮岗3名科级干部、4名股级干部，11名一般干部。强化教育培训，举办及组织干部职工参加各类培训35期，举办两期“道德讲堂”。2014年，共获得3个先进单位（集体）称号，有14人次被市国税局评为先进工作者。11月底建成税务文化展厅并投入使用，编纂《乳源国税文化手册》《内部管理制度汇编手册》《纳税服务宣传手册》，提升文化内涵。

（黄泽琪）

附：县国家税务局领导班子成员名单

局　长：侯世长

副局长：黄雁莲（—2014.06）

　　　　李颂华

　　　　胡志振

纪检组长：曹天射

地　方　税　务

【概况】 2014年，县地方税务局（简称地税局）内设6个职能部门，分别为办公室、人事教育股、征收管理股、税政股、纳税服务股、监察室，辖稽查局和4个税务分局。在职干部职工79人。

【组织收入】 2014年，组织税费收入70111万元，增收6589万元，增长10.37%。其中：税收收入41611万元，比2013年增收5715万元，增长15.92%，完成市局下达年初计划（不含省级固定收入）39000万元的102.56%；其他各费收入28500万元，比2013年增874万元，增长3.16%，其中社保费收入22719万元，比2013年增收1283万元，增长5.99%。

【队伍建设】 县地税局将绩效管理与教育培训作为队伍建设的两个关键点，以绩效考核提升工作质效，以教育培训提升队伍素质。于2014年顺利完成部门及个人的绩效指标体系编制上线工作，建立考核公开机制和科学评分机制，确保考核过程公正透明，顺利完成对部门及个人的考核评分，在2014年度全市地税系统绩效考评中，以1057.47分的成绩名列各县（市、区）第一。组织开展业务知识培训和知识更新，全年开展修身养德活动和素质拓展培训共计31期，有序提升队伍素质。

【文明建设】 县地税局结合地税成立二十周年契机，举办“我与地税20年”系列文体活动，搭建“乳源地税综合文化室”。完善局机关与基层职工书屋、职工活动室等设施，成立多个兴趣小组，积极开展各类文化活动，对外树立地税良好形象，对内营造健康向上氛围。树立目标积极争创文明，围绕创建全国文明单位和省模范职工之家，开展多层次的全员创文活动，提升队伍文化软实力。2014年，县地税局申报全国文明单位顺利通过省文明委审议及全省公示，局工会委员会被评为广东省“模范职工之家”。

【纳税服务】 2014年，县地税局积极开展“便民办税春风行动”，解决“服务纳税人最后一公里”问题。推出落实首问责任制、简化部分优惠政策审批流程等5大类16项惠民措施；建立24小时自助办税服务厅，推广智能办税终端和TIPS系统；开通“乳源地税”微信服务号，真正实现征纳双方的“零距离”互动，让“连心桥”畅通无阻。

【社会公益】 县地税局积极开展爱心帮扶工作，大力弘扬奉献精神，地税志愿服务队伍活跃在“爱心父母”、学雷锋行动、税收法制宣传等公益活动中，借志愿帮扶和税收宣传传递文明意识、法治意识，形式多样的帮扶活动赢得社会各界的认可和赞誉，被省妇女联合会和省爱心父母大联盟授予“广东省爱心父母大联盟金奖”。另有10人获省“爱心父母大联盟”荣誉章金奖，4人获省“爱心父母大联盟”荣誉章银奖。

【从严治党】 县地税局把开展群众路线教育实践活动作为党建中心，围绕“为民·务实·清廉”主题，组织各类学习活动共32次，交流座谈会6次，书写心得体会文章近百篇，发放调查问卷及征集意见函311份，征求意见建议34条，完善制度规定4项，新建立制度规定9项。梳理整改各级班子“四风”方面病症49条，各级班子个人“四风”问题193条。教育实践活动有序推进，得到省、市局和县委、县政府的充分肯定。省委常委、省纪委书记黄先耀和韶关市委书记郑振涛等省、市、县各级领导多次亲临视察指导实践活动，省局第五督导组林如山组长评价“乳源经验全方位，值得推广”。乳城税务分局被县委选定为党的群众路线教育实践活动示范基地，县地税局党组书记、局长蔡俊波为县党的群众路线教育实践活动先进典型事迹报告团成员。（李慧芳）

附：县地税局领导班子成员名单

党组书记、局长：蔡俊波

党组副书记、主任科员：冯志坚

党组成员、副局长：田石通

党组成员、纪检组长：吴金城

党组成员、总经济师：钟振春

党组成员、总会计师：邓粤雄

人民银行乳源支行

【概况】 人民银行乳源支行内设机构3个，有干部职工21人。2014年贯彻落实稳健货币政策，推动金融改革创新，维护金融稳定，提升金融服务水平，全县金融业稳健运行。

【金融机构】 2014年，全县有人民银行乳源支行、工商银行乳源支行、农业银行乳源支行、建设银行乳源支行、邮储银行乳源支行、农村信用合作联社、乳源县德杰小额贷款有限公司、财产保险公司、人寿保险公司9家金融机构。金融机构营业网点26个，其中：工行2个、农行2个、建行1个、农信社13个、邮政储蓄5个、小额贷款有限公司1个、人寿保险1个、财产保险1个。全县金融机构从业人员318人。

【货币政策】 按照人民银行总行“保持定力、精准发力，不宜从紧、不能放松”的货币政策核心精神，引导辖内金融机构合理、适度、平稳投放。2014年，全县各项存款67.49亿元，比2013年增长17.95%。各项贷款31.63亿元，比2013年增长24.32%，存贷比达到46.86%，在韶关市各县（市）中名列第一。全县支农再贷款余额1.2亿元，有效支持县辖“三农”经济发展。

【金融服务】 突出加强银企对接，在全县2014年政银企联席会议暨涉农贷款签约仪式上现场签订涉农贷款0.47亿元；积极推动“智慧城市”建设，成功推广金融IC卡“二维码”“找饭吃”旅游服务系统；发展农村金融，成功建立3家农村金融综合服务站，助农取款服务点由单一取款业务迅速扩展到集6项功能为一体综合服务站，有效补充完善农村金融服务环境；推进金融自助建设，全县城乡离行式自助设备ATM机增加至65台、POS机增加至530台，更多城乡民众分享现代金融发展成果；建立农村金融宣传教育体系，在全县102个行政村“便民服务站”设置金融知识宣传点，帮助农民学习金融知识。

【跨境结算】 积极加强联系沟通和政策宣传，促进县辖内重点出口企业继续提升使用人民币跨境结算的意愿，促进出口企业开辟结算业务新领域，贸易便利化、降低企业汇率风险和经营成本的政策效应进一步显现，2014年，全县结算业务量1.6亿元。

【国库服务】 配合上级行做好第二代支付系统、国库集中支付系统、中央银行会计核算数据集中系统上线推广工作；落实核算操作程序化、账务处理标准化、业务管理制度化“三化”一体的管理机制，支付结算及国库服务持续保持高效、安全，

2014 年办理一般预算收入 5 亿元，办理一般预算支出 14.91 亿元。

【金融稳定】 积极协调公安经侦等有关部门落实好维护金融稳定、打击洗钱、打击假币、打击银行卡犯罪等工作职责，确保社会秩序稳定；加强对金融机构的风险监测，密切关注金融运行情况，及时分析金融稳定形势和风险状况，牢固守住不发生系统性、区域性金融风险的底线；加强对县各银行机构的开展专项执法检查，促进各金融机构塑造更好的专业服务形象；充分发挥金融协会在金融知识宣传、纠纷调处、综合评价等方面作用，构建和谐的金融消费关系。 （江雄文）

附：人民银行乳源支行领导班子成员名单

行　长：黄海英

副行长：雷　平

副主任科员：文　光

工商银行乳源支行

【概况】 2014 年，中国工商银行股份有限公司乳源支行（以下简称“乳源支行”）内设 4 个机构，围绕年初分行下达的各项业务指标，坚持“四大标杆”理念，发扬“三要三不要”精神，贯彻落实“稳中提速”要求，推动转型发展，各项工作保持一定发展势态，实现内控案防双零目标。各项存款余额 137508 万元，比 2013 年增 21061 万元。其中对公存款、储蓄存款比 2013 年分别增 20482 万元和 698 万元；各项贷款余额 75648 万元，比 2013 年增 11398 万元，含还原后中间业务收入 955 万元，完成市分行下达的各项考核指标。工行乳源支行在职员工 27 人。

【负债业务】 落实负债业务经营目标，完善奖惩机制，调动员工积极性，采取多种形式加大业务营销，依托综合业务系统优势，重点营销银行卡、电子银行、工银 e 支付业务。加强自助服务推广，引导客户改变传统的储蓄方式，使用自助银行产品，缓解柜面压力，丰富客户对金融产品的需求。通过强化“一把手”工程，实行对公存款分户包干考核激励机制，全方位、多层次开展市场营销，拓展新客户存款市场，培育医保等新存款增长点，“以贷引存”，促进对公存款的高速增长，逐年增加。

【信贷业务】 为发展乳源经济，加强经济金融的良性互动，达成银企双赢。围绕“招商引资”“工业园区建设”工作重点，以城市化、工业化、住房商品化为三大主攻方向，按照“大投入、大集聚、大发展”的信贷工作思路，落实“择优扶植”的信贷原则，一手抓信贷有效投入，一手抓信贷风险防范，促进乳源经济和社会事业发展。

【支持企业】 根据企业融资需求，县工商银行努力创新信贷产品，优化信贷流程，积极为地方重点工业企业和商贸企业提供符合其生产经营特点信贷产品，解决企业生产经营所需的资金，全年累计发放各项企业融资约 43010 万元，年末企业融资余额比年初净增 10608 万元。

优化信贷流程。根据企业日常结算方式的特点和抵押不足的情况，重点推出预付款融资业务，以企业的应收账款为还款依托，解决企业在抵押不多无法融资时的困难。

产品创新。2014 年，县工商银行主动通过上级行与境外银行合作，创新出跨境人民币贸易融资优化方案，采取境外分行参贷的模式，及时缓解规模不足造成的影响，有效解决部分企业的融资，为企业原材料采购注入资金血液。

推广经营型物业贷款、网络循环贷款、开立银行承兑汇票等业务。采取多种方式满足企业的日常资金需求，提供便利优质的企业网银、现金管理、网银对账、法人理财等多项配套服务。

【社会效益】 2014 年加大对企业的信贷、结算等服务投入，实现自身业务快速发展，带来明显的社会经济效益。一是在流动性收紧的形势下，把重点企业、重点项目、优质成长型企业作为首选目标，拓展新能源、新材料和文化旅游等新兴产业市场，支持实体经济发展和结构调整，支持一批规模以上企业的快速成长。二是为企业提供资金，支持企业加快转型扩大规模，确保企业经营稳定，形成就业人员稳定，缓解就业压力。三是创新金融产品，满足多样化融资需求。做到担保方式多样化，以不动产抵押、动产抵押、动产质押、企业保证、保证金质押、应收账款质押等手段不断创新和完善贸易融资类、置业按揭类、权利质押类等产品，形成较为完善产品体系，为后续服务县域经济积累经验。四是通过支持地方企业的发展，自身发展取得明显成效，2014 年累计发放贷款约 43010 万元，年末比年初融资余额净增为 10608 万元，全年共实现拨备前利润 3625 万元，比 2013 年少增 73 万元，计划完成率为 78.8%，比 2013 年增幅 -2%。

【中间业务】 2014 年，中间业务收入持续增长，共实现中间业务收入 955 万元，比 2013 年增 11 万元，完成上级行下达的计划。通过依法合规经营，加大在结算服务、代理业务、投融资顾问、高端财务顾问、贵金属销售等业务的开拓。

【加强“反洗钱”工作】 组织落实反洗钱制度的学习培训，提高员工对反洗钱工作的重要性认识和遵守反洗钱规章制度的自觉性，做好反洗钱工作。对可疑交易和可疑行为进行监测、分析，严格执行人民银行及工总行、省行关于反洗钱的各项规章制度。

【优质服务】 组织员工认真学习“七步曲”等规范化服务流程，领会规范化服务意义，要求员工在服务中规范用语、规范操作，保证争创规范化服务示范网点工作的开展。

【内部管理和队伍建设】 落实案件防范责任，依法合规经营，落实各岗位职责。加大监督，督促相关责任人履行职责。加强道德教育、制度建设，监控机制等工作开展。以人为本，从严治行，提高干部员工队伍素质，促进精神文明建设。把创建市级文明单位作为精神文明建设、支行党建的重要任务。开展“严格执章、严肃执纪、严防案件”“三严”教育活动，“学制度、纠违章”。层层签订责任书，每季召开防案分析会，加强员工行为动态管理和安全防范意识教育，强化内控管理和安全保卫月度检查，实现“三防一保”和内控防范“双零”目标。

加强内控风险管理。总行提出违规放贷、违规参与民间融资和经商办企业、违规代客理财、违规办理柜面和 ATM 业务、违规套现、违规债券交易 6 个案件重要风险点，广东省分行提出员工涉赌 1 个重要风险点，韶关分行提出增设管理人员违规经营、U 盾管理、印章管理 3 个重要风险点，2014 年乳源支行重点做好上述 10 个（6+1+3）重要风险点防控工作学习和防控治理。

【家园文化】 2014 年落实家园文化建设，实现全年安全无事故运营。落实好总行、省行“共创、共健、共享”的家园文化建设要求，一是落实好老干、困难员工的慰问工作，继续完善饭堂建设，对网点放心午餐实施统一配送，做好实施员工生病、生育、有疾病员工实施问候工作，加快完善职工书屋的建设和支行宣传栏的信息发布，努力营造好家园文化建设，不断提高员工满意度。二是积极做好反洗钱工作，加强客户识别和大额资金监控，强调所有有效证件都要联网核查，并加强反洗钱重点关注客户的风险监控及核查工作。三通过加强管理，前台差错控制有效差错笔数和差错率有所下降，没发生较难控制的投诉事件，落实安全无事故运营。

（黄胜波）

附：中国工商银行股份有限公司乳源支行领导班子成员名单

行　长：陈新辉

副行长：邹创宁

　　　　肖志武

　　　　周继辉

农业银行乳源支行

【概况】 中国农业银行乳源支行（以下简称“支行”），内设 3 个机构（客户部、综合管理部、风险管理部）、下设 2 个营业网点（支行营业部、乳城支行）和 6 个离行式自助银行，设有 16 台 ATM 自动存取款机，在职员工 50 人。2014 年，外币存款余额为 103022 万元，比年初增加 15247 万元，首次突破10亿元大关。各项贷款余额为64061万元，比年初增加18866万元。实现全年运营安全无事故、无案件的“双零”目标。获得乳源瑶族自治县2012—2013年度“文明单位”称号。

【信贷业务】 2014年，各项贷款余额64061万元，比2013年初增加18866万元。其中法人贷款余额37205万元，比2013年初增加11607万元，个人贷款余额26857万元，比2013年初增加7260万元。一是大力支持县域居民刚需的住房按揭贷款业务，二是重点支持工业、农业企业的贷款需求，三是重点满足县域重点企业的信贷投放，全力满足乳源当地的企业和个人信贷需求，支持县域经济稳健、持续、快速有效发展。

【“惠农通”业务】 以“惠农通”工程为抓手，加强渠道建设，满足乡镇边远地区金融需求。通过现场演示、发放宣传折页、开展金融知识下乡活动等形式，普及和宣传惠农通相关知识。全年累计布放37户惠农通有效商户，切实改善农村金融支付环境，有效树立行服务“三农”的良好社会形象。

【综合金融服务】 以两个营业网点为依托，实施“6S”标准化管理，增强网点软实力，提升服务形象。坚持以客户为中心，以服务为导向，开展“6+1”走进活动，延伸服务触角，提供高效规范金融服务。

【网点建设】 2014年，乳城支行迁址至县城最中心地段德源锦绣大厦首层开业，网点VI形象升级，功能布局合理，继续秉承“客户至上，始终如一”的服务理念，用优质服务回馈社会和广大客户，促进网点各项业务的发展；桂头镇离行式自助银行正式运行，电子渠道服务能力进一步提升。

【队伍建设】 专设风险管理部，强化风险管控能力。充实一线柜员和客户经理队伍，提升农行整体服务形象，提高服务效率。配齐、配强两个营业网点领导队伍，配备一正两副，为网点竞争力的提升提供人力资源保障。 （宋艳芳）

附：农行乳源支行领导班子成员名单

行　长：伍国富

副行长：杨莉萍

　　　　陈宏章（—2014.06）

　　　　王长江（2014.07—）

建设银行乳源支行

【概况】 2014年，中国建设银行乳源支行以科学发展观为指导，深入贯彻党的十八届三中全会精神，推进战略转型工作，提升综合服务能力和价值创造能力，完成全年各项工作任务。

【人员结构】 年度在职人员有21人。

年龄结构。在职人员年龄结构：30岁以下（不含30岁）4人，其中前、后台柜员4人，为在职人数的19.04%；30－40岁（不含40岁）6人，其中前、后台柜员2人，客户经理/会计主管3人，管理人员1人，为在职人数的28.57%；40－55岁（不含55岁）11人，其中前、后台柜员4人，客户经理/会计主管5人，管理人员2人，为在职人数的52.39%。

学历结构。在职人员学历结构：本科学历8人，其中前、后台柜员5人，客户经理/会计主管1人，管理人员2人，为在职人数的38.10%；大专学历13人，其中前、后台柜员7人，客户经理/会计主管5人，管理人员1人，为在职人数的61.90%。

【各项业务】 2014年，县建行全口径存款余额117068万元，比2013年新增13740万元，增幅13.30%，存款增额排名乳源金融业第二。其中企业存款余额68039万元，比2013年新增10572万元，增幅18.40%，增额排名乳源金融业第二；个人存款余额49029万元，比2013年新增3167万元，增幅6.89%，完成率排名乳源金融业第三。各项贷款余额39454万元，比2013年下降79万元，降幅0.199%。其中：公司类贷款余额29635万元，比2013年下降1315万元，降幅4.24%；个人类贷款余额9819万元，比2013年新增1235万元，增幅

14.40%。中间业务净收入275万元，比2013年下降25万元。不良贷款（一逾一非）余额20万元，比2013年增19.91万元。不良率0.05%。全年实现账面利润2233万元，比2013年增571万元。

【工作创新】 2014年，在县城鹰峰西路和鹰峰东路主干道增设2间离行式自助银行，为城镇居民提供服务便利。（江　荣）

附：中国建设银行乳源支行领导班子成员名单

行　长：尹德贵

副行长：丘东升

行长助理：周峥嵘

农村信用合作联社

【概况】 县农村信用合作联社2014年领导成员6人，下半年2名高管人员转任高级专家。党委下设4个党支部，在职员工144人，内设9个部门，辖3家信用社，13个营业网点。

【经营成效】 2014年，各项存款余额17.63亿元，比2013年增加3.02亿元，增长20.67%，完成任务108.12%。各项贷款余额12.73亿元，比2013年增加3.06亿元，增幅31.64%。贷款增幅高于存款增幅10.92个百分点，存贷比72.2%，存、贷款总量分别占全县存、贷款总量的26.13%、40.26%（比2013年分别提高0.6和2.24个百分点），市场份额全县第一。涉农贷款余额10.39亿元，比2013年增加2.59亿元；小微企业贷款余额7.9亿元，比2013年增加1.99亿元；实现经营利润0.43亿元，比2013年增加0.12亿元，增长38.7%；账面利润0.35亿元，比2013年增加0.12亿元，增长52.17%。

【“三农”服务】 2014年，县联社在优先满足农耕生产贷款需求基础上，推行农户小额信用贷款、农户联保贷款，重点扶持生态、高效、优质的区域性特色农业，支持种植、养殖基地的建设和发展，开办小额扶贫担保贷款、青年农妇创业贷款、自助循环贷款等信贷品种，逐步将住房按揭、消费贷款、理财业务等金融产品推广到农村，把信贷营销理念引入城区，满足城乡居民和工商业户经营的小额信贷资金需要，累放信贷资金达3.4亿元。

【内部机制】 县联社在2014年全面实施流程银行建设，完成制度录入、组织架构设定等工作，严格“四项制度”，对要害岗位实行“轮换制”和强制休假；加大资金投入，提高物防、技防水平，控制风险，为稳定发展提供支撑。

【新兴业务】 县联社借助省联社科技平台，率先在全市联社中开办国土网拍系统；与县住房公积金办签订合作协议基础上，与社保局联合开办二代社保卡业务；开办“粤信通”业务，加快普惠金融“村村通”建设，助农取款服务点43个，实现乡镇、村全覆盖。2014年，新增发卡9.45万张，新增ATM（含CRS）2台、累计布放自助设备达到16台，新增签约网银客户717户。

【深化改革】 2014年，县联社组织召开社员代表大会2次，理事会、监事会各5次。11月，根据省、市联社指导意见，依据《章程》规定，选举产生第二届社员代表大会理、监事会和新一届理、监事长，聘任新的经营管理层，新一届理、监事会和经营班子更替在规范程序下顺利圆满完成，体现广大社员意志。

【企业文化】 县联社积极组织开展“文明规范服务活动月”“送金融知识下乡”等活动，开展“反假货币、反洗钱、征信知识”等宣传。2014年，派发宣传资料2600份，接受咨询1300多人。推进应用广东农信新标志，制定和实施《新标识推广应用工作方案和计划》。建设和谐文化，开展“剑胆琴心—建设广东农信企业文化演讲、韶关农信社乒乓球选拔、登山徒步项目”等比赛活动，参加省、市联社、市银行公会举办的球类运动会和“七一”歌咏比赛。

【党建工作】 2014年，县联社严格执行中央八项规定、省委实施办法和反对“四风”，厉行“六个严禁”相关要求；做好党的群众路线教育实践活动“回头看”工作，定期通报建章立制等整改落实情况；建立长效工作机制，推进党风廉政建设，开展纪律教育月和警示教育活动，组织中层干部到韶关农信社廉洁教育示范基地净化思想，提高拒腐防变能力。

【扶贫济困】 2014年，县联社积极开展扶贫“双到”（规划到户、责任到人）和结对帮扶工作，深入基层、深入群众，帮助解决实际困难，慰问病患穷困和退休员工96人次、金额88039元；开展对曲江联社退休员工、乳源籍瑶族儿童盘娟爱心募捐活动，筹集款项14190元。（潘　明）

附：县农村信用合作联社领导班子成员名单

党委书记、理事长：林　松（—2014.08）
　　　　　　　　　张初富（2014.08—）
党委副书记、主任：唐晓飞
纪委书记、监事长：黄井养（—2014.10）
　　　　　　　　　陈世祯（2014.10—）
党委委员、副主任：陈世祯（—2014.08）
　　　　　　　　　吴小亮（2014.08—）

邮政储蓄银行乳源支行

【概况】 2014年，中国邮政储蓄银行股份有限公司乳源瑶族自治县支行（以下简称“邮储银行乳源支行”）认真落实普惠金融，围绕服务“三农”，服务小微企业的战略定位，依托网络优势，在民生社保金融服务、小微金融服务、“三农”基础金融服务等领域持续发挥积极作用，形成独具特色的普惠金融发展之路。邮储银行乳源支行加快转型发展步伐，服务渠道逐步拓宽，各项产品逐步丰富，发展形势良好。

【业务发展】 信贷业务。2014年个人贷款结余9787万元，小企业贷款结余3461万元。

公司业务。2014年对公存款余额6026万元。

个人业务。2014年个人储蓄余额8.2387亿元。

【履行责任】 邮储银行乳源支行针对广大百姓贷款需求“短、频、小、急”等特点，大力发展小额贷款，全年共发放小额贷款825万元，其中为全县45名创业者提供再就业担保贷款356万元，小微企业贷款和个人商务贷款结余7552万元，为地方经济发展注入资金血液。承办新农保服务，推出“一站式”服务，辖内各网点成为广大农民办理新农保的服务网点，获得政府和百姓好评。在全县9个镇开设23个银行卡助农取款服务点，村民足不出村即可享受基础金融服务。

【基础管理】 一是加强案防管理。定期召开邮银控管会，先后开展各项案防排查，加强警示教育，提高全行人员案防意识，全年实现资金管理、案件防控目标。二是强化党建工作。深入开展党的群众路线教育实践活动，通过走基层、听民声、办实事，将活动推向深入，巩固活动成效。（陈晓慧）

附：中国邮政储蓄银行乳源县支行领导成员名单

行　长：毛新文（—2014.09）
副行长：胡蝶飞（2014.09—，主持全面）
行长助理：邓继兵（2014.12—）

财　产　保　险

【概况】 中国人民财产保险股份有限公司乳源瑶族自治县支公司，县辖区内有县城营业部、桂头营销服务部和各镇的三农保险服务站，在职人员14人。2014年，县公司以服务乳源经济社会发展为全局，以“人民保险、服务人民”为使命，以市场为导向，以客户为中心，履行优秀企业公民责任，为促进改革、保障经济、稳定社会、造福人民提供强大的保险保障。

【业务发展】 2014年，在县委、县政府的大力支持下，提供保险保障共275亿元，完成保费1948.5万元，比2013年增12.04%。其中车辆保险1208.6万元，比2013年增20.73%，商业非车险保费279.3万元，比2013年增6.32%。

政策性保险。落实承保水稻玉米保险，其中水稻1.17万公顷、玉米1266.67公顷，提供保额保障7780万元，为乳源粮食生产稳步发展、农民收入稳步提高提供保障。承保农房保险36995户，提供保额保障3.7亿元；承保能繁母猪保险4131头，提供保额保障413.1万元；承保自然灾害公众责任保险人数21.7万人，提供保额保障216.9亿元。

【灾情理赔】 2014年共处理保险赔案1822宗，支付赔款共1318.1万元。其中：车险1249宗，支付赔款488万元；财产险45宗，支付赔款251.8万元；意外健康险108宗，支付赔款23.5万元。

政策性保险赔付。2014年年初，因火灾造成大桥镇大面积森林受损，县公司高度重视，调用多名查勘人员、评估专家进行核损，最终赔付林木保险约5万亩，支付赔款491万元；赔付农房24户，支付赔款5.2万元；赔付母猪390宗，支付赔款39万元。

【特殊理赔案件】 1月18日，某车辆在县城鹰峰东路大南岭土特产门口被盗，该车已投保盗抢险，保额为51271.48元，县公司最终核定按车辆实际价值赔付47969.56元。5月24日，在县机关幼儿园小二班就读的某学生，因不慎掉入池塘溺水身亡，年龄为3岁10个月，县公司核定学生意外伤害保险死亡赔付5万元，此案是承保学生意外伤害保险以来首宗死亡案件。

【客户服务】 全年开通服务专线“95518”，向客户提供快、优、全、广的咨询、投诉、回访、救援、预约投保等多功能、个性化服务。推出以全员全流程服务为内涵的“金牌服务工程”，以确保客户服务从规范、效率、质量三个方面不断提高，保持同业客户服务第一品牌。继续履行以下免费服务，凡是乳源县内家用车车主可享受以下免费服务：代办年审、过户、新车上牌、交罚单；车辆故障检测、维修指引；免费故障救援（拖车、换胎、送油等）；保险事故理赔全程协助跟踪等，做到全程服务。

（钟燕群）

附：县人保财险支公司领导班子成员名单

总经理：李立伟

经理助理：黄志勇

综合部经理：许志清

人 寿 保 险

【概况】 县人寿保险公司内设总经理室、办公室、客户服务部、个险销售部、中介代理部、团险销售部，下辖3个营业及服务网点，分别为：桂头镇营业部、一六镇营销服务部，乳城镇侯公渡营销服务部。2014年拥有人力130人，其中：一线业务骨干及精英120人，在职干部、职工10人（包括正、副总经理各1人、客户服务部经理1人）。

县公司秉持“成己为人，成人达己”的“双成”理念，建设管治先进、制度健全、内控严密、技术领先、队伍一流、服务优良、发展和谐的一流寿险公司，实现又快又好发展，服务于社会。

【业务发展】 2014年县公司应对市场竞争，调整业务结构，强化市场优势地位，保持业务稳定健康发展。业务规模平稳较快增长，取得明显成效。公司总保费收入突破5369万元，其中长期人身寿险保费3229万元，短期人身意外险178万元。全县新参加人寿保险人数22018人、参加机关团体医疗保费88户，大大增强乳源人民的保险生活水平保障。

【管理机制】 县人寿保险支公司以防范化解风险为核心，以规范市场行为为重点，为公司业务健康发展创造条件。严格执行财政部、保监会、人民银行和上级公司有关财务管理的各项规章制度，严格管理，合规经营，提高企业经济效益。

公司在人员、时间、业务结构等方面进行改革和调整。按照上级公司部署，根据“职务能上能下，收入能增能减，员工能进能出”的原则，落实“定岗、定责、定薪、定人”的要求，构建扁平化管理体系，管理机制更趋合理，公司的核心竞争力得到增强。对员工加强内控合规守则学习和风险防范教育，员工守则的学习、岗位职责每年要重新认知、签名确认各自风险防范点，把风险发生降至低点。

【客户服务】 一是以加强服务管理、规范服务行为为重点，夯实服务基础，提高服务质量，提升公司形象，保证客户满意，力争以规范、快捷、高效的工作方式，为客户在投保咨询、承保办理、保费缴纳、现场查勘、理赔受理、赔款领取等方面提供富有特色的保险服务，2014 年服务考评全市第一，新单保费创全省第五。二是采取客户服务首问负责制，有效解决承保、理赔速度慢等突出问题。2014 年公司承保全县中小学生平安险和银龄安康老人保险。大大解决人民群众后顾之忧。三是加强对客户回访率、结案率以及理赔时限等关键指标的考核。建立服务督察制度，进行远程和现场督察，安排专职人员对公司承保、理赔等环节进行客户服务远程回访监控，并随时进行现场督察。采取指标考核和定期通报等措施，促进公司服务水平的提高。四是以理赔速度和质量为重点，解决理赔方面存在的问题。要求限时赔付，提高结案速度和结案率，2014 年全县的理赔案共 1000 件，其中长期人身险共赔付 595 万元，短期意外险 83 万元。

【产品宣传】 县公司为扩展业务和服务领域，举办“客户服务节”“牵手国寿，健康生活”等一系列客户联谊活动。一是以客户服务中心为主，2014 年以客户为中心的感恩回馈强强联手礼品大派送活动达 12 场，提升中国人寿的品牌形象。二是联系上级公司开展问卷调查活动，了解群众最关心的热点话题，有目的性地加强对分红险和意外险的宣传和销售，“国寿鑫如意两全分红”及国寿防癌保险等险种得到客户普遍认同和青睐。三是以个险为主普及保险知识讲座，发挥公司品牌效应，扩大公司影响力。2014 年组织 80 场保险知识讲座，内容包括风险管理、投资理财、养老、教育、健康知识等，参加人数近 50 人次，有效提高城乡居民保险意识，促进业务增长。四是借助民政、银行、邮局，及农村信用社等窗口行业，将中国人寿的经营理念和保险产品推介出去。五是组织保险知识读本进校园、保险教育进农村、进社区等活动。六是发挥党团组织和工会的作用，开展各种形式的文体活动，增强中国人寿的凝聚力和感召力。七是公司上下始终坚持风险防范不放松，管控逐步加强，资源整合继续推进，品牌形象大幅度提升。 （胡忠有）

附：县人寿保险支公司领导班子成员名单

总经理：潘祝文

副总经理：杨燕红

旅游·服务业

旅 游

【概况】 根据乳府办文件精神，乳源瑶族自治县旅游局于2014年12月10日从原乳源瑶族自治县文体旅游局单列出来，成为县政府组成部门之一，内设机构有办公室、资源开发和市场拓展股、行业管理股和旅游发展服务中心。县旅游局机关行政编制6名，事业编制3名，后勤编制1名，其中：局长1名、副局长2名；股长（主任）3名。

2014年，县旅游局围绕县委中心工作，创新工作方式，推进旅游项目，做好旅游节庆、旅游营销和涉旅企业服务指导工作，维护旅游市场稳定发展，确保旅游经济稳步增长。2014年，全县接待游客327.73万人次，比2013年增长14.4%，旅游收入25.22亿元，比2013年增长16.01%。12月，乳源被广东旅游竞争力评价研究中心评为广东省2013—2014年度“旅游创新发展十强县（市）”。

【旅游项目建设】 县旅游重点项目建设步伐加快，各旅游景区基础设施设备建设日益完善，服务水平得到明显提高。大桥银山南岭温泉度假区整体规划建设基本成形，度假区酒店主体建设基本完成；南岭国家森林公园南岭会议中心、游客服务中心、南岭啤酒屋、停车场扩建等旅游服务设施已建成投入使用；广东大峡谷景区果园木屋度假区已投入使用，大峡谷二期建筑群框架已建成；丽宫二期VIP温泉别墅群建成，酒店产权式客房（丽宫国际温泉小镇住宅）正规划建设中；云门山旅游度假区漂流区、儿童水上乐园投入使用，二期水上乐园建设项目、云瑶水寨和印象洲街、云门山等项目建设正稳步推进。

【旅游推介活动】 按照办好“黄金节假日”“旅游节庆活动”营销思路。2014年，参加的主要旅游推介活动有华中旅游博览会、第28届香港国际旅游展和郑州、西安旅游推介会、2014中国国际旅游交易会、2014中国湖南旅游产业博览会等。策划举办2014年瑶族“十月朝”旅游文化节系列活动、首届南岭“瓜果花香世界”旅游文化节、“南岭之春”摄影大赛、韶关（乳源）温泉养生旅游文化节、旅游美食旅游文化节、南岭骑行游旅游节、乳源风光风情旅游摄影展、2014年“万人游韶关·玩转自驾游首航—走进南岭”、东莞长安镇“我和我的瑶族小伙伴”夏令营活动、南岭“免费自驾广乐高速畅游韶关黄金旅游新干线”活动、广乐高速媒体旅游采风发布会暨广东大峡谷“峡客行”启动仪式活动等。积极搭建旅游网络推介平台，增强旅游服务功能，拓展以新媒体网络营销为主的“一卡通”“二维码”“找饭吃”、微信等电子旅游服务平台。

【旅游行业安全管理】 从“规范、素质、品质、安全”四方面着手，做好旅游市场规范和服务质量优化工作：贯彻《国民旅游休闲纲要（2013—2020）》《中华人民共和国旅游法》，规范旅游市场；加强旅游安全管理，针对春运、“五一”国际劳动节、中秋节、国庆节等节假日，做好旅游安全防护设施及各类安全检查工作。

【发展休闲旅游产业】 围绕新农村建设、特色镇建设，做好全县农家乐普查工作，加快乡村旅游业发展。重点扶持南岭一峰生态园、云瑶宫山庄、天井山粤凰生态园等已具规模集旅游、农业、休闲、体验于一体的乡村休闲旅游产业。

【旅游总规修编】 9月，争取省旅游局的扶持，召开乳源旅游发展总体规划研讨专题会议，着手乳源旅游总体规划修编工作，重新谋划乳源旅游事业的发展方向。

【策划《映像乳源》专辑】 由广州今日时尚文化传媒公司制作《映像乳源》旅游歌曲专辑，重点推介乳源旅游形象。（何　俊）

附1：乳源瑶族自治县原文体旅游局领导名单

局　长：邹宝华

局党委书记：邓良胜

局党委副书记兼纪检书记：许昌发

副局长：刘宏美
　　　　谭群英
　　　　曹国秀
　　　　文清良

附2：乳源瑶族自治县旅游局领导名单

党组书记、局长：谭群英

党组成员、副局长：潘伟洪（2014.12—）
　　　　　　　　　黄　清（2014.12—）

旅游景区简介

【南岭国家森林公园】 位于广东省乳源瑶族自治县与湖南省郴州市宜章县交界，是国家AAAA级旅游景区。1993年经林业部批准成立南岭国家森林公园，总面积273平方公里，是“北回归线上面积最大的绿洲”。被列为“中国生物多样性保护示范基地”“中国人与生物圈保护区”“全国科普教育基地”“全国林业科普基地”。主要景点有南岭石坑崆第一峰景区、南岭小黄山景区、南岭瀑布群景区以及南岭亲水谷景区。

【广东乳源大峡谷】 位于乳源瑶族自治县西南60公里处的大布镇，是国家AAAA级旅游景区，广东乳源大峡谷景区于1998年7月20日正式开放。属石英砂岩地貌，是华南地区唯一的地陷式峡谷，有“华南第一谷”之美誉，峡谷长达15公里，谷深300多米，被评为“广东最美的峡谷”“最受外国人欢迎的广东十大景观之一”“广东自驾游十大最优景点之一”。

【云门寺佛教文化生态保护区】 位于广东省乳源瑶族自治县城东北6公里的云门山慈悲峰下，俗称“云门寺”，是国家AAAA级旅游景区。云门寺是中国佛教重点寺院及禅宗五宗之一的“云门宗”发祥地，历史悠久，寺内设有云门佛学院，是全国为数不多的农禅并重的寺院之一。

【云门山旅游度假区】 位于乳源瑶族自治县城东北6公里的云门寺佛教文化生态保护区内，是乳源唯一建成开业的生态漂流项目。景区占地面积约200公顷，以云门寺“农禅文化”为核心特色，融入当地客家、瑶族文化元素，是集农业休闲、文化体验、生态休闲、运动娱乐、主题度假等功能于一体的生态文化旅游度假区。景区内配有野战拓展、烧烤场、游乐场等多个运动休闲项目。

【天井山国家森林公园】 位于乳源瑶族自治县西北部，距县城33公里，是国家AAA级旅游景区，属山岳型自然风景区，面积5593公顷，以原始森林、山地矮林和云锦杜鹃、溪流瀑布等景观著称，是广东省天然林面积最大的国家级森林公园。区内有千米以上山峰68座，其中天井山主峰海拔达1705米。园内动植物资源丰富，查明拥有广东省36%的野生维管束植物。拥有野生动物30目76科333种，被称为“岭南天然博物馆”。

【天景山仙人桥景区】 位于乳源瑶族自治县洛阳镇境内，距县城38公里，景区内自然生态原始，集山水溶洞、仙踪奇迹、道教文化、仙人桥于一体。主景区仙人桥高约138米，内拱106米，宽53米，长156米。景区内开发有雅玛秀水、同心鹊桥、仙人朝圣、源远流长、鱼跃龙门、木石姻缘、仙山大象、龙凤朝阳、情侣奇树、天下第一洞天、神童戏水、悬崖栈道、仙人古洞、仙桥神游、西京古道、古道迷踪、灵霄宝殿、天上美景等景点。

【必背过山瑶之乡生态旅游景区】 位于乳源瑶族自治县城东北50公里处，是旅居海外瑶族同胞的祖居地，被誉称为“世界过山瑶之乡”。必背瑶寨自然风光优美，人文景观丰富、民族特色突出，是集旅游、科考、休闲于一体的民族生态休闲旅游景区。

【南方红豆杉森林公园】 位于广东省乳源瑶族自治县西北部的大桥镇，京珠高速公路、坪乳公路可直达，距县城约45公里。公园是自然观光体验型风景区，面积约10190公顷。核心景区内约有红豆杉3万棵，百年以上树龄的有1000多棵，树龄最长约2000多年，最大树径超过5米，是华南地区生长的最古老的红豆杉。南方红豆杉森林公园是中国唯一以南方红豆杉为观光主题的森林公园。

【通天箩地下森林公园】 位于广东省乳源瑶族自治县大桥镇，距离县城约50公里。在海拔高度690多米的石灰岩高原上垂直下陷而成，洞口直径100多米，垂直深度90多米，底部最大直径140多米，四壁反坡峭立，形似一个倒扣的谷箩，故名“通天箩”。底部有一片原始森林植物群落，面积约4500平方米，有“中华第一洞”之称。

【西京古道】 西京古道旅游区位于乳源瑶族自治县大桥镇，是广东省文物保护单位，距离县城约40公里。“西京古道”乳源段保留较完整的路段有梯云岭段约2.5公里，猴子岭段约2.5公里，主要景观有古凉桥（包括大富桥、通济桥）、古凉亭（包括“小梅关”亭、梯云亭、象兑亭、官止亭、心韩亭、乐善亭、仰止亭、寿德亭、纳凉避雨亭等）、观澜书院、古民居等。“西京古道”及沿途的古文化遗存是中小学生、青少年爱国主义教育基地。

【南水湖国家湿地公园】 位于广东省乳源瑶族自治县西南，距县城13公里。“京珠”高速公路、国道323线和S258线，X358线以及坪乳公路从湖边经过，交通便捷。公园水面达3800公顷，库容12亿立方米，是广东省第三大人工湖。湖中有12个岛屿，湖水最深处达120多米，湖水呈深蓝色，故又称“蓝水湖”，是广东省一级水源保护地、广东省第三大人工淡水湖泊、广东第二座国家湿地公园。南水湖的西北面有广东省稀有的碳酸型温泉游泳池和温泉鱼苗养殖场。（何　俊）

星级以上酒店

表4

酒店名称	地　址	星级标准	拥有客房	电话	传真
避暑林庄温泉大饭店	大桥镇南岭国家森林公园	按五星级酒店标准建设	193间	0751—5236666	0751—5236888
广东大峡谷丽宫果园度假村	大布镇		83间	0751—5458338	0751—5222299
丽宫国际温泉旅游度假区	乳城镇	按五星级酒店标准建设	500间	0751－6122888	0751－6122999
宁泰商务新店	县城	三星级酒店	100间	0751—6120666	0751—6120600
白云天园林宾馆	县城	按五星级标准建设	157间	0751—5377777	0751—5366666
小岛饭店	县城	三星级酒店	107间	0751—5389888	0751—5389222
云锦山庄	天井山国家森林公园	三星级酒店	42间	0751—5461111	0751—5461111
星之光酒店	县城	二星级酒店	35		
名瑶酒店	县城	二星级酒店	95	0751—6120111	0751—6120206

主要旅行社

表 5

名　　称	地　　址	电　话
天翔旅行社	乳源县沿江路嘉乐花园大门右侧 19 号	5381111
瑶家源旅行社	乳源县鹰峰西路总工会一楼 5 号	5370102
南岭瑶乡旅行社	乳源瑶族自治县鹰峰东路 2 号	5388648
广东中旅乳源营业部	乳城镇沿江东路得源小区 A 栋综合楼	5383200

交通·邮政·通信

交 通 运 输

【概况】 2014年，交通运输局内设机构有：办公室、综合运输股（交通战备办公室）、综合规划股（基建管理股）、政策法规股、交通综合行政执法局和行政审批股。事业单位有：县地方公路管理站（副科级，公益一类）、县交通管理总站（正股级）、县乡镇船舶管理站（正股级）。行政编制9名，综合行政执法局行政专项执法编制36名，后勤服务人员5名。

部门人事变动。1月，提拔侯敏军为县地方公路管理站养护股股长（副股级），聘期5年。3月，提拔曾伟强、盘伟锋为交通综合行政执法桂头中队正、副中队长（正、副股级），丘雪萍兼任交通综合行政执法乳城中队队长（正股级）、提拔曾泽韶为副中队长（副股级）。4月，成立县交通运输局综合行政执法局党支部，由周启文任书记。9月，招录杨彦杰为交通综合行政执法局公务员。11月，郑文胜调入县交通运输局办公室工作，地方公路管理站职工黄月娥、邓良养退休，钟坚平调离县交通运输局。

荣誉。2014年，县地方公路管理站被韶关市公路管理总站评为“2014年度韶关市农村公路养护管理工作先进单位”，大桥道班、桂头道班被评为“2014年度韶关市农村公路系统先进道班”，黄学贱被评为“2014年度韶关市农村公路系统先进个人”，刘金红、刘秀群被评为“2014年度韶关市农村公路系统养护之星”。

【公路建设】 完成Y800侯公渡至大东路面大修工程，公路里程10公里。完成农村公路硬底化建设63.74公里，超额完成2014年农村公路硬底化40公里的建设任务。完成杨溪大桥建设项目前期招投标工作和前期施工进场以及部分路基工作。完成X324线长江岭至波罗段公路大修工程招投标工作。

【广乐高速建设】 9月27日，广乐高速公路全线顺利通车，乳源路段征地、房屋拆迁、迁坟、个案处理、施工协调事宜等工作基本完成，2014年完成剩余补征地约2.33公顷，迁坟10座，协调处理个案9宗。

【地方公路养护】 全县纳入交通运输局管养地方公路养护里程1366.902公里，其中县道养护里程为178.886公里，好路率达到80.5%。乡道养护里程为799.405公里，良好路率达到76.5%。村道养护里程为388.611公里，良好路率达到76.5%。

【修复水毁公路工程】 2014年，完成县道X321线14处水毁修复工程，全线完成投资398.0562万元。完成县道325线50处水毁修复工程，全线完成投资2348.93万元，其中23处省重点水毁工程项目，经市质监站验收合格。县道326线，有43处水毁修复工程，完成1处重点工程，完成乡道Y504、Y800、Y845、Y887、Y930、Y931等6条公路一般水毁修复工程。

【路政管理】 开展路政巡查执法，县道以上公路每3天巡查一次以上，全年上路巡查243天，巡查里程25134.345公里，新增建设31块标志牌、423条警示桩及56米减速带。2014年，办理1宗擅自埋设管线、设置电杆、变压器和类似设施的路政案件。

【运输监管】 加强运输市场的监管，与16家重点货运源头单位签订重点货运源头治超责任书。完成运输车辆的审验，2014年审验运输车辆327辆，其中货车135辆，客车98辆，出租车50辆，教练车

44 辆，全部通过审验。抓运输、维修企业质量信誉考核，4 家客运企业：韶关市汽车运输有限公司乳源分公司、县顺达城乡公共客运有限公司、广东省韶关市汽运集团有限公司乳源汽车站和广东省韶关市汽运集团有限公司乳源出租小汽车分公司，2 家一类汽车维修企业：县交通汽车修理厂和县骏源汽车维修有限公司，2 家二类汽车维修企业：韶关市汽运集团有限公司乳源汽车站保修厂和县宏达汽车维修有限公司，全部完成质量信誉考核评定。加强交通综合执法，全年出动执法人员 7386 人次，出动执法车辆 1477 辆次，检查车辆 5908 辆次，查处违章车辆 355 辆次，查处案件 356 宗，其中路政案件 267 宗，运政案件 89 宗，卸载货物 5194.59 吨。

【行政审批】 11 月 3 日，县交通运输局 27 项行政审批事项进驻行政服务中心 2 号窗口办公。全年办理行政许可 43 宗，非许可 585 宗。

【春运工作】 1 月 16 日至 2 月 24 日。春运期间投入车辆 138 辆，发出班车 8342 班次（其中春节前支援广州 58 班，春节后支援坪石 24 班），运送旅客 117319 人次，短途包车 45 班，长途加班车 61 班，短途加班车 87 班，班次比 2013 年上升 1.3%，客运量比 2013 年上升 1.2%。做好春运应急保障工作，县交通运输局组织各道班做好养护机具的检查维修工作，大桥道班和桂头道班备足工业盐 10 吨、沙 10 立方米、碎米石 10 立方米等材料，调配铲车 2 台，用于春运抢险应急。完成抗冰任务，春节后与大桥道班派遣抗冰养护人员 79 人次，撒盐 9 吨，设置安全警示牌 35 块。

【党的群众路线教育实践活动】 一是狠抓学习，每周集中学习不少于半天；二是虚心听取意见，紧扣交通工作，多形式面对面地听取工作对象和服务对象意见；三是认真撰写对照检查材料，扎实开好民主生活会和组织生活会；四是重视整改落实，完善相关制度；五是结合纪律教育学习月，深化群众路线教育实践活动。 （潘瑞红）

附：县交通运输局领导班子成员名单

局　长：王明生

副局长：谢灿辉

　　　　曹华山

　　　　彭胜利

公路建设与管理

【概况】 乳源公路局位于乳城镇沿江东路，2014 年在职干部职工 84 人，退休干部职工 161 人。是韶关市公路局垂直管理的正科级事业单位。内设办公室、生产技术股、人事监察股、路政管理所、收费管理所、财务股、安全生产股 7 个正股级机构。主要负责辖区内公路的改造建设与养护、路政管理、机动车辆路桥通行费年票征收等。

【路桥建设】 2014 年，县公路局抢抓水毁抢修复工程建设进度，改善国省道公路状况，提高路网通行能力。一是完成 2013 年“5·16”“8·16”重点水毁项目及国道 323 线 26 公里水毁沥青路面抢修复工程的竣工验收；二是新建国道 323 线一座涵洞和新设砼护栏 87.8 米，完成省道 248 线的 4 座涵洞进行修复治理；三是完成国道 323 线三协电子厂门口路段和高级中学路口的积水处理；四是完成国道 323 线 3 处下塌边坡的处置和坪溪桥 0#台锥坡的修复。

【公路养护】 县公路局始终以提高路面质量为工作重心，加强日常养护，持续发扬公路人“不怕苦、不怕累、特别能战斗”的抗洪、抗冰精神，保障公路安全畅通，创建“畅、洁、绿、美”公路通行环境。以桥梁养护为重点，加强养护，确保所管养路段安全畅通。乳源公路局各养护中心（道班）坚持养护“十六字”方针，加强日常养护管理，重视桥涵的检查养护，确保路况稳中有升。2014 年实行每月下旬生产检查的制度，严格按照《乳源公路局公路养护绩效考评标准》进行考评。各养护中心（道班）按月度计划目标做好养护工作，加强内务管理，提高管理和服务水平。

【应急处置】 乳源境内国省干道路段多属山区公路，特别是国道 323 线抗灾能力弱，发生洪水等自然灾害时，极容易诱发公路边坡、路基塌方等影响公路交通安全的情况。针对以上情况，乳源公路局做到“早部署，早安排，早预防”，汛期前要求各养护中心对管辖路段排水设施包括水沟、桥梁、涵洞和高危边坡等全面检查，发现隐患及时依规处置。汛期加强雨天巡路和四勤养护，实行24小时值班制度，发生塌方快速组织清理，确保管理路段安全畅通。

6月11日，乳源公路局组织应对水毁灾情、山体滑坡应急抢险演练，参加演练有局机关全体管理人员、富城养护中心全体职工以及其他养护中心正副主任、安全员共40多人。7月上旬，在富城养护中心应急抢险基地举办抢险机械（铲车）操作培训班1期，由各养护中心抽调3—4名精干人员进行实操学习、现场模拟演练和抢险机械操作培训，提高全局应对公路突发事故的应急抢险处置能力。

【抗冰保通】 *春运抗冰工作。*乳源公路局采取几项有效措施防止路面出现冰冻打滑情况。与石油公司协商好柴、汽油供应，购买工业用盐分点存备，其中原库存备35吨、富城养护中心50吨、洛阳养护中心20吨，检修好抢险战备铲车、勾机、推土机、压路机、自卸汽车等大型工程机械，处待命应急状态，确保快速投入抗冰抢险抢通工作。

*协助坪乳公路抗冰保畅通。*2014年2月8日至19日，受强冷空气影响，省道249线坪乳公路大桥红云路段路面出现两次不同程度结冰，影响车辆通行。灾情发生后，乳源公路局立即抽调人员、机械赶赴灾情现场参加融冰抢通，出动公路养护车辆12台次，人员33人次，洒工业盐36吨，加强路政巡查力度，及时掌握车流动态。结冰时段，省道249线坪乳公路未出现大面积拥堵情况及重大车辆事故。

【机械管理】 *加大养护机械投入，提高养护机械化水平。*2014年，乳源公路局加大投入，自筹资金25万元新购置两台小型铲车及油锯小型机械，投放到养护中心。投入50万元新购一台扫路车清扫路面。全局养护机械化水平得到很大的提高。

*加强机械管理。*完善机械管理规章制度，规定机械股做好机械台账，开展文明机车活动，严禁非生产用车和地下运输，机手如实填写行车路单，养护机车未经安全机械股许可不得驶离班作业路段，违者重罚等规定，提高机车的使用效益。

【路政管理】 *提高群众爱路护路意识。*加大《中华人民共和国公路法》《广东省公路条例》《路政管理规定》《公路安全保护条例》等法律法规宣传，加强路政巡查，处理各类公路违法案件及路障，保障路产、路权的完好。

*加强护路统筹协调。*争取县交警部门支持协助，对交通事故车辆损坏路产及时做出处理，有效保护公路设施。

*埋设供水管道管理后继工作。*做好县银源公司在省道250线埋设供水管道工作现场管理后继工作。

*路产维权工作。*加强对广乐高速公路施工损坏占用路产维权工作。依法治路，规范管理，保护路产的完好，维护合法路权不受侵害。2014年，清理各类路障65处700立方米，拆除非公路标志21块50平方米，发现公路违法案件61宗，其中现场制止、处理58宗，告知县交通综合执法局3宗。办理路政协议2宗，索赔损坏路产赔（补）偿费36万元。

【年票征收】 2014年，乳源公路局通过有线电视台播放年票征收通告、在公路主要交通路口挂设宣传横幅标语，在车主办理年票业务时告知年票征收时限等加强宣传。要求收费员认真学习《简化年票收费业务手续实施办法》相关内容，熟识系统操作，提高业务办理效率。规定收费员上班着装要整洁，礼貌对客，热心解答车主提出疑问，以便民服务为宗旨，做好收费划卡业务和办理车主没有银联卡交费工作。收费服务大厅，增设自动饮水机一台。加强与交警车管等相关部门的联系，确保年票征收工作得到协助支持。2014年累计征收年票费710万元，超收132万元，完成任务122%。

（朱正标）

附：乳源公路局领导班子成员名单

局　长：张水利（—2014.11）

副局长：吴平波（2014.12—，主持全面工作）

陈健萍
苏泉鸣

客 运 汽 车

【概况】 2014年，乳源汽车站营运客车131辆（含乳源瑶族自治县顺达城乡客运有限公司、广东省韶关市汽运集团有限公司乳源出租小汽车分公司50辆），公务用车2辆。12月，更新营运客车17辆，其中乳源至桂头线8辆，乳源至大桥线6辆，乳源至一六线3辆。经营客运班线15条，其中跨市班线2条，跨县班线3条，县内班线10条，进站配客班线4条。日均发班120班次，日均发送旅客1600人次。

【经营发展】 2014年完成客运量377万人次，客运周转量16055万人公里，比2013年分别上升6.49%、4.11%。实现营收总额1826万元，比2013年增长2.87%，运输总成本979万元，比2013年下降12.65%。车辆总行程1869.98万公里。全年未发生重特大行车责任事故。

【客运站场建设】 乳源汽车站是广东省二级客运汽车站，为给旅客提供更优质的乘车候车环境，乳源汽车站于2014年10月份投入9.2万元对客运功能进行改造和完善。在候车室新增旅客咨询处，方便旅客咨询班次，新增母婴室并配备婴儿床给哺乳期旅客提供方便，将原来行包房改造成旅客厕所，解决到站旅客如厕难等问题，为给旅客提供一站式的换乘服务，拟在落客区和售票厅中建设风雨连廊。

【企业改革】 整合道路运输客运资源，韶关市属国有道路运输资源整合工作领导小组召开办公会议，同意广东省韶关市汽运集团有限公司股权进行挂牌出让进行股权重组，乳源汽车站一并挂牌出让。2014年9月19日，由广东粤运交通股份有限公司摘得广东省韶关市汽运集团有限公司出让股权。股权认购变更后，广东省韶关市汽运集团有限公司更名为韶关市粤运汽车运输有限公司，乳源汽车站也更名为韶关市粤运汽车运输有限公司乳源汽车站，企业由市属企业转为省属企业。（李志怀）

附：乳源汽车站领导班子成员名单

站　长：杨木清（任支部书记）
副站长：黄兴彩（任工会主席）
　　　　黄志良
　　　　杨亚养

邮 政

【概况】 县邮政局设两部一室，有职工85人。2014年坚持以加快转型升级为主线，以实施三大战略为基础。按照“打牢基础、加强合作、建设渠道、注重效益、提升市场化运作能力”发展思路，推进代理金融和邮务三大板块重点项目。2014年，面对一系列政策影响和互联网对传统经济形态的冲击，县邮政局认真贯彻落实市公司党组提出的“三个定位”要求，推进银行化、电商和管控转型“三大战略”，突出质量和效益，以市场为导向，加大资源整合力度，企业可持续发展的基础得到夯实，市场竞争力得到提升。完成市公司年度收入预算目标100.02%，比2013年增长10.41%，完成收支差额预算100.01%。

【业务发展】 2014年，对业务收入结构进行合理调整，重点发展邮储、保险、银信通、代理速递、农资销售等高效业务，稳步发展函件、报刊、汇兑、集邮等传统业务，确保乳源邮政业务收入质量提高，实现企业可持续发展。

【邮务方面】 报刊专业。抓好报刊补续订工作；积极配合县委宣传部抓好党报党刊的发行征订工作，2014年全县党报党刊代投6305份（其中县城3802份，乡镇2503份）；加大对校园市场的营销力度，利用报刊文化礼盒及市报刊局统筹的文化产品，加大报刊项目的营销，开展《特别关注》《时代周刊》等商务期刊营销；走访扶贫办、农家书屋等拓展行业报刊，积极参与科技扶贫、知识下乡等活动。

投递服务。邮政是一个劳动密集型企业，全局有投递员27人（含五指山、天井山各1人），投递段道31段。投递服务全县21.84万人，2299平方公里，投递单程公里数998公里，日均投递量11563件，日均负重794公斤。由于网络高速发展，传统报刊业务量不断萎缩，企业用工成本日益增大，2014年，投递员工资、车辆油费、维护费等超过100万元。

村邮站建设。为抓好“三农”服务，打造邮政服务品牌，争取上级资金支持，完善全县村邮服务站的渠道建设。2014年全县村邮服务站102个，其中大桥镇21个、桂头镇14个、乳城镇13个、洛阳镇12个、一六镇7个、游溪镇11个、大布镇7个、必背镇7个、东坪镇10个。

建设信报箱群。为改善通邮条件，增加便民服务，2014年全县有13个小区安装崭新信报箱，服务住户2549户。

农资代办服务。全县2014年发展邮政农资直营店9个、加盟店及批销点15个，满足当地群众购买农资的需求。积极走访县扶贫办、林业局等行业市场，拓宽农资销售渠道，做好农资大户的配送工作，提高邮政农资在当地市场占有率。

【金融业务】 提高从业人员的业务技能，创新抓好网点服务工作，减少营业前台客户的等候时间。开展网点人员银行化转型培训4次，对鹰峰中、桂头营业所理财经理使用营销客管系统进行考核，引导网点理财经理按照市公司要求，在与客户面谈时建立、完善客户档案，做好笔录，理财经理客管系统建档较好，网点岗位联动逐渐改善，银行化转型工作逐步深化。金融业务发展步入快车道。加大银信通业务的加办率、成功率，利用节假日短信拜访、温馨提示的方式提高银信通业务的受益率；总结“代”字类业务的经验，开拓小区管理费等代收（扣）业务。

【资金安全】 2014年，在各支局网点、各职能部室通力配合下，全局内控管理工作紧紧围绕“突出重点、创新管理、提高质能、强化整改”的案防工作目标，全面开展各项专项检查活动，动态跟进问题的整改落实情况，规范储汇资金的检查档案管理。县邮政局开展常规检查44次，非现场检查7次，突击检查16次，专项检查8次；共下发整改督办表55份，检查发现问题172个，整改问题172个，整改率100%。2014年乳源邮政金融顺利实现“零案件、零重大违规违纪事件”的“双零”目标。

【速递业务】 2014年，乳源邮政速递物流公司按照省公司“变革、质量、发展、服务、效益”的工作方针和“突出重点，专注核心，讲究效益”的工作思路，在经营方式和制度建设上进行改革，优化业务种类，明确业务发展重点，在内外部环境异常严峻的形势下全年速递业务量共计4万多件，实现业务收入80多万元。狠抓进、出口邮件服务质量，在“双十一”和“双十二”生产旺季中成功逆袭，有效扭转和提升客户对EMS的品牌形象和美誉度。

【基础能力】 提高服务客户水平。对县邮政储蓄支行、桂头邮政及大桥邮政支局三个邮储网点监控系统进行安防改造，开设VIP贵宾室及邮储会员优先窗口，提高优质客户的满意度。2014年被省公司评为星级服务窗口的有一星级窗口1个（大桥邮政支局），二星级窗口2个（乳源邮政营业厅和桂头邮政支局），三星级窗口1个（乳源县邮政储蓄支行）。

加大对ATM机布点的规划建设。建设开通侯公渡邮政所ATM自动取款机，方便群众的用邮。装修整治大桥支局营业网点，加装一台CIS自动存取款机，缓解营业前台压力。2014年全县4个邮政储蓄网点共有自助设备10台。

加快补建空白乡镇网点。游溪邮政所的生产场所已基本建成，可基本满足当地瑶汉群众的用邮需求。投递网建设先后投入3台汽车及27台摩托车，完善配送网络；完善县内特快专投队伍建设，特快专递邮件在县城范围内基本实现多频面对面投递，其他各乡镇均实行混合投递。

网运支撑能力建设。县邮政局办公楼实现综合网、互联网改造应用。

【职工之家】 2014年，在韶关市邮政分公司支持下，装修整治县邮政局大学生之家的建设，大学生宿舍装上空调、洗衣机，增强大学生对邮政企业的归属感。投入20多万元加大对生产、办公场所的整治，解决县局综合大楼多年来存在安全隐患问题。完善整治大桥支局职工小家，解决支局员工的吃住难问题，增加桂头、大桥支局2个职工小家的互动经费，确保企业的职工小家真正成为邮政员工温馨之家。

关心邮政员工的业余文化生活，开展各类有益健康的文体活动，让员工施展各自的专长。组织员工参加徒步丹霞、广东省（韶关·乳源）环南水湖第二届自行车公开赛，投递员黄钊、县速递公司张荣辉分别取得成人组第12名和第16名的成绩。

（陈尚升）

附：县邮政局领导班子成员名单

党组书记、局长：綦小林

副局长：何新良（2014.02—）

局长助理：李智民

电　信

【概况】 2014年，中国电信股份有限公司乳源分公司（以下简称“乳源分公司”）围绕全年工作部署和经营目标，加快“光网城市”建设步伐，提升光纤宽带的速度与质量；突出重点主攻方向，加强社会渠道网点及手机城建设，加强员工的职业道德教育与业务培训，提高工作效率和服务质量，做好客户的服务工作。乳源电信分公司被韶关电信评为“先进单位”一等奖，城区电信营销服务中心、侯公渡电信营销服务中心、一六电信营销服务中心被韶关电信分别评为“先进单位”一等奖、“先进单位”二等奖、“先进单位”三等奖，大桥电信营销服务中心被省公司授予三星级家园式营服中心。

【网点建设】 2014年，乳源分公司加强社会渠道网点及手机城建设，先后将县城营业厅、嘉乐广场新星源店、侯公渡电信营业厅、桂头电信营业厅等建设成为全网通手机城，全网通手机城以“价格最低、服务最优、三网齐全”核心理念，方便客户选购，方便用户办理有关手续，加快社会网点的拓点建设，新增科盈、联讯、恒旺等代理网点，有效扩大电信服务网点。

【加快网络建设　促进光纤平移和宽带提速】 2014年，乳源分公司在县城、侯公渡、桂头等新建ODN节点21个，利用ODN节点（新增光分路器、光分路箱）新建南环路瑶乐居、南水花园、迎宾北路怡乐居、桂头富康雅居、桂头嘉兴花园，迎宾南岭头新邨等6个驻地网点（薄覆盖），完成8个镇及县城25个区域的FTTH覆盖工作，新增FTTH端口3364个，FTTH端口容量达到10112端，镇区主城区实现100%光纤覆盖。整治老、旧、残线路，推进铜退光进工作。新建23套MA5616设备，完成政府第三家属区、水利局、石坝村、五指山四工区、粮食局、民族楼等23套设备的安装、割接工作。新建语音端口992个，新建数据端口992个，完成割接语音端口685个，数据端口623个。新增县城母局城域网万兆S9306交换，整合一六镇、桂头镇、必背镇、杨溪、天井山、古母水、大布镇7个支局出口链路，解决BRAS的链路拥塞。推进老旧设备退网，消除S1240设备老旧安全隐患，提升网络服务能力。

【客户支撑】 2014年，乳源分公司建设一六广乐高速管理中心综合业务、广乐高速一六服务区综合业务、广乐高速北片收费站ITV及宽带业务，开通一六镇山城水都民族健身俱乐部、东阳光铝业公司工行自助银行、桂头镇福美家木业加工厂、侯公渡嘉能生物燃料有限公司、南环西路广播电视台、侯公渡邮政自助银行等26项专线应急需求，完成平安乳源48个点光缆布放及终端安装工作，完成政法网组网及各项业务开通工作，完成必背镇、大布镇、洛阳镇、游溪镇、东坪镇等5个卫生院组网及各项业务的开通工作，完成京珠高速视频监控3个点的组网及各项业务的开通工作，完成全县98个点的线路布放。

【服务质量】 开展服务提升活动，加强行风建设，强化“用户至上，用心服务”的企业理念，重点聚焦并解决装维难问题，狠抓基础服务能力，提升装维时效。加强客户服务维系，做好客户服务工作。

【搭建发展平台　提升员工素质】　加强员工业务培训与教育，培养员工成长成才。关注员工职业发展，建立人才信息库，通过轮岗历练、承包经营、技术攻坚、重点项目拓展等为员工搭建多渠道职业发展平台。开展员工职业道德教育与技能培训，提升员工整体综合素质。

【人文关怀工作】　优化分配机制，让员工共享企业发展成果。加强与员工沟通交流，为员工解决实际问题和困难，认真组织员工参加总经理接待日，参与企务直通车活动，让员工有充分表达诉求的平台。以人为本，关爱员工，对户外营销人员和社区经理人文关怀，健全与员工沟通台账，疏导和缓解员工压力。关心员工身体健康，安排全体员工进行健康检查。开展体育锻炼活动，组织内部篮球、乒乓球、羽毛球、爬山等活动，组队参加市公司的各项体育比赛及与地方各兄弟单位进行体育竞技。开展“元旦、春节送温暖”“夏季送清凉”活动，做好离退休和困难员工关怀工作。　（张树明）

附：中国电信乳源分公司领导班子成员名单

总经理：佘冬山（—2014.11）
　　　　廖海辉（2014.11—）
副总经理：罗崇斌（—2014.11）
　　　　许先松
　　　　戚永锐（2014.11—）

移　动　通　信

【概况】　中国移动通信集团广东有限公司乳源分公司（以下简称乳源分公司），秉承“正德厚生，臻于至善”的企业文化，以“责任”和“卓越”为核心内涵，以“创无限通信世界，做信息社会栋梁”为使命，以“成为卓越品质的创造者”为愿景。

2014年，各项工作有序开展，业务、网络、管理达到新要求。遵纪守法、诚信经营，强抓服务质量，未发生过重大投诉。

【市场拓展】　2014年，乳源分公司致力于4G网络建设和业务拓展，合力推动4G运营。1月，LTE一期首批3个站点开通，标志着4G网络正式实施运营，至12月LTE网络全面覆盖乳源1个城区、9个镇。围绕4G业务，深挖4G网络特点和优势，全年，4G流量占总流量达41.13%。

【阳光政务】　2014年，乳源分公司结合省委常委、省纪委书记黄先耀在乳源调研时提出的“以良好的作风为事业发展提供坚强保障，以事业发展的新成果体现作风建设的新成效”，紧贴乳源的“阳光政务平台”趋势，在前期政务服务平台基础上，介入客户调研，制定合符客户需求产品方案，公开投标，成功中标《乳源瑶族自治县行政服务中心监控系统升级改造项目》《乳源瑶族自治县政务服务体系信息化建设项目》。

【优化场所】　改善分公司食堂环境，优化办公场所整体功能设置。乳源分公司综合楼附属楼建设项目于2013年11月15日正式开工建设。综合楼附属楼建设项目由韶关市建筑设计院设计，韶关市第一建筑工程公司承建，建筑工程主体部分为框架结构，地上4层，总建筑面积580平方米（数值为规划验收最终确定面积，工程主体部分、外墙装饰、室内装饰，火灾自动报警，电气安装，给排水系统，通风与空调，视频监控，综合布线，厨房设备安装等项目）。2014年11月11日竣工，并投入生产使用。

【党风建设】　2014年，乳源分公司结合本部门实际，制定年度党风廉政工作计划，部署全年党风廉政建设和反腐败工作。1月，层层签订《党风廉政建设责任书》，全体员工签订《廉洁从业承诺书》。明确领导班子成员责任分工，量化任务，责任对象责任范围内工作有部署、有检查、有考核，领导班子成员、全体经理人员廉政卷宗建档率达100%。组织敏感岗位员工年度廉洁谈话活动，推进敏感岗位员工换岗工作。5月，组织开展反腐倡廉集中教育活动以及主题教育月警示教育系列活动，加强员工廉洁从业教育。　（邱丽霞）

附：中国移动乳源分公司领导班子成员名单

总经理：王慧敏
副总经理：房勇明

联　通　通　信

【概况】　2014年，是中国联合网络通信有限公司乳源分公司（以下简称“乳源分公司”）五年发展战略规划的开局和创新引领之年，在4G牌照发放、“营改增”“营销费用压降”政策实施等内外部环境发生深刻变化的情况下，乳源分公司实施“六个创新引领”，推进“十六项重点改革任务”，积极构建面向移动互联网的差异化竞争力，客服维系，队伍建设、网络建设等各项工作都取得新的成绩，各项业务有序发展，通信服务收入比2013年增长12%。

【客服维系】　健全服务质量保证体系，规范各项服务工作。乳源分公司完善2G、3G用户短信提醒服务，解决用户对话费、赠款、流量等费用使用感知问题。提供10010信息服务、联通网上营业厅、手机营业厅等平台，解决用户实时查询疑难问题和话费使用情况。乳源分公司实施售套餐资费公示、资费牌介绍和对SP代收费问题实施监控记录项目，帮助用户自由查询，自由退订。提升营业服务质量，用语做到“四声服务、十字用语使用、唱收唱付”等规范。做到办理业务变更、取消等手续详细告之客户相关内容。通过营业窗口根据客户户名认证，免费提供客户索取消费相关业务费用清单。完善营业场所、营业窗口实行明码标价各类联通产品、各类业务资费宣传栏。在营业厅放置用户意见簿和产品展示台，有专职值班经理负责用户业务咨询及投诉处理。根据省、市公司有关文件落实宽带业务规范，在装移机时严格执行承诺时限，对三大客户群实施不同标准，保证及时率都在99%以上。内部管理在资源具备条件下，实现宽带安装最短33小时、最长48小时，修障24小时的控制指标。售后服务有专门售后服务部门，修障管理非人为故障七日内包换手机，手机故障1年内保修，并配有备用机。

【队伍建设】　乳源分公司广泛宣传“竞争、创新、激情、诚信”的联通企业文化核心价值观，引导员工建立与公司价值观相统一的自我取向，建立和完善内部管理考核、对外沟通、投诉处理等制度，受理和处理客户投诉，定期收集客户对服务的意见，及时改进，严格落实服务质量和与安全责任制和责任追究制。以前台柜员和新员工为培训重点人员，以爱岗敬业、行为规范、服务礼仪以及客户沟通为培训重点，开展职业素质教育和培训。为营造积极向上的企业文化氛围，有效引导员工向身边的榜样学习，参加韶关分公司组织开展“我服务、沃明星”服务技能大赛的文体活动作为增强工会凝聚力和战斗力的重要举措来抓紧抓好，公司给予活动经费支持。购置乒乓球、篮球、跑步机等健身活动器材，多次组织员工与关系用户单位进行篮球、乒乓球、拔河、扑克、象棋等比赛活动。增强与用户单位的联系，培育健康的企业文化，增强企业的凝聚力，树立良好企业形象，加强和谐企业能力建设。

【签署“智慧城市”战略合作协议】　2014年7月29日，乳源分公司率先成为韶关市实现第一家自主建设县级分公司生产管理楼、第一个与县人民政府签署“智慧城市”战略合作协议的单位。协议内容聚焦信息强政、信息兴业、信息惠民等领域，推出多项领先的行业信息化产品和解决方案，积极地推动政府提高公共管理能力和政务服务信息化水平，扩大企业转型升级与市场拓展的空间，为广大民众的工作与生活带来更多的便利。　（陈慧芳）

附：中国联合网络通信有限公司乳源分公司领导班子成员名单

总经理：蔡志鸿

副总经理：李建军

城建·环保

住房和城乡建设

【概况】 2014年，县住房和城乡规划建设局成立，内设有：办公室、城乡规划股（县城市规划委员会办公室）、城市建设管理股（住房保障与房地产管理股、城市建设档案室）、建筑管理股、行政审批股5个股室。全局干部职工坚持以邓小平理论、“三个代表”重要思想和科学发展观为指导，认真贯彻落实中共十八大和十八届三中、四中全会精神，结合深入开展党的群众路线教育实践活动的契机，围绕县委、县政府重点建设项目，履行工作职责，狠抓工作作风，为加快生态发展、建设美丽乳源增添新生机。

【城乡规划】 核发“一书三证”，依据《城乡规划法》及县城区总体规划，审查报建资料，核发《建设项目选址意见书》3宗，用地面积约26557.42平方米，核发“建设用地规划许可证”14宗，用地面积约59565平方米，核发“建设工程规划许可证”40宗，建筑面积约198767平方米。修编《县城总体规划（2014—2030）》，完成塔西片区、宝源大厦、白马大厦、山水百合等控制性、修建性详细规划编制，以及城南片7个村小组、鲜明、金禧小学扩建、坝厂村原址规划初步设计方案，启动《乳源县生态控制线划定规划》《乳源县城区排污排水专项规划》编制工作。坚持从全域着眼，从统筹着手，在全县继续深化新农村规划工作，配合设计单位完成游溪镇、一六镇总体规划修编工作，完成《乳源县桂头镇镇区重点地区控制性详细规划》评审、桂头镇凰村迁移安置点、草田坪“两不具备”安置规划方案与大桥镇和平村委原九塘新村规划。

【房地产市场管理】 审批核发瑞泰楼、嘉乐风景园、紫荆苑等房地产开发项目建筑面积总计23.79万平方米商品房预售许可，完成丽宫国际温泉小镇住宅小区、嘉乐阁住宅小区、嘉乐新邨住宅住小区等房地产开发小区总计建筑面积66426.02平方米商品房现售备案。办理房地产权证1765份，共有权证1048份，建筑面积24.58万平方米，新建商品房预售789套，预售面积10.14万平方米，新建商品房现售1套，成交面积123.8平方米，二手房转让332套，建筑面积4.28万平方米，成交金额8738.3万元，办理抵押登记1377件，建筑面积40.02万平方米，贷款金额2.44亿元。2014年，市下达乳源瑶族自治县新开工任务326套，基本建成280套。开工建设329套，其中限价商品房182套，棚户区改造147套，建成290套，其中怡乐居（沙头岭廉租公租房）108套、安居新邨（限价房）182套，建筑面积2.68万平方米。对264套限价房、99套公租房、19套廉租房进行分配，解决部分低收入住房困难户住房问题。

【市政设施】 推进基础市政道路建设，完成鹰峰西路排水渠、示范农场至新一小、新一小至中医院、岭溪河口桥至滨江中路段、鹰峰东路新城小区门前红绿灯处等市政道路新建工程建设，对建设路及部分主街道人行道、下水道进行改造，社会反映的部分地段排水难、行车难等问题逐步得到解决。

【园林绿化】 新种植沿江西路绿地250平方米各种苗木10000株，育才西路新种乐昌含笑140棵，银源公司和中医院门口新种乐昌含笑40棵，安装树池140个；补种北环路球状苗木1000株，其他苗木100000株；补种行道树296棵、绿化苗木62000株。

【环卫管理】 强化对县城卫生的日常清扫、保洁、清运工作，彻底清除卫生死角，维护市容美观。

清收垃圾工作转变。改变上门收住户垃圾方式，于4月1日起，将原来上门前收垃圾的方式改为由住区户统一将垃圾放置到楼下由环卫工人收取。

垃圾处理工作。完成城乡收运系统垃圾转运站建设项目的竣工验收工作，从5月14日开始，桂头镇垃圾运输到县城垃圾填埋场进行集中处理。启动县城无害化垃圾填埋场渗滤液处理站和云门燕子窝垃圾存量治理项目建设。

【城市管理】 针对解放路中心市场路段乱摆乱卖、占道经营严重的现象，县城监大队创新管理形式，协助中心市场物业部管理，出动执法车辆，开展重点整治。展开持续整治城区主、次干道的占道堆放物品、占道修理、占道加工作业等行为，实行定岗管理华景路、各市场路口，例行日管理鹰峰路、文昌路、沿江路、环城路等街道，合理疏导内难以全部取缔的马路市场和流动摊点，保障上下班和学生上学、放学等人流高峰期时段市民出行。实行严管夜间流动摊点，加强夜班巡查，追踪性重点整治市民反映强烈的“星星驿站”和排灌站烧烤档。开展集中整治城区及外围道路两侧的广告牌、横幅、户外广告等，拆除陈旧、破损影响市容市貌的广告招牌，清理未经审批，乱拉乱挂的横幅和小广告。2014年共清理废旧广告牌33个，乱拉挂横幅56条，有效净化城区的视觉污染。县城监大队加大违法违章建筑查处，安排队员加强巡查的密度，把违章建筑制止在萌芽状态中，发出《责令停止违法违章建筑行为通知书》120份，拆除违章建筑6宗，拆除面积1000平方米。

【建筑市场管理】 规范化、法制化管理建筑工程报建、施工许可、质量监督、竣工验收等。落实施工许可和竣工验收备案项目信息动态管理。2014年，新开工工程建设项目15项，建筑面积16.786万平方米，市政工程970米，工程总造价18613万元。竣工验收备案工程17项，备案面积11.22万平方米，造价11140万元，工程验收合格率100%。按照《中华人民共和国招标投标法》和建筑工程施工招标文件备案的有关要求，办理招标文件备案8项。加强工程项目巡查、排查力度，对高边坡、深基坑、脚手架、井字架（塔吊、人货用梯）、施工用电等存在安全隐患重点排查，检查出安全隐患及时下发整改通知书，责令限期整改，按“动态管理办法”进行量化扣分，不留不安全的因素，全年没有发生建筑安全和消防安全事故。（江春凤）

附：县住房和城乡规划建设局领导班子成员名单

局长、党委书记：龚　民（2014.11—）
副局长：谭堂奎
　　　　陈大伍（2014.12—）
　　　　孙科军（2014.12—）
党委委员：陈　惠（2014.12—）

环境保护

【概况】 2014年，县环境保护局（以下简称“县环保局”）内设3个股室：办公室、环境保护管理股（加挂行政审批股）、环境应急与监察股（环境监察分局），下属事业单位乳源瑶族自治县环境监测站。机关行政编制5名，行政执法专项编制10名，后勤服务人员1名，下属事业单位编制20名。12月，实有干部职工28人。

【环境质量】 县环境质量稳中向好，全年环境质量保持优良水平。城市环境空气质量达到优良天数为365天，优良率为100%，空气中二氧化硫、二氧化氮和可吸入颗粒物平均浓度均达到国家空气环境质量二级标准；集中式地表水饮用水源水质达标率100%；城市水域功能区水质达标率100%；区域环境噪声和道路交通噪声达标率100%；医疗废物集中处置率为95.72%；工业危险废物处置利用率为51%；城镇生活污水集中处理率为78%；污染减排任务完成率达100%。

【环境影响评价】 2014年，县环保局深化环保行政审批制度改革，整合环保行政审批资源，设立行政审批股，进驻行政服务中心，集中承担接件、受理、办结、取件等行政审批业务，开展网上办事服务，健全项目审批联动机制，提升环保审批工作服务效能。完成建设项目审批57宗，其中报告书1

宗、报告表18宗、登记表21宗、建设项目竣工环保验收17宗。办理排污许可证发放73份，发放机动车绿色环保标志5300多个，发放率达到98%以上。

【污染物减排】 污水处理工作。县城生活污水处理厂全年运行正常，在线监控系统数据稳定上传，减排效果明显。县城基础设施与污水管网的改造统筹规划合并施工建设，2014年初在完成管道改造3.02公里的基础上，施工改造鹰峰西路、洲街桥北的0.5公里污水干管，提高污水进水浓度。环保部年终核查认定，污水处理量达到422万吨，减排量121.07吨，氨氮减排量22.63吨。完成桂头镇污水处理厂的土建工程和设备安装，截污管道工程完成施工设计、征地等工作；大桥镇污水处理厂完成三通一平。

减排工程。全县19家养殖场全部完成减排工程建设，养殖场废物处理、贮存设施的运行管理维护和减排台账编制完善工作进展顺利。经环保部减排核查组认定，18家养殖场通过认定减排量。实行“黄标车”限行，辖区内机动车环保定期检测率达到80%以上。

污染气体排放控制。2014年，全年化学需氧量排放控制在2640吨，氨氮排放控制在271吨，二氧化硫排放控制在1000吨，氮氧化物排放控制在825吨，比2013年化学需氧量和氨氮分别下降9.59%和17.38%。

【环境监察与排污费征收】 县环保局开展“整治违法排污保障群众健康环保专项行动”“汛期环境安全专项检查”“矿山专项整顿”“节日环境安全大检查”等一系列环保专项行动。全面排查化工、危险化学品企业的危化品储存区、仓库、排污设施、危险废弃物堆置场所等存在的环境安全隐患，以及重点检查工矿企业环保审批、环保“三同时”（必须与主体工程同时设计、同时施工、同时投产使用）、污染治理设施运行、污染物排放和环境风险防控等情况。妥善处置“6·16”坪乳公路大桥加油站路段交通事故致部分农药洒落突发环境应急事件。2014年，检查企业548家，出动执法车辆548台、执法检查人员222人，行政处罚企业或个人6家，罚没金额6.1余万元。征收排污费108万元。

【环境监测】 2014年，县环境监测站在岗工作人员11名，其中高级工程师1名、工程师3名。通过国家三家站标准化验收，监测业务用房达到1200平方米，仪器设备70多台（套），通过计量认证的项目包括5大类95项。对6个地表水断面（点位）、1个环境空气质量自动监测点、1个降雨点、2个降尘点、1个集中式生活饮用水水源地、1个乡镇集中式生活饮用水水源地、20个城市道路交通噪声监测点和112县城区域环境质量噪声监测点开展环境质量常规监测。对2家国控重点污染源、3家涉重污染源、9家市控重点污染源开展监督性监测、14家畜禽养殖场验收监测和全县近200家排污企业开展污染物总量减排、监督性及常规监测。2014年，获得监测数据9737个。

【政务信息】 县环保局主动公开信息115条，包括环保规划（计划）、阶段性工作计划、重点工作安排、环境空气质量、水环境质量、行政处罚、行政审批、行政征收，年度财政预算、决算报告等。接投诉案件102宗，其中，水污染20宗、大气污染37宗、噪声污染42宗、固体废物3宗，处理率100%。

【自然生态保护】 2014年，乳源瑶族自治县实施泉水自然保护区示范项目、南岭国家森林公园示范项目、生态移民示范项目、农村生态环境改造示范项目和绿化美化工程，建成泉水自然保护区管理站1座，完成造林140公顷，建成农村无害化卫生户厕、排水、饮水工程、村庄绿化等一批基础配套设施。实施石漠化综合治理工程，累计完成石漠化地区封山育林6080.8公顷，完成人工造林871.53公顷。加快建设南水湖国家湿地公园，完成《南水湖国家湿地公园湿地保护与恢复工程建设项目可行性研究报告》编制，完成环湖路6公里绿道建设。加强林业生态建设，完成人工造林3867公顷，建成省级以上生态公益林8.27万公顷，全县森林覆盖率达到77.5%，森林活立木总蓄积量达到740万立方米。2014年，争取生态保护补偿资金7137万元。

【危险废物安全监管】 2014年，乳源瑶族自治县医疗废物大部分交由韶关市波丽医疗废物处理有限公司进行无害化处理，少部分边远乡镇医疗机构的医疗废物自行消毒焚烧。医疗废物集中处置率95.72%。乳源有涉及危险废物的企业4家，即县东阳光实业发展有限公司、日本电产三协电子（韶关）有限公司、晟发有色金属有限公司、韶关好特利电子有限公司，危险废物交有资质的危险废物经营单位处置。工业危险废物处置利用率为51%。

【农村环保】 加强农村生活污水、生活垃圾污染治理，申请环保专项资金，开展农村环境综合整治。完成东坪镇梯下村、方武村和洛阳镇坪溪村环境综合整治，建成一批农村生活垃圾和生活污水集中处理基础设施。加强畜禽养殖业污染防治，对列入2014年减排的19家规模化养殖项目每月进行督查，督促按期完成污染治理设施。（谢红容）

附：县环保局领导班子成员名单

党组书记、局长：张光胜（—2014.11）

吴文伟（2014.11—）

党组成员、副局长：钟寿文

陈发云

党组成员、环境监察分局局长：邓战勋

文　化

文化行政管理

【概况】 县文体旅游局内设办公室、社会文化股、文化遗产股、旅游股、体育股5个股室，下辖县民族文化传习馆、县民族博物馆、县文化馆、县图书馆、县电影公司、县业余体校6个下属单位，垂直管理9个基层文化站。县文体旅游局机关行政编制14名。其中：局长1名，副局长4名，股长（主任）5名。机关后勤服务人员2名。2014年11月机构改革撤销县文体旅游局，成立县文广新局，内设办公室（行政审批股），社会文化股，文物和非物质文化遗产股，新闻出版与广播电视股，文化产业和艺术股。

乳源瑶族自治县被文化部授予“中国民间文化艺术之乡”称号，县文体旅游局获文化部、人力资源和社会保障部授予“全国文化系统先进集体”荣誉称号。

【文化设施建设】 根据县政府2014年重点工程建设的时间安排，于5月底完成县民族博物馆搬迁工作。配送桂头镇文化站电子阅览室以及12个农村文化室电子阅览室电脑24台、服务器12台、音响12套和桌椅等设备一批。于瑶家源文化城四楼新建多厅3D数字影院，并于11月21日正式开业，影院有252个座位。

【公共文化】 2014年，县图书馆进馆人数超过7万人次，阅览图书近20万册次，外借图书超过15万册次。举办“4·23”世界读书日、“爸爸故事会”“书法展”及送书下乡等活动18次，参加活动人数6500多人次。县文化馆举办全县基层乡镇广场排舞骨干培训班和辅导工作。开展文化志愿者服务进社区活动；组织专业技术骨干到桂头司训部队开展文艺辅导。利用全国第九个文化遗产日为契机，在县民族中等职业技术学校举办非物质文化遗产保护专题讲座、非物质文化遗产保护成果图片展和赠送书籍等系列活动。县博物馆借助“博物馆日”活动，在乳源第一小学举办“博物馆进校园活动——乳源馆藏文物暨第一次全国可移动文物图片展”，在一六镇举办可移动文物图片展览。民族博物馆全年临时、固定展览免费开放接待观众达7.9万人次；农村电影放映1224场，观看人数超过20万人次。桂头镇文化站组织13支文娱队伍开展文娱竞赛，必背、乳城、桂头等镇文化站利用“六一国际儿童节”的契机，组织开展面向青少年儿童的图书服务、电子阅览活动。

【社会文化】 利用以文化共享工程电子阅览室、农家书屋为主体的农村文化室、流动舞台车、流动书香车、流动电影放映车的服务功能平台，在春节期间，举办迎新春游园、瑶族文化展示、文物保护宣传图片展、免费电影放映服务、趣味篮球赛、乒乓球赛、羽毛球赛等春节文体惠民活动。举办2014年乳源“3·15”国际消费者权益日暨“新消法、新权益、新责任”宣传纪念文艺演出、“唱响青春·筑梦乳源”2014年乳源“十大青年歌手大赛”、唱响中国梦——2014年乳源瑶族自治县“百歌颂中华”群众歌会、全县中小学及幼儿园“七彩童年·梦想飞扬”校园风采文艺展演、“心连心·共建廉洁乳源”专题文艺会演、“和谐城乡·共筑平安梦”文艺晚会等10场“激情广场　幸福乳源”广场群众文化活动。11月22日，承办2014年瑶族十月朝旅游文化节开幕仪式、第二届环南水湖自行车公开赛、第四届瑶绣艺术节等活动。

【文化遗产】 第一次全国可移动文物普查工作。完成1200件馆藏文物的摄影、测量、数据采集工作，上传文物普查平台数据1100件，完成云门寺、档案局、文化馆文物线索的鉴定工作，完成云门寺文物登记上传工作。对省级文物保护单位西京古道和观澜书院、县级文物保护单位官亭桥进行保护标志说明牌的立碑工作。完成观澜书院修缮工程方案的设计工作。

非物质文化遗产。11月，《瑶族民歌》被列入第四批国家级非物质文化遗产项目代表性名录。深入游溪瑶区，邀请当地瑶族老艺人开展现场瑶歌辅导，参加辅导培训共15人次。在县民族中等职业技术学校举办为期2个月的瑶歌瑶舞辅导培训班，参加辅导培训学员65人。邀请瑶歌代表性传承人赵才付、赵新容等，在文化馆举办乳源瑶歌培训。

【文艺创作】 文化馆创作民俗瑶族歌剧《十月朝·长桌宴》。9月，乳源民族文化传习馆创编瑶族舞蹈作品《塞枡》《捞忒》。

【文化交流】 5月，组织乳源瑶岭文化传播有限公司、韶关明芳服饰有限公司派出服饰展演队伍，与5名乳源瑶绣技艺人才组成参展团参加深圳文博会。于7月开始，根据莞韶文化交流的工作安排，由民族文化传习馆会同韶关市采茶戏传承保护中心联合打造融汇瑶歌瑶舞、采茶戏为主的粤北风情歌舞晚会，在东莞市茶山、莞城、石碣、中堂、虎门等镇开展巡回演出25场，将舞蹈《情系瑶山》《扁担挑起情嘿罗》以及小品《助人为乐》等节目送到城区文化中心、居民社区、工业区。10月中下旬，民族文化传习馆15名演职人员参加由广东省人大常委会副主任黄业斌率领的广东省文艺代表团访问斐济、汤加和新西兰三国。为上述三国政要和民众献上以“南粤风情、友谊欢歌”为主题的瑶族特色舞蹈和歌曲。

【奖项】 文化馆选送的瑶族原创音乐作品《恩情》获广东省群众文艺作品评选金奖、广东省“五个一工程奖”。县文化馆原创舞蹈作品《歌姆》获广东省第六届群众音乐舞蹈花会金奖。文化馆创作的民俗瑶族歌剧《十月朝·长桌宴》获韶关市第四届小戏小品比赛二等奖。县民族文化传习馆创编的瑶族舞蹈作品《塞枡》获广东省第五届少数民族运动会表演项目比赛金奖，《捞忒》获银奖。乳源瑶族合唱团获广东省第十一届百歌颂中华歌咏活动银奖。

（邓雄华）

附：县文广新局领导班子成员名单

党组书记、局长：赵丹丹

副局长：刘宏美

党组成员、副局长：彭良勤

广　播　电　视

【概况】 县广播电视台是县政府直属正科级事业单位，主要职责是：把握舆论导向，发挥党和政府的喉舌作用，围绕县委、县政府的中心工作开展新闻宣传；制订、组织、实施广播电视台事业和产业的发展规划，负责广播电视节目的制作、播出，制定镇广播电视事业发展规划，整合镇广播电视传输网络，指导基层广播电视工作。内设办公室、总编室、网络部、新闻部、雷公岭转播中心和4个镇广播电视站等部门。2014年，有广播电台1座，电视台1座，广播电视发射和转播台1座。在职员工77人，退休人员14人。

【新闻报道】 2014年1月大桥镇等地出现冰雪灾害天气，记者深入基层一线，详细报道冰雪灾害天气带来的影响，以及全县党员干部上下一心抗击冰雪采取的得力措施和取得的成效。县广播电视台开设有“党的群众路线教育实践活动特别报道”专栏，详细报道各镇各单位开展活动所取得的成效；“践行社会主义核心价值观”新闻栏目，分期报道乳源各行各业敬业典型人物先进事迹；制作“平安乳源”系列报道，宣传创平工作中涌现的先进事迹、典型案例以及工作成果；报道扶贫“双到”工作，通过采访老百姓让公众了解扶贫双到给贫困地区带来的实惠和所取得的效果；分期报道优秀教师新闻专栏；重点报道农村“五有”（有队伍、有阵地、有活动、有制度、有保障）规范化建设工作；对四中全会精神进行解读宣传，开设“贯彻落实全会精神，坚持依法治县”专栏，全方位、不同角度的采访报道县各级（部门）学习贯彻十八届四中全会精神新闻。

1—12月，完成本台新闻播出1341条，其中上送省台7条，市电视台256条，市电台196条。

【设施维修、建设】 组织技术人员抢修县城、大桥、洲街、八一小学等主干线约2公里；开通行政服务中心有线数字电视收费系统，开通幸福花园二期、迎宾路公租房、四方地等四个光点；建设机房到侯公渡、河北上街附城、法院等下地管道2.35公里。开通行政服务中心、水岸国际、瑶乐居、华景文化城、迎宾路廉租房、幸福楼、瑞泰楼、白马商住小区、五彩瑶山、嘉乐风景园、纸厂背小产权房、侯公渡嘉乐新村、桂头白土罗村、松围、南水花园、富之光、鲜明北路新源名居、二九一家属区白马雅居、榕树头小产权房、侯公渡共和园等光点和主干线工程共5.65公里，集中分支安装179户；改造五指山、桂头中学等线路。用户续费率有明显提高，有线数字电视网络阵地得到巩固。投入40多万元建设县城至侯公渡光纤下地管道3.3公里。推出优惠措施，改进服务态度和质量。有线数字电视网络正常运作，用户保持稳定，新装用户稳步增长。全县数字电视主机用户18109户，其中2014年发展主机用户1466户，副机436户。

【安全播出】 2014年在春节、国庆节和中共召开十八届四中全会期间，没有出现安全播出责任事故。

【广告业务】 依法依规经营广告业务，全年签订广告合同金额78万元，回收广告费50万元。

【体制改革】 台网分离，完成资产审计、评估和法律尽职调查等工作。

【获“2013韶关市广播电视节目评比”成果】 在2014年初举办的“2013韶关市广播电视节目评比”，县电视台的作品《50米绳索搭起生命线》获得一等奖、作品《300余名骑友竞技南水湖》获得二等奖，《春节——家是永远的牵挂》《房子大了！环境好了！农村的生活越来越好了！》分别获得三等奖。

（陈启发）

附：县广播电视台领导班子成员名单

台　长：李社权

副台长：冯帮助

　　　　李　玲

县新华书店有限公司

【概况】 广东新华发行集团乳源新华书店有限公司是国有控股股份制企业，设有办公室、门市部、财务部等3个部门，2014年有在职员工10人。主要经营中小学教材、图书、文体用品等业务。

【完成经济指标】 年度总销售额3599740.37元，其中教材销售（含非免费教材）2060171.52元，目录教辅继续创新高，其中义务教育教辅541394.81元，高中教辅241187.88元，门市销售174897.16元，其中一般图书销售139434.52元、文化用品销售335464.64元。

【义教新华字典】 完成政府义务教育段一年级新华字典的配送发行工作，全县总册数为2611册，金额36554元。

【文化消费补贴】 公司根据省财政厅《关于下达2012和2013年度省级文化消费补贴资金的通知》精神，完成全县低保户人员发放文化消费物品金额576480元。

（邹辉强）

附：广东新华发行集团乳源新华书店有限公司领导班子名单

经　理：莫庆军

卫 生 · 体 育

卫 生

【概况】 根据县政府2013年12月19日《关于卫生和计生部门职能转变及机构改革的方案》，乳源瑶族自治县卫生和计划生育局由原乳源瑶族自治县卫生局和乳源瑶族自治县计划生育局于2014年合并组成，内设机构有办公室、规划与财务股、人事股、医政股（县深化医药卫生体制改革工作领导小组办公室）、疾病控制与妇幼保健股（卫生应急办公室），计划生育发展股、宣教考核股、综合监督股。县卫生和计划生育局编制21名。其中局长1名、副局长3名（其中1名兼任县食品药品监督管理局副局长，1名兼任县深化医药卫生体制改革工作领导小组办公室主任）；正股级领导职数8名。后勤服务人员3名。

根据乳源瑶族自治县事业单位分类改革方案和有关配套政策的通知，县卫生和计划生育局下属事业单位有：卫生监督所（副科单位，公益一类，属参公）；疾病预防控制中心（副科单位，公益一类）；慢性病防治站（正股级单位，公益一类）；妇幼保健院、中医院（民族医院，副科单位，公益二类）、人民医院（正科单位，公益二类）；儿童专科医院（正股级单位，公益二类）；乳城镇卫生院、桂头镇中心卫生院、大桥镇卫生院、一六镇卫生院、东坪镇卫生院、游溪镇卫生院、大布镇卫生院、洛阳镇卫生院、必背镇卫生院等9个卫生院系正股级单位，公益一类，原人口和计划生育任期目标管理责任制考核办公室更名为计划生育考核办公室（正股级单位，公益一类），9个卫生院接收镇计划生育服务所分流人员。

县红十字会，副科级事业单位，挂靠县卫计局，属参公，公益一类。

县爱国卫生运动委员会，副科级事业单位，挂靠县卫计局，属参公，公益一类。

县计划生育协会，正股级单位，挂靠县卫计局，属参公，公益一类。

2014年全县卫生医疗机构152家，各类卫生技术人员697人，其中高级职称12人、中级职称168人、初级职称408人、执业医师359人、注册护士362人。全县医疗机构实际开放总床日数198702日，实际占用总床日数110358日，病床使用率55.54%，死亡率0.82%。

全县有村卫生站122间，其中村办104个，占85.25%，镇卫生院设点18个，占14.76%。有执业（助理）医师24人，乡村医生106人。

【预防为主，科学应对“登革热”和“埃博拉出血热”疫情】 抓好疾病预防控制工作。2014年广东省中山、广州、佛山等地先后发生登革热传染病疫情。一六镇一六村委高夫村10月8日出现一例输入性病例，患者自广州感染后回到高夫村，发病后由粤北第二人民医院收治。县疾控部门发现疫情后及时前往高夫村处置，疫情得到控制。为防范登革热及埃博拉出血热的流行和蔓延，县卫生和计划生育局召开全县卫生系统登革热及埃博拉出血热防控工作暨培训会议，成立防控工作领导小组和医疗救治、疾病控制专家小组，制定一系列预防控制和医疗救治措施和应急预案，指定县人民医院为登革热及埃博拉出血热定点收治医院。加强登革热和埃博拉出血热等重点传染病防控知识宣传，引导群众正确认识疫情；加强卫生整治，积极开展消杀工作，有效提高应对登革热和埃博拉出血热能力。组织全县开展以灭蚊为重点的爱国卫生运动高潮，全县开展10次灭蚊统一行动，做到全程覆盖，将疫情杜绝在源头上。全年共清理蚊虫孳生地3394处，环境治理面积321362平方米，出动消杀人员4114人次，使用灭蚊药物1332千克，使用灭蚊器械801台次，灭蚊面积281657平方米，开展入户调查3688户。

【深化医改，巩固“两大成果”】 2014年，县级公立医院综合改革各项工作全面完成。为巩固县级公立医院综合改革试点成果，率先在全市制定实施《二次绩效实施方案》，激励医护人员积极性；完善医疗服务价格补偿措施，力争足额落实取消药品加成后的补偿资金，保证县级公立医院正常运作。对3家公立医院基本药物集中采购情况、财政补助补偿落实情况、绩效考核和收入分配实施情况进行督查，确保各项改革措施落实到位。

完善基层医疗卫生机构综合改革成果。2011年基层综改全面完成，为完善村级医疗服务，积极推进镇村一体化管理，组织乡村医生业务培训，提高全县乡村医生整体水平。积极探索村卫生站药品配送问题，力争更多的村级卫生站实施基本药物制度，缓解看病难问题。积极争取广东省红十字会资金，对2间村卫生站进行迁址新建。

【基础设施建设】 优化就医环境。积极向上级申请项目及社会各界支持，用于扩建县人民医院住院楼、新中医院医教中心建设和妇幼保健院和东坪仁泽医院新建工程。县中医院医教中心大楼和县妇幼保健院整体搬迁工程于2014年先后投入使用，东坪卫生院二门诊综合楼项目基本完工，县人民医院住院楼建设项目进入“三通一平”和招投标工作阶段。

提升医疗诊治水平。全县各医疗卫生机构共投入800多万元购置医疗设备和急救车辆，县级医疗卫生机构购置康复训练设备、血液透析仪、血球分析仪、脉动真空蒸汽灭菌器等先进诊疗设备一批，镇级卫生院添加血糖仪、显微镜、心电图机等基本设备一批，医疗救治能力和诊疗水平不断提升。

【队伍建设】 2014年共培养全科医生11名，全科医学教育岗位培训11名，选送业务骨干到三级以上医疗机构进修4人；组织医技人员参加省、市、县举办的各类培训班共10期380多人次；举办计生业务知识培训班14期，共550人次参加。将镇、村（居）级计生工作人员工资全部列入县财政年度预算，月工资提高到1280元；对中高级职称医技人员继续实行人才补贴奖励政策。

【落实“计生”优惠政策】 落实城镇独生子女父母计划生育奖励、农村计划生育节育奖励、计划生育家庭特别扶助奖励、免费孕前优生健康检查等优惠扶助政策。全县有3906人享受计划生育节育奖，706人享受农村部分家庭奖，30人享受计生特别家庭困难扶助奖，兑现城镇居民独生子女父母奖励445人，发放奖励金396万元。免费为1868对夫妇进行孕前优生健康检查。

实施“单独两孩”奖励政策。开展“单独两孩”政策宣传，对业务股室、各镇计生办工作人员开展政策培训，讲解“单独两孩”奖励政策的具体内容及申办程序。采取公开申请人名单、逐级审核、加强社会监督等措施，加强服务管理，确保“单独两孩”政策执行公开、公平、公正。全县办理“单独两孩”申请93对。

【妇幼服务】 落实“一法两纲”（《中华人民共和国母婴保健法》、中国妇女发展纲要和中国儿童发展纲要），孕产妇保健和0—6岁儿童保健系统管理率在93%以上，5岁以下儿童死亡率、婴儿死亡率逐年下降，控制在两纲指标范围。推进免费婚前医学检查，2014年婚前医学检查率90.01%，居全市前列。重大妇幼卫生服务项目取得进展，为全县农村育龄妇女增补叶酸1856人，发放农村住院分娩补助892人，宫颈癌筛查3092人，乳腺癌筛查1864人。

【公共卫生服务】 为儿童、孕产妇、老年人、高血压患者、糖尿病患者及重性精神疾病患者等重点人群建立健康档案。全县建立健康档案14.9万份，其中农村居民健康建档率82.73%、电子建档率80.75%，城镇居民健康建档率88.81%、电子建档率76.58%。65岁及以上老年人、高血压患者、糖尿病患者和重性精神疾病患者健康管理率达到省市年度指标要求。

【传染病防控】 抓好免疫规划工作，国家免疫规划疫苗接种率95%以上，相应传染病发病率控制在国家规定范围内。2014年，全县报告法定传染病1732例，报告发病率为949.04/10万，甲、乙类传染病报告发病率控制在较低水平。全县报告传染病聚集性疫情9起，突发公共卫生事件2起，疫情及时调查处置率100%。

【重大活动医疗卫生保障】 顺利完成2014年中、高考、“源水杯”首届千人徒步健身比赛、广东省（韶关·乳源）环南水湖第二届自行车公开赛以及瑶族“十月朝”重大活动医疗卫生保障任务。

【卫生“计生”宣传教育】 加强对计生工作宣传教育，多种形式开展各项宣传活动。在县政府公众信息网和电视台开设“卫生计生”专栏，将原计生栏更新为卫生计生专栏、卫生计生婚育学校，普及和传播卫生计生知识。发放单独两孩、科学育儿等计生宣传资料6.7万份，设置大型户外宣传广告牌7块，从京港澳高速乳源出口到方圆民族宾馆设置计生宣传街，在游溪镇建设首个卫生计生文化园，利用春节、“5·29”会员日、“7·11”人口日开展专题宣传。在省卫计委、省人口文化促进会的支持下，出版印制《名人》杂志乳源瑶族自治县专刊2000份，宣传乳源人口文化卫生事业。全年投入计生宣传经费103万元。

【开展群众路线教育实践活动】 按照上级的统一部署，迅速行动，创新特色开展各项活动。在自选动作上，局领导班子提出开展群众路线教育实践活动，要“‘意’字当先、服务群众”，突出抓好“服务基层、服务群众、服务发展”。在县城及游溪、桂头镇举办“科学育儿”专家讲座，吸引1000多名父母到场聆听，为全部育龄妈妈赠送《宝宝成长档案》科学育儿手册；举行庆祝“5·12”国际护士节暨“践行党的群众路线·展示护士风采”演讲比赛，展示医护人员朝气蓬勃精神风貌；组织医疗机构开展“服务百姓健康行动”大型义诊系列活动，选派业务骨干69人，为1450名群众进行义诊义治和健康咨询。

【信访工作】 全年共接受群众来信来访87人次，受理医疗纠纷投诉5宗，回复市、县交办信访案件42宗，成功调解医疗纠纷5宗，信访案件结案率100%。

【卫生监督】 积极开展节假日期间卫生监督、重要活动卫生保障、公共场所和医疗机构卫生监督、卫生法律法规宣传工作。全年共出动卫生监督员554人次，办理卫生许可68份，检查公共场所336处次，检查学校49家，检查医疗机构112家。

【行业作风建设】 抓好卫生系统的纪律教育、党风廉政、公车治理、商业贿赂治理，开展“三好一满意”和民主评议政风行风活动，行业作风明显改善。组织领导干部及系统工作人员观看《行风暗访片》《四风之害》等警示教育片12次。

【瑶医瑶药】 传统的瑶医瑶药得到继承和发展。1. 部分经验丰富的瑶族土中医相继被送到县、市级医疗卫生机构进修、培训和被县、乡镇医疗部门破格录用。2. 整合医疗资源，在中医院开设韶关首家瑶医瑶药门诊，瑶医瑶药从民间进入正规医院。民间留传秘方和专治跌打刀伤、风湿骨痛等专长的瑶族土医生在县城、镇区开设私人诊所，为患者治病。全县约有瑶医诊所30家。3. 收集、整理一批民间验方、单方、秘方。县中医院通过走访广西壮族自治区瑶族地区，结合乳源实际，挖掘、整理和继承部分瑶医瑶药精华，利用瑶药内服，或利用无毒副作用的火攻疗法、经筋疗法等，治疗内科、外科等多种疾病。在民间，公开挂牌的瑶族私人诊所（祖传门诊），有用瑶药制成的草头药、风湿药、跌打药、烧烫伤药及药酒等。医疗器械主要有竹制拔火罐、刮痧刨、熏蒸房、泡药水桶、刺针、吸毒器、药物加工锤、药物蒸气发生器、药物粉碎机等众多制品。4. 瑶医瑶药发展迅速。瑶医临床用药多达200多种。瑶族同胞和从事民族医药的医务人员根据药物性味功能及治病特点，总结有“五虎”“九牛”“十八钻”“七十二风”等104种瑶医常用药。

【爱国卫生运动】 2014年，采取多种形式，积极开展爱国卫生活动。通过发文件、召开会议等方式，组织各单位结合城乡环境卫生整洁行动开展各项活动，共组织4380多人次上街大扫除，清除垃圾46吨，重点整治县城区及周边路段、景区、通往旅游景区的国道、县道、乡道沿途及周边村庄的环境卫生。全县开展大型健康教育宣传活动 36 场次，悬挂横幅 169 条，制作防蚊灭蚊宣传栏 148 期，派发灭蚊宣传单、折页 32712 份，在电视播放防蚊灭蚊专题节目 47 次，在县政府公众信息网刊登防蚊灭蚊知识 11 期，开展专项督导检查 41 次。9 月 10 日至 11 月 30 日，在全县开展 10 次灭蚊统一行动。出动消杀人员 4114 人次，清理蚊虫孳生地 3394 处，环境整治面积 321362 平方米，清理垃圾淤泥 540 吨，清理卫生死角 32851 处，灭蚊面积 150317 平方米，使用灭蚊药物 1332 千克，使用灭蚊器械 801 台次，入户调查 3688 户。开展“除四害”工作，在国庆节前和登革热防控期间，多次动员全县大搞卫生和除四害工作，有效地降低鼠、蝇蚊密度。做好卫生宣传工作，增强群众防病意识。2014 年为单位和群众派发消灭蚊蝇、预防乙脑和登革热发生的各类宣传画册 50000 多份。开展创建省市卫生村活动，2014 年全县有 3 个村经过考核被评为省卫生村，7 个村被评为市卫生村。做好农村改厕项目工作。全县完成 2014 年改厕任务 1021 户。

【慢性病防治】 调整结核病、重性精神疾病、性病、麻风病等慢性病防治工作领导小组，建立工作服务团队，分片包干，安排专人具体负责项目工作的组织实施。2014 年，检查可疑结核病人数 480 人，拍摄胸片 480 例，初诊查痰 409 例。发现活动性肺结核病人 102 例，任务完成率 100%，其中初治涂阳病人 60 例，任务完成率 105.26%，复治涂阳病人 4 例，任务完成率 100%，涂阴病人 38 人，任务完成率 90.48%。除涂阴病人发现任务完成率偏低外，其他指标完成进度基本与时间同步。为确保辖区各级医疗机构对发现的肺结核病人或可疑病人及时转诊进行确诊登记和治疗管理，利用大疫情网络开展结核病人转诊追踪，进行电话追踪、管理医生追踪和县慢病站的督导追踪。截至 12 月，总体到位率 98.70%；转诊率 95.60%；转诊到位率 40.91%；追踪率 95.60%；追踪到位率 97.80%。确保病人规范治疗，提高 DOTS 覆盖率和管理质量。全县肺结核病人治愈率达 95.65%，其中初治涂阳 95%，复治涂阳 100%。患者家属筛查 270 人，筛查比例为 1: 4.91，筛查率达 100%。12 月，全县建立重性精神疾病患者健康档案 1300 份，患者管理率 95.10%，患者规范管理率 91.54%，重性精神疾病患者检出率 7.3‰。全县各医疗机构共报性病 172 例，比 2013 年的 210 例下降 18.10%。其中：梅毒 62 例，占 16.28%；衣原体 72 例，占 41.86%；淋病 28 例，占 16.28%；尖锐湿疣 9 例，占 5.23%；生殖器疱疹 1 例，占 0.58%。做好高危人群性病、艾滋病的行为干预和防治知识宣传教育，定期对酒店、发廊、旅店从业人员进行性病、艾滋病防治知识宣传、现场咨询、发放安全套。开展咨询活动 12 次，发放安全套 6950 盒。对看守所 198 名劳教人员进行 2 轮艾滋病、梅毒抗体筛查，其中 HIV 全部阴性、隐性梅毒 7 例。保持有兼职防治专业人员，认真完成麻风病防治信息报表，重点开展可疑麻风病线索调查；对历年治愈的历史病人、畸残麻风病人进行复查、追踪、随访；对麻风病人家属进行检查，继续加强对基层医务人员、乡村医生麻风病防治知识培训、麻风病防治健康教育等工作，完成 12 例历史存活病例的复查和随访；对部分原疫点居民进行麻风病疑似病例筛查工作，筛查 262 人，未发现疑似病例。县慢病站对各镇开展巡回医疗支援，对乡村医生进行高血压、糖尿病、精神病、麻风病、结核病防治知识培训，培训农村医务人员 229 人次。（袁素兰）

附：县卫计局领导班子成员名单

局　长：许尔全（2014.12 始任局党委书记）

党委书记：李荣逸（—2014.12）

党委委员、副局长：

邓向东（2014.02 始任局纪委书记）

付冬妹（2014.02—2014.12）

朱洪养（2014.02—）

张育青（2014.12—）

副局长：吴巧英

李　琳（—2014.02）

食品药品监督

【概况】 乳源瑶族自治县食品药品监督管理局设办公室、规划财务股、政策法规股（行政审批股）、综合协调股（应急管理办公室）、食品安全监管股、药品、医疗器械监管股、人事股、稽查局等8个内设机构，乳城镇、桂头、东坪、大桥等4个镇级食品药品监督管理所为局派出机构。其中乳城镇食品药品监督管理所负责管理乳城的工作业务，桂头所负责管理桂头镇、游溪镇、一六镇的工作业务，东坪所负责管理东坪镇、洛阳镇、大布镇的工作业务，大桥所负责管理大桥镇、必背镇的工作业务。核定县局机关行政编制12名，专项执法编制14名，后勤编制3名，核定四个乡镇派出机构专项执法编制15名。实有在职人员25人，其中局长1人，副局长2人，科员18人，离岗退养1人，后勤3人。全县监管对象1988家，其中药品生产、经营企业50家，药品使用单位（医疗服务机构）141家，保健食品经营企业65家，餐饮服务单位393家，食品生产、流通企业1339家。

2014年，全局上下齐心协力，认真履责，始终保持打假高压态势，严厉打击食品药品领域制假售假行为，积极推进食品药品领域市场监管体制和企业诚信体制建设，不断巩固和完善农村药品“两网”建设，加大药品电子网络监管力度，努力探索餐饮食品安全和药品安全示范点、示范街建设，大力扶持医药产业、地产中药材种植业发展。

【药品安全监管】 稽查执法。开展打击农村市场制售假劣药品专项行动、药品“两打两建”（打击药品违法生产、打击药品违法经营，加强药品生产经营规范建设和药品监管机制建设）专项行动、保健食品“四非”（非法生产、非法经营、非法添加、非法宣传）专项整治行动等工作。2014年全年共查处食品药品领域违法案件60宗。其中药品案件36宗，食品案件20宗，保健食品案件2宗，化妆品案件2宗。

日常监管。2014年共出动执法人员300人次，共检查药品经营企业100家次。一是开展麻黄草药品、佐匹克隆药品生产经营管理专项检查工作，未发现参与收购、销售的企业或个人。二是规范药品经营企业药品购销活动中票据管理专项检查工作，督促药品经营企业按照新版GSP要求从事药品购销活动。三是开展非药品冒充药品专项整治工作，重点整治成人用品非法添加药物行为。四是加强药品购销渠道和药品分类管理工作，强化购进验收和日常养护监督检查。五是加强药房药库规范化管理。六是加强对药品违法广告的监测。

技术监督。2014年共完成药品评价性抽验21批次，合格20批；监督性抽验60批，不合格15批，其中药饮片不合格14批；药品快检205批次。

【餐饮食品安全监管】 服务许可。2014年受理餐饮服务许可申请和延续共109份，对92家餐饮服务单位进行现场核查，其中，对符合食品安全要求的80家餐饮服务单位做出准予许可决定并发放餐饮服务许可证。

日常检查。2014年检查餐饮服务单位250户次，出动车辆250多辆次，出动执法人员743人次，发出监督意见书200份。

量化分级管理。对全县持有效餐饮服务许可证的餐饮服务单位进行量化等级评定。截至2014年年底，评定餐饮服务单位211家，其中A级6家，B级54家，C级151家，在餐饮服务单位经营场所醒目位置悬挂“饮服务食品安全等级公示牌”。

监督抽检。2014年共抽检35户次，抽检散装食用油、猪肉（生）、大米、熟肉制品和餐饮具5个品种共94个样品，所抽样品分别由谱尼测试、韶关市质量计量监督检测所和乳源瑶族自治县卫生检验中心检验。

重大活动保障。承担“两会”“2014年高考”、全省扶贫“双到”工作会议、“2014年环南水湖第二届自行车公开赛”“第八届乳源瑶族‘十月朝’旅游文化节”和首届韶关（乳源）旅游美食文化节等重大活动期间餐饮服务食品安全保障任务，共完成6宗14餐（宿）次，派出驻点监督员45人次。在元旦、中秋、国庆和春节等重要节日期间，开展餐饮服务食品安全专项检查和联合执法，加大食品安全整治工作力度。

专项整治。开展打击非法添加和滥用食品添加剂行为专项整治，检查餐饮服务单位和学校食堂共78家，共发放监督意见书15份。开展餐饮服务环节肉及肉制品专项整治，专项整治以来共出动执法人员207人次，检查重点单位92家次，下发监督意见书44份。开展旅游景区餐饮服务食品安全整治，共出动执法人员110人次，检查餐饮单位35家，下发监督意见书16份。开展“地沟油”和餐厨废弃物管理专项整治，检查餐饮服务单位153家次，其中集体食堂51家，下发监督意见书12份。加大“小餐饮”规范力度，规范各类小餐饮80家。开展学校及周边餐饮服务单位食品安全专项整治工作，共出动250人次，检查学校食堂90家次，周边餐饮单位30家。

【生产环节食品安全监管】 日常检查。2014年，共出动巡查人员302人次，巡查食品生产加工单位151家次。共下达整改通知书4份，移交稽查立案查处12宗。

监督抽检。2014年共抽取28家31批次的样品，合格19批次，不合格12批次，合格率61%。其中：市级专项抽检7批次，合格7批次，合格率100%；县级监督抽检24批次，合格12批次，不合格12批次，合格率50%。不合格品类全为熟肉制品及米面制品，不合格的项目全部是大肠菌超标。

【专项整治】 2014年开展米粉行业专项整治、建立健全食品安全信用等级评价和企业信用档案、食品生产加工小作坊专项整治、熟肉制品生产加工环节专项整治、严厉打击非法添加和滥用食品添加剂专项整治、食用油专项整治、对使用非食品原料和回收食品生产加工食品的检查、食品标签专项整顿和米酒专项整顿。

实施专项整治行动。开展“三打两整治”（打击制售假酒、打击非法销售加工“病死猪肉”及其制品和保健食品，以及开展婴幼儿配方乳粉质量安全和农产品质量安全两项专项整治工作）专项整治行动，活动开展以来共检查酒类、肉及肉制品、婴幼儿乳粉、儿童食品等食品经营单位820家次，查处超范围经营单位5家，过期、劣质食品一批，下发责令整改通知书96份。开展农村食品“四打击四规范”专项整治行动，共出动执法人员420人次，检查各类食品经营户318余户，下达责令改正通知书106份，查处食品违法案件15份。开展食用油专项整治行动，共出动车辆执法人员320人次，检查食用油经营企业460户次。

【流通环节食品安全监管】 2014年，共出动巡查人员1025人次，巡查食品流通加工单位525家次。共下达整改通知书110份，移交稽查立案查处15宗。

【保健食品安全监管】 继续开展保健食品诚信经营示范店活动；开展整治保健食品冒充药品和在保健食品中非法添加药物专项行动；受理新开办保健食品经营企业10家，换证18家，变更许可项目4家次；出动执法人员272人次，检查保健食品经营企业92家次。

【化妆品安全监管】 2014年，组织开展“化妆品违法添加禁用物质和化妆品标志标签”等专项整治行动。强化对抑制粉刺及抑制螨虫类产品、国产特殊用途化妆品、染发品、分类化妆品的日常检查，未发现违法添加禁用物质的化妆品。2014年检查化妆品经营企业88家次，完成化妆品评价抽验3批次，合格3批次；监督性抽验2批次，合格2批次。

（陈美香）

附：县食品药品监督管理局领导班子成员名单

局　长：李加武

副局长：李　琳（2014.02—）

　　　　钟亚平（2014.02—）

疾病预防控制

【概况】 乳源瑶族自治县疾病预防控制中心（以下简称“县疾病预防控制中心”），于2014年1月1日，单位类别由原来的公益二类事业单位确定为公益一类事业单位，主要负责疾病监测、卫生监测检验、疾病防治研究、突发公共卫生事件处理、卫生宣传与健康教育、卫生培训与技术指导等工作。2014年，有工作人员44人，本科学历15人，大专学历24人，副主任医师1人，中级职称11人。内设疾病预防控制科、慢病科、公共卫生科、健康教育科、预防接种门诊室、质量管理科、检验科、中心办公室、财务科9个科室。

【疾病监测和防治】 认真落实传染病网络直报信息的动态监控，利用传染病监测数据，及时发现传染病疫情，进行有效处置，减少传染病暴发和死亡。2014年，全县范围内无甲类传染病发病和死亡报告。

【暴发疫情处置】 4月24日乳城镇田心村和县一小幼儿园发生手足口病聚集性疫情；4月29日金太阳幼儿园、侯公渡小精灵幼儿园、侯公渡小星星幼儿园发生手足口病聚集性疫情；5月12日县机关幼儿园发生手足口病暴发疫情；5月19日大桥镇红云希望幼儿园发生手足口病聚集性疫情；5月21日乳源小星星幼儿园和县艺术幼儿园发生手足口病聚集性疫情；5月27日洛阳镇古母水幼儿园发生手足口病聚集性疫情。县疾病预防控制中心接到报告后，及时对疫情开展现场流行病学调查，对发病场所进行卫生消毒和对人群进行健康宣教，指导疫情单位做好病人及密切接触者的管理，通过一系列预防控制措施，疫情得到控制。

【人感染H7N9禽流感防控】 2014年县疾病预防控制中心按照国家、省、市、县的要求，开展人感染H7N9禽流感防控工作，加强疫情的主动监测和防控工作督导力度，在全县医疗机构落实发热病例的预检，对发现有禽类接触史的发热病例进行流行病调查和样品采集，全县未发现人感染H7N9禽流感疑似病例。

【登革热防控】 10月，乳源瑶族自治县报告首例输入性登革热病例。县疾病预防控制中心接报后立即启动应急预案，确定疫点，开展病例调查，未发现疑似病例，对患者居住房屋及周边环境开展蚊虫孳生地调查，指导做好为期三周，每周一次的疫点灭蚊工作，加强疫点健康教育宣传工作，共张贴登革热防控知识宣传海报30张，发放登革热防控知识宣传资料500份。

【埃博拉出血热防控】 3月，西非埃博拉出血热疫情发生后，县疾控中心按照国家卫计委《埃博拉出血热防控方案》规定，成立埃博拉出血热防控工作处置小组，做好疫情的监测、报告和检验试剂、耗材、药品、消杀器械和防护用品的准备工作，组织开展全县医务人员埃博拉出血热防控知识培训，落实1例埃博拉出血热疫区回国人员的健康管理，经过21天的潜伏期监测，确定无发热和其他不适后解除医学观察。

【计划免疫管理】 2014年，完成含麻疹成分疫苗查漏补种工作任务，接种578针次，接种率为96.82%。全县儿童常规免疫接种率达95%以上，安全注射率100%，未发生重大预防接种副反应。适龄儿童建证、建卡率达100%。未发现脊灰野病毒引起的脊灰病例、白喉病例、百日咳病例、乙脑病例、流脑病例。

【卫生保障】 6月，县疾病预防控制中心负责高考卫生保障工作，对考生试室、饭堂进行空气环境消毒，加强传染病疫情的监测和控制，高考期间无食物中毒和传染病疫情的发生。11月，乳源开展瑶族"十月朝"旅游文化节活动，县疾病预防控制中心承担食品卫生保障工作。按照重大活动卫生保障技术规范要求，完成接待酒店、会议场所用品、生活饮用水、餐具的卫生监测检验，没有发生食物中毒事件和饮用水污染事件。

【成立行政服务中心疾控分中心】 2014年7月，乳源瑶族自治县行政服务中心疾控分中心挂牌成立。 （欧　华）

附：县疾病预防控制中心领导班子成员名单

主　任：江金华

副主任：欧初贵

　　　　吴增洲

　　　　王济养（—2014.09）

　　　　黄　敏

卫 生 监 督

【概况】 乳源瑶族自治县卫生监督所（以下简称"县卫生监督所"）是副科级公益一类参照公务员管理事业单位，核定事业编制17人，内设5个股室，分别为办公室、受理办证股、公共场所卫生监督股、医疗卫生监督股和稽查股。2014年在职干部职工11人。

【卫生行政审批】 1月县卫生监督所服务窗口入驻县行政服务中心办事大厅，审批职权向服务窗口集中，实现网上办证，集中办公。2014年，卫生许可核发42项，其中新办20项，复核延续22项，办结率100%。

【卫生监督协管】 督导检查9个镇卫生院和2个驻乳省属厂矿医院的卫生监督协管工作。各协管单位建立健全管理组织机构和制度，成立领导小组，制定预备应急预案，办公用房、协管标志、办公用品基本齐全。全县有卫生监督协管员27名，配备制服胸牌，进行相关知识培训。

【公共场所卫生监督】 加大监督执法力度，落实量化分级制度。对250家公共场所进行监督检查，分别为70家住宿场所，180家美容美发店，下达卫生监督意见书250份，对具备量化分级制度等级信誉度的41家公共场所进行授牌。

【学校卫生监督】 加强学校传染病防控和饮用水卫生监督管理，预防控制传染病发生，保障学生身体健康。对全县中、小学校和幼儿园的卫生设施、自备水源、直饮水（包括饮用水供应设施）以及传染病防控等进行全面监督检查，监督覆盖率为100%，监督频次为1—2次，对学校分管卫生负责人和管理后勤人员进行培训。2014年，检查学校25所，幼儿园24所，出动车辆16台次，派出卫生监督员48人次。

【医疗卫生监督】 开展医疗机构日常监管，定期开展医疗机构行为整治专项行动，对医疗机构监督覆盖率100%，监督频次为1—2次/家。规范医疗机构诊疗行为，重点查处无证行医、医疗机构聘用非卫生技术人员、医疗机构出租、承包科室、非法从事性病诊疗活动、利用B超非法鉴定胎儿性别和选择性别的终止妊娠手术和药店坐堂行医等非法行医活动。2014年，出动监督执法人员236人次，执法检查医疗机构112户次，取缔无证行医4户，行政处罚3宗（其中一间弃店潜逃），罚款人民币9000元。

【生活饮用水卫生】 加强饮用水卫生安全监督检查，消除安全供水隐患，联合县疾控中心对县自来水厂和桂头镇自来水厂进行水质抽样检测，增加各镇集中式供水单位监督频率，对县城7家经营涉水产品的店家进行检查，清理规范涉水产品市场。

（杨志康）

附：县卫生监督所领导班子成员名单

所　长：欧六增

副所长：赵才银

　　　　邹远群

医疗机构简介

【县人民医院】 乳源瑶族自治县人民医院（以下简称“医院”）创建于1963年，是一所集医疗、预防、保健、康复、教学和科研等功能于一体“二级甲等”综合医院，是县域医疗卫生保健服务中心。2014年医院职工总人数374人，专业技术人员310人，其中高级职称15人，中级职称84人，医师级职称64人。医院内设机构41个，其中职能科室13个，临床医技科室28个，床位定编330张，实际开放床位233张。

医院学科齐全，技术力量雄厚，有全自动生化分析仪、DR、CR、麻醉呼吸机、双排螺旋CT、彩色B超、电子胃肠镜、血液透析机等现代化检查治疗设备。有新生儿监护室、重症医学科（ICU）、血液透析中心等重点专科。120急救中心肩负着全县意外事故及危重病人的院前、院内急救重任。各科有副主任医师为学科带头人，医疗质量与技术水平以及服务能力均处于县域领先水平，能够完成中毒、心衰、休克、呼吸衰竭等各种危重病人的救治；能开展各种创伤、颅脑、骨科、妇科、产科重大手术，可实施腔镜微创手术。

2014年总门诊量203818人次，比2013年增加29481人次，增长16.9%，出院总人数12847人次，比2013年增加441人次，增长2.9%。药品收入占业务收入比例为29.86%，下降1%，门诊每人次费用124.5元，比2013年减少8.83%。每床日费用654元，比2013年减少2.64%。平均住院5.8

天，病床使用率 89.5%，法定传染病报告率 100%，医院感染率 0.9%，麻醉死亡率为零，病历合格率 98%，处方合格率 99%，成分输血比例 98%，完成指令性任务 100%。2014 年，医院被评为市级“精神文明先进单位”；妇产科被市妇联授予市级“巾帼文明岗”称号。

新技术、新项目。2014 年，各科室申请院内开展新技术、新项目共 44 项，获市卫计局领先技术 9 项；市级科技企业创业园专项及科技创新资金专项科技计划项目一项，获创新资金项目经费 0.5 万元；县级科技计划项目一项，获科研基金 3 万元；市级科技计划（医学类）项目 1 项；专业技术人员发表论文 17 篇。

医改工作。重新核定编制床位，实现全员竞争上岗。新设置管理岗位 16 个，专业技术岗位 224 个，专业技术岗位占 80%，医院岗位结构得以优化。建立完善激励机制，调动医务人员积极性。建立激励性的绩效考核分配制度，分配向关键岗位、业务骨干、一线岗位和做出突出贡献的工作人员倾斜，根据按岗取酬、多劳多得、优质优酬的原则，通过综合考核后发放。实行药品零差率销售、抗生素临床应用专项整治、基本药物制度及处方点评等活动，全年门诊抗菌药物使用比例为 14.65%，比 2013 年下降 5.70%；基本药物金额占全部药品销售比例上升至 53.59%，比 2013 年上升 13.91%；2014 年门诊处方平均金额为 75.94 元，比 2013 降低 9.45 元，下降 11.06%，做到合理、安全、有效用药，让利患者 359 万元，降低患者医疗费用。调整医疗服务价格，CT 检查费降 12%，检验项目费用降 5%，1 年检查及检验费降 75 万元。县财政加大对医院资金扶持力度，2014 年拨付经费 792 万元，比 2013 增加 279 万元，增长 35.23%。另拨专款 150 万元用于购买血液透析机、心电监护仪、血球分析仪、救护车等设备，医院配套硬件水平得到明显加强。

儿科新增康复治疗项目。儿科开设儿童康复室，开展偏瘫肢体训练，脑肌电反射、低频治疗、感统训练，开展偏瘫肢体训练，脑瘫患儿得到系统有效治疗。

外科专业技术水平得到提高。开展新的脊柱微创技术经皮椎体成形术（简称 PVP），独立开展 3 例经皮椎体成形术。开展第一例后腹腔镜肾上腺腺瘤切除术及重复肾盂肾输尿管切除术，填补乳源切除手术史的空白。腔镜手术技术日益成熟。

ICU 继续发挥专科优势。积极参与多起社会公共突发事件抢救，全年收治危重病人 301 人次，比 2013 年增加 100 人次，增长 50%，抢救成功率为 75.51%，急救水平显著提高。协助中山大学附属第三医院成功完成乳源首例人体器官捐献者器官维护及捐献工作。

创新健康体检科公共卫生工作。2014 年建立电子档案 11971 份。充分发挥健康小屋作用，举办健康知识讲座、设置健康教育宣传栏、开展公众健康咨询活动、发放健康宣传资料。

血液净化中心。全年完成血液透析 6799 例，比 2013 年增加 876 例，其中血液灌流 399 例。

医院医疗信息系统。提高医务人员的工作效率，简化病人就诊流程，为广大患者提供高质量、方便快捷的医疗服务。

医院“120”急救体系建设完备、运作高效。全年出车 2310 余次，比 2013 年增长 30%，抢救危重病人 900 多人次，抢救成功率达 91% 以上。积极参与县突发公共卫生事件、应急救援、日常急救等公益事业，搭建安全、高效的生命绿色通道。

医院文化建设。在院刊《医韵》开辟“宣传专栏大家说”“践行群众路线，展示护士风采”“三好一满意树典型”“夕阳红”等专栏，全年编发院报《医韵》12 期。（侯永朝）

附：县人民医院领导班子成员名单

副院长：邱　波（负责人）
　　　　庄小丽
　　　　刘朝华

【县中医医院】 乳源瑶族自治县中医医院成立于 1985 年 6 月，是一所集医疗、保健、康复等功能于一体的综合性医院。主要担负全县 21 万瑶汉族群众疾病的医疗、预防、保健、康复等重任。医院为副科级事业单位，属县卫计局管理。设院长（兼党支部书记）1 名，副院长 2 名。现有干部、职工 108 人，其中副主任医师 1 人，中级职称 21 人，注册护士32人，执业医师21人。新中医院项目于2011年12月10日开工建设，于2013年10月28日投入使用。其中门诊楼3层，住院楼5层，设置床位100张，总建筑面积6541平方米，总投资2536万元。其中中央预算内资金1300万元。新院建成后，医院的规模和各项指标达到《中医医院建设标准》和二级甲等中医院标准，有效缓解医院业务用房严重不足、科室布置不合理的矛盾，从而提升中医药服务能力水平，是便民利民的一项重大民心工程。

医院坚持中医特色为主，中西医结合的发展方向，重点发展针推、理疗、康复等业务。骨外科对四肢骨折病人能进行传统手法复位治疗，可施行腰椎手术，髋关节置换术、四肢骨折手术。腹部外科能施行胃大部分切除术、胃穿孔修补术，胆囊切除术，甲瘤切除术，肾、输尿管取石，前列腺摘除术等。针灸理疗科是特色专科，能有效地治疗颈、肩、腰、腿痛等疑难杂症。为传承民族中医文化，开设了瑶医瑶药门诊部，瑶医外治疗法主要有刮痧疗法、瑶药熏洗、刺血疗法、药罐疗法、火攻疗法、药线点灸疗法和点烧疗法。体外碎石对肾、输尿管、膀胱结石，无须开刀，见效快。医院拥有体外碎石机、DR－X光诊断系统、彩超、心电图机、血球计数仪、生化分析仪、纤维胃镜、骨科治疗仪、微波综合治疗仪等先进医疗设备，能适应各种疾病的检查、诊断、治疗需要。

医院奉行“以病人为中心”的服务宗旨，为病人提供优良的技术、优质的服务、优惠的价格、优美的环境。

由广东省红十字会、深圳市红十字会、中山市红十字会捐赠100万元建设的医教中心楼（博爱楼）于2014年10月31日投入使用。　（黄善东）

附：县中医医院领导班子成员名单

院　长：赖兴荣

副院长：张志伟

　　　　邓优胜

【县妇幼保健院】　乳源瑶族自治县妇幼保健院（以下简称“医院”）创建于1953年，是一所集医疗、保健、健康教育、优生优育及指导基层妇幼保健等任务于一体的综合性一级甲等专科医院，是全县唯一定点免费婚前医学检查、孕前优生健康医学检查医疗机构，内设妇产科、儿科、新生儿科、内科、儿童保健科、妇女保健科、乳腺专科等临床医技科室15个。属公益二类事业单位，编制120人，在编108人，其中专业技术人员94人，中级职称20人，医师级35人。2014年门诊量65901人次，急诊3028人次，住院病人2665人次，孕产妇住院分娩人数1086人，手术447人次。

12月3日，县妇幼保健院院长冯晋康荣获国家卫生计生委办公厅授予“妇幼健康服务先进个人”荣誉称号。

新院搬迁。新妇幼保健院于2014年12月19日顺利完成整体搬迁，新院移址至乳城镇育才路原县文体旅游局办公驻地，12月20日举行新院大楼落成启用仪式。新建成的妇幼保健院占地1.67公顷，建筑面积7518.7平方米，业务用房6918.7平方米，内设停车位120个。开放床位数达到120张，科室布置更加科学、合理、规范，有效缓解妇幼保健院业务用房不足的局面，为全县瑶汉妇女儿童提供更加舒适、安全和方便的就医环境。

公共卫生。2014年继续为乳源35—64岁农村妇女进行“两癌”免费筛查工作，总筛查5006人次，确诊子宫内膜癌1人，宫颈癌2人，乳腺癌2人。5月28日和7月13日在省卫计委、县政府和县卫计局的指导下，县妇幼保健院组织举办以“妈妈慧心，宝宝惠智”为主题的大型科学育儿知识讲座2场，参加人数达到600人，共发放资料600份。开展以降低剖宫产率、防治地中海贫血、宫颈癌防治知识、青春期保健知识等预防保健知识讲座8次。完成新生儿疾病筛查率95.79%，新生儿听力筛查率92.32%，婚前医学检查率90.01%。开展免费孕前优生检查1188对。

优化、完善配套设施建设。2014年投入370万元用于层流手术室建设，投入350万元用于新生儿科、供应室建设，投入39.92万元用于检验科建设，县妇幼保健院基本达到二级甲等医院的装修配置水平。共投入143万元购置麻醉机、骨密度测量仪、多参数监护仪、新生儿监护仪、胎心多普勒、复苏抢救台、儿童综合测评系统微量注射泵、婴儿培养箱、新生儿泳池、妇科治疗仪、病人转运车等一批医疗设备。

学科及技术人才队伍建设。打造妇幼专科特色，加强重点学科及技术人才队伍的培养，选送省级医院进修骨干2人，市级医院进修9人。重点进修科目包括妇女保健科、儿童保健科、妇科、产科、儿科、康复科、中医科、医学影像科等。

行业作风建设。2014年为加强医院内部管理，制定《乳源瑶族自治县妇幼保健院行业作风实施方案》，成立日常巡查暗访队伍，开展巡查暗访156次，及时发现和纠正存在问题。（赵黎梅）

附：县妇幼保健院领导班子成员名单

院　长：冯晋康

副院长：陈美玲

雷粤英

【桂头镇中心卫生院】 乳源瑶族自治县桂头镇中心卫生院是一所集医疗、预防、保健、康复、健康教育以及计划生育技术服务等功能于一体的政府办非营利性一级甲等综合卫生院。医院占地面积1.39万平方米，建筑面积2300平方米，业务用房4750平方米。2013年在职职工74名，含卫生专业技术人员编制63名，其中中级及以上职称16人，医师级15人，士级34人。

2014年完成诊疗38121人次，其中急诊7779人次，住院治疗912人次。出院与出院诊断符合率99.9%、手术前后诊断符合率100%。床位总开放日：10032日，实际占用：4098日。全年医疗收入329.6万元，其中门诊收入178.7万元，住院收入150.9万元。

设施调配工作。7月，将中医诊室及理疗室从二楼搬迁至一楼，重新配置TDP神灯、电针治疗仪、颈腰椎牵引床、中频治疗仪等中医医疗设备。配备中药颗粒有280种，中医药适宜技术推行应用共18项。新购置的电子胃镜开始投入使用，更换供应室高压消毒炉一台，重新改造家属区老化的电线线路。

公共卫生。建好居民电子健康档案23304份，其中：农村居民建档数20521份，建档率74.36%；城镇居民建档数2783份，建档率73.82%。高血压病2172份，糖尿病548份，重性精神性疾病248份，老年人2055份。2014年全镇有孕产妇319人，建卡319人，孕产妇系统管理315人，产后访视319人。夏秋季，在预防登革热疫情行动中，清理蚊虫孳生地5处，整治环境29882平方米，灭蚊面积23646平方米。（朱永烨）

附：桂头镇中心卫生院领导班子成员名单

院　长：赖桥养

副院长：许其学

霍文欢

张苏波（2014.07—）

【大桥镇崇安医院】 乳源瑶族自治县大桥镇崇安医院其前身是1956年创建的大桥人民公社卫生院1995年春，由香港崇安堂捐资50万港元兴建医院综合楼，后改名为大桥镇崇安医院。是一所集医疗、预防、保健、康复、健康教育以及计划生育技术服务等于一体的非营利性一级乙等综合医院。属正股级事业单位，事业编制78名，有职工55名，其中：中级职称5人，医师级25人，士级16人；办公后勤9人；含全科医生8人、全科护士4人、卫生监督协管员（兼职）3人。归属乳源瑶族自治县卫生与计划生育局管理。医院占地面积1.1万平方米，建筑面积4300平方米，业务用房3531平方米。大桥崇安医院为一类公益事业单位，职工工资由财政全额拨款，医院实行收支二条线、基本药物实行零差价制度、普通门诊实行一般诊疗费制度。医院设有6个行政职能科室，10个临床业务科室，拥有生化分析仪、尿分析仪、全自动血球仪、B超、彩超、心电图机、心电监护仪、DR机、胎心监护仪、麻醉机、呼吸机等诊疗设备。开展内、外、妇、儿科等诊疗服务，可独立施行外产科中小型手术。2014年5月投入20万元建成大桥镇崇安医院多媒体宣教室，10月投入使用。

2014年，编制床位26张，开放床日数8684日，实际占用总床日数4057日，病床使用率46.72%。门诊26220人次，门诊总费用96.6万元，日均门诊72.8人次，门诊人均费用36.84元/人次，住院人数886人次，住院总费用129.6万元，人均费用1463.35元/人次。开展中医药针灸、推拿、红外线治疗、牵引、艾灸、温针、电针、刮痧、穴位注射等适宜技术12项。

送医送药。大桥崇安医院为“中央电视台十套栏目”到大桥通天箩探险“广东省‘体彩杯’自行车赛”“盘王节”“广东救援辅助队（香港）协会瑶乡助学扶医活动”“大桥中小学创强”“大桥中学体育升中考试”等在大桥镇境内进行的活动，派出10支医疗队，医务人员40人次，为各项活动的顺利进行提供医疗保障。5月12日，大桥镇发生洪灾后，大桥崇安医院派出一支医疗队到大桥小学长冲教学点进行灾后消毒及防病指导工作，发放消毒物品一批。4月16日为均容、石角塘、歧石、深源等4个村一体化示范卫生站赠送5125元中药饮片。为塘峰岩、岩口卫生站各赠送电脑1台。全年下乡支农，派出4支医疗队56名医务人员，到塘峰岩、大坪、均容、歧石、岩口村委进行义诊活动，诊疗1324人次，免费赠送药品7523元。为26个村卫生站免费赠送药品、医疗器械3.4万元。

人员培训。2014年选送2人到粤北人民医院、1人到市中医院、3人到县人民医院、3人到县妇幼保健院进修学习。5月，全体医务人员网上进行《地中海贫血知识》培训学习。全年对乡村医生培训6次。

医疗保险。2014年新型农村合作医疗并社保局管理后改为城乡医疗保险，大桥崇安医院城乡医保服务门诊3497人次，总费用24.2万元，统筹基金支付8.8万元，住院561人次，住院总费用110.9万元，统筹支付费用66.7元。职工医保门诊、住院502人次、总费用5.7万元，统筹支付3.7万元。

村卫生站管理。2014年，大桥镇有26个村委会卫生站28名乡村医生，其中大专3名，中专25名。有执业助理医师证医生2名，有乡村医生证医生26名。全镇卫生站实行一般诊疗费制度及基本药物零差价制度。村卫生站实行行政统一管理、业务统一安排、培训统一实施、药品统一采购、收费统一标准、工作统一报表的六个统一管理，乡医承担辖区内居民百分之三十的基本公共卫生服务。

公共卫生。2014年，财政投入公共卫生经费40.97万元，建立居民健康档案26126份。其中0—6岁儿童1733人，高血压患者2311人，糖尿病患者639人，重症精神病211人，65岁及以上老年人2811人，普通人群18421人。下乡免费体检14068人。进入学校、村委以及公共场所进行健康知识讲座10次，健康咨询活动10次，出宣传栏12期，发放健康教育宣传资料3536份。全年大桥镇出生儿童建卡257人，为一类疫苗接种7864剂次，二类疫苗接种818剂次。对大桥镇19所小学和2所幼儿园开展预防接种证明查验工作，查验小学入学新生297人，幼儿园新入园儿童230人。发现传染病23例（乙类传染病17例、非法定传染病6例），网上直报23例。儿童保健严格实行“4.2.1”体检制，0—7岁以下儿童保健人数2521人。新生儿采血送市妇幼保健院筛查90人。发现2间私人无证牙科诊所，及时上报县卫生监督所。对辖区内19所学校、21个村委265个自然村的供水、卫生厕进行巡查、登记及消毒改进工作12次。

计划生育。大桥崇安医院为计生兼职单位，3月与大桥镇计生服务站合并，为计生服务对象查环、查孕、上环、取环、术后治疗1154例。

党风廉政建设。1月，大桥崇安医院与各医药公司签订医疗卫生机构医药产品廉洁购销合同。5月29日，聘用外单位8名暗访小组成员并发放聘书。6月1日起，实施医务人员与病人签订医患双方不收和不送“红包”协议书。6月5日组织全体员工学习“九不准”（不准将医疗卫生人员个人收入与药品和医学检查收入挂钩；不准开单提成；不准违规收费；不准违规接受社会捐赠资助；不准参与推销活动和违规发布医疗广告；不准为商业目的统方；不准违规私自采购使用医药产品；不准收受回扣；不准收受患者“红包”）内容。

2014年，大桥镇崇安医院积极创建“学习型、发展型、和谐型”医院，与县人民医院外科、急诊科进行业务学习交流活动4次。与乐昌坪石、沙坪、秀水、长来、浈江区的龙归、曲江区的犁市、重阳等卫生院进行业务学习交流活动8次。

（饶林东）

附：大桥镇崇安医院领导班子成员名单

院　长：李树华

副院长：饶林东

　　　　周满花

　　　　张　健（挂职2014.07—）

体　育

【概况】　2014年11月，县政府部门机构改革，推进简政放权，优化机构设置，理顺职责关系，严控人员编制，提高行政效能。县文体旅游局拆并，新组建县旅游局、县文化广播电视新闻出版局，原文体旅游局的体育管理职责划入县教育局（内设体育股），县教育局挂县体育局牌子，体育股主要负责全县体育行业管理，制定体育工作的发展规划和年度计划，并组织实施，促进体育事业协调可持续发展。

【竞技体育】　韶关市第十四届运动会于5月份开赛，8月8日开幕，10月30日闭幕，历时半年。乳源代表队参加田径、篮球、足球、羽毛球、乒乓球等项目比赛，共取得成年组乒乓球团体总分第二名、成年组和老年组象棋团体总分各第三名、乒乓球团体总分第四名的成绩。

【群众体育】　国民体质检测工作。于11月3日至7日，面向全县机关、企事业单位等人员进行体质检测，参加检测共500多人，圆满完成省市下达的检测任务。

抓好社会体育工作。组织参加2014年韶关市龙舟赛并获取冠军；组织老年朋友参加市老年人健身比赛，并取得好成绩；开展乳源瑶族自治县首届广场健身舞比赛，有18支队伍参加比赛。

【备战省民族运动会】　第五届省民族运动会于9月16—22日在惠州市举行，乳源代表团共80多人代表韶关市参加龙舟、押加、秋千、珍珠球、蹴球、射弩、陀螺等七大项目的比赛，共夺5金5银5铜和总分第二的优良成绩。

【抓好场地设施建设】　抓好镇农民健身工程建设，桂头、乳城、洛阳等镇农民健身广场建设顺利通过市检查验收，东坪镇全民健身广场建成等待检查验收，一六镇农民健身工程建设项目完成申报。一六镇团结村委5个自然村、大桥镇敬老院及柯树下等村的健身广场器材安装完成并投入使用。

【组织节庆系列体育】　组织开展春节体育活动，主要有乒乓球、羽毛球、三人篮球比赛和舞龙舞狮活动；举办2014年国庆“源水居杯”男子篮球赛；举办“十月朝”系列体育活动，主要有第二届环南水湖自行车公开赛、第三届瑶区农民运动会。

（李书全）

科　技　·　教　育

科学技术

【概况】 乳源瑶族自治县科学技术局（以下简称“县科技局”）主要工作任务是贯彻执行党和国家有关科技工作的方针、政策、法律、法规，落实科教兴国战略、组织实施上级科技部门的工作部署，综合管理组织、指导全县科学技术工作和科学技术体制改革，发展科学技术事业，推动全县经济与社会的科技进步。负责全县对外科技合作与交流工作，统筹协调涉外知识产权事宜、信息产业管理、科技统计工作，推动科技中介组织发展和科技服务体系建设。内设科技电子信息管理股。县科技局2014年顺利通过市科技进步考核。

【县级科学技术支出】 县政府设立县级科技项目，重点支持农业产业化、传统工业高新化，社会发展等领域的技术创新。2014年，科技项目立项7项，县科学技术支出1671万元，为县财政总支出的1.95%。

【科技计划及项目管理】 2014年申报国家级科技计划项目1个，申报省级科技项目3个，获得国家、省1130万元项目资金支持，申报广东省高新技术产品项目2个。

【科技成果】 5月29日，韶关市人民政府通报2013年度韶关市科学技术进步奖，乳源东阳光磁性材料有限公司《高性能镍铜锌铁氧体及产业化技术研究》获得韶关市科技进步奖一等奖、广东省天井山林场《粤北山区雨雪冰冻灾害受损森林群落恢复技术》获得韶关市科技进步奖二等奖、乳源瑶族自治县农业技术推广中心《粤北冬种马铃薯黑膜覆盖自然出土综合栽培技术》、乳源瑶族自治县农业科学研究所《特色甘薯引种及其地膜栽培技术应用》获得韶关市科技进步奖三等奖。

【科普工作与科技培训】 加大科普工作力度，组织开展科技活动周、科技下乡、科技进社区等活动。2014年，举办专业技术人员、农业企业与协会人员和种养大户各类培训班110期，培训4500人次。

【科技型企业】 2014年，国家高新技术企业有乳源东阳光化成箔有限公司、乳源东阳光精箔有限公司、富之光电子科技（韶关）有限公司、韶关市鸿峰特钢有限公司等4家，省民营科技企业有乳源东阳光磁性材料有限公司、乳源东阳光化成箔有限公司、韶关市腾辉特钢有限公司、乳源鑫源环保金属科技有限公司、韶关市冠群实业有限公司民营科技企业等5家。

【知识产权保护和管理】 2013年专利申请总量101件，其中发明21件、实用新型54件、外观设计26件，专利授权84件，其中发明2件、实用新型35件、外观设计47件。（刘一凡）

信息化建设

【概况】 乳源瑶族自治县政府信息中心属县政府副科级事业单位。负责全县党政机关电子政务的统一规划、指导和组织实施；建设、维护和管理县政府信息中心平台和县直党政机关电子政务系统网络，并提供技术指导和服务；负责建立、运行和管理“乳源瑶族自治县人民政府门户网站”；组织、指导和协调全县政务信息资源的开发利用和电子政务信息技术的推广应用。县政府信息中心的主要工作是全县电子政务统一平台建设、网上办事大厅建设，政府网站和政府大院网络运行维护管理、政府视频会议系统管理、信息化技术培训和指导服务、新闻信息采集发布。县政府信息中心编制12名，2014年有主任1名，副主任1名，股长2名。内设网络技术股、信息采编股。

【政务服务体系信息化建设】 加快推进“县镇村三级联动”的政务服务体系建设，开展网上办事大厅拓展完善工作，建成覆盖全县一体化的网上办事大厅。

完善事项进驻。进驻9个镇45项服务事项、37个县直及上级直管单位585项审批和服务事项目录，其中一级办事深度的行政审批事项446项，办事深度率100%，二级办事深度的行政审批事项429项，办事深度率96.19%，三级办事深度的行政审批事项387项，办事深度率86.77%，社会服务事项139项，网上办理率达100%。项目进驻后网上受理办件8969宗，其中镇村受理办件643宗。

优化服务功能。科学设置网上办事大厅办事栏目，新增建设工程并联审批、便民服务、个人网页、企业网页、农村集体资源资产交易、公共资源交易等栏目；优化网上办事大厅系统，完善个人和企业网页，完善在线申办、业务咨询、结果查询、星级评价、服务投诉等功能，并整合现有业务系统，建成效能监察平台；建成网上办事大厅在线申办和审批移动客户端，开通办结事项邮政快递服务；推进公共资源网上交易进驻网上办事大厅，建成农村集体“三资”监管平台和农村集体资产资源交易信息平台。

网上办事延伸镇村。将原有的文化资源共享工程、农村党员远程教育、山区信息化等网络整合升级为统一的政务服务光纤网络，融合网上办事平台建设，统一解决三级政务服务体系以及网上办事大厅推广应用的问题，实现三级网络互联互通。建成覆盖全县9个镇、102个村的网上办事服务站，形成县、镇、村三级联动的一体化网上办事大厅。视频监控系统全部延伸安装到9个镇便民服务中心和102个村便民服务站，推进政务服务“阳光管理”。

抓好业务培训。2014年，采用集中授课和现场培训相结合的方式，对全县9个镇便民服务中心、102个村便民服务站、38个具有行政审批和公共服务职能部门的分管领导、系统管理员、审批人员600多人，进行多期应用能力培训，提高各部门的工作效率和服务水平。

【网站管理】 版块活动专栏。公布政府机构职能、办事流程及政府向社会公开的政策规定，更新充实“政务版”“企业版”“社会版”“民族版”四大板块内容，设立“党的群众路线实践教育活动”“践行社会主义核心价值观”“第二届环南水湖自行车赛”“南粤幸福活动周”“创建平安乳源”等县委、县政府的重大活动专栏。

采集正面新闻。宣传乳源社会经济发展的成就和经验，全年发布政府公众信息网信息动态1818篇，图片1090张，通知公告388条，《乳源新闻》视频365条，社会宣传得到好的效果。

采访信息和拍摄图片。做好全县重点工作、重要会议、重大活动的采访信息和拍摄图片工作。全年派出工作人员到现场采访图片信息429人次。

【网络信访工作】 收集网民提出的问题和意见，进行汇总和分类，交由县纪委、县委办、县信访局协调相关部门去办理和回复。全年办理群众提出的问题833件，受理率和回复率100%，其中投诉类588件、咨询类236件、意见类89件。

【网络维护】 对大院网络日常运维工作常抓不懈，采取措施处理多起计算机网络问题，出动技术人员30人次，及时帮助县领导和大院内各单位消除计算机和网络故障，在技术上做好后勤服务，保障政府大院网络畅通。

【视频会议系统管理】 做好视频会议系统及多媒体设备管理工作，每次会议做到“会前调试、会中保障、会后维护”，保证会议的正常召开。2014年，中心负责管理的通过政府视频会议系统召开的各类电视电话会议，未出现技术故障，圆满地完成与中央、省、市的视频链接。完成全县各类需多媒体演示会议、活动38场次。

【宣传工作】 全年在省、市的报纸、刊物发表信息207篇，其中分别刊登在《南方日报》32篇、

《羊城晚报》17篇、《南方杂志》13篇、《广州日报》19篇、《韶关日报》126篇。开展党的群众路线教育实践活动，全年派出工作人员宣传报道80多人次，各类报道200多篇。充分发挥“乳源发布”官方政务微博在推动信息公开、加强政民互动、引导网络舆论、宣传推介乳源等方面的重要作用，全年发布“乳源发布”信息715条，发布微博361条，展示图片399幅，发布总量位居韶关各县（市、区）第二。 （林小钰）

附：县政府信息中心班子成员名单

主　任：赖南坡

副主任：林小钰

教　育

【概况】 乳源瑶族自治县教育局是县人民政府工作部门，主管全县教育事业和语言文字工作，内设办公室、教育督导室、人事股、教育股、计财股、德体卫艺股、体育股和勤工俭学办公室等8个机构，机关行政编制17人，后勤服务人员3人。

2014年，全县有中小学校23所，其中高中2所（普高和职高各一所），特殊教育学校1所，初级中学6所，一贯制学校1所，完全小学13所，教学点45个，幼儿园26所（公办园12所，民办园14所）。有广东省国家级示范性普通高中1所，省重点职业技术学校1所，省安全文明校园4所，省德育示范校1所，市德育示范校7所，省绿色学校3所，市省绿色学校7所，市一级幼儿园7所，县一级幼儿园7所，义务教育标准化学校20所。全县中小学专任教师1979人，幼儿园专任教师99人。在校学生25187人，其中高中学生4684人，初中学生5700人，小学生14761人，特殊学校学生42人。

2014年全县教育工作以办人民满意的教育为目标，以深入开展党的群众路线教育实践活动和大桥镇创建教育强镇为抓手，继续实施教育五个百万工程。深化教育领域综合改革，将县民族实验学校6年一贯制（4—9年级）的办学形式改制为瑶汉族学生合编的初级中学，对城区各义务教育阶段学校划片分区招生，启动城区义务教育学校“扩容改薄”工程，重点实施金禧小学扩容和鲜明八一希望学校改薄，完成大桥镇中心幼儿园和乳源高级中学学生宿舍楼建设，启动中等职业技术学校实训楼、一六镇中心幼儿园的扩容改造建设和“全面改薄”工程。完成大桥镇教育强镇的创建任务，成功申报成为全国首批国家级农村职业教育和成人教育示范县创建单位（全省3个，乳源瑶族自治县是其中1个）。全面落实各项教育惠民政策，全年累计发放国家、省、市和县助学金近1650万元，持续在全县义务教育学校实施学生营养改善计划试点工程，惠及学生13089人。

【教学工作】 2014年，全县中小学紧紧围绕提高教学质量，优化师资队伍，提升课堂能力这一中心目标，积极开展教学质量分析、教学竞赛、蹲点教研、送教（训）下乡、备课到校（分片教研）、城乡共同体、支教活动等形式多样的教研活动，通过发挥学科带头人、教学能手、骨干教师的示范引领作用，不断提升薄弱学校和学科的教研氛围，缩小城乡教育的差距，促进城乡学校共同进步。

教师专业成长平台建设。在期末调研考试质量分析中，首次使用贡献率、低分率、吻合率对学科和老师的教学质量情况进行综合性分析比较，让每所学校、每位老师树立质量意识，进一步掌握学情教情，推广好的经验及做法，对不足予以指出，加以改进，达到整体提高、缩小差距的目的。积极开展扶持薄弱学校和薄弱学科的蹲点教研、备课到校以及送教（培训）下乡活动，根据学校的要求，在学校开展有关教育教学的专题讲座，为学校提供专业支持，为教师专业成长搭建平台。

教育教学与科研成果。全县教师教育教学成果1429项，其中获得国家级奖20项，省级奖79项，市级奖256项。学生获得的教育教学成果823项，其中获得国家级奖15项，省级奖32项，市级奖112项。全县开展教育科研课题72项，其中：省级7项、市级35项、县级30项。中小学教育教学集体荣誉成果125项，其中：省级4项、市级12项、县级109项。在2014年普通高考中，重点本科60人（含农村专项招生）、本科377人、大专1052

人，超额完成市下达的各项高考指标任务。高职类考生上线人数为29人，上线率为87.88%。

【队伍建设】 坚持把师德建设放在首位，着力加强教师的职业理想和职业道德教育。围绕“三爱”主题、发扬“韶关教育精神”和开展“师德主题教育活动月”活动等重要内容，加强师德建设，规范办学行为，转变工作作风，提高工作效能。

加强学校领导班子建设。认真开展校长年度考核工作，按照县委组织部要求做好校长的“两推一评”工作，选好配强各校领导班子。

核定中小学教师编制和充实教师队伍。会同编制部门对全县中小学的办学规模和教师需求情况进行全面调查摸底，对各学校的编制进行重新核定。面向社会公开招聘普通高中教师9名，把三类地区支教教师和“三支一扶”高校毕业生安排到教师较为紧缺的学校。

落实“强师工程”和“教育百万工程”（教师培训）。充分利用省“强师工程”地方奖补资金和县财政下拨的百万教师培训经费，加强名教师、名校长工作室和广东省校本培训示范校的建设与管理，做好学科带头人的考核和任期津贴发放的工作。组织校长和教师共14人前往清华大学参加全国校长、教师培训，中小学校长和幼儿园园长近40人次参加省、市校长（园长）班培训，选送250多名教师参加省、市、县的各类骨干教师培训学习，107名教师参加广东省中小学教师教育技术能力建设项目中级培训，对2013年招聘的76名教师进行上岗培训。认真完成省、市下达的各类培训任务，全县教师均完成年度不少于72学时的专业技术人员继续教育学习任务。

落实《关于广东省事业单位实施绩效工资有关问题的通知》和《广东省山区和农村边远地区义务教育学校教师岗位津贴实施方案》，按时发放绩效工资和农村边远地区义务教育学校教师岗位津贴。

【教育体制】 2014年，县委、县政府把教育摆在优先发展的战略地位，不断深化教育体制改革，加强素质教育，确立“学前教育普及化、义务教育均衡化、高中教育优质化、民族教育特色化”的工作思路。各级政府不断增加教育投入，鼓励民间多渠道、多形式办学。全年教育经费投入40736.9万元，其中教育事业费35288.1万元，各级政府征收用于教育的税费2454万元，地方基金33.6万元，其他公共财政预算安排的教育经费144.8万元，社会捐赠388.3万元，事业收入2058.6万元，其他教育经费369.5万元。完善中小学校长聘任制，落实中小学校长“选、考、评、聘”上岗改革。完善中小学校长管理办法，进一步落实对中小学校长的聘任、管理、考核。完善教师准入制度，实施绩效工资。落实山区、农村边远地区教师岗位津贴，重新制定山区和农村边远地区义务教育学校教师岗位津贴标准，由原来的人均590元提高到790元。落实《乳源瑶族自治县教育系统优秀人才管理办法》，大力引进教育优秀人才。普通高考、成人高考和中考等国家教育统一考试信息化管理系统得到进一步完善，提高招生考试现代化管理水平。

【基础教育】 2014年，小学适龄儿童毛入学率为107.30%，在校生辍学率为0，小学生毕业率为100%，小学五年保留率为95.87%。义务教育阶段“三残”儿童少年入学率为98.78%。初中阶段毛入学率为115.76%，在校生辍学率为0.80%，17周岁受完初中教育完成率为100%，初中学生毕业率为100%，初中三年保留率为96.10%，初中毕业生升学率98.27%。少数民族学生义务教育阶段入学率为100%，升入高校人数为116人。普通高中和职业高中的招生比为2∶1。全县建成义务教育规范化学校20所，义务教育规范化学校覆盖率达100%。

2014年普通高中教师学历合格率为99.55%，职业高中教师学历合格率74%，初中教师学历达标率100%，小学教师学历达标率100%。

【职业教育】 全县中等职业技术学校在校学生1287人，在职教职工126人，其中专任教师106人，“双师型”教师45人。职业教育开设计算机应用、电子电器应用与维修、机电设备安装与维修、数控技术应用、农业机械使用与维护（汽车运用与维修方向）、会计、旅游服务与管理和学前教育等8个专业，有实训场室面积12000多平方米，各专业实训室40多间，设备总值1860多万元，毕业生

“双证率”达到96%，毕业生就业形势良好，综合就业率达到98%。中等职业技术学校是全县农村劳动力和下岗失业人员职业技能培训基地，每年开展相关专业的社会培训2000多人次。

【成人教育】 全县有镇成人文化技术学校9所和瑶区成人文化技术学校1所，其中5所为韶关市示范性乡镇成人文化技术学校。构建起以县中等职业学校为龙头，乡镇成人文化技术学校为骨干，村级成人文化技术学校为基础的县城三级职业教育培训网络。为农民教育培训提供必要的条件保障，满足县域城乡劳动者接受职业教育和技能培训的需求。2014年，全县共培训近3万人次。

【学前教育】 2014年，结合学前教育三年行动计划，根据“逐步创建以省、市级幼儿园为示范”的要求，投入103万元为机关幼儿园添置一批设施设备，投入40多万元新建大桥中心幼儿园综合楼，投入550多万元改扩建乳城镇幼儿园，并投入38万元购置设施设备。初步构建以乡镇公办中心幼儿园为骨干，覆盖城乡、布局合理的学前教育公共服务体系；创建以市级幼儿园为示范，以镇中心幼儿园为骨干，以公办幼儿园为主体，公民办并举的学前教育发展格局，整体提升保教质量；保障适龄儿童接受基本的、有质量的学前教育。截至2014年底，全县共有幼儿园26所，其中公办园12所，民办园14所，确保每个乡镇都有1所公办中心幼儿园。全面普及学前三年教育，学前三年毛入园率93.92%，逐步完善学前教育服务体系，基本满足群众多样化的学前教育需求。

【民办教育】 依据《关于对全县民办非学历培训学校、机构实施教师实名备案制度的工作意见》，对全县民办非学历培训学校、机构实施教师实名备案，确保每个幼儿园的每个班达到“两教一保”要求。规范民办学校和机构的管理，促进民办教育事业健康有序发展。为进一步加强民办幼儿园管理，规范民办幼儿园办园行为，及时、准确掌握各民办幼儿园的工作状况，组成年检考核小组对全县民办幼儿园进行年度专项检查。检查组采取听取汇报、查看资料、巡查园舍、现场反馈等方式，对全县民办幼儿园的工作状况作深入了解，现场指出各幼儿园存在的问题，有针对性地提出工作要求。

【体育工作】 11月，因机构改革，县文体旅游局拆分重组，新组建县旅游局、县文化广播电视新闻出版局，原体育局合并县教育局，设体育股。体育股主要负责全县体育行业管理，主要职责是制定体育工作的发展规划和年度计划，并组织实施，促进体育事业协调可持续发展。

2014年，县代表队参加韶关市第十四届运动会的田径、篮球、足球、羽毛球、乒乓球等项目比赛，获成年组乒乓球团体总分第二名、成年组和老年组象棋团体总分第三名、乒乓球团体总分第四名。9月16日至22日，第五届省民族运动会在惠州举行，县代表队代表韶关市参加龙舟、押加、秋千、珍珠球、蹴球、射弩、陀螺等七大项目的比赛，共夺5金5银5铜，总分第二，出色完成参赛目标。

开展国民体质检测工作。面向全县机关、企事业单位等人员进行检测，圆满完成省市下达的检测任务。组织参加2014年韶关市龙舟赛、市老年人健身比赛、广场健身舞比赛，举办春节体育、2014年国庆“源水居杯”男子篮球赛、“十月朝”体育活动、第二届环南水湖自行车公开赛、第三届瑶区农民运动会等比赛活动，取得较好成绩，其中在2014年韶关市龙舟赛中获得冠军。抓好乡镇农民健身工程建设，桂头、乳城、洛阳等乡镇农民健身广场通过市检查验收。一六镇团结村委5个自然村、大桥镇敬老院及柯树下等村的健身广场器材安装完成并投入使用。 （王永花）

附：县教育局领导班子成员名单

局长、党委副书记：邓筱俊（—2014.11）
党委书记：刘金兴（—2014.11）
党委书记、局长：郑东红（2014.12—）
党委委员、副局长：潘继明
赵建宇（—2014.11）
邱冬凌（任纪委书记）
曹国秀（2014.11—）
局长助理：曹胜书

重点学校简介

【乳源高级中学】 创办于2003年7月，占地33.33公顷，校园面积30万平方米。学校现为广东省国家级示范性普通高中，共有61个教学班，在校学生3380余人，实行全寄宿制管理。教职工223人，专任教师195人，其中，周维发校长为“广东省名校长”“韶关市十佳校长”，王新阳副校长为“韶关市名校长”。教师面向全国招聘。

2014年，先后有广东省委常委、省纪委书记黄先耀，韶关市政协教育考察团，韶关市教育局副局长曾楚清、市教研室主任梁伟光以及各科教研员，乳源县各级领导班子和教育局负责人导莅临学校视察指导教育教学工作，为学校的发展把脉，全力帮助学校解决教育教学方面的实际问题。学校争取财政资金681万元，兴建一幢学生宿舍，改造学生宿舍的热水供应系统、电路系统以及教室多媒体平台，进一步改善学校的住宿和教学条件。

香港教育专家梁永義先生、关锐煊教授和袁志文博士，华南农业大学、广州中医药大学、佛山黄岐高级中学、韶关市教学年会等单位组成人员先后到学校开展教学交流活动；学校被聘为广东教育学会教育国际化理事单位，周维发校长被聘为第一届理事会常务理事；学校派出学习交流的师生达200多人次。

县高级中学有1000余名贫困和优秀学生受到港澳团体和爱心人士资助，每学年受助总额约200万元。2014年高考，学校全面超额完成韶关市下达的各项高考指标任务，其中重本上线60人（含农村专项招生），本科以上上线377人，大专以上上线率达87%，其中：语文科2人、数学科1人、文科综合科1人进入全市前20名。文科状元尧昭玉的总分进入全市高分层。（王惠益）

附：乳源高级中学领导班子成员名单

校　长：周维发

副校长：王新阳

宋显长

刘文英

【乳源中等职业技术学校】 创建于1981年，是一所办学效益显著的综合性、示范性学校，是县“农村劳动力职业技能培训基地”“下岗失业人员职业技能培训基地”及广东省“创业培训定点机构”。学校内设办公室、学生处、教学实训处、招生就业处、总务处、培训处等六个处室，开设计算机应用、电子电器应用与维修、机电设备安装与维修、数控技术应用、农业机械使用与维护（汽车运用与维修方向）、会计、旅游服务与管理和学前教育等8个专业，有40多间实训室，总面积1200多平方米，设备总值1860多万元。全校教职工126人，其中专任教师占106人，“双师型”教师45人；在校学生1287人，短期培训班学员2000多人次。

2014年，学校通过PK形式获得广东省中职教育专业实训中心建设专项资金250万元，用于汽车运用与维修专业实训中心建设。参加韶关市中职学校学生技能大赛取得优异成绩：获得计算机应用技术、会计电算化实操与点钞、机械维修技术等三个团体一等奖和电力控制电路安装、机电一体化设备组装与调试两个团体二等奖。27名参赛选手全部获奖，其中12人获得一等奖，12人获得二等奖，3人获得三等奖，再次刷新县中职学校学生参赛史的最好成绩，12名辅导教师全部获得优秀辅导员奖。33人参加职业高考，29人上线，上线率87.8%。乳源中等职业技术学校学生，职业高考总分排名在全市第一、第二名，8人次进入全市单科前十名。

2014年，乳源中等职业技术学校积极配合县政府做好创建全国农村职业教育和成人教育示范县工作。（李锡荣）

附：乳源中等职业技术学校领导班子成员名单

校　长：何先彩

副校长：齐巧花

黄恩雄

冯慢松

【乳源教师进修学校】 乳源教师进修学校前身是乳源师范学校，创建于1972年，为韶关市唯一保留完整建制的教师进修学校。学校建筑面积5700平方米，建有综合教学楼、图书馆和学生宿舍楼。设有信息技术教室、舞蹈室、电子钢琴室、电脑室、美工展室、藏书室、借阅室与电子阅览室等，教学设备先进，设施齐全。

2014年，学校开办学前教育与计算机两种专业中专班，为社会培养合格的幼师和计算机毕业生共62人。舞蹈队排练的舞蹈《枯滴》获得县中小学文艺比赛二等奖。

学校作为县教师培训机构，切实做好全县各中小学、幼儿园的校本培训工作及其他培训项目。2014年完成培训项目7个，培训教师400人次。其中7月份承担“广东省中小学英语教师英语语言村培训”任务，配合市教育局做好各项培训工作实施，圆满完成任务，为韶关市各县区培养合格英语教师100人。学校与华南师范大学网络学院联合办班，开设大专、本科学历提升班实行培训，为县教师学历提升提供学习平台。（徐小健）

附：乳源教师进修学校领导班子成员名单

校　长：邓光荣

副校长：马延安

　　　　陈培养

　　　　冯四清

【乳源中学】 乳源中学创办于民国30年（1941年）10月，是广东省一级学校。学校占地面积78137平方米。有50个教学班，学生2421名，在校在编教职工185名，专任教师157名，其中高级职称31名。

2014年，学校通过《乳源中学“尽力·进步”学校文化建设方案》，以“让校园成乐园，让潜能变可能”为办学愿景，以“追求卓越”为学校精神，以“全面发展，彰显个性”为办学宗旨，以“享受成长，体验成功”为办学理念，以“尽力、进步”为校训，形成“立志、勤奋、进取、创新”的校风、“严谨、高效”的教风和“笃学、善学”的学风。

2014年，学校先后获“乳源瑶族自治县义务教育学校年度工作考核一等奖”（全县仅有1所）、县2013—2014年度教学工作先进单位、县校本培训先进单位、县“源水居”杯国庆男子篮球赛优秀组织奖、县《弟子规》朗诵比赛优秀组织奖等荣誉称号。教工之家被评为“韶关市先进教工之家”，教工团支部被评为“韶关市五四红旗团支部”，团委被评为“乳源瑶族自治县五四红旗团组织”。历史教研组被评为“乳源瑶族自治县中小学先进教研组”。（郭庆城）

附：乳源中学领导班子成员名单

校　长：孙献忠

副校长：马靖辉

　　　　黄恢文

　　　　龚衍科

【桂头中学】 桂头中学（以下称“学校”）创办于1957年，占地面积7.8公顷。有教学班20个，在校学生749人，教职工104人。学校秉承“相信每一个人的潜能，帮助每一个人的成长”的办学理念，以《木棉精神主题文化建设实践与研究》这一课题为主线，开展形式多样的德育教育取得效果。

学校重视班主任队伍建设，定时定人举行班主任经验交流，12月份组织班主任到佛山南庄三中，南海实验中学进行学习考查，学习他人先进的工作经验和方法，提高班主任的工作能力。开设跆拳道、足球、篮球、舞蹈等10多个学生社团，丰富学生的课余生活。

2014年，学校参加县举办的初中生“中国汉语大赛”获一等奖，获县义务教育年度考核二等奖。学校成功举办第三十六届学生田径运动会和第六届校园文化艺术节。（钟林养）

附：桂头中学领导班子成员名单

校　长：毛永星

副校长：张佐芬

　　　　钟明昌

【县民族实验学校】 乳源瑶族自治县民族实验学校的前身是民族小学，创办于1958年秋，全称为韶边瑶族自治县民族小学，1964年下半年停办，1982年秋复办。1998年9月改办为五至九年级五年一贯寄宿制学校，全称乳源瑶族自治县民族实验学校；2007年秋择址新建的学校投入使用，扩大为四到九年级“六年一贯制”少数民族全寄宿制学校；2014年秋改制为城区全日制初级中学。

2014 年，学校有教学班 13 个，在校生 569 人，内宿生 301 人，住宿生来自东坪、游溪、必背和洛阳等瑶区、山区乡镇。学校把保护传承瑶族文化作为一项重要任务，开设瑶族刺绣、瑶族舞蹈、瑶族民歌、瑶语、少数民族传统体育等民族特色文化校本课程。

2014 年，学校教师多人次在国家、省、市教育教学评比中获得表彰奖励。其中 1 人获得第六届“语文报杯”全国初中语文教学论文大赛二等奖、1 人获得广东省中小学德育论文二等奖、1 人被评为韶关市优秀班主任、1 人被评为韶关市优秀教师。

（赵天全）

附：乳源民族实验学校领导班子成员名单

校　长：余前镜

副校长：赵天全

　　　　谭　岑

　　　　赵天聪

【乳源第一小学】 县第一小学是县直属学校，占地面积 5 公顷，建筑面积 24055 平方米，体育运动场地 37330 平方米，办学规模为 72 个班，可容纳 3600 名学生。2014 年秋季开设 66 个教学班，在读学生有 3373 人，教职工 175 人，学校专任教师 168 人，学历达到标率 100%。其中，1 人为省特级教师。

学校以“坚毅身心，美我知行”为校训，以“坚定乐观，卓立溢美”为校风，以“坚于信念，美以童心”为教风，以“坚实基础，合作悦美”为学风，以“培养具有坚美品格的学人”为育人目标，以创建“行为和内涵至坚至美的品牌学校”为办学愿景。设立“五美小卫生”全天候检查监督学生在校一日行为习惯。积极开展快乐大课间阳光体育活动，开设音乐、书法、美术、国画等兴趣小组，成立学校鼓号队、合唱队、舞蹈队及其他专业训练队。成功举办一次运动会及艺术节，精心组织“六一”儿童节文艺表演暨书香节活动及各类文体活动。

2013 年 9 月，学校被授予全国优秀家长实验基地，并顺利通过“全国优秀家长学校”市级复评。2014 年先后荣获广东省少先队红旗大队、县德育工作先进单位、县教学工作先进单位、党的群众路线教育实践活动示范基地等荣誉称号；在县 2014 年教育工作考核评比中荣获一等奖；完成广东省首批“依法治校示范校”的申报工作。省、市“校讯通”杯虚拟机器人等比赛，获中小学组全市第一和第三名；在韶关市中小学数学优秀校本教研活动展示中获市级二等奖。

（邓惠琼）

附：乳源第一小学领导班子成员名单

校　长：罗镇球

党支部书记：许日轩

副校长：曾春林

　　　　黄学军

　　　　蔡　虹

　　　　谭文华（挂职 2014.09—）

工会负责人：丘永和

【金禧小学】 乳源金禧小学创办于 1992 年秋，前称是“县第二小学”，1995 年易名为“金禧小学”，占地面积 10720 平方米，有教学班 33 个，学生 1816 人，在职教职工 99 人，其中小学副高级教师职称 1 人。学校的办学理念是“国学立德，经典育人”，办学宗旨是“为学生健康成长奠基，为教师持续发展铺路”。

学校建立健全《金禧小学教学常规管理制度》《金禧小学提高教育教学质量的实施方案》《金禧小学巡检制度》等制度，要求全体教师深入贯彻各项具体要求，做好日常教学工作，形成校园内“事事有人管、时时有人管、处处有人管”的良好局面。

2014 年金禧小学被共青团韶关市委员会、市教育局授予韶关市第二届《弟子规》朗诵比赛系列活动优秀组织单位，获朗诵比赛二等奖，在 2014 年韶关市“校讯通”杯中小学电脑制作活动中荣获“最佳组织奖”，在乳源 2014 年义务教育学校年度考核中获得一等奖，被县教育局授予“2013—2014 年度教学工作先进单位”“中小学校本培训先进单位”等荣誉称号。在乳源“百歌颂中华”群众歌会比赛中获得二等奖，在县中小学、幼儿园文艺会演中获得二等奖。校数学教研组被评为县“2013—

2014年度先进教研组”。发表在《韶关教育》第6期的1篇论文荣获广东省小学教育优秀论文评选一等奖，有论文1篇发表在国家级刊物《中国民族教育》。2个省级课题研究成果分别获二、三等奖，3位学生选派到市参加弟子规比赛，2个获二等奖，1个获三等奖。在参加县教工杯乒乓球比赛，获团体二等奖，1名教师获男子单打第二名。（许宏华）

附：金禧小学领导班子成员名单

校　长：傅　庚

副校长：张纯华

　　　　邓天伟

【机关幼儿园】 乳源机关幼儿园是乳源首家“韶关市一级幼儿园”“韶关市绿色幼儿园”，创办于1957年，位于县城群英路1号，占地面积8530平方米，建筑面积5825平方米，总投入1500万元，是按省一级幼儿园标准兴建、教育教学设备齐全、实现教师办公网络化管理、富有现代气息的全新的幼儿园。拥有一六镇中心幼儿园和东坪镇中心幼儿园2间分园。设有15个教学班，700名幼儿，在岗教职工68人，其中专任教师34人，大专、本科学历占80%，学历达标率为100%，保证两教一保的配备。

学校全面贯彻党的教育方针，加强内部管理，促进教师专业成长。幼儿素质不断提高，孩子的身心得到和谐发展，各项工作深受幼儿家长好评，成为乳源幼教的标杆单位。

2014年，在广东省学前教育专业论文征集评选活动，4人荣获二等奖、6人荣获三等奖。幼儿园荣获“2014年广东教育学会学前教育专业委员会年会论文”优秀组织奖，参加广东省学前教育自制教玩具征集活动，3人荣获二等奖。在韶关市第四届幼儿教师基本功大赛，2人荣获二等奖。邓湘萍等教师在韶关市优秀童谣征集评选荣获三等和优秀奖。4名幼儿园儿童在韶关市“快乐六一幼儿创意绘画”活动分别获一等、二等和优秀奖，幼儿园集体获优秀组织奖。（邹　蕾）

附：机关幼儿园领导班子成员名单

园　长：黄爱兰

副园长：黎　慧

　　　　刘纪斌

　　　　张绣中

【大桥欧晖中学】 大桥欧晖中学占地面积30720平方米，建筑面积20277平方米，教学班18个，在校学生746人，教职工94人。经过创建广东省教育强镇，学校办学条件得到极大的改善，每间课室安装多媒体电教平台，各功能室设施设备齐全，是一所硬件建设、功能设施一流的山区农村初级中学。

学校致力于走文化育人、文化立校的内涵发展道路。以“立足山区、教书育人、服务社会”为办学宗旨，以“为每一个学生的成才奠基”为办学理念，以“崇文尚礼、仁善处世”为校训，以“崇文、崇礼、崇善”为校风，以“厚德善教、行为世范”为教风，以“笃学上进、重礼守纪”为学风。

三崇教育校园文化建设。开设的古筝、电子琴、竖笛、美术、田径等兴趣小组和推行的跑操、太极项目，初步成为学校的办学特色与亮点。

（欧成坤）

附：大桥欧晖中学领导班子成员名单

校　长：李德光

副校长：陈伟波

　　　　李伟辉

【侯公渡中学】 乳城镇侯公渡中学是一所农村初级中学，创建于1967年。学校位于乳源县城东南部，距离县城三公里，服务辖区六个行政村，占地面积40675平方米，建筑总面积15092平方米。设有办公室、德育处、教导处、后勤处、团委。有20个教学班，学生709人，教职工104人。

2014年，学校继续以“和合”育人特色提升学校文化品位，着力推进“和合”特色的德育教育，开展“五品（和谐、多彩、书香、绿色、数字）校园”创建活动，以班级为主阵地，积极引导学生进行班班争创“五品班”，人人争做“五品生”活动。深入开展师德师风教育引导教师人人争当“五品教师”。坚持“有效教学”的指导思想，努力提升学校教育软实力，内强素质，外树形象，提高教育教学质量，为高一级学校输送优质生源。学校获2014年县第五届教工乒乓球赛男子团体第一名及2014年全县中小学、幼儿园“七彩童年 梦想飞扬”校园风采文艺比赛一等奖。（张耀群）

附：侯公渡中学领导班子成员名单

校　长：曹文新

副校长：丘伟信

　　　　曾伟波

【一六中学】 一六中学是一所乡镇初级中学，创建于1974年秋。学校占地面积19998平方米，总建筑面积11648平方米。内设教导处、总务处、政教处、办公室、团委、学生会，配有电脑室、语音室、美术室、舞蹈室、多媒体课室、图书室、生化实验室等。有12个教学班，学生402人；教职工61人，教师学历达标率为100%，中学一级教师56人，中学二级教师4人。

学校坚持“以人为本，和谐发展”的办学理念，秉承“立志、健体、笃实、活泼”的校训，形成“文明、团结、求实、创新”的校风，营造“善教、崇德、严谨、爱生”的教风和“上进、笃学、全面、求真”的学风，倡导“健康工作，快乐学习，幸福生活”的工作理念，使师生“快乐工作、快乐学习、快乐生活、快乐成长”。

2014年，学校荣获全县初中学生听写汉字大赛二等奖，全县中小学、幼儿园校园文艺展演比赛一等奖，县第九届中小学生乒乓球赛中学组男子团体第五名、女子团体第三名；化学教研组被评为年度先进教研组。1名教师在广东省教育学会论文评选中获省三等奖，1名教师在2014年全省中学物理教学论文评选中获省三等奖，18名教师在县级各类比赛中获奖；1名学生被评为韶关市“优秀学生干部”，6名学生在县级各类比赛中获奖。（刘其荣）

附：一六中学领导班子成员名单

校　长：温新福

副校长：张勤辉

　　　　张海英

【大布中心学校】 大布中心学校是一所九年一贯制学校，设中学部和小学部两个校区。全校共有教学班18个，学生共645人，其中：中学部设四至九年级，共12个教学班、学生403人；小学部设一、二、三年级，6个教学班，学生242人。学校中学部占地20200平方米，小学部占地面积23560平方米。全校共有专任教师79人，其中中学教师31人，小学教师48人。

2014年学校全面实行依法治教、治校。强化德育工作实效，培养学生良好的自我发展能力，其中的习惯教育被县教育局列为德育创新与发展特色项目。全面落实课程标准，教学质量提升大。强化科研意识，组织教育科研活动。做好文体卫工作，发展学生各种潜能。抓好后勤工作，完成自来水管到学生宿舍架设工程。加强校园文化建设，打造开心生活、用心工作、倾心奉献的文化氛围。培养学生正确的价值观、科学的人生观，形成“诚、勤、爱、严”学习风气。开展形式多样的文艺活动，为师生的艺术发展搭建平台。

2014年学校荣获县第九届中小学乒乓球赛中学组女子团体第五名、县第九届中小学乒乓球赛中学组男子团体第四名、县第五届教工乒乓球赛男子团体第八名，被评为县2014年度教学工作先进单位。1名学生荣获物理竞赛市二等奖。（陈福员）

附：大布中心学校领导班子成员名单

校　长：冯引成

副校长：黄明星

　　　　吴宏远（2014.03—）

【红云中心学校】 红云中心学校地处海拔780多米粤北高寒山区——大桥镇红云村委，距县城50多公里。2010年8月学校进行布局调整，初中和小学合并在一起，更名为红云中心学校。2014年秋季，学校有9个教学班，学生302人，教职工21人，占地面积为39561平方米，建筑面积1512平方米。中心学校下设7个分教点，每个分教点开设一至三年级。

学校坚持“提高师生综合素质，为师生的成长发展服务”的办学理念，坚持以德育为首，继续组织“善强”德育特色科研课题的研究和实施。加强教学工作的管理，激发教师积极性，营造积极投身教学的良好氛围。7 月，最后一届初中毕业，中考升学率达 74%，仅次于乳源中学的 76% 排全县第二。10 月，学校被评为县教育局教学先进单位。认真做好创建广东省教育强镇工作，协助上级有关单位和部门完善软硬件建设，于 12 月中旬顺利通过广东省督导验收。（尧良华）

附：红云中心学校领导班子成员名单

校　长：黄镇秋

副校长：廖树养

　　　　尧良华

社 会 生 活

人力资源和社会保障

【概况】 县人力资源和社会保障局（以下简称“县人社局”）是正科级行政单位。2014 年有行政编制 15 个，局内设机构 8 个，分别为：办公室、就业促进股、事业单位人事管理股（人事考试办公室）、工资福利股、社会保险管理股、劳动监察股、公务员管理股、行政审批股。局下属单位 4 个，分别为人才管理工作办公室、劳动人事争议仲裁院、劳动监察大队、就业服务管理局，下属单位在编人员 27 名。2014 年，县人社局把党的群众路线教育实践活动贯穿于工作中，取得有效的思想、实践和制度成果。

【就业服务】 县人社局把加强就业工作作为保增长、保民生、保稳定的重要任务，以服务群众为出发点，建立完善城乡的就业服务体系，加快服务平台建设，统筹做好全县就业工作，成效显著，完成市下达的各项目标任务：城镇新增就业人数 2050 人，完成市下达任务的 102.5%；下岗失业人员再就业人数 1520 人，完成市下达目标任务 101.3%；就业困难人员实现再就业人数 101 人，完成市下达目标任务 101%；农村劳动力职业技能培训 545 人，完成市下达任务数的 109%；农村劳动力转移就业人数 3330 人，完成市下达目标任务 100.9%；城镇登记失业率控制在 2.35%；举办招聘会 36 场，完成市下达目标任务 120%；发放小额贷款 41 笔，完成市下达目标任务 410%，发放小额贷款金额 368 万元；就业登记 709 人，失业登记 404 人，网上登记招聘单位 52 家，完成任务的 104%；登记招聘信息数 190 条，完成任务的 127%；登记岗位数 2244 个，完成任务的 112.2%；登记求职人数 3725 人；完成任务的 106.42%。完成农村劳动力培训 545 人，完成市下达任务数的 109%。

【社会保障】 2014 年，县人社局围绕“全覆盖、保基本、多层次、可持续”的方针，重点做好各项社会保险扩面征缴工作，确保各项社保事业全面发展。

五险工作。城镇职工养老保险参保 30006 人，完成市下达目标任务 30000 人的 100.02%，征集收入 12614 万元，完成市下达目标任务 12400 万元的 101.73%；城镇职工基本医疗保险参保 27014 人，完成市下达目标任务 26600 人的 101.56%，征集收入 6258 万元，完成市下达目标任务 5500 万元的 113.78%；失业保险参保人数 15048 人，完成市下达目标任务 14750 人的 102.02%，征集收入 917 万元，完成市下达目标任务 700 万元的 131%；工伤保险参保人数 19866 人，完成市下达目标任务 19000 人的 104.56%，征集收入 482 万元，完成市下达目标任务 370 万元的 130.27%；生育保险参保人数 16008 人，完成市下达目标任务 16000 人的 100.05%，征集收入 211 万元，完成市下达目标任务 185 万元的 114.05%。

城乡居民社会养老保险。参保人数为 66907 人，完成市下达目标任务 65496 人的 102.15%，缴费人数 39539 人，完成市下达目标任务 39404 人的 100.34%。

城乡居民基本医疗保险。全年参保缴费 156719 人，完成市下达目标任务 152000 人的 103.10%，征集收入 921.916 万元。

企业职工养老保险。参保人数 21397 人，完成市下达目标任务 20900 人的 102.38%；征集收入 11678 万元，完成市下达目标任务 11450 万元的 101.99%。

【劳动维权】 来信来访调处工作。2014 年县人社局坚持和谐至上，以保持劳动关系和谐稳定为目标，做好劳动维权工作，接待群众咨询、来信来电来访 158 批次，涉及 415 人次。

*劳动监察执法。*2014 年县人社局劳动监察机构受理查处劳动报酬案件及其他案件 7 件，涉及 200 多人次，涉及金额 394 万元。

*推进《中华人民共和国社会保险法》执法检查。*成立由县长为组长的社会保险法执法检查工作领导小组，制定行动方案，下设办公室，成立 6 个专项检查组，分别负责对应片区域类型企业进行执法检查。为核实全县企业职工参保情况，成立数据核定小组，经数据比对、测算、核定，至 11 月初，全县参保企业户数为 621 户，应参保人数 17479 人，实际五险足额参保人数 16256 人，未参保 1223 人，总体参保率 93%。针对部分企业员工未参保情况，县人社局采取约谈形式动员企业员工参保。执法检查工作领导小组向企业下发《劳动保障监察询问通知书》280 份，发出《劳动保障监察限期改正指令书》34 份。

*劳动人事争议调解仲裁。*2014 年，县人社局收到各类劳动争议案件 49 宗，案件数比 2013 年增长 44.1%。其中不予受理 11 宗，比 2013 年下降 31%；受理 38 宗，比 2013 年增长 111.1%；受理案件涉及人员 67 人，比 2013 年上升 3%。涉案金额 446 万元，比 2013 年增长 143.5%。2014 年结案 39 宗（含 2013 年未结案 1 宗），比 2013 年增长 129.4%，法定审限内结案率为 100%。其中调解结案 12 宗、仲裁结案 25 宗、其他方式结案 2 宗。

【人事管理】 *行政机关公务员和参公单位工作人员招录。*2014 年，县人社局着力边远山区乡镇机关“空编多、难招录、留不住”等问题，向社会公开招录行政机关公务员、参照公务员法管理单位工作人员 98 人，对新招录的行政机关公务员和参公单位工作人员，推行导师制。

*推进培训工作，强化公务员队伍素质。*举办 13 期职业道德建设全员培训，培训 1496 人次，参训率 100%，举办 1 期新录用公务员初任培训，培训 51 人次，参训率 100%，为提升全县乡镇公务员的素质，选派 20 位政治素质好、业务能力强的乡镇领导及科员到东莞市进行为期 7 天的对口培训。

*公务员管理工作。*公务员管理信息系统记录 701 人信息，办理调任 52 人，报市局审核办理公务员登记 54 人，参公登记 12 人。

*关心企业军转干部。*提高全县企业军转干部慰问费，按时发放县百货公司凌琴发等 4 位企业军转干部的生活解困补助。

*事业单位管理工作。*2014 年，全县面向社会公开招聘乡镇新农村建设服务中心等单位 78 名事业单位工作人员，报名人数 488 人，实际聘用人数 68 人。按照竞聘上岗形式完成 18 人次事业单位人才流动。协助县组织、编制等部门完成对全县机关事业单位借用工作人员的情况调研及清理。协助完成乡镇差拨、自筹人员情况摸底调研，各镇自筹、差拨人员名单登记造册，根据不同人员情况分别办理离岗退养、清退补偿手续，分步清理。协同县中职学校对全县 3404 名专技人员实施培训，受理申报评审专业技术资格 70 人，2014 年核准岗位晋升 62 人，办理县内调动 36 人，调出县外 16 人，县外调入 2 人，办理辞职 15 人，办理自动离职 1 人。推进事业单位人事制度改革，对公共资源交易中心等 13 个事业单位进行岗位设置备案批复。对全县事业单位公开招聘工作自查自纠，形成工作报告，接受市督察组检查。建立完整的 2010 年至 2014 年事业单位公开招聘台账。

*加强人才流动管理。*完成全县人才资源统计（不含非公部分），统计出六大类人才 10864 人。完成 2014 年高校毕业生报到工作，接收毕业生报到 470 人，就业 436 人，就业率 92.8%。根据 2014 年人才信息采集工作计划，深入企事业单位挖掘更多的企业经营管理人才，做好信息采集工作，录入人才信息库和更新流动人才信息。完成 2014 年高校毕业生档案整理入库工作，整理档案 625 份。为高校毕业生创业做好服务工作，申请大学生创业项目创业贷款 1 人。完成 2012 年 12 名“三支一扶”大学生志愿者期满考核工作，完成 2014 年“三支一扶”岗位安置工作，共安排 11 名“三支一扶”大学生工作。完成人社局 20 名在职公务员的档案整理和审核工作，做好 2014 年公务员和事业单位人员人事代理工作，办理人事代理 103 宗。完成县“扬帆计划”项目的协调和申报工作，申报项目有南水湖湿地公园项目、培养高层次人才项目、博士后扶持项目共 3 个。

【工资福利】 2014年县人社局顺利完成对5000多人次机关事业在职人员的正常职务、级别工资晋升工作。办理145人退休手续，办理死亡、抚恤金手续57人次，办理遗属生活困难补助27人次。落实收入分配制度改革实施办法，落实推动工资正常合理增长机制，1月完成全县机关事业单位津补贴调整工作，人均增资200元。拟定乳源瑶族自治县机关规范公务员津贴补贴提高总体水平实施方案。完成2013年年度考核工作。机关事业单位5325人参加2013年年度考核，评出优秀689人，及时兑现评优奖励。协助完成乡镇差额拨款、自筹人员的调查摸底工作。配合县纪委完成2010—2013年受处分人员的工资和年度考核资料工作。顺利完成2013年度的工资统计、公务员工资调查、公务员数据统计工作。完善三协电子厂工资集体协商制度。

【扶贫双到】 县人社局高度重视扶贫双到工作，全面调查杨溪村贫困户2013年的家庭收入状况，引导贫困户根据实际情况科学谋划2014年脱贫项目；与其他帮扶单位共同努力，投资45万元完成杨溪村村道硬底化建设，投资65420元完成排水沟开挖、涵洞扩建工程。解决两个村600多人出行难问题，改善村民生活环境。投资2万元帮扶贫困户种植马蹄，种植面积6.67公顷；投资55600元发展种植蔬菜，提高贫困户收入。（陈白然）

附：县人力资源和社会保障局领导班子成员名单

局　长：林建华

副局长：盘兴生

　　　　马展平

　　　　罗冰倩

　　　　张典华

社　保　工　作

【概况】 韶关市社会保险服务管理局乳源分局（以下简称“社保分局”），为韶关市社会保险服务管理局管理的分支机构，属行政正科级事业单位，主要负责全县社会保险工作。内设人秘股、社会保险关系股、养老失业保险待遇核发股、医疗工伤生育保险待遇核发股、城乡居民医疗保险管理股、社会保险稽核监督股、计划财务股。核定事业编制22人，后勤服务人员2人。

2014年，全县养老保险参保30006人，享受养老保险待遇3968人；失业保险参保15048人，医疗保险参保27014人；工伤保险参保19866人；生育保险参保16008人，享受生育保险待遇327人；城乡养老保险参保66907人，享受待遇23795人；城乡医疗保险参保人数156719人。按时足额支付：基本养老保险待遇8608万元，失业救济金856万元，医疗保险待遇3768万元，工伤保险待遇327万元，生育保险待遇107万元，城乡居民养老保险待遇2072万元，城乡居民医疗保险待遇3799万元。

【启用二代社保卡发放社保待遇】 根据《关于启用二代社保卡发放社保待遇的通知》文件精神，2014年7月1日起，启用韶关市二代社保卡金融账户发放失业保险待遇、企业职工退休养老待遇和医保费用返还报销结算金等社保待遇。

【困难国有企业历年社会保险欠费清缴工作】 2014年，根据国家、省、市、县有关文件要求，针对县建材厂（含韶源永磁材料有限公司）等4个国有企业社会保险欠费数额巨大、职工仍待安置的情况，县明源国有资产公司管理下的4个国有或集体企业要进行补缴清算，社保分局协助全面清缴困难国企社会保险欠费，抽调3人利用晚上、双休日、节假日等休息时间加班，完成4个企业历年社会保险欠费清缴工作。

【社会保险法执法检查】 协助县人社局及地方税务机关做好社会保险法执法检查，社保分局抽调社保关系股、养老股业务骨干，作为工作组成员，统计全县企业户数和职工人数、实有人数和实际参保人数的分类整理、各企业参保情况、缴费年限与实际工作年限是否一致、缴费工资与实际年限是否一致等，完成摸底工作，列出违反社会保险法行为企业名单，依法责令企业整改。2014年12月，全县企业职工基本养老保险参保人数20924人，完成年初目标任务20900人的100.1%；缴费人数15878

人，完成目标任务 17200 人的 92.3%；征集收入 11652 万元，完成年初目标任务 11450 万元的 101.8%。三项目标任务完成率均排在全市各县（市、区）第 2 名。

【社会保险信息公开工作】 按照《关于印发〈韶关市社会保险信息公开工作专项行动方案〉的通知》的文件要求，社保分局成立专项工作小组，结合实际制定社保信息公开工作行动方案。

开展社保宣传活动。张贴各种宣传海报和宣传标语，组织工作人员下发市社保局分发的社保宣传海报到各大定点医疗药店和各乡镇定点医疗机构，将社保宣传海报张贴到药店显眼位置。在社保服务大厅设置社保宣传栏，宣传最新社保政策以及社会关注社保问题，为群众解答有关社保问题，设立宣传资料取阅处，将市社保局发放的办事指南、社保分局制作的社保宣传手册放置在资料取阅处。将社保分局的机构设置、职能、经办规程及各项社保数据上报县人社部门的门户网站，使人民群众能及时了解社保工作。协助县人社局开展各种形式的专题宣讲活动。抽调业务骨干到企业园区开展社保知识宣讲活动。

【城乡居民养老保险参保续保】 2014 年社保分局在办理城乡居民养老保险业务上按照规范，符合政策，未出现违规办理现象。2014 年全县城乡居民养老保险有 66907 人参保，其中缴费人数 36921 人，领取城乡居民养老待遇人数 23795 人。参加城乡居民养老保险重度残疾人有 436 人（其中城镇居民 19 人，农村居民 417 人）。

【生存资格认证】 生存认证为每年 4 月 1 日至 6 月 20 日办理，2014 年，新农保需要资格认证人数 21303 人，资格认证通过人数 19740 人，资格认证不通过人数 698 人，城镇居民养老保险需要资格认证人数 887 人，认证 787 人。

【内控监督】 社保分局设立稽核监督股，配备 2 名稽核内审人员，定期在内部举办学习培训班。2014 年对分局各业务部门实施检查 4 次，组织业务部门实施业务自查每月定期一次或不定期抽查一次，落实分局建立的内部控制制度，要求稽核内审部门上报分局领导并按时写出年度内控情况报告，强化内部管理与监督，防范和化解运行风险，规范社会保险管理服务工作，确保社会保险基金安全。

（余　彬）

附：韶关市社会保险服务管理局乳源分局领导班子成员名单

局　长：陈海聪

副局长：万戈华

民　政　工　作

【概况】 乳源瑶族自治县民政局是同级县人民政府主管社会行政事务的职能部门，正科级单位，设有办公室、优抚股、救济股、基层政权股、社会事务股等 5 个内设机构，下属社会福利院、殡仪馆和殡葬监察大队。主要履行工作职能是社会救助和社会福利、基层民主政治建设、拥军优属和管理专项社会事务。

【双拥工作】 春节和“八一”建军节期间，慰问韶关军分区、县人武部、县消防大队等 15 个部队，送去慰问金 22.1 万元。“八一”期间，为六类优抚对象 34 人发放市级拥军优属慰问金共计 1.02 万元。9 月下旬，开展慰问烈士家属活动。9 月 30 日举办乳源首个烈士纪念日公祭活动。投入 9.5 万元修建大布邵德胜烈士和洛阳成细毛烈士两位革命先辈烈士墓。调整县双拥工作领导小组，积极筹备创建广东省第十届双拥模范县。

【优抚工作】 2014 年，全县有各类享受抚恤和生活补助重点优抚对象共 407 人，全年发放抚恤和生活补助 277.1 万元；发放军队无军籍离退人员生活费 7.9 万元；发放 60 周岁以上农村籍退役士兵生活补助 34.3 万元；发放义务兵家属优待金共 197 户，133.5 万元；发放 2013 年冬季自主就业城乡户籍退役士兵一次性补助金 114.1 万元。

【两委换届】 开展村、社区“两委”换届选举。至1月底，全县102个村、13个社区“两委”换届选举工作顺利完成。全县选举产生村委会成员440人。村支部书记、主任“一肩挑”比例达到90.2%，村“两委”干部交叉任职比例达到91.2%。全县13个社区选举产生居委会成员51人。社区支部书记、主任“一肩挑”和“两委”干部交叉任职比例均达到100%。

【低保工作】 2014年1月，低保费全面提高标准，城镇低保线从325元提高到415元；农村低保线从185元提高到230元。7、8月份开展2014年城乡低保及农村五保对象核查工作，共清查清退不符合的低保对象58户，219人。截至12月，全县享受低保救济有2604户、6323人，其中城镇207户、386人，农村2397户、5937人，中省企业23户、44人，累计发放低保救济金935.37万元，发放春节补贴及临时价格补贴145.37万元，其他价格补贴14.11万元。

【五保工作】 全县共有五保对象457人。从2014年1月1日全面提高五保供养对象的月供养标准，由370元提高至每人492元，全年累计发放五保供养资金273万元。

【医疗救助】 2014年全县城乡医疗救助共救助200人次，支付医疗救助资金141万元。

【救灾工作】 7月份采购一批救灾物资，其中棉被2000套、席子500套，共计22.75万元。

【区划地名】 2014年乳源瑶族自治县与乐昌市共同拟定《乳源县与乐昌市边界联检实施方案》及《双方联检边界协议书》，对“乳浈乐”三交点5个界桩进行联检和维护，新制作3号和5号两个界桩。对乳城镇共和村委会莱坝小组以及商住小区“幸福名居”“盈翠银湾小区”依法进行命名。

【社会组织】 2014年新成立社会组织5个，其中民办非企业单位3个，社会团体2个。全县共有在册登记的社会组织95个。2014年度社会组织年检应检86个，实检45个，参检率52.3%。

【婚姻登记】 2014年依法办理结婚登记1976对，离婚登记518对，补发婚姻证件175对，出具证明372份。

【社会事务】 全县有孤儿28名，全年发放孤儿基本生活保证金26万元，办理弃婴收养认领登记20宗，救助城市临时乞讨人员45人，救助金额8.7万元。

【老龄工作】 12月，开展“银龄安康行动”，由县财政出资为60岁以上的五保老人、城乡低保户老年人统一购买意外伤害保险。全年为老年人办理老年优待证122张。

【慈善募捐】 2014年“6·30”扶贫济困日活动募集捐款938131.1元，其中定向捐款乳城区域性敬老院17.6万元。

【殡葬管理】 2014年共减免困难群众基本殡葬费用共15.82万元。4月，县殡葬执法大队开展殡改宣传月活动。查处违规土葬行为1宗。 （彭延雄）

附：乳源瑶族自治县民政局领导班子成员名单

局　长：陈　璋

副局长：李洪发

　　　　张馥菁

　　　　陈志雄

民　族　宗　教

【概况】 乳源瑶族自治县民族宗教事务局归属县委统战部，属正科级行政单位，编制6名，其中局长1名，副局长2名，股长（主任）3名，后勤服务人员1名。内设办公室、民族股、宗教股。

根据乳机编《关于设立乳源瑶族自治县过山瑶文化研究中心的通知》文件，2013年4月设立“乳源瑶族自治县过山瑶文化研究中心”。属公益一类事业单位，正股级，归口县民族宗教事务局管理，编制5名，配备主任1名，后勤服务人员1名。

【民族工作】 开展瑶区迁移与未迁移人口摸底调查。4—6月，县民宗局组织必背、游溪、东坪等镇开展瑶族人口迁移情况摸底调查。调查结果：1993—2014年，瑶区迁移点达125个，迁移2726户11687人。迁移工作存在没有把深山区瑶族迁移到相对集中的点，导致出现一些用水、用电、交通、生产、耕地、宅基地、菜地等问题未能妥善解决，出现林地纠纷等问题。瑶区未迁移农户，属生产、生活两不具备的农户有1259户、4117人，其中必背镇869户、2998人，东坪镇527户、1749人，游溪镇128户、368人。

开展助学活动。8月12日，省侨心慈善基金会理事长董华民一行受完美（中国）日用品有限公司委托到乳源开展资助少数民族贫困大学生发放助学金仪式。县人大常委会副主任朱均玉及县民宗、县外事侨务部门负责人和受资助的8名少数民族贫困大学生参加助学金发放仪式。完美（中国）有限公司在2013—2014年共资助乳源少数民族贫困大学生25名，资助县中等职业技术学校贫困生共30万元。

开展瑶族文化交流。8月16日，县瑶学会及相关部门人员一行，前往广西开展瑶族文化交流并参加广西瑶学学会第八次会员代表大会暨瑶学研究经验交流会，赵靖等3人当选广西瑶学会理事。9月1日，协助瑶族海外联谊会赴湖南等地开展民间文化交流。接待湖南、云南、广西、江西等各瑶族民间团体到乳源开展文化交流等活动共6批38人次。

组织参加民族运动会。3—9月，与县体育局联合组织全县少数民族运动员进行训练、参加广东省第五届少数民族运动会。乳源运动健儿取得6枚金牌、6枚银牌、5枚铜牌，团体总分1705分，在全省23个代表团中位列总分第三名，并荣获体育道德风尚奖和组织奖。

创建少数民族特色村寨。根据国家民委《关于少数民族特色村寨保护与发展规划纲要（2011—2015年）的通知》要求，“十二五”时期，在全国分批次打造1000个少数民族特色村寨，并命名挂牌。5月19日，必背镇必背口村、游溪镇“八一”瑶族新村、东坪镇新村村委会东下山瑶族村等3个村寨被列入首批中国少数民族特色村寨命名挂牌名录，并完成网上公示。

开展民族团结进步宣传月活动。9月25日，组织开展民族团结进步宣传活动，设置东坪茶岭村民族团结进步活动宣传栏。翻印200多册《民族宗教政策法规宣传手册》和200多份民族宗教政策知识宣传资料。

【宗教工作】 领导重视云门生态保护区建设。3月4日，副市长兰茵到乳源调研云门生态保护区建设工作。调研期间，兰茵一行深入到云门寺生态保护区，详细了解保护区建设情况和当前遇到的困难和问题，并召开座谈会，与相关单位负责人一同商讨研究解决存在问题的方法。

开展慈善活动。加强和创新宗教活动场所管理工作。指导宗教场所开展以“慈爱人间，五教同行”为主题的“宗教慈善周”活动。推进禅宗文化建设，促进宗教慈善及禅宗文化服务乳源发展。1月24日，民宗局组织云门山大觉禅寺到县敬老院开展慈善献爱心活动，共捐赠2台消毒柜、2台洗衣机、2台电视机及1吨大米、480斤花生油等物品一批。

开展“云门农禅”夏令营活动。7月16日上午，云门寺举行以“体验农禅，参悟人生”为主题的第二届“云门农禅”夏令营活动。夏令营活动通过网上报名，吸引来自全国14省区近两百名佛学爱好志愿者报名参加，其中大部分学员是来自全国各高校的大学生。佛学爱好志愿者在云门寺内进行为期7天的农禅生活体验，内容包括专题讲座、禅修指导、农禅体验、慈悲放生、诵经传灯等活动。期间，中国人民大学的教授还为学员们讲授禅宗和哲学等有关知识。

推进云门生态保护区建设。协助有关单位解决云门寺佛教文化生态保护区建设存在的山林纠纷、停车场村民阻工建设等问题，协调有关部门推进范屋村（岭头村）搬迁，督促云门寺对保护区建设制定详细的发展规划。

协助做好正觉寺重建筹备工作。成立正觉寺重建筹备办公室。多次协调国土、建设、环保、林业、公安、洛阳镇等相关职能部门和云门寺推进正觉寺重建工作。完成重修正觉寺报批（寺庙、立项）备案，征地1854.28亩，发放征地款1412万元，青苗补偿款发放40%，做好核心区规划，启动遗址区兴建临时办公场所。（邓毅明）

附：县民宗局领导班子成员名单

局　长：赵天聪

副局长：彭良勤

　　　　赵伟胜

各 镇 概 况

乳 城 镇

【概况】 乳城镇位于乳源瑶族自治县东南部，属县政府所在地。区位优越，为全县的新型工业化发展新区，东临韶关市武江区龙归镇，南连韶关市武江区江湾镇，西邻东坪镇，北与游溪镇、一六镇交界。交通便利，京珠高速公路在镇内设有1个出入口，国道323线，省道249线、250线，县道358线贯穿境内。南水河自西向东穿越境内汇入北江。地形西北高、东南低，平均海拔为97米。全镇耕地总面积1405.33公顷，其中水田面积1258.6公顷，水浇地面积146.73公顷。林地面积为1.42万公顷，森林覆盖率为83.3%。全镇土地总面积209平方公里，辖5个居民委员会，13个村委会，211个自然村，216个村民小组，总户数为18630户，常住人口为69476人。其中乡村户数7985户，乡村人口34510人；乡村劳动力资源总数为17534人，乡村从业人员15783人，其中从事农业人员4935人。

镇内景点。云门寺、桂花潭、云门山风景区、文昌公园、金狮公园、乳源温泉、双峰山、国公岩、丽宫国际温泉旅游度假区、三王石、文秀峰、睡美人（下街岭）、燕子岩、白石岩。

历史文化遗产。泽桥山遗址、横石山遗址、文昌塔、西京古道遗址——大富桥、刘氏宗祠、宋田古戏台、宋田文塔、天德寨。

名优特产。蔬菜、菜干、竹笋、烤烟、巴西果、巴西果汁、香蕉李、葡萄、蜜柚、茶叶、冬菇、木耳、山羊、九仙腊味、瑶东生态猪、瑶东腊味、茶油、甜玉米。

2014年，全镇国民经济生产总值为29.91亿元，比2013年增长3.5%。农村经济总收入41697万元，增长6.53%，其中第一产业收入1.32亿元，第二产业收入1.48亿元，第三产业收入1.37亿元，分别增长5.06%、5.57%和9.06%，农村人均纯收入7005元，增加821元，增长13.28%；城镇居民可支配收入17842.3元，增长9.4%；全镇财政收入3080万元，增长47.3%。

【镇域经济社会发展】 *优化调整农业产业布局*。2014年，全镇农作物总播种面积3756公顷，粮食作物面积2313.4公顷，总产13424吨，其中稻谷面积2094.8公顷，总产12065吨，玉米面积147.8公顷，总产494吨，豆类面积33.8公顷，总产67吨，薯类面积34公顷，总产790吨。经济作物面积575.27公顷，其中花生面积187.7公顷，总产402吨，烤烟面积231.7公顷，总产量521.25吨，总产值1042.5万元，新建烤烟房5间、投资20.2万元，蔬菜面积687.9公顷，总产14114吨，水果面积553.3公顷，总产2489吨。全年出栏生猪5.5万头，牛0.5万头，羊0.15万只，出售山鸟10.2万只，淡水养殖面积118.47公顷，水产品总产量332吨。

落实惠农强农政策。发放粮食直补27.12万元，农资综合补贴250.898万元，良种补贴50.86万元，农机具购置补贴7.2万元。农村农户参加水稻种植保险5903户，面积2260.33公顷，农户缴费13.56万元。

特色产业与农业专业合作组织持续发展。全镇10个村委发展主导产业有蔬菜、甜玉米、黄烟、葡萄、花卉、巴西果、生姜、香蕉李、茶叶、柑橘、苗圃、蜜柚、油茶等经济作物和畜牧水产养殖业（其中有瑶东生态猪养殖场、粤北黑猪养殖场），旅游休闲农业观光业。封山育林面积6000公顷，开展农村集体林权制度改革工作，截至11月30日，集体林地确权30宗，面积983.63公顷，集体林地林权证发证率为97.63%，发放58个自然村共计

99.34万元生态公益林管护金到村到户。培育农业专业合作组织26个，其中专业合作社23个，种养协会3个，社员人数398人，成立农民家庭农场11个。

技能培训与就业。全年举办各类技能培训班19期，培训2630人次，农村富余劳动力转移就业10053人，劳务收入7068万元。

企业发展情况。镇域企业有3269个，其中集体企业1个，私营企业36个，港、澳、台商企业2个，个体工商户3218个，休闲农业12个。建成富源工业园、东阳光高科技产业园和高新材料产业园3个省级工业园区，进驻企业89个，辖区内建成大中小型水电站15座，装机容量14895千瓦，建成22万伏变电站1座和11万伏变电站4座。镇政府与15个电站分别签订防汛责任书。

【推进重点项目建设】 承接东莞长安产业转移，培育发展城镇主导产业、支柱产业和骨干龙头企业、产业集群，重点服务已建项目和组织协调在建项目。完成绿之源1.67公顷，虞塘坑第二期城建项目（恒利地产）29.66公顷、拆迁1户，东阳光氟化工基地2.67公顷，韶关世铧医药实业有限公司1.67公顷，源之都云门山旅游度假区征（租）25.2公顷，云门寺佛教文化生态保护区0.85公顷，新兴嘉旺搅拌场5.07公顷、拆迁4户，扬城铝材7.67公顷，敬老院0.2公顷，工业污水处理厂0.4公顷，瑶山古寨1.31公顷，富源工业园40公顷，富华城路段0.7公顷等重点项目征地工作，确保县各项重点项目顺利推进。

【农业农村基础设施建设】 实施农村公路硬底化工程建设。2014年，共投入252.93万元完成健民至大东等12条农村公路建设，共9.406公里。

农田水利新改造。争取中央、省、市农田水利建设资金2366万元，按照高标准基本农田建设要求，将岭溪、大东、新兴、健民、前进、云门、新民7个村委会农田水利全面更新改造，工程涉及受益面积1277.33公顷。

新农村建设。全年规划新农村建设19个，村庄整治20个。镇政府统计上报泥砖瓦房1969户，推广清洁能源使用，新增太阳能热水器310台。

移民村建设。投入340.7万元，完成修建移民村公路2宗里程共1.7公里，铺设巷道和门口坪共6宗，建设村小组文化室和公共房屋共5套，修建挡土墙3宗，修建河堤2宗共260米，维修排水沟2宗，新建饮水工程3宗，修建水利4宗，新挖3口鱼塘。

落实山塘水库安全责任制。镇政府与13座水库、26口山塘的责任单位分别签订防汛责任书，整修云门村民委员会下湾塘和新兴村民委员会上、下南塘。

【新一轮扶贫开发“双到”工作】 围绕基础设施、基础产业、社会事业等重点扶贫工作，落实全镇扶贫“双到”实施工作，扶贫规划有共和、新兴、鲜明、岭溪、云门5个贫困村521户1981人。2014年，共投入帮扶资金820.8万元，其中县、镇两级投入帮扶资金337.5万元，东莞虎门镇投入297.8万元，广东省青年技术学院投入78万元，南方石油公司投入107.5万元。完成帮扶项目28个。贫困户危房改造157户，贫困户社会养老保险覆盖率达95%，基本医疗保险覆盖率达100%，贫困学生入学率达100%。举办贫困户技能培训班9期，培训1550人次。

【城镇建设】 根据产业与城市融合发展要求，统筹规划向韶关市芙蓉新区拓展，促进产业向园区聚集，打造“一江两岸”等城市环境体系。加大清理“两违”占用地行为，全年共组织集中整治“两违”行动2次，出动工作人员130人次，拆除违建7户。发现违法违规农田宅基地建房和企业违法占地经营38宗，下发“责令停止土地违法行为通知书”38份。按照镇城乡建设用地增减挂钩试点工作流程，完成辖区内拆旧复垦工程的摸底调查、选址和施工组织等协调工作，拆旧地块8块，规划面积为12.76公顷，超额完成2.76公顷，完成复垦整理面积11.28公顷，占任务指标的112.8%。

【民生发展情况】 教育工作。镇内有党校1所，教师进修学校1所，高级中学1所，职业学校1所，初中3所，完全小学4所，成年技术学校1所，幼儿园7所。巩固教育强镇工作成果，推进中小学互助共同体建设和特色学校（金禧小学、鲜明八一小学）建设，缩小城乡和校际差距，促进全镇教育均衡发展。

社区规范化建设。建立健全定期走访、每月例会、居民议事和民主监督制度，深化社区管理和服务功能。

社会保障制度改革。2014年，全镇居民住院、门诊补偿人数19057人，补偿金额211.94万元。截至12月中旬止，城乡居民医疗保险参保人数为29011人，新增72人，覆盖率达100%。城乡居民养老保险参保人数8488人，新增629人，覆盖率为88.2%。镇内有五保户86人共发放生活费45.53万元，有低保户641户（其中新增低保户108户，取消或变更低保待遇81户）共发放救济款237.87万元。大病救助和慈善救济共124户，发放救助金71.34万元。开展双拥工作，帮助16位老退伍军人和2位老职工申请生活补贴3.78万元。发放287名残疾人生活津贴17.2万元，发放307名重度残疾人护理补贴36.84万元。镇干部职工扶贫济困捐款5780元，启动无障碍白内障工作，确诊患者218人，实施手术116人。

水库、石灰岩移民生产生活情况。发放1098户移民补助款211.12万元；发放水库移民生态公益林补偿款26.9万元，47个自然村共1064户、4485人受益。

乡村清洁美工程。2014年，投入18万元建设垃圾池151个，其中：新建垃圾池78个，维修73个。农村改厕项目，发放金额5.78万元涉及农户有大联、坝厂2个村委5个自然村共105户。投资51.7万元购置挖掘机1台、拖拉机2台、三轮摩托车1台、手推车3台、扫把等用具。

医疗卫生工作。镇内有县级医院2所，卫生院1所，卫生站20所，农村医疗体系建立健全。

文化建设。镇内有文化站1个和文体广场5个、村文化室和农家书屋19家等文化设施，实施免费开放。2014年1月，镇文化站被省文化厅评为三级达标文化站。3月，镇妇联被县妇联评为“2013年度县妇联系统先进集体”。

【人口与计划生育工作】执行人口与计划生育层级动态管理责任制，开展春夏秋季计生集中服务月活动。2013年10月至2014年9月，全镇出生婴儿共723人，计划生育率为90.73%。社会抚养费征收671.2万元。2月，镇计生办证服务厅被共青团韶关市委授予“青年文明号”荣誉；5月，源峰社区、共和村委、大群村委等3个村（居）委被县政府评为“县2013年度人口与计划生育先进单位”。

【社会管理工作】综治信访维稳工作。贯彻落实《广东信访条例》。建立健全领导班子接访制度、排查制度，完善领导班子包案制度，开展“平安乳城”创建活动，落实全国“两会”期间维稳工作。2014年，共受理各种信访及矛盾纠纷案件120宗，其中综治类案件49宗，成功调解48宗，成功率97.96%，办结49宗，办结率为100%。信访类案件71宗，其中普通信访案件30宗，网络问政及民生热线41宗，办结71宗，办结率为100%。各种信访及矛盾纠纷案件比2013年减少13宗，下降9.78%。

食品药品安全监管。保障食品药品安全，与19个单位签订食品药品安全责任书。

安全生产工作。与50个单位签订安全生产责任书，与59个单位签订消防安全生产责任书。

加强法制建设。积极开展“六五”普法各项工作。1—12月，共举办各种法律知识培训班6次，法律专题讲座3次。

【村（社区）换届选举工作】第五届村、第六届社区换届选举工作从2013年10月至2014年1月。全镇18个村、社区共选举出“两委”干部90名，委员86名，支委委员共54人；交叉任职“两委”成员共有51名，交叉任职率达94%，村支书、主任“一肩挑”率达100%，女性共有37名选入村、社区“两委”班子，每个村、社区至少有1名女干部。乳城镇被县委、县政府评为村、社区换届选举工作第一名。

【村级财务管理】全镇举办各村（居）委会财务人员培训班3次。完成大东、共和等2个村委账目清理工作，有13个村委成立村务监督委员会。

【镇村服务平台建设】 采取新建、改造、资源整合方式，持续推动镇村二级服务平台建设。全镇投资38万元，完成12个村委便民服务站的建设；投资22.8万元，安装18个村（居）监控和设备维护。6月中旬，村级便民服务站顺利通过市、县检查组的验收。5—12月，镇便民服务中心和村级便民服务站为群众代办服务累计35760件，网上办事大厅代办服务累计394件。

【村小组规范化建设】 以有健全的班子、可行的发展规划、民主的决策程序、规范的理财制度、科学的管理机制为目标，9月，成立镇农村集体“三资”管理工作领导小组，下设动员组、登记组、检查组、录入组、资料组、交易组等6个工作小组，实施完成调查摸底、清产核资、登记造册、建立台账和办理移交手续等工作，9—12月，全镇216个村民小组全面实现“五有”目标。截至12月，全镇完成农村集体“三资”清理和组账镇代记账目交接工作，完成清产核资的村小组有216个，占总数100%。

【镇纪委规范化建设】 镇纪委规范化建设工作。9月，成立镇纪委规范化建设工作领导小组，制定《乳城镇纪委规范化建设工作实施方案》，规范和优化组织机构设置、人员配备、装备设施和经费保障，规范工作职责和工作内容，规范业务工作和内部管理。落实有组织、有牌子、有专职工作人员、有专用办公室、有必要办案设备、有工作经费保障、有行为规范、有工作职责、有办案规程、有工作制度、有工作台账、有良好形象的硬（软）件规范化建设。截至12月，完成镇纪委班子建设和规范镇纪委挂牌，各项制度和硬件、软件建设工作。

【党的基层组织建设】 开展基层党员干部的教育培训工作。镇政府每周一、三、五为学习日，村级每月10日为党员活动日，组织党员干部集中学习。组织实施鲜明、共和村省级薄弱村整顿转化工作，共投入资金8.2万元，通过实行各项有效措施，完成两个薄弱村的整顿转化工作。离任村干部生活补助发放12.84万元，组织33个支部党员开展党员互助金捐款0.9万元。全镇有6个党支部被镇党委评为“先进基层党组织”，有47名党员被镇党委评为“优秀党员”。8月，大群村和云门村2个党支部分别获得“2011—2013年度全市先进党支部”称号。

【党风廉政建设】 贯彻落实党风廉政建设责任制。明确党风廉政建设“一把手”工程，落实“五个一”教育要求。加大执法办案工作力度，全年共立案查处违法违纪案件6起，查处党员干部6人，其中开除党籍2人，1人留党察看1年，3人党内严重警告。

【党的群众路线教育实践活动】 2014年，全镇开展党的群众路线教育实践活动，按照“照镜子、正衣冠、洗洗澡、治治病”的总要求，制定《乳城镇深入开展党的群众路线教育实践活动实施方案》，提出整体范围、总体要求、重点任务、方法步骤、分类指导、工作要求等具体实施办法。镇委成立党的群众路线教育实践活动领导小组。全镇参加党的群众路线教育实践活动组织有33个，其中党总支1个（大群村党总支），支部32个，组织镇干部职工集中学习22次，其中镇领导班子集中学习16次，镇干部职工集中学习6次。各村、社区组织集中学习11次，镇委收到各类意见建议134条，各党总支、支部党员提出批评意见405条，共有997名党员参加民主测评，其中总体评价好的有889人，一般的有108人。党的群众路线教育实践活动取得实效。

【武装工作】 抓好民兵整组、民兵预备役、兵役登记、轻舟训练、民兵应急分队训练、国防坑道普查。全镇秋季征兵从7月25日开始，至9月4日结束。镇政府成立镇征兵工作领导小组，镇长与18个村（居）委会签订征兵工作责任书，有98名适龄青年报名参加体检，经过初检、复检和政审，圆满完成2014年秋季征兵工作任务。 （叶新华）

附：乳城镇领导班子成员名单

党委书记、人大主席：龚　民（—2014.11）

许钧华（2014.11—）

党委副书记、镇长：林桥远

党委副书记：范永兴（—2014.12）

肖福城（2014.12—）

党委委员、纪委书记：罗月传（—2014.11）

赵　强（2014.12—）

党委委员、武装部部长：赵伟军

党委委员、人大副主席：侯贱娇

党委委员、副镇长：陈荣生

党委委员：许碧葵

陈囿先

黄祖胜（—2014.12）

张润岳

朱君鹏（2014.12—）

副镇长：张炼杰（—2014.12）

张新芳

覃水科（挂任—2014.09）

陈顺华（2014.12—）

2014年乳城镇村（居）民委员会基本情况

表6

村（居）委会	书记、主任	村居民小组	总户数（户）	总人口数（人）	集体经济收入（万元）	农民人均纯收入（元）
云门	林新化	10	389	1670	8	7135
鲜明	丘志坚	10	622	2305	4	7160
大联	袁振海	11	432	1996	10	7064
岭溪	朱移古、张亚焕	11	412	1818	5	7072
大群	邓翠华	17	548	2369	18	7184
坝厂	吴　伟	7	197	728	6	6607
河北	刘振宽	12	277	1046	18	7208
共和	丘荣胜	19	1027	4900	9	7167
新民	丘湖生	28	887	3897	7	7003
新兴	丘永莲、叶建军	21	868	3842	8	7165
健民	谢世平	30	835	3692	7	6991
大东	杨少锋（主任）	29	840	3782	3.5	6606
前进	付亚稳	11	651	2465	5	6605
鹰峰	谢善香	18	2267	7435	5.5	/
源峰	李林根	22	3240	9880	5.5	/
云峰	董秀芳	21	2325	7462	5.5	/
松峰	陈桥妹	17	1901	6798	5.5	/
康乐	吴招彩	7	912	3391	4	/
合计	/	301	18630	69476	134.5	/

桂头镇

【概况】 桂头镇地处乳源境东北部。镇域东与武江区重阳镇、浈江犁市镇接壤，南邻游溪镇、武江区重阳镇，西邻游溪镇、必背镇，北与乐昌市长来镇毗邻。镇内交通线有京广铁路、武广高铁、广乐高速公路（有 2 个出入口），镇区属省道 248 线、250 线交会点，县道 325、326 线纵横贯穿全境。武江河经镇域由北向东南从中部流过。区位优越，交通便利，是省政府确定的 268 个中心镇之一。全镇总面积 125 平方公里，有耕地面积 1807 公顷，灌溉面积 1446 公顷，农作物播种面积 4386 公顷（其中：粮食作物播种面积 2133 公顷），森林总面积 7794 公顷，覆盖率 62.3%。镇辖阳陂、凰村、草田坪、均村、小江、王龙围、杨溪、塘头、莫家村、红岭、七星墩、大坝、松围、东岸等 14 个村委会，桂头社区 1 个居委会，共 93 个自然村。全镇家庭户数 11634 户，户籍人口数 36908 人，其中农业人口数 33036 人，非农业人口数 3872 人。男性 18968 人，女性 17940 人，男女性别比为 105.73（以女性为 100）。

历史保护文物。位于桂头镇区（江背）背夫山，由李根源立南宋陈军名将“陈司空征北将军侯公安都墓”。

特色农产品。有杨溪砂糖橘、杨溪马蹄、杨溪杨梅、小江三华李、皇帝柑、阳陂甘蔗、均村甘蔗。

2014 年，全镇国民经济生产总值 72080 万元，地方财政收入 2986 万元，农民人均纯收入 6990 元。

【经济建设持续推进】 加大招商引资力度。成大节能环保砖建设项目完成投资 3100 万元，占年度投资计划的 103.3%，完成设备采购、厂房建设、土建工程等工作，第一条生产线投入生产；高强度耐磨金属新材料生产建设项目，完成投资 500 万元，占年度计划投资的 5%。

特色农业发展推进。耕地流转面积 633 公顷，种植大户 25 户，畜禽养殖大户 99 户，农业技术服务机构数 1 个，农业技术服务机构从业人员数 3 个。加快发展种植业，全镇粮食作物有水稻、玉米等，经济作物有花生、油菜籽、大豆等；主要农产品有杨溪砂糖橘、马蹄、杨梅，小江三华李、皇帝柑，阳陂和均村的甘蔗。按照县委、县政府打造一六至桂头线农业产业带发展策略，重点打造阳陂村香芋种植产业、小江村烟叶种植产业、韶乐线蔬菜种植产业和必桂线马蹄种植产业、发展泥鳅养殖基地等产业，全镇形成“东菜、南谷、西瓜、北果、中鱼”的农业产业格局。

【城镇化建设加快】 委托韶关市城乡规划市政设计研究院制定《桂头镇镇区重点地区控制性详细规划》。完成镇内污水处理厂建设项目，包括二沉池、氧化池、人工湿地等厂房主体建设和相关设备采购。

镇区保洁功能得到进一步增强。全年共投入 70 多万完善垃圾中转站建设项目办公用房建设及相关设施设备添置，配备环卫工人 16 个，垃圾清运车辆 12 辆，投入支付环卫工人工资和垃圾清运工作经费 20 万元。镇垃圾中转站日平均运送压缩垃圾约 8 吨至 9 吨到县垃圾填埋场。

乡村公路硬底化建设。全镇共投入 308 万元，新建乡村公路 10.29 公里。其中：红岭村委胡龙岭上村和斗村道硬底化项目，里程 4.1 公里，总投入 129 万元；塘头村环村公路硬底化改造项目，2.75 公里，总投入 91 万元。

农村用水设施建设。增加投入农村饮水工程 300 多万元，新修水渠 14.5 公里，农田水利设施得到改善。

【社会保障体系】 便民服务体系建设。先后完成镇内 14 个村委便民服务站建设，实现为民办事公开透明运行和“一站式”服务目标。

新农保、新农合工作。2014 年，新农保参保人数 9967 人，完成率达到 81%；城镇居民养老保险 26637 人，超额完成任务数。

建立健全就业创业体制。建立健全就业失业信息统计和失业预警机制，2014 年举办 2 场人才交流会，就业人数达 100 人。

完善社会保障服务体系。为 300 多名残疾人办理残疾证，确定五保户 44 人，低保户 866 人。

【教育卫生事业】 教育。镇域有学校20间，其中：中学1间，专任教师104人，在校生807人；小学12所，专任教师118人，在校生2369人；市级示范性乡镇成人文化技术学校1间；幼儿园7所。小学适龄儿童入学率100%，小学升初中入学率100%，九年义务教育覆盖率100%。

卫生。全镇有中心卫生院1家，执业医师25人、助理医师8人、卫技人员65人，设有床位33张。建有乡村卫生站16个。

【新一轮“扶贫”双到工作】 桂头镇重点帮扶村12个，共有贫困户1113户、3581人。2014年，按照“龙头企业+基地+合作社/协会+农户”的经营模式，通过产业覆盖，完成专业合作社的建立。共投入各类扶贫资金2297万元，其中：帮扶单位自筹资金135.2万元，各级财政扶贫专项资金971.8万元，行业扶贫资金851.6万元，社会扶贫资金330.8万元，其他扶贫资金8万元。2014年通过投入各类扶贫资金约1800多万元，完成村委办公场所维修、阳陂村和凰村的商业楼建设项目，帮助低收入困难户住房改造274户。

【社会稳定与综合治理】 全面落实社会治安综合治理各项措施，落实领导包案责任，明确领导接访制度，分片区明确责任。深入开展普法工作，认真开展矛盾纠纷大排查。全镇综治信访维稳中心年度共受理各类信访案件50宗，办结率100%；矛盾纠纷案33宗，成功调解30宗，成功调解率91%。全镇社会安定，人民群众安全感明显增强。

【计划生育服务】 全面落实人口与计划生育工作责任制，进一步完善基层基础工作，规范收费项目，加大计划生育经费投入，加强流动人口的管理及计划生育工作队伍建设，提高依法行政水平和服务水平。全镇2014年度共出生婴儿575人，其中一孩出生281人，二孩出生273人，三孩及以上出生21人，政策生育率91.48%。男孩出生294人，女孩出生281人，出生性别比为104.63。

【人武工作】 征兵工作。按照上级的统一部署，8月桂头镇开展实施夏季征兵工作，通过宣传、动员，顺利完成征集新兵工作，超额完成任务，其中新兵有5名为大学学历，为部队输送高素质人才。

民兵参演。组队参加韶关市民兵比武大赛，派出多名优秀退伍军人参赛，其中3名民兵代表参演冲锋舟军事项目总成绩获得韶关市第一。

【农村集体资产租赁竞拍与工程竞标】 桂头镇通过农村集体资产交易平台进行村组土地、商铺等集体资产物业出租或转让使村民的获得知情权和参与权。8月6日，桂头镇首次集体资产租赁竞拍会在农村集体资产资源交易中心举办，竞拍会由县纪委、县资产交易中心工作人员全程监督指导，监督员由镇纪委工作人员和莫家村村民代表组成，竞拍标的莫家村村委办公大楼首层3间商铺由县食品药品监督管理局竞标成功。11月27日，举办第二次集体资产资源竞拍会，竞拍会由县纪委、镇“三资”工作人员以及镇政府领导、镇纪委工作人员、莫家村村民代表全程监督，司法所公证员现场公证。先水夫水田段1143米水圳三面光硬底工程由竞价单位以146998元竞标成功。

【镇人大工作】 2月27日，桂头镇召开第十二届人民代表大会第三次会议，出席会议人大代表51名、列席代表23名。与会代表听取和审议通过《政府工作报告》《人大主席团工作报告》和《二〇一三年度财政决算和二〇一四年财政预算报告》。

【村（社区）“两委”换届】 完成村（社区）“两委”换届工作。

党支委选举。选举产生村（社区）党支部书记14人，委员31人。书记、主任“一肩挑”12人，占80%；“两委”干部交叉34人，比例为75.6%。支部成员初中以下文化的17人，占40.5%；高中中专文化的26人，占57.8%，大专以上文化的2人，占4.4%。年龄结构分布：35—45岁的15人，占33.3%；46—55岁的21人，占46.7%；55岁以上的9人，占20%。凰村党支部选举工作，第一次选举1名委员候选人票数过半，缺额2名支委委员；8月28日，完成凰村支委委员的补选，补选出1名支委委员，凰村党支部的人员结构得到完善。

村（居）民委员会选举。选举产生村（居）

民委员会主任15人，副主任15人，委员38人。书记、主任“一肩挑”11个村委，1个居委。村（居）委成员中，党员人数55人，连任人数50人。文化程度结构：初中以下文化程度38人，占55.9%；高中、中专文化程度28人，占41.2%，大专以上文化程度2人，占2.9%。年龄结构：35岁以下8人，占11.8%；36—45岁的24人，占35.3%；46—55岁的30人，占44.1%；55岁以上的6人，占8.8%。村（居）“两委”班子人员知识结构、年龄层次、职位职数配备合理，各个村（居）民委员会中有1名女性成员。

【党的群众路线教育实践活动】 党的群众路线教育实践活动。组织镇、村、社区和“两新”组织开展集中学习，播放《“四风”之害》《焦裕禄》等教育片20场次，听取草田坪村书记、主任周文龙等人的先进事迹报告会，参加人次达到3500多人。开展交心谈心活动，深入查摆问题，撰写对照检查材料，召开组织生活会和党员大会。活动共征求到意见建议128条，整理汇总60条，其中“四风”问题24条，群众反映强烈问题20条，联系服务群众“最后一公里”问题16条，分门别类制定好整改措施。

【农村“五有”规范化建设】 10月，桂头镇开展农村“五有”规范化建设工作，通过制定《桂头镇村民小组“五有”规范化建设试点工作方案》，坚持“全面落实、先易后难、有序推进”原则，对全镇125个村小组进行“五有”规范化建设工作，截至12月，完成组委会、理事会配置村小组123个，占总数的98.4%，完成“三资”清查工作村小组118个，占总数95.1%，落实组账镇代记村小组113个，占总数90.4%。

【重点项目实施】 完成草田坪村“两不具备”（不具备生活条件、不具备生产条件）村庄144户搬迁建设的项目选址和规划工作。国粤武水塘头电站项目作为市委、市政府确定的“十二五”重点民生项目之一，于12月完成大部分征地工作。杨溪大桥建设项目征地工作基本结束，完成投资100万元，占年度投资计划的10%。（覃晓静）

附：桂头镇领导班子成员名单

党委书记、人大主席：唐保生（—2014.11）
党委书记：吴衍雄（2014.11—）
党委副书记、镇长：邓桂雄
党委副书记：陈大伍（—2014.12）
黄永久（2014.12—）
党委委员、纪委书记：黄永久（—2014.12）
吴振光（2014.12—）
党委委员、武装部部长：邹福前
党委委员、人大副主席：陈玉明
党委委员、副镇长：钟美凤
党委委员：侯娟兰（—2014.12）
钟慧秀（2014.12—）
马桂洲
黄博东
邓良辉
副镇长：李月祥
赵春英（—2014.12）

2014年桂头镇村（居）民委员会基本情况

表7

村（居）委会	书记	主任	总户数（户）	总人口数（人）	集体经济纯收入（万元）	农民人均纯收入（元）
阳 陂	侯荣桥	冯香尧	1450	5405	2.7	7075
凰 村	邹福前	侯家安	713	2568	2	7002
草田坪	周文龙	周文龙	167	474	4.3	5604
均 村	陈大伍	郑雪文	723	2366	3.6	7051

续上表

村（居）委会	书记	主任	总户数（户）	总人口数（人）	集体经济纯收入（万元）	农民人均纯收入（元）
小　江	赖彩发	赖彩发	802	2682	1	7083
王龙围	王　群	王　群	534	1794	1.2	7007
杨　溪	朱火发	朱火发	1002	3531	1.4	7077
塘　头	邓洪辉	邓洪辉	399	1250	1	7005
莫家村	莫维东	莫维东	348	987	2.3	7109
红　岭	侯丽庭	侯丽庭	434	1444	/	7052
七星墩	陈建华	王维榕	813	2651	/	7010
大　坝	林长仪	林长仪	466	1550	2	7343
松　围	王扬海	王扬海	1194	4256	6.2	6640
东　岸	林昌强	林昌强	526	1693	3.6	7037
社　区	黄玉玲	黄玉玲	2050	4240	/	/
合　计	/	/	11634	36908	31.3	/

大　桥　镇

【概况】 大桥镇地处乳源境西北部。区位优越，交通便利，省道249线与258线于石角塘处交会，京港澳高速公路在大桥设有1个出入口，县道325线、327线、357线、358线贯穿境内。属县3个中心镇之一，镇域总面积384平方公里，其中耕地面积39387公顷，林地面积2.6493万公顷。森林覆盖率为70%。辖21个村民委员会，1个居民委员会，共266个村（居）民小组。家庭总户数8775户，常住总人口数40966人，其中农业人口38433人。设有中学1间、小学19间，镇级卫生院1间，村级卫生站26个。

境内景点。有南岭国家森林公园、红豆杉公园、通天箩等，历史文化遗产有西京古道、观澜书院等。

特色产品。有石头猪、酸姜、大桥河鱼以及独特的大桥镇饮食文化菜肴禾花鱼、麻包豆腐、懒人豆腐、花生豆腐等。

2014年，全镇国民经济生产总值4.387亿元，比2013年增长7%；农业生产总值2.1128亿元，比2013年增长6.5%；财政收入2416万元，比2013年增长8%；农民人均纯收入5788元，比2013年增长13.8%。

2014年，大桥镇被县精神文明建设委员会评为“乳源瑶族自治县文明镇”、镇妇联被县妇联评为“妇联系统”先进单位、团镇委被共青团韶关市委员会评为韶关市“五四”红旗团委。

【生态农业发展】 2014年，全镇共种植黄烟287公顷，完成收烟10500担，产值1100多万元。依托深圳嘉农公司、云兴蔬菜合作社等农业龙头企业、专业合作社，积极推广“支部+专业合作社+龙头公司+农户”的农业发展模式，种植蔬菜692公顷。发展壮大油茶、兰花、灵芝、玄参等新型农产品规模。

【旅游开发】 依托东阳光南岭项目建设部发开溶洞风景区建设，整合境内的西京古道、观澜书院、通天箩、红豆杉公园等资源，发展旅游开发项目。建立挖掘客家文化与集科普、探险、体验、运动、观赏、休闲、生态、摄影等为一体的旅游框架，形成新型旅游重镇。

【生态环境与资源保护】 造林工作。2014 年，协同利奥农林公司实施碳汇造林总面积 653 公顷，火烧迹地更新面积 840 公顷。

护林防火队伍建设。8 月，采取笔试、面试等公开招考方式，择优聘用护林员，参加考试总人数 128 人，聘用 55 人。举办护林防火业务培训班，提高护林队员防火综合能力。11 月，联合镇辖各部门启动红星村“三集中”（集中地点、集中人物、集中时间）计划烧除田基杂草行动，消除火灾隐患面积 14 公顷。

美化与整治。以加强公路沿线和旅游景区周边环境卫生综合治理工作为重点，继续推进乡村清洁美工程，建立健全户集中、村收集、镇处理的农村生活垃圾收运体系，“脏、乱、差”村容村貌得到整治。共发各类放宣传资料 8000 余份，制定横幅 60 余条。

【重点项目建设】 完成整治杨溪河（大桥段）河堤项目建设的勘探、设计等前期工作。高标准农田建设项目，完成水利工程施工进度 60%。银山南岭温泉度假村综合开发项目，完成一期工程用地审批（其中完成办理土地证用地面积 8 公顷）、环境影响审批、酒店主体工程及内部装修。2014 年，南岭国家森林公园生态开发项目持续推进，完成食品加工厂、矿泉水厂的选址工作；完成溶洞风景区首期 1.02 公顷的开荒补偿款、青苗（苗木、青菜）补偿款发放。污水处理厂建设进展加快，协调工作有序展开，完成项目选址和招标工作。

【社会事业管理】 全面落实便民服务站建设。4 月，完成镇石角塘、柯树下、红光、红云、深源等 5 个村便民服务站建设，截至 6 月，全镇村委便民服务站建设工作全部完成，顺利通过上级部门验收正式投入使用。

全力推进五有规范化建设。全镇各村民小组完成制定发展规划和组委会、村理事会推选工作，组账镇代记正常运行，其中 65 个村小组有收入，61 个村小组完成结账，64 个村小组有结存资金，25 个村小组完成结存资金上缴，完成资产资源清理登记 2966 处、交易 10 宗，合同清理 89 份。

全面落实安全生产监管工作。落实安全生产“一岗双责”制，做好“两会”和重大节假日期间的安全生产，联合交警、消防等职能部门，加强安全生产检查督促，没有发生重特大安全生产事故。

深入开展依法治镇工作。6 月 25 日，联合韶关学院青年志愿者开展“法律宣讲明理、实践明辨笃行”宣讲活动，组织干部职工开展普法学习和考试，积极推进律师进村居，完成大桥村、石角塘村 1 条法制宣传长廊的建设。综治信访维稳中心共接待群众来访 32 批 78 人，受理矛盾纠纷 8 起，信访案件 12 起，受理上级交办案件 13 起，组织矛盾排查次数 12 次，整治其他社会突出问题 1 个。

深入开展“两违”（违法用地、违法建设）建筑整治。5 月，开展集中整治“两违”工作，先后联合县城建、国土、“两违办”等有关部门联合执法 4 次，拆除典型“两违”建筑 5 处，共计 700 平方米。

【民心工程】 农村基础设施建设。完成全镇定期检修、汛期排查山塘水库 220 宗、陂头 130 宗，农业综合保障能力切实得到提高。青溪洞村委约 66 公顷农田被列入县 2014 年高标准基本农田建设项目范围，被县发展改革和物价局审批立项。完成青溪洞孙家村约 800 米主管道改造、青溪洞七星墩蓄水池重建工程、疏通青溪洞排水岩洞 2 处和清理河段泥沙淤积 200 多米。

道路硬底化建设。完成深源村委 4 个村、青溪洞村委 10 个村、红光村委 2 个村、红云村委 4 个村及红星村委新屋村的村道硬底化建设。

【弘扬和承传客家文化】 大桥镇客家联谊会。2014 年，该联谊会协助镇政府落实申报大桥客家领域非物质文化遗产的工作，《圣祖祭》《契娭生日》两项被列入县非遗产保护项目名录。6 月，协助大桥村民委员会举办“弘扬美德，爱我大桥活动”活动。9月5日，“2014年甲午岁纪念舜帝诞辰祭典”活动在大桥镇举行，活动为大桥镇敬老院和大桥镇的残疾、贫困人员筹集公益金30万元。为挖掘、弘扬和传承大桥客家领域传统文化、经济建设起到促进作用。

客家文化保护与宣传。以建设南岭客家风情小镇为定位，大桥镇落实收集整理镇域历代客家人历史事件、名人轶事资料，保护、修缮镇内的古井、古祠、古碑、古道等古文物。配合中央电视台科教频道拍摄《探秘通天箩》宣传片，成功在大桥镇举办许化鹏著《西京古道行》书籍的出版与首发仪式。4月，第一届“三崇”（崇文、崇礼、崇善）文化节在大桥中学举办。

【新一轮扶贫开发“双到”工作】 新一轮扶贫开发“双到”工作，全镇共完成贫困村7.4公里农村公路硬底化建设，红云、柯树下、红光、深源村等村的饮水工程顺利实施，贫困村基础设施建设得到完善，村级服务群众的能力得到提升。扶持中草药、蔬菜等项目得到发展。“两不具备”安置点建设，完成安置住宅楼建设10幢，住房104套，迁入居住12户，商铺84间。自建房28套全部入住。

【民生事业】 社会保障工作。2014年，开展“两癌”筛查和“先心病”“风心病”摸查工作，201位村民到大桥镇医院进行检查。截至12月，大桥镇低保户共1079人、五保户90人，全年发放低保及五保供养金共26.22446万元，医疗救助金10.97万元。新农保工作完成续保任务数8461人，新参保314人（包括缴费、老人领取待遇），城乡居民医保参保32098人，实现新农保、新农合全覆盖。

抗寒救灾工作。2月，镇政府与县气象、县交通、县供电、县自来水等部门协调发布做好水、电、路保障工作信息，派出工作组分赴各村对五保困难户进行慰问。

教育创强工作。全镇共投入4200多万元对大桥中学、大桥中心小学、红云中心学校和18个分教点的软硬件设施进行升级，完成新建大桥、红云片2所中心幼儿园，招聘教师7人，全面改善镇学校办学条件。12月通过省教育创强验收专家的全面检查与验收。

【计生工作】 全镇采取“七个加强一个联合”（加强组织领导、加强宣传力度、加强计生经常性工作力度、加强部门联系、加强集中服务月活动、加强服务措施、加强社会抚养费征收力度，与客家联谊会联合做好到珠三角做好外出打工人员的计划生育工作）措施，扭转计生被动局面，迎接省计生检查。截至12月，全镇户籍总人口数41892人，已婚育龄妇女8677人，婴儿出生592人，政策生育率为90.28%，性别比为100.11。

【征兵工作】 7月29日，全镇征兵工作会议在镇劳动服务所四楼召开，部署征兵工作。实施完成宣传动员、报名、体检及夏季征兵工作任务。大桥镇武装部被县武装部评为“2014年度武装先进工作单位”，饶峻洪、黄九金分别被县武装部评为2014年度武装工作“先进个人”。

【村（居）两委换届工作】 根据《村民自治选举法》，1月，全镇通过村（居）民投票选举产生出21个新一届村民委员会和1个居民委员会的“两委”班子，其中高中以上文化程度48人，占“两委”人员的48%，书记、主任高中以上学历有14名，占书记（主任）出任人员的61%。全镇村（居）“两委”班子平均年龄为46岁，比上届明显下降。村委会主任和村党支部书记“一肩挑”比例达100%，两委干部交叉率达到97%，顺利通过县“两委”换届办检查，并获得县“两委”换届办授予的“两委换届一等奖”荣誉称号。

【镇第十四届人民代表大会第四次会议】 3月19日，大桥镇第十四届人民代表大会第四次会议在镇人力保障服务所大楼四楼会议室召开，大会实到代表61人，县人大常委会副主任许尔华及该镇其他非代表的镇领导出席会议，会议补选出镇人大主席1名、镇长1名。

【群众路线教育实践活动】 深入开展党的群众路线教育实践活动。3月开始，全镇1121名党员，共35个党支部参加教育实践活动，参与覆盖面达100%。5月27日，通过县委第一督导组的检查。7月31日至8月1日，镇党委召开专题民主生活会，全面梳理、修订制度8项，新制定制度5项。9月26日，为进一步加强党员干部防腐能力，大桥镇组织全镇党员干部进行《廉政新规》知识考试活动，形成浓厚的"人人重视廉政、人人参与廉政"的氛围。10月21日，召开全镇"党的群众路线教育实践活动总结大会"。通过党的群众路线教育实践活动，全镇党员领导干部"走读"、庸懒散奢等现象得到整改，"为民、务实、清廉"工作作风明显好转。

【基层组织建设】 全镇培养镇级党员创业示范带头人2人，村级党员创业致富典型21人，开办技能培训班15期，培训党员群众500人次，养殖、种植等技术专题培训班7次，网络平台培训50次。4月28日，大桥镇党员带头创业基地暨社员培训基地正式挂牌成立。全镇各村委的优秀模范党员通过创办项目、引进项目，带头创建农村专业合作社等形式，共带动560户农村党员群众共同致富。建立定期慰问老党员制度，2014年共慰问80岁以上老党员22名。

【共青团大桥镇第十五次代表大会】 10月22日，共青团大桥镇第十五次代表大会在镇人力资源服务保障所4楼会议室召开，团镇委书记周国祥主持会议，出席会议团员代表31名。与会代表听取和审议共青团大桥镇第十四届委员会的工作报告，差额选举产生新一届大桥镇团委委员7人，选举产生团镇委书记1名，副书记1名，等额选举产生出席县第十四次团代会代表8名。（袁涔皓　赵琳娜）

附：大桥镇领导班子成员名单

党委书记、人大主席：饶峻洪（2014.03—）

党委副书记、镇长：

饶峻洪（—2014.03，主持镇委全面工作）

张桂辉（2014.03—）

党委副书记：潘　鸿

党委委员、纪委书记：林文辉

党委委员、人大副主席：罗龙贵

党委委员、副镇长：张芬城

党委委员、武装部部长：黄先龙

党委委员：陈　粤

周国祥

陈顺华

黄　磊

副镇长：李雪辉

赵　章

2014年大桥镇村（居）民委员会基本情况表

表8

村（居）委会	书记、主任	村（居）民小组（个）	总户数（户）	总人口数（人）	集体经济收入（万元）	农民人均纯收入（元）
大　桥	许天华	7	399	2003	12	6257
红　星	尧火连	14	538	3030	6	6069
石角塘	林子贵	28	789	4202	12	5970
武　丰	邹亚明	21	639	3242	5	5413
塘　华	罗树平	13	377	2100	8	5510
大　岗	陈子涛	17	512	2403	5	5442
均　容	许土养	24	648	3150	8	5677
岩　口	陈良秋	20	472	2398	5	5498

续上表

村（居）委会	书记、主任	村（居）民小组（个）	总户数（户）	总人口数（人）	集体经济收入（万元）	农民人均纯收入（元）
新　谷	许明洋	18	250	1312	8	5169
大　坪	林契养	18	419	1752	6	5191
青溪洞	黄阳辉	16	212	1096	4	5120
和　平	王石养	8	454	2190	6	5364
歧　石	余席锦	7	340	1706	6	5354
红　光	江洋汉	8	324	1647	6	7022
中　冲	朱志伟	2	115	658	5	5189
核桃山	江明山	3	191	979	5	5303
塘峰岩	江东华	6	104	502	7	5011
三　元	李国兵	8	529	1518	5	5605
红　云	马兴荣	11	471	2160	6	7071
柯树下	张新民	6	218	1117	4	7050
深　源	余细东	5	178	750	5	7087
大桥街社区	张坚华	6	596	1051	/	/
合　计	/	266	8775	40966	134	/

大　布　镇

【概况】　大布镇地处乳源南部，镇政府驻地距县城约67公里，属乳源典型石灰岩高寒山区镇、革命老区镇和生态发展镇。区位比较优越，东与武江区江湾镇、曲江区罗坑镇交界，南与英德市波罗镇相邻，西北与洛阳镇相连。交通便利，省道258线贯穿镇境。镇域总面积220平方公里，其中耕地面积989公顷，林地面积1.94万公顷，森林覆盖率为75%。辖7个村民委员会，1个居委员会，84个自然村（108个村民小组）。全镇家庭总户数2969户，总人口数13053人，常住人口数7536人，其中农业人口数7168人。有中学、小学各1间，镇级卫生院1间，村级卫生站7个。

境内景点。有国家AAAA级景区广东乳源大峡谷。历史遗存典型建筑有钨英村委牛婆洞四角楼。

特色农产品。有番薯干、腐竹、荷兰豆、竹笋等。

2014年，大布镇国民经济生产总值2.38亿元，比2013年增长7.7%；财政收入1038.4万元，比2013年增长8.0%；农民人均纯收入5986元，比2013年增长13%。

【经济社会发展】　发展绿色农业。打造具有大布特色、绿色无公害的精品农业品牌，通过“公司+基地+合作社+农户”的方式，引导全镇农民继续发展笋竹、辣椒、荷兰豆、番薯、黄豆等特色农产品种植项目。全镇种植笋竹1333.3公顷，辣椒

333.3 公顷、番薯 60 公顷、黄豆 57.3 公顷。笋竹、辣椒年产值分别达 1000 万元，番薯年产值 360 万元。

发展生态工业。培育发展潜力大、带动能力强的农产品深加工龙头企业，利用潜力大的风力资源，发展风力发电项目和旅游观光项目，加快镇域绿色工业发展。截至 12 月，完成风电开发项目的可行性考察和社会风险评估。

发展红色旅游。合理利用乳源唯一革命老区镇的革命文化保护和生态环境建设条件，推进红色旅游重要产业发展。做好县重点项目（广东大峡谷旅游开发项目）服务工作，完成缆车设计和大峡谷观光电梯、峭壁酒店综合体建设的前期设计，项目进入审批阶段。

【基础设施建设】 实施村道硬底化。完成 S258 线至大布英明村委、白坑村委、鸪莲村委至白埂坳、下围、坑边头、大村六条村道共 3.88 公里。

建设高标基本农田。解决耕地分割细碎、水利设施短缺、质量较低和农田环境恶化等问题，完成英明夹水片高标基本农田水利设施建设约 2 公里。

泥砖房核查。完成泥砖房核查工作，全镇共有泥砖房的人家 1290 户，其中有人居住的 1069 户，无人居住的 221 户。

“两违”专项整治。严厉打击“违法用地、违法建设”行为，悬挂横幅 14 条，组织 63 人次开展集中专项整治行动，对四处“两违”案件进行整治。

【创建平安大布】 生态资源保护。森林防火工作，开展护林防火宣传，落实防火责任制，签订森林防火责任书，加大巡防巡查力度，严格执行 24 小时值班制度。生态资源保护工作措施：加强宣传教育，提高村民保护生态资源的意识；开展专项行动，严厉打击盗砍滥伐等破坏生态环境的行为；抓好封育区的管理和巡护，杜绝盗采事件的发生。

土地、矿山资源保护巡查。加强对矿山整治区的防范，加大巡查力度，落实土地、矿山每日巡查 1 次，巩固整治成果，有效的保护土地资源和矿产资源。

“创平”工作。完善技防村庄试点建设工程，技防村建实现技防村视频监控全覆盖，完成组建治安巡查队，开展治安巡查。在镇综治办召开季度综治联席会议 4 次，总结和剖析矛盾纠纷调解工作，制订排查制度。针对积案累案和常年上访人员，开展新一轮的调查摸底工作，维护社会稳定。

综治信访维稳。综治信访维稳中心 2014 年成功调处矛盾纠纷共 75 宗，其中林业纠纷 45 宗，占 60%，邻里纠纷 12 宗，占 16%，其他矛盾纠纷 18 宗；组织排查 42 次，排查出矛盾纠纷 15 宗；“矛盾纠纷化解年”个案 7 宗；解答群众咨询法律问题共 168 人次，办理民事合同协议等 16 宗，挽回群众经济损失约 28 万元。

汛期防汛安全工作。开展汛期安全检查，加大河堤、山塘、水库、电站、地质灾害点的巡查力度，强化三防值班制度，严格执行汛期镇、村的 24 小时值班制度。

落实安全生产管理。落实安全生产“一岗双责”责任制，定期和不定期地开展安全生产检查，对工矿、加油站、企业、饭店、商店等进行全面排查，排除安全隐患。

【计生服务工作】 大布镇开展三次计生集中服务月活动。全镇婴儿出生 186 人，政策生育率为 91.94%，性别比为 95.79，年度共征收社会抚养费 142.27 万元。

【便民服务】 完成 1 个镇级便民服务中心、7 个村级便民服务站的建设，实现 100% 覆盖。代办项目包括民政、医保、计生、国土、农业等各项业务，共办理各项业务 4000 多件。

【完成征兵任务】 7 月 30 日，大布镇召开 2014 年全镇征兵动员大会，采取加强组织、宣传和落实责任三项措施，于 8 月 12 日完成全镇应征青年开展夏秋季征兵体检初检工作，通过严格把关，顺利完成年度征兵任务。

【社会各项事业】 教育工作。向省纪委争取资金 20 万，改善镇区办学条件；大布镇中心学校 9 年级升中考成绩居乳源前列，49 名学生考入高中，达 59.7%。

卫生工作。全镇合作医疗保险参保率达90.12%。结合预防登革热活动，在全镇范围内，多次进行大扫除及卫生消毒。

民生保障。全镇新型农村养老保险续保率达86.15%，完善覆盖城乡居民的社会保障体系。实施扶贫济困工作，开展爱老、敬老的“夕阳红”活动和温暖衣冬活动。严格执行低保、五保进出制度。

【村、社区“两委”换届选举工作】 1月25日，全镇7个村委和1个社区共选出村、社区“两委”干部34人，其中女性干部12人，实现“双百”目标。新当选的村“两委”干部平均年龄44.1岁，其中35岁以下7人，占20.59%，高中及以上学历8人，占23.53%。

【加强基层党建】 加强反腐倡廉建设。开展作风转变活动，结合“纪律教育学习月”活动，建设纪委“六有”规范化工作，落实党风廉政建设责任制。9月12日，组织党政领导班子、中层干部、镇纪委委员、各村（居）委书记、主任等37人到韶关市党风廉政建设、干部任前法纪教育暨预防职务犯罪教育基地参观学习，接受反腐倡廉警示教育。贯彻落实中央八项规定，12月30日，组织全镇干部职工观看《韶关市作风建设警示片》。

发展党员工作。针对全镇党员年龄老化、文化结构偏低情况，10月23日，镇党委在镇会议室举办学习贯彻《中国共产党发展党员工作细则》培训班，镇党政班子、各党支部书记参加培训。2014年，全镇共吸收新党员7人，平均年龄在30岁以下，其中女党员4人、大专以上学历5人。

开展教育实践活动。先后组织安排干部职工集体学习12次，观看《四风之害》《生命线》《焦裕禄》等警示教育片共8次；开展“讲学”活动，领导班子成员为党员干部上专题党课，共12次，给流动党员、特殊群体党员送学上门24次，举办先进典型事迹报告会1场，组织1次群众路线知识竞赛活动，开展1次“考学”活动。实地走访、调研24家单位，到基层调研64次，召开“两代表一委员”等专题座谈会12场、个别访谈135人次，发出300多份征求意见函、开设征求意见箱14个，收集意见和建议共33条，全部落实整改。完成镇领导班子整改方案（含清单）所列整改项目共16项和专项整治方案所列整改项目12项。出台领导班子制度建设整改计划方案共9项，各项制度得到较好执行。10月23日，在镇会议室召开总结大会，县委第三督导组、镇全体干部职工、镇属各党支部书记、镇属各机关单位负责人参加会议。

“五有”规范化建设工作。加强农村“三资”信息收集和录入，开展组账镇代记工作。完成制定全镇85个村民小组的组委会班子建设和村小组发展规划。完成54个村民小组组账镇代记工作的结算，占全镇有经济收入村小组数的69.2%，存入“组账镇代记”专用账户资金达62万元。

完善村务公开。建立、健全和完善各项村务公开制度，加强农村基层民主建设，保障村民对村务的民主决策、民主管理、民主监督，推进全镇村民自治和农村经济协调发展，确保社会稳定。

【共青团大布镇第十四次代表大会召开】 10月22日，共青团大布镇第十四次代表大会在大布镇会议室胜利召开。全镇各单位团代表共计40人参加大会。选举出团镇委书记罗凯、副书记付小君，团镇委委员彭艺、李倩、侯雪玲等。（付小君）

附：大布镇领导班子成员名单

党委书记、人大主席：李世华

党委副书记、镇长：马新萍（—2014.11）

杨川毅（2014.11—）

党委副书记：黄　清（—2014.12）

黄祖胜（2014.12—）

党委委员、人大副主席：文亚保

党委委员、纪委书记：罗　凯

党委委员、武装部部长：黄为民（2014.12—）

党委委员：许石安

邓永华

谢　华

副镇长：丘国雄（—2014.12）

吴旺灵（2014.12—）

侯永娣

林文坤

2014年大布镇村（居）民委员会基本情况表

表9

村（居）委会	书记、主任	总户数（户）	总人口数（人）	集体经济纯收入（万元）	农民人均纯收入（元）
夹　水	文金福	679	3238	7.2	6040
英　明	侯国养	472	2208	6.3	6519
埕　头	黄新强	351	1742	5.4	6195
鸽　莲	陈松兴	453	2113	5.3	5920
鸽　英	文雄辉	290	1307	5.5	5890
坪　山	李亚平	210	790	7.0	5690
白　坑	禤月明	249	1063	7.1	5695
大布社区	许亚福	265	592	/	/
合　计	/	2969	13053	43.8	/

必 背 镇

【概况】 必背镇地处乳源境北部，县道325线贯穿全境，属乳源3个瑶族人口集居镇之一。东靠桂头镇，西临大桥镇，南邻东坪镇和游溪镇，北邻乐昌市长来镇。镇域总面积147平方公里。耕地面积250公顷，其中水（旱）田186公顷，水浇地64公顷。林地面积1.2246万公顷，其中生态公益林0.51万公顷。森林覆盖率80.39%。水利资源丰富，全镇共有小水电站15个，中型电站3个，总装机容量10.738万千瓦。辖必背、王茶、桂坑、方洞、半坑、公坑、横溪等7个村委会和必背口社区1个居委会，自然村52个，村民小组58个。家庭总户数2180户，总人口数7803人。其中：农业户数2008户，人口数7478人；瑶族户数1807户，人口数6336人；劳动力总人数4624人。

镇内景点。有瑶寨景区、必背口村特色村寨、大村古瑶寨、桂坑尾村等。

瑶族历史文化承传。有拜盘王、瑶绣、瑶药等。

农特产品。有瑶家腊肉、瑶爽酒、瑶绣、白毛尖茶叶、公坑辣椒等。

2014年，全镇财政收入1869万元，国民经济生产总值5031万元。其中，第一产业生产总值2823万元，第二产业生产总值1003万元，第三产业生产总值1205万元。农民人均纯收入5729元。

【农业农村经济发展】 农、林、牧业发展。全镇农业产业主要有杉木、毛竹、茶叶、生姜、辣椒、水稻以及养殖生猪、羊、肉牛、石蛙、鸡和鸭等。林改工作，全镇完成林地纳入林改总面积1.2246万公顷；调处林地纠纷1宗，调处面积0.67公顷；完成林权流转交易4宗，交易面积489.2公顷；发放生态公益林补偿金额481457元。

贫困村扶贫产业发展。3月，投入9.5万元，实施横溪水库区横溪村丛生竹种植项目，种植面积16.7公顷，种植竹苗15000株。6月，投入18万元入股电站，年获得分红10%（即1.8万元），持续时间20年，增加村集体收入用于民生工程。8月，投入17万兴办横溪村委会溪头村生猪养殖场，养殖生猪102头。9月，出台《必背镇扶持农村茶叶生产的方案》，与华瑶茶叶公司联力扶持具有符合条件农户，给予肥料、种苗等支持。12月，在横溪村委新增茶叶面积13.3公顷。贫困村人均纯收入

7005元，比2013年增长31.4%。

贫困村基础设施改造。4月，投入11万元，完成横溪高岗迁移村0.357公里道路硬底化工程和云门迁移村饮水工程；8月，投入16.8万元，完成溪口一村、黄泥角共0.6公里道路硬底化改造工程，积极协调抓好选址在高岗迁移点横溪村委新办事处建设工作；9月，投入3.91万完成17个村小组垃圾池建设；10月，投入8.5万元完成溪头村0.15公里公路硬底化改造及横溪大坝至板泉村进村道路维修，扶持24万完成横溪村16户农村低收入住房改造，投入14.5完成茶园底饮水工程和新乡村水利工程；11月，投入15万完成茶园底0.6公里道路硬底化工程；12月，投入4.5万完成新安村水利改造。

灾毁基础设施修复。3月，完成山坑新村和半埂新村的河堤建设；第二季度，全镇修复灾毁饮水管道2110米，修复灾毁灌溉水渠1548米，修复灾毁水坝2宗。12月，必背口特大型山体滑坡治理工程动工。

【新农村创建工程】 “两不具备”条件村庄搬迁工作有序推进。4月，完成73套桂头镇塘头安置房主体工程建设（每套80平方米）和分房抽签工作。6—9月，完成桂头军安山42套安置房主体工程建设和分房抽签工作，每套80平方米。6月26日，完成县城南环路“怡乐居”87套安居房分房抽签。12月，初步完成“两不具备”村庄未搬迁农户统计。

成功创建“广东名镇”“名村”。根据广东省名镇名村示范村建设有关工作要求，明确目标任务以及统筹各方资源，多渠道筹措资金，通过加强镇区建设、加强产业发展、加强环境整治、丰富旅游项目等一系列强有力的举措，加快推进名镇名村示范村建设，取得明显成效。1月，成功通过广东省第一批名镇名村示范村的认定验收，必背镇和必背村分别被中共广东省委农村工作办公室、广东省住房和城乡建设厅评为“广东名镇”“广东名村”。

省卫生村通过验收。加强爱卫宣传教育，加大申报村庄卫生环境整治力度，“脏、乱、差”问题得到彻底解决，卫生条件达省级标准。12月，桂坑村委大塘坑一村成功通过验收，被省爱卫会授予“广东省卫生村”称号。

【镇区地质灾害改造工程】 镇委、镇政府积极推进受“8·16”洪灾以及山体滑坡毁坏的必背口村、必背社区贤坑部分危屋、全倒户改造工程。12月，重建工程和分房到户工作全面完成，其中镇区鳖背山楼房建设42套（每套面积100平方米），必背口村建设13套（每套面积120平方米）。11月，镇文化中心危楼（山体滑坡）成功被拆除。12月，完成新文化中心建设项目立项、图纸设计、地质钻探等工作。

【村（居）两委换届】 1月21日，镇辖7个村委、1个社区依法通过村（居）民投票选举，选出新一届村（居）两委成员31人，其中女干部8人，党员干部27人，大专学历3人，高中或中专学历9人，村委会主任和村党支部书记一肩挑比例达100%，“两委”交叉任职率96.8%。

【便民服务】 完成镇便民服务中心和6个村委便民服务站建设，镇国土、镇计生、镇民政、镇残联、镇城乡居民医疗保险、镇养老保险和社会就业等部门全部进驻镇便民服务中心，涉及审批事项共计45项，其中许可2项，非许可5项，社会服务38项。2014年，完成行政审批事项共309件，其中通过网上办事大厅审批5件。

【计划生育工作】 制定《必背镇2014年度人口与计划生育工作层级动态目标管理责任制度奖惩办法》《必背镇2014年度人口计生包干责任制考核方案》，确保计生服务工作顺利实施。据镇计生统计数：包干考核共处罚607人次，处罚金额5025元，奖励755人次，奖励金额为29350元。

积极落实利益导向机制，尽力扶助计生家庭，发放给全镇独生子女户44人、纯二女户334人合作医疗款共11340元。2013年10月1日至2014年9月30日，全镇婴儿出生155人，计划生育出生率为19.20‰。4月，必背镇人民政府被韶关市人民政府评为“韶关市2013年度人口与计划生育先进单位”。

【社会综合管理】 推进“矛盾纠纷化解年”活动。截至12月，全镇5宗化解任务完成2宗。受理矛盾纠纷案件14宗，办结14宗。收到信访来访案件40宗，回复40宗。打击滥伐林木专项工作立案1宗，破案1宗，处理1人，涉及木材2.2783立方米。

【民生保障】 全镇新农保续保人数1698人，续保率为84.13%，新医保参保人数6039人，参保率为100.5%。开展关爱特殊群体活动。5—10月，先后开展“5·29”会员活动日、“6·30”扶贫济困日、“母亲节暨幸福工程救助贫困母亲活动日”“亲子运动会”等活动。

【征兵工作】 按照2014年夏季征兵工作部署，确保兵员质量，镇委、镇政府采取一系列得力措施，切实加强对征兵工作的领导。7月29日，镇政府召开征兵工作会议，加大动员、宣传力度，经严格体检和审查，9月5日，全镇顺利完成夏秋征兵工作。

【应对农药泄漏事故】 6月16日，一辆装载农药的车辆在省道249线大桥镇境内侧翻，部分农药流入附近河流，杨溪河上游受轻微污染。镇政府立即启动应急预案，组织人员开展处置工作，通知杨溪河流域段村民应对突发事件，全镇沿河未发现中毒情况。

【薄弱村整顿】 3月，桂坑村委“8·16”洪灾信访问题突出，被列为省级问题突出村。受灾村民要求韶能集团赔偿问题于5月顺利签订赔偿协议；完成桂头镇军安山搬迁建设选点，解决受灾户搬迁重建问题，12月，开始动工建设。解决甲田一、二村村民用电问题，调处村民与县供电局、县银源公司、横溪电厂签订新的供电合同、完成变压器更换和农网改造村电表的安装工作，杨溪河必背镇区至桂坑段河床清理受阻纠纷问题得到解决。6月1日，施工单位进场，9月河道疏浚、河堤修复工程完成。

【农村“五有”规范化建设】 全镇各村民小组配齐班子，成立村民理事会，制定村民管理制度和发展规划。实施“组账镇代记”，截至12月，组账镇代记有收入录入结算村小组数48个，完成率94.12%，收存资金村小组数41个，银行存款240530.02元。完成“三资”管理中心建设，建成农村集体“三资”监管平台及农村集体资产资源交易平台。镇域56个村民小组基本实现“五有”目标。

【党的群众路线教育实践活动】 必背镇先后于3月11日召开“党的群众路线教育实践活动”动员大会，8月8—9日召开专题民主生活会，县委常委、人武部部长吴炬光，县委第一督导组成员、县委实践办、县纪委和县委组织部有关领导全程出席会议。活动期间，共收集涉及“四风”问题13条、群众反映强烈的突出问题16条、联系服务群众“最后一公里”等问题共5条，全部立行立改。8月14日，桂坑村党支部召开专题组织生活会，吴炬光和县实践办第一督导组部分成员出席会议。

【纪委规范化建设】 大力推进镇纪委软、硬件规范化和科学化建设，发挥镇纪委职能作用。2014年，镇纪委查办案件3宗，其中处理农村党员违反计划生育案件2宗，开除党籍2人，1人给予诫勉谈话处分。

【加强干部队伍建设】 以开展党的群众路线教育实践活动为契机，深入开展纪律教育学习月、廉洁读书月及“五个一”学习等活动，深入推进党风廉政责任制建设。严格落实班子成员工作责任，坚持集体领导、分工负责的原则，坚持民主集中制，强化领导责任，明确工作职责，班子成员严格履行“一岗双责”制。严抓行政效能建设，严格执行落实值班和考勤制度，严明工作纪律，明确岗位责任，有效杜绝干部作风不实、“走读”现象等问题。

（杨启园）

附：必背镇领导班子成员名单

党委书记、人大主席：王　东

党委副书记、镇长：赵丹丹（—2014.11）

　　　　　　　　　赵伟明（2014.11—）

党委副书记：赖志远

党委委员、人大副主席：邓良养

党委委员、纪委书记：丘国前
党委委员、武装部部长：李教化
党委委员：庹　校
　　　　　邝志红
　　　　　邹福利

副镇长：吴旺灵（—2014.12）
　　　　赵春英（2014.12—）
　　　　赵华端
　　　　邓晓辉

2014 年必背镇村（居）民委员会基本情况表

表 10

村（居）委会	书记、主任	总户数（户）	总人口数（人）	集体经济收入（万元）	农民人均纯收入（元）
必背村委	邓晓林	264	1052	0.6	5476
桂坑村委	盘明华	264	1174	1	5434
公坑村委	赵良美	336	866	4.94	5304
方洞村委	盘天发	345	1260	4.58	5442
王茶村委	邓永贵	244	949	3.2	5345
半坑村委	赵永保	178	711	5.2	5376
横溪村委	余桥生	377	1466	1.7	7005
必背口社区	盘良发	172	325	/	/
合　计	/	2180	7803	/	/

游　溪　镇

【概况】　游溪镇地处乳源境内东北部，东邻桂头镇，南邻一六镇，西邻东坪镇，北邻必背镇。广乐高速、省道258线（乳桂线）贯穿而过，距京珠高速公路出口18公里，距广乐高速出口仅3公里，区位优越，交通便利。属乳源3个瑶族人口集居镇之一。镇域总面积133.6平方公里，耕地面积465.87公顷，林地面积8628公顷，森林覆盖率71.3%。辖11个村民委员会，1个居民委员会，74个村民小组，4个居民小组。家庭总户数3119户，总人口数11640人，其中瑶族总人口数6406人，占总人口的55.03%，农业总人口数11254人，占总人口的96.7%。

2014年，全镇国民经济生产总值10300万元，比2013年增长7.5%；人均纯收入5793元，比2013年增长13%。财政收入1248万元。

大寮坑“八一”瑶族新村、中心洞政研新村被县精神文明建设委员会评为“乳源瑶族自治县文明村”；营康新村被韶关市爱国卫生运动委员会评为“韶关市卫生村”。

【农业农村经济发展】　以农业增产、农村发展和农民增收为目标，发展优质、高效、生态农业，农业经济平稳增长。推进烈村西瓜、油茶，江背香芋，中联生猪养殖，大寮坑优质水稻等农业产业化开发。充分利用国家惠农政策增加农民收入，全镇落实种粮直补经费138.23万元，总面积561.9公顷。2014年，全镇粮食种植总面积619.2公顷，总产量2858吨。经济作物种植总面积278.5公顷，总产量1476吨。其他作物总面积460公顷，总产量3173吨。改善和优化生态环境，镇域有生态公益林总面积2319.6公顷。

【新农村基础设施建设】 乡村道路硬底化建设。通过县财政资金支持和县交通部门专项资金补助、镇村自筹部分资金，共筹投入资金71万元，完成塘子角村2.2公里道路硬底化建设。

高标准农田建设。协助县国土资源局、县农林局跟进抓好高标准基本农田建设项目。建设项目选点在江背、烈村、中联等3个平原村委，建设规模达282.3公顷，总投入477万元。2014年，完成高标准农田建设233.3公顷，约占高标准农田建设总面积的85%。

镇区设施建设。完成镇区路灯工程、人行道建设、街灯广告箱和计生文化园建设。

中心洞村委会办公楼建设。选址在镇区政研新村旁边为中心洞村委会规划建设结构为3层新办公楼，建筑总面积450平方米。12月，完成办公楼主体工程建设。

【农村综合改革】 实施村小组“五有”（有队伍、有活动、有制度、有阵地、有保障）规范化管理。74个村民小组按照程序配齐由组长、妇女组长、报账员3人组成的村民小组组委会成员，选举产生村民理事会成员理事长1名、副理事长1名、理事3名。

推进农村集体“三资”交易平台建设。建好农村集体资产交易平台，加强“三资”管理队伍建设，选优配强监管队伍，采取多种形式，对镇、村干部进行培训。“组账镇代记”得到实施，对46个有收入的村民小组集体资金、集体资产、集体资源等进行登记造册。规范村级财务管理，切实保障农民群众利益不受侵害。

政务服务平台建设。推进便民服务中心（站）建设，共设8个服务窗口提供一站式服务。全年为群众办理服务事项638件，发布农技、劳务用工等信息2674条。先后完成中联、烈村等2个村委会一类便民服务站和大寮坑、江背等8个村委会二类便民服务站标准化建设，完成10个村级便民服务站视频监控系统建设。

推进深化集体林权制度改革。全镇林地纳入深化林权制度改革的村民小组61个，总户数2259户，林改林地总面积12901公顷，其中集体山面积12332.9公顷、自留山面积568.1公顷。确权自留山发证率为100%，确权集体山发证率98.1%。

【农村环境整治】 推进乡村“清洁美”工程。全镇90%的村委会及村民小组建有垃圾池，配备垃圾桶200个，垃圾中转站12月投入使用。动员群众参与乡村“清洁美”活动，进一步巩固“门前三包”，建立“户集中、村收集、镇转运、县处理”的生活垃圾收运处理模式。

开展“两违”清理整治工作。共清理整治“两违”建筑23处，总占地面积3060平方米（其中农业用地2875平方米），其中村民违规自建居住地18处，占地面积2215平方米；用于养殖等其他用途5处，占地845平方米。

【灾后重建家园项目】 完成“8·16”82户全倒户安置房和配套基础设施建设，其中木笼博爱瑶族新村30户、江背塘窝头新村42户。截至12月，82户全倒户全部完成装修搬迁入住。

【“两不具备”村庄搬迁】 进一步解决瑶族群众生产生活困难，改善住房、交通、经济发展等条件。扎实推进“两不具备（不具备生产条件、生活条件）”村庄搬迁工作，通过政府主导、农户出资、社会各界捐助建设，全镇安排90户村民，于年初搬入县城南环路“两不具备”安置新村“怡乐居”。

【人口与计生服务】 2014年度，全镇共出生婴儿221人，其中一孩出生92人，二孩出生123人，多孩出生6人，婴儿出生率为18.47%，政策生育率为91.40%，出生性别比为112.5。7月16日，举办以“妈妈慧心·宝宝慧智”为主题的科学育儿家庭教育讲座，邀请亲子咨询师罗珑月教授作《认识家庭早期教育·争做处理孩子情绪的高手》专题讲座。7月，协调县卫生和计划生育局，投入经费6万元，于镇政府健身广场建成乳源首个具有地方特色的“卫生计生文化园”，开辟卫生计生宣传新阵地。

【医保与社会保障】 全镇参加2014年新型农村合作医疗总人数9802人，参加社保1452人，参保率100%。新增新型农村社会养老保险参保人数98人，续保率86%。发放五保户供养金252396元。救济1986户、总人数6686人，共发放大米2756包

（15 公斤/包）、食用油 790 公斤、棉被 38 床、衣裤 96 件。五保户临时救济 5850 元，慈善救助 7000 元，重大疾病医疗救助 13100 元。加强特困单亲母亲援助工作，发放扶持发展生产资金 8000 元。

【综治信访维稳】 加强治安联合防控，强化矛盾纠纷联合调处，推进工作联勤联动机制。4 月 18 日，邀请县检察院职务犯罪预防科的工作人员作村（居）“两委”干部预防职务犯罪法律知识专题讲座，全镇共 70 余人听取讲座。6 月 23 日，由县人大常委会组织的《广东信访条例》宣讲团到游溪镇开展《条例》宣讲动员大会，全镇共 90 余人参加会议。8 月 15 日，组织镇党政领导班子、各村、社区党支部书记、村（居）委会主任 23 人到韶关市党风廉政建设、干部任前法纪教育暨预防职务犯罪教育基地参观学习，接受反腐倡廉警示教育。9 月 5 日，成功协办“平安镇（街）”“平安村（居）”“平安家庭”现场推进会，来自韶关市的各县（市、区）创建平安工作领导小组成员单位负责人共 130 多人参加现场会。

【村（社区）“两委”换届选举工作】 镇委、镇政府认真抓好村（社区）“两委”换届选举工作，截至 1 月 17 日，完成 12 个村（居）民委员会换届工作。截至 1 月 22 日，完成 11 个村委会和 1 个社区的党支部换届工作。全镇“两委”换届选举共登记选民 9109 人，选民参选率 98.3%。经依法选举出村（社区）“两委”成员共计 55 人。

【党的群众路线教育实践活动】 3 月 6 日，游溪镇召开第二批党的群众路线教育实践活动动员大会。4 月 18 日，召开村（社区）、“两新”党组织群众路线教育实践活动部署会议。5 月 23 日，举办群众路线教育实践活动演讲比赛，以形式新、内容实的演讲比赛方式，推动全镇党的群众路线教育实践活动深入开展。8 月 6—7 日，召开镇领导班子群众路线教育实践活动专题民主生活会，市委第一督导组常务副组长蒋友明，县委常委、县委组织部部长林应良和县委第二督导组组长、县人大常委会副主任朱均玉，县纪委副书记、县监察和审计局局长谭延明以及县委第二督导组全体成员到会指导。8 月 15 日，召开专题民主生活会情况通报会，通报 8 月 6—7 日专题民主生活会的召开情况，并对教育实践活动第三环节的工作进行部署。通过开展“民情直访”“民意直通”“民事直办”等活动，共征求到要求解决农田水利设施建设、村道硬底化改造等意见建议 70 多条，有效地解决服务群众“最后一公里”的问题，整改党委政府领导班子“四风”问题 16 个，干群关系明显改善。

【召开十二届人民代表大会第三次会议】 2 月 28 日，游溪镇第十二届人民代表大会第三次会议在镇政府会议室召开，出席会议镇人大代表 39 名、列席会议人员 17 名。与会代表听取和审议《游溪镇人民政府工作报告》。

【召开共青团游溪镇第十四届代表大会】 10 月 16 日，共青团乳源瑶族自治县游溪镇第十四届代表大会在镇政府二楼会议室召开，出席会议团员代表 29 名、列席代表 4 名。与会代表听取共青团游溪镇第十三届委员会的工作总结，选举产生新一届团委委员，确定今后 3 年的工作方针和目标。 （邓素萍）

附：游溪镇领导班子成员名单

党委书记、人大主席：李国洪
党委副书记、镇长：黄燕斌
党委副书记：蒋健保
党委委员、纪委书记：吴韶华
党委委员、人大副主席：赵明明
党委委员、武装部部长：许路华
党委委员：林永平
　　　　　赵　敏
　　　　　雷　英（—2014.12）
　　　　　丘国前（2014.12—）
副镇长：黄贱胜
　　　　盘良银
　　　　廖　平（—2014.12）
　　　　欧阳江南（2014.12—）

2014 年游溪镇村（居）民委员会基本情况表

表 11

村（居）委会	书记	主任	村（居）民小组（个）	总户数（户）	总人口数（人）	集体经济纯收入（万元）	农民人均纯收入（元）
大　村	赵兴良	赵兴良	6	220	857	2.5	5018
冷水歧	邓兴文	邓兴文	13	276	1206	2	6086
中心洞	赵爱春	赵爱春	6	176	650	3	4892
莲塘边	邓志保	邓志保	5	132	530	6.2	5981
江　背	许路华	许新苟	8	383	1323	3.9	7181
烈　村	吴世才	吴世才	7	343	1578	25.6	6420
中　联	蒋健保	陈健华	9	555	1997	1.2	5673
茨良坑	冯才选	冯才选	7	174	693	3.5	4964
营　坑	盘进宝	盘进宝	4	265	962	4.7	5125
上　营	赵才东	赵敬留	4	166	730	2.2	4863
大寮坑	赵天生	赵天生	5	193	728	3	5934
社　区	赵才周	赵才周	4	236	386	/	/
合　计	/	/	78	3119	11640	57.8	/

东　坪　镇

【概况】 东坪镇地处乳源西北部。国道 323 线、省道 258 线、省道 249 线、县道 358 线分别贯穿全境，京港澳高速公路在境内东田村设有出口，区位优越，交通便利。属乳源瑶族聚居镇之一。镇域总面积 359 平方公里，有耕地面积 348.66 万公顷、林地面积 33580.1 公顷，森林覆盖率为 92.9%。辖 10 个村民委员会，1 个居民委员会，共 81 个村民小组。家庭户籍总数 3092 户，总人口数 12015 人，常住总人口数 9912 人，其中农业人口数 11676 人。设小学 2 间、幼儿园 1 间；镇级卫生院 1 间，村级卫生站 7 个；镇级综合文化站 1 个，村级农家书屋 11 间。

镇内景点。有广东第三大人工湖南水湖、龙溪车干水温泉。

主要特产。有三角鲂、方武生姜、金竹峰单从茶。

2014 年，全镇实现国民生产总值 6416 万元，比 2013 年增长 5.09%，其中：第一产业 4048 万元，比 2013 年增长 6.08%；第二产业 1499 万元，比 2013 年增长 3.17%；第三产业 869 万元，比 2013 年增长 3.95%。财政收入 2913 万元。农民人均纯收入 5598 元，比 2013 年增长 13.14%。

【农业农村经济发展】 推进高效生态农业发展，持续巩固镇域农村专业合作社优势，持续开发梯下生猪养殖、东田食用菌、下寨养羊、茶坪养牛、汤盆西瓜、龙溪高质水稻、茶坪凤凰单从茶等项目。落实各项政策，减轻农民负担，关心、服务农民。

全镇落实划拨总面积743.82公顷的种粮直补资金91.49万元。有生态公益林1114.1公顷。2014年，全镇粮食种植总面积560公顷，总产量3893吨；经济作物种植总面积175.4公顷，总产量455吨；其他作物总面积183公顷，总产量2107吨。全镇有小水电站共74个，总装机容量65040千瓦，年发电总量5042.81万千瓦时。

【村（居）“两委”换届选举】 印发《东坪镇村（社区）班子换届考察工作方案》，通过宣传发动、干部考察、任职审计等工作，全镇村（社区）“两委”换届选举工作平稳有序开展。截至2014年1月底，完成11个村（居）“两委”换届工作，选举选拔出44名讲政治、重公道、有能力、会服务、口碑好的优秀人才进入村（居）“两委”班子，村（居）委书记、主任“一肩挑”比例达81.82%。

【召开第十二届人民代表大会第三次会议】 2月21日，东坪镇第十二届人民代表大会第三次会议召开。参加会议代表46名，列席人员16名。与会代表听取和审议《东坪镇政府工作报告》《东坪镇人大工作报告》，依法选举廖功文为东坪镇人大主席团主席。

【“两不具备”村庄建设安置工程】 2014年，全镇不具备生产生活条件的贫困村庄汤盆村民委员会瑶头村小组搬迁安置18户64人。瑶族同胞迁入“两不具备”瑶族安居新村“怡乐居”90户。

雕子塘新村主体工程全面完工。县委、县政府积极争取省委统战部等部门的支持，将雕子塘村列为省“光彩事业”项目。通过村民自筹一点、财政补贴一点、帮扶单位支持一点、社会捐助一点的方式共筹措投入1038万元，其中被列入省“光彩事业”项目投入600万元，扶贫资金投入180万元，农户每户自筹5.5万元。建设具有瑶族文化特色的两层半框架混合结构的楼房60套（每套150平方米），配套基础设施有文化广场1个、活动室1间和人畜分离猪牛栏等，12月，新村主体工程全面建设完工。

方武二村重新规划、整村改造工程。方武二村属少数民族村庄，大部分村民住房属残旧破烂的土坯房。为改善村民居住环境和提高生活质量，开展扶贫开发“规划到户，责任到人”工作，实施该村原址（原村庄）重新规划、整村改造工程。由深圳爱默生公司，省、市、县三级政府，对口帮扶单位及村民共同出资对方武二村42户残旧泥砖房进行拆旧建新。方武二村43户新农村建设工程全面完成，改造工程时间由2009年至2014年11月。

【全民体育健身运动及健身广场建设】 投入45万元，完成东坪镇全民健身广场2800平方米的建设，全民健身广场建有篮球场、全民健身路径、羽毛球场、乒乓球台等设施；建成东莞商会新村、长乐等2个村级健身广场，体育休闲场地设施不断完善，全民健身工程不断推向深入。

10月，东坪镇代表队参加县第一届“十月朝”少数民族运动会，夺得板鞋比赛第一名、拔河比赛第二名、负重比赛第三名。10月中旬，镇政府在新落成的全民健身广场篮球场举办“东坪镇2014年‘骏业杯’篮球赛”活动，有镇机关干部、村民代表分别组成4个代表队参赛。

【综治信访维稳】 建立群防群治工作制度，健全突发事件控制处置方案，全镇无非正常上访。全镇共排查受理各类矛盾纠纷43件，上级交办24件，向有关部门发出交办通知书8件，督办通知书5件，成功调处43宗，其中综治类案件16宗，信访类案件27宗，调解率100%，成功率达100%。开展平安创建活动，全镇共创建平安村委7个、平安社区1个，创建平安家庭3012户，平安家庭覆盖率99.6%。

【医保与社会保障】 全镇参加新型农村合作医疗10627人，（其中特殊人群922人），参合率100%。新型农村社会养老保险参保521人，其中享受养老待遇（领取基本养老金）1327人，缴费总人数3924人，续保3551人，续保率90.49%。全镇农村最低生活保障户216户，月发放最低保障金84390元。拥军优属优抚对象18人。完成东坪敬老院修缮和维护工作，完善敬老院工作管理制度，配备专人负责，全镇五保户33人（其中敬老院6人，福利院1人，分散供养27人），敬老院居住条件得到改善。发放大米、食油、棉被等物品一批，农村社会保障得到推进。

【征兵工作】 认真贯彻上级征兵工作精神，依照“早部署、早准备、早落实”的原则，积极宣传动员广大青年参军入伍，全面做好夏季征兵工作。圆满完成征兵工作任务。

【计划生育服务】 东坪镇已婚育龄妇女2816人，全镇出生婴儿220人，政策生育率93.18%，性别比为111.54；征收社会抚养费78.41万元。

【村务公开建设】 广泛开展镇域10个村委村务公开规范化建设创建工作，对村“两委”班子分工、党风廉政信息、村级收支、办事流程等进行上墙公开。

【“三资”管理平台建设及村账镇代记工作】 积极推进村小组“五有”规范化建设，完善“三资”平台建设，实施农村资源、资产、资金数据规范化录入，共完成资产资源清理登记90个、合同录入106份。“组账镇代记”工作，完成统计有收入的村小组61个，结账为100%，累计上存资金35万元。

【清理整治“两违”及“小产权”工作】 东坪镇5月开始抓清理整治“两违”及“小产权”排查、整治工作。累计处理“两违”建筑5宗，“两违”行为得到遏制。

【农村“清洁美”建设工程】 开展垃圾收集清运工作，建立农村生活垃圾清运队伍，配备清洁设施，全镇购置垃圾收运车2台、垃圾桶（箱）150多个，建设垃圾池11个，“户集、镇收、镇运”的农村生活垃圾收运体系基本建成。切实加强对南水湖周边环境的治理，投入300多万元，完成方武、梯下、汤盆等人工湿地建设、垃圾池等一批环保工程，建设美丽东坪战略“水清、地洁、环境美”工程取得进展。

【新村便民服务中心建设】 9月，为方便广大村民办事、减轻农民负担，该镇对便民服务中心进行第二期改建。新建便民服务中心总面积共100平方米，10月1日投入使用，进驻便民窗口部门设计有林业、计生、国土、民政、城乡医疗保险、人力资源和社会保障、新农保等7个。

【中国狮子联合基金、香港澳健儿有限公司捐赠活动】 10月16日，中国狮子联合基金、香港澳健儿（亚洲）有限公司在东坪镇新村办事处设立爱心捐赠奶粉发放点，向全镇贫困家庭的370多名0—3岁少数民族新生幼儿捐赠发放爱心奶粉，总价值100万元。

【共青团东坪镇第十四次代表大会】 10月20日，共青团东坪镇第十四次代表大会召开，出席会议团员代表50名。与会代表听取和审议共青团东坪镇第十三届委员会的工作报告，差额选举产生新一届团镇委委员5人，选举产生团镇委书记1名，副书记1名，等额选举产生出席县第十四次团代会代表8名。

【环南水湖自行车公开赛秩序维护工作】 10月26日，广东省“体彩杯”（韶关·乳源环南水湖）自行车公开赛在南水湖举行。东坪镇政府成立环南水湖自行车公开赛秩序维护工作领导小组，共组织155人对东坪镇辖区内69公里赛道进行安全维护，完成自行车主赛场地东坪段赛道沿线的秩序维护工作。

（谢三华）

附：东坪镇领导班子成员名单

党委书记、人大主席：廖功文
党委副书记、镇长：赵财保
党委副书记：杨川毅（—2014.12）
　　　　　　郑玮如（2014.12—）
党委委员、纪委书记：邓兴云
党委委员、武装部部长：肖润文
党委委员、人大副主席：盘兴秀
党委委员：陈耀忠
　　　　　欧阳江南（—2014.12）
　　　　　杨红卫
　　　　　廖　平（2014.12—）
副镇长：黄静莉
　　　　谢佰天
　　　　杨细金

2014 年东坪镇村（居）民委员会基本情况表

表 12

村（居）民委员会	书记	主任	总户数（户）	总人口数（人）	集体经济收入（万元）	农民人均纯收入（元）
梯　下	邓兴云	林梓书	120	595	20	5639
南　水	许永养	许永养	286	1010	15	5616
方　武	谢秋生	谢秋生	230	849	10	5260
汤　盆	杨祥联	杨祥联	113	482	9	6801
龙　溪	张辉灵	张辉灵	232	1072	13	5853
东　田	赵才福	赵才福	420	1719	7	5698
长　溪	林玉清	张雪平	325	1499	7	5621
下　寨	赵劲成	赵劲成	278	1123	8	5353
新　村	赵云华	赵云华	444	1798	7	5640
茶　坪	赵志文	赵志文	359	1531	9	5254
龙湖社区	马汉万	马汉万	285	544	2.5	5698
合　计	/	/	3092	12015	107.5	/

洛 阳 镇

【概况】 洛阳镇位于乳源西南部。国道 323 线横穿镇境内，省道 258 线和县道 324 经过镇域东、南部，有 4 条镇村主干道公路。南岭国家森林公园、天井山国家森林公园处于镇域核心区域。镇域总面积 558 平方公里，其中耕地面积 969.5 公顷，林地面积 31259.2 公顷。森林覆盖率为 90%。辖 12 个村民委员会，1 个居民委员会，130 个自然村（91 个村小组，1 个少数民族村小组）。家庭总户数 2579 户，总人口数 10022 人，常住总人口 9883 人，其中农业人口 9540 人。设有小学 4 间，镇级卫生院 2 间。

镇内景点。有国家 AAAA 级旅游景区天景山仙人桥。

历史文化遗产。有东平山正觉寺遗址、洛阳桥、蔡襄祠、洛阳古街、陈金城故居。

主要特产。有洛阳茶、胶股蓝、九节茶、古母水鸡。

2014 年，全镇国民经济生产总值 21380.7 万元，比 2013 年增长 10%；农民人均纯收入 5949 元，比 2013 年增加 540 元。

【镇域经济发展】 镇域经济持续发展。全镇有小水电站 147 座，总装机容量 10.7 万千瓦。充分利用本地自然资源优势，采用“企业 + 支部 + 合作社 + 农户”的产业化经营模式，引导村民种植九节茶，壮大种植基地规模，截至 12 月，全镇种植规模达到 400 公顷，带动 300 多户农户增收。通过政府引导扶持，引进沿溪山茶场公司大力发展洛阳茶叶种植，以公司 + 基地 + 合作社 + 农户的模式，带动广大群众发展茶叶种植。共建立茶叶种植基地 1 个，占地面积 33.3 公顷，完成 13.3 公顷，茶叶育苗基地 1 个，占地 1 公顷。全镇茶叶种植面积 70 多公顷。开发水晶梨、猕猴桃等特色农业种植和发展特色生态养殖产业——中华鲟养殖，带动农民增收。

【基础设施建设】 农村饮水安全工程建设。2014年，完成禾仓排片、田心围片包括白竹村、半星村、洛阳村、深洞村、坪溪村等5个贫困村饮水安全工程，惠及人口2400多人。

道路桥梁建设。完成贫困村10.08公里村道硬底化建设工程，“8·16”洪涝灾害完全冲垮的坪溪桥得到重建，深洞村水毁桥及受损河堤得到修复。

乡村清洁美工程。完成村庄整治1个，建立健全农村生活垃圾收运处理体系。

【生态林业管理】 落实森林防火责任制，倡导生态文明。完成植树造林720公顷，森林覆盖面扩大，林业用地面积31733.2公顷，占乳源林业用地总面积20%；确权31255多公顷，占镇域林业用地总面积的98.5%，占乳源确权总面积的20.2%。

【新一轮扶贫开发工作】 全镇共有13个村（居）委，其中有贫困村6个，共1304户5265人（其中贫困户255户，贫困人口881人）。16个单位帮扶6个贫困村共投入扶持资金69.3万元，整合行业资金59.3万元，累计投入128.6万元，帮扶贫困村实施项目41个，帮扶贫困户实施项目862个。完成15户低收入困难家庭危房改造任务。

【文化建设】 加强全国文化信息资源共享工程建设管理，与上级文化部门沟通、交流，做好文化站村级文化室、农家书屋的管理与免费开放服务工作。充分运用文化信息资源共享工程设备，先后举办农业适用技术培训班5期，参加培训148人次。开展“农家书屋”读书活动，配合县电影公司送电影下乡。

【社会保障服务】 保健防疫工作。2014年，全镇有7136人参加新型合作医疗，参合率达100%。建立和健全妇幼保健体系，提高妇幼保健水平；重视卫生防疫工作，全力做好适龄儿童麻疹疫苗接种工作，接种率达100%，农村初级卫生保健和狂犬病预防等工作得到加强。

农村低保家庭应保尽保工作。2014年，全镇共有五保户57人，低保户193户541人。

新型农村基本养老保险工作。洛阳镇12个村采取集体适当补贴方式，鼓励支持农村群众参加新型农村养老保险，共有4142人参保，其中享受养老待遇（领取基本养老金）1369人，享受待遇的参保率为100%。

慈善事业。6月30日，洛阳镇“扶贫济困，奉献爱心”扶贫济困日捐款活动在镇政府二楼会议室举行，募捐资金共3800多元。

【镇纪委规范化建设年活动】 深入推进农村基层党风廉政建设，以抓基层、打基础为主轴，发挥农村反腐倡廉建设重要作用。按照县纪委要求，开展镇纪委规范化建设年活动，成立活动工作领导小组，制定《洛阳镇纪委规范化建设实施方案》。实现镇纪委软、硬件建设两个“六有”目标，镇纪委工作内容规范化、科学化水平进一步提升，职能作用得到发挥，基层党风廉政建设加强，反腐败工作得到落实。

【人口计划生育】 坚持把人口计生工作作为重中之重紧抓落实，认真制定实施《2014年度洛阳镇人口与计生工作层级动态管理责任制》，召开全镇人口计生工作大会，开展计划生育集中服务月活动，加大社会抚养费征收力度，稳定低生育水平，巩固一类镇成果。2014年，全镇总人口10353人，已婚育龄妇女2100人，出生人口137人，出生率13.24‰，自然增长率8.41‰，政策生育率91.24%。

【社会综合管理工作】 以建设“平安洛阳”为己任，加强组织领导，抓措施落实，创平工作取得成效。全镇未发生越级上访事件，未发生群体性事件、重大恶性刑事案件和重大安全生产事故，社会稳定得到维护。按照县政府要求，集中开展整治违法用地、违法建设的活动，成立整治工作领导小组。5月22日，镇政府组织镇村两级干部进行“两违”知识学习，召开洛阳镇“两违”整治工作会议，明确工作任务与工作责任。摸排查出“两违”建筑1宗，处理1宗。

【党的群众路线教育实践活动】 2014年，洛阳镇共召开党的群众路线教育实践活动座谈会16次，走访调研30次，个别访谈60人次，发放及回收征求意见表602份，共征求到意见建议66条。镇委按照“照镜子、正衣冠、洗洗澡、治治病”的总要求和聚焦“四风”问题，制定3个问题整治方案，完善相关制度8个，建立相关制度5个。通过开展群众路线活动，基层组织建设进一步加强，村小组“五有规范化”建设得到完善，镇党代会年会制有效落实推行。完成基层政务服务体系建设和解决一批惠民利民基础设施。

【重点项目建设工作】 全面加快重点项目建设。县银盈坳养殖场、俊彬养殖场完成猪舍、办公、住房及污水处理等配套设施建设。五彩谷特色农业观光园区建装新型加工配料设备，海狸鼠规模达1.8万只。正觉寺重建征地、规划等前期工作完成，重建工作正式启动，临时办公区搭建和人员进驻工作完成。

【中共洛阳镇委员会第十一届党代表大会第二次会议】 3月12日，中国共产党洛阳镇第十一届代表大会第二次会议在镇机关二楼会议室召开，镇委副书记、镇长华跃主持会议，出席会议党代表87名。与会代表听取和审议并表决通过镇党委书记吴衍雄代表中共洛阳镇第十一届委员会所作题为《立足生态优势、发展特色经济、努力开创生态和谐美丽洛阳新局面》的工作报告，审议通过镇纪委工作报告。

【共青团洛阳镇第十三次代表大会】 10月24日，共青团洛阳镇第十三次代表大会在镇政府会议室召开，团镇委书记廖桂珍主持会议，出席会议团员代表35名。与会代表听取和审议共青团洛阳镇第十二届委员会的工作报告，差额选举产生新一届团镇委委员7人，选举产生镇团委书记1名，副书记1名，等额选举产生出席县第十四次团代会代表8名。 （邹敏芳）

附：洛阳镇领导班子成员名单

党委书记、人大主席：吴衍雄（—2014.11）
华　跃（2014.11—）
党委副书记、镇长：华　跃（—2014.11）
吴志俭（2014.11—）
党委副书记：郑玮如（—2014.12）
张　杰（2014.12—）
党委委员、纪委书记：谢翠群
党委委员、人大副主席：许神养
党委委员、武装部长：赵　强
党委委员：吴振光
党委委员：曾亚松
副镇长：谢智敏
罗光宝
廖桂珍

2014年洛阳镇村（居）民委员会基本情况表

表13

村（居）委会	书记	主任	总户数（户）	总人口数（人）	集体经济收入（万元）	农民人均纯收入（元）
深　洞	江为通	江为通	242	1050	31	7000
坪　溪	陈永华	陈永华	317	1315	36	7003
田螺坑	潘顺祥	潘顺祥	142	612	30	7012
洛　阳	魏福安	魏福安	242	868	54	7007
半　星	雷观胜	雷观胜	121	502	13	7006
白　竹	文清连	文清连	254	988	16	7002
双　坪	李金发	李金发	241	970	11	5042
板　长	李水北	李水北	210	956	4.4	5192

续上表

村（居）委会	书记	主任	总户数（户）	总人口数（人）	集体经济收入（万元）	农民人均纯收入（元）
古母洞	欧坛胜	欧坛胜	80	364	6	5056
富　塘	李东养	李东养	158	614	6	5060
月　坪	李锦全	李锦全	153	544	13	5288
月　街	冯路金	冯路金	242	896	6	5358
阳升社区	杨土生	杨土生	177	343	/	/
合　计	/	/	2579	10022	/	/

一　六　镇

【概况】 一六镇地处乳源境东北部，东邻韶关市武江区，南邻乳城镇，西邻东坪镇，北邻游溪镇。镇政府驻地海拔 90 米，镇域总面积 84 平方公里，水田面积 773 公顷，旱地面积 256.4 公顷，森林覆盖率 76.3%，属传统农业大镇。辖 7 个村民委员会，1 个居民委员会，共 103 个村民小组。家庭总户数 4146 户，常住总人口 17101 人，其中农业人口 16383 人。设中学、小学各 1 间，镇级卫生院 1 间，村级卫生站 9 间。

农特产品。一六镇麻辣花生豆腐煲、辣椒拌凉菜、辣椒花鱼、香芋鸭，传统食品有用大米做原料的榨粉、糯米做的糍粑和叶包粽，日本品种“田心”牌西瓜、巴西果、李果等。

全镇实现农村经济总收入 11264 万元，比 2013 年增加 423 万元，增长 3.9%。农村人均纯收入 6766 元，比 2013 年增加 779 元，增长 13.01%。

【农业经济发展】 据镇政府统计数，镇域粮食作物种植总面积 1340.53 公顷，总产量 6629 吨，其中水稻种植面积 1055.73 公顷，总产量 6290 吨。特色种植进一步发展，全镇瓜类种植面积 60.4 公顷，总产量 1325 吨，种植柑橘 29.67 公顷，总产量 397 吨；花生种植 233.07 公顷，总产量 572 吨，蔬菜种植面积 459.93 公顷，总产量 7390 吨，豆类种植 83.47 公顷，总产量 170 吨，玉米种植 61 公顷，总产量 169 吨。

【基础设施建设】 公路硬底化建设。完善乡村道路网络，完成 6 个自然村 5.5 公里道路硬底化，3000 多群众的行路难问题得到解决。

饮水工程建设。完成罗屋小溪塘、一六田心等 3 个村的饮水安全工程，帮助 1200 多人解决饮水难问题。

镇区绿化工程建设。积极争取资金 80 万元，改善镇区商贸环境，完成农贸市场改造项目规划工作，启动镇区街道客运站农贸市场建设，拆迁、征地补偿工作进度完成 99%，市场一期建设工程完成，并开始挂牌招商，二期工程进入实施阶段。镇区街道人行道绿化建设，完成铺设混凝土 3 公里，种植树木 100 多棵。

【村（居）两委换届工作】 1 月 22 日，一六镇政府在镇三楼会议室召开 2014 年新一届村、社区“两委”干部就职宣誓承诺大会。大会由镇委副书记张桂辉主持，镇党政班子成员，工作组长，新任村、社区“两委”干部等 50 多人参加会议。

【文教卫生事业】 坚持教育优先发展战略，落实农村重大传染性疾病防疫工作，保障人民群众的健康安全。加大资金投入，全力支持幼儿园扩建，支持中小学校改善办学条件、提升教育质量。积极开展“文化下乡”“图书下乡”“电影下乡”等活动，2014年共配合上级文化部门播放电影96部。丰富群众娱乐文化生活，投入50万元兴建镇政府全民健身广场。以乡村清洁美工作为抓手，极大改善农村卫生环境，完成建设垃圾收集点120个、垃圾收集屋8个、垃圾中转站1个。

【社会保障事业】 2014年，全镇低保户205户，总人数505人，五保户67户，总人数67人，农村低保家庭应保尽保。参加新农村养老保险的人数6678人；参加城乡居民医疗保险人数12599人。

【新一轮扶贫开发“双到”】 整合资源，狠抓扶贫项目落实，扶贫开发工作取得明显成效。新一轮扶贫开发共落实（包括帮扶）资金1618.1万元，完成帮扶项目11个，其中有村道路硬底化5.2公里、维修乡村道路18公里、农房改造119户、文化设施建设2宗、贫困村入股扶贫电站等项目，完成11个自然村的垃圾整治。坚持把整村改造作为扶贫开发的重要内容，充分发挥群众的主体作用，实施高标准乌石岭村、高元村两个整村改造项目，其中团结村委乌石岭新村建设项目涉及钟、林屋两村共60户、208人，新村总建设面积26600平方米，该改造项目于4月12日动工，截至12月，主体建设工程完成，进入配套设施工程的施工阶段。推进东粉村委高元村改造项目，完成筹措资金694.5万元，10月完成主体建设工程，进入附属设施建设阶段，截至12月，完成农户分房工作，有17户农户入住。

【综治信访维稳】 充分发挥镇综治信访维稳中心、派出所、司法所、信访调解员的作用，加大矛盾纠纷排查和调处力度，累计调处各类矛盾纠纷130宗，无越级上访、无矛盾纠纷上交、无重大案件发生和无社区矫正对象脱管，政法各项工作取得成效。

【人口计划生育】 加强对计划生育服务与流动人口管理。全镇共出生240人，其中一孩出生116人，二孩出生118人，多孩出生6人，政策生育率为91.25%。

【党建工作】 开展党的群众路线教育实践活动，坚持早谋划，精组织，从实际出发，强化学习，扎实开展集中学习和自我学习，全镇共开展集中学习9次，撰写学习笔记300多篇。举办教育实践奖学活动，调动各村（社区）党支部教育实践活动积极性。广泛征求意见，通过进村入户走访调研、召开座谈会、开展谈心谈话、设立意见箱、发放征求意见表等多种形式，共收集各类意见建议133条，梳理“四风”突出问题16条。开展“服务群众一公里、惠民服务进百家”主题实践活动，以“为民、便民、惠民”为服务宗旨，创新惠民服务五大行动，包括以关爱弱势群体为主题的暖心行动、以服务到家为主题的便民服务行动、以互惠互助为主题的携手致富行动、以树文明新风为主题的“文明清风”行动、以和谐共进为主题的“三最”矛盾化解行动。11月6日，一六镇召开党风廉政建设工作总结大会，共有86人参加会议，县委副书记伍文、县纪委副书记谢荣欣及县党风廉政建设责任制检查组成员出席会议。

【征兵工作】 8月，启动夏季征兵工作，加大征兵工作宣传力度，与8个村（居）委签订征兵工作责任书，严把质量关，组织62名适龄青年报名参加征兵体检，经过初检、复检、家访和政审，顺利完成审批定兵及办理新兵交接手续，圆满完成征兵任务。

【便民服务站建设】 完善镇、村二级便民服务体系，拓展农村党组织和党员服务群众的新平台。2014年，镇政府投入80多万元，建成7个村级便民服务站并投入使用，便民服务代办项目有人口计生、民政、人力资源和社会保障、新农合、新农保、农财等7个窗口，共代办服务事项5689件。

【重点项目建设】 全力推进广乐高速、东阳光一六基地等重点项目建设协调工作。截至9月，完成广乐高速项目征地工作和协助广乐高速公路有限公司开展绿化、管道、机电等相关配套项目；加快协调蓝威科技园建设项目与周边村民土地界限和迁坟事项，截至8月，科技园一期厂房建设和二期土地调规完成，并进入用地手续办理阶段。

【高标准农田建设】 为提高农业综合生产能力，一六镇政府积极实施团结、东粉等5个村委会涉及面积达800公顷的高标准农田建设。完成乐群春头塘、团结上社、东粉龙谷陂等4处山塘、陂头加固工程和一六田心菜场喷灌及东粉水渠等农业基础设施建设项目6宗。

【林权深化改革工作】 加大对林权深化改革的工作力度，推进林地确权工作。制定《一六镇深化集体林权制度改革工作方案》，定时召开例会，组织司法所、镇综治办、派出所等有关部门联合解决集体林权改革中遇到的纠纷问题。截至10月份，生态公益林确权发证工作完成，集体林地使用权发证率达95%以上。

【镇第十届党代表大会第二次会议】 3月10日，一六镇在驻地召开第十届党代表大会第二次会议，县、镇两级党代表70余人出席会议。与会代表听取和审议中共一六镇委员会工作报告、纪律检查委员会工作报告，对镇党委领导班子及成员2013年度工作情况进行民主评议。

【共青团一六镇第十二次代表大会】 10月29日，共青团一六镇第十二次代表大会在镇政府三楼会议室召开，会议由肖福城主持，35名团员代表参加会议。与会代表听取和审议共青团一六镇第十一届委员会的工作报告，差额选举产生新一届一六镇团委委员5人，选举产生镇团委书记1名，副书记1名，等额选举产生出席县第十四次团代会代表9名。

（宁　炼）

附：一六镇领导班子成员名单

党委书记、人大主席：秦正京（—2014.11）
邓远林（2014.11—）
党委副书记、镇长：邓远林（—2014.11）
马新萍（2014.11—）
党委副书记：张桂辉（—2014.03）
潘　鸿（2014.12—）
党委委员、纪委书记：龙金培
党委委员、人大副主席：盘小军
党委委员、武装部长：冯水生
党委委员：文水福
陈大俊
郭桂运（2014.12—）
副镇长：叶福全
郭桂运（—2014.12）
肖福城（—2014.12）
丘国雄（2014.12—）
雷　英（2014.12—）

2014年一六镇村（居）民委员会基本情况表

表14

村（居）民委会	书记	主任	总户数（户）	总人口数（人）	集体经济收入（万元）	农民人均纯收入（元）
一六村委	秦德忠	付红飞	782	3866	7.56	6128
东粉村委	黄明瑶	黄明瑶	722	3151	2.98	7004
罗屋村委	何　俊	何　俊	406	1700	4.2	6942
乐群村委	欧初强	欧初强	306	1292	2.2	6604
东七村委	冯日清	冯日清	571	2274	3.2	6668
西岸村委	欧伟彬	欧伟彬	201	954	5	7023

续上表

村（居）民委会	书记	主任	总户数（户）	总人口数（人）	集体经济收入（万元）	农民人均纯收入（元）
团结村委	冯玉生	冯玉生	819	3146	4	7224
为民社区	陈景华	陈景华	339	718	/	/
合　计	/	/	4146	17101	/	/

中省驻乳源单位

广东省核工业地质局二九一大队

【概况】 广东省核工业地质局二九一大队，为省属正处级事业单位。以地质找矿为主，从事工程勘察、地灾防治、路桥施工、地质技术服务、环境评价、工业气体生产销售等业务。设有广州花都、佛山三水、韶关乳源三个基地。内设机关科室15个，二级单位9个（含1个联营单位）。有专业技术人员800多人，其中，研究员级高工8人，高级工程师50多人。拥有固体矿产勘察甲级、工程勘察综合类甲级、地球物理勘察乙级、地质勘探乙级、水工环地质调查乙级、地质钻探乙级、环境影响评价乙级、液体矿产勘察丙级、地球化学勘察丙级、地质灾害治理工程监理及公路工程施工总承包壹级、桥梁工程和隧道工程专业承包壹级等资质。乳源基地设有机关离退休管理科、基地管理办公室、核工业华南二九一工程勘察公司、二九一大队职工医院、乳源瑶族自治县二九一房地产开发有限公司5个基层单位（科室）。

【主要职能】 加强战略地质调查、地质科研工作、实施铀资源需求国际战略，强化为广东省核产业发展提供资源保障任务；加强参与全省天然放射性生态环境调查、评价、治理、保护、监测和参与全省环境地质、地质灾害防治等公益性工作；承担国家和省下达的核地质勘察工作任务，重点负责粤北百顺矿田和南雄盆地成矿区、粤西北铀资源勘察工作，承担大队的放射性档案管理及大队工作区的军工核设施（铀矿地质勘探）退役治理工作。

【历史沿革】 1955年4月组建于湖南省长沙市，原属中央二机部管辖，1971年整编为中国人民解放军基建工程兵二〇三师六一九兵团，1984年“兵改工”改编为核工业部华南地质勘探局二九一大队，2000年9月属地化管理后，更名为广东省核工业地质局二九一大队。2001年，大队机关从韶关乳源迁至佛山三水，2014年12月26日，大队机关又从佛山三水搬迁至广州花都，保留佛山三水、韶关乳源两个基地。

【地质业务】 2014年，实施财政项目39个，其中，科研项目1个、基础性项目2个、预查项目25个、普查项目11个，新增1个部级整装勘察综合研究项目、3个省级地勘基金项目。全年实施铀矿地质项目16个，《广东韶关诸广山岩体南部铀多金属矿整装勘察区关键基础地质研究》项目总体设计连续两年被国土资源部发展研究中心评为优秀设计报告，大队被广东省国土资源厅、广东省找矿突破指导中心指定为“全省整装勘察跟踪指导综合协调单位”。实施非铀地质项目23个，新成立“佛山诸广矿业开发有限公司”，负责矿权的市场运作；新立探矿权7个，探矿权数量达到25个，新增地质勘探乙级、水工环地质调查乙级、液体矿产勘察丙级、地球化学勘察丙级资质等4个地勘资质；成功获批地质灾害治理工程监理资质。

【核工业华南二九一工程勘察公司】 核工业华南二九一工程勘察公司专门从事工程地质勘察、岩土工程治理、工程测量、水文地质勘察及钻井。内设有经营部、工程部、质安部等多个部门，各项专业技术人员21人，证书级别为乙级，能独立承担多项工程施工。

【二九一大队职工医院】 二九一大队职工医院位于乳源瑶族自治县乳城镇鹰峰东路，医院建筑面积764平方米，属一级乙等医院，总资产67万元，万元以上设备6台（套）。设有内科、外科、中医科、妇产科、口腔科、X 光室、化验室、急诊室、注射室，B 超心电图室等。

【二九一房地产开发有限公司】 乳源瑶族自治县二九一房地产开发有限公司成立于 2010 年 12 月，是一家全资国有企业，注册资本 100 万元，房地产开发企业暂定资质。公司位于县城，拥有待开发土地 25 万平方米。（曹 韩）

附：广东省核工业地质局二九一大队领导班子成员名单

大队长、党委委员：苏文聪

党委书记：肖正华

副大队长、党委委员：周 鑫

张辉仁（总工程师）

张焕雄

党委副书记（兼纪委书记）：李毓成

广东粤电南水发电有限责任公司

【概况】 2014 年，广东粤电南水发电有限责任公司（以下简称：南水发电公司）认真贯彻落实“安全第一、预防为主、综合治理”的方针，围绕集团公司“打造绿色能源航母”战略目标，发扬勤勉务实的工作作风，强调工作的执行力和实效性，大力推进粤电企业文化建设，全面开展创先进发电企业、安健环管理、贯标、安全性评价等工作，企业管理水平实现质的提升，取得安全效益和社会效益双丰收。公司继续保持三标认证，AAA 级先进发电企业，2013 年 12 月被国家能源局评为“电力安全生产标准化二级企业”，2014 年 8 月获广东省自主创新标杆企业称号，2014 年度，荣获粤电集团发电企业档案工作评估为“优秀”单位、韶关市文明单位。南水发电公司注重安全生产工作，截至 2014 年 12 月 31 日，安全生产连续实现 4 个百日安全记录，创历史最高安全记录 5403 天。安全生产完成发电及经营目标任务，总发电量为 2.7 亿千瓦时（合并）。年末，公司在职员工 133 人，内退人员 5 人，离休人员 5 人，退休人员 165 人。

【企业管理】 开展对标管理，提升管理水平。成立领导机构，制定对标工作的标杆值和选出标准到期评审率及水情预测准确率为企业 2014 年度两个最佳实践研究案例，按计划实施，完成对标工作。2014 年评为广东省自主创新标杆企业。

2014 年 7 月 18 日获得集团公司表彰，被评为 2013 年度 AAA 级先进发电企业。

公司的三标一体化管理工作继续有序地进行。3 月份分别进行内部审核和管理评审，对内审中发现的问题进行了有针对性的整改。4 月初顺利通过北京中电联认证中心对公司三标一体化管理体系的再认证审核工作，取得三标管理体系认证证书。

开展“优秀班组”等管理建设活动。参与优秀班组建设的内部检查，各班组成员参与考核，负责相应的条款，营造全员参与的氛围，优秀班组创建工作进入良性循环阶段，班组管理水平得以提升，全公司各班组得分率都极大提高，八个班组中有六个取得五星班组称号，其余两个班组取得四星班组称号。

【安全生产活动】 公司组织举办交通安全知识、消防安全知识、职业健康知识、安全防范知识和技能等培训班。举办 2014 年度安全生产知识竞赛，组织观看《生命的红线》等安全生产 VCD 教育片、消防安全事故警示片。开展安规及生产人员现场规程考试，进行《防御雨雪冰冻灾害应急预案》《电力设备事故应急预案》联合演习，参与广东电网公司韶关供电局组织举行的“2014 年度韶关电网黑启动应急处置实操演习”的演练等。

全年制订反事故措施 14 项全部完成，完成率 100%；制订安全技术劳动保护措施 7 项，完成率 100%。

“两票”执行情况：截至 12 月 31 日，共完成操作任务 489 项（南水 367 项，其中电气操作 267 项，机械操作 100 项；南源 122 项，其中电气操作 85 项，机械操作 37 项），没有出现误操作事故，操作票合格率为 100%；工作票 765 张（南水 662 张，南源 103 张），工作票合格率为 100%。

南源电站自动化改造从 2014 年 12 月 15 日正式开始。改造期间，公司要求工程技术人员及南水、南源运行人员全程跟踪改造，做好设备投运的培训工作。

【防汛工作】 公司为做好防洪度汛工作，贯彻“安全第一、常备不懈、预防为主、全力抢险”的方针，于2月11日调整2014年防汛指挥部成员和防汛岗位人员及防汛抢险队员，名单和岗位职责以文件形式或在OA上予以公布。强调所属各部门必须认真做好防汛各项工作，落实人员到位、责任到人、思想到位，按既定的防汛岗位、职责开展工作。

水情遥测系统。2014年系统运行稳定，各遥测站的信道畅通，数据传输质量及电磁环境良好，系统畅通率和可靠度均达到设计要求。

南水防汛调度决策系统应用。水文班定期对值班人员进行操作应用培训，随时做好水库的洪水预报与洪水整编工作。

防汛工程。防汛应急通信系统运行稳定，大坝与厂区间信道畅通，信号传输质量及电磁环境良好，系统畅通率和可靠度均达到设计要求，满足公司防洪需求。防汛工程在抵御洪涝、台风、干旱灾害中发挥效益，对年内较大的2次洪水进行统计，共拦蓄洪水量0.29亿立方米，可为下游居民生活用水及农田灌溉用水13天，有效地提高水库的综合利用效率。5月17日，受南暖湿气流和高空小槽共同影响，流域降水174.0毫米，将最大洪峰流量569立方米/小时，削减为机组发电流量82.5立方米/秒，为下游削峰86%，除发电出库外，全部拦蓄在库内，保证下游人民群众的生命财产安全。

【人力资源管理与培训】 薪酬体系运行不断完善，在生产、管理等工作中的作用显著。2014年7月份完成劳动合同期满的续签和新来人员劳动合同的签订工作，续签1人，签订劳动合同4人。11月协议解除劳动合同1人（调出到集团公司）。

开展全员季度、年度考核，新入职人员的考核，中层及一般管理人员试用期满的考核。3月份完成专业技术人员年度考核和续聘工作及主任技师的年度考核工作；12月完成高管后备人才年度考核工作；配合集团公司完成公司领导班子及成员届满考核。截至12月，公司有12人参加技能鉴定，11人通过中级工技能鉴定。2014年度3人申报高级职称，1人申报中级职称，初级资格认定2人。

对特殊作业证全面复审，有执业资格证要求的财务、统计等专业技术人员参加相关的继续教育、取证及年审。

举办紧急救护知识、交通安全知识、职业健康知识、消防知识、应用文写作等培训班，开展安规及生产人员现场规程考试，完成专业技术人员公需科目、专业科目、自选科目培训，配合完成高管后备人才、消防员、观测人员等外培的相关工作，全年员工培训率达到100%。

【党建工作】 2014年，结合党的群众路线教育实践活动——“回头看”工作，以行动践行反对“四风”，贯彻落实中央八项规定和集团改进工作作风三十项的规定，完善党风廉政建设制度，加强党风廉政建设、工程项目、物资采购招标监督和审计工作，工作实行制度化、标准化、程序化、合法化。公司定期向员工代表报告各方面的工作情况，主动接受员工群众的监督检查。领导班子坚持开好年度民主生活会，会前征求意见，会中真诚开展批评与自我批评，会后落实整改措施，认真对待员工提出的意见和建议，能及时解决的问题及时解决，一时解决不了的，向员工说明情况，做到件件有着落，事事有回音。2014年收集意见6条，完成制定措施和落实整改。

加强理论学习。组织和参加集团党委组织的中心组学习共8次，117人次参加学习。加强党务基本理论知识及相关业务知识的学习，不断提高理论、业务素质。

“创先争优”活动。公司党委组织开展2014年度民主评议党员活动和创先争优评选活动，115名党员参加民主评议，评选出先进党支部1个，优秀党务工作者4名，优秀共产党员22名。

【工会工作】 开展先进集体和个人的评选活动，评选出先进集体4个，先进生产工作者14人，工会积极分子27名，2014年安全生产先进集体3个、安全生产先进个人18人、防洪积极分子18人。

文体活动成果。组队参加第四届“粤电杯”篮球赛、“风采杯”水上趣味比赛（取得三等奖）。公司摄协组织“南水员工人物风采摄影大赛”，邀请乳源瑶族自治县摄协对图片进行评奖，共有35幅图片参评，评出一等奖2幅、二等奖3幅、三等奖5幅、优胜奖10幅，在公司体育馆展示。新成立

“健身协会”和“自行车协会”，有文体协会7个，会员135人，根据各自特点分别开展比赛、交流和日常健身活动，推动公司全民健身活动的开展。

厂务公开。利用内部信息网、厂务公开专栏、座谈等形式公开公布厂务工作，全年公开10项422条内容。

关心职工健康生活。关心离退休人员生活。全年探视慰问患病住院治疗职工63人次，协助家属办理去世职工后事4人次。组织职工体检、女工妇检和患职业病退休职工的疗养413人次。组织举办“职工体质健康保健知识讲座”，讲座由县邮政局及邮政储蓄银行承办，县人民医院副院长、中西医结合副主任刘朝华主讲，公司在职、内退及离退休共70多人参加活动。组织员工开展户外减压促进身心健康活动274人次。

【综合管理】 信访维稳、创建平安、交通安全工作。建立健全公司内部治安保卫管理、外来人员登记管理、车辆出入证管理等一系列规章制度。严格执行登记制度，打造企业窗口良好形象，加强对外来人员、外来车辆出入管理和物品进出厂区管理，防止各类被盗案件发生。做好车辆日常安全检查和保养，严格执行《交通安全管理条例》，落实《交通安全管理标准》《车辆管理标准》等行车安全管理制度，强化车辆驾驶员的交通安全意识，减少或避免交通事故的发生，公司保持全年行车无事故，全年没有发生信访维稳事件。

公司综合档案管理。完成年度档案资料归档2628件，提供利用125人次。（潘耀丽）

附：广东粤电南水发电有限责任公司领导班子成员名单

党委书记、总经理：周喜安

副总经理：刘发胜

党委副书记、纪委书记、工会主席：许洪文

广东省乳阳林业局

【概况】 广东省乳阳林业局（以下简称“乳阳林业局”）成立于1958年，是广东省林业厅直属经费自筹的正处级事业单位。2014年，乳阳林业局总人口数1998人。全年经营总收入3400万元，实现利润87万元，上缴税费485万元。职工人均年收入4.0万元，比2013年增长16%。国有资产总值增到23049万元，资产负债率为34%。森林蓄积量244.6万立方米，森林覆盖率达97.6%。

【森林培育】 完成2012年碳汇林、珠防林623.33公顷的造林任务，完成2014年中、幼林抚育面积666.67公顷。建立天门嶂珍稀树木培育基地2公顷，种植红豆杉、广东松、福建柏、浙江润楠、红果冬青、半枫荷、红花油茶40多个珍稀树种1800多株苗木。

【小水电生产】 实现发电量5644万千瓦时，送电5423万千瓦时，产值2900万元，完成任务的96%。争取国家专项补助资金1000万元，自筹700万元，按要求完成办理溪二、溪三、溪四、龙四电站增效扩容改造工程手续。

【森林资源管护】 按照省林业厅统一部署开展“天网”“利剑”系列专项行动，乳阳分局创新联动机制，协调阳山县森林分局、乳源瑶族自治县森林分局、天井山派出所开展多次联合执法大行动，重点整治打击太平洞争议地带违法破坏资源行为。全年共出动车辆136台次、警力385人次、其他执法人员66人次，捣毁非法盗采矿窿3个，拆除工棚5间，清理盗伐、滥伐木材10多立方米。乳阳分局被国家林业局森林公安局授予集体“三等功”。

【安全生产与应急演练】 落实安全责任制，做好事故隐患排查、整改工作。全年开展安全检查20多次，发现隐患29处，发出整改通书26份，落实整改措施26处。实现全年“零事故”目标。12月18日，在省林业厅组织协调下，乳阳林业局与省应急办、省政府飞行服务队等28个单位联合开展林区自然灾害救援综合演练，200多人参与演习。有力提高应对突发事件的处置能力和管理水平。

【森林防火】 贯彻落实“预防为主，积极消灭”的森林防火方针，着力健全森林防火长效管理机制。抓好森林重点火险区综合治理工程建设项目工作，建设好第二峰瞭望塔1座、林火视频前端监测设备2套、安装森林防火宣传牌20块，购买扑火机具运输车1辆、森林防火扑火机具一批。完成森林防火指挥信息系统工程建设项目，项目于2014年9月份全面完工。工作扎实到位，实现全年“零火警”目标。

【廉政文化建设】 制定2014年党风廉政建设实施方案，局监察室与各单位及局领导签订《廉政承诺书》。6月10日、13日，局各党支部党员110人在党委的组织下，分批前往韶关市检察院党风廉政建设、干部任前法纪教育暨预防职务犯罪教育基地参观学习。开展廉政文化进事业单位活动，围绕“优化生态建设、倡导企业文化、树立清廉形象”主题，创新载体，丰富内涵，依托南岭生态文化平台，打造“两区、两廊、两点、两面”的廉政文化宣传区，构建具有生态特色的廉政文化内涵。

【学校、医院移交工作】 积极做好林区学校与医院的移交工作。2014年，在省林业厅的指导支持下，乳阳林业局多次参加县政府召开的移交工作协调会。与地方签订协议医院移交工作。学校移交工作尚在谈判协商中。

【加强森林公园管理】 加强对广东南岭森林景区的管理，支持公园旅游开发建设。2014年南岭国家森林公园接待游客人数11.5万、门票收入402万元。比2013年分别增长37%、52%。 （聂安琪）

附：广东省乳阳林业局领导班子成员名单

党委书记、局长：陈振明

党委委员、副局长：容建明

丁海胜

党委委员、党委副书记：杨武权

党委委员、工会主席：谷建国

党委委员、办公室主任：陈国元

党委委员、省森林公安乳阳分局局长：刘永华

广东省天井山林场

【概况】 广东省天井山林场创建于1958年，是广东省林业厅直属的生态型自收自支正处级事业单位。2014年年末，林场总人口1564人，其中城镇人口1123人，农村人口441人；职工886人，其中在岗人员531人，离退休人员355人；全年总收入5257万元，缴纳税费400万元，实现净利润407万元；总经营面积2.54万公顷，活立木蓄积量123.25万立方米，森林覆盖率91.6%。

广东省天井山林场被省林业厅安委会评为“2014年度安全生产先进单位”。广东省天井山林场党委被省林业厅直属机关党委评为“2012—2014年度先进基层党委”。

【森林资源培育】 完成杉木速生丰产林造林54.1公顷、备耕106.7公顷，中幼林抚育1549.5公顷，维修防火线130公里。

【森林资源管护】 开展“利剑行动”“天网行动”等专项行动，重点打击盗伐、滥伐林木资源、非法占用林地、开矿采土以及破坏野生动物资源等违法犯罪行为，共出动警力253人次，警车91台次，打击整治效果良好。

【森林防火】 调整充实专业扑火队和扑火预备队，完善森林防火网络，先后组织森林防火实战演练和风机灭火演练2次，提高队伍理论水平和实战能力。加强森防宣传，共悬挂横幅8条，出版3期森林防火知识宣传专栏，出动宣传车230车次，分发宣传资料5000份。投入森林防火经费144万元，加强森防基础设施建设。维修旧防火林带105公里，建设永久性森防宣传牌7块，建成150平方米森林防火物资仓库，在场部和大坪工区分别建成监测直径达10公里范围的森林防火监控塔。提高森防科技含量，以森林防火指挥中心为基础，整合资源，配备先进的监测、遥感及地理信息管理系统，建立融森林防火、林区治安防范、资源管理、资源巡护监控为一体的信息中心平台，增强资源管护、森林防火的效果，全年实现零火警。

【安全生产】 落实岗位责任，签订各级安全生产责任书47份；抓好春运工作，春运实现安全行驶里程6.05万公里；组织“全国职工安全健康知识普及竞赛”“安全生产月”等专项活动，使安全生

产、消防安全知识普及到员工的工作、生活中；加大检查整改力度，组织开展安全生产专项检查7次，发出整改通知书7份，整改率达100%；加强应急管理，开展防洪、消防演练260人次，提升应急救援队伍的综合素质和应急救援的实战能力；搞好安全培训，组织生产、管理人员106人参加培训，合格率达100%；加大安全投入，自筹资金200多万元对林区公路、河道、电站宿舍、水渠、机电设备、水工设施进行加固维修，完善安全生产基础设施，实现零伤亡、零事故的年度安全生产目标，被评为“广东省林业厅2014年度安全生产先进单位”。

【小水电站生产】 完成送电量9822.6万千瓦时，产值5036万元（含税），其中国有部分小水电站完成送电量6561.4万千瓦时，产值3364万元（含税）。

【生态旅游】 全年接待游客13688人次，实现旅游综合收入78万元。完成“8·16”洪灾中受损严重的铜桥生态长廊景区和亲水步道的修复工程，开发新的瀑布画廊旅游步道，对部分存在安全隐患的步道进行维修加固和重建。完成生态长廊景区旅游宣传广告牌、宣传栏、安全导向指示牌的安装工作。编印《森林之语》形象宣传手册，加大对生态型林场的宣传力度。经过精心筹划和准备，天井山国家级森林公园于12月30日正式对外经营。

【林业科技】 完成杉木培育标准化示范区项目的绩效评价及结题验收工作；完成2012年林业科技创新项目——天井山野生杜鹃选育和栽培的年度建设任务以及中期绩效评价工作，培育杜鹃幼苗2万株；完成2013中央林业科技推广项目——枫香优良品系栽培与示范项目53.3公顷建设及中期绩效评价工作；完成粤北山区雨雪冰冻灾害受损森林群落恢复技术项目的成果申报并获得2014年韶关市科技进步二等奖。

【参加政策性森林保险】 参保森林面积达2.53万公顷，其中生态公益林1.83万公顷，商品林0.7万公顷。

【林下经济】 完成国家农业综合开发示范项目——铁皮石斛及灵芝的林下栽培8公顷林地活树附生苗木栽植；扩建温室大棚3168平方米，铺设消毒松树皮基质苗床2700平方米，栽植铁皮石斛瓶苗2200平方米80余万株。

【民生建设】 完成场部、大坪工区两处安全饮用水工程建设。场区饮用水经县疾控中心检验，水质的浑浊度、色度、肉眼可见物等指标均符合生活饮用水标准。推进国有林场危旧房改造项目乳源天井山小区建设，A标段完成总工程量约85%，B标段完成总工程量约90%，C标段完成总工程量约85%，D标段完成总工程量约85%，E标段地下室、人防及主体工程完成总工程量约65%。配套设施部分：完成地下室配电房受电，供水、消防、通信、天然气等主管道敷设，支管线敷设至B标段，B标段完成道路硬化，景观绿化工程完成公开招投标进入施工前准备工作。

【党风廉政建设】 一是加强理论学习，落实场党委中心组学习计划，认真学习十八大、十八届三中、四中全会精神和习近平总书记的一系列重要讲话特别是视察广东讲话精神，学习党风廉政建设相关法律法规；二是加强宣传教育，以先进典型案例来鼓舞、激励干部职工树立健康向上的良好精神风貌，剖析反面典型案例来教育、警示全体党员特别是党员领导干部远离贪腐；三是加强廉政风险防控，从制度上、机制上、行为上使干部职工不能腐、不想腐、不敢腐；四是加强监督检查，做到抓早抓小、防微杜渐，确保林场资源、资金、队伍安全。 （林景辉　孔国荣）

附：广东省天井山林场党政领导班子成员名单

党委书记、场长：梁东成
党委副书记、纪委书记：赵学军
党委委员、副场长：彭华贵
　　　　　　　　　黄长娣
党委委员、工会主席：黄衍斋
党委委员、办公室、党工办主任、工会副主席：何月玲
党委委员、林政生产科科长：曾庆团

广东省高速公路有限公司京珠北分公司

【概况】 广东省高速公路有限公司京珠北分公司（以下简称“京珠北分公司”）负责京港澳高速公路粤境小塘—甘塘段（简称京珠北）109.84公里高速公路的经营管理。全路段按4车道完全控制出入口高等级公路标准设计，时速重丘区100公里/小时，山岭区80公里/小时，设有1个主线和6个匝道收费站。公司业务主要以收费、养护、路产维护为主，下设综合事务部、党群人力部、计划财务部、养护工程部、收费管理部、机电及隧道管理部、路政大队等7个职能部门，职工600多人。2014年，京珠北分公司获得中国交通企业管理协会授予“全国交通运输企业文化建设卓越单位”、省委组织部授予全省践行“三严三实”先进典型单位、省交通集团授予“2013年打击偷逃费工作先进营运公司”、省交通集团授予“2014年度‘文明服务月’活动‘文明服务之星’”殊荣。

【收费体系建设】 成立工作领导小组，落实工作职责，编制《一张网系统切换操作指引》《复合通行卡管理暂行办法》《后台操作指引》等制度规范，加强收费队伍的培训教育，全年组织13批职工参与学习培训；升级收费系统和“一张网”软件，完成IC卡、卡盒和工控机等硬件设施的采购，顺利实施全省联网收费工作。

【队伍素质建设】 实施“班组一周、站队一月、部门季度、公司年度”为周期的培训制度，健全完善业务技能竞赛机制，提升业务本领和竞技能力，激发收费队伍的积极性和创造性。公司获得省交通集团授予的“2014年度‘文明服务月’活动‘文明服务之星’”荣誉；公司9名选手获得全省收费员职业技能竞赛2个一等奖、2个二等奖、2个三等奖，其中1名选手获全省第一名，并授予广东省“五一劳动奖章”。

【行车环境治理】 建立与沿线派出所、高速交警联合打击机制，采取加大巡查密度、屏蔽修车广告电话、公布道路拯救电话、开展专项整治等措施，有效遏制违法上路修车及粘贴小广告等行为。全年共清理小广告4.5万余张，现场制止非法修车行为45宗。联合韶关市综合执法局、高速交警、地方派出所、广乐公司等单位开展粤北站收费广场非法摆卖专项整治行动，派出路政人员到粤北收费站长期驻点，维护收费现场秩序和行车环境。

【养护科技创新】 沥青路面综合治理、隧道侧墙瓷砖修复、高边坡维修加固工程，采用PG82－10、机制砂、M950、TIT固封层、钢绞线防腐等新技术、新材料、新工艺，降低成本，道路使用寿命延长。全面推行低碳、节能、环保养护，打造京珠北路段LED照明节能整体示范点，对路段互通、广场、收费车道的高能耗钠灯及卤化灯进行LED节能改造，节能率达到55%。开展课题攻关，完成《高速公路沥青路面预防性养护措施效果评价研究》工作。

【党建工作创新】 构建具有京珠北特色的基层党建为民服务“1313”工作法（“一网三岗”即文明服务网、为民服务岗、党员先锋岗、党员示范岗；“一站三队”即共产党员服务站、党员先锋队、党员突击队、志愿者服务队），联系服务群众工作机制更具实效性。以“科学管理防逃费，创新机制提效益”为主题，依靠党建创新对营运管理支撑和推动作用，探索防逃费的长效机制，提升企业经济效益。（粟晶晶）

附：京珠北分公司领导班子成员名单

总经理：田增华

书　记：蔡国辉

副总经理：陈庭锋（—2014.04）

陈育民

张建泉

李建武

曾志强（2014.04—）

广东乳源大峡谷省级自然保护区

【概况】 广东乳源大峡谷省级自然保护区（以下简称“大峡谷保护区”）位于乳源瑶族自治县城西南68公里的大布镇，属省级自然保护区。2002年8月，成立“广东乳源大峡谷省级自然保护区管理处”，核定省级事业编制12人，其中主任1人，副主任1人。由广东省和乳源瑶族自治县共管，人员经费由省财政核拨。

【党的群众路线教育实践活动】 2014年3月成立广东乳源大峡谷省级自然保护区实践活动领导小组，制定《广东乳源大峡谷省级自然区保护区管理处党组关于深入开展党的群众路线教育实践活动的实施方案》，学习习近平总书记系列重要讲话、中央和省委的活动读本，组织撰写学习心得体会96篇，找职工谈心54次，深入村委村小组召开座谈会25次，设立意见箱、发放征求意见表58份，征求职工意见37条，召开专题会议52次，查摆“四风”问题，针对存在的问题，制定整改方案和详细的整改工作一览表，明确整改单位、责任人、时限和目标。领导班子工作作风焕然一新。

【管护队伍素质培训】 加强内控能力建设，组织干部职工、管护队护林员参加县人民政府举办的2014年森林防火培训，提高森林管护队伍整体素质，提升森林火灾应急处置和资源管护能力。

【宣传教育】 制作横幅25条，标语200张，宣传单1500份。清明节、“五一”国际劳动节、国庆节和冬至期间，派发宣传单，出动宣传车下村镇广播，做好《中华人民共和国森林法》《自然保护区条例》《森林防火条例》《野生动植物保护条例》等法律、法规的宣传。

【资源管护】 一是加强管护人员的目标责任制管理。管护科负责人与巡护队长，巡护队长与巡护队员签订《广东乳源大峡谷省级自然保护区管理处巡护队工作人员考核目标责任书》，巡护队员分片挂点，分片包干，分小班，加强重点地段、区域巡查，做到发生事件有人报，发生违法行为有人管，完善绩效管理制度，提高管护人员的积极性和责任心。二是成立自然资源管护和森林火灾扑火队。聘请28名临时护林员，巡查保护区重点防火区域，主要入山道口设卡检查登记，严禁火种火源入山。三是严格领导、工作人员的24小时值班。全处干部职工必须保证24小时通信畅通，有事外出须向带班领导汇报。2014年实现保护区管护工作达到“三无”目标（没有发生火灾，没有发生乱砍滥伐、乱捕乱猎、乱挖乱采等违法现象，没有出现人员上访）。

【社区共管】 管理处领导深入企业、村委、村小组，与干部共商社区共建发展，协同做好保护区与村民的协调工作，确保社区及居民的利益与保护区资源管护和谐共赢。

【维稳工作】 抓好生态旅游区的监督和管理，2014年在生态旅游区内，游客违反《自然保护区条例》和破坏自然资源的案件为零。贯彻“群众利益无小事”信访方针，倾听林农心声，解决林农的合理诉求，确保保护区内的社会维稳，2014年没有出现社区居民投诉和上访现象。（李钰桦）

附：广东乳源大峡谷省级自然保护区管理处领导班子成员名单

党组书记、主任：林顺和

党组成员：郑飞舟

赵梅英

许根有

2014 年乳源瑶族自治县国民经济统计资料

关于 2014 年国民经济和社会发展的统计公报

乳源瑶族自治县发展和改革局

2014 年面对经济运行下行压力，以及改革发展稳定任务。县委县政府团结带领全县瑶汉族人民，以开展党的群众路线教育实践活动为契机，以饱满的热情、积极的态度，认真贯彻落实党的十八届三、四中会议精神。按照“稳增长、促改革、调结构、惠民生”政策措施，围绕“加快生态发展，建设美丽乳源”的核心任务，扎实开展工作，经济发展取得了较好成果，各项改革深入推进，社会事业全面进步。

一、综合

初步核算，全年完成生产总值 64.1 亿元，比上年增长 11.5%，其中：第一产业增加值 6.98 亿元，增长 4.1%，第二产业增加值 31.5 亿元，增长 12.6%，第三产业增加值 25.57 亿元，增长 12.1%。三次产业结构比分别是 10.9 ∶ 49.2 ∶ 39.9。好的方面：工农业生产向前发展，投入增加，第三产业实现提速，消费和服务保持一定支撑力。但经济运行仍存在有如下问题：三大产业结构没有得到根本性改观；节能降耗形势不乐观，单位 GDP 能耗比上年只下降 2.8%；城乡居民持续增收难度加大；财政收支矛盾仍然突出；制造业实体生产回升不快，水电生产不给力，旅游带动效益不显著；新经济增长亮点少，后劲不足；市场物价小幅上涨，生活成本升高。

二、农业

2014 年乳源继续以新一轮扶贫“双到”和推进农村综合改革、生态农业工程建设、农村公共服务体系建设等统筹农业农村工作。积极完善各项扶持政策，加强对农作物布局的规划调整引导，积极培育壮大绿色、特色农业产业带长廊和休闲产业基地建立，并强化农资、农产品市场监管和动物疫情防控工作，确保了农林畜渔业的稳定增长，农民收入有较大幅度提高。经统计：全年农林牧渔业总产值 11 亿元，比上年增长 4%，其中：农业产值 7 亿元，比上年增长 3.9%；林业产值 1.9 亿元，比上年增长 5.6%；畜牧业产值 1.7 亿元，比上年增长 2.5%；渔业产值 0.21 亿元，比上年增长 4.5%。

主要农产品产量

表 15　　计算单位：吨

	2014 年	比上年增（减）%
一、谷物	51687	4.3
其中：稻谷	47908	5.4
玉米	3613	-8.3
二、薯类	25685	0.6
三、大豆	1923	7.85
四、花生	3949	-0.4
五、蔬菜	76894	4.4
六、烟叶	1316	-12.5
七、水果	9370	9.67

全年谷物播种面积 15.1 万亩，比上年增长 2.8%；谷物总产量 5.17 万吨，比上年增长 4.3%。其中：稻谷总产 4.79 万吨，比上年增长 5.4%。

畜牧业稳定发展。全年肉猪出栏量比上年增长3.6%，生猪年末存栏量比上年下降4.4%；猪、家禽等肉类总产量比上年增长2.5%。

渔业平稳增长。年末水产品产量2456吨，比上年增长4.6%。

三、工业

工业保持稳步增长。2014年，乳源各部门通力配合，大力服务企业，积极挖掘新增产能，采取一系列措施，扭转了前半年工业一直处于不利的态势，收官阶段取得了较好成效。经统计，全年全部工业总产值117.24亿元，比上年增长13.5%，其中：规模以上工业产值97.48亿元，比上年增长15.5%。在规上工业中，制造业产值增长18%，电力生产和供应业产值增长下降2.02%。规上工业产品销售率96.1%，比上年下降1.2个百分点。

全年工业增加值27.38亿元，比上年增长12.6%，其中规上工业增加值22.95亿元，比上年增长14.3%。

规模以上主要工业产品产量

表16

	计算单位	2014年	比上年增（减）%
发电量	万千瓦时	95507	-13.7
盐　酸	万吨	3.63	-1.6
烧　碱	万吨	21.08	1.5
钎焊箔	万吨	2.11	16.6
电子箔	万吨	1.33	-36
亲水箔	万吨	6.85	39
中高压腐蚀箔	万平方米	2092.6	4.8

四、固定资产投资和建筑业

投资保持高增长。2014年，在工业企业扩能、教育卫生、广乐高速等道路交通、旅游服务基础设施、城乡供电、供水基础设施完善改造和房地产开发等主要项目推动下，固定资产投资全年延续高增长。全年社会固定资产投资完成额55.79亿元，比上年增长23.6%，超额完成了年度工作目标。其中：固定资产投资项目完成52.09亿元，比上年增长28.7%（房地产开发投资完成3.7亿元，比上年下降20.4%）；广乐高速投资完成3.9亿元，比上年增长64.4%。全年全社会建筑业增加值4.13亿元，比上年增长14.6%。

三次产业投资结构，第一产业投资完成1.53亿元，比上年增长35.7%；第二产业投资完成25.15亿元，比上年增长4.1%；第三产业投资完成29.1亿元，比上年增长31.1%；三次产业投资结构比为2.8:45.1:52.1。

五、运输邮电

交通运输业稳步发展。当年全县货运量247万吨，比上年增长3.4%，货物周转量21410万吨公里，比上年增长3.7%；旅客客运量925万人次，比上年增长4.4%，其中：汽车站694万人次，比上年增长6.4%。年末全县公路通车里程1861.5公里，比上年末增加了2.9%。

邮政通信事业发展平稳。2014年邮政业务总收入比上年增长13%；信息传输业务收入比上年增长16%。

六、贸易、对外经济、旅游

城乡消费市场持旺。全年累计实现社会消费品零售总额17.43亿元，比上年增长12.4%。其中：批发和零售业零售额15.5亿元，增长12.8%，住宿和餐饮业零售额1.9亿元，增长9.6%。按地域分：城镇社会消费品零售总额增长13.5%，乡村社会消费品零售总额增长8%。

2014年1—11月，外贸出口总值10982万美元，同比下降4.8%；外贸进口总值1710万美元。全年实际利用外资2041万美元，比上年下降8.2%。

旅游业平稳向前发展，2014年旅游业加强节庆与营销推广工作，创新营销策略，做好对旅游企业指导与服务，不断完善旅游服务功能及基础设施配套，维护旅游市场稳定发展。据旅游部门统计：2014年，全县共接待游客315.2万人次，比上年增长10%；旅游收入24.3亿元，比上年增长12%。

七、财政、金融和保险业

2014年乳源财税、金融部门，继续实施积极的财政政策和适时从宽的货币政策，不断深化财税体制改革，以组织收入为中心，坚持依法治税，强化税收征管；依法理财，提高科学理财水平和扎实推进为民理财，合理优化财政支出结构，实现了财政增收、维持了金融市场稳定。

据财政部门统计：全年地方财政一般预算收入5亿元，比上年增长15.9%；其中，非税收入1.59亿，比上年增长23.6%。地方财政一般预算支出14.05亿元，比上年增长14%，其中：一般公共服务支出2.5亿元，比上年增长20.5%；教育支出3.32亿元，比上年增长10.3%；医疗卫生支出1.67亿元，比上年增长10.6%；社会保障和就业支出1.33亿元，比上年增长0.1%；节能环保支出0.65亿元，比上年增长60.9%；文体与传媒支出0.33亿元，比上年增长40.1%。

据税务部门资料，国税、地税税收入合计9.26亿元，比上年增长12.9%，其中：国税国内税收收入5.1亿元，比上年增长10.6%；地税税收入4.16亿元，比上年增长15.9%。

金融运行平稳。年未金融机构各项贷款余额31.63亿元，比上年增长24.3%。年末各项存款余额67.49亿元，比上年增长17.9%，其中：城乡居民储蓄存款余额达37.76亿元，比上年增长12.9%。

保险事业稳步发展。2014年全县有17342人参加了人身保险，有3.7万户家庭，参加了家庭财产保险；参加财产保险企事业单位766个。全年全县保险业务收入7307.5万元，比上年增长10.5%，其中财产保险业务收入1948.5万元。全年支付各类赔款及给付额1996.1万元，其中：财产保险赔款金额1318.1万元，各类人身险给付金额678万元。

八、教育、卫生、文化和体育

教育事业开拓创新。2014年在巩固教育强县成果基础上，积极参与创建全国义务教育发展基本均衡县工作。全面启动“扩容改薄”建设工程建设，努力提高教育教学质量，教育水平再上新台阶。年末全县有普通学校48间（不含教学点），招生人数10548人，毕业生人数8548人；在校学生人数32484人。在校人数中：普通中学在校学生9097人，其中高级中学在校学生3397人，小学在校学生14761人，在幼儿园接受学龄前教育的儿童7297人，特殊教育学校学生42人。全县有普通学校的专任教师2038人。教学成果丰硕，学龄儿童入学率107.3%，小学毕业生升学率100%，职业教育学生推荐就业率100%。普通高考取得好成绩，圆满完成了市下达的各项高考指标任务。2014年普通高考中，考入国内普通高等院校人数913人，其中本科393人。中职教育成绩喜人，高职类“3+证书”录取人数为30人，全市总分第一名、第二名，乳源有8人次进入全市单科前十名。

卫生事业有序推进。2014年卫生医疗单位，继续深化医改，巩固完善了县级公立医院的改革和基层医疗卫生机构综合改革。强化了对“登革热”和“埃博拉”等公共疫情的预警和应对能力、提高了保障全县人民群众身体健康的公共卫生服务均等化水平。全县城乡居民参加基本医疗保险人数15.55万人，参加率达102.3%。年末全县有卫生事业机构43个，村级卫生室（点）122个；年末全县拥有卫生人员数1227人，比上年增长1%，其中执业医师和执业助理医师360人，比上年增长4.1%。

文化事业繁荣发展。民族特色文化宣传和文化产业发展取得新成绩，文化遗产保护卓有成效，城乡公共文化硬件设施建设日趋完善。2014年创建省级文化生态保护实验区通过省级评审；《瑶族民歌》被公布列入第四批国家级非物质文化遗产项目代表性名录，并启动了非物质文化遗产项目《南岭观音诞》《瑶族“双朝节”》推荐市级名录申报；镇村级文化电子阅览室功能不断完善。

乳源被国家文化部命名为中国民间文化艺术之乡；据统计，乳源实有电影放映单位数1个、图书馆1个、文化馆1个、博物馆1个、农村文化站9个、村级文化室115间。

体育事业向前发展。“节庆系列”群众体育赛事项目增加，内容扩展，社会体育工作、全民健身事业不断向基层延伸，竞技水平创佳绩。2014年在第五届省民运会上，乳源代表队共夺6金6银5铜和总分第二的优良成绩。在第十四届市运会上，乳源代表队获成年组乒乓球团体总分第二名、成年组和老年组象棋团体总分各第三名、乒乓球团体总分第四名的优异成绩。民族龙舟队在参加2014年韶关市龙舟赛中获得冠军。

九、人口与人民生活

2014年卫计部门，坚持计划生育基本国策不动摇，强化层级动态管理责任和“三栏”宣传教育，落实计生优惠扶助和全面实施“单独两孩”政策等各项工作，稳定了人口生育水平。据卫计部门统计：全年出生人口3234人，出生率14.57‰，计划生育率为90.91%；人口自然增长率8.75‰；节育率74.17%；死亡率5.82‰，出生性别比106.78（以女孩为100）。2014年末，全县户籍总人口21.84万人（公安局户籍人口），其中男性11.26万人，女性10.58万人。人口变动中迁入人口合计1076人，迁出人口合计862人。

预计年末常住人口18.31万人，其中城镇常住人口7.91万人，农村常住人口10.4万人。预计为城镇化率43.2%。

城乡居民收入持续增长，人民生活水平进一步改善。预计2014年，城乡居民收入12880元，比上年增长8.4%，其中农民人均纯收入9600元，比上年增长13%。全年商品房竣工面积7.3万平方米。

社会保障机制和救助体系不断完善。再就业工程新增就业岗位2011个，安置下岗失业工人1459人。全年劳动部门输出劳务人员3312人；年末城镇登记失业率2.35%，比上年降低0.05个百分点。

社会福利事业保持稳定，优抚政策得到全面的落实，助困救助工作不断扩展。2014年末有农村敬老院7所，供养人数81人；城镇社会福利院1所，供养人数40人。按照优抚政策，全年发放各类享受抚恤和生活补助重点优抚对象共407人，金额277.1万元；发放军队无军籍离退人员生活费7.9万元；发放60周岁以上农村籍退役士兵生活补助34.3万元；发放义务兵家属优待金133.5万元共197户；发放2013年冬季自主就业城乡户籍退役士兵一次性补助金114.1万元。

提高城乡低保标准，城镇低保线从325元提高到415元；农村低保线从185元提高到230元。全县享受低保救济有2604户，6323人；累计发放低保救济金935.37万元；给享受低保救济户发放春节补贴及临时价格补贴145.37万元，其他价格补贴14.1万元。

继续加大城乡困难群体大病医疗救助力度。2014年全县城乡医疗救助共救助200人次，其中低保对象56人，五保对象60人，支付医疗救助资金141万元；资助城乡低保对象、农村五保户，城镇“三无人员”参加新型城乡合作医疗6571人，资助金额39万元。

按照《广东省农村五保供养工作规定》，提高五保供养水平。全县共有五保对象457人，月供养标准，由370元提高至每人492元。全年累计发放五保供养资金273万元。

注：公报中所列数据均为初步统计数。生产总值、各产业增加值和工农业总产值指标绝对数按当年价格计算，增长速度按可比价格计算。

先进名录

先　进　单　位

2014 年获韶关市委、市政府以上机构（含省直部门、市厅级机构）表彰先进单位一表

单　　位	授予时间	荣　誉　称　号	授　予　单　位
森林公安乳阳分局	2014.03	集体三等功	国家林业局森林公安局
乳阳林业局	2014.04	全国“安康杯”竞赛优胜单位	中华全国总工会、国家安全生产监督管理局
乳阳林业局	2014.04	五一劳动奖状	中华全国总工会
东坪镇东莞“双到”瑶族新村	2014.05	中国少数民族特色村寨	国家民委
游溪镇大寮坑村委八一瑶族新村	2014.05	中国少数民族特色村寨	国家民委
必背镇必背村委必背口村	2014.05	中国少数民族特色村寨	国家民委
东阳光实业发展有限公司	2014.05	全国五一劳动奖状	中华全国总工会
乳源瑶族自治县妇女联合会	2014.08	2014 年度全国妇女宣传舆论阵地建设“先进单位”	中国妇女报社
乳源瑶族自治县人民政府	2014.09	全国民族团结进步模范集体	中华人民共和国国务院
乳源瑶族自治县人民武装部	2014.09	全国民族团结进步模范集体	中华人民共和国国务院
京珠北分公司	2014.10	全国交通运输企业文化建设卓越单位	中国交通企业管理协会
乳源瑶族自治县文体旅游局	2014.12	全国文化系统先进集体	文化部、人力资源和社会保障部
乳源瑶族自治县	2014.12	2014—2016 年度中国民间文化艺术之乡	文化部
必背镇	2014.01	广东名镇	中共广东省委农村工作办公室、广东省住房和城乡建设厅

续上表

单　　位	授予时间	荣　誉　称　号	授　予　单　位
必背口村	2014.01	广东名村	中共广东省委农村工作办公室、广东省住房和城乡建设厅
乳城镇文化站	2014.01	三级达标文化站	广东省文化厅
乳源瑶族自治县公安局禁毒大队	2014.03	“全省通道查缉毒品集群战役”先进集体	广东省禁毒委
乳阳林业局	2014.04	广东省五一劳动奖状	广东省总工会
乳源瑶族自治县工商行政管理局	2014.05	“爱心父母大联盟”荣誉章金奖	广东省妇女联合会
乳源瑶族自治县地方税务局	2014.05	“爱心父母大联盟”荣誉章金奖	广东省妇女联合会
乳源瑶族自治县经济开发区管理委员会	2014.06	生态文明宣传爱心奖	广东省环境保护宣传教育中心
广东粤电南水发电有限责任公司	2014.08	广东省自主创新标杆企业	广东省企业联合会、企业家协会
乳源瑶族自治县供电局	2014.10	南方电网公司首批服务文化示范单位	中国南方电网公司
建设银行乳源支行	2014.12	2014年度对公业务《五十佳网点》	中国建设银行广东省分行
武警乳源瑶族自治县中队	2014.12	先进中队	武警广东省总队
武警乳源瑶族自治县中队	2014.12	正规化执勤优秀单位	武警广东省总队
武警乳源瑶族自治县中队	2014.12	思想政治教育等级达标一级单位	武警广东省总队
乳源瑶族自治县人民武装部	2014.12	先进人武部	广东省军区
乳源瑶族自治县公安消防大队	2014.12	正规化达标单位	广东省公安消防总队
乳源瑶族自治县公安消防大队	2014.12	基层建设标兵中队	广东省公安消防总队
乳源瑶族自治县看守所	2014.12	广东省法治文化建设示范点	广东省依法治省工作领导小组
乳源瑶族自治县机构编制委员会办公室	2014.12	2014年度全省机构编制系统信息工作先进单位	广东省机构编制委员会办公室
天井山林场	2014.12	2014年度安全生产先进单位	广东省林业厅安委会
乳源瑶族自治县	2014.12	广东省2013—2014年度“旅游创新发展十强县（市）”	广东旅游竞争力评价研究中心
乳源瑶族自治县地方税务局工会	2014.12	广东省“模范职工之家”	广东省总工会
桂坑村委大塘坑一村	2014.12	省级“卫生村”称号	广东省爱国卫生运动委员会

续上表

单　　位	授予时间	荣　誉　称　号	授　予　单　位
京珠北分公司	2014	2014年度“文明服务月”活动“文明服务之星”	广东省交通集团
人民银行乳源瑶族自治县支行	2014	2011—2014年度模范职工之家	中国人民银行广州分行
必背镇人民政府	2014.04	韶关市2013年度人口与计划生育先进单位	韶关市人民政府
乳源东阳光集团	2014.09	争创名牌先进企业	韶关市人民政府

先　进　个　人

2014年获韶关市委、政府以上机构（含省直部门、市厅级机构）表彰先进个人一览表

姓　名	授予时间	获奖时工作单位	荣　誉　称　号	授　予　单　位
江文生	2014.03	森林公安乳阳分局	个人三等功	国家林业局森林公安局
黄金福	2014.03	乳源瑶族自治县民族实验学校	第六届“语文报杯”全国初中语文教学论文大赛二等奖	中国教育会中学语文教学专业委员会《语文报初中版》编辑部
袁瑞刚	2014.04	乳源瑶族自治县人民检察院	一等功	最高人民检察院
刘永华	2014.07	森林公安乳阳分局	个人二等功	国家林业局森林公安局
盘才万	2014.07	乳源瑶族自治县关心下一代工作委员会	全国离退休干部先进个人	中共中央组织部
冯世有	2014.11	乳源瑶族自治县民族实验学校	《心脏是血液循环的动力器官》第十八届全国教育教学信息化大奖赛基础教育组移动终端课件一等奖	中央电化教育馆
冯晋康	2014.12	乳源瑶族自治县妇幼保健院	妇幼健康服务先进个人	国家卫生计生委办公厅
刘永华	2014.03	森林公安乳阳分局	防汛防旱防风防冻先进工作者	广东省防汛防旱防风总指挥部
冯世军	2014.03	乳源瑶族自治县公安局刑侦大队	“全省通道查缉毒品集群战役”先进个人	广东省禁毒委

续上表

姓　名	授予时间	获奖时工作单位	荣　誉　称　号	授　予　单　位
曹雪莲	2014.05	乳源瑶族自治县地方税务局	“爱心父母大联盟”荣誉章金奖	广东省妇女联合会
黄新燕	2014.05	乳源瑶族自治县地方税务局	“爱心父母大联盟”荣誉章银奖	广东省妇女联合会
肖文君	2014.05	乳源瑶族自治县地方税务局	“爱心父母大联盟”荣誉章银奖	广东省妇女联合会
曾　强	2014.05	乳源瑶族自治县地方税务局	“爱心父母大联盟”荣誉章银奖	广东省妇女联合会
潘秀珍	2014.06	侯公渡中学	《磁生电》教学设计获三等奖	广东省教育学会
李燕芳	2014.06	侯公渡中学	《让电子白板为化学教学插上翅膀》获二等奖	广东省教育学会
谭立英	2014.06	桂头中学	《浅谈多媒体在英语课堂教学中的运用》获三等奖	广东教育学会中小学信息技术教育专业委员会
朱军强	2014.06	桂头中学	《农村中学的信息技术教学的几点思考》获三等奖	广东教育学会中小学信息技术教育专业委员会
刘秋娣	2014.06	桂头中学	《运用信息技术优化初中数学课堂教学》获三等奖	广东教育学会中小学信息技术教育专业委员会
张水城	2014.06	桂头中学	《在信息技术下的中学语文教学》获三等奖	广东教育学会中小学信息技术教育专业委员会
钟　明	2014.06	桂头中学	《信息技术在语文教学上的应用》获三等奖	广东教育学会中小学信息技术教育专业委员会
钟明昌	2014.06	桂头中学	《利用信息技术进行化学教学的策略》获三等奖	广东教育学会中小学信息技术教育专业委员会
杨娌萍	2014.06	桂头中学	《灵活运用乡土史采用信息技术推进初中历史兴趣教学初探》获三等奖	广东教育学会中小学信息技术教育专业委员会
黄　燕	2014.06	桂头中学	《Unit 3 Could you please clean your room Sections A 3a－3c》获二等奖	广东教育学会中小学信息技术教育专业委员会

续上表

姓　名	授予时间	获奖时工作单位	荣　誉　称　号	授　予　单　位
谢雯娟	2014.06	桂头中学	《多媒体技术在物理教学中的作用及误区》论文二等奖	广东教育学会中小学信息技术教育专业委员会
董秀芳	2014.07	乳城镇云峰社区	广东百户最美家庭	广东省妇女联合会
赵秀花	2014.07	游溪镇中心社区	广东百户最美家庭	广东省妇女联合会
李　伟	2014.07	乳阳林业局	先进工作者	广东省林业厅
黄荣辉	2014.07	乳阳林业局	先进工作者	广东省林业厅
李海燕	2014.08	桂头小学	优秀辅导员	广东省青少年事业促进中心
付贵香	2014.09	侯公渡中心小学	“校讯通专项绘画”获三等奖	广东省教育厅
陈千千	2014.09	侯公渡中心小学	“校讯通专项绘画”获优秀奖	广东省教育厅
盘秀莲	2014.10	乳源中学	省第五届少数民族运动会“体育道德风尚奖”	广东省第五届少数民族运动会组委会
姚　杰	2014.11	乳源瑶族自治县公安消防大队	红旗车驾驶员	广东省公安消防总队
吴炬光	2014.12	乳源瑶族自治县人民武装部	优秀团级主官	广东省军区
李天福	2014.12	乳源瑶族自治县司法局大桥司法所	广东省第一届人民调解员调解技能大赛二等奖	广东省司法厅、广东省人民调解员协会
任远清	2014.12	乳源瑶族自治县司法局一六司法所	广东省民族团结进步模范个人	广东省人民政府
张可芳	2014	乳源瑶族自治县盐业分局	国资系统2014年优秀共产党员	广东省国资委

文献专载与重要文件

2014 年县委常委会工作总结

（2015 年 1 月 21 日）

2014 年，县委常委会团结带领全县广大党员干部群众，坚持以邓小平理论、“三个代表”重要思想和科学发展观为指导，深入学习贯彻习近平总书记系列重要讲话精神和党的十八届三中、四中全会精神，紧紧围绕全面深化改革主题，牢牢抓住粤东西北地区振兴发展机遇，积极应对经济下行的困难局面，深入实施“五大战略”，着力筑牢“六大工程”，扎实抓好党的群众路线教育实践活动，党的建设得到全面加强，经济社会呈现平稳较快发展，较好完成全年工作目标任务，迈出了加快生态发展、建设美丽乳源的坚实步伐，第四次被国务院评为“全国民族团结进步模范集体”，被文化部命名为“中国民间文化艺术之乡”。2014 年，全县地区生产总值完成 64.1 亿元，同比增长 11.5%；地方财政一般预算收入 5 亿元，增长 15.9%；农民人均纯收入 9600 元，增长 13%。

一、抓实绿色工业工程，工业经济呈现较高增长

面对工业经济发展的严峻形势，县委深入分析原因，对症下药，攻坚克难，通过抓招商、强企业、推项目、促投资等举措，全力扭转工业经济下滑局面，呈现平稳较快增长态势。全县完成工业总产值 117 亿元，增长 13.5%，其中规上工业产值 97.5 亿元，增长 15.5%。一是抓好招商引资。新出台招商引资优惠细则，引进项目 45 个，投资总额 17.08 亿元，实际利用外资 2041 万美元。东阳光氟化工制冷剂、硕成化工、盈田环保材料等 7 个项目建成投产，预计新增产值 5 亿元。二是扶持企业发展。落实县领导挂点重点企业制度，出台信贷投放考评奖励、纳税大户奖励等优惠政策，刺激和扶持企业做大做强。重点培育一批具有较强成长潜力的企业，新增规上工业企业 10 家、规下转规上工业企业 10 家。引导企业积极开拓新市场，申报技术改造、技术创新专项资金，鸿峰特钢列入省重点帮扶高成长性中小企业。三是加强园区建设。成立长安乳源对口帮扶指挥部，按照对口帮扶的总体工作思路，注资 1 亿元组建了安瑶实业投资开发公司，推进申报享受省级产业转移园政策。投入 9000 多万元，推进开发区基础设施建设，加快园区土地收储，完成园区征地 808.6 亩，上级下达乳源各类用地指标约 1262 亩。富源大道建设稳步推进，化工基地河堤和富源工业园污水处理厂进展顺利。四是推进项目建设。实施争取上级项目资金激励机制，争取低碳发展、循环化改造试点等中央和省、市项目资金 4771.25 万元。落实重点项目县领导挂钩联系、奖励和责任追究等倒逼机制，实施工程项目并联审批制度，切实帮助企业解决实际困难。全年 52 项重点项目动工 43 项，完成投资 30.1 亿元，完成投资计划的 69.8%，其中 5 个省、市重点项目完成投资 14.37 亿元。全年固定资产投资完成 55.79 亿元，增长 23.6%。

二、抓实生态农业工程，农村经济保持平稳增长

以农业增效、农民增收为目标，认真落实各项强农惠农富农政策，因地制宜发展生态农业，推进农业产业化发展。一是大力发展农业经济。强农惠农政策有效落实，政策性水稻、玉米保险实现全覆盖，发放各类补贴 2068.67 万元。建设 3 万亩优质高产水稻生产基地、2万亩优质蔬菜基地和0.5万亩茶叶生产基地，农作物播种面积32.8万亩，其中粮食播种面积18.4万亩，总产量5.95万吨。农业生产总值11亿元，增长4%。二是实施科技兴农战略。完善各镇基层农技推广体系建设，实施配方施肥面积18.5万亩，引进新优品种17个，推广技术11项。特色甘薯引种及其地膜栽培技术应用、粤北冬种马铃薯黑膜覆盖自然出土综合栽培技术通过市科技成果鉴定。三是加快农业产业化发展。大力培育新型农业经营主体，新增农民专业合作社43家、家庭农场12家。宝华公司和冠华公司被评为省级农业龙头企业，冠华公司被认定为国家主食加工业示范企业，金珠农科公司梅花猪被评为广东省名牌产品。在乳源和长安分别举办了农特产品展示展销会，展示300多种名优特农产品，洽谈签订了一批订单合同，提高了农产品知名度。四是完善农业基础设施。建成高标准农田11290亩。修复农村饮水工程49处，恢复供水人口1.6万人。投入198.1万元实施农村饮水工程，解决2511人饮水难题。21座水电站列入农村小水电扩容增效项目，实施4宗中小河流综合治理和8宗小型灌区改造，完成石漠化综合治理水利项目。建设农村公路45公里，较好完成“8·16”水毁公路恢复重建任务。

三、抓实特色旅游工程，旅游为主三产快速发展

突出世界过山瑶之乡和大南岭生态文化旅游品牌，大力开发和提升自然生态、瑶族风情、禅宗文化、温泉养生、乡村休闲旅游产品，促进以旅游为龙头的第三产业快速发展。一是旅游项目加快推进。大力推进旅游重点项目建设，南岭国家森林公园啤酒屋二期、橙屋酒店改造和停车场扩建完工，建成丽宫温泉度假区养心谷温泉别墅群和银山南岭温泉度假区温泉酒店主体工程，云门山旅游度假区儿童水上乐园投入运营。推出了南岭生态养生和乡村游、大峡谷峡客行、云门山水上乐园等个性化旅游项目。二是宣传推介力度加大。完善和推广旅游金融IC卡电子商务（找饭吃）系统应用，创新使用微信、旅游网等宣传平台。先后在南岭、大峡谷景区开展专题旅游推介活动，赴香港、广州、武汉、郑州、西安、郴州等地宣传推介，成功举办瑶族“十月朝”旅游文化节、第二届环南水湖自行车赛、韶关首届温泉养生旅游文化节等节庆活动，不断拓展旅游市场。全县接待旅游人数315万人次，增长10%；旅游综合收入24.35亿元，增长12%，被评为2014年广东省“旅游创新发展十强县”。三是第三产业发展快速。扶持研发瑶绣、瑶山特产、乳源彩石、瑶族工艺品等旅游产品，培育限上批零和餐饮住宿企业，新增限上商贸企业14家、重点服务企业2家、房地产企业1家，餐饮业扭转负增长局面。批发零售业销售额36.4亿元，增长13.7%，社会消费品零售总额17.3亿元，增长12.4%，第三产业发展态势良好。

四、抓实生态保护工程，生态环境更加优美宜人

立足生态发展区定位，严守生态保护红线，加强生态建设和环境保护，守住乳源碧水蓝天。一是生态建设卓有成效。绿化造林5.8万亩，碳汇造林2.5万亩，建设生态景观林带1000亩，扩建生态公益林124.1万亩，建成4个森林公园和21个乡村绿化美化工程示范点，全县森林覆盖率77.81%。严格执行林木采伐限额制度和林木采伐审批，严禁一般商业性采伐天然林、阔叶林、水源涵养林、自然保护区、生态公益林林木，有效打击破坏林地、林木、野生动植物等违法犯罪行为。二是林业民生成效明显。实施造林补贴项目2.5万亩、森林抚育补贴2万亩。林业贴息贷款总额9967万元，贴息金额272万元。生态公益林全部投保政策性森林保险。引导群众发展造林和林下经济，社会造林35万亩，建成林业专业合作组织6个、林下经济示范基地6个。三是生态治理取得实效。落实用电产出相匹配政策，严控能耗上升，万元GDP能耗下降2.49%。加强饮用水源保护、企业环境监管，推进县城污水处理管网改造，建成桂头镇污水处理厂。建成18家规模化养殖场减排设施，机动车减排有序推进。妥善处置坪乳公路交通事故引发农药洒落的环境应急事件。

五、抓实生态人居工程，城乡环境更加和谐舒适

扎实推进新型城镇化建设，促进城乡一体化发展，大力营造城乡和谐舒适的生活环境。一是城市建设步伐加快。完善《乳源城市总体规划（2014—2030年）》，修编游溪、一六镇总体规划。建成新一小南侧道路、岭溪口桥、滨江中路等市政工程，硬化迎宾路和南环中路路面，改造侯公渡至大东公路。推进亿华时代广场、文昌塔东西片等三旧改造项目，建成嘉乐风景园、富邦华景瑶族文化商业广场等一批商住小区，新建商品房预售789套，面积10.14万平方米。二是特色集镇建设迈出新步。乳城镇大力推进工业化和城镇化，主动服务工业项目建设，优化城镇建设体系。桂头镇推进污水处理厂和垃圾中转站建设，盘活镇区土地资源，推进了镇区改造。大桥镇推进“一河两岸”综合整治和污水处理厂、“两不具备”安置点建设，大力宣传客家文化，加快客家风情旅游小镇建设。一六镇推进镇区市场改造，大力整治镇区环境，美化绿化镇区街道。必背镇区建成必背口、鳖背山等家园重建安置点。大布、洛阳、东坪、游溪镇充分发挥资源优势，因地制宜发展特色产业，整治镇区环境，推进了特色集镇建设。三是新农村建设扎实推进。借助新一轮扶贫开发和落实省政府粤办函〔2014〕468号会议纪要精神，全方位推进扶贫工作。整合帮扶资金8500万元，实施帮扶项目367个，31个贫困村年集体收入达到5万元以上。建成乳桂线塘头、军安山、木笼、塘窝头、芹村、高元、乌石岭、雕子塘等8个幸福村居示范村，完成“两不具备”村庄搬迁465户，改建农村低收入住房困难户住房690套，成功申报“五彩瑶乡”省级新农村示范片项目，获得省财政1亿元建设扶持资金。四是城乡环境明显改善。启动县垃圾填埋场渗滤液处理站建设，城乡收运系统垃圾转运站竣工验收。云门燕子窝垃圾存量治理项目列入国家发改委城镇污水垃圾处理基础设施中央预算内资金支持项目。推进城乡建设用地增减挂钩，整治清理闲置土地。严厉打击违法用地、违法建设行为，拆除“两违”建筑8宗，面积1400多平方米，有效遏制“两违”现象蔓延。大力整治疏导县城乱摆乱卖、占道经营行为，实行农村生活垃圾清运作业考核，城乡环境明显改善。

六、抓实生态文化工程，人民生活持续改善提高

坚持把改善民生作为最大的政治任务，结合开展党的群众路线教育实践活动，积极回应群众关切，认真解决人民群众最关心、最直接、最现实的利益问题。一是教育事业均衡发展。完善中小学招生制度，城区中小学按照就近入学原则分片招生，有效促进生源均衡流向。启动金禧小学扩容和鲜明八一希望学校改薄工程，民族实验学校改制为独立初级中学。成功申报全省首批国家级农村职业教育和成人教育示范县创建单位。大桥镇成功创建省教育强镇。山区和农村边远地区义务教育学校教师岗位津贴提高到人均每月790元。二是卫计工作扎实推进。新建成县妇幼保健院、县中医院医教中心大楼和东坪仁泽医院，启动了县人民医院住院楼扩建工程。巩固县级公立医院综合改革和基层医疗卫生机构综合改革成果，在全市率先实施公立医院二次绩效工资制度。落实计生优惠扶助政策，受理93例“单独两孩”申请。三是文化发展彰显活力。县民族博物馆完成搬迁，新建3D数字影剧院1家，开设了“乳源发布”官方政务微博。举办“激情广场·幸福乳源”广场群众文化活动10场，农村电影放映1224场。《瑶族民歌》列入国家级非物质文化遗产代表性项目名录扩展项目名录，县瑶绣协会申报为省级非物质文化遗产传承基地。瑶族原创音乐作品《恩情》获广东省群众文艺作品评选金奖和“五个一工程奖”，《歌姆》获得广东省第六届群众音乐舞蹈花会比赛金奖。民族文化传习馆应邀赴斐济、汤加、新西兰三国参加文化交流演出。参加省第五届少数民族运动会获6金6银5铜佳绩。乳源被列为省级文化生态保护实验区，文体旅游局被评为全国文化系统先进集体。必背口村、八一瑶族新村、东下山瑶族新村列为首批中国少数民族特色村寨。《中国共产党乳源瑶族自治县历史（1925—1978）》《西京古道行》等编著出版。四是社保水平不断提高。城镇低保线、农村低保线、五保供养标准分别提高到每人每月415元、230元、492元。城乡居民基本养老保险参保人数6.69万人，城乡居民基本医疗保险参保人数15.55万人，城镇职工基本养老保险参保率100%。建成保障性住房290套。城镇新增就业2011人，农村劳动力转移就业3312人，城镇登记失业率控制在2.35%。乳城区域性敬老院综合楼建成竣工，乡镇敬老院服务管理水平有所提高。五是社会大局持续稳定。扎实开展“矛盾纠纷化解年”活动，每周安排2名县领导接访群众，61宗重大疑难矛盾纠纷全部化解。认真开展贯彻《广东省信访条例》试点工作，建成102个村级网络信访平台，积极稳妥推进涉法涉诉信访工作改革。抓好平安乳源创建工作，创建了政研新村、县人民医院、金禧小学等一批平安细胞示范点，游溪镇创建为平安示范镇，全市创建“平安镇街”“平安村居”“平安家庭”现场推进会在乳源召开。落实安全生产“党政同责、一岗双责”责任制，加强消防、交通运输、食品药品等安全监督管理，全县安全生产形势良好，社会大局和谐稳定。

七、抓实全面深化改革，经济社会发展活力渐显

认真贯彻中央、省、市关于全面深化改革的部署，制定全面深化改革实施方案，扎实推进改革事项落实，改革激发经济社会发展活力的作用日渐显现。*一是行政管理体制改革稳妥推进。*实施新一轮政府机构改革，转变政府职能，保留行政审批事项246项，比2012年压减40.4%。减少事业机构75个、事业编制209名，新设县土地储备中心。成立县公共资源交易中心，构建融政府采购、工程招投标、产权交易、国土资源交易和林权交易市场于一体的公共资源交易平台。投入1600多万元，升级改造县行政服务办事大厅和网上办事大厅，建成村级便民服务站102个，构建起县镇村三级政务服务体系，打通了服务群众最后一公里。*二是经济体制改革激发市场活力。*理顺开发区管理体制，实施园区税收分成管理和事务费用收支改革，赋予了开发区更多事权。推进投融资体制改革，企业投资项目由核准制改为备案制管理，成立了安瑶实业投资开发公司、金源资产经营有限公司、政策性融资担保公司。推进财政体制改革，实行财政预算追加审核联席会议制度，纳入省直管县财政改革第四批试点范围。深化工商登记制度改革，实行注册资本认缴登记制，推行年度报告制度，实现从“先证后照”到“先照后证”转变。全年新登记市场主体701户，注册资本4.43亿元，分别增长32.77%和142.54%。深化国有企业改革，对县有色金属工业总公司、民族水泥厂、建筑材料厂、石料厂实行破产改制、社保欠费清缴，为303名国有企业下岗工人清缴社保约1100万元。深化农村综合改革，建成农村集体“三资”监管服务平台和农村集体资产资源交易平台。乳源农村“三资”管理工作在全省推进农村集体“三资”管理服务平台建设工作电视电话会上作经验交流。*三是生态文明制度改革持续深化。*推进省深化集体林权制度改革重点县建设，新增林地确权面积10.3万亩，完成生态公益林确权发证；流转林地124宗、27万亩；林权证抵押贷款31宗、18万亩，贷款金额3.35亿元。推进林业简政放权，取消林木经营许可和“三有”保护野生动物经营许可，取消征收义务植树绿化费和野生动物保护管理费，初次木材运输证办理下放镇一级，林业产权交易纳入县公共资源交易中心，生态公益林补偿金纳入农村“三资”监管范围。此外，民主法制领域、社会事业领域、社会治理体制、文化体制、党的纪律检查体制、党的建设制度等改革事项有序推进，取得积极成效。

八、抓实教育实践活动，干部作风转变成效显著

紧紧围绕“为民、务实、清廉”主题，按照“照镜子、正衣冠、洗洗澡、治治病”的总要求，在全县9个镇、56个科级单位、451个基层党组织、10780名党员中开展党的群众路线教育实践活动，取得了显著成效。*一是学习教育扎实有效。*开展形式多样的学习教育活动，深入基层和企业调研，创新开展“三同五学”暖民心活动，开展换位体验活动，组织执法部门和窗口单位在县电视台进行公开服务承诺，组织村（社区）正职开展集体宣誓承诺。广泛征求意见，共梳理出问题1152条。认真撰写、反复修改对照检查材料，以整风精神开展专题民主生活会和组织生活会，批评和自我批评意见人均10条以上。民主评议党员评为“好”的党员占85.7%。*二是问题整改成效显著。*全县压缩精减会议12.1%、发文9.2%、评比表彰活动108项，查处违规借用公车7辆，清理腾空办公用房3207平方米，全县预算内追加行政经费同比下降45%，“三公”经费同比下降51.5%。查办各类侵害群众食品药品安全行为案件19宗，查处吃拿卡要、庸懒散拖干部19人、乡镇“走读”干部13人。办好了教育、医疗、交通、扶贫、养老、农村饮水、环境卫生整治等一批民生实事好事。制定了《关于进一步完善党员干部密切联系群众制度的意见》《关于建立乡镇领导干部驻点普遍直接联系服务群众制度的实施方案》《县委重大事项决策制度》

等一批制度规定，作风建设逐步走向制度化、规范化、常态化。三是干部作风大为改观。广大党员干部经历了深刻的党性党风锻炼和思想政治洗礼，“四风”问题得到有效解决，刹住了吃喝玩乐、消极腐败等不正之风，高高在上、脱离群众、吃拿卡要、庸懒散拖等现象明显扭转，党员干部服务群众的主动性提高了。一批群众反映强烈的突出问题得到有效解决或正在整改，群众生产生活条件有效改善。全面加强各级领导班子建设，党员干部的责任担当意识增强了，干事创业的热情提升了，有力推动了改革发展。

九、抓实党建主业工程，党建工作水平有效提升

强化党建主业意识，落实党建工作责任制，切实加强对经济社会工作的领导，着力提高干部队伍干事创业能力，为改革发展稳定提供了有力保障。一是基层组织建设加强。圆满完成新一届村、社区“两委”换届选举工作，村干部文化结构、年龄结构得到改善。县四套班子领导挂钩联系31个软弱涣散基层党组织整顿转化，开展“强村带弱村”活动，打造“两新”组织党建工作示范点10个。全面推广村民小组“五有”规范化建设，进一步规范和完善了村民自治组织建设。完善基层组织保障激励机制，村“两委”干部每月报酬提高到1600元以上，离任村干部按任职年限发放生活补助。认真开展基层党组织抓基层党建工作述职评议考核工作。二是干部队伍建设加强。开展县委中心组理论学习会16次，召开贯彻党的十八届四中全会精神主题务虚研讨会，强化法治教育和职业道德教育，弘扬社会主义核心价值观。选派33名县处级领导干部参加省市学习、55名干部参加各级专题培训，组织77名学员参加县第六期中青年干部培训班，25名村、社区党组织书记报读电大秋季大专班。完善干部人事选拔制度、科级干部管理办法，规范乡镇和科局借调人员管理。完善干部综合考核评价机制，顺利完成县科局和乡镇科级干部轮岗交流。深入实施“扬帆计划”，引进全日制本科以上学历63人。三是民主政治建设加强。支持人大及其常委会依法履行职责，加强对全县中心工作、财经工作、民生热点、执法司法的监督，加大议案建议督办力度，发挥人大代表在全面深化改革、加快生态发展等重点工作开展集中视察、专项调研和执法检查方面的作用，拓宽了人大代表知政参政渠道。支持政协充分履行政治协商、民主监督和参政议政职能，健全落实政协委员意见建议“直通车”制度和提案督办制度，组织政协委员围绕旅游景区建设、南水湖湿地公园建设、瑶医瑶药等开展专题协商和调研视察活动，提升了参政议政水平。加强与民主党派、工商联、无党派人士的联系，爱国统一战线得到巩固发展。工会、共青团、妇联、科协、残联等群众团体的桥梁纽带作用和各类协会等组织服务社会的作用得到有效发挥。积极开展《关于全面推进依法治国若干重大问题的决定》学习活动，广泛开展普法宣传教育，推进依法治县进程。推进党务、政务、村务公开，加强基层民主管理。加强机要保密工作，全县没有发生泄密事件。加强民兵预备役、国防后备力量建设和双拥共建，党管武装工作水平不断提高。四是党风廉政建设加强。落实党风廉政建设责任制，推进廉洁镇村创建。认真贯彻执行中央八项规定，开展文山会海、检查评比泛滥、“三难”问题、“三公”经费过大、“会所腐败”等七项专项整治活动，促进了干部队伍作风转变。落实纪委“三转”要求，突出办案主业，从严惩处腐败。全年共立案63件，给予党纪处分62人，政纪处分11人，党纪、政纪双重处分6人，其中科级干部18人，为国家和集体挽回经济损失181.29万元，有效震慑了违纪违法行为。

2014年各项工作成绩的取得，是上级党委正确领导的结果，是县四套班子团结一致、勤奋工作的结果，是广大党员干部扎实工作和全县人民共同奋斗的结果。成绩来之不易，但工作中还有不少需要改进的地方：一是园区道路、污水处理等基础设施建设滞后，影响了招商引资，难以引进大项目、好项目；受征地拆迁、土地供应、宏观经济环境等因素影响，部分项目投资进度缓慢，无法按计划投产。二是农田水利等基础设施较差，农业经营主体自我发展能力较弱，农业生产规模化、产业化水平较低。三是旅游交通设施落后，严重影响旅游业发展；旅游商品、消费、娱乐等配套设施不完善，旅游消费链不长，经济效益不高。四是上级生态公益林补偿标准偏低，林业建设资金不足，林业产业结构单一，林下经济发展较慢。五是城乡学校改薄扩容、县公立医院改扩建、文化场馆建设、“两不具备”村庄搬迁等项目建设资金缺口巨大，影响公共服务均衡发展。六是因山林权属、征地补偿、安置拆迁、企业改制、劳资问题等引发的矛盾纠纷较多，社会维稳任务繁重。七是部分改革事项缺乏改革参照，又受改革的复杂性和人员经费等因素制约，导致部分改革工作推进较慢。八是个别干部缺乏职业道德素养，不作为、慢作为现象仍然存在，行政效能需进一步提高；个别基层党组织软弱涣散，不正之风和腐败现象在某些领域依然存在，等等。对这些问题和困难，县委常委会高度重视，将采取措施认真加以解决。

2015年发展机遇和困难挑战并存，全县各级党组织和广大党员干部要主动适应新常态，迎接新挑战，把握新机遇，加快乳源改革发展、提速美丽乳源建设步伐。要重点抓好10项工作：一是抓好生态建设和环境保护，努力把生态资源优势转化为经济发展优势；二是抓好招商引资和园区扩能增效，扶持支柱骨干企业发展，推动产业集聚升级，加快重点项目建设；三是抓好生态农业发展和农村基础设施建设，推进扶贫开发和农村综合改革；四是抓好旅游景区开发、宣传推介和旅游交通设施建设，活跃城乡第三产业；五是抓好城区扩容提质和特色集镇、美丽乡村建设，提升公共服务水平；六是抓好文化惠民工程和民族文化保护传承，加快文化产业发展，维护社会和谐稳定；七是抓好党的思想政治建设、班子队伍建设、基层组织建设、作风效能建设和党风廉政建设，提升党建工作水平；八是抓好全面深化改革工作；九是抓好依法治县工作；十是抓好“十三五”规划编制工作。

在新的一年里，县委常委会将团结全县广大党员干部群众，深入贯彻落实党的十八届三中、四中全会精神和中央、省、市重要会议精神，继续实施“五大战略”，不断提升“六大工程”，坚持解放思想，改革创新，真抓实干，全力以赴加快生态发展，奋力提速美丽乳源建设步伐。

（载入资料来源县委办）

关于印发《乳源瑶族自治县人民政府职能转变和机构改革方案》的通知

各镇党委、人民政府，县直及上级直管单位：

现将中共韶关市委、韶关市人民政府批准的《乳源瑶族自治县人民政府职能转变和机构改革方案》印发给你们，请结合本部门、本单位实际，认真组织实施。

政府机构改革涉及改革、发展和稳定的大局，各有关部门、单位必须在县委、县政府的统一领导下，精心组织，周密部署，加强思想政治工作，积极稳妥地推进改革，确保机构改革工作顺利进行。

中共乳源瑶族自治县委

乳源瑶族自治县人民政府

2014年8月25日

乳源瑶族自治县人民政府职能转变和机构改革方案

根据粤办发〔2014〕4号文精神，乳源瑶族自治县人民政府职能转变和机构改革总的要求是：以邓小平理论、“三个代表”重要思想、科学发展观为指导，与市政府职能转变和机构改革相衔接，按照职能整合、上下对应，因地制宜、分类指导，统筹平衡、整体推进的原则，以转变政府职能为核心，大力简政放权、优化机构设置、理顺权责关系、创新体制机制、提高行政效能，努力建设人民满意的法治政府和服务型政府。

一、加快政府职能转变

把政府职能转变放在更加突出的位置，处理好政府与市场、政府与社会，政府层级间的关系，把该放的权力放开放到位，把该管的事情管住管好，强化对行政权力的制约监督，推动政府职能向创造良好发展环境、提供优质公共服务、维护社会公平正义转变，进一步激发市场、社会的创造活力，切实提高政府管理科学化水平。

（一）推进简政放权，激发市场、社会活力

1. 进一步减少行政审批事项。把深化行政审批制度改革作为转变政府职能的重要抓手和突破口，深入开展行政审批制度改革。认真做好上级政府取消和下放行政审批事项的承接工作，转给市场和社会的，任何部门不得截留，可下放给镇级政府的，要彻底下放。进一步清理现有投资审批、生产经营活动审批、资质资格许可和认定、社会事业准入、评比达标表彰、考核评估、年检年审等事项，全面清理、减少涉及实体经济、民间投资和中小微企业发展等方面的行政审批。今后，政府部门不再对企业、社会组织的发展情况进行评比或委托专业机构进行评比。直接面向基层和群众、由镇级政府实施更为有效的审批事项，尽量交由镇级政府组织实施。调整事项涉及修改法律法规的，按法定程序办理。需要上级政府部门进一步取消和下放审批事项的，由县政府汇总后向上级政府提出建议。

2. 加强对行政审批事项的管理。按省、市要求制定和公布县级行政审批事项保留目录，没有纳入目录的一律不得实施。行政审批事项目录实行动态管理，每年根据调整变动情况更新目录。全面清理、取消不符合法律法规、利用“红头文件”设定的非行政许可审批项目。积极推进行政审批告知承诺制，建立健全告知、承诺、审批、查验的工作运行机制。

推进行政审批标准化，保留的行政审批事项，要明确管理层级，简化审批程序，优化跨层级、跨部门办理流程，最大限度地减少预审和前置审批环节，创新审批方式。按照《广东省行政审批事项办事指南编写规范》和《广东省行政审批事项业务手册编写规范》，编制行政审批办事指南和业务手册，明确审批依据、审批条件、审批期限、审批流程、申请材料、裁量准则等内容，并向社会公开，接受社会监督。严格遵守行政许可法及中央和省有关规定，切实防止行政审批事项边减边增、明减暗增。

3. 深化财税体制改革。落实有关转移支付政策，调整完善专项转移支付制度。推进基层政府财力与事权相匹配。清理规范对企业的专项扶持资金项目。建立健全政府非税收入管理制度，清理规范各类行政事业性收费和政府性基金项目，取消不合法不合理的收费基金项目，进一步完善收费公示、听证制度，合理确定征收标准，严格征收管理，把所有非税收入全部纳入预算。

4. 全面推进商事登记制度改革。制定乳源瑶族自治县工商登记制度改革方案，放宽登记和审批条件，放松市场准入管制，降低市场准入门槛，加强和改进政府部门服务，厘清部门审批监管职责，提升整体监管效能，加强市场主体信用建设，建立高效有序的市场监管体系，促进市场主体发展。2014年底基本完成改革。

5. 加快培育发展社会组织。更好发挥社会组织在管理社会事务中的积极作用，重点培育、优先发展行业协会商会类、科技类、公益慈善类、城乡社区服务类社会组织。推进社会组织去行政化和去垄断化改革，加快推进行业协会商会与行政机关脱钩，完善现职党政领导干部在社会组织兼职和退出现职的党政领导干部在社会组织任职的有关规定，进一步严格任职兼职条件。各相关部门要制定与所属行业协会商会脱钩的工作方案，2014 年底全面完成脱钩工作。探索一业多会，强化行业自律，加强能力建设，使各行业协会商会真正成为提供服务、反映诉求、规范行为的主体。指导社会组织健全法人治理结构，规范管理，提高公信力。

（二）改善政府管理，加强事中事后监管

1. 转变管理方式。在推进简政放权、减少和下放行政审批事项的同时，转变管理理念，完善监管体制，改进工作方式，加强事中事后监管，有效履行职责，避免管理缺位，防止“一放就乱”，严格执行相关法律法规、发展规划和产业政策，加强对投资活动中土地使用、能源消耗、污染排放等的管理。

2. 明确管理职责。加强对市场主体和市场行为的监督管理，着力规范市场秩序。市场监管原则上实行属地管理，执法重心下移。清理整顿行政执法队伍，推进跨部门、跨行业综合执法，防止多层、多头执法。对以取消、转移、下放等形式调整的审批事项，部门要积极履行监管责任，制定相关监管办法，及时提出修订或制定有关法规规章意见。对保留的行政审批事项，要建立健全批后监管制度，加强评估考核。

3. 强化管理服务。提高政府管理的信息化水平，提升行政服务效能。以加快网上办事大厅建设为载体和抓手，加强政务服务体系建设，打造综合高效的政务服务平台，方便群众和企业办事。拓展和完善网上办事大厅建设，形成横向到部门、纵向到乡镇的网上办事大厅，实现政务信息网上公开、公共决策网上互动、投资项目网上审批、社会事务网上办理、公共资源网上交易、政府效能网上监察。2015 年底前基本连通到镇一级，3 年内县级 90% 以上的行政审批事项、80% 以上的社会服务事项实现可网上办理。各单位要通过省网上办事大厅与省、市直各单位实现协同办事。建立健全各类社会主体自律机制，推进社会信用体系建设，完善社会信用服务机制。

4. 拓宽公共服务供给渠道。加强基本公共服务保障功能，改进和创新公共服务提供方式，鼓励和公平对待社会力量提供医疗、卫生、教育、文化、养老、社区服务、公益慈善等公共服务。因地制宜、积极稳妥推进政府向社会力量购买服务工作，完善政府向社会转移职能和购买服务的标准、招投标和监督评估等制度，在公共事业发展和公共资源配置领域引入竞争机制，充分调动各类社会主体的积极性，加快形成公共服务新机制。

5. 严格依法监管社会组织。按照政社分开、分类指导、集中登记、分业监管的原则，优化社会组织监管体系，完善社会组织监管制度，规范社会组织行为，切实履行监管职责。

（三）坚持依法行政，规范行政权力运行

1. 加快法治政府建设。完善依法行政各项制度，坚持用制度管权管事管人，提高政府公信力和执行力。梳理各部门的行政职权，2014 年底前公布部门权责清单，细化和规范行政裁量权，明确责任主体和权力运行流程，严格依照法定权限和程序履行职责。

2. 加大政务公开力度。严格执行政府信息公开条例，推进行政权力行使依据、过程、结果公开。抓好重大突发事件和群众关注热点问题的公开工作，正确引导社会舆论。全面推行办事公开，主动接受群众监督，逐步实现政务公开工作规范化、标准化和法制化。

3. 完善决策权、执行权、监督权既相互制约又相互协调的行政运行机制。健全科学民主依法决策机制，对涉及经济社会发展全局的重大决策和涉及人民群众切身利益的重大事项，要履行公众参与、专家论证、风险评估、合法性审查和集体讨论等程序，并建立决策后评估和纠错制度。建立健全各项监督制度，拓宽群众监督渠道，让人民监督权力。强化对下级政府的督导督查，完善行政问责制和绩效管理制度，严格责任追究、做到有令必行、有禁必止。

二、深化政府机构改革

按照精简统一效能原则，做好与市政府机构改革的衔接。把群众的需求作为改革重点，稳步推进大部门制改革，强化机构和职责整合，规范机构设置，理顺权责关系，完善体制机制，加快形成精干高效的县政府组织体系。

（一）优化组织结构，完善相关部门职责

1. 组建县卫生和计划生育局。将县卫生局的职责、县人口和计划生育局的计划生育管理和服务职责、县发展改革和物价局承担的医药卫生体制改革整合划入县卫生和计划生育局。不再保留县卫生局、县人口和计划生育局。

2. 组建县食品药品监督管理局。将县食品安全委员会办公室的职责，县食品药品监督管理局的职责，县质量技术监督局的生产环节食品安全监督职责，县工商行政管理局的流通环节食品安全监管职责，县市场与安全监管局的餐饮业、食堂等消费环节食品安全监管、食品安全综合协调、酒类流通监管职责整合划入新组建的县食品药品监督管理局。保留县食品安全委员会，具体工作由县食品药品监督管理局承担。县食品药品监督管理局挂县食品安全委员会办公室牌子。县卫生和计划生育局负责食品安全风险监测评估工作。县农业局负责农产品质量安全监管工作。

3. 将县政府办公室由原与县委办公室合署办公调整为单独设置。

4. 组建县发展和改革局。将县发展改革和物价局（县粮食局）除城乡规划以外的职责，县统计局的职责、县经济促进局节能减排综合协调职责，县人口和计划生育局的研究拟定人口发展战略、规划及人口政策职责整合划入县发展和改革局。县发展和改革局挂县统计局、县粮食局牌子。不再保留县发展改革和物价局。

5. 县经济促进局加挂县科学技术局、县知识产权局牌子。

6. 将县监察和审计局分设为县监察局（与县纪律检查委员会机关合署办公）、县审计局。不再保留县监察和审计局，其职责分别划入县监察局、县审计局。

7. 组建县住房和城乡规划建设局。将县城建水务局的城乡建设管理职责，原县发展改革和物价局的城乡规划职责整合划入县住房和城乡规划建设局。县住房和城乡规划建设局挂县城市综合管理局牌子。

8. 组建县农业局。将县农林局的农业管理职责、县城建水务局的水务管理职责，县市场与安全监管局的生猪定点屠宰监管、农业市场监管和执法职责整合划入县农业局。县农业局挂县委农村工作办公室、县水务局牌子。不再保留县城建水务局。

9. 组建县林业局。将县农林局的林业管理职责划入县林业局。不再保留县农林局。

10. 组建县文化广电新闻出版局，与县委宣传部合署办公，挂县版权局牌子。将县文体旅游局的文化广电新闻出版管理职责划入县文化广电新闻出版局。

11. 组建县旅游局。将县文体旅游局的旅游管理职责、县市场与安全监管局的旅游市场监管职责整合划入县旅游局。

12. 将县文体旅游局的体育管理职责划入县教育局，县教育局挂县体育局牌子。不再保留县文体旅游局。

13. 组建县市场监督管理局。将县市场与安全监管局除餐饮业、食堂等消费环节食品安全监管、食品安全综合协调、酒类流通监管、生猪定点屠宰监管、旅游市场监管、农业市场监管和执法以外的职责，以及由省垂直管理调整为县政府管理的县工商行政管理局、县质量技术监督局的职责整合划入县市场监督管理局。县市场监督管理局挂县工商行政管理局、县质量技术监督局、县安全生产监督管理局牌子。不再保留县市场与安全监管局。

改革后，县政府设置工作部门20个（具体设置见附件）。

（二）理顺部门职责关系，规范机构设置

1. 进一步理顺部门职责分工。全面清理解决部门间职责交叉分散事项，对部门职责交叉分散情况进行全面梳理，逐项研究提出具体、有效的办法和措施。按照一件事项由一个部门负责原则，将部门相同相近、交叉重叠的职责整合由一个部门承担，确需多个部门负责的事项，要明确牵头部门，分清主次责任。建立健全政府部门间职责分工协调配合和磋商机制，明确政府部门间解决职责交叉问题的工作程序和标准，优化运行机制，提高部门的协调性和执行力。职责划分中涉及法律法规和规章修订的，按规定程序办理。

2. 进一步清理县直议事协调机构和临时机构。凡工作任务可交由职能部门承担的，或为临时性、阶段性工作而设立且工作任务已完成或即将完成的，原则上撤销；工作任务虽涉及多个部门但由职能部门进行协调或通过建立部门间协调机制可以解决问题的，原则上撤销；对工作任务基本相同或相近的，进行归并整合。县领导同志兼任召集人的联席会议等工作机制，按照以上原则同步进行清理。

3. 严格规范各类机构设置。政府部门内设机构要综合设置。从严规范和管理合署办公机构、政府派出机构、开发区（含各类经济功能园区）管理机构、挂牌机构、议事协调机构和临时机构。挂牌机构不得设为实体机构，议事协调机构不单设办事机构，具体工作由相关职能部门承担。如确有必要设立议事协调机构的，该议事协调机构不发文件，不刻公章，具体工作由有关牵头单位承担，相关事务由政府批复给相关牵头单位办理。对限额外自行设立的行政机构进行清理。

（三）加强协调配套，统筹推进相关改革

1. 推进事业单位分类改革。按照政府职能转变的要求，进一步理顺政府与事业单位的关系，深化承担行政职能事业单位的改革，创新管理方式，减少主管部门对事业单位的微观管理和直接管理。深入推进政事分开、管办分离，在医疗卫生、教育等重点领域和行业，深入开展建立健全法人治理结构工作。撤并整合职责相近、设置重复分散、规模较小的各类事业单位。抓紧制定人事、收入分配、社会保险、财政等事业单位改革配套政策，做好与教育、科技、文化、医疗、卫生、检验检测等行业体制改革的衔接。

2. 深化公共资源交易体制改革。整合工程建设项目招投标、土地使用权和矿业权出让、国有产权交易、政府采购等平台，建立健全统一规范的公共资源交易平台。充分发挥市场在公共资源配置中的决定性作用，进一步改革完善公共资源管理体制和运行机制，拓展公共资源交易平台功能，优化交易流程，降低交易成本，完善交易机制，创新监管手段。

3. 加快深化乡镇行政体制改革。继续推进简政强镇事权改革，落实有关政策措施，以扩大事权和充实财权为重点，完善乡镇政府功能，健全乡镇综合服务平台和工作机制，做实做强乡镇政府，切实巩固执政基础，探索适合现代小城镇发展特点的行政管理体制，为推进城镇化提供有力保障。按照充实基层管理力量的原则，清理派出（驻）乡镇机构，除中央规定的垂直管理机构外，其他派出（驻）乡镇机构原则上整合划入乡镇或调整由乡镇管理。

三、严格控制机构编制

按照财政供养人员只减不增的要求，加强机构编制管理创新，强化制度建设，严肃机构编制纪律，严格控制政府规模，努力降低行政成本，把更多财力用于改善民生。

（一）严格控制人员编制

编制是刚性约束，必须严格遵守。中央和省核定的各级行政编制总额和各类专项编制员额不得突破，党政机关要在核定的行政编制数额内配备人员。进一步规范事业单位机构编制管理，严控人员编制，事业编制总额以2012年底统计数为基数，并在总量内有所减少。按照中央和省的要求，制定乳源瑶族自治县控编减编工作方案。严格控制参照公务员法管理事业单位和经费自理事业单位的机构编制，严格控制经费自理事业单位编制转为财政补助事业编制。减少领导职数，非领导职务严格按规定配备。加大因改革和政策性安置所造成超编、超职数配备人员的分流和消化力度。进一步对现有机构和人员编制情况进行彻底核查，采取切实有效措施清理消化超编、超职数配备人员和编外人员。

（二）创新机构编制管理

按照严控总量、盘活存量、优化结构、增减平衡的要求，采取切实措施，核减职能减少、工作任务不饱和单位的人员编制，适当收回行政事业单位部分空编，加强事关中心工作、全局工作和重大民生保障方面的人员力量，妥善解决严格控制人员编制与满足事业发展需要的矛盾。完善机构编制实名制管理，进一步健全机构编制和组织人事、财政等部门的协调配合机制，落实编制和领导职数使用须经机构编制部门审核后，再由组织人事、财政部门办理相关事项的实名制管理流程，从源头上把好编制使用关。加大政府购买服务力度，对可由市场提供、社会承担的公共服务，逐步通过政府购买服务或由政府设立公益岗位的方式完成，切实转变公共服务主要靠政府养人办事的固有模式。

（三）严肃机构编制纪律

任何组织、单位和个人都必须严格遵守机构编制各项法律法规和政策。严禁行政编制和事业编制混用。严格执行干部退休制度，不得随意或变相降低退休年龄。上级部门不得以会议、文件、领导讲话、项目经费、测评考核和评比达标等形式，干预机构编制和人员配备事项。将机构编制政策规定执行情况纳入县委和县政府督查工作范围，将机构编制管理情况列为领导干部经济责任审计的重要事项，健全机构编制监督检查协调机制，加大对机构编制违纪违法行为的查处力度，涉嫌犯罪的，移送司法机关依法处理。对超限额设置机构或者变相增设机构，违反规定增加编制或超出编制限额进人，擅自超领导职数配备领导干部，以及以虚报人数等方式占用编制并冒用财政资金等违规违纪行为的责任人员，要按照有关党纪政纪规定严肃处理，维护机构编制管理的严肃性和权威性。

四、抓好组织实施

县政府职能转变和机构改革在县委、县政府的统一领导下，由县机构编制委员会负责组织实施，县机构编制委员会办公室承担具体工作。县政府机构改革工作在2014年8月底前基本完成，并结合实际，提出2014到2017年职能转变和机构改革作为当前和今后一项重要工作，摆上议事日程，落实改革责任，做出总体安排，严明政治纪律，强化合作意识，形成改革合力。要进一步解放思想，树立大局观念，增强改革责任感，把政府职能转变和机构改革工作与转变作风紧密结合起来，与开展党的群众路线教育实践活动紧密结合起来，把群众需求作为改革重点，真抓实干，着力解决好事关民生的突出矛盾和问题，以实实在在的成效赢得人民群众的支持和认可，使人民群众切身感受到实实在在的成效和变化。

加强对改革的协调和指导，重视研究和解决改革中出现的新情况新问题。正确引导舆论，扩大社会参与，增强改革动力。严肃纪律，严禁突击提拔干部、突击进人，严防国有资产流失，确保思想不散、工作不断、队伍不乱，圆满完成改革任务。

关于印发乳源瑶族自治县2014年农业农村工作意见的通知

各镇党委、人民政府，县直及上级直管有关单位

《乳源瑶族自治县2014年农业农村工作意见》已经县委、县政府同意，现印发给你们，请认真贯彻实施。

中共乳源瑶族自治县委办公室
乳源瑶族自治县人民政府办公室
2014年3月30日

乳源瑶族自治县2014年农业农村工作意见

为贯彻落实中央一号文件和省、市农村工作会议精神，全面深化农村改革，加快构建新型农业经营体系，转变农业发展方式，推进农村发展新局面，现就抓好我县2014年农业农村工作提出如下意见。

一、指导思想

以邓小平理论、“三个代表”重要思想、科学发展观为指导，进一步解放思想、改革创新，大力培育新型农业经营主体，加快构建新型农业经营体系；坚持农业基础地位不动摇，按照现代生态农业发展要求，以市场为导向、科技为支撑、园区建设为抓手，进一步推动农业产业结构转型升级，发展特色精品农业、生态林业；深化农村综合改革，加快镇村公共服务平台建设，提高公共服务水平；推进扶贫开发和幸福村居建设，改善农村生产生活条件，为建设幸福美丽乳源奠定坚实基础。

二、目标任务

通过深化农村改革，增强农村发展活力，推动农业增产、农民增收、农村发展。全县实现农业增加值7.11亿元、农民人均纯收入9232元，分别比2013年增长4.5%和10%。建成名村3个、示范村5个、镇级三农保险服务站9个、村级便民服务站30个。

三、工作重点

（一）落实国家粮食安全战略，保障粮食等重要农产品安全供给

1. 稳定发展粮食生产。将粮食生产列入绩效考评，推动落实“米袋子”镇长负责制。按照稳定面积、优化结构、主攻单产的粮食生产方针，实施粮食稳定增产行动，扩大粮食高产创建规模，组织开展增产模式攻关和水稻新品种展示示范，强化关键技术突破和技术集成推广。落实水稻最低收购价，全面铺开水稻、玉米政策性保险，提高粮食生产抗风险能力，切实打牢粮食生产发展基础。

2. 着力发展优质高效农业。按照“高产、优质、高效、生态、安全”的要求，遵循区域化布局、规模化发展、标准化生产原则，立足各镇农业产业优势，因地制宜，科学规划，扎实推进“一村一品”强村富民工程。大桥、大布等石灰岩山区重点发展高山蔬菜、优质烤烟和有机竹笋等特色产品；必背、东坪、洛阳等镇重点发展茶叶、中药材、水库鱼等绿色生态产品；乳城、一六、游溪、桂头等乳桂公路沿线乡镇重点发展优质肉猪、优质蔬菜、瓜果、花卉苗木，推进生态农业观光长廊

建设。

3. 大力发展农产品加工业。引导社会资本创办农产品加工、流通实体，支持东莞企业与县内企业合作建设现代农业园区和农产品加工科技园，提高农产品生产加工销售能力，培育发展特色精品农业，提高农业生产效益。

4. 强化农产品质量安全监管。完善农产品质量和食品安全工作考核评价制度，强化镇级政府和生产经营主体责任，加快推进县、镇农产品质量检测体系和监管能力建设。严格农业投入品管理，加强执法监管，严厉查处销售假冒伪劣种子、肥料、农药、兽药、饲料等行为。

（二）构建新型农业经营体系，推进农业产业化经营

1. 扶持发展新型农业经营主体。坚持以家庭承包经营为基础，以发展多种形式的适度规模经营和培育新型经营主体为重点，创新农业生产经营体制，不断提高农业生产组织化程度。加大扶持专业大户、家庭农场、农民合作社和农业龙头企业发展力度，引导符合条件的农户开展家庭农场登记。加强教育培训，引导规范运行，提高新型农业经营主体特别是农民合作社的管理服务能力，培育农民专业合作示范社。鼓励发展混合所有制农业龙头企业，密切龙头企业与农户、农民合作社的利益联结关系，引导社会资金投向符合条件的农民合作社，促进农民专业合作社发展。2014 年，全县建成农民专业合作示范社 20 个、家庭农场 10 家、县级农业龙头企业 6 家，市级以上农业龙头企业 1 家。

2. 健全农业社会化服务体系。深化基层农技推广体系改革与建设，改善乡镇农业技术推广站、畜牧兽医水产站等公益性农技推广机构工作条件，健全经费保障、绩效考核激励机制，进一步提高基层农技推广部门推广良种良法和提供信息服务能力。采取财政扶持、税收优惠、信贷支持等措施，大力发展主体多元、形式多样、竞争充分的社会化服务，扶持发展专业技术协会、农机服务组织和农民经纪人队伍。通过政府购买服务等方式，支持有资质的经营性服务组织从事农业公益性服务。

3. 加强农产品市场体系建设。依托各类农产品优势集中产区、生产基地和县农业协会，按照市场化运作原则，规划建设农产品产地购销网点、县城农产品配送中心（特色农产品贸易市场）和东莞专供门店，促进县内农产品资源整合，推动乳源农产品全面直供东莞，降低流通成本，让农户从价格上升、加工销售和产品增值中得到更多实惠。

（三）扎实推进农业科技进步，转变农业发展方式

1. 推广应用重大成果和关键技术。加强重大成果和关键技术推广应用，重点推广测土配方施肥、水肥一体化、秸秆还田、病虫害统防统治等关键技术和先进实用农机器，示范推广新优品种和先进实用技术。2014 年，全县推广配方施肥面积 18 万亩，实施病虫害统防统治面积 3.5 万亩，建设粮食高产示范片 1 万亩。

2. 发展生态友好型农业。落实最严格的耕地保护制度、节约集约用地制度、水资源管理制度和环境保护制度，突出抓好畜禽养殖污染减排，防治农业面源污染。实施增殖放流和禁渔补贴政策，严格控制渔业捕捞强度，严厉打击“电、毒、炸”等破坏渔业资源行为，保护渔业生态环境。支持开展秸秆还田综合利用、病虫绿色防控和病死畜禽无害化处理工作，推广一批节肥、节药、节水、节能实用技术。

3. 加大农村实用人才和新型职业农民培养力度。充分发挥各部门各行业作用，大力培训农村实用人才，通过举办培训班、参观学习等形式，提高农民科技素质、职业技能、经营能力。组织实施百名农业技术推广骨干培养计划，开展农村实用人才带头人示范培训，培育发展科技示范户 560 家。实施新型职业农民培训工程，重点加大专业大户、初高中毕业生、返乡创业农民工、退役军人的教育培养力度。

（四）强化农业基层能力建设，提高农业综合生产能力

1. 加强高标准农田建设。全面完成 2013 年 5.7 万亩高标准基本农田建设任务扫尾工作。整合国土、水利、农业等部门的农田水利建设资金，重点抓好 2014 年 2.4 万亩高标准基本农田建设，切实提高农田防涝抗旱和持续增产能力。

2. 推进水利设施建设。加快整治“8·16”洪灾河道的疏浚和水毁水利工程恢复重建，确保汛期前完成；抓好石漠化综合治理水利水保工程的实

施，推进农田水利设施建设，改造小型灌区8宗；重点推进杨溪水、南水河、大东河等中小河流域综合治理，按时完成治理任务。

3. 强化种植业防灾减灾能力建设。建立健全部门联动机制，加强自然灾害灾情监测预警。制定分区域、分品种、分季节的防灾减灾技术指导意见，加强分类指导服务。加强农作物病虫害预测预报，积极推进农作物病虫害统防统治，保障农业生产健康发展。加强防灾抗灾物资储备能力建设，保障灾后生产物资需要。大力推广防灾减灾稳产增产关键技术，最大限度减轻灾害损失。

4. 推进气象现代化建设。加强天气预报、农业气象、人工影响天气、气象信息等公共气象服务，积极做好气象管理，强化防雷减灾和探测工作。抓好乳城镇气象信息服务站和气象防灾减灾标准化试点镇建设，全面推进各项工作的开展，力争全县率先基本实现气象现代化建设。

5. 抓好重大动物疫病防控。完善动物疫病防控长效机制，实施重大动物疫病防控工作考评，落实动物防疫工作责任。贯彻“预防为主”方针，推行强制免疫，切实抓好春秋两季畜禽免疫接种行动与平时补免工作，确保畜禽口蹄疫、高致病性禽流感等重大动物疫病疫苗接种率达到100%。加强基层畜牧兽医技术推广和动物防疫队伍建设，落实重大动物疫病防控物资储备，提高重大动物疫病防控能力。加强产地检疫和屠宰检疫，抓好生猪屠宰管理，保障畜禽产品质量安全。抓好H7N9禽流感等人畜共患病防控，保障公共卫生安全。

（五）大力开展林业生态工程建设，促进生态文明发展

1. 大力开展深化集体林权制度改革工作。做好确权颁证、山林纠纷调处等重点林改工作，全县林地林权确权登记发证率达95%以上，全面完成生态公益林确权发证，山林纠纷调处率达85%以上，2014年底全面完成各项深化林改工作。

2. 积极落实新一轮绿化广东大行动乳源计划。重点推进森林碳汇、森林进城围城、生态景观林带、乡村绿化美化、珠江防护林和林下经济发展等六大生态工程，建设碳汇林2.5万亩、生态景观林带20公里、人工造林5000亩，绿化美化乡村20个。大力推进林下经济的发展，重点抓好茶叶、九节茶等项目，推动林下经济规模化、职业化经营发展。

3. 扎实做好林业生态保护。严格落实生态公益林补偿、林木采伐限额、林地使用定额等森林资源保护管理制度，统筹区域内部和跨区域的生态需求，合理划定生态保护红线。加强林政管理和执法，控制砍伐天然林、阔叶林，有序改造残次林，禁止砍伐水源林，严厉打击违规砍伐、乱砍滥伐行为，加强护林防火工作，森林火灾受害率控制在0.5‰以内。2014年森林覆盖率要达到77.7%，森林面积达225万亩，森林蓄积量达740万立方米。

（六）抓好扶贫开发和新农村建设，推动城乡一体化发展

完善扶贫开发长效机制，创新扶贫“双到”工作方式，推进扶贫与工业、农业、林业、旅游、文化产业有机融合，重点抓好扶贫开发项目实施，促进困难群众增收致富。积极鼓励各类企业、社会组织和个人参与扶贫开发。制定《幸福村居示范片建设规划》实施方案，整合两不具备村庄搬迁、灾后重建、农村公益事业一事一议财政奖补、名村示范村建设等资源，广泛征求群众意见，突出地方特色和乡村特点，统筹推进幸福村居示范片建设，完善一六高元村和灾后重建示范点公共基础设施，推动建设特色产业和生态示范村5个，建成游溪政研新村、水源宫村和东坪散坑村等3个岭南瑶族特色名村。

（七）稳步推进农村综合改革，激发农村发展活力

稳定农村土地承包关系并保持长久不变，在一六镇开展农村土地承包经营权确权登记试点。坚持依法自愿有偿原则，引导土地承包经营权有序流转，鼓励和支持承包土地向专业大户、家庭农场、农民合作社流转。健全县镇村三级土地流转服务和承包经营纠纷调解网络，建立土地承包经营权流转信息管理平台，开展土地流转规范化管理服务试点，加强调解仲裁能力建设。深化农村集体产权制度改革，完善农民对集体资产股份占有、收益、有偿退出及抵押、担保、继承机制。加快建立镇级农村产权流转、集体资产管理交易平台，规范村组集体资产、资金、资源管理。推进镇级三农保险服务站和村级便民服务站建设，整合镇村公共服务资

源，为农业农村经济发展提供优质高效服务。2014年，全县建成镇级三农保险服务站9个、村级便民服务站30个。

四、保障措施

（一）强化领导，落实责任。为切实抓好2014年的农业农村工作，县委、县政府已成立专项工作领导小组，各镇、各部门也要根据工作实际成立相应的工作小组，安排专人跟踪落实相关工作，切实加强对农业农村工作的领导，深刻认识“三农”工作的重要性和严峻性，增强做好“三农”工作的紧迫感，真正把“三农”工作放在首要位置抓紧抓实抓好，确保全年农业农村工作任务的顺利完成。

（二）整合资源，增加投入。完善财政支农政策，坚持把“三农”作为公共财政支出重点，优先保证并增加“三农”投入。各镇、各有关部门要充分发挥职能优势，整合相关资源，增加农业农村资金投入，除向上争取中央、省、市的政策和专项资金支持外，还可通过贴息、奖励、风险补偿等措施，带动金融和社会资金更多投入农业和农村社会事业。各镇、各相关单位要将上级下达的创建卫生村、文明村、生态村、农房改造、农田水利建设等项目优先安排于幸福村居示范片，在政策、财力、物力上向名村示范村倾斜。

（三）落实强农惠农政策，调动农民生产积极性。一是落实好种粮补贴、良种补贴、农资综合补贴、农机补贴、渔用柴油补贴等强农惠农政策，确保政策落实不走样、给农民的实惠不截留，惠农政策入户率100%。二是落实政策性水稻、玉米、蔬菜等保险补贴政策，确保政策性水稻、玉米保险全覆盖，提高蔬菜保险覆盖率。三是落实能繁母猪保险、家禽业补贴和国家相关调控支持政策，保障生猪、家禽养殖稳定。四是做好强农惠农政策宣传。利用电视、广播、宣传车、宣传资料等多种形式，将水稻保险等政策宣传到村到户，达到家喻户晓，人人皆知。五是加强惠农补贴资金监管。完善补贴资金专户管理，采用“一折通”将补贴资金直接发放给农户、企业，不截留、挤占和挪用，确保群众利益不受侵害。

五、考核奖惩

为加强对农业农村工作的组织领导，加快推进工作的落实，县委、县人民政府已将农村经济发展纳入绩效考评范围，实行绩效考核。绩效考评结果与干部任用、评先评优、奖励挂钩，对绩效突出的给予奖励，对绩效差的予以批评和处罚。

附件：1. 乳源瑶族自治县2014年主要农作物种植面积意向表

2. 2014年全县各镇粮食考评任务表

附件1：

乳源瑶族自治县2014年主要农作物种植面积意向表

单位：亩

项　目	合计	桂头镇	一六镇	乳城镇	游溪镇	必背镇	大桥镇	东坪镇	洛阳镇	大布镇
一、全年农作物总播种面积	328200	64655	39820	59675	22050	8500	73100	13900	20100	26400
（一）粮食	184000	37150	20700	32800	12700	6100	39450	8700	11700	14700
1. 稻谷	126300	28500	17000	30000	8300	2300	22000	3700	6700	7800
①早稻	43800	14800	7500	13500	3600		2000	900		1500
②中稻	36000	200		200	200	2000	18500	1900	6700	6300
③晚稻	46500	13500	9500	16300	4500	300	1500	900		
2. 薯类	24500	3800	1800	1400	2300	1950	8700	1750	1800	1000
其中：番薯	17500	2500	1100	1000	1300	1500	6200	1500	1600	800
马铃薯	7000	1300	700	400	1000	450	2500	250	200	200
3. 玉米	17500	1500	800	500	1500	1500	5500	2000	2000	2200
4. 大豆	13000	2800	900	500	400	200	2700	1000	1000	3500
5. 其他谷物	2700	550	200	400	200	150	550	250	200	200
（二）油料	42500	6500	7000	7000	3500	700	8000	2300	2700	4800
其中：花生	26500	5000	3000	3000	2500	500	3500	2000	2500	4500
油菜	16000	1500	4000	4000	1000	200	4500	300	200	300
（三）蔬菜	78000	16000	10000	14000	5000	1500	18000	2500	5000	6000
（四）烟叶	9600	855	820	3475			4300			150
（五）绿肥	11000	3000	1000	2200	500	100	3000	200	500	500
（六）其他农作物	3100	1150	300	200	350	100	350	200	200	250
二、水果	25000	2500	7500	7500	800	500	3500	1700	500	500
三、茶叶	7200	100	100	100	800	1900	600	1200	1900	500

附件2：

2014年全县各镇农业考核任务表

考核项目 各镇名称	粮食作物	
	面积（万亩）	产量（万吨）
合计	18.400	5.95
乳城	3.200	1.2
一六	2.090	0.76
桂头	3.675	1.25
洛阳	1.180	0.35
大布	1.510	0.42
大桥	3.925	1.25
东坪	0.880	0.22
游溪	1.300	0.35
必背	0.640	0.15

重要文件目录

2014 年县委重要文件目录（选）

年 份	文 件 名 称	文 号
2014	关于印发《乳源瑶族自治县关于全面深化改革的实施方案》的通知	乳发〔2014〕2 号
2014	关于表彰 2014 年村、社区“两委”换届选举工作先进集体的决定	乳发〔2014〕3 号
2014	关于印发《乳源瑶族自治县 2014 年度绩效考评实施方案》的通知	乳发〔2014〕5 号
2014	中共乳源瑶族自治县委关于印发《中共乳源瑶族自治县委关于完善重大决策制度的意见》的通知	乳发〔2014〕6 号
2014	关于表彰 2013 年度绩效考评先进单位的决定	乳发〔2014〕7 号
2014	关于印发乳源瑶族自治县人民政府职能转变和机构改革方案的通知	乳发〔2014〕8 号
2014	关于县政府工作部门机构设置调整问题的通知	乳发〔2014〕9 号
2014	关于成立乳源县委党的群众路线教育实践活动领导小组及组成人员的通知	乳委〔2014〕6 号
2014	关于印发乳源瑶族自治县村、社区“两委”换届选举工作奖惩办法的通知	乳办发〔2014〕1 号
2014	关于进一步规范我县行政事业单位政府采购及消费支出管理的通知	乳办发〔2014〕2 号
2014	关于印发《2014 年“激情广场·幸福乳源”广场系列文艺演出活动方案》的通知	乳办发〔2014〕3 号
2014	关于印发乳源瑶族自治县机关事业单位工作人员调配管理办法（试行）的通知	乳办发〔2014〕4 号
2014	关于印发《乳源瑶族自治县超职数配备干部整改消化工作实施方案》的通知	乳办发〔2014〕9 号
2014	关于印发乳源瑶族自治县加快推进政务服务体系建设实施方案	乳办发〔2014〕11 号
2014	关于印发乳源瑶族自治县 2014 年县重点建设项目责任分工的通知	乳办发〔2014〕13 号
2014	印发《关于进一步加强我县法律援助工作的意见》的通知	乳办发〔2014〕15 号
2014	关于印发乳源瑶族自治县 2014 年农业农村工作意见的通知	乳办发〔2014〕17 号
2014	关于印发乳源瑶族自治县简化办事程序提高办事效率阶段性工作方案的通知	乳办发〔2014〕20 号
2014	关于印发《关于进一步规范机关事业单位人员借用工作的意见》的通知	乳办发〔2014〕21 号
2014	关于印发《乳源瑶族自治县密切联系群众工作工作实施意见》的通知	乳办发〔2014〕23 号
2014	关于县党员领导干部挂钩联系软弱涣散基层党组织整顿工作的通知	乳办发〔2014〕25 号

续上表

年 份	文 件 名 称	文 号
2014	关于转发市委办市府办关于党政机关和领导干部办公用房清理的指导意见的通知	乳办发〔2014〕26号
2014	关于印发乳源瑶族自治县科级非领导职务设置暂行办法的通知	乳办发〔2014〕27号
2014	关于印发乳源瑶族自治县2014年若干重要改革任务要点的通知	乳办发〔2014〕30号
2014	关于转发《乳源瑶族自治县2014年依法治县工作要点》的通知	乳办发〔2014〕31号
2014	关于印发《乳源瑶族自治县法治镇创建实施方案》的通知	乳办发〔2014〕32号
2014	关于印发2014年挂点联系企业责任分工的通知	乳办发〔2014〕33号
2014	关于印发乳源瑶族自治县2014年“广东扶贫济困日”活动实施方案的通知	乳办发〔2014〕35号
2014	关于印发《乳源瑶族自治县2014年度绩效考评指标评分标准》的通知	乳办发〔2014〕37号
2014	乳源瑶族自治县人口和计划生育目标绩效考评办法的通知	乳办发〔2014〕38号
2014	关于落实2014年度市对县经济社会科学发展考核责任的通知	乳办发〔2014〕39号
2014	关于进一步加强和改进督促检查工作的意见	乳委办发电〔2014〕1号
2014	关于印发《县镇机关事业单位自筹、差拨人员清退分流工作方案》的通知	乳委办发电〔2014〕2号
2014	关于印发乳源瑶族自治县开展广东省信访条例宣讲活动方案的通知	乳委办发电〔2014〕3号
2014	印发乳源瑶族自治县集中整治违法用地违法建设工作责任追究办法（试行）的通知	乳委办发电〔2014〕4号
2014	中共乳源瑶族自治县委办公室关于印发《乳源瑶族自治县组织推动培育和践行社会主义核心价值观工作实施方案》的通知	乳委办发电〔2014〕7号
2014	中共乳源县委办关于印发《中共乳源县委常委班子党的群众路线教育实践活动整改方案》的通知	乳委办发电〔2014〕8号
2014	关于印发《乳源瑶族自治县开展贯彻实施〈广东省信访条例〉运用法治方式解决信访突出问题试点工作方案》的通知	乳委办发电〔2014〕11号
2014	关于印发县委十一届五次全会重点工作任务分解表的通知	乳委办发电〔2014〕14号
2014	关于印发县党政领导班子和领导干部2013—2014年度安全生产责任制考核实施方案的通知	乳委办发电〔2014〕15号
2014	《乳源瑶族自治县贯彻落实中央〈建立健全惩治和预防腐败体系2013—2017年工作规划〉的工作方案》	乳委办发电〔2014〕16号
2014	印发关于建立乡镇领导干部驻点普遍直接联系群众制度的实施方案的通知	乳委办发电〔2014〕18号

续上表

年 份	文 件 名 称	文 号
2014	印发乳源瑶族自治县贯彻落实关于开展一村（社区）一法律顾问工作的意见工作方案的通知	乳委办发电〔2014〕19号
2014	关于印发乳源瑶族自治县创建第十届广东省双拥模范县工作实施方案的通知	乳委办发电〔2014〕20号
2014	关于印发乳源瑶族自治县不具备生产生活条件村庄搬迁安置工作实施方案的通知	乳委办发电〔2014〕21号
2014	关于调整县委保密委员会领导小组成员的通知	乳委办〔2014〕1号
2014	关于调整全县绩效考核领导小组的通知	乳委办〔2014〕4号
2014	关于成立乳源瑶族自治县公务用车专项治理工作领导小组的通知	乳委办〔2014〕5号
2014	关于成立乳源县信访事项复查复核委员会的通知	乳委办〔2014〕6号
2014	关于进一步加强信息报送工作的通知	乳委办〔2014〕13号
2014	关于成立乳源瑶族自治县法律援助工作联席会议领导小组的通知	乳委办〔2014〕14号
2014	关于做好机关事业单位借用人员清理工作的通知	乳委办〔2014〕25号
2014	关于成立乳源瑶族自治县扶贫开发整合行业涉农资金工作领导小组的通知	乳委办〔2014〕33号
2014	关于成立县贯彻实施《广东省信访条例》以法治方式解决信访突出问题试点工作领导小组的通知	乳委办〔2014〕36号
2014	关于成立乳源瑶族自治县新农村建设工作领导小组的通知	乳委办〔2014〕39号
2014	关于成立乳源瑶族自治县开展一村（社区）一法律顾问工作领导小组的通知	乳委办〔2014〕40号
2014	乳源瑶族自治县关于成立申报欠发达革命老区县领导小组的通知	乳委办〔2014〕41号
2014	关于印发中共乳源瑶族自治县纪律检查委员会机关乳源瑶族自治县监察局主要职责内设机构和人员编制规定的通知	乳委办〔2014〕42号

2014年县人大重要文件目录（选）

年 份	文 件 名 称	文 号
2014	乳源瑶族自治县第十一届人民代表大会公告	第7号
2014	关于审议县人民政府2014年国民经济和社会发展计划执行情况及财政预算执行情况报告的意见	乳常〔2014〕13号

2014 年县政府重要文件目录（选）

年 份	文 件 名 称	文 号
2014	关于印发乳源瑶族自治县人民政府 2014 年工作要点的通知	乳府〔2014〕1 号
2014	关于印发乳源瑶族自治县政府性债务管理办法和乳源瑶族自治县本级政府偿债准备金管理办法的通知	乳府〔2014〕8 号
2014	关于印发三旧改造项目房屋征收补偿标准的方案的通知	乳府〔2014〕15 号
2014	关于武江河桂头河段禁采区禁采河砂的通告	乳府〔2014〕19 号
2014	关于清理整顿违法用地违法建设的通告	乳府〔2014〕23 号
2014	关于乳源 2014 年廉租住房和公共租赁住房供应保障对象标准的公告	乳府〔2014〕33 号
2014	关于印发乳源瑶族自治县改善农村义务教育薄弱学校基本条件实施方案的通知	乳府〔2014〕46 号
2014	关于加强生猪屠宰和生猪产品质量监管的通告	乳府〔2014〕47 号
2014	关于加快广东乳源经济开发区（产业园区）建设发展的决定	乳府〔2014〕55 号
2014	关于机动车区域限行的通告	乳府〔2014〕57 号
2014	关于乳源瑶族自治县尚杰钾长石矿有限公司采矿范围及有关事项的通告	乳府〔2014〕64 号
2014	关于全县 2013 年度重大动物疫病防控工作量化考评检查情况的通报	乳府办〔2014〕2 号
2014	关于印发乳源瑶族自治县第六次全国体育场地普查工作实施方案的通知	乳府办〔2014〕4 号
2014	关于印发做好全县春节前后人口和计划生育工作的通知	乳府办〔2014〕5 号
2014	关于印发乳源瑶族自治县 2014 年扶持烟叶生产及奖励办法的通知	乳府办〔2014〕6 号
2014	关于做好当前森林防火工作的通知	乳府办〔2014〕7 号
2014	关于批转加强县级财政支出预算管理的实施意见的通知	乳府办〔2014〕8 号
2014	关于印发乳源瑶族自治县建设工程项目优化审批流程试行方案的通知	乳府办〔2014〕10 号
2014	关于印发乳源瑶族自治县“三旧”改造工作实施意见的通知	乳府办〔2014〕12 号
2014	关于印发乳源瑶族自治县深化集体林权制度改革工作方案的通知	乳府办〔2014〕17 号
2014	关于印发乳源瑶族自治县开展电视购物专项整治工作方案的通知	乳府办〔2014〕21 号
2014	关于印发乳源瑶族自治县妇女妇科疾病普查普治及农村妇女“两癌”筛查工作实施方案的通知	乳府办〔2014〕22 号

续上表

年 份	文 件 名 称	文 号
2014	关于印发乳源瑶族自治县整治三公经费开支过大严禁超预算或无预算安排支出工作方案的通知	乳府办〔2014〕30号
2014	关于印发乳源瑶族自治县严格公务接待标准专项整治行动方案的通知	乳府办〔2014〕30号
2014	关于切实做好全县2014年春季重大动物疫病防控工作的通知	乳府办〔2014〕32号
2014	关于开展农村泥砖房核查和确认工作的通知	乳府办〔2014〕33号
2014	关于开展农村泥砖房核查和确认工作的通知	乳府办〔2014〕33号
2014	关于印发乳源瑶族自治县商事登记制度改革方案的通知	乳府办〔2014〕41号
2014	关于印发乳源瑶族自治县2014年地质灾害防治方案的通知	乳府办〔2014〕42号
2014	关于印发乳源瑶族自治县整治三公经费开支过大严禁超预算或无预算安排支出工作方案的通知	乳府办〔2014〕30号
2014	关于印发乳源瑶族自治县2014年火烧迹地植被恢复工程实施方案的通知	乳府办〔2014〕43号
2014	关于印发乳源瑶族自治县2014年扶贫开发“双到”工作实施方案的通知	乳府办〔2014〕44号
2014	关于印发乳源瑶族自治县2014年主要污染物总量减排工作计划的通知	乳府办〔2014〕45号
2014	关于印发乳源瑶族自治县争取上级项目资金奖励办法的通知	乳府办〔2014〕46号
2014	关于印发乳源瑶族自治县企业纳税大户奖励办法的通知	乳府办〔2014〕47号
2014	关于印发乳源瑶族自治县全人群死因监测工作实施方案的通知	乳府办〔2014〕50号
2014	关于印发乳源瑶族自治县2014年地质灾害隐患点搬迁和治理工作实施方案的通知	乳府办〔2014〕58号
2014	关于印发全县普通干线公路路域环境综合整治行动实施方案的通知	乳府办〔2014〕60号
2014	关于提高乳源2014年城乡居（村）民最低生活保障及孤儿基本生活保障标准的通知	乳府办〔2014〕62号
2014	关于印发乳源瑶族自治县2014年中央财政农业机械购置补贴实施方案的通知	乳府办〔2014〕63号
2014	关于印发乳源瑶族自治县集中整治违法用地违法建设行动工作方案的通知	乳府办〔2014〕64号
2014	关于印发乳源瑶族自治县加强婴幼儿配方乳粉质量安全工作实施方案的通知	乳府办〔2014〕68号
2014	关于印发乳源瑶族自治县2014年土地矿产卫片执法监督检查工作方案的通知	乳府办〔2014〕69号
2014	关于印发乳源瑶族自治县闲置土地调查处置工作方案的通知	乳府办〔2014〕72号

续上表

年份	文件名称	文号
2014	关于印发乳源瑶族自治县培育新型农业经营主体加快推进农业产业化发展的工作意见的通知	乳府办〔2014〕73号
2014	关于进一步加强全县生猪屠宰管理工作的通知	乳府办〔2014〕74号
2014	关于印发乳源瑶族自治县老楼危楼安全排查工作方案的通知	乳府办〔2014〕75号
2014	关于印发乳源瑶族自治县强师工程实施方案的通知	乳府办〔2014〕76号
2014	关于印发进一步促进乳源瑶族自治县建筑业发展的实施意见的通知	乳府办〔2014〕77号
2014	关于印发乳源瑶族自治县协税护税信息共享工作方案的通知	乳府办〔2014〕81号
2014	关于印发乳源瑶族自治县2014年度高标准基本农田建设实施方案的通知	乳府办〔2014〕83号
2014	关于印发乳源瑶族自治县农村生活垃圾综合整治工作实施方案的通知	乳府办〔2014〕84号
2014	关于印发乳源瑶族自治县扶贫开发整合行业涉农资金工作实施方案的通知	乳府办〔2014〕85号
2014	关于印发乳源瑶族自治县2014年农村妇女“两癌”免费筛查工作实施方案的通知	乳府办〔2014〕89号
2014	印发关于乳源瑶族自治县违法用地违法建设的处理意见的通知	乳府办〔2014〕90号
2014	关于进一步规范开发建设项目水土保持方案申报审批和验收工作的通知	乳府办〔2014〕91号
2014	关于调整乳源农村五保供养标准的通知	乳府办〔2014〕95号
2014	关于印发乳源瑶族自治县价格调节基金征收使用管理暂行办法（修订）的通知	乳府办〔2014〕102号
2014	关于印发乳源瑶族自治县城区义务教育阶段学校建设规划方案的通知	乳府办〔2014〕103号
2014	关于公开部门保留行政审批项目相关工作的通知	乳府办〔2014〕104号
2014	关于印发乳源瑶族自治县2014年度突发事件风险隐患排查和整改工作方案的通知	乳府办〔2014〕105号
2014	关于印发乳源瑶族自治县封山育林护林员管理办法的通知	乳府办〔2014〕109号
2014	关于印发乳源瑶族自治县加快发展规模以上工业企业和外贸外资企业工作实施方案（试行）的通知	乳府办〔2014〕112号
2014	关于印发乳源瑶族自治县困难国有企业历年社会保险欠费清缴工作实施方案的通知	乳府办〔2014〕118号
2014	关于印发乳源瑶族自治县矿产秩序治理整顿工作实施方案的通知	乳府办〔2014〕119号
2014	关于印发乳源瑶族自治县违法违规用地清理整治专项行动工作方案的通知	乳府办〔2014〕124号

续上表

年 份	文 件 名 称	文 号
2014	关于印发乳源瑶族自治县2014年整治违法排污企业保障群众健康环保专项行动方案的通知	乳府办〔2014〕126号
2014	关于加强山林纠纷调处工作的通知	乳府办〔2014〕127号
2014	关于印发乳源瑶族自治县2014年度以企业职工基本养老保险为重点的社会保险扩面征缴工作实施方案的通知	乳府办〔2014〕128号
2014	关于印发乳源瑶族自治县创建国家级农村职业教育和成人教育示范县实施方案的通知	乳府办〔2014〕132号
2014	关于印发乳源瑶族自治县征地程序补充细则的通知	乳府办〔2014〕133号
2014	关于印发乳源瑶族自治县规范建设用地规划管理以及历史遗留问题处理意见的通知	乳府办〔2014〕135号
2014	关于做好2014年秋季重大动物疫病防控工作的通知	乳府办〔2014〕136号
2014	关于印发乳源瑶族自治县公共资源交易目录的通知	乳府办〔2014〕138号
2014	关于印发长安乳源产业转移工业园（广东乳源经济开发区）招商引资优惠细则的通知	乳府办〔2014〕139号
2014	关于印发乳源瑶族自治县政务服务体系建设扩容提质增效实施方案的通知	乳府办〔2014〕141号
2014	关于印发乳源瑶族自治县黄标车区域限行实施方案的通知	乳府办〔2014〕142号
2014	关于印发乳源瑶族自治县突发环境事件应急预案的通知	乳府办〔2014〕143号
2014	关于印发乳源瑶族自治县提升农村集体“三资”管理体系建设工作方案的通知	乳府办〔2014〕150号
2014	关于印发乳源瑶族自治县今冬明春防火宣传暨“119消防安全宣传月”工作方案的通知	乳府办〔2014〕164号
2014	关于印发乳源瑶族自治县2014年冬种生产工作意见的通知	乳府办〔2014〕167号
2014	关于印发乳源瑶族自治县林业生态红线划定工作方案的通知	乳府办〔2014〕173号
2014	关于印发乳源瑶族自治县今冬明春人感染H7N9禽流感疫情联防联控机制及成员单位职责的通知	乳府办〔2014〕175号
2014	关于印发乳源瑶族自治县住房和城乡规划建设局主要职责内设机构和人员编制规定的通知	乳府办〔2014〕178号
2014	关于印发乳源瑶族自治县审计局主要职责内设机构和人员编制规定的通知	乳府办〔2014〕179号

续上表

年　份	文　件　名　称	文　号
2014	关于印发乳源瑶族自治县旅游局主要职责内设机构和人员编制规定的通知	乳府办〔2014〕180 号
2014	关于印发乳源瑶族自治县林业局主要职责内设机构和人员编制规定的通知	乳府办〔2014〕181 号
2014	关于印发乳源瑶族自治县经济促进局主要职责内设机构和人员编制规定的通知	乳府办〔2014〕182 号
2014	关于印发乳源瑶族自治县教育局主要职责内设机构和人员编制规定的通知	乳府办〔2014〕183 号
2014	关于印发乳源瑶族自治县发展和改革局主要职责内设机构和人员编制规定的通知	乳府办〔2014〕185 号
2014	关于印发乳源瑶族自治县基本农田保护管理规定的通知	乳府办〔2014〕189 号
2014	关于印发乳源瑶族自治县节庆论坛展会等活动管理办法的通知	乳府办〔2014〕191 号
2014	关于印发乳源瑶族自治县人民政府政务督查工作暂行办法的通知	乳府办〔2014〕192 号
2014	关于印发乳源瑶族自治县创建义务教育发展基本均衡县工作实施方案的通知	乳府办〔2014〕108 号

索　引

主题索引

说　明

一、本索引以主题词首字汉语拼音字母顺序排列，同语拼音字条目首字按笔画排序编排。

二、索引条目后的数字表示本书的页码。

三、本卷年鉴的文献、专载、特载、大事记、人物、附录和统计资料等内容未作索引。

A

埃博拉出血热防控　185
爱国卫生运动　181
安保工作　99
安全标准化建设　118
安全播出　178
安全经营　146
安全生产管制　135
安全生产活动　242
安全生产监管　117
安全生产检测　148
安全生产应急管理　118
安全生产与应急演练　244
安全生产专项整治　118
安全宣传　130
安置帮教　106

B

帮扶工作　74
保持经济较快增长　70
保护消费者权益　113
保健食品安全监管　184
保障民生　150
暴发疫情处置　185
备战省民族运动会　191
被评为广东省 2013—2014 年度“旅游创新发展十强县（市）”　47
必背过山瑶之乡生态旅游景区　161
必背镇　225
编制规划　109
便民服务　226　223
便民服务站建设　238
标准化管理　116

殡葬管理　207
薄弱村整顿　227
步入试点　149

C

财产保险　157
财务监督与管理　76
财务收支审计　120
财政　149
财政预算　149
彩石资源　45
参加政策性森林保险　246
餐饮食品安全监管　183
残保金征收　91
残疾人基本服务状况和需求专项调查　91
残疾人康复救助　90
残疾人职业技能与就业　90
策划《映像乳源》专辑　161
查处违法违纪案件　82
产品宣传　159
产业帮扶　127
陈列室维护工作　75
成功举办第八届瑶族“十月朝”旅游文化节　47
成立行政服务中心疾控分中心　185
成人教育　196
城市管理　173
城乡规划　172
城乡建设用地增减挂钩试点　114
城乡居民养老保险参保续保　206
城乡面貌日益改善　46
城镇化建设加快　215
城镇建设　211
持续石漠化综合治理　109
筹备理事会年会　93
出入境户政管理　98
传染病防控　180
创建平安大布　223
创建全国白内障无障碍县　91
创作诗词活动　89
春运工作　165
慈善募捐　207
从严从实抓教育　持之以恒转作风——乳源瑶族自治县党的群众路线教育实践活动工作总结　1
从严治党　152
促进建筑业发展　71
村（居）两委换届　226
村（居）两委换届工作　237　220
村（居）“两委”换届选举　232
村（社区）换届选举工作　212
村（社区）“两委”换届　216
村（社区）“两委”换届选举工作　230
村级财务管理　212
村、社区“两委”换届选举工作　224
村务公开建设　233
村小组规范化建设　213
存在问题及一步工作　4

D

搭建发展平台　提升员工素质　170
打击传销　113
打击无照经营　112
打击刑事犯罪　98
打假治劣　117
大坝定检　137
大布镇　222
大布中心学校　201
大桥欧晖中学　200
大桥镇　218
大桥镇崇安医院　189
代表工作　67
党的基层组织建设　213
党风建设　170
党风廉政建设　246　213　81
党风廉政建设工作　64　62
党建工作创新　247
党建工作目标管理　62
党建企业文化　135
党史工作　76

党外代表人士队伍建设　59
党务与民主管理　138
党校工作　64
党员队伍建设　58
档案调查统计和接收　75
档案管理　75
档案·史志　74
档案信息化建设　75
档案行政执法检查　75
档案资源开发利用　75
登革热防控　185
邓海光到乳源调研　50
低保工作　207
低碳发展　139
低碳发展示范项目通过验收　109
地方公路养护　164
地方税务　151
地方志信息化工作　76
地方志资料年报工作　75
地籍管理　114
地理标志产品保护　117
地貌　43
地震管理　114
地质　44
地质业务　241
地质灾害防治　114
第三次全国经济普查　111
第十一届纪律检查委员会第四次全体会议　82
电大工作　64
电力工业　134
电力供应　134
电网建设　134
电信　169
东坪镇　231
动物疫病监测　131
动物资源　45
督办工作　73
督查督办效率提升　54
队伍素质建设　247
对口帮扶工作　139
对台工作　74

E

《恩情》获广东省第九届“五个一工程”奖　47
二九一大队职工医院　241
二九一房地产开发有限公司　242

F

发挥统一战线优势推动重点项目实施　58
发展商会会员　94
发展休闲旅游产业　160
法律援助　105
法院　103
法制服务　73
法制宣传教育　105
法治文化建设　102
法治镇创建活动　101
反渎职侵权工作　103
反贪污贿赂工作　103
犯罪预防宣传　103
防空警报试鸣和防空疏散演练　108
防雷减灾监督检查　130
防邪反邪　96
防汛工作　243
防汛抗旱　128
房地产市场管理　172
非公经济工作　59
扶残助学　91
扶贫工作　127
扶贫济困　157
扶贫济困工作　63
扶贫解困　91
扶贫双到　205
服务地方经济　112
服务质量　169
服务宗旨　145
负债业务　153
妇女儿童合法权益宣传　87

妇女儿童民生实事　87
妇幼服务　180

G

改革创新　149
改善运行值班环境　137
干部队伍建设　82　56
干部培训工作　64
港澳和海外联谊工作　59
高标准基本农田建设　114
高标准农田建设　239
各项业务　155
耕地保护　113
工程项目建设　136
工会工作　243
工会经费审计工作　85
工商行政管理　112
工商银行乳源支行　153
工业经济　143
工资福利　205
工作创新　156
公安　98
公安宣传工作　99
公共场所卫生监督　186
公共卫生服务　180
公共文化　176
公共资源交易体制改革　61
公路建设　164
公路建设与管理　165
公路养护　165
公诉工作　103
公文办理科学严谨　53
公证工作　106
供水服务　135
供销合作社　145
共青团大布镇第十四次代表大会召开　224
共青团大桥镇第十五次代表大会　221
共青团东坪镇第十四次代表大会　233
共青团工作会议　85
共青团洛阳镇第十三次代表大会　236
共青团一六镇第十二次代表大会　239
构建“党政同责、一岗双责、齐抓共管”格局　117
挂扶工作　76
关爱工程　64
关爱活动　137
关工委工作会议　63
关工委基层机构建设　63
关于2014年国民经济和社会发展的统计公报乳源瑶族自治县发展和改革局　249
关于印发乳源瑶族自治县2014年农业农村工作意见的通知　269
关于印发《乳源瑶族自治县人民政府职能转变和机构改革方案》的通知　264
观赏石协会对外活动　89
管护队伍素质培训　248
管理机制　158
管网建设　138
广播电视　177
广东宝华农业科技股份有限公司　141
《广东地方志纪事》供稿工作　76
广东冠华食品有限公司　141
广东乳源大峡谷　161
广东乳源大峡谷省级自然保护区　248
广东省法治文化建设示范点通过验收　102
广东省高速公路有限公司京珠北分公司　247
广东省核工业地质局二九一大队　241
广东省乳阳林业局　244
广东省天井山林场　245
广东省信访条例宣传　102
广东粤电南水发电有限责任公司　242
广告业务　178
广乐高速建设　164
推进公共资源交易中心规范化运作　78
规范公务用车管理　76
规范化建设　134
规范“三旧”改造工作　71
规范政务督查工作　71
规上企业　143

桂头镇 215
桂头镇中心卫生院 189
桂头中学 198
国安工作 96
国家机关工作人员人事任免 67
国家税务 150
国家宗教事务局副局长到乳源调研 50
国库服务 152
国土资源管理 113
国有企业改革 119
国有资产管理 119
国有资产监管 119
国有资产运营 119

H

H7N9 流感防控 131
行业作风建设 181
海外及港澳台同胞交流 74
河流 44
核工业华南二九一工程勘察公司 241
弘扬和承传客家文化 219
红云中心学校 201
侯公渡中学 200
后勤建设 107
化妆品安全监管 184
环境保护 173
环境监测 174
环境监察与排污费征收 174
环境影响评价 173
环境质量 173
环南水湖自行车公开赛 72
环南水湖自行车公开赛秩序维护工作 233
环卫管理 172
黄先耀到乳源调研 50
黄先耀、邓海光到乳源调研 52
黄业斌到乳源调研 51
会务活动精简高效 53
“惠农通”业务 155
婚姻登记 207
货币政策 152
获“2013 韶关市广播电视节目评比”成果 178

J

机构编制管理 60
机构编制管理制度建设 61
机构编制信息工作 61
机构和人员编制核查 60
机关党建培训工作 62
机关事务管理 76
机关幼儿园 200
机械管理 166
机要保密安全通畅 54
机制改革 147
积极开展党的群众路线教育实践活动 62
基层党组织建设 57
基层调研工作 64
“基层科普行动计划”申报 87
基层组织建设 221
基础管理 157
基础建设 99
基础教育 195
基础能力 168
疾病监测和防治 184
疾病预防控制 184
集体林改 124
计划免疫管理 185
计划生育服务 233 216
计划生育工作 226
计量管理 116
计生服务工作 223
计生工作 220
纪律检查体制改革 82
纪念“三八”国际妇女节 104 周年活动 86
纪委规范化建设 227
技术培训 131
推进业务培训常态化 78
加快发展规模以上工业企业和外贸外资企业 71
加快开发区（产业园区）建设发展 71

加快推进新型城镇化　70
加快推进政务服务体系建设　71
加快网络建设　促进光纤平移和宽带提速　169
加强班子建设　转变工作作风　凝心聚力干事创业　加快乳源发展——在县委十一届五次全会上的报告　6
加强党风廉政建设　128
加强“反洗钱”工作　154
加强非公有制经济人士思想政治工作　93
加强干部队伍建设　227
加强公共机构节能　115
加强基层党建　224
加强森林公园管理　245
加强县政府招待所管理　77
加强政府自身建设　70
加强政务服务体系建设工作责任追究　71
家园文化　154
价格调节基金征收管理　111
价格监测　111
价格专项监督检查　111
监察工作　83
监督工作　66
监督指导和业务培训　75
监所管理　99
监所检察工作　103
检察　102
检务公开工作　103
减轻民负　122
建设银行乳源支行　155
建置区划　42
建置沿革　42
建筑市场管理　173
践行司法为民　104
奖项　177
交流联谊活动　93
交通安全管理　98
交通运输　164
教学工作　194
教育　194
教育体制　195
教育卫生事业　216
接待工作整体提升　54
接警处置　100
节能降耗　143
金融服务　152　74
金融机构　152
金融稳定　153
金融业务　168
金禧小学　199
禁毒工作　99
禁渔期工作　132
经济建设持续推进　215
经济开发区　139
经济贸易　143
经济社会发展　222　46
经济实力不断增强　46
经济责任审计　120
经营成效　156
经营发展　167
经营情况　134
竞技体育　191
纠正不正之风　83
救灾工作　207
就业服务　203
举报受理与网络问政　111
卷烟销售　146
军供服务创新　144
军事训练　108　107

K

开展创建“五好”关工委工作　64
开展第二批党的群众路线教育实践活动　50
开展反不正当竞争执法工作　113
开展群众路线教育实践活动　181　111
开展消防安全检查，督促整改火险隐患　100
抗冰保通　166
科技成果　192　143
科技计划及项目管理　192
科技型企业　192

科普工作与科技培训 192
科普进村 87
科普进山区校园 88
科普进社区 88
科普周活动 87
科学技术 192
科研成果 89
客服维系 171
客户服务 159 158
客户支撑 169
客运汽车 167
客运站场建设 167
库存交叉检查 144
跨境结算 152
矿产资源 45
矿产资源管理 114
困难国有企业历年社会保险欠费清缴工作 205

L

劳动维权 203
老干部工作 62
老龄工作 207
老区调查 92
理论武装 55
历史沿革 241
联通通信 171
联网直报工作 110
廉政文化建设 245
廉政宣传教育 81
梁伟发到乳源调研 51
粮食工作考评 144
粮食购销与储备 144
粮油轮换 144
“两不具备”村庄搬迁 229
“两不具备”村庄建设安置工程 232
两委换届 207
“两新”组织党建工作示范点创建活动 62
“两新”组织党组织建设 58
林权深化改革工作 239
林下经济 246
林业 124
林业简政放权 125
林业科技 246
林业社会服务 124
林政管理 124
领导班子建设 56
流通环节食品安全监管 184
路桥建设 165
路线教育 146
路政管理 166 164
旅游 160
旅游景区简介 161
旅游推介活动 160
旅游项目建设 160
旅游行业安全管理 160
旅游开发 219
旅游资源 45
旅游总规修编 160
履行责任 157
律师工作 106
洛阳镇 234
落实残疾人社会保障政策 91
落实“计生”优惠政策 180

M

慢性病防治 182
秘书工作 73
民办教育 196
民爆物资监管 147
民情志愿服务 97
民商事审判 104
民生保障 227
民生发展情况 211
民生工程 127
民生工作 84
民生建设 246
民生、民情工作建议 93

民生事业　220
民事行政检察　103
民心工程　219
民营规模以上企业简介　140
民政工作　206
“民主法治村（社区）”创建活动　101
民主管理　137
民主协商会议　80
民族　43
民族工作　208　59
民族宗教　207　43
名优鱼类养殖技术推广　132

N

纳税服务　151　150
南方红豆杉森林公园　162
南岭国家森林公园　161
南水湖国家湿地公园　162
南水湖湿地公园管理　125
南粤幸福活动周　97
内部管理和队伍建设　154
内部机制　156
内控监督　206
能繁母猪保险、补贴　132
年鉴工作　75
年票征收　166
2014 年县人大重要文件目录（选）　277
2014 年县委常委会工作总结　258
2014 年县委重要文件目录（选）　275
2014 年县政府重要文件目录（选）　278
农产品质量安全　121
农村环保　175
农村环境整治　229
农村集体三资管理　122
农村集体资产租赁竞拍与工程竞标　216
农村经济　121
农村“清洁美”建设工程　233
农村“五有”规范化建设　227　217
农村信用合作联社　156
农村综合改革　229
农机服务　126
农机化推广　126
农机监理　126
农技推广　132
农特产品展示展销推介会　72
农业　121
农业机械　126
农业经济发展　237
农业农村基础设施建设　211
农业农村经济发展　231　228　225
农业银行乳源支行　154
农资市场监管　118

P

派驻纪检监察组工作　82
培训与演练　148
培育新型农业经营主体　71
“平安家庭”创建活动　86
平安林区建设　124
平价商店　145
普法宣传教育　102

Q

气象服务　129
气象服务社会　130
气象灾害　130
企业服务　144
企业改革　167
企业管理　242
企业经营与管理　147
企业文化　156
启动全面深化改革　51
启用二代社保卡发放社保待遇　205
签署“智慧城市”战略合作协议　171
侨联活动　90
侨情与侨务资源调查　90
青年就业创业　85

清理行政职权编制权责清单　61
清理整治“两违”及“小产权”工作　233
区划地名　207
区位调整　139
权益保障　85
全力发展社会事业　70
全面推进深化改革　71
全民体育健身运动及健身广场建设　232
全省扶贫开发“双到”工作现场会与会人员到乳源考察　51
泉水水电厂　137
群众路线教育实践活动　220　74
群众体育　191

R

人才队伍建设　57
人才技能比武　135
人防法规宣传教育　108
人感染 H7N9 禽流感防控　185
人口　43
人口计划生育　238　235
人口与计划生育工作　212
人口与计生服务　229
人口语言　43
人力资源管理与培训　243
人力资源和社会保障　203
人民调解　105
人民防空　107
人民武装　107
人民银行乳源支行　152
人事管理　204
人寿保险　158
人文关怀工作　170
人武工作　216
人员结构　155
荣誉　100
乳城镇　210
乳源第一小学　199
乳源东阳光磁性材料有限公司　140
乳源东阳光电化厂　140
乳源东阳光化成箔有限公司　140
乳源东阳光机械有限公司　140
乳源东阳光精箔有限公司　140
乳源高级中学　197
乳源教师进修学校　197
乳源阳之光铝制品有限公司　141
乳源阳之光亲水箔有限公司　140
乳源瑶族传统村寨调查　76
乳源瑶族自治县富特机械配件制造有限公司　142
乳源瑶族自治县恒力碳素制品有限公司　142
乳源瑶族自治县人民代表大会常务委员会工作报告——2015 年 1 月 27 日在乳源瑶族自治县第十一届人民代表大会第五次会议上　19
乳源瑶族自治县人民政府县长、副县长领导成员名单　72
乳源瑶族自治县晟发有色金属有限公司　141
乳源瑶族自治县鑫源环保金属科技有限公司　142
乳源瑶族自治县永恒实业有限公司　141
乳源中等职业技术学校　197
乳源中学　198

S

“三胞联谊”和对外交流　80
“三农”服务　156
“三资”管理平台建设及村账镇代记工作　233
森林防火　245　244
森林培育　244
森林资源管护　245　244
森林资源培育　245
山脉　44
商业总公司　147
上级交办的审计任务　120
韶关包装印刷有限公司　140
韶关大唐研磨材料有限公司　142
韶关东阳光电容器有限公司　141
韶关好特利电子有限公司　142
韶关赛普超硬材料科技有限公司　141
韶关市鸿峰特钢有限公司　141

韶关市腾辉特钢有限公司　142
韶关硕成化工有限公司　142
设施维修、建设　178
社保工作　205
社工人才建设　97
社会保险法执法检查　205
社会保险信息公开工作　206
社会保障　203
社会保障服务　235
社会保障事业　238
社会保障体系　215
社会各项事业　223
社会工作委员会　97
社会公益　151
社会公益活动　94
社会管理　99　96
社会管理工作　212
社会事务　207
社会事业不断发展　46
社会事业管理　219
社会体制改革　97
社会文化　176
社会稳定与综合治理　216
社会消费　143
社会效益　153
社会综合管理　227
社会综合管理工作　235
社会组织　207
社区共管　248
社区矫正　106
摄影协会活动　88
深化改革　156　110
深化改革稳步推进　54
深化医改，巩固“两大成果”　180
审计工作　119
生产环节食品安全监管　184
生存资格认证　206
生活待遇落实　63
生活饮用水卫生　186
生态工程建设　124
生态环境与资源保护　219
生态林业管理　235
生态旅游　246
生态农业发展　218
生态文明改造工程建设　109
师资队伍建设　64
湿地保护和恢复工程建设　125
湿地的科普宣教工程建设　126
湿地基础和服务工程建设　126
湿地监测和科研工程建设　125
食品安全监管　115
食品药品监督　182
世界银行贷款项目　109
市场拓展　170
市场掌控　147
市场主体监督管理　112
市政设施　172
事业单位登记管理　61
事业单位法人治理结构建设　61
事业单位分类改革后续工作　61
视频会议系统管理　193
收费体系建设　247
收购调拨　146
首届广场健身舞比赛　72
首届温泉养生旅游文化节　72
书法临帖作品赛　89
“数字城市”地理空间框架建设　115
双到扶贫　146
双拥工作　206
水产业　131
水库移民管理　129
水力资源　45
水利　128
水土保持　129
水质管理　138
水资源　45
水资源管理　129
税收分成改革　139
税收征管　150
税务稽查　150
司法行政　105
思想引领　86

思想政治教育 108 100
速递业务 168

T

特殊理赔案件 158
特种设备安全监察 116
提案办复 80
提升后勤保障质量 76
体育 191
体育工作 196
体制改革 178
天井山国家森林公园 161
天景山仙人桥景区 161
通天箩地下森林公园 162
统计监测调查 110
统计行政管理 110
统计执法检查 110
统战工作 58
土地测量 114
土地出让 114
土地管理和监管 114
土地、矿产卫片执法检查 114
土地利用规划管理 113
土地流转 122
“土地日”宣传 115
土地资源 44
土壤 43
团县委 85
推进政务服务三项改革 78
推进网上办事大厅建设 77
推进阳光司法 104
推进镇（村）便民服务中心（站）建设 77
推进重点项目建设 211
推进行政审批规范化管理 77
妥善处置农药洒落事件 51
拓宽海内外瑶族友情 93

W

外经外贸 143
外事侨务和台湾工作 74
外事往来 74
完成经济指标 178
完成征兵任务 223
完善平价商店管理 111
完善实体大厅建设 77
网点建设 169 155
网络维护 193
网络信访工作 193
网上名称管理 61
网站管理 193
危险废物安全监管 175
维护社会稳定 98
维稳防控 95
维稳工作 248 85
卫生 179
卫生保障 185
卫生“计生”宣传教育 181
卫生监督 185 181
卫生监督协管 186
卫生行政审批 186
位置 43
慰问敬老院老人 92
文化发展 55
文化建设 235
文化交流 177
文化设施建设 176
文化消费补贴 178
文化行政管理 176
文化遗产 176
文教卫生事业 237
文明建设 151 55
文体旅游市场监管 118
文学艺术活动 88
文艺创作 177
文字信息 80
污染减排 131
污染物减排 174
污水截污减排 136
无偿献血活动 92

五保工作　207
武警中队　108
武装工作　213
物价　111

X

西京古道　162
《西京古道行》首发仪式　89
先进单位　253
先进个人　253
县残疾人联合会　90
县城路灯管护　136
县发展和改革局　109
县妇女联合会　86
县妇幼保健院　188
县革命老区建设促进会　92
县工商业联合会　93
县关工委工作　63
县归国华侨联合会　90
县红十字会　92
县级科学技术支出　192
县级预算执行审计　119
县科学技术协会　87
县民族实验学校　198
县人大常委会会议　66
县人大常委会主任、副主任成员名单　68
县人民医院　186
县社会科学界联合会　89
县十一届人大四次会议　66
县委办工作　53
县委常委以上领导名单　52
县委理论学习中心组学习活动　52
县委十一届四次全会　49
县委十一届五次全会　49
县文学艺术界联合会　88
县无党派知识分子联谊会工作　59
县新华书店有限公司　178
县瑶族海外联谊会　93
县政府办工作　72
县政府常务会议　69
县政府工作会议　70
县政协九届四次会议　79
县政协秘书长以上领导名单　80
县中医医院　187
县总工会　84
县总工会十一届四次全委（扩大）会议　84
现代农业　121
项目储备、申报和管理　131
项目申报　110
消防　100
消防安保工作　100
消防宣传教育　100
小水电生产　244
小水电站生产　246
协助政府管理和服务非公有制经济企业　94
新村便民服务中心建设　233
新农村创建工程　226
新农村基础设施建设　229
新农村建设　122
新闻报道　177
新兴业务　156
新型农业经营主体　121
新一轮扶贫开发工作　235
新一轮扶贫开发“双到”　238
新一轮扶贫开发“双到”工作　220　211
新一轮“扶贫双到”　64
新一轮“扶贫”双到工作　216
信贷业务　155　153
信访工作　181　67
信访维权　91
信访维稳保障稳定　54
信息采编及时有效　53
信息工作　90
信息化集成建设　108
信息化建设　192
信息建设　97
刑事控告申诉检察工作　103
刑事审判　104
邢丽、吕志玲一行到乳源调研　86

行车环境治理　247
行政服务中心　77
行政区划　42
行政审判　104　165
行政审批制度改革　60
幸福工程　85
修复水毁公路工程　164
许瑞生到乳源调研　51
畜牧兽医水产　130
畜牧业　131
宣传发行工作　93
宣传工作　67　193　55
宣传活动　145
宣传教育　133　248　117
学前教育　196
学术科研活动　89
学校卫生监督　186
学校、医院移交工作　245
巡查执法监察　114

Y

烟草专卖　146
盐业专卖　147
“阳光法治·法治惠民”工程　102
阳光政务　170
养护科技创新　247
瑶医瑶药　181
“瑶族民歌”被列入第四批国家级非物质文化遗产代表性项目名录　48
瑶族“十月朝”节庆活动　52
瑶族“十月朝”旅游文化节　72
药品安全监管　183
业务培训　110　85
一六镇　237
一六中学　201
医保与社会保障　232　229
医疗机构简介　186
医疗救助　207
医疗卫生监督　186
依法治理工作　67
依法治水　129
依法治县工作　101
移动通信　170
义教新华字典　178
银源公司　135
应对农药泄漏事故　227
应急处置　165
应急管理　73
应急演练　145
用地服务　113
优抚工作　206
优化编制　149
优化场所　170
优化建设工程项目审批流程　71
优质服务　154　138　134
邮务方面　167
邮政　167
邮政储蓄银行乳源支行　157
游溪镇　228
渔船安检　133
渔业船员培训　133
渔业增殖放流、互保及油补　133
渔政　132
舆情关注　55
语言　43
预防为主，科学应对“登革热”和“埃博拉出血热”疫情　179
预算公开　149
园林绿化　172
园区基础设施建设　139
员工队伍管理　136
援建工作　92
援救技能培训　92
“源水居杯”首届千人徒步健身比赛　72
云门山旅游度假区　161
云门寺佛教文化生态保护区　161
运输监管　164

Z

灾后重建家园项目　229

灾情理赔　158
在建项目　92
责任落实　127
增效扩容　137
张宗飞荣登中国好人榜　136
招商引资　143　139
召开第十二届人民代表大会第三次会议　232
召开共青团游溪镇第十四届代表大会　230
召开劳动模范表彰大会　84
召开全县妇女工作会议　87
召开十二届人民代表大会第三次会议　230
召开依法治县工作会议　101
侦查监督　103
镇村服务平台建设　213
镇第十届党代表大会第二次会议　239
镇第十四届人民代表大会第四次会议　220
镇纪委规范化建设　213
镇纪委规范化建设年活动　235
镇区地质灾害改造工程　226
镇人大工作　216
镇域经济发展　234
镇域经济社会发展　210
政策研究发挥作用　53
政法委工作及综治工作　95
政府工作报告——2015 年 1 月 27 日在乳源瑶族自治县第十一届人民代表大会第五次会议上　12
政府职能转变和机构改革　60
政务调研信息　73
政务服务体系建设　132
政务服务体系信息化建设　193
政务环境得到优化　47
政务信息　174
政协常委会议　79
政治待遇落实　63
政治工作　107
支部换届改选和补选工作　62
支持企业　153
知识产权保护和管理　192
执法监督　96
执法效能监察　83
执法巡查　133
执勤处突　108
执行工作　104
直属机关工委工作　62
职工书屋　85
职工之家　168
职业教育　195
职业卫生监管　118
植物资源　45
指挥工程建设　108
志愿服务　86
制定法治工作规划　101
质量安全监管　131
质量技术监督局　115
质量强县　115
治安管理　98
中共洛阳镇委员会第十一届党代表大会第二次会议　236
中国人民政治协商会议第九届乳源瑶族自治县委员会常务委员会工作报告　23
中国狮子联合基金、香港澳健儿有限公司捐赠活动　233
中间业务　154
中心服务　146
种子经营　145
重大动物疫病免疫　131
重大活动　71
重大活动医疗卫生保障　181
重大项目督查督办　83
重点工程建设　128
重点项目　144
重点项目建设　238　219
重点项目建设工作　236
重点项目实施　217
重点项目投资　109
重点学校简介　197
重要活动　80　50
重要决策　71
重要文件目录　275
重要宣传　55

重要政务　70
主要成果　89
主要成效　3
主要工作　80　81　66
主要职能　241
助学活动　92
住房和城乡建设　172
抓好场地设施建设　191
抓好扶贫“双到”工作　70
专卖管理　146
专题议政调研视察　80
专项审计项目　119
专项整治　184
资金安全　168
资料信息　64
资源管护　248
自来水分公司　137
自然地理　43
自然生态保护　174
自然资源　44
自身建设　80　67
宗教　43
宗教工作　208　59
综合调研服务大局　53
综合管理　244
综合金融服务　155
综治创平　95
综治信访维稳　232　238　230
走私综合治理　113
组团参加韶关市第十三届人大三次会议　66
组织部自身建设　58
组织工作　56
组织建设　91
组织节庆系列体育　191
组织老干部学习活动　62
组织收入　151　150
做法特点　1

表格索引

表1　2014年乳源瑶族自治县各镇村（居）委会一览表……42
表2　2014年乳源瑶族自治县粮食作物生产统计表……123
表3　2014年乳源瑶族自治县经济作物生产统计表……123
表4　星级以上酒店……162
表5　主要旅行社……163
表6　2014年乳城镇村（居）民委员会基本情况……214
表7　2014年桂头镇村（居）民委员会基本情况……217
表8　2014年大桥镇村（居）民委员会基本情况表……221
表9　2014年大布镇村（居）民委员会基本情况表……225
表10　2014年必背镇村（居）民委员会基本情况表……228
表11　2014年游溪镇村（居）民委员会基本情况表……231
表12　2014年东坪镇村（居）民委员会基本情况表……234
表13　2014年洛阳镇村（居）民委员会基本情况表……236
表14　2014年一六镇村（居）民委员会基本情况表……239
表15　主要农产品产量……249
表16　规模以上主要工业产品产量……250
先进单位……253
先进个人……255
附件1：乳源瑶族自治县2014年主要农作物种植面积意向表……273
附件2：2014年全县各镇农业考核任务表……274
2014年县委重要文件目录（选）……275
2014年县人大重要文件目录（选）……277
2014年县政府重要文件目录（选）……278

彩页索引

乳源瑶族自治县人民检察院 …………………… 17
乳源瑶族自治县公安局 ………………………… 18
乳源瑶族自治县地方税务局 …………………… 20
韶关市乳源公路局 ……………………………… 22
乳源瑶族自治县卫生和计划生育局 …………… 24
乳源瑶族自治县人民武装部 …………………… 29
乳源瑶族自治县人民法院 ……………………… 30
乳源瑶族自治县教育局 ………………………… 31
乳源瑶族自治县水务局 ………………………… 32
乳源瑶族自治县林业局 ………………………… 34
乳源瑶族自治县农业局 ………………………… 35
乳城镇 …………………………………………… 36
东坪镇 …………………………………………… 38
大桥镇 …………………………………………… 39
乳源瑶族自治县国家税务局 …………………… 40
乳源瑶族自治县质量技术监督局 ……………… 41
乳源瑶族自治县工商行政管理局 ……………… 42
广东省天井山林场 ……………………………… 43
乳源农村信用社 ………………………………… 44
广东粤电南水发电有限责任公司 ……………… 45
日本电产三协电子（韶关）有限公司 ………… 46
韶关市粤运汽车运输有限公司乳源汽车站 …… 47
乳源瑶族自治县富邦华景房地产开发有限公司 ……………………………………………… 48
乳源第一小学 …………………………………… 49
乳源金禧小学 …………………………………… 50
乳源桂头中学 …………………………………… 51